Ostfriesland.
Geschichte und Gestalt einer Kulturlandschaft

Ostfriesland

Geschichte und Gestalt
einer Kulturlandschaft

Herausgegeben
von Karl-Ernst Behre
und
Hajo van Lengen

1995
Ostfriesische Landschaft · Aurich

Eine Gemeinschaftspublikation der Ostfriesischen Landschaft in Aurich und des Niedersächsischen Instituts für historische Küstenforschung in Wilhelmshaven

Gefördert mit Mitteln der Werner-Brune-Stiftung Wilhelmshaven/Bad Lauterberg

Die Deutsche Bibliothek – CIP-Einheitsaufnahme
Ostfriesland ; Geschichte und Gestalt einer Kulturlandschaft ;
[eine Gemeinschaftspublikation der Ostfriesischen Landschaft in Aurich und des Niedersächsischen Instituts für historische Küstenforschung in Wilhelmshaven] / hrsg. von Karl-Ernst Behre und Hajo van Lengen. - Aurich : Ostfries. Landschaft, 1995
  ISBN 3-925365-85-0
NE: Behre, Karl-Ernst [Hrsg.]; Ostfriesische Landschaft

© Ostfriesische Landschaft · Aurich 1995
Alle Rechte vorbehalten
Gesamtherstellung: Brune Druck- und Verlagsgesellschaft mbH, Wilhelmshaven
Gedruckt auf chlor- und säurefreiem Papier
Umschlag, Vorderseite: Ostfriesland-Karte des Ubbo Emmius von 1595, Badische Landesbibliothek Karlsruhe; Rückseite: Wappen des ostfriesischen Fürstenhauses, Verlag Schuster Leer.
Kartenbeilage: Heimatkarte von Ostfriesland (1995), Kartographie und Verlag Ernst Völker Oldenburg
ISBN 3-925365-85-0

Inhalt

Vorwort	3
Die Entstehung und Entwicklung der Natur- und Kulturlandschaft der ostfriesischen Halbinsel, mit 23 Abbildungen, von Karl-Ernst Behre	5
Ur- und Frühgeschichte, mit 45 Abbildungen, von Wolfgang Schwarz	39
Archäologische Quellen zur Besiedlung Ostfrieslands im frühen und hohen Mittelalter, mit 21 Abbildungen, von Wolfgang Schwarz	75
Siedlungsgeschichte der Moore, mit 8 Abbildungen, von Ekkehard Wassermann	93
Bauernfreiheit und Häuptlingsherrlichkeit, mit 16 Abbildungen, von Hajo van Lengen	113
Kleinstaat und Provinz. Allgemeine Geschichte der Neuzeit, mit 19 Abbildungen, von Walter Deeters	135
Mittelalterliche Kirchengeschichte, mit 10 Abbildungen, von Christian Moßig	187
Kirche und Religion in der Neuzeit, mit 25 Abbildungen, von Menno Smid	199
Die ostfriesischen Klöster aus archäologischer Sicht, mit 13 Abbildungen, von Rolf Bärenfänger	241
Architektur der mittelalterlichen Kirchen in Ostfriesland, mit 24 Abbildungen, von Hermann Haiduck	257
Die Kirchen der Neuzeit, mit 9 Abbildungen, von Robert Noah	277
Die Ausstattung der Kirchen, mit 24 Abbildungen, von Robert Noah	289
Städtische Wohnhäuser von Bürgertum und Adel, mit 30 Abbildungen, von Kurt Asche	311
Sitten und Gebräuche in Ostfriesland, mit 7 Abbildungen, von Harm Ehmen	329
„Sprache" in Ostfriesland, von Ulrich Scheuermann	341
Ostfriesische Namen – Namen in Ostfriesland, mit 1 Abbildung, von Rudolf A. Ebeling	353
Abbildungsnachweis	363
Orts- und Personenregister	365

Vorwort

Ostfrieslands Geschichte und Kultur haben neben dem, was auch andere ländliche Regionen auszeichnet, ganz singuläre und spezifische Erscheinungsformen aufzuweisen, die seit altersher die Aufmerksamkeit und das Interesse der Forschung erregt haben. Von daher erklärt es sich, daß es über diesen Küstenraum eine Fülle von Untersuchungen und Darstellungen gibt, die diese Phänomene und Ereignisse zum Gegenstand haben. Das betrifft nicht nur die Naturlandschaften von Marsch oder Moor, Geest oder Watt und deren Nutzung und Erschließung durch den Menschen seit der Steinzeit, sondern auch die Backstein gewordenen Zeugen einer besonderen Baukultur und Bautradition oder auch die Zeugnisse, nicht zuletzt der Sprache, von einer eigenen Art zusammenzuleben. Hinter all dem steht die lange Geschichte der Friesen, die schon früh mit aller Kraft versucht haben, ihrem Leben und ihrer Welt einen anderen Lauf zu geben, als es im übrigen Abendland gang und gäbe war. Diese einst den Kulturraum an der südlichen Nordsee bestimmende und gestaltende Friesische Freiheit übt auch heute noch in ihrem Scheitern – und vielleicht gerade deswegen – und ihren Nachklängen eine große Faszination aus.

Wer dies alles ganz genau wissen will, muß viel Zeit und Geduld aufbringen, um sich durch die zahlreich erschienene Literatur zu lesen. Zwar besitzt auch Ostfriesland sein wissenschaftliches Standardwerk, „Ostfriesland im Schutze des Deiches" betitelt, das aber weist selbst wiederum einen enormen Umfang auf: in 11 Bänden ist darin von 1969 bis 1994 eine Summe der Forschung gezogen worden, die ihresgleichen sucht. In diesen 25 Jahren ist die Wissenschaft zudem nicht stehengeblieben, so daß manches inzwischen schon wieder neu zu schreiben wäre.

Diese Situation hat die Ostfriesische Landschaft in Aurich und das Niedersächsische Institut für historische Küstenforschung in Wilhelmshaven, die seit mehr als 50 Jahren diese Forschung im Gebiet zwischen Ems und Weser betreiben und fördern, veranlaßt, ein handliches Buch herauszugeben. Es soll demjenigen, der mit offenen Augen und Ohren durch dieses Land streift, wissenschaftlich fundiert und aus erster Hand, knapp und präzise sowie anschaulich und verständlich Auskunft darüber erteilen, was ihm bei genauerem Hinsehen und Hinhören auffällt und gleichzeitig die historischen Zusammenhänge aufzeigen. Dieses Buch will demjenigen, der sich für Ostfriesland mehr als nur oberflächlich interessiert, auf die Fragen, die sich ihm stellen, anhand ausgewählter Beispiele klare Antworten geben und dabei auch das notwendige Grundwissen vermitteln. Wem das, dadurch erst recht neugierig geworden, nicht genügt, dem werden mit Angaben der wichtigsten Literatur insbesondere der letzten Jahre Wege gewiesen, sein neues Wissen noch zu vermehren und zu vertiefen. Die Autoren, die für die einzelnen Beiträge gewonnen werden konnten, sind ausgewiesene Fachleute auf ihren Gebieten. Ihre Adressaten sind in diesem Falle weniger die Fachkollegen als vielmehr die historisch interessierten Bewohner, vor allem auch Besucher dieser Region. Also: kein wissenschaftliches Lehrbuch, auch kein journalistischer Reiseführer, sondern schlicht und einfach: Übersichten und Informationen auf dem neuesten Stand – das ist das Anliegen dieses Buches.

Daß dieses so möglich war, ist nicht nur den Autoren zu verdanken, sondern auch der hilfreichen Redaktion, die Herr Dr. Deeters übernommen hat. Vor allem aber wäre das Vorhaben nicht zu realisieren gewesen, wenn nicht die Werner-Brune-Stiftung Wilhelmshaven/Bad Lauterberg durch eine großzügige Zuwendung die Voraussetzung dafür geschaffen hätte. Dafür sei ihr vielmals gedankt.

Dr. H. van Lengen
Ostfriesische Landschaft
Aurich

Prof. Dr. K.-E. Behre
Niedersächsisches Institut
für historische Küstenforschung
Wilhelmshaven

Die Entstehung und Entwicklung der Natur- und Kulturlandschaft der ostfriesischen Halbinsel

von Karl-Ernst Behre

Die landschaftliche Gliederung der ostfriesischen Halbinsel

Nur wenige Gebiete Deutschlands haben auf kleinem Raum eine derart abwechslungsreiche Landschaft, wie sie in Ostfriesland vorliegt. Das betrifft nicht nur die Vielfalt der natürlichen Landschaftseinheiten, sondern ebenso die Ausformung der Kulturlandschaft, denn je nach den natürlichen Ausgangsverhältnissen haben sich nebeneinander ganz verschiedene Typen der Kulturlandschaft entwickelt. Im naturräumlichen Sinne muß der Begriff Ostfriesland dabei etwas weiter gefaßt werden als der heutige politische Umfang. In der folgenden Darstellung werden deshalb die natürlichen Grenzen zugrunde gelegt, d.h. Ems und Dollart als westliche und die Weser als östliche Begrenzung.

Die eigentliche Achse und gleichzeitig der älteste Teil Ostfrieslands ist der Oldenburgisch-Ostfriesische Höhenrücken. Er ragt zwar in Ostfriesland nirgends wesentlich über + 15 m NN hinaus, doch sind hier bereits diese geringen Höhenunterschiede für die landschaftliche Gliederung wichtig (vgl. Abb. 17). Die sandigen eiszeitlichen Böden, aus denen der Höhenrücken besteht, werden hier wie auch in anderen Teilen Nordwestdeutschlands Geest genannt. Nur an einer Stelle berührt die Geest heute direkt die Küste: beim oldenburgischen Dangast am Südrand des Jadebusens. Im gesamten übrigen Gebiet wird die Geest von der Seemarsch und von den Flußmarschen der Ems und Leda/Jümme bzw. der Weser umschlossen.

Auch die Marschen sind von Natur aus gegliedert, und diese Gliederung prägt sich sowohl in der Vegetation als auch in der Besiedlung und Nutzung deutlich aus. Die küstennahen Marschen und der Randstreifen entlang der Flüsse bilden das sogen. Hochland, das in der Regel bis etwa + 1,50 m NN aufgelandet ist. Von dort aus fällt die Marsch in Richtung auf die Geest hin ab in das Sietland, das stellenweise niedriger als - 1,0 m NN gelegen ist. Die tiefsten Gebiete befinden sich meist unmittelbar vor dem Geestrand, aus diesem Grunde ist es dort zu Vermoorungen gekommen, die man der Lage entsprechend als Geestrandmoore bezeichnet. Stellenweise bildeten und erhielten sich in diesen tiefliegenden Bereichen auch flache Seen, so z.B. das Große Meer und die Hiewe, beide nordöstlich Emden gelegen.

Moore bilden die dritte große Einheit des festländischen Ostfriesland, und zwar sind es vor allem ausgedehnte Hochmoore, die sich in der Nacheiszeit auf dem Oldenburgisch-Ostfriesischen Höhenrücken, aber auch auf der Geest beiderseits der Ems ausgebreitet haben. Sie sind durch die neuzeitliche Kultivierung am stärksten verändert worden und oft erst bei näherem Hinsehen als solche erkennbar. Hinzu kommen die in den Niederungen verbreiteten, teilweise überschlickten Niedermoore.

Vor der Küste begegnet man dann ganz anderen Landschaftstypen: das Watt mit seinen Prielen und Baljen, stets in Veränderung begriffen, ist eine der wenigen Naturlandschaften, die es noch in Europa gibt. Auch die vorgelagerten Düneninseln, die wiederum einen neuen Landschaftstyp darstellen, sind zum Teil noch überwiegend von natürlichen Faktoren geprägt und entsprechend veränderlich. Hier hat man sich jedoch mit zunehmendem Erfolg bemüht, die natürlichen Kräfte zu beschneiden, um den derzeitigen Zustand möglichst zu erhalten.

Im folgenden wird die Entstehung der genannten Landschaften beschrieben und ihre Entwicklung zur heutigen Kulturlandschaft verfolgt.

Der tiefere Untergrund

Nur selten dringen in Ostfriesland die voreiszeitlichen Erdschichten bis nahe an die heutige Oberfläche, trotzdem ist die Kenntnis der älteren Ablagerungen und Strukturen für das Verständnis des Landschaftsaufbaus und verschiedener wirtschaftlicher Nutzungen notwendig.

Eine ganze Reihe von Tiefbohrungen sowie seismische Untersuchungen haben in den vergangenen Jahren Aufschluß über den tieferen Untergrund Ostfrieslands gebracht, genannt seien vor allem die Bohrungen Groothusen (Krummhörn) bis 4236 m und die 1985 niedergebrachte Bohrung Sande bei Wilhelmshaven, die sogar 6220 m Tiefe erreichte. Sie erfaßten im Gebiet zwischen Ems und Weser die Formationen Oberkarbon (mit tiefliegenden Kohleflözen), Rotliegendes und Zechstein, aus dem Mesozoikum die Trias (die bekanntlich nicht weit entfernt im Nordosten, im Bereich von Helgoland, bis an die Oberfläche stößt), Jura (wenig) und Kreide sowie dazu das Tertiär (vgl. Streif 1990).

Wichtig sind vor allem die Schichten des Zechsteins, die ganz überwiegend als Salz ausgebildet sind und erhebliche Mächtigkeiten erreichen können. Große Teile des Zechsteinsalzes sind in jüngerer Zeit unter starkem Druck hochgepreßt worden und formen im Untergrund ein unterschiedlich ausgeprägtes Salzgebirge. Teils sind es runde oder ovale Salzdome, teils langgestreckte, überwiegend Nord-Süd verlaufende sog. Salzmauern, die von der zwischen 3000 und 5000 m tiefen Zechsteinoberfläche bis in den Bereich um 1000 m Tiefe (z.B. Salzstock Rüstringen) oder sogar bis auf weniger als 400 m unter die Oberfläche (Bunde, Jemgum) emporgedrungen sind (Jaritz 1973, vgl. Abb. 1).

Die Salzstöcke haben erhebliche wirtschaftliche Bedeutung, da sie zur Lagerung von Erdöl und Erdgas geeignet sind. Dazu wurden in den Salzstöcken Rüstringen und Etzel tiefe zigarrenförmige Kavernen ausgespült und mit Erdöl gefüllt. Die Lagerkapazität beträgt im Salzstock Rüstringen rund 7 Mill. cbm und im Salzstock Etzel (Bundesreserve) rund 13 Mill. cbm.

Das Tertiär reicht zwischen Weser und Ems stellenweise bis dicht unter die heutige Oberfläche. Eine dieser Stellen ist das Gebiet um den Ölhafen in Wilhelmshaven, wo man bereits bei etwa -20 m NN auf tertiäre Sande trifft. In diese sind mehrere Braunkohlenflöze eingebettet, aus denen während der Jadevertiefung auch größere Mengen Bernstein kamen. Ähnliche Verhältnisse gibt es auch nördlich Aurich, wo

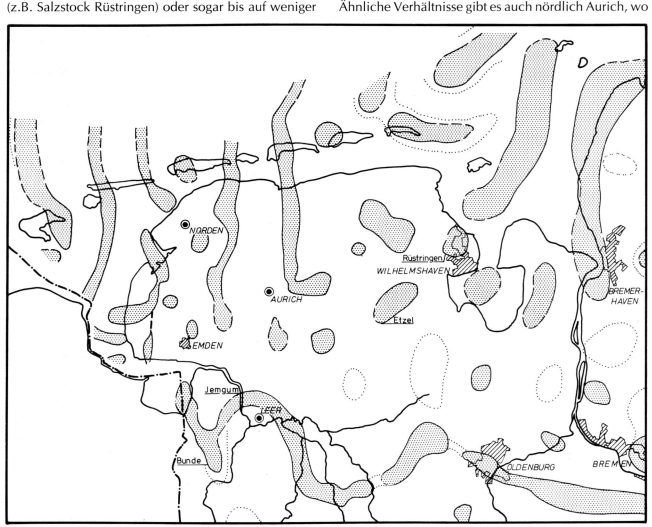

Abb. 1 Die Aufragungen des Zechsteinsalzes im Untergrund Ostfrieslands (nach Jaritz 1973).

das Tertiär z.T. noch höher ansteigt. In der Regel ist das Tertiär in Ostfriesland einige hundert m mächtig, und die abschließenden pliozänen Sande sind als Grundwasserspeicher von Bedeutung.

Die Geest

Die Entwicklung im Eiszeitalter

Die Hauptachse Ostfrieslands wird durch den SO-NW verlaufenden Oldenburgisch-Ostfriesischen Höhenrücken gebildet. Zusammen mit den übrigen angrenzenden Gebieten trägt er die in Norddeutschland übliche Bezeichnung Geest, die die Bildungen des Eiszeitalters, des Pleistozäns, umfaßt. Das vielfältige Material, aus dem die Geest aufgebaut ist, wurde während der Kaltzeiten durch Eis und Wasser überwiegend aus dem skandinavischen Raum herangebracht, hinzu kommt umgearbeitetes Tertiär aus dem Untergrund.

Das Eiszeitalter hat nach heutiger Kenntnis rund 2,5 Millionen Jahre gedauert und endete vor etwa 10 000 Jahren. Für diese Zeit lassen sich in Deutschland mindestens 10 Kaltzeiten (Glaziale) und die dazwischenliegenden Warmzeiten (Interglaziale) nachweisen. Allerdings sind die skandinavischen Gletscher nur während der drei letzten Kaltzeiten, die nach den Flüssen Elster, Saale und Weichsel benannt sind, bis nach Deutschland vorgedrungen. Unser Gebiet wurde nur während der Elster- und Saalekaltzeit vom Eise überfahren.

Über die Elsterkaltzeit in Ostfriesland sind wir bislang nur sehr unzureichend informiert. Nur an wenigen Stellen, wie bei Zetel, Jever und Esens, konnte Geschiebelehm aus diesem Zeitabschnitt nachgewiesen werden (Meyer 1970). Aus der Abschmelzphase der Elsterkaltzeit sind dagegen vielerorts Sedimente erhalten. Große Eis-Stauseen bildeten sich damals in Nordwestdeutschland, in denen der sog. Lauenburger Ton abgesetzt wurde. Diese tonig-schluffigen, meist schwach kalkhaltigen Beckenablagerungen sind in Ostfriesland weit verbreitet und können Mächtigkeiten von weit über 20 m erreichen. Oberflächlich steht dieser Ton vor allem an der Nordostflanke des Oldenburgisch-Ostfriesischen Höhenrückens an. Dort hat er eine erhebliche wirtschaftliche Bedeutung, da seine verwitterte und entkalkte oberste Schicht einen wichtigen Rohstoff für die Ziegelindustrie liefert. Die bekannten Bockhorner Klinker sind ein Produkt aus diesem Lauenburger Ton.

Aus der anschließenden Holstein-Warmzeit sind aus dem binnenländischen Ostfriesland bisher nur unsichere Vorkommen bekannt. Marine Ablagerungen, wie sie weiter im Osten tief ins Land reichen, liegen erst nördlich der Ostfriesischen Inseln und unter der Wesermarsch (Streif 1990).

Während der vorletzten, der Saale-Kaltzeit, wurde die endgültige Struktur der ostfriesischen Geestlandschaft angelegt. Im Zuge des Saale-Hauptvorstoßes, des Drenthe-Stadiums, drangen die Gletscher bis an den Rand der Mittelgebirge vor, die zugehörigen Endmoränen und Sanderflächen liegen südlich Ostfrieslands. In dieser Zeit wurden große Mengen an Material aller Korngrößen aus Skandinavien herantransportiert und als Grundmoräne (Geschiebelehm) hier abgelagert. Die Vielfalt der Gesteinsarten und damit auch der Herkünfte läßt sich sehr schön am Baumaterial der vielen Granitquaderkirchen studieren; der größte Teil stammt aus Mittel- und Südschweden. Stellenweise liegen auf dem Geschiebelehm Schmelzwasserablagerungen aus jüngeren Phasen der Saale-Kaltzeit. Auch die SW-NO (bzw. im Küstengebiet unter der Marsch S-N) verlaufenden parallelen Tälchen an beiden Seiten des zentralen Höhenrückens wurden während der Saale-Kaltzeit angelegt, ihre genaue Genese ist jedoch noch nicht geklärt.

Große Wassermengen wurden während der Kaltzeiten im Eis gebunden und führten zu einer Absenkung des Meeresspiegels, die im Maximum der Saale-Kaltzeit etwa 120 m betrug. Das spätere Abschmelzen des Eises führte während der Warmzeiten zu entsprechenden Meerestransgressionen. In der auf die Saale-Kaltzeit folgenden letztinterglazialen Eem-Warmzeit erreichte die Transgression Ostfriesland, und Ablagerungen des Eemmeeres wurden an vielen Stellen erbohrt. Die eemzeitliche Küste lag wenig innerhalb der heutigen, die höchstgelegenen marinen Eem-Sedimente erreichen um - 7 m NN (Höfle u.a. 1985). Auch im ostfriesischen Binnenland sind mehrfach eemzeitliche Bildungen (Torfe und Seeablagerungen) erbohrt worden. Während dieses Abschnittes hat die Landschaft hier ein wesentlich stärker bewegtes Relief gehabt als heute, da die glazialen Formen noch frisch waren.

Während der letzten, der Weichsel-Kaltzeit, stieß das skandinavische Eis nur bis nach Schleswig-Holstein vor. Ostfriesland gehörte in dieser Zeit lange zum Periglazialgebiet, in dem wegen der weithin fehlenden Vegetationsdecke die natürlichen Kräfte ungehindert auf den Boden einwirken konnten. Wind, Wasser und Frostwirkung führten zu einer starken Nivellierung der

Oberfläche und brachten die Geestlandschaft in ihre heutige Form. Bodenfließen füllte die Hohlformen an, der Wind blies den Sand aus und lagerte ihn in Form ausgedehnter Flugsanddecken vor allem im Südwesten des Oldenburgisch-Ostfriesischen Höhenrückens ab. Die feinsten Partikel wurden als Löß weiter nach Süden verweht, doch stellenweise, z.B. im Raum südlich Wittmund, findet sich auch in Ostfriesland ein Gemisch von Sand und dem feineren Schluff, der sog. Flottsand oder Flottlehm (Wildvang 1938).

Die Dauer der letzten Kaltzeit reichte nach heutiger Kenntnis von etwa 115 000 bis 10 000 Jahre vor heute. Während dieser langen Zeit gab es mehrere wärmere Abschnitte, die teils mehr oder weniger bewaldet waren, teils Tundrencharakter hatten. Das letzte dieser Interstadiale, das Alleröd, ist in Ostfriesland mehrfach nachgewiesen worden. In Westrhauderfehn, Kr. Leer, trennt ein Torf aus dieser Zeit zwei verschiedene Phasen von Flugsand- bzw. Dünenbildung und belegt damit, daß die Sandverwehungen im Spätglazial bis gegen 8300 v. Chr. andauerten (Behre 1966).

Die natürliche Vegetation in der Nacheiszeit

Um 8300 v. Chr. läßt man die Nacheiszeit beginnen. Auf die vorangehende Jüngere Tundrenzeit folgt die Vorwärmezeit, das Präboreal. Es beginnt mit einer kurzfristigen Erwärmung, die von einer erneuten Abkühlung abgelöst wird, bis es anschließend zur endgültigen Erwärmung kommt. Die erste präboreale Wärmeschwankung hat die Bezeichnung Friesland-Schwankung erhalten, da sie erstmals in Ostfriesland nachgewiesen wurde (Behre 1966); sie dauerte etwa 200 Jahre. Die Nacheiszeit ist gekennzeichnet durch eine rasche Wiederbewaldung, die mit Birken- und Kiefernwäldern einsetzte und über ein Haselmaximum zum Eichenmischwald führte, der auf den armen Geestböden Ost-

Abb. 2 Ein Heidepodsol unter dem Großsteingrab von Tannenhausen b. Aurich überformte das ihm vorausgegangene ältere Bodenprofil eines Eichen-Birkenwaldes, das in den feinen horizontalen Bändern unter der Orterdeschicht erkennbar ist. Die durch die Heide verursachte Orterdebildung paßte sich den Störungen des Bodens durch die Wurzeln des ursprünglichen Waldes an, so daß dessen "Wurzelzapfen" deutlich sichtbar werden. Über dem Schaufelstiel verlief die neolithische Oberfläche.

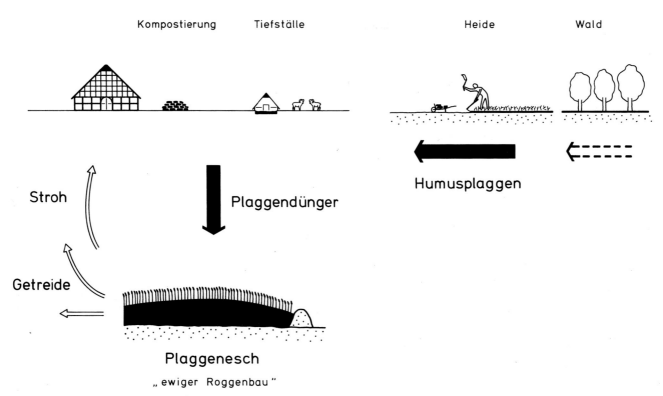

Abb. 3 Schema der Plaggenwirtschaft mit dem "ewigen Roggenbau" auf den Sandböden Nordwestdeutschlands.

frieslands von der Eiche beherrscht wurde, während Ulme, Linde, Ahorn und Esche nur eine untergeordnete Rolle spielten. Erst wesentlich später erreichten Buche und Hainbuche den Küstenraum, kamen aber nur an wenigen Stellen mit besseren Böden zur Herrschaft im Walde (Grohne 1957, O'Connell 1986). Die Fichte, vielfach die wichtigste Art in den heutigen Wäldern, ist hier in der Nacheiszeit nie natürlich vorgekommen und wurde erst seit dem vorigen Jahrhundert forstlich eingebracht.

Vor dem aktiven Eingreifen des Menschen war die gesamte Geest Ostfrieslands dicht bewaldet, dabei dominierten die bodensauren Eichenwälder. Dieses änderte sich, als gegen 3000 v. Chr. (in Radiokarbonjahren) die jungsteinzeitlichen Ackerbaukulturen auch diesen Raum erreichten. Ackerbau und Viehzucht, hier insbesondere die Waldweide, veränderten die Naturlandschaft schnell. Vor allem mit Hilfe der Pollenanalyse läßt sich der Übergang von der bewaldeten Naturlandschaft zur Kulturlandschaft fassen, und in Verbindung mit den später zu behandelnden archäologischen Ergebnissen läßt sich die unter Schwankungen immer dichter werdende Besiedlung verfolgen.

Die Entstehung und Ausbreitung der Heiden

Die ursprünglich nährstoffreichen Geestböden hatten seit der Saale-Vereisung kein neues Material mehr erhalten, sondern waren stattdessen ausgewaschen und dabei entkalkt worden. Die auf diese Weise verarmten Böden besaßen nur eine geringe Regenerationskraft, wenn ihnen durch die menschlichen Eingriffe Nährstoffe entzogen wurden. Es ließ sich zeigen, daß es deshalb bereits in der Jungsteinzeit zur Ausbildung von Heideflächen kam, die es vorher in der natürlichen Vegetation bei uns nicht gab. Den Beweis hierzu lieferte für Ostfriesland das typische Bodenprofil eines Besenheidepodsols, das unmittelbar unter dem Megalithgrab von Tannenhausen bei Aurich zutage trat (Abb. 2). Auch wenn die Beweidung dieser Heideflächen nur schwach war, kam es während der Besiedlungszeit nicht zu einer Wiederbewaldung. Auch während der Bronze- und Eisenzeit entstanden immer wieder Heiden, die jedoch stets nur beschränkten Umfang hatten und sich später wieder bewaldeten. Noch im frühen Mittelalter waren Wälder auf der ostfriesischen Geest weit verbreitet. Davon zeugen u.a. zahlreiche Ortsnamen mit -holt, -loh und -horst von Siedlungen, die im Mittelalter begründet wurden.

Die endgültige Zerstörung der Wälder auf der Geest erfolgte im Mittelalter. Vor allem die Einführung einer neuen Wirtschaftsform, der Plaggenwirtschaft, bewirkte eine völlige Umgestaltung der Landschaft. In der Mitte des 10. Jhdts. setzte diese neue Technik der Landwirtschaft ein, etwa gleichzeitig in Ostfriesland, Oldenburg, dem Emsland sowie auf der niederländischen Geest. Ursache war die Einführung des intensiven Roggenbaus und zwar auf immer denselben Flächen, dem bei den Dörfern liegenden Esch, in großen Teilen Ostfrieslands auch Gaste genannt. Der starke Nährstoffentzug durch den "ewigen" Winterroggenanbau machte eine regelmäßige Düngung der Eschflächen erforderlich. Zur Düngung nahm man Plaggen, die man vorwiegend in der Heide stach, anschließend kompostierte und dann auf den Acker fuhr. Andere Plaggen wurden vorher in die Tiefställe gebracht, wo sie als Streu dienten und sich dabei mit Viehdung vermischten (Abb. 3).

Auf diese Weise ersetzte man die Nährstoffe in den Äckern immer wieder, entzog sie aber den Heideflächen. Dort wurde dem Boden regelmäßig buchstäblich die Haut abgezogen. Die Heideflächen regenerierten sich nur langsam; zunächst dauerte es 8-10 Jahre, doch wenn sie bereits mehrfach abgeplaggt waren, betrug die Regenerationszeit bis zu 20 Jahren, und die gewinnbaren Plaggen wurden immer dünner. Man brauchte also immer neue Flächen zum Plaggenstich, und die Heiden, das sogenannte Plaggenmatt, die zusätzlich auch als Schaf- und Ziegenweide dienten, wurden deshalb stark vergrößert (Behre 1976).

Diese Wirtschaftsweise wurde bis in das 19. Jhdt. betrieben, sie führte dazu, daß die Wälder weithin vernichtet wurden und der größte Teil der Geest von Heiden bedeckt war, wie es bereits die ersten zusammenhängenden Karten aus der 2. Hälfte des 18. Jhdts. für Ostfriesland und die benachbarten Gebiete anschaulich zeigen. Zahlreiche Orts- und Flurnamen weisen noch heute auf die fast 1000jährige Zeit, in denen die Heiden und die Plaggenwirtschaft der ostfriesischen Geest das Gepräge gaben, ebenso findet sich in vielen Bodenaufschlüssen der typische Heidepodsol als Zeuge ehemaliger Besenheideflächen. In diesen Heiden lagen inselartig die Dörfer mit der von ihnen beackerten Gaste.

Man darf sich allerdings die früheren Heiden nicht so vorstellen, wie sie heute stellenweise für den Tourismus erhalten und gepflegt werden. Durch den Plaggenhieb wurde der Sandboden bloßgelegt und bot dem Wind offene Angriffsflächen. Die Folge waren z.T. großflächige Ausblasungen und an anderen Stellen die Ablagerung von Flugsand. Diese sog. Wehsande bildeten eine ständige Gefährdung des Kulturlandes und ebenso mancher Siedlungen. Es gibt also neben den hoch- und spätglazialen auch ganz junge Flugsanddecken und Dünen, was vor allem durch pollenanalytische Datierungen mehrfach belegt worden ist. Auch zahlreiche schriftliche Quellen berichten über die Schädigungen durch Flugsande und über die Bemühungen, die Wehsandflächen festzulegen. Diese von staatlicher Seite betriebenen Maßnahmen wurden allerdings oft von den Bauern unterlaufen, die keine Einschränkung ihrer Plaggenmatt- und Heideflächen hinnehmen wollten (Pyritz 1972). Die jährliche Düngung der Eschflächen brachte nicht nur die Humusauflage des Heidebodens, sondern auch einen gewissen Anteil Sand auf die Äcker. Im Laufe der Zeit wurden die Esche auf diese Weise immer höher, und so erreicht der Auftrag der Plaggenesche nicht selten mehr als 1 m. Fast alle alten Geestdörfer haben einen zugehörigen Esch, der in der Regel zwischen 50 und 150 ha groß ist. Dünnere Plaggenböden finden sich auch außerhalb der Altfluren in späteren Ausbauten der Ackerfläche.

Der Ackerbau dieser Eschkultur wurde besonders eingehend am Esch von Dunum bei Esens untersucht (Behre 1976), zusätzliche Informationen lieferten die Funde verkohlter mittelalterlicher Kulturpflanzen aus Grabungen in den Kirchen Wiegboldsbur, Timmel, Middels, Etzel und Horsten (Behre 1973, 1986a, Kučan 1979). Sie zeigten, daß Winterroggen mit Abstand die wichtigste Feldfrucht auf der Geest war, wie es auch aus schriftlichen Quellen bekannt ist. Weitere Kulturpflanzen waren Mehrzeilgerste sowie zwei Haferarten, Saathafer und der heute nicht mehr kultivierte Sandhafer, dazu Lein. Von untergeordneter Bedeutung waren Zwergweizen, Pferdebohne, Futterwicke und Erbse. Pollenanalysen zeigten, daß auf den Eschen gelegentlich auch Buchweizen kultiviert wurde.

Das 1765 in preußischer Zeit erlassene Urbarmachungsedikt hatte dann ganz erhebliche Änderungen der Landschaft zur Folge. Große Teile des Ödlandes, d.h. von Heide und Moor, wurden Staatseigentum und für die Besiedlung durch Kolonisten freigegeben. Dabei entstanden die noch heute die ostfriesische Landschaft bestimmenden Streusiedlungen, gebietsweise daneben auch größere Kolonistensiedlungen wie z.B. Plaggenburg bei Aurich. Zahllose kleine Bauernstellen wurden geschaffen; arme Bauern kämpften auf den armen Heideböden um ihre Existenz. Eine wegen ihrer Anspruchslosigkeit wichtige Kulturpflanze auf der Heide wie im Moor war der Buchweizen, der seit dem

Abb. 4 Wallhecken, wie hier bei Sandhorst, formen große Teile der ostfriesischen Geestlandschaft. Sie wurden zumeist im Zuge der Markenteilungen im 19. Jhdt. aufgeworfen.

späten Mittelalter in Norddeutschland eingeführt war. Die landwirtschaftliche Situation auf diesen armen Böden besserte sich erst in der zweiten Hälfte des 19. Jhdts., als mit der Einführung des Kunstdüngers die Erträge erheblich anstiegen und damit auch die mühselige Plaggendüngung nicht mehr nötig war.

Ausgelöst durch das Urbarmachungsedikt, wurden seit dem Ende des 18. Jhdts., vor allem aber im 19. Jhdt., die Markenteilungen durchgeführt. Die nicht vom Staat kolonisierten Teile der Allmende und später ebenso die Gasten wurden verkoppelt und unter den Altbauern aufgeteilt. Zur Einfriedigung der Parzellen wegen des jetzt auf den separaten privaten Flächen gehaltenen Viehs mußten Wallhecken aufgeworfen werden. Dies entfiel nur in tiefgelegenen Geestgebieten, in denen wassergefüllte Gräben als Begrenzung dienten.

Die Wallhecken geben noch heute großen Teilen der Geest das Gepräge (Abb. 4). Besonders gut bekannt ist ihre Entstehung im Bereich von Walle bei Aurich (Siebels 1954). Vor der Markenteilung gab es derartige Wallhecken nur um die Gasten und die wenigen alten Kämpe, um das Vieh abzuhalten. Innerhalb weniger Jahrzehnte, meist vor der Mitte des 19. Jhdts., bedeckten sie dann den größten Teil der ostfriesischen Geest. Da die Wälle zur Holz- und Buschgewinnung bepflanzt sind, stellen sie einen wichtigen Windschutz dar und sind ein abwechslungsreiches Biotop für Pflanzen und Tiere. Heute sind sie durch Verordnung geschützt, bei Flurbereinigungsmaßnahmen dürfen sie jedoch beseitigt werden, was immer noch geschieht.

Einige Heideflächen, die nicht kultiviert wurden, weil sie meist auf den besonders armen Flugsanden gelegen waren, hat man aufgeforstet. Dabei wurde auf die unterschiedlichen Standortbedingungen z.T. wenig Rücksicht genommen, wie das Beispiel des um 1870 aufgeforsteten Knyphauser Waldes bei Rispel zeigt (Ellenberg 1969). Meist benutzte man die gebietsfremden Fichten und Kiefern, teils noch andere Nadelbäume, die auf diesen armen Böden höhere Holzerträge bringen sollten als die einheimischen Laubhölzer.

Hudewälder

Alte Laubwälder gibt es nur noch in wenigen Resten. Am bekanntesten im Gebiet zwischen Ems und Weser ist der Neuenburger Urwald in der Friesischen Wehde. Auch wenn er in seinen ältesten Teilen seit mehr als 100 Jahren unter Schutz steht und die mächtigen Eichen z.T. mehr als 600 Jahre alt sein dürften, ist es kein natürlicher Urwald. Hier stehen die Reste eines Hudewaldes, einer im Mittelalter bis weit in die Neuzeit hinein verbreiteten Wirtschaftsform, bei der das Vieh zur Weide in die Wälder getrieben wurde. Diese Hudewälder waren licht mit grünem Unterwuchs, und bis auf einige Eichen, die man wegen der Eichelmast schützte, wurden alle aufkommenden Gehölze abgefressen. Lediglich stachlige Arten, wie hier im Küstengebiet besonders die Stechpalme, *Ilex aquifolium,* waren weideresistent und breiteten sich entsprechend aus. Sehr schöne Zeugnisse dieser Hudewälder finden sich in den Bildern der Romantiker aus der Zeit um und nach 1800, z.B. bei Willers und Strack, die den benachbarten Hasbruch bei Hude malten. Der Neuenburger Urwald wurde ebenso wie die wenigen anderen Waldreste nicht nur zur Hude von Groß- und Kleinvieh bis hin zu Gänsen, sondern für viele andere Zwecke genutzt. So entnahm man dort Plaggen zur Düngung, Laub für Futter- und Streuzwecke und Holz in jeglicher Form, ohne die Bäume selbst abzuschlagen. Noch heute sieht man vor allem an alten Hainbuchen dort die großen Narben, die bei der Astschneitelung entstanden (Abb. 6).

Im Altmoränengebiet führte die Holznutzung und Beweidung auf den armen Böden zu Heiden; Hude- und andere Wälder erhielten sich nur auf den wenigen besseren Böden, wie auf dem Lauenburger Ton im Raume Neuenburg. Nachdem dieser vermeintliche Urwald in der Mitte des vorigen Jahrhunderts unter Schutz gestellt wurde, entwickelte er sich schnell in Richtung eines wirklich natürlichen Waldes: Hainbuchen und vor allem Buchen kamen auf und über-

Abb. 5 Im Zentrum des Neuenburger Urwaldes geben einige erhaltene Masteichen noch den Eindruck des ursprünglichen Hudewaldes wieder.

Abb. 6 Alte Hainbuche im Neuenburger Urwald mit zahlreichen Narben früherer Astschneitelung.

gipfelten viele der alten Eichen, während auch der Eichenjungwuchs größtenteils der Konkurrenz anderer Hölzer unterlag. Um wenigstens an einer Stelle noch den ursprünglichen Eindruck zu bewahren, hält man im Zentrum einen Bereich alter Eichen vom Aufwuchs frei - gegen die Natur (Abb. 5). Ähnlich wie in den Heidegebieten ist hier keine Naturlandschaft geschützt worden, sondern eine alte Wirtschaftslandschaft, die sich nach dem Aufhören dieser Bewirtschaftung wieder zurück zur Natur entwickelt.

Heute ist der Neuenburger Urwald in den feuchten lehmigen Bereichen ein Eichen-Hainbuchenwald (Querco-Carpinetum bzw. Stellario-Carpinetum) und in den sandig-lehmigen Teilen ein Buchen-Eichenwald (Fago-Quercetum), der von der Buche beherrscht wird (vgl. Pott u. Hüppe 1991). Dieses wäre auf den wenigen

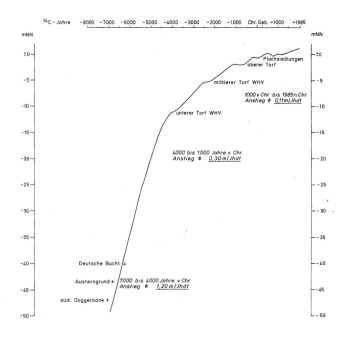

Abb. 7 Die Anstiegskurve des Mittel-Tidehochwassers für die südliche Nordsee und den ostfriesischen Raum. Die Zeit ist in Radiokarbonjahren angegeben.

besseren Böden unseres Gebietes die natürliche Vegetation. Die großen Flächen armer sandiger Geestböden würden heute unter natürlichen Bedingungen von bodensauren Eichenwäldern bedeckt sein, von denen Reste stellenweise auch anzutreffen sind. Überwiegend wären es Buchen-Eichenwälder (Fago-Quercetum), die hier von der Eiche beherrscht wären, aber einen mehr oder weniger starken Buchenanteil hätten. Die potentielle natürliche Vegetation auf den ärmsten Sandböden ist der sehr artenarme Eichen-Birkenwald (Querco-Betuletum). Dieser Wald war vor allem in den armen Flugsandgebieten ursprünglich, heute würde sein Areal größer sein und weitere Teile der durch Holznutzung und Plaggenschlag in den vergangenen Jahrhunderten degradierten ehemaligen Heideböden umfassen.

Marschen und Watten

Die Vorstöße der Nordsee ins Küstengebiet und die Schwankungen des Meeresspiegels

Grundsätzlich anders als die Geest in Alter und Aufbau sind die sie umrahmenden Marschen und Watten. Beides sind Ablagerungen des Meeres aus der jüngeren Nacheiszeit.

Während der Weichselkaltzeit war der Meeresspiegel wegen der Bindung großer Wassermassen im Eis erneut abgesunken, maximal zwischen 100 und 120 m. Zu Beginn der Nacheiszeit, um etwa 8300 v. Chr., gehörte die ganze südliche Nordsee noch zum Festland, und die Küste lag nördlich der Doggerbank. Bohrungen in der südlichen Nordsee brachten mehrfach Torfe und Ablagerungen von Süßwasserseen herauf, und beim Fischfang kamen gelegentlich sogar Geräte der Mittelsteinzeit mit nach oben, die zeigen, daß der Nordseeboden zwischen Dänemark und England damals vom Menschen begangen worden ist (Behre u.a. 1979).

Mit dem weltweiten Abschmelzen der Gletscher stieg der Meeresspiegel schnell an und überflutete auch das südliche Nordseegebiet. Dabei schob das vordringende Meer wegen der verschlechterten Entwässerung landseitig eine Vernässungszone vor sich her, in der es zur Ausbildung von Mooren kam. Diese Moore wurden bald überspült und mit marinen Ablagerungen zugedeckt. Dadurch wurden sie sowohl unter der Marsch als auch stellenweise in der Nordsee erhalten. Es sind die sog. Basistorfe in den Marschenprofilen; entsprechend ihrer Entstehung liegen sie in verschiedener Höhe auf der eiszeitlichen Oberfläche und liefern, da man sie mit Hilfe von Pollenanalyse und Radiokarbonbestimmungen datieren kann, die wichtigsten Fixpunkte zur Ermittlung der Kurve des Meeresspiegelanstiegs. Auch die früheren Küstenlinien können auf diese Weise für verschiedene Zeiten rekonstruiert werden, und es ergab sich, daß die heutige ostfriesische Küste erstmalig etwa 5000 v. Chr. von der See erreicht worden ist.

Die Transgression der Nordsee, d.h. ihr Vorstoß auf das Land, verlief nicht in einem Zuge, sondern in mehreren großen Schüben, die durch Zeiten der Beruhigung oder sogar von Rückzügen des Meeres - sog. Regressionen - unterbrochen wurden. Man trennt nach holländischem Vorbild zwei große Überflutungsfolgen, die ältere Calais-Serie und die jüngere Dünkirchen-Serie, beide mit 4 Untereinheiten. Die Grenze liegt (in Radiokarbonjahren) bei etwa 1600 v. Chr.

Die Kurve der Meeresspiegelbewegungen läßt bereits erkennen, daß sich in jüngerer Zeit der allgemeine Anstieg des mittleren Meeresspiegels erheblich verlangsamt hat. Betrug der Anstieg während der frühen Nacheiszeit zunächst mehr als 1 m pro Jahrhundert, so waren es in den letzten 3000 Jahren nur noch rd. 10 cm pro Jhdt. (vgl. Abb. 7). Dieser geringere allgemeine Anstieg wurde dann aber von starken Oszillationen überlagert, die entsprechende Folgen für die Besiedlung und die Lage der Küstenlinien hatten. Dabei muß sorgfältig unterschieden werden zwischen Änderungen des Mittelhochwassers und Änderungen des Sturmflutspiegels, die sich durchaus unterschiedlich verhielten. Die Küstenlinie wird vom Mittelhochwasser bestimmt, die Lage der Siedlungen vom Sturmflutspiegel.

Während der Unterbrechungen zwischen den Meeresvorstößen fand eine mehr oder weniger weit reichende Aussüßung des Küstenraumes statt, und es bildeten sich Moore, die in Richtung See vordrangen. Als sog. schwimmende Torfe werden diese Süßwasserbildungen häufig in der Marsch erbohrt, sie werden schwimmend genannt, da sie von minerogenen Sedimenten eingeschlossen werden (vgl. Abb. 8). Auch sie liefern wichtige Anhaltspunkte für die Ermittlung der Meeresspiegelbewegungen.

Besonders weit verbreitet ist ein oberer Torf, dessen Entstehungszeit zwischen etwa 1500 und 600 v. Chr. (bzw. in Radiokarbonjahren zwischen 1200 und 500 v. Chr., vgl. Abb. 9) liegt und der wegen seiner oberflächennahen Lage häufig in Baugruben angetroffen wird. In binnenwärts gelegenen Gebieten wurde er nicht mehr überall überflutet; da sich der Meeresspiegelanstieg verlangsamt hatte, wuchs das Moor dort schneller als der Sturmflutspiegel. Ein bekanntes Beispiel dafür ist das Sehestedter Außendeichsmoor am östlichen Jadebusenrand. Dieses wurde nach dem Einbruch des Jadebusens wieder von der See erreicht, doch

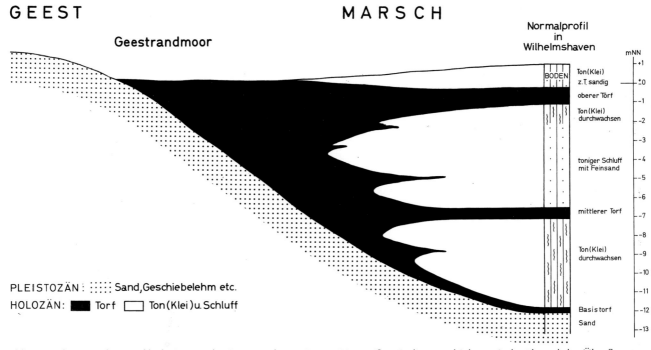

Abb. 8 Schematischer Profilschnitt von der Seemarsch zur Geest. Die weißen Sedimentschichten sind während der Überflutungsperioden (Transgressionen) von See her abgelagert worden, in Phasen starker Verlangsamung des Meeresspiegelanstiegs oder eines Meeresrückzuges drang der Süßwasserbereich seewärts vor, und es kam zur Torfbildung (schwarz). Alle Einzelphasen sind im Bereich Wilhelmshaven-Jeverland nachgewiesen.

Abb.10 Abbruchkante des Sehestedter Außendeichsmoores am Jadebusen, von der Seeseite her gesehen.

durch das Aufschwimmen der leichteren oberen Torfschichten wurde und wird eine Überflutung verhindert. Dieses Klapp-Phänomen gab es nachweislich früher an vielen Stellen der Nordseeküste, heute ist das Sehestedter Moor die einzige derartige Stelle in der Welt und deshalb seit langem geschützt; der direkte Angriff der Sturmfluten führt allerdings zu seiner allmählichen Zerstörung (Abb. 10).

Der Meeresrückzug während der Bildungszeit des oberen Torfes ermöglichte auch, daß die menschliche Besiedlung wieder in Richtung Küste vordringen konnte (Behre 1987). In diese Zeit fallen die ältesten bisher bekannten deutschen Marschsiedlungen: die spätbronzezeitliche Siedlung Hahnenknooper Mühle bei Rodenkirchen in der Wesermarsch und mehrere ältereisenzeitliche Siedlungen bei Jemgum und Hatzum im Rheiderland westlich der Ems (vgl. Haarnagel 1969). Der obere Torf wurde weithin von den Sedimenten der folgenden Dünkirchen-I-Transgression zugedeckt. Sie zwang auch die Marschbewohner zum Verlassen ihrer Siedlungen und deckte diese ebenfalls zu (vgl. Abb. 9).

Danach folgte kurz vor Christi Geburt eine erneute sehr ausgeprägte Regression mit einer deutlichen Senkung des Mittelhochwasser- und des Sturmflutspiegels. Zeugen dafür sind vor allem Bodenhorizonte, die sich an vielen Stellen in der ostfriesischen Marsch an Grabenrändern und in Bohrungen verfolgen lassen. In dieser Zeit war die Marsch sturmflutfrei und konnte deshalb wieder zu ebener Erde besiedelt werden. Sehr zahlreich sind die Flachsiedlungen, die aus der Zeit um Christi Geburt nachgewiesen wurden und von denen eine große Zahl in den folgenden Jahrhunderten während des erneuten Anstiegs des Sturmflutspiegels zu Wurten oder Warften (künstlichen Wohnhügeln) aufgehöht wurden. Die Höhe der bis zu 7 übereinanderliegenden Wohnhorizonte in den Wurten gibt wichtige Anhaltspunkte zum Niveau des jeweiligen Sturmflutspiegels. Zusätzliche Informationen über die jeweilige Vegetation um die Wurten, vor allem zum Salzgehalt, liefern die

Abb. 9 Schematische Darstellung der zeitlichen Abfolge von Sedimentation und Besiedlung in den niedersächsischen Marschen. Rechts sind die Überflutungsphasen der Dünkirchen-Transgression (D 0 bis D III), dazwischen schwarz die Rückzugsphasen der Nordsee eingezeichnet. Links und oben sind wirkliche (Kalender-) Jahre, rechts die in der Quartärgeologie üblichen Radiokarbonjahre angegeben.

in den Siedlungsschichten meist hervorragend erhaltenen Pflanzenreste. Diese zeigen auch, daß Ackerbau in der Nähe der Marschsiedlungen möglich war. Untersuchungen aus der Römischen Kaiserzeit liegen für Ostfriesland aus Jemgumkloster und Bentumersiel im Rheiderland vor (Behre 1977). Dort wurden an Kulturpflanzen Lein und Leindotter als Ölfrüchte, Emmer, Gerste und wenig Rispenhirse als Getreide sowie Pferdebohnen als Leguminosen angebaut.

Nach den heutigen Kenntnissen wurden die urgeschichtlichen Wurten Ostfrieslands in gleicher Weise wie im besser untersuchten Elbe-Weser-Dreieck im Zuge der Völkerwanderung im 4./5. Jh. n. Chr. verlassen. Danach sank der Sturmflutspiegel wieder, denn die frühmittelalterliche Neubesiedlung der Marsch konnte wiederum zu ebener Erde stattfinden. Diese Wiederbesiedlung erfolgte nach den Untersuchungen in Hessens/Wilhelmshaven, Oldorf/Wangerland und Niens/Butjadingen im 7. Jhdt. (Schmid 1991, Brandt 1991). Allerdings stieg der Sturmflutspiegel auch diesmal bald wieder an, so daß es zu einer zweiten Phase des Wurtenbaus kam, die fortgeführt wurde, bis die Deiche den Schutz gegen die See übernehmen konnten.

Watt und Salzwiesen

Nicht der Deich, sondern die Linie des mittleren Tidehochwassers (MThw) bildet die eigentliche Grenze zwischen Land und See. Oberhalb dieser markanten Linie liegen dichte grüne Wiesen, unterhalb die graue amphibische Landschaft der Watten, und es gibt nur eine schmale Übergangszone, die nur wenige Meter breit ist.

Als Naturraum liefert das Watt viel Abwechslung, seine Oberfläche ändert sich stetig. Die großen und stark verzweigten Priele führen täglich zweimal mit der Tide große Wassermassen in das Watt und wieder hinaus. Entsprechend dieser Leistung ist ihr Querschnitt ausgebildet. Je nach den Gezeitenströmen, nach Wind und Seegang, nach der Lage in Luv oder Lee ist die Wasserbewegung sehr unterschiedlich und damit auch die Transportkraft. Schnell bewegtes Wasser transportiert gröberes Material als langsam bewegtes Wasser. Damit herrschen schon am Prall- und Gleithang des gleichen Priels ganz unterschiedliche Sedimentationsbedingungen. Abhängig von der Strömungsgeschwindigkeit und damit von dem jeweils angelieferten Material, unterscheidet man Schlickwatt und Sandwatt, dazwischen gibt es alle Übergangsformen.

Das Watt als Lebensraum ist in den vergangenen Jahren durch die Umweltdiskussion besser bekannt geworden. Vieles ist dem bloßen Auge fast unsichtbar, wie die dünnen Häute von Kieselalgen und Blaualgen, die eine wichtige Rolle beim Festhalten der Sedimente spielen. Die riesigen Mengen dieser winzigen Algen liefern die Primärproduktion, indem sie mit Hilfe der Sonnenenergie Nährstoffe erzeugen. Sie stehen am Anfang der Nahrungskette, während die folgenden tierischen Glieder alle nur Verbraucher sind. Quantitative Untersuchungen haben gezeigt, daß während des Sommers die Bioproduktion im Watt der des tropischen Regenwaldes gleichkommt. Große Algen, wie Blasentang und Meersalat, trifft man im Watt allerdings selten, da sie eine feste Unterlage benötigen; sie finden sich vorwiegend an Schlengen und Buhnen.

An Höheren Pflanzen sind nur die Seegräser reine Salzwasserarten, in den obersten Wattbereich dringen dazu aus den Salzwiesen Queller und Schlickgras als Pioniere bis etwa 30 cm unter die Mittelhochwasserlinie vor (Abb. 11).

Zahlreiche Tierarten besiedeln die Watten, dabei gibt es klare Zonierungen der Verbreitung, die sich nach dem Sediment und der Lage zum MThw richtet (Dörjes 1978). Vor allem Würmer, Kleinkrebse und Weichtiere sind in riesigen Individuenzahlen vertreten und bilden die Nahrungsgrundlage für viele Vogelarten, die ohne das Watt nicht existieren könnten. Daneben ist das Watt Heimat verschiedener Fischarten, darüber hinaus aber vor allem die Kinderstube für viele Fische der freien Nordsee.

Die langen Bemühungen, den Lebensraum Watt zu schützen, hatten schließlich Erfolg, und seit dem 1.1.86 gibt es den Nationalpark "Niedersächsisches Wattenmeer". Er umfaßt den ganzen niedersächsischen Wattbereich und gliedert ihn in eine Ruhezone (54 %), eine Zwischenzone (45 %) und eine Erholungszone (mit weniger als 1 %). Die Ruhezone entspricht etwa einem Naturschutzgebiet und die Zwischenzone einem Landschaftsschutzgebiet, während die Erholungszone kaum reglementiert ist. Landseitig reicht der Nationalpark bis an den Deich, schließt also die Salzwiesen mit ein. Damit wird die enge Verbindung zwischen diesen und dem Watt berücksichtigt, deren Abgrenzung sich auf natürliche Weise oft hin- und herbewegt.

Auch die Salzwiesen stellen ein wichtiges und heute eng begrenztes Biotop dar. Die hier lebenden Pflanzenarten, die Halophyten, sind an den Salzgehalt im Boden

Abb.11 Die einjährigen Quellerpflanzen dringen als Pioniere in das Gezeitengebiet vor, wie hier am Jadebusen.

angepaßt und ertragen auch gelegentliche Salzwasserüberflutungen (Abb. 12). Obwohl die Salzwiesen scheinbar eben sind, zeigt die Vegetationszonierung eine Gliederung in klar voneinander getrennte Pflanzengesellschaften: auf die Pionierphase des offenen Quellerrasens folgt der fest geschlossene Andelrasen, darauf die Salzbinsenwiese und schließlich die Schwingelzone. Bereits geringe Unterschiede in der Überflutungshäufigkeit durch Salzwasser führen zu anderen ökologischen Bedingungen, die an den Vegetationsgrenzen deutlich sichtbar werden. Diese Zeigerfunktion der einzelnen Pflanzenarten im Hinblick auf den Salzgehalt ist im übrigen eine wichtige Hilfe, um aus den meist gut erhaltenen Pflanzenresten in den Mistschichten prähistorischer und mittelalterlicher Siedlungen auf die damaligen Salzgehaltsverhältnisse in der Umgebung der Siedlungen zu schließen und damit sowohl deren Lage zur Küste als auch die ökonomische Basis der Bewohner zu rekonstruieren.

Im Gegensatz zur weit verbreiteten Auffassung stellen die meisten heutigen Salzwiesen keine rein natürlichen Gesellschaften dar, auch wenn die "richtigen" Arten dort wachsen. Seit sehr langer Zeit werden die Salzwiesen beweidet, teilweise auch gemäht, und das fördert bestimmte Arten, während andere zurückbleiben. Insbesondere der Andelrasen *(Puccinellietum maritimi)* hat sich durch die Beweidung auf Kosten anderer Salzwiesengesellschaften erheblich ausgedehnt. Mit der Einstellung der landwirtschaftlichen Nutzung auf nunmehr geschützten Flächen werden sich die Salzwiesen sichtbar ändern.

Das große Interesse an der Nutzung der Salzwiesen hängt mit deren hoher Fruchtbarkeit zusammen, hinzu kommt, daß das dortige Futter besonders eiweißreich ist. Die Düngung erfolgt auf natürliche Weise: bei jeder höheren Flut setzen sich Sedimente auf den Salzwiesen ab, das Vorland wächst nach vorn und nach oben - die in Ostfriesland übliche Bezeichnung Groden hat den gleichen Wortstamm wie das englische to grow = wachsen.

Abb. 12 Salzwiese mit Strandflieder. Die Artenzusammensetzung der Salzwiesen wird bestimmt durch die jeweilige Überflutungshäufigkeit und die Intensität der Beweidung.

Die Seemarsch hinter dem Deich

Der Deich bildet eine überaus scharfe Grenze zwischen dem von natürlichen Faktoren und vom Salzwasser geprägten Gebiet und dem geschützten Kulturland im Süßwasserbereich dahinter. Die noch bis ins Mittelalter hinein bestehende breite brackische Übergangszone ist bis auf rudimentäre Reste an den Flußläufen verschwunden.

Der Deichbau hat seit dem Mittelalter die Landschaft der Seemarsch in entscheidendem Maße verändert und geformt. Einmal unterbrach er - oft mehrfach hintereinander - die natürlichen Wasserwege und führte damit nach und nach zu einer völlig anderen Infrastruktur, zum anderen erschwerte er die Entwässerung besonders der im Binnenland gelegenen Marschen und war damit die Ursache für die Herausbildung landwirtschaftlich sehr ungleichwertiger Regionen innerhalb der Marsch. In der Zeit vor dem Deichbau siedelte und wirtschaftete man auf den hochgelegenen Teilen der Marsch, auf den Uferrücken entlang von Flüssen, Prielen und Buchten, nicht selten dicht an der See, während die tiefergelegenen Hinterländer gemieden wurden. Auch nach dem Beginn des Deichbaus wurden die Sietländer noch lange nicht besiedelt, doch oft wurde seewärts vor einem Deich später ein zweiter, ein dritter usw. errichtet. Bei der Eindeichung von Buchten, z.B. der Harlebucht oder dem Schwarzen Brack am Jadebusen, liegen oft zahlreiche Deiche hintereinander. Jeder einzelne Deich verhindert indes, daß hinter ihm sedimentiert wird, vor ihm jedoch kommt neues Material zur Ablagerung, und da der Sturmflutspiegel seit dem Mittelalter weiter stieg, wurden auch die Sedimente immer höher abgesetzt. Je jünger die Polder sind, desto höher liegen sie deshalb in der Regel; verstärkt wird diese Tendenz noch dadurch, daß die älteren Polderböden stärker gesackt sind als die jüngeren. Es entstand eine Art flache Treppe aufwärts zur Küste hin (vgl. Abb. 13). Die landeinwärts gelegenen Gebiete waren dadurch schwer zu entwässern und versauerten zum Teil, wäh-

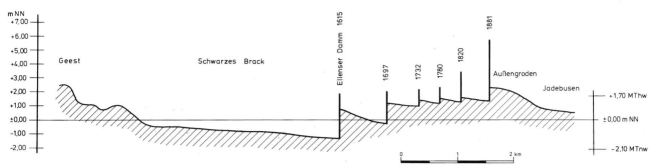

Abb. 13 Schematischer Schnitt durch die Polderfolge im Gebiet des Schwarzen Bracks am westlichen Jadebusen (nach Tillessen 1962, vereinfacht).

rend die jüngeren Polder dieses Problem nicht hatten. Hinzu kommt, daß die neueren Polder noch frischeren und damit weniger entkalkten Boden haben und daß die küstennäheren Polder oft sandiger sind.

Diese Zonierung innerhalb der Marsch bestimmt auch heute noch die landwirtschaftliche Nutzung. Ackerbau wird überwiegend in den küstennahen Gebieten betrieben, hier erreichen Weizenböden höchste Bodenwerte, während die binnenwärts gelegenen tieferen Bereiche fast ausschließlich Grünland und damit Viehwirtschaft aufweisen. Die modernen, großzügigen Entwässerungsnetze und die künstliche Düngung haben diese Unterschiede mildern, aber nicht beseitigen können. Es ist verständlich, daß mit diesen Fruchtbarkeitsunterschieden auch soziale Differenzierungen in der Landwirtschaft verbunden waren: den reichen "Polderfürsten" stehen die einfacheren Sietlandbauern gegenüber, früher noch schroffer als heute. Am deutlichsten sichtbar ist dieser Kontrast im Siedlungsbild des Rheiderlandes.

Das Verhältnis von Acker zu Grünland in der Marsch hängt allerdings nicht nur vom Boden, sondern auch von der jeweiligen Konjunktur ab. So hatte man in der Zeit um 1800 wegen der guten Getreidekonjunktur große Teile der dafür geeigneten Grünlandarten in Äcker überführt, und bis weit ins 19. Jhdt. hinein spielte der Getreidebau in der ostfriesischen Marsch eine erheblich größere Rolle als heute. Derartige Schwankungen hat es in der Vergangenheit mehrfach gegeben.

Die Flußmarsch

Die ostfriesische Halbinsel wird an der Unterems und der Niederweser von typischen Flußmarschen begrenzt. Im geologischen Aufbau wiederholt sich hier auf engerem Raum und damit viel schärfer die Zonierung Hochland-Sietland-Geestrand, die bereits bei den Seemarschen besprochen wurde.

Am Beispiel des besonders gut untersuchten Unteremsgebietes soll kurz die Entwicklung einer Flußmarschlandschaft geschildert werden (vgl. Abb. 14). Verursacht durch den Rückstau auf Grund des ansteigenden Meeresspiegels entstanden in den eiszeitlich angelegten Flußtälern zunächst weite Vermoorungen der Talgründe. Sehr bald kam es an den Emsufern zur Ablagerung von Klei (Ton) mariner Herkunft, der überwiegend während Sturmfluten herangebracht wurde und besonders im brackischen Übergangsbereich, aber auch weiter oberhalb ausflockte und abgesetzt wurde. Die Ablagerung erfolgte vor allem in der Nähe des Flusses, da die Transportkraft des Wassers schlagartig nachläßt, wenn es das Flußbett verläßt und in den Überschwemmungsbereichen fast stillsteht. Hinzu kommt, daß - im Gegensatz zur Seemarsch - Flußufer und niedrig gelegene Flächen im Bereich des Süß- und oberen Brackwassers ursprünglich weithin mit Röhrichten bestanden waren, die die Sedimente aus dem Wasser herausfilterten. So entstand beiderseits des Flusses wie an allen anderen Wasserläufen ein erhöhter Uferwall aus mineralischem Material; an der Ems besteht er fast nur aus Ton und erreicht eine Breite von 1-2 km. Im Aufbau des Uferwalles lassen sich die gleichen Transgressionsphasen erkennen wie in der Seemarsch, wo die Sedimente direkt von der freien Nordsee kommen. Der hier abgelagerte Ton ist seit langer Zeit der Rohstoff für die zahlreichen Ziegeleibetriebe im Rheiderland links der Ems.

Hinter dem Uferwall herrschte ein Sedimentdefizit, weil fast alles ankommende Material im Bereich des Uferwalls abgefangen wurde. Es entstanden ausgedehnte Moore, die im Wachstum dem durch den steigenden Meeresspiegel bestimmten Grundwasserspiegel folgten. In den nassen Phasen waren es meist Röhrichte, die den Torf bildeten; ließ der Grundwasseranstieg nach, entwickelten sich auch Seggengesellschaften und

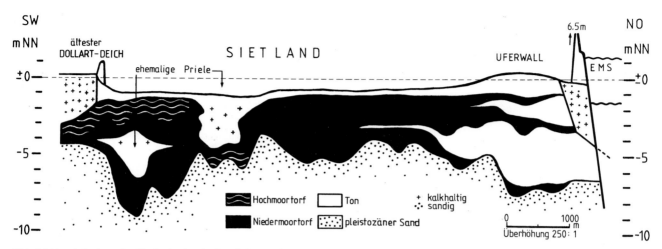

Abb. 14 Vereinfachter Profilschnitt durch die Flußmarsch an der Unterems im Rheiderland nach Behre 1970, verändert. In Flußnähe wurden von der Ems in mehreren Überflutungsphasen Tone abgelagert, während sich im Sietland Torf bildete. Im Zuge der Ausweitung des Dollarts um 1500 wurde das gesamte Rheiderland von einer Tondecke überzogen.

Bruchwälder; stellenweise kam es auch zur Hochmoorbildung (Behre 1985).

Mit Hilfe botanischer Untersuchungen ließ sich für das Niederrheiderland der natürliche Zustand vor den ersten Eingriffen des Menschen rekonstruieren. Dazu dienten nicht nur die Torfe des Sietlandes, sondern vor allem auch die Pflanzenreste, insbesondere die zahlreichen Hölzer aus den ältesten Siedlungen auf dem Uferwall. Der Uferwall selber war damals mit Auenwäldern bestanden, die von der häufig überschwemmten Weichholzaue bis zur nur noch selten vom Flußwasser erreichten oberen Hartholzaue reichten (Abb. 15). Jahrtausendelang bot sich entlang der Ems eine Zonierung, die man mit dem aus semiariden Steppengebieten bekannten Begriff Galeriewald bezeichnen muß: Wälder auf dem Uferwall parallel zum Fluß und dahinter weite baumlose Moore, die bis an die Geest reichten (Abb. 16).

Die ersten Siedler besetzten um 600 v. Chr. während der Älteren Eisenzeit den Uferwall der Ems. Erneut um

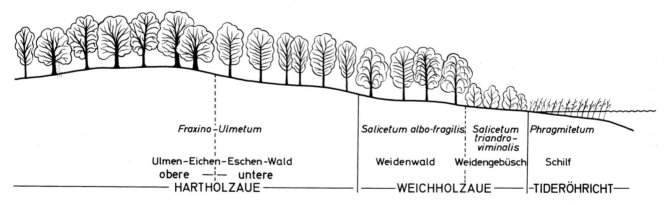

ULME   EICHE   ESCHE   ERLE   WEIDE   WEIDENGEBÜSCH

Abb. 15 Rekonstruktion der natürlichen Auenwälder auf dem Uferwall der Ems bei Hatzum während der älter-eisenzeitlichen Marschenkolonisation um 600 vor Christus.

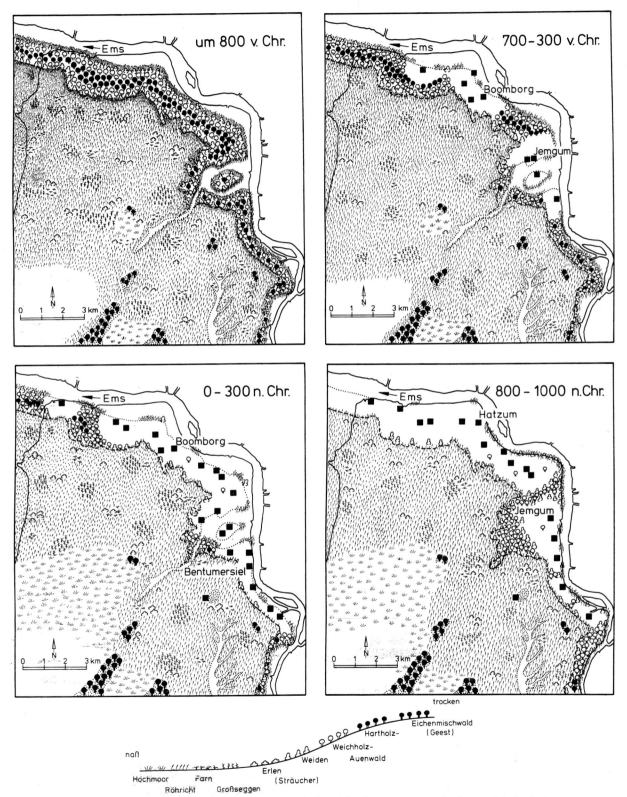

Abb.16 Natürliche Vegetation und Siedlungskammern am linken Ufer der Ems in verschiedenen Zeitabschnitten.

Christi Geburt, nach vorübergehender Unterbrechung, und ebenso bei der endgültigen Besiedlung im Frühen Mittelalter errichtete man die Wohnplätze auf dem Uferwall; dort hatte man auch Äcker und Grünland, während das nasse Sietland leer blieb. Zahlreiche Grabungen im Rheiderland gaben nicht nur Aufschluß über die Siedlungen selber, sondern anhand der erhaltenen Pflanzenreste auch über den Ackerbau und die Veränderungen der Naturlandschaft durch den Menschen (Behre 1970). Die obere Hartholzaue, die durch das Vorkommen von Eiche, Ulme und Esche gekennzeichnet war, wurde spätestens um Christi Geburt endgültig vernichtet, im Mittelalter war der Uferwall dann völlig waldfrei.

An Feldfrüchten wurden in der älteren Siedlungsphase vor allem Pferdebohne sowie Gerste und Emmer als Getreide und Lein und Leindotter als Ölpflanzen kultiviert. Die gleichen Arten, ergänzt durch Hafer, wurden auch noch im Frühen und Hohen Mittelalter hier angebaut. Dabei unterscheidet sich die Flußmarsch nicht von der Seemarsch. Bemerkenswert ist, daß in der Marsch im Gegensatz zur Geest, wo sich im Mittelalter der Roggen ausbreitete, die Pferdebohne von sehr großer Bedeutung war und sich der heute in Deutschland nicht mehr kultivierte Emmer - wahrscheinlich als Brotgetreide - hier noch sehr lange gehalten hat (Behre 1986b).

Wichtiger als der Ackerbau war hier aber stets die Viehhaltung, bei der die Rinder immer überwogen. Die Wiesen und Weiden lagen auf dem Uferwall und an seinem Rande.

Das Rheiderland änderte sein Aussehen erheblich, als während des Dollarteinbruchs um 1500 n. Chr. erstmals eine Kleidecke über das gesamte Sietland gelegt wurde. Durch sie wurde die spätere Grünlandnutzung ganz erheblich verbessert. Auch heute sind die Siedlungen auf dem Uferwall und am Rand der Polder konzentriert, während das Sietland weitgehend siedlungsleer ist. Das hängt zum Teil mit dem tiefen moorigen Untergrund zusammen. Mit dem Deichbau setzte eine erste Entwässerung ein, die heute durch Tiefs und Schöpfwerke sehr ausgebaut ist. Mit dem Entzug des Wassers sackt der moorige Untergrund immer weiter ab; stellenweise liegt die Oberfläche bereits unter - 1,20 m NN, was etwa dem Niedrigwasserstand außerhalb des Deiches entspricht.

Frühere Küstenlinien und die Auswirkungen der Sturmfluten

Die geologischen Untersuchungen haben gezeigt, daß in den vergangenen Jahrtausenden die Nordsee mehrfach tief nach Ostfriesland hinein vorgedrungen ist und teils Gezeiten- und Sturmflutablagerungen, teils lagunäre Bildungen hinterlassen hat (Streif 1990). Genauere Vorstellungen über frühere Küstenlinien gibt es indes nur für die letzten 2000 Jahre. Zur Rekonstruktion der Küstenlinien in Abb. 17 wurden neben den geologischen Befunden (vor allem zahllose Bohrungen) die Verbreitung der prähistorischen und mittelalterlichen Siedlungen, alte Deiche und historische Quellen herangezogen.

Die Uferlinie um Christi Geburt zeigt die Küste nach dem Rückzug des Meeres um diese Zeit, unmittelbar vorher hatte die Dünkirchen-I-Transgression die Küstengestalt erheblich verändert und war stellenweise tief ins Land vorgedrungen. Kennzeichnend sind die Buchten von Campen und Sielmönken, deren Umrisse durch die Verbreitung von römisch-kaiserzeitlichen Siedlungen markiert sind (Reinhardt 1969); weitere Buchten sind die von Nesse und Dornum und die tiefen Einbrüche im Jeverland. An anderen Stellen reichte die Küste weiter seewärts als heute, so nordwestlich von Norden, wo der alte Ort Itzendorf erst 1717 ausgedeicht wurde, und weiter östlich vor Ostbense, wo Heinze (1986) römisch-kaiserzeitliche und mittelalterliche Siedlungen im Watt nachweisen konnte. Nach antiken Quellen gab es zur Römerzeit im Emsmündungsgebiet zahlreiche vorgelagerte Inseln. Deren größte, Burcana, ist sehr wahrscheinlich mit der ehemaligen Insel Bant zwischen Juist und dem Festland identisch (vgl. S. 28). Um 800, d.h noch mehr als 200 Jahre vor dem Deichbau, waren die meisten der früheren Buchten ganz oder teilweise zugeschlickt, dafür waren zwei neue Buchten entstanden: die tief ins Land reichende Harlebucht sowie die Maadebucht im Gebiet von Wilhelmshaven. Die Küstenlinie um diese Zeit ist die Mittelhochwasserlinie; während Sturmfluten wurden weite Marschgebiete überschwemmt, und nur die Wurten gaben sichere Siedlungsplätze ab.

Mit dem Deichbau, der im 11. Jhdt. einsetzt, änderten sich die Verhältnisse grundlegend. Während die Deiche einerseits Schutz gewährten, engten sie andererseits den bisherigen Überflutungsraum bei Sturmfluten ein und erhöhten damit vor allem in Buchten und Flußmündungen die Stauwirkung. Die Sturmfluten liefen deshalb immer höher auf, verstärkt noch durch den generellen Anstieg des Sturmflutniveaus im Nordseeraum. Die Deiche mußten stetig erhöht werden, Deichbrüche hatten katastrophale Folgen. Tiefe Einbrüche entstanden, und die See holte sich einen Teil der Gebiete zurück, die ihr vor dem Deichbau als Überflutungsraum zur Verfügung gestanden hatten, inzwischen aber kultiviert und besiedelt waren. Dort, wo das küstennahe Hochland voll durchbrochen wurde, konnte sich die See in den tiefliegenden Sietländern breit ausdehnen. Hier bekam man das Wasser nicht wieder heraus und mußte große Gebiete aufgeben, wie man an der Form von Dollart und Jadebusen noch heute, besonders aber am Zustand um 1500 erkennt.

Über die Geschichte und die teilweise verheerenden Folgen der mittelalterlichen Sturmfluten gibt es ausführliche Darstellungen, auf die verwiesen werden kann. Hier seien nur die für den ostfriesischen Raum wichtigsten Sturmfluten genannt:

17. 2.1164	Julianenflut (erster Jadeeinbruch)
23.11.1334	Clemensflut (bes. Jadebusen, der zur Weser durchbricht)
16. 1.1362	2. Marcellusflut (Dollarteinbruch, Jadebusen, Leybucht)
9. 1.1374	1. Dionysiusflut (bes. Leybucht, dort ging Westeel verloren)
26. 9.1509	Cosmas- und Damianflut (Dollart, Emsdurchbruch, Jadebusen)
16. 1.1511	Antoniflut (bes. Jadegebiet)
1.11.1570	4. Allerheiligenflut (bes. westliches Ostfriesland)
25.12.1717	Weihnachtsflut (ganze Küste)
3./4.2.1825	1. Februarsturmflut (bes. westl. u. nördl. Ostfriesland)
16./17.2.1962	2. Februarsturmflut (ganze Küste, Schäden begrenzt)

Die großen Buchten Dollart, Leybucht und Jadebusen entstanden durch diese Sturmfluten und reichten weit

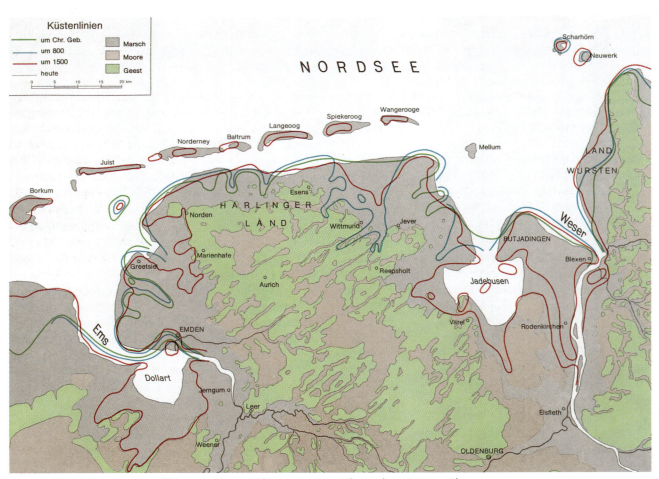

Abb.17 Der Verlauf der Küstenlinien um Christi Geburt, um 800 n. Chr. und um 1500 n. Chr.

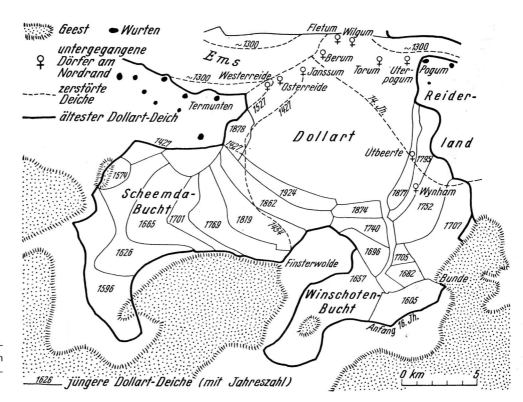

Abb. 18 Die Wiederbedeichung des Dollarts (nach Homeier 1969, aus Sindowski 1973).

tiefer ins Land als heute, während andere, Harlebucht und Maadebucht, in dieser Zeit teilweise zurückgewonnen werden konnten. Um 1500 war die Küstenlinie völlig zerrissen, und zwischen Jadebusen und Weser gab es eine breite Verbindung (Abb. 17). Diese Zerstörungen hatten entsprechende politische Folgen, wie sie sich besonders an der Zerteilung des ehemaligen Rüstringen zeigen (Reinhardt 1983).

An der nordfriesischen Küste, die in noch stärkerer Weise zerstört wurde, war vielerorts die Gewinnung von Salztorf mit daran schuld, da sie den Untergang sozusagen vorbereitete. Dieses war stellenweise auch in Ostfriesland der Fall, denn auch hier wurde – lange Zeit fast unbekannt – Salztorf gegraben (Marschalleck 1973, Heinze 1986). Von der ehemaligen Insel Bant ist die Salzgewinnung bis ins frühe 17. Jhdt. überliefert, endgültig zerstört wurde die Insel im 18. Jhdt. Auch weiter östlich wurden im Watt vor Bensersiel mittelalterliche oder frühneuzeitliche Salztorfflächen entdeckt. In diesen Fällen hat der Salztorfabbau die Vernichtung sicherlich beschleunigt. Kürzlich wurde auch bei Diekmannshausen, im Bereich des ehemaligen Jadebusens Salztorfgewinnung nachgewiesen, die dort im 13./14. Jhdt. betrieben wurde (Krämer 1991).

Vom 16. Jhdt. an war die Organisation und Technik des Deichbaus so weit, daß – wenn auch mit Rückschlägen – große Teile des verlorenen Landes nach und nach wieder bedeicht werden konnten. Abb. 18 zeigt als Beispiel die Rückgewinnung der Randgebiete des Dollarteinbruchs, ähnlich sieht es an der Leybucht und am Jadebusen aus, während die ehemalige Harlebucht ebenso wie zahlreiche kleine Buchten vollständig zugedeicht wurden. Heute hat die Landgewinnung für landwirtschaftliche Zwecke aufgehört. Wo noch Vordeichungen erfolgen, dienen sie dem Küstenschutz oder liefern Gebiete für die Industrieansiedlung, wie nördlich Wilhelmshaven.

Küstenschutz und Entwässerung

Die ersten Deiche wurden in Ostfriesland im 11. Jhdt. errichtet. Ein zeitweilig angenommenes früheres Datum für den Bereich Damhusen (Homeier 1969) hat sich nicht bestätigen lassen. Die ältesten Deiche waren Ringdeiche, die das Wirtschaftsland vor sommerlichen Überflutungen schützten, sie hatten noch nicht die Funktion von Winterdeichen. Der Nachweis dieser Ringdeiche ist schwierig, denn Reste im Gelände sind kaum erhalten, und die Rekonstruktion muß anhand von alten Wasserläufen und Parzellengrenzen erfolgen. Bisher sind zwischen Weser und Ems nur wenige Ringdeiche mit hinreichender Sicherheit erkannt worden: um Sillens in Butjadingen (Krämer 1984), im Stadtgebiet von Wilhelmshaven (Reinhardt 1979) und um Oldorf, Waddewarden und Haddien im Wangerland (Nitz 1984).

Über den weiteren Landesausbau in der Marsch und die damit zusammenhängenden Bedeichungen berichten vor allem Reinhardt (1983), Nitz (1984) und Schmid (1988). Danach zog man zunächst Seitendeiche (Sietwendungen) entlang der Buchten, bis schließlich im 13. Jhdt. eine geschlossene Deichlinie vorhanden war, die auch gegen die winterlichen Sturmfluten schützte. Bei den zahlreichen Vor- und Rückdeichungen wurde viel Deicherde benötigt, das führte dazu, daß nicht mehr benötigte Deiche oft wieder abgetragen wurden; aus diesem Grunde ist vor allem die Lage der ältesten Deiche nur schwer nachweisbar. Einen Versuch, die gesamte Deichentwicklung Ostfrieslands darzustellen, unternahm Homeier (1969). Dabei deutete er vor allem das Wege-, Parzellen- und Gewässernetz aus, um alte Deichverläufe zu erschließen. An zahlreichen Stellen sind die auf diese Weise gewonnenen Deichlinien jedoch noch nicht gesichert.

Neben den Deichen aus reinem Klei wurden im Mittelalter und vor allem in der frühen Neuzeit sog. Holzungen gebaut, bei denen der Erddeich durch enggesetzte Holzpfähle, die tief im Deich verankert waren, seeseitig geschützt wurde. Diese holzbewehrten Deiche errichtete man zunächst an Häfen und Sielen, später, vor allem in der ersten Hälfte des 18. Jhdts., wurden in großem Maße auch andere gefährdete Deichzüge auf diese Weise geschützt. Diese Bauweise wurde später vor allem wegen der hohen Kosten für das Holz wieder aufgegeben (Siebert 1969).

Deichhöhen und Deichquerschnitte wurden im Laufe der Zeit beträchtlich vergrößert, besonders stark in diesem Jahrhundert. Der enorme Bedarf an Deicherde führte dazu, daß die modernen Deiche im Gegensatz zur früheren Technik fast ausnahmslos in der Sandkernbauweise errichtet werden. Dabei besteht der Deichkern aus eingespültem Sand, darauf liegt eine schützende Kleidecke von 1-1,5 m Stärke (Kramer 1989).

Die Tideflüsse wurden teils durch Wehre abgedämmt, wie die Ems bei Herbrum und die Weser bei Bremen, teils durch Sperrwerke geschützt. Die Sperrwerke an der Mündung der Leda und der Hunte lassen zwar die Tiden herein, werden aber bei hohen Sturmfluten geschlossen. Damit wird sowohl die Sicherheit gewährleistet als auch vermieden, die binnenseitig gelegenen Deiche weiter zu erhöhen, und die Schiffahrt wird nicht durch Schleusen behindert.

Gleich mit dem ersten Deichbau kam das Problem der Entwässerung der bedeichten Flächen und des Ablaufs des Oberwassers aus Geest und Moor. Es mußten Durchlässe in den Deich eingesetzt werden, die bei Niedrigwasser das Wasser hinausließen. Diese Öffnungen waren zunächst einfache verschließbare Holzrohre, später sorgfältig gezimmerte, geschlossene Siele und schließlich überwiegend offene, gemauerte Siele. Mit jedem neuen Deich mußte ein neuer Siel gebaut werden, so gibt es noch heute - zumindest in den Ortsnamen leicht erkennbar - in der wiederbedeichten Harlebucht eine ganze Folge von Sielen und zwar je eine Reihe auf der ostfriesischen und der oldenburgischen Seite. Viele dieser Sielorte dienten in der Neuzeit als Hafenplätze für Umschlag und Handel, da sie einerseits durch die auf sie zulaufenden Tiefs binnenseitig gute Wasserverbindungen hatten und andererseits das im Außentief abfließende Wasser seewärts eine Fahrrinne freihielt (Schultze 1962). Mit dem Ausbau der Landverkehrswege im vorigen Jahrhundert verloren die Sielhafenorte ihre Funktion. Die ursprünglich zahlreichen Siele wurden vor allem in den letzten Jahrzehnten vermindert, und der Wasserabfluß auf weniger, aber größere Siele konzentriert.

Binnenseitig sorgen die Tiefs für die Zuführung des Wassers an die Siele. An sie sind die Gewässer niederer Ordnung angeschlossen. Die ältesten Tiefs folgen noch den gewundenen, natürlichen Prielläufen, diese wurden beim späteren Ausbau dann vielerorts begradigt. Schwierigkeiten in der Entwässerung gab es lange Zeit in den tiefgelegenen Sietländern. Mit windgetriebenen Wasserschöpfmühlen wurden diese Gebiete mehr oder weniger "trocken gemahlen" (Abb. 19). Um die Jahrhundertwende entstanden zunächst an der Ems und im Leda-Jümme-Gebiet die ersten Schöpfwerke, damals noch mit Dampfbetrieb. Inzwischen besteht ein gut ausgebautes Netz von elektrisch betriebenen Haupt- und Unterschöpfwerken. Zusätzlich wurden Speicherpolder angelegt, in die das Wasser bei langdauernden hohen Außenwasserständen gepumpt wird, um es später ablaufen zu lassen. Besonders große Speicherpolder gibt es an der Knock, bei Dornumersiel und am Dangaster Siel.

Die stetige Entwässerung verursachte besonders in den tiefgelegenen Sietländern Sackungen der dortigen Torfe durch den Wasserentzug. Damit wurde dort die Oberfläche noch weiter abgesenkt und geriet stellenweise,

Abb.19 Wasserschöpfmühle auf dem Wedelfeld bei Neustadtgödens. Erbaut 1844 als eine der letzten dieser Mühlen in Ostfriesland.

wie im Wynhamster Kolk im Rheiderland oder im Einzugsgebiet des Freepsumer Tiefs in der Krummhörn, unter das Niveau des mittleren Tideniedrigwassers, in den beiden genannten Fällen sogar tiefer als - 2,20 m NN. Ohne Schöpfwerke würden sich dort ausgedehnte Seen bilden.

Die Inseln

Die Ostfriesischen Inseln stellen keine alten Festlandsreste dar, sondern sind relativ junge eigenständige Bildungen. Dagegen waren die untergegangene Insel Bant ebenso wie die erst in diesem Jahrhundert endgültig vernichteten Oberahnschen Felder im Jadebusen ein Teil des Marschgebietes.

Die ehemalige Insel Bant im heutigen Juister Watt wird von Haarnagel (1980) mit der bei Tiberius und Drusus erwähnten großen Insel Burcana gleichgesetzt, die von Drusus erobert wurde. Später ist der Name an die Insel Borkum übergegangen.

Bereits das Material der Ostfriesischen Inseln - Sand, im Gegensatz zum Ton, der in der Marsch auf dem Festland vorherrscht - weist auf eine andere Entstehungsweise hin. Man nimmt an, daß sich bei der Entstehung einer Düneninsel zunächst eine hochwasserfreie Plate gebildet hat, wie es sie auch heute z.B. im Gebiet der Wesermündung gibt, auf der dann erste Dünenbildungen einsetzten. Diese von Barckhausen (1969) entwickelte Platentheorie ist heute allgemein anerkannt. Der Sand wird durch den Seegang dauernd aus dem marinen Bereich nachgeliefert, so daß stets genügend Material zur Ernährung der Inselkette vorhanden ist.

Über das Alter der heutigen Ostfriesischen Inseln gibt es nur wenige sichere Anhaltspunkte. Es gibt Hinweise, daß die Inseln in der Mitte des 1. nachchristlichen Jahrhunderts bestanden haben, unwahrscheinlich ist, daß sie älter als 2000 Jahre sind. Ob es vorher derartige Barriere-Inseln weiter nördlich gegeben hat, ist unbekannt. Möglicherweise führte das großräumige Absinken des Meeresspiegels um Christi Geburt (vgl. S. 16 f.) zur Bildung mehrerer hochwasserfreier Platen und gab damit den Anstoß für die Inselbildung. Die älteste bekannte Salzwiese auf einer Ostfriesischen Insel wurde mit 1965 Radiokarbonjahren vor heute datiert und liegt auf Juist; erst nach dieser Zeit kann dort eine Dünenbildung eingesetzt haben (Streif 1986).

Im unbefestigten Naturzustand waren die Inseln sehr stark den Strömungsverhältnissen unterworfen und veränderten ständig ihre Form und ihre Lage. Sie sind dabei vor allem abhängig von der Sandanlieferung und -abführung. Neue Untersuchungen dazu haben gezeigt, daß der Sandtransport aus der Nordsee in Richtung Küste dominierender ist als der küstenparallele Transport. Eine bevorzugte Tendenz der West-Ost-Verlagerung der Inseln läßt sich daraus nicht ableiten (Streif 1986, S. 38).

Zwischen den Inseln befinden sich die Seegaten, in denen mit der Tide die Wassermassen in die binnenseitig gelegenen großen Wattgebiete geführt und wieder herausgelassen werden. Dadurch sind die Seegaten sehr tief, und ihre Existenz verhindert das Zusammenwachsen der Inseln. Die Seegaten stören auch den küstenparallelen Sandtransport, denn der Ebbstrom treibt den wandernden Sand nach draußen, so daß sich Riffbögen bilden, die aus aneinandergereihten Sandplaten bestehen und bogenförmig vom Ostende einer Insel bis zur östlich anschließenden reichen. Bei Niedrigwasser fallen diese Riffbögen teilweise trocken. In den letzten ein- bis zweitausend Jahren haben sich die Ostfriesischen Inseln im wesentlichen in Nord-Süd-Richtung bewegt und sind dabei auf vormalige Wattgebiete aufgewandert. Am besten bekannt ist dieses von Langeoog und Wangerooge, die während dieser Zeit beide um 2 km nach Süden vorgerückt sind (Streif 1986). In jüngerer Zeit ist die Bewegungsrichtung von Süd nach Südost umgeschlagen, in Wangerooge erkennbar. Besonders stark war die Verlagerung der Insel Wangerooge, erkennbar z.B. an dem 1597 am Ostrande der Insel erbauten "Westturm", der heute am äußersten Westende der Insel liegt. Angepaßt an die Inselwanderung mußte auch das Dorf Wangerooge verlegt werden.

In Einklang mit den derzeit herrschenden Strömungsverhältnissen sind heute einige dieser Schwemmsandinseln, wie vor allem Juist und Langeoog, relativ lagestabil, während andere in Bewegung sind und an den angegriffenen Seiten befestigt werden.

Eine besonders wechselvolle Geschichte hat der Bereich der Insel Norderney erlebt (Streif 1990). Der Westteil von Norderney ist das Ostende einer großen Insel, die sich weit nach Nordwesten von Norderney erstreckte. Diese Insel Buise brach vor etwa 700 Jahren in der Mitte auseinander, ihr Westteil wurde 1690 endgültig zerstört. Norderney ist, vor allem durch die Sandzufuhr von Buise her, ständig gewachsen und liegt im Osten jetzt auf dem alten Sockel von Baltrum, das stark nach Osten versetzt worden ist.

Die Veränderungen in Lage und Größe der Inseln waren verknüpft mit der Lage der dazwischenliegenden See-

Abb. 20 Ostfriesische Düneninsel (Langeoog).

gaten, durch die der Angriff der See auf die ostfriesische Festlandsküste erfolgte. Die Entwicklung der Einbrüche und Verlandungen z.B. in der Harlebucht und in der Leybucht hängen deshalb zusammen mit den Veränderungen im Küstenvorfeld im Bereich der Inseln.

Heute ist man bemüht, die Lage der Inseln zu sichern, das wird mit hohen Kosten, vor allem mit der Anlage von Buhnen und Deckwerken an den besonders gefährdeten Westköpfen betrieben. Um die Sandverdriftung in das Fahrwasser der Jade aufzuhalten, wurde die ursprüngliche Sandplate Minsener Oldeoog östlich Wangerooge durch zahlreiche Buhnenbauten festgelegt; inzwischen erreicht sie mit den aufgewehten Dünen den Charakter der übrigen ostfriesischen Inseln.

Die Düneninseln besitzen in sich eine klare Gliederung, obwohl durch die natürlichen Kräfte die einzelnen Teilbereiche dauernd verändert werden (vgl. Abb. 21). Von See her ergibt sich die folgende Reihe: der unter dem Springtide-Niedrigwasser liegende Vorstrand und der bis zur MThw-Linie sich anschließende nasse Strand bestehen aus mehreren strandparallel laufenden Strandriffen. Darüber folgen dann der trockene Strand und die Dünen. Die ersten kleinen, sich schnell verändernden einzelnen Dünen werden gebildet, wo die Strandquecke erstmals den treibenden Sand festhält; es sind die sog. Primär- oder Vordünen. Ein Stück dahinter beginnt dann die eigentliche Dünenzone, die eine mehr oder weniger geschlossene Vegetationsdecke aus vornehmlich Strandhafer und Strandgerste hat und als Sekundär- oder Weißdüne bezeichnet wird. Auch diese Dünen verändern und verlagern sich stetig. In der dritten Zone, der Tertiär- oder Graudüne, ist der Sand dann festgelegt und zum Teil bereits von Zwergsträuchern oder Büschen, wie dem Sanddorn, überwachsen.

Durch Bepflanzung mit Strandhafer, durch Abdeckungen und andere Maßnahmen versucht man, besonders die wandernden Teile der Weißen Düne künstlich zu stabilisieren. Damit werden die natürlichen Veränderungen eingeschränkt, gleichzeitig aber die Schutzfunktion der Weißen Düne verbessert.

Auf der Landseite der Inseln liegt der sog. Heller, eine mehr oder weniger ebene Sandmarschfläche, die sich

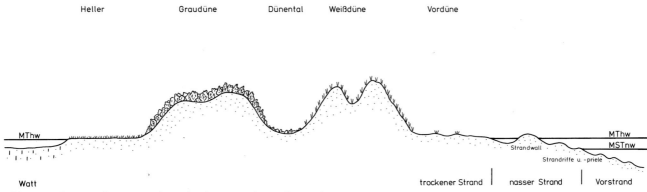

Abb. 21 Schematischer Querschnitt durch eine ostfriesische Insel.

im Schutz der Inseln gebildet hat. Es sind dies die einzigen landwirtschaftlich nutzbaren Flächen auf den Inseln, weshalb sie auch teilweise eingedeicht sind.

Die Moore

Die Entwicklung der Hoch- und Niedermoore

Die ostfriesische Halbinsel gehört zu den moorreichsten Gegenden Deutschlands. Vor allem die riesigen Hochmoore haben jahrtausendelang diese Landschaft geprägt. Daneben waren jedoch auch große Flächen mit Niedermooren (= Flachmooren) bedeckt. Der Unterschied zwischen diesen beiden grundsätzlich verschiedenen Moortypen sei hier kurz skizziert: Niedermoore entstehen stets im Grundwasserbereich, das bedeutet, daß sie immer mit Nährstoffen versorgt sind, die das Grundwasser mitführt. Im einzelnen ist der Nährstoffgehalt abhängig von den jeweils umgebenden Böden bzw. vom Trophiegrad des von außen zufließenden Wassers. Die Bildung von Niedermooren erfolgt in Senken oder Tälern, nicht selten steht ein Gewässer am Anfang, das dann über die Verlandungsserie Wasserpflanzen-Röhricht-Großseggengürtel-Bruchwald zuwächst. Niedermoore entstehen häufig auch durch die Versumpfung von Tälern oder anderen tiefliegenden Flächen; in Ostfriesland ist das der Normalfall. Ursache dieser Versumpfung ist meist, so besonders in den ausgedehnten Sietländern, der durch den Meeresspiegelanstieg verschlechterte Wasserabfluß. Dabei geht die beschriebene Verlandungsserie beim Anstieg des Grundwasserspiegels in eine umgekehrt verlaufende Vernässungsserie über, vom Bruchwald bis zum Röhricht oder sogar zu offenen Gewässern. Auf die Schwankungen des Grundwasserspiegels, seien sie nun in früherer Zeit vor allem bedingt durch die Oszillationen des Meeresspiegels oder in der Neuzeit durch das anthropogene Absenken des Grundwassers, stellt sich die Moorvegetation in der jeweils entsprechenden Form ein.

Wegen ihres Nährstoffreichtums sind viele Niedermoore, soweit sie entwässert werden konnten, seit langem kultiviert und in Grünland überführt worden. Besonders ausgedehnte Niedermoore liegen in der Leda-Jümme-Niederung, am Fehntjer Tief bis ins Boekzeteler Moor und am Benser Tief. Auch die Geestrandmoore sind in der Regel Niedermoore.

Im Gegensatz zu den Niedermooren wachsen die Hochmoore oberhalb des Grundwasserniveaus und werden nur vom Niederschlagswasser gespeist. Da dieses keine Nährstoffe enthält, sind die Hochmoore von Natur aus extrem nährstoffarm. Die Bildung von Hochmooren ist nur in Gebieten mit hohen Niederschlägen und geringer Verdunstung, wie hier im Küstenraum, möglich. Auf großen Flächen sind die ostfriesischen Hochmoore etwa ab 4000 v. Chr. entstanden, meist unmittelbar auf der Geest als sog. wurzelechte Hochmoore (vgl. Overbeck 1975). Sie haben sich nach und nach über große Teile des Oldenburgisch-Ostfriesischen Höhenrückens ausgebreitet. Neben den wurzelechten Hochmooren gibt es andere, die an der Basis eine Verlandungsserie aus Niedermoortorf haben, welche schließlich in ein Hochmoorwachstum umschlug. Dieser Umschlag fand großflächig auch in Sietlandbereichen im Rheiderland und in der Wesermarsch statt, als um Christi Geburt während der Meeresregression der Grundwasserstand sank (vgl. Behre 1987). Diese letztgenannten Hochmoore wurden teils im Mittelalter überschlickt, wie im Rheiderland, teils wuchsen sie schneller, als der spätere Wiederanstieg des Meeresspiegels folgen konnte, und blieben bis zur Kultivierung Hochmoor, so z.B. im Raum Sehestedt.

Aufbau und Nutzung der Hochmoore

Im Aufbau bestehen unsere Hochmoore in der Regel aus zwei verschiedenen Torfarten, dem untenliegenden stark zersetzten Schwarztorf und dem darüberliegenden schwach zersetzten Weißtorf, oft mit einer scharfen Trennlinie, dem Schwarz-Weißtorf-Kontakt, abgekürzt SWK. Der Weißtorf ist unter feuchteren Bedingungen schneller gewachsen als der Schwarztorf. Die Ursache dieses Wechsels im Torfwachstum ist eine Klimaverschlechterung im letzten Jahrtausend vor Christus. Die Auswirkungen dieser Klimaverschlechterung erreichten die einzelnen Moore bzw. Moorbereiche je nach der lokalen hydrologischen Situation z.T. sehr verspätet. Deshalb ist der SWK in den verschiedenen Mooren kein synchroner Zeithorizont, wie man früher annahm, sondern streut über mehr als tausend Jahre. Die früher weit verbreitete Bezeichnung "Grenzhorizont" war mit einer unzutreffenden festen Datierung (um 7600 v. Chr.) verknüpft und wird deshalb heute durch den zeitlich neutralen Begriff des SWK ersetzt.

Die Moore, und hier wieder besonders die Hochmoore, stellen für die Natur- und Siedlungsgeschichte wichtige Archive dar. Bekannt sind die gelegentlich ausgegrabenen Moorleichen oder Opferfunde verschiedenster Art; in vielen Gebieten sind auch Bohlenwege aus verschiedenen Zeiten aufgedeckt worden. Hier ist das Moor als Quelle besonders deswegen wichtig, weil in ihm das organische Material, das in sandigen Böden schnell vergeht, hervorragend erhalten ist. Prähistorische Holzgeräte und auch die Technik der Holzbearbeitung kennt man vor allem aus Moorfunden. Ähnlich gute Erhaltungsbedingungen für organisches Material besitzen bei uns nur einige Marschsiedlungen.

Ein weiteres wichtiges Archiv ist das Moor für die Vegetations- und damit auch für die Siedlungs- und Klimageschichte. Die Methode der Pollenanalyse benutzt vor allem Torfe für ihre Untersuchungen. Hierbei wird aus den verschiedenen Moortiefen die Zusammensetzung des Pollenniederschlages analysiert, damit werden die Veränderungen in der Vegetation im Laufe der Jahrtausende erfaßt. Die Vegetation wiederum reflektiert einmal die früheren Klimabedingungen, zum anderen aber auch die Eingriffe des Menschen in die Natur. Rodungen und Ackerbau werden durch den Pollen von Kulturpflanzen und anderen Siedlungszeigern nachgewiesen. So können aus einem Torfprofil die verschiedenen Siedlungsphasen der Vergangenheit, ihre Intensität und ihre Schwankungen ermittelt werden. Damit liefert diese Methode eine wichtige Ergänzung und Kontrolle der archäologischen Kenntnisse.

Heute sind die ehemals riesigen Hochmoore bis auf wenige Reste entwässert und kultiviert. Wegen der Nährstoffarmut ihres Torfes setzte die Kultur der Hochmoore viel später ein als die der Niedermoore. Dabei wurde die landwirtschaftliche Kultivierung oft mit der Rohstoffnutzung der Torflager verbunden, teilweise wurden die verschiedenen Interessen aber auch getrennt nebeneinander betrieben. Als Rohstoff war lange Zeit hindurch nur der Schwarztorf gefragt, der getrocknet als Brennmaterial diente, während der Heizwert des Weißtorfs nur gering ist. Bei der Schwarztorfgewinnung mußte der obenauf liegende Weißtorf entfernt werden, man legte ihn dort ab, wo vorher der Schwarztorf entnommen worden war (vgl. Abb. 22). Das auf diese Weise erniedrigte Hochmoor hat die Bezeichnung "Leegmoor".

In großem Umfang wurde diese Abtorfungsmethode in den seit 1630 systematisch in den Hochmooren angelegten Fehnkolonien betrieben (vgl. Bünstorf 1966). Dabei wurden von privaten Unternehmern lange Kanäle in die Hochmoore getrieben, mit denen diese entwässert wurden, und die gleichzeitig als Transportwege, in erster Linie für die Torfabfuhr, dienten. Entlang dieser oftmals verzweigten Kanäle wurden Bauern angesiedelt, die den Schwarztorf abgruben und vor allem nach Emden verkauften. Es entstanden so zahlreiche oft sehr lange Fehnsiedlungen, die in ihrer ursprünglichen Form jeweils eine Häuserzeile auf jeder Seite des Kanals aufwiesen, hinter der streifenförmig die genutzten Parzellen lagen. Schöne Beispiele sind Großefehn, Iheringsfehn sowie West- und Ostrhauderfehn.

Nach dem Abtorfen wurde das Leegmoor kultiviert, wobei Buchweizen, Roggen und Hafer, später vor allem die Kartoffel, die wichtigsten Feldfrüchte auf diesem armen Boden darstellten. Um überhaupt nennenswerte Erträge zu erwirtschaften, mußte man den Hochmoorboden stark düngen, und man brachte dazu allen verfügbaren Mineralboden - Schlick, Sand, Lehm - auf die kultivierten Flächen. Auch außerhalb der Fehnkolonien wurde in der gleichen Weise abgetorft, jedoch oftmals ohne anschließende landwirtschaftliche Nutzung. Kleine und große Flächen ehemals bäuerlicher Torfstiche, die heute meist verbuscht sind, zeugen davon.

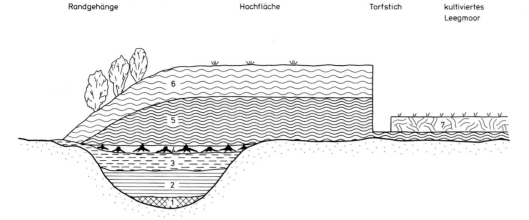

Abb. 22 Schematischer Schnitt durch ein Hochmoor mit und ohne Niedermoor im Untergrund.

1 Seeablagerung
2 Schilftorf
3 Seggentorf
4 Bruchwaldtorf
5 Schwarztorf
6 Weißtorf
7 abgebauter Weißtorf

Heute hat die Schwarztorfgewinnung bei uns keine Bedeutung mehr. Dafür wird in großem Umfang der Weißtorf abgebaut, der als Humusdünger verwendet wird. Diese Weißtorfgewinnung wird auf oft mehrere qkm großen Flächen von großen Torfwerken durchgeführt. Nach der Abtorfung ist auf dem zurückbleibenden Schwarztorf eine Rekultivierung (landwirtschaftlich oder durch Aufforstung) oder eine Wiedervernässung vorgesehen. Eine ältere Form der Moorkultur wurde bereits im Mittelalter im westlichen Ostfriesland vor allem am Rande der vom Hochmoor bedeckten Geest im Grenzbereich zum Niedermoor praktiziert. Wie die jüngeren Fehnsiedlungen hat sie ihren Ursprung in den benachbarten Niederlanden. Es sind die Upstreeken- oder Aufstreckfluren, die in der besonderen Rechtsform des Upstreekenrechts parallel zueinander in die Hochmoore getrieben wurden, bis sie auf eine andere derartige Flur stießen, dabei konnten sie über 4000 m lang werden (Wassermann 1985). Bei dieser Kulturform trat die Torfgewinnung gegenüber Viehzucht und Ackerbau zurück. Beispiele sind u.a. Osteel, Upgant-Schott, Veenhusen und St. Georgiwold.

Die landwirtschaftliche Nutzung der Hochmoore erfolgte vielerorts auch ohne Abtorfung. In Bereichen mit geringer Torfmächtigkeit (bis ca. 1 m) wurde früher durch das sog. "Kuhlen" per Hand, in neuerer Zeit durch Tiefpflügen der unten liegende Sand nach oben gebracht; auf diese Weise wurden vor allem die Randgebiete der Hochmoore nach und nach unter Kultur gebracht. Heute wird das Tiefpflügen auch in Leegmoorflächen eingesetzt. Diese Sandmischkultur wurde vor allem nach 1945 in großen Gebieten durchgeführt.

Direkt auf dem Hochmoor wurde seit dem 17. Jhdt. lange Zeit hindurch die extensive Moorbrandwirtschaft betrieben. Dabei hat man das vorentwässerte Hochmoor umgebrochen und abgebrannt und in den auf diese Weise mineralisch angereicherten Boden meist Buchweizen, in geringerem Umfang auch Roggen eingesät. Nach spätestens 6-7 Jahren dieser Kultur war der Boden bereits erschöpft, und der Acker brauchte eine etwa 30jährige Ruheperiode, bis es sich wieder lohnte, ihn zu brennen. Diese extensive Wirtschaftsweise mit sehr unsicheren Erträgen wurde auf fast allen Hochmooren betrieben, bis sie zu Anfang dieses Jahrhunderts verboten wurde. Deutliche Spuren dieser Äcker findet man heute noch im Lengener Moor (Abb. 23). Wenn früher in der Zeit von Ende April bis Anfang Mai die Moore in Nordwestdeutschland und Holland abgebrannt wurden, entstand so viel Rauch, daß dieser eine riesige Glocke bildete, die weit über sein Ursprungsgebiet hinausreichte. Offizielle Beschwerden wegen dieses "Höhenrauchs" sind von England bis Polen an die hiesige Regierung gerichtet worden. Sie zeigen das Ausmaß dieser Wirtschaftsform.

Eine wichtige Methode zur landwirtschaftlichen Nutzung nicht abgetorfter Hochmoore wurde die von der Bremer Moorversuchsstation entwickelte Deutsche Hochmoorkultur. Dabei wurde nur entwässert und gedüngt, zunächst mit eingeführtem Naturdünger und angebauten Leguminosen, später mit Kunstdünger. Unter hohem Aufwand wurden auf diese Weise bis in die 1950er Jahre ertragreiche Grünland- und Ackerflächen geschaffen, die aber stetige hohe Düngerzufuhr benötigen.

Nachdem die ursprünglich sehr ausgedehnten Hoch- und Niedermoore fast ausnahmslos entwässert und zum größten Teil auch kultiviert waren, hat man viel zu spät die letzten verbliebenen Reste unter Schutz gestellt. In Ost-

Abb.23 Ehemalige Buchweizenfelder auf dem Lengener Hochmoor (Luftfoto Zimmermann).

friesland sind das vor allem zwei Gebiete, jeweils im Zentrum großer Hochmoore und in der Umgebung von großen Hochmoorkolken: um das Ewige Meer und um das Lengener Meer. Beide Gebiete geben noch einen ungefähren Eindruck von den ehemals weiten baumlosen Moorflächen, doch sind sie bereits so stark abgetrocknet, daß die ursprünglichen nassen Torfmoosflächen weitgehend von der Besenheide überwachsen sind.

In verschiedenen Gebieten wird jetzt versucht, durch Wiedervernässung von trockenen oder abgetorften Hochmoorflächen ein erneutes Moorwachstum in Gang zu setzen, das allerdings nur sehr langfristig zu Erfolgen führen kann.

Literatur

Arends, F. (1818-1820): Ostfriesland und Jever in geographischer, statistischer und besonders landwirtschaftlicher Hinsicht. Bd. 1-3.

Barckhausen, J. (1969): Entstehung und Entwicklung der Insel Langeoog - Beiträge zur Quartärgeologie und Paläogeographie eines ostfriesischen Küstenabschnittes. Oldenburger Jahrbuch 68, 239-281, 13 Kt.

Behre, K.-E. (1966): Untersuchungen zur spätglazialen und frühpostglazialen Vegetationsgeschichte Ostfrieslands. Eiszeitalter und Gegenwart 17, 69-84.

Behre, K.-E. (1970): Die Entwicklungsgeschichte der natürlichen Vegetation im Gebiet der unteren Ems und ihre Abhängigkeit von den Bewegungen des Meeresspiegels. Probleme der Küstenforschung im südlichen Nordseegebiet 9, 13-48.

Behre, K.-E. (1973): Mittelalterliche Kulturpflanzenfunde aus der Kirche von Middels (Stadt Aurich/Ostfriesland). Probleme der Küstenforschung im südlichen Nordseegebiet 10, 39-47.

Behre, K.-E. (1976): Beginn und Form der Plaggenwirtschaft in Nordwestdeutschland nach pollenanalytischen Untersuchungen in Ostfriesland. Neue Ausgrabungen und Forschungen in Niedersachsen 10, 197-224.

Behre, K.-E. (1977): Acker, Grünland und natürliche Vegetation während der römischen Kaiserzeit im Gebiet der Marschensiedlung Bentumersiel/Unterems. Probleme der Küstenforschung im südlichen Nordseegebiet 12, 67-84.

Behre, K.-E. (1985): Die ursprüngliche Vegetation in den deutschen Marschgebieten und deren Veränderung durch prähistorische Besiedlung und Meeresspiegelbewegungen. Verhandlungen der Gesellschaft für Ökologie 13, 85-96.

Behre, K.-E. (1986a): Kulturpflanzen und Unkräuter des Mittelalters - Funde aus der Kirche von Horsten/Ostfriesland. Abhandlungen des Westfälischen Museums für Naturkunde 48, 441-456.

Behre, K.-E. (1986b): Ackerbau, Vegetation und Umwelt im Bereich früh- und hochmittelalterlicher Siedlungen im Flußmarschgebiet der unteren Ems. Probleme der Küstenforschung im südlichen Nordseegebiet 16, 99-125.

Behre, K.-E. (1987): Meeresspiegelbewegungen und Siedlungsgeschichte in den Nordseemarschen. Vorträge der Oldenburgischen Landschaft 17, 47 S., 19 Abb.

Behre, K.-E., Menke, B. u. Streif, H. (1979): The Quaternary geological development of the German part of the North Sea. Acta Univ. Upsaliensis, Symp. Univ. Ups. Ann. Quing. Cel. 2, 85-113.

Brandt, K. (1991): Die Ergebnisse in den Grabungen der Wurten Niens und Sievertsborch (Kreis Wesermarsch). Probleme der Küstenforschung im südlichen Nordseegebiet 18, 89-140.

Bünstorf, J. (1966): Die ostfriesische Fehnsiedlung als regionaler Siedlungsform-Typus und Träger sozialfunktionaler Berufstradition. Göttinger Geographische Abhandlungen 37.

Dörjes, J. (1978): Das Watt als Lebensraum. In: Reineck, H.-E. (Hrsg.): Das Watt. 2. Aufl., 107-143, Frankfurt/M.

Ellenberg, H. (1969): Wald- und Feldbau im Knyphauser Wald, einer Heide-Aufforstung in Ostfriesland. Ber. Naturhist. Ges. Hannover 112, 17-90.

Grohne, U. (1957): Zur Entwicklungsgeschichte des ostfriesischen Küstengebietes auf Grund botanischer Untersuchungen. Probleme der Küstenforschung im südlichen Nordseegebiet 6, 1-48, 10 Abb., 1 Tab., 20 Taf.

Haarnagel, W. (1969): Die Ergebnisse der Grabung auf der ältereisenzeitlichen Siedlung Boomborg/Hatzum, Kr. Leer, in den Jahren von 1965 bis 1967. Neue Ausgrabungen und Forschungen in Niedersachsen 4, 58-97, 10 Abb.

Haarnagel, W. (1980): Burcana. Hoops Reallexikon 4, 114-118.

Heinze, A. (1986): Archäologische Funde im Bensersieler Watt. Ostfriesland 2/86, 18-23.

Höfle, H.-C., Merkt, J. u. Müller, H. (1985): Die Ausbreitung des Eem-Meeres in Nordwestdeutschland. Eiszeitalter und Gegenwart 35, 49-54, 4 Abb.

Homeier, H. (1969): Der Gestaltwandel der ostfriesischen Küste im Laufe der Jahrhunderte. - Ein Jahrtausend ostfriesischer Deichgeschichte. Ostfriesland im Schutze des Deiches 2, 1-75.

Janssen, T. (1967): Gewässerkunde Ostfrieslands. Aurich

Jaritz, W. (1973): Zur Entstehung der Salzstrukturen Nordwestdeutschlands. Geologisches Jahrbuch A 10, 77 S., 3 Abb., 1 Tab., 2 Taf.

Kossack, G., Behre, K.-E. u. Schmid, P. (Hrsg.), (1984): Archäologische und naturwissenschaftliche Untersuchungen an ländlichen und frühstädtischen Siedlungen im deutschen Küstengebiet vom 5. Jahrhundert v. Chr. bis zum 11. Jahrhundert n. Chr., Bd. 1: Ländliche Siedlungen. Weinheim

Krämer, R. (1984): Historisch-geographische Untersuchungen zur Kulturlandschaftsentwicklung in Butjadingen mit besonderer Berücksichtigung des mittelalterlichen Marktortes Langwarden. Probleme der Küstenforschung im südlichen Nordseegebiet 15, 65-125.

Krämer, R. (1991): Mittelalterliche Salztorfgewinnung im Gebiet des Jadebusens. Archäologische Mitteilungen aus Nordwestdeutschland, Beih. 5, 99-108.

Kramer, J. (1989): Kein Deich - kein Land - kein Leben: Geschichte des Küstenschutzes an der Nordsee.

Kučan, D. (1979): Mittelalterliche Kulturpflanzen und Unkräuter aus ostfriesischen Kirchen. Probleme der Küstenforschung im südlichen Nordseegebiet 13, 23-38.

Marschalleck, K.H. (1973): Die Salzgewinnung an der friesischen Nordseeküste. Probleme der Küstenforschung im südlichen Nordseegebiet 10, 127-150, 5 Abb.

Meyer, K.-D. (1970): Zur Geschiebeführung des Ostfriesisch-Oldenburgischen Geestrückens. Abhandlung. naturw. Verein Bremen 37, 227-246.

Nitz, H.-J. (1984): Die mittelalterliche und frühneuzeitliche Besiedlung von Marsch und Moor zwischen Ems und Weser. Siedlungsforschung 2, 43-76.

O'Connell, M. (1986): Pollenanalytische Untersuchungen zur Vegetations- und Siedlungsgeschichte aus dem Lengener Moor, Friesland (Niedersachsen). Probleme der Küstenforschung im südlichen Nordseegebiet 16, 171-193.

Overbeck, F. (1975): Botanisch-geologische Moorkunde. Neumünster.

Pott, R. u. Hüppe, J. (1991): Die Hudelandschaften Nordwestdeutschlands. Abhandlungen Westfäl. Museum f. Naturkunde Münster 53, 1-313.

Pyritz, E. (1972): Binnendünen und Flugsandebenen im Niedersächsischen Tiefland. Göttinger Geographische Abhandlungen 61.

Reineck, H.E. (Hrsg.), (1978): Das Watt. 2. Aufl., Frankfurt/M.

Reinhardt, W. (1969): Die Orts- und Flurformen Ostfrieslands in ihrer siedlungsgeschichtlichen Entwicklung. Ostfriesland im Schutze des Deiches 1, 201-375.

Reinhardt, W. (1979): Küstenentwicklung und Deichbau während des Mittelalters zwischen Maade, Jade und Jadebusen. Jahrbuch der Gesellschaft für Bildende Kunst und Vaterländische Altertümer zu Emden 59, 17-61, 3 Abb., 1 Kt.

Reinhardt, W. (1983): Kein Deich - kein Land - kein Leben. Wandel der mittelalterlichen Küstenlandschaften durch Landesausbau und Binnenkolonisation. Schriftenreihe Nordwestdeutsche Univ.-Ges. 62.

Schmid, P. (1988): Die mittelalterliche Neubesiedlung der niedersächsischen Marsch. Archeologie en landschap. Festschrift H.T. Waterbolk, 133-164.

Schmid, P. (1991): Oldorf - eine mittelalterliche Dorfwurt im Wangerland. Historien-Kalender auf das Jahr 1992, 17-28.

Schultze, A. (1962): Die Sielhafenorte und das Problem des regionalen Typus im Bauplan der Kulturlandschaft. Göttinger Geographische Abhandlungen 27.

Siebels, G. (1954): Zur Kulturgeographie der Wallhecke. Schriften der Wirtschaftswiss. Gesellschaft z. Studium Niedersachsens NF 51.

Siebert, E. (1969): Entwicklung des Deichwesens vom Mittelalter bis zur Gegenwart. Ostfriesland im Schutze des Deiches 2, 79-385, 94 Abb.

Sindowski, K.-H. (1973): Das ostfriesische Küstengebiet - Inseln, Watten und Marschen. Samml. Geol. Führer 57.

Streif, H. (1986): Zur Altersstellung und Entwicklung der Ostfriesischen Inseln. Offa 43, 29-44, 3 Abb., 6 Tab.

Streif, H. (1990): Das ostfriesische Küstengebiet, 2. Aufl., Sammlung Geologischer Führer 57.

Tillessen, K. (1962): Natur und Mensch als Gestalter unserer Küste. Wilhelmshaven.

Wassermann, E. (1985): Aufstrecksiedlungen in Ostfriesland. Ein Beitrag zur Erforschung der mittelalterlichen Moorkolonisation. Göttinger Geographische Abhandlungen 80.

Wildvang, D. (1938): Die Geologie Ostfrieslands. Abhandlungen d. Preußischen Geologischen Landesanstalt NF 181.

	ARCHÄOLOGISCHE PERIODE	GEOLOGISCHE PERIODE		
8 TSD.	MESOLITHIKUM	HOLOZÄN	PRAEBOREAL	
9	SPÄT -		JÜNGERE TUNDRENZEIT	
10			ALLERÖD	
11			ÄLTERE TUNDRENZEIT	
12	PALÄOLITHIKUM		BÖLLING	
15			ÄLTESTE TUNDRENZEIT	
20	JUNG -			
25		JUNG-PLEISTOZÄN		
30			WEICHSEL-EISZEIT	
35				QUARTÄR
50				
100	MITTEL-PALÄOLITHIKUM			
150			EEM - WARMZEIT	
200			SAALE-EISZEIT	
400		MITTEL-PLEISTOZÄN	HOLSTEIN - WARMZEIT	
			ELSTER-KALTZEIT	
600	ALT-PALÄOLITHIKUM		DIVERSE	
800			WARM- UND KALTZEITEN	
1 MILL.		ALT - PLEISTOZÄN		
2	FRÜH - PALÄOLITHIKUM			
3		PLIOZÄN		TERTIÄR
65				
144		NICHT BEARBEITET		KREIDE
213				JURA
248				TRIAS
286		ZECHSTEIN ROTLIEGENDES		PERM
				KARBON

Zeittafel der geologischen und älteren archäologischen Perioden.

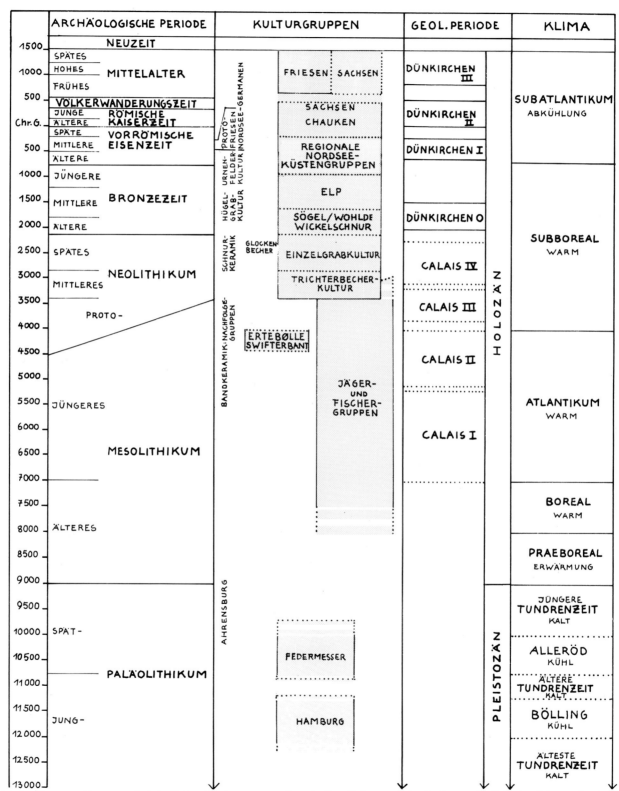

Zeittafel der jüngeren Vergangenheit in Kalenderjahren vor und nach Chr. Geburt auf der Basis von Radiokarbonjahren, dendrochronologisch korrigiert.

Ur- und Frühgeschichte
von Wolfgang Schwarz

Einführung

Diese kurze Darstellung der Ur- und Frühgeschichte in Ostfriesland behandelt den Zeitraum, aus dem keine oder nur wenige schriftliche Nachrichten über die Tätigkeit der Menschen überliefert sind. Dafür sind besondere Untersuchungsmethoden entwickelt worden. Die Archäologie stützt sich auf die wenigen materiellen Reste, Funde und Befunde, die die Jahrhunderte und Jahrtausende im Boden überdauern konnten. Es handelt sich dabei überwiegend um Geräte aus Stein und Ton, während Gerätschaften aus anderen Materialien, wie beispielsweise aus Metall und Glas, seltener zu finden sind. Nur unter günstigen Bedingungen haben sich Leder, Tuchgewebe oder Holzwerkzeuge erhalten.

So steht zunächst die antiquarische Betrachtung der uralten Geräte und ihre funktionale Deutung im Vordergrund. Aussagen zur Siedlungsgeschichte gelingen aber erst, wenn die Entwicklung in größeren Siedlungsräumen untersucht wird. Dazu ist es notwendig, den Bestand an Fundstellen zu kennen, d. h. Siedlungsplätze, Gräberfelder und Wirtschaftsgebiete zu identifizieren und dieselben auszugraben. Ein Mittel der Prospektion und der Forschung ist dabei die archäologische Landesaufnahme, die durch die systematische Inventarisation geschlossener Gebiete das notwendige Quellenmaterial für historische Aussagen zusammenträgt.

In der Urgeschichtswissenschaft gehen also zwei Betrachtungsweisen, die sich aus der Forschungsgeschichte herleiten, Hand in Hand. Auf der einen Seite steht die Deutung des Einzelfundes, seiner Form und Technik, seiner formalen Verwandtschaft und räumlichen Verbreitung sowie seiner zeitlichen Einstufung; auf der anderen Seite bietet die Betrachtung der Fundverbreitung in einem bestimmten Gebiet, die Ausgrabung einzelner Siedlungen, Wirtschaftsgebiete und Gräberfelder die Möglichkeit, Aussagen zur Siedlungs- und Wirtschaftsgeschichte in bestimmten Räumen und Epochen sowie zu deren Veränderungen zu machen. Es gilt die archäologischen Funde und Typen nicht nur als Arbeitsmittel und -methode der Archäologie zu begreifen, sondern sie auch als Lebensäußerung des Menschen zu verstehen und zu interpretieren (Jankuhn 1977).

Eine derartige Darstellung der Urgeschichte in Ostfriesland fehlt zum gegenwärtigen Zeitpunkt noch, während die archäologischen Befunde und die Siedlungsgeschichte der Eisenzeit, der Römischen Kaiserzeit und des Mittelalters in „Ostfriesland im Schutze des Deiches" behandelt worden sind. Hier können nur die Grundzüge der Ur- und Frühgeschichte in Ostfriesland dargestellt werden, wie sie sich nach einer ersten Auswertung des Fundstoffes durch den Verfasser 1990 abzeichnen. Dabei muß auf Entdeckungen in benachbarten Räumen Bezug genommen werden, deren Siedlungsgeschichte der hiesigen verwandt ist. Dies gilt insbesondere für die besser erforschten Nachbarprovinzen der Niederlande.

Jungpaläolithikum und Mesolithikum

Großwildjäger des Paläolithikums

Die heutigen Geest-, Moor- und Marschlandschaften Ostfrieslands waren klimatischen und vegetationsgeschichtlichen Wandlungen unterworfen, die auch der Besiedlung Grenzen setzten. Zuerst, in der Stein- und Bronzezeit, war nur der Sandboden der Geest besiedelbar, bis die Marsch am Ende der Bronze- und am Anfang der Eisenzeit ebenfalls als Siedlungsland gewonnen wurde, als das Meer im heutigen Binnenland bewohnbare Flächen, die Marsch, geschaffen hatte. Wahrscheinlich konnten die Menschen der Jungsteinzeit und später auch die der Bronzezeit die zeitweise trockenliegende Marsch aufsuchen und vielleicht auch besiedeln, aber eine regelrechte Kolonisation kam in der Marsch offenbar erst am Anfang der Eisenzeit zustande.

Die Altsteinzeit (das Paläolithikum) begann mit dem Auftreten des Menschen und endete etwa um 9000 vor Christi Geburt mit dem Ausklang der Weichseleiszeit (Abb. 1). Die Altsteinzeit wurde in drei Stufen gegliedert. In ihrer letzten Stufe, im Jungpaläolithikum, trat der jüngste Menschentyp, der heutige „Homo sapiens sapiens", auf.

Obgleich Ostfriesland seit dem Drenthe-Stadium der Saaleeiszeit nicht mehr von Gletschern bedeckt war, fehlen bisher mittelpaläolithische Funde, die dem bekannten Neandertaler zugeordnet werden könnten. Aber im Spätglazial der Weichseleiszeit, dem die letzten beiden Stufen des Jungpaläolithikums, nämlich das späte Jungpaläolithikum und das Spätpaläolithikum, angehören, hinterließen Menschen Spuren ihrer Anwesenheit.

Im späten Jungpaläolithikum war der Erdboden noch gefroren und taute nur allmählich auf. Wegen des ungünstigen Klimas siedelten sich vorerst nur niedere Pflanzenarten an, und in der Tundra und der Steppe lebten der Kälte angepaßte Tiere. So folgte der Mensch der sogenannten „Hamburger Kultur", für die der Klingenschaber und der Zinken (Abb. 2l.) typisch sind, den jahreszeitlichen Wanderungen des Rentieres. Die Menschengruppe - Männer, Frauen und Kinder - zog im Sommer mit dem Ren dem Eisrand entgegen, und wanderte im Winter nach Süden bis zur Mittelgebirgszone zurück. Alle wichtigen Lebensbedürfnisse befriedigte das Jagdtier, es verschaffte Nahrung, Kleidung, Werkzeug und Wohnung, indem sein Fleisch verzehrt, seine Knochen, Sehnen und Häute zu Geräten, Decken und Zelten verarbeitet wurden. Das Ren nahm daher im Weltbild der damaligen Menschen einen bedeutenden Platz ein und wurde verehrt.

Im Spätpaläolithikum streiften Jägergruppen, deren Gerätschaften durch ein Flintwerkzeug namens „Federmesser" (Abb. 2r.) gekennzeichnet waren, über die bereits mit Birken und Kiefern bestockte Geest. Das günstigere Klima der Alleröd-Wärmeschwankung bot einen Lebensraum für Elch, Rotwild und im Winter für das Ren, welches dann auf seinen jahreszeitlichen Wanderungen von den Weidegründen aus dem Norden kam. Im folgenden Kälterückschlag der jüngeren Tundrenzeit hätten nach den Elchjägern noch einmal die Rentierjäger der sogenannten „Ahrensburger Kultur" wiederkehren können, aber es fehlen in Ostfriesland bisher eindeutige Hinweise dafür.

Im Jungpaläolithikum hatte die Technik der Knochenbearbeitung sowie die künstlerische Gestaltung der Geräte einen hohen Stand erreicht. Es gab - bisher nur außerhalb Ostfrieslands gefunden - verzierte Knochengeräte und kleine plastische Tierfiguren. Steinplatten und Höhlenwände wurden mit geritzten und bemalten

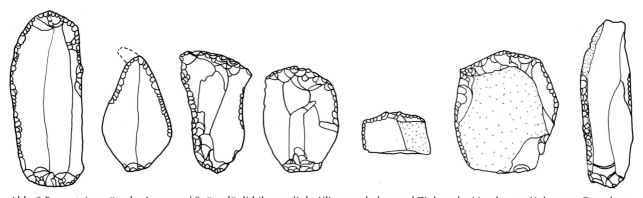

Abb. 2 Feuersteingeräte des Jung- und Spätpaläolithikums; links Klingenschaber und Zinken der Hamburger Kultur aus Ostochtersum, rechts Schaber, Klinge und Federmesser der Federmesserkultur aus Brill. M 1:1.

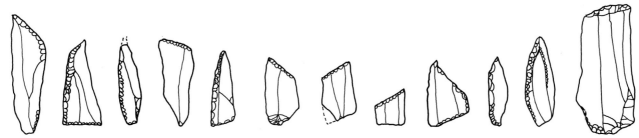

Abb. 3 Feuersteingeräte des Mesolithikums aus Menstede-Coldinne. M 1:1.

Darstellungen versehen, die vermutlich eine große Bedeutung im Kult und beim Jagdzauber besaßen.

Die Menschen lebten in mit Häuten bespannten Zelten und Hütten, die mit Feuerstelle und Bodenpflaster ausgestattet waren. Die Jägerlager des Jung- und Spätpaläolithikums befinden sich in Ostfriesland auf Höhenkuppen und in der Nähe der natürlichen Entwässerungsrinnen der Geest.

Sammler, Fischer und Jäger des Mesolithikums

Die mittlere Steinzeit (Mesolithikum) begann mit dem Ende der Jüngeren Tundrenzeit (Dryaszeit) um 9000 vor Christi Geburt. Im Mesolithikum hatte die Wärmezeit (Präboreal und Boreal) die Lebensbedingungen der Menschen erheblich verbessert. Lichte Wälder breiteten sich schnell aus und boten einer vielfältigen Tierwelt Lebensraum und den Menschen abwechslungsreiche Nahrung. Deshalb lebten sie innerhalb relativ kleiner Territorien, im Verhältnis zu denen der Großwildjäger, in kleinen Gruppen zusammen. Sie wohnten in Hütten, jagten Hirsch, Reh, Wildschwein, Wildpferd, Auerochse sowie Ente und Gans. Sie fischten mit Angeln und Reusen, sie sammelten Muscheln, Haselnüsse und Beeren. Die Menschen kannten ihr Territorium sehr gut und verlegten ihr Lager je nach Jahreszeit dorthin, wo sie reichlich Nahrung fanden, u. a. auch ins Moor. Sie spezialisierten sich nicht mehr auf eine Wildart wie im Jungpaläolithikum, sondern auf einen Wirtschaftsraum, und bei der täglichen Nahrungssuche half ihnen das erste Haustier, der Hund. Waterbolk (1985) nimmt an, daß der geschlossene Eichenwald des Atlantikums den wildbeuterisch lebenden Mesolithikern geringere Nahrungsangebote machte als der boreale Kiefernwald, so daß die Menschen in die feuchten Biotope der Wasserläufe und Binnenmeere auswichen und vom Fischfang lebten.

Die Mikrolithik - der Gebrauch winziger Steingeräte - ist ein wichtiges Erkennungsmerkmal der etwa sechzig Fundstellen dieser Zeitstufe, die bisher in Ostfriesland bekannt geworden sind. Kleingeräte aus Feuerstein gab es vorher und danach auch, aber nie in dieser Zusammenstellung und Häufung. Die mikrolithischen Feuersteingeräte, die ehemals überwiegend als Pfeilspitzen benutzt wurden, werden nach geometrischen Formen in Dreiecke, Trapeze, Parallelogramme und Kreissegmente eingeteilt. Die Mengenverhältnisse der Formen miteinander, die Fundvergesellschaftungen, lassen räumliche und zeitliche Gruppen bzw. Kulturen erkennen. In Ostfriesland erlaubte die Fundvergesellschaftung vorläufig erst eine grobe zeitliche Staffelung der Fundplätze in eine ältere, wahrscheinlich boreale Besiedlung, die durch breite Dreieck-Formen gekennzeichnet ist, und eine jüngere, atlantische Besiedlung, die schmale Dreieck- und verschiedene Viereck-Formen aufweist (Abb.3). Gleichzeitig zur jüngeren Gruppe gibt es nur wenige Fundplätze in Niederungen, bzw. feuchtem Milieu, die Flint-Kerngeräte und Scheibenbeile eines protoneolithischen Fundkomplexes - entweder der Swifterbant- oder der Ellerbek-Kultur (Abb.4) - geliefert haben.

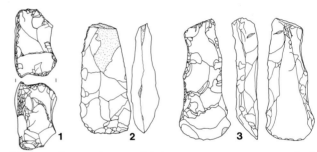

Abb. 4 Großgeräte des Mesolithikums aus Feuerstein; 1 Kernbeil aus Menstede-Coldinne, 2 Kernbeil aus Westerholt, 3 Scheibenbeil aus Westrhauderfehn. M 1:3.

Im atlantischen Mesolithikum gab es neben Feuersteingeräten auch Beile und gelochte Gerölle, sogenannte Geröllkeulen, aus Felsgestein (Abb. 5), deren Oberfläche teilweise oder völlig zur Gestaltung der gewünschten Form behauen, gepickt und geschliffen wurde. Früher deutete man die Geröllgeräte als Keulenköpfe, wie die Namensgebung verrät; aufgrund von völkerkundlichen Parallelen kann man sie auch für Gewichtsteine von Grabstöcken halten, allerdings fehlt ein entsprechender archäologische Nachweis für das Mesolithikum bisher. Grabstöcke als Vorläufer der Spaten waren wichtig für das Sammeln von Knollen, Zwiebeln und Wurzeln, sie wurden auch noch im Neolithikum benutzt.

Die Fundstellen der mittleren Steinzeit befinden sich in Ostfriesland auf den hohen, trockenen Sandböden oberhalb der natürlichen Wasserrinnen, wo die Sonne den Sand erwärmte und die kleinen Menschengruppen einen guten Überblick über ihr Land hatten. Daneben gibt es nur wenige Fundplätze, deren Artefaktkomplex neben Klingen- auch Kerngeräte aufweisen und die in den Tälern der Wasserläufe liegen. Die mesolithischen

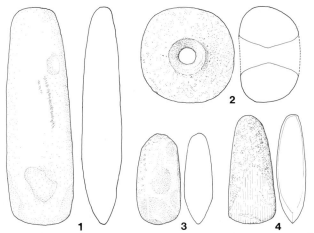

Abb. 5 Großgeräte des Mesolithikums aus Felsgestein; 1 Beilklinge aus Nortmoor, 3 aus Loga, 4 aus Südgeorgsfehn, 2 Geröllkeule aus Hesel. M 1:4.

Fundstellen zeigen nicht nur durch die verschiedenen Formenkomplexe eine zeitliche Staffelung und eine Zunahme der Besiedlung an, die unter anderem den günstigen klimatischen Bedingungen zu verdanken ist, sondern auch durch den protoneolithischen Fundkomplex und die Nutzung verschiedener Biotope eine Differenzierung der Wirtschaftsweise im Atlantikum.

Wirtschaftswandel im Protoneolithikum

Ein Problem der Urgeschichtsforschung ist der Wandel von der aneignenden Wirtschaft der Sammler zur produzierenden der Bauern (Behrens 1983). Diese gravierende Änderung der Wirtschaftsweise definiert den Unterschied zwischen der mesolithischen und der neolithischen Lebensweise der Menschen. Daher beschreiben die Begriffe Mesolithikum und Neolithikum nur bedingt zeitliche Stufen, sondern vor allem die aneignende Lebensgrundlage durch Sammeln, Fischfang und Jagd oder die produzierende Wirtschaftsweise der Menschen mit Viehhaltung und Getreideanbau.

Im 6. und 5. Jahrtausend vor Chr. G. hatte sich im Süden bis zum Rand der Mittelgebirgszone die erste bäuerliche Kultur Mitteleuropas, die Bandkeramik, ausgebreitet, die in ihrer Spätphase mit ihrer Nachfolgekultur, der Rössener Kultur, mit dem norddeutschen Tiefland über die Flüsse, hier insbesondere über Ems und Weser, in Kontakt stand. Typische Werkzeuge dieser Kultur, die zur Holzbearbeitung dienten, sogenannte „hohe, durchlochte Schuhleistenkeile" (Abb.6), wurden in Emden und in Abickhafe gefunden. Welcher Art und wie intensiv diese Beziehungen waren, ist unklar. Auf dem Wege über die Flüsse wurde die bäuerliche Wirtschaftsweise, die Kenntnis der Haltung von Rind und Schwein sowie die des Anbaus von Getreide, bekannt gemacht und offenbar auch teilweise genutzt. Diese Zwischenstufe vor der vollbäuerlichen Wirtschaftsweise wird Protoneolithikum genannt. Die nächsten bekannten Fundstellen mit protoneolithischen Feuersteingeräten liegen am Dümmer und am Zwischenahner Meer sowie in der Drenthe. Sie gehören zur protoneolithischen Swifterbant-Kultur, die im Westen bis an den Rhein verbreitet war, und im Steingeräteinventar von der im Osten an der Küste verbreiteten Ellerbek-Kultur unterschieden werden kann (Waterbolk 1985; Stapel 1989). Ein Scheibenbeil vom Typ der Ellerbek-Kulturgruppe lieferte der Fundplatz Hahnentange in Westrhauderfehn (Abb.4), der am Rande eines später verlandeten Teiches oberhalb des Gewässertales „Langholter Tief" lag.

In der archäologischen Forschung werden zwei unterschiedliche Meinungen über die Genese der ältesten bäuerlichen Kultur des norddeutschen Flachlandes geäußert: manche sind der Meinung, daß die proto-

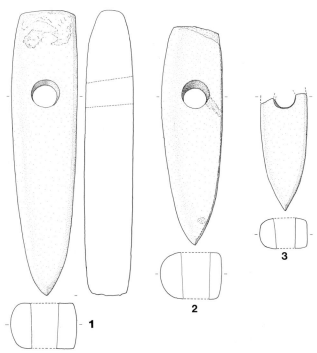

Abb. 6 Schuhleistenkeile der Nachfolgekulturen der Bandkeramik; 1 und 2 aus Emden, 3 aus Abickhafe. M 1:4.

neolithischen Siedlergruppen, auf der gesicherten Basis der mesolithischen Sammelwirtschaft die Viehhaltung und die Anbaumethoden im nordeuropäischen Tiefland erprobten, modifizierten und diesem Naturraum anpaßten. Diese Kulturleistung, immer wieder stimuliert von den Anbaukulturen im Süden (Akkulturation), schuf dann die älteste bäuerliche Kultur dieses Raumes, die Trichterbecherkultur (Waterbolk 1985). Andere sind der Meinung, daß die an ihren Lebensraum angepaßten Mesolithiker zu diesem gravierenden Kulturwandel nicht in der Lage waren, weil ihr Weltbild mit ihrer Wirtschaftsweise vollkommen übereinstimmte und daher zwar neue Kulturelemente zum Teil akzeptierte, aber nicht die gesamte Lebensgrundlage umstülpen konnte. Die Trichterbecherkultur entstand demnach aus den vollneolithischen Siedlergruppen der Bandkeramik-Nachfolgekulturen, die in einem Modifizierungsprozeß ihre Wirtschaftsweise von der sicheren Basis der Heimatdörfer aus in das noch ackerbaulich unerschlossene Tiefland übertrugen und anderen Böden anpaßten (Lichardus 1976; Lüning (Vorr.) 1989). Nachdem das gelungen war, erfolgte fast explosionsartig die Kolonisation des Neulandes, nämlich des nordeuropäischen Tieflandes, durch die Menschen der Trichterbecherkultur; vergleichbar der Expansionsphase der frühen Bandkeramik in Mitteleuropa.

Der Verfasser ist von den Argumenten der letzteren Hypothese überzeugt, weil der gesamte Kulturkomplex

Abb. 7 Rekonstruierte Tongefäße der Trichterbecherkultur aus den Großsteingräbern Tannenhausen und Utarp (Nr. 5, 6 und 12). M 1:4.

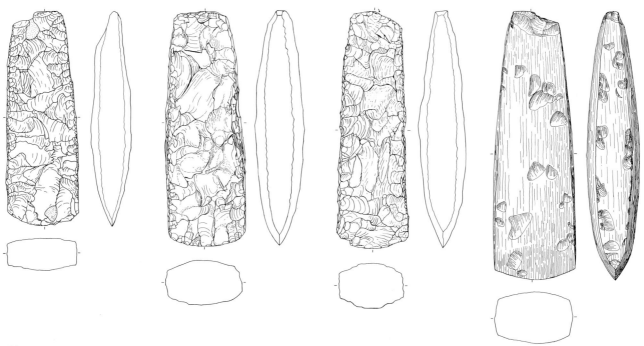

Abb. 8 Beilklingen der Trichterbecherkultur aus Feuerstein; links drei Rohlinge aus Tannenhausen, rechts ein gebrauchsfertiges Exemplar aus Georgsfeld. M 1:4.

der Trichterbecherkultur nicht nur die Annahme einer Vielzahl neuer Kulturelemente beinhaltet: nämlich Viehhaltung und Getreidebau, die Besiedlung der trockenen Sandrücken, den Bau von steinernen Grabanlagen und festen Wohnhäusern sowie die Herstellung von Keramik, neuartigem Steingerät und die Verwendung von Streitäxten, sondern auch die Übertragung eines vollständigen bäuerlichen Weltbildes samt dessen geistigen Hintergrundes, dessen religiösen Vorstellungen und dessen verwandtschaftlicher Gliederung bedeutet.

Neolithikum (Jungsteinzeit)

Die Trichterbecherkultur

Die erste bäuerliche Besiedlung in Ostfriesland trägt den Namen eines charakteristischen Tongefäßes: „Trichterbecher"-Kultur. Ihre Herkunft ist von der archäologischen Forschung noch nicht eindeutig geklärt worden. Die Trichterbecherkultur war auf den pleistozänen Böden des Tieflandes von der Weichsel im Osten bis zum Ijsselmeer im Westen und in Süd-Skandinavien verbreitet, wobei Ostfriesland zur Westgruppe dieser Kultur gehörte, deren Ostgrenze die Elbe bildete.

Gerätschaften und Werkzeuge der Trichterbecherkultur

Charakteristisch für die Trichterbecherkultur ist die Tonware, die durch die seßhafte bäuerliche Lebensweise der Menschen einen bedeutenden Stellenwert im täglichen Gebrauch und für die Grabausstattung erlangte. Es gab vielfältige Formen: Trichterbecher, Näpfe, Tassen, Schalen und Terrinen; eine formschöne, glattwandige Ware, die mit tiefen Einstichen versehen wurde (Abb.7). Oft wird vergessen, daß die Einstiche nur zur Aufnahme einer weißen, seltener wohl auch roten Farbpaste dienten. Den restaurierten Gefäßen fehlt heute also ihre ursprüngliche Zweifarbigkeit mit waagerechten und senkrechten Linien. Ein auffälliges Gefäß der Trichterbecherkultur ist die Kragenflasche (Abb. 7, 14), deren Flaschenhals mit einem Wulst umgeben ist. Diese seltsame Form könnte im Kult als Biberon, als Behältnis für ein Trankopfer, Verwendung gefunden haben. Ein möglicherweise profaneres Trinkgefäß waren die Sauggefäße mit durchbohrtem Stiel bzw. Tüllennäpfe (Abb. 7, 5), die unseren Schnabeltassen ähnlich sind. In die Megalithgräber (Großsteingräber) gelangten die Gefäße oft als

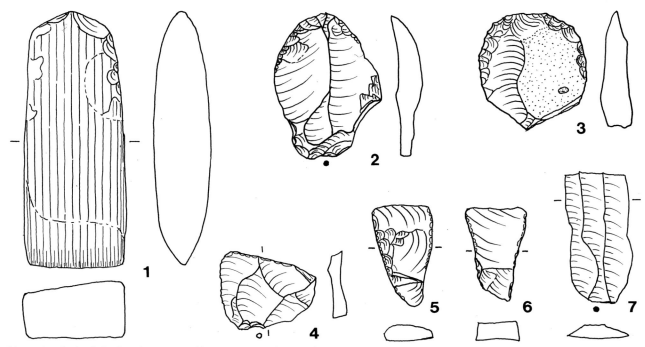

Abb. 9 Kieselschieferbeil und Feuersteinkleingeräte aus den Großsteingräbern Tannenhausen und Utarp (4 u. 7). M 1:1.

Service, als gleich verzierte Formenkombination für eine Bestattung. Auch in dem Erdgrab in Wiesens fand sich ein Satz von fünf Gefäßen: drei Trichterbecher, eine Schale und eine Tasse.

Große flache Flintbeile (Abb. 8) waren ebenfalls typische Werkzeuge der Trichterbecherkultur. Sie dienten der Rodung des Waldes zur Gewinnung von Ackerland und zum Einschlag von Bauholz. Die steinerne Klinge steckte in einem keulenartigen Holzschaft und wurde wie eine heutige Axt benutzt. Weil nur ein qualitativ hochwertiger, wahrscheinlich aus dem Territorium der Nordgruppe der Trichterbecherkultur stammender Flint als Rohstoff geeignet war, wurden die Beilklingen über weite Strecken getauscht bzw. verhandelt, der Feuerstein der Moränenschotter konnte nur zur Herstellung kleiner Beile genutzt werden (Bakker 1979). Eine weitere Rohstoffquelle befand sich in den Kalkfelsen der südlichen Niederlande und Nordbelgiens. Vor Ort wurde die Flintknolle zu beilähnlichen Planken geschlagen und in dieser Form als Handelsgut entweder von Händlern oder von Handelsexpeditionen zu den Abnehmern transportiert (Harsema 1979). Diese Halbfertigprodukte lagen oft, wie beispielsweise in Tannenhausen, in Dreiergruppen zusammen im Boden

(Abb.8). Sie mußten vor der ersten Benutzung noch gebrauchsfertig geschliffen werden. Bemerkenswerterweise fand sich in unmittelbarer Nähe des Flintbeiles von Georgsfeld (Abb. 8) auch ein Schleifstein.

Aus Feuerstein, auch aus zerbrochenen Beilen, fertigte man Pfeilschneiden (Abb. 9, 5 u. 6) für die Jagd und Schaber für die Holz- und Fellbearbeitung (Abb. 9, 2-4) an, während die Herstellung von Klingen als Messer offenbar erheblich reduziert wurde. Ob man stattdessen die kleinen Beile (Abb. 9,1) oder etwas anderes verwendete, ist unklar. Das reichhaltige Flintgeräte-Inventar des Mesolithikums verschwand im Neolithikum fast völlig. Eine bemerkenswerte Geräteform der Trichterbecherkultur waren die „Streitäxte" aus Felsgestein. In dem Steingrab in Leer lag eine „Hannoversche Axt" und das Bruchstück einer mutmaßlichen „Knaufhammeraxt" (Abb.10, 3 u. 2). Wahrscheinlich handelte es sich um Symbole, die den gesellschaftlichen Rang einer Person bezeichneten, z.B. den eines Häuptlings, eines Sippen- oder Stammesoberhauptes.

Die Trichterbecherkultur kannte zwar schon das Kupfer, sie war aber keineswegs eine Metallgesellschaft mit einer entsprechenden Differenzierung der Arbeitsprozesse und einer darauf aufbauenden gegliederten

Gesellschaft (Strahm 1990). Vielmehr verwendete diese bäuerliche Kultur Kupfer nur in geringem Umfange als exotisches Material für Schmuck, weil das Kupfer noch nicht in ausreichendem Maße für Geräte zur Verfügung stand.

Großsteingräber der Trichterbecherkultur

Die Großsteingräber - errichtet aus den Findlingen der Eiszeit - sind heute die bekannteste Grabform der Trichterbecherkultur. Für deren Bau suchte man sich geeignete Steine aus und transportierte sie auf Baumstammrollen zur Grabstelle. Die senkrechten Trägersteine mußten gegebenenfalls noch mit Holzkeilen gespalten werden, damit eine flache Seite nach innen gestellt werden konnte. Zum Spalten der Steine wurden an passender Stelle Kerben und Rillen eingeschlagen, in die Holzkeile getrieben wurden. Die Keile quollen durch Wasserzugabe auf und spalteten den Stein, wenn der Vorgang mehrfach wiederholt wurde. Die Trägersteine verkeilte man in ihren Standgruben falls nötig mit Steinen, um ihre Standfestigkeit zu erhöhen. Trockenmauerwerk füllte dann die Zwischenräume. Nach Aufschüttung eines Hügels über die Trägersteine wurden die Decksteine über eine schiefe Ebene heraufgeschoben und ausgerichtet. Den Innenraum der Kammer und ihren Zugang schaufelte man sodann wieder frei, pflasterte den Innenraum und sicherte den Zugang zur Kammer mit Steinen oder Holzpfosten. Schließlich konnte die Bestattungszeremonie beginnen, falls der Bau des Grabes nicht bereits dazu gehörte. Um die Verstorbenen für das Leben nach dem Tode auszustatten, erhielten sie Speise und Trank, Kleidung und Schmuck, Waffen und Werkzeug mit ins Grab. Über einen längeren Zeitraum wurde die Kammer immer wieder, wahrscheinlich von den Angehörigen einer Sippe, benutzt. Weil oft mehrere Megalithgräber beieinander lagen, ist anzunehmen, daß Sippen in Verbänden zusammen siedelten.

In Ostfriesland sind noch vier Standorte von Großsteingräbern bekannt, in Brinkum, Leer und Utarp, welche bis auf die Reste des Großsteingrabes in Tannenhausen vollkommen zerstört sind. Von diesem Steingrab sind heute nur noch drei Steine erhalten geblieben: ein Trägerstein und zwei Decksteine, die der Volksmund „Butter, Brot und Käse" benannt hat. Bei der Ausgrabung Anfang der 60er Jahre konnten noch die Standgruben der dazugehörigen Trägersteine entdeckt werden (Gabriel 1966). Außerdem stellte sich heraus, daß daneben ein zweites Grab gestanden hatte (Abb. 11).

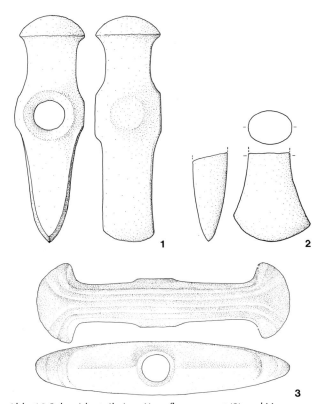

Abb. 10 Schneidenteil einer Knaufhammeraxt (2) und Hannoversche Axt (3) aus dem Großsteingrab Leer. Knaufhammeraxt (1) aus Wapenveld (nach Bakker 1979, 89) zum Vergleich. M 1:3.

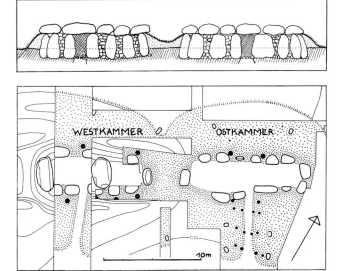

Abb. 11 Vereinfachter Grabungsplan des Großsteingrabes Tannenhausen mit rekonstruierter Seitenansicht oben.

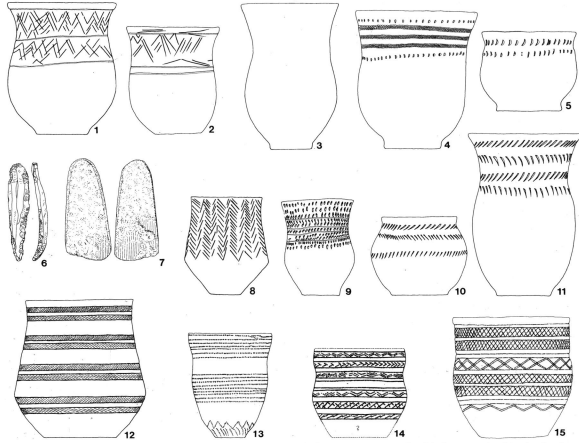

Abb. 12 Keramik, z.T. rekonstruiert, und Steingeräte aus Gräbern der Becherkulturen. 1 - 11 Einzelgrabkultur, 12 - 15 Glockenbecherkultur. Inventare einzelner Körpergräber: 1,2,6 u. 7 = Logabirum; 4 u. 5 = Leer; 10 u. 11 = Brill. M 1:4.

Letzteres wurde nach der Untersuchung so rekonstruiert, wie es zur Zeit seiner Benutzung mit einem Erdhügel ausgesehen haben mag. Von Süden her besaßen die beiden Gräber in Tannenhausen jeweils einen Zugang, der nicht wie andernorts aus Steinblöcken sondern aus Holzpfosten gebaut worden war. Wegen des Zuganges von der Längsseite wird dieser Grabtyp auch Ganggrab genannt. Die Westkammer maß in der lichten Länge 11 bis 12 m, in der lichten Breite 2,2 und 2,8 m und in der lichten Höhe mindestens 1,3 m. Die Ostkammer war etwa 11,2 m lang und maß in der Breite 2,2 und 3,2 m. Vermutlich war das Dach der Kammern mit je fünf oder sechs großen Decksteinen verschlossen. Der Erdhügel, der das Grab einfaßte, war von ovalem Grundriß, so daß die Steingräber von Tannenhausen dem Bautyp der Emsländischen Gruppe der Großsteingräber angehören, für die u. a. ovale Grabkammereinfassungen charakteristisch waren.

Die Einzelgrab- und die Glockenbecherkultur

Im Spätneolithikum traten neue Kulturelemente auf, die sich, leicht erkennbar, in der Form und der Verzierungsweise der Tongefäße (Abb. 12) bemerkbar machten; deren tiefgreifendere Änderung aber, laut archäologischer Quellen, im Wandel der Bestattungssitte bestand. Die Toten wurden in einzelnen Grabgruben beigesetzt, die mit einem Erdhügel markiert wurden. Daher hat die archäologische Forschung ihr den Namen Einzelgrabkultur gegeben, als sich die Erkenntnis noch nicht hinreichend durchgesetzt hatte, daß Erdgräber für einzelne Personen auch in der Trichterbecherkultur üblich waren.

Die Einzelgrabkultur in Jütland und dem norddeutschen Flachland war eine Untergruppe der Schnurkeramischen Kultur (Struve 1955), die ihren Schwerpunkt in Mitteleuropa hatte. Sie reichte vom Mittel-Dnjepr-Ge-

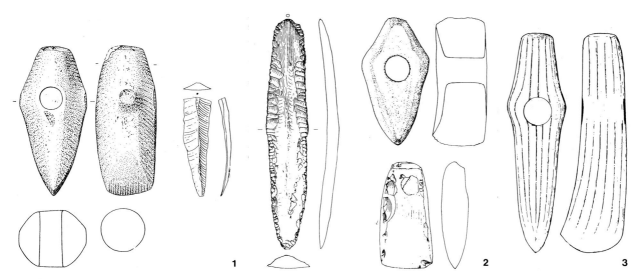

Abb. 13 Steingeräte aus Gräbern der Einzelgrabkultur. Inventare einzelner Körpergräber: 1 Wiesens; 2 Hollen; 3 Langefeld. M 1:3.

biet bis nach Südskandinavien und ins Rheinmündungsgebiet. Charakteristische Kulturgüter waren Streitäxte, Einzelgräber, in der Regel unter Hügeln, und becherförmige Keramik mit Rand- und Halsverzierung. Die Glockenbecherkultur, die zeitlich auf die Schnurkeramische Kultur folgte, stammte aus dem westlichen Mittelmeergebiet mit einer Verbreitung von Nordafrika, über Westeuropa, die Britischen Inseln bis ins Rheingebiet und Mitteleuropa. Typische Gerätschaften waren die horizontal, am ganzen Körper verzierten Glockenbecher, Pfeilspitzen und Armschutzplatten und gelegentlich kupferne Dolche (Lanting und van der Waals 1976). Mit den sogenannten Becherkulturen, der Einzelgrab- und der Glockenbecherkultur, etablierte sich das Metallhandwerk in Europa mit den entsprechenden Folgen einer weiteren Differenzierung der Gesellschaft durch spezialisierte Techniker. Wahrscheinlich setzte sich als weitere technische Innovation an Stelle des Feldbaus mit Spaten und Hacke auch der Ackerbau mit dem Hakenpflug durch, worauf Furchen unter Grabhügeln hinweisen.

Auch in der Einzelgrabkultur in Ostfriesland wurde es üblich, die Toten in eigenen Grabgruben unter Grabhügeln aus Sand beizusetzen. Zur Ausstattung der Toten wurden oft Becher, steinerne Äxte und Beile und Flintdolche mitgegeben (Abb. 12). In den älteren Gräbern fanden sich einfache Flintklingen, die später durch Klingendolche ersetzt wurden (Abb.13). Diese Sitte blieb auch in der älteren Bronzezeit erhalten, als die Flint- von Metalldolchen und Kurzschwertern abgelöst wurden.

Eine facettierte Axt (Abb. 13), die in Langefeld gefunden wurde, belegte die Verkehrsverbindung bis in den mitteldeutschen Raum, gewissermaßen einem Zentrum der Schnurkeramischen Kultur. Wahrscheinlich wurde sie nach deren Vorbildern angefertigt und gelangte auf Handelsstraßen, u.a. auf Moorwegen, bis nach Ostfriesland.

Zahlreiche Einzelfunde der Einzelgrabkultur in Ostfriesland zeigten, daß die Besiedlung auf den von den Menschen der Trichterbecherkultur erschlossenen, hohen und trockenen Flugsandrücken zugenommen hatte und

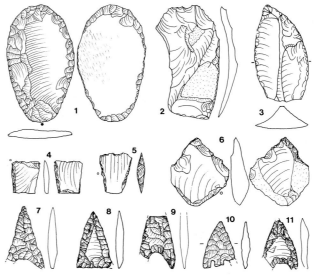

Abb. 14 Feuersteingeräte der Glockenbecherkultur und der älteren Bronzezeit; 1 „Glockenbechermesser", 2, 3 u. 6 Schaber, 4, 5 Pfeilschneiden, 7 - 11 flächig retuschierte Pfeilspitzen. M 1:2.

von dieser Siedlungslage aus auch niedriger gelegenes Land aufgesucht und vielleicht besiedelt wurde.

Zu dieser Siedlungsphase gehörte auch die Glockenbecherkultur. In den benachbarten Niederlanden begründeten sie das Metallhandwerk und legte damit die Grundlage für die Bronzezeit (Butler 1979). In Ostfriesland wurden zwei typische Glockenbecher in Logabirum (Abb. 12,12 u. 15) gefunden, die die Kontakte nach Westen zur Veluwe belegten (Lanting und van der Waals 1976). Es gibt zahlreiche Fundstücke, beispielsweise Pfeilspitzen und „Glockenbechermesser" (Abb. 14), die in diese Zeitstufe des Neolithikums gesetzt werden müssen (Lanting 1973). Der Fund eines kleinen Bechers in Westerholt (Abb.12,13) zeigte aber, daß die Verzierungsmuster des Bechers mit Wickelschnurstempeln zwar der der Glockenbecher angepaßt war, aber die Form der der Einzelgrabbecher verpflichtet blieb. Die Becherformen mit Standfüßen - aber mit veränderten Verzierungsmustern - wurden auch noch in der älteren Bronzezeit hergestellt.

Der Stapelstein bei Etzel und der Radbodsberg bei Dunum

Auf einer natürlichen Geländekuppe liegt bei Etzel die Steinkiste „Stapelstein". Der Deckstein ist durch eine Sprengung stark beschädigt, und die Ständersteine sind infolge dieser Maßnahme, vielleicht auch durch die Grabung im Jahre 1877, etwas verrutscht. Ursprünglich bildeten sie einen etwa zwei Meter langen Innenraum. Da über Funde nichts bekannt geworden ist, bleibt eine Datierung der Steinkammer zweifelhaft. Wahrscheinlich handelte es sich um eine Steinkiste, die im Spätneolithikum oder der älteren Bronzezeit entstand und mit einem Grabhügel bedeckt war.

Ein vergleichbarer Befund wurde im Radbodsberg bei Dunum (Abb. 15) entdeckt, der als ältestes Grab eine Bestattung der Einzelgrabkultur mit einer Flintklinge enthielt. Der Grabhügel wurde später um eine Steinkiste erweitert, sodann noch mehrfach aufgehöht und nahm zahlreiche Urnen der Bronzezeit und der frühen Eisenzeit auf. Insgesamt barg der Radbodsberg, der in seinen heutigen Dimensionen über 25 m im Durchmesser und 5 m in der Höhe mißt, mindestens neunzehn Gräber und ist ein Beispiel für die kontinuierliche Belegung eines Bestattungsplatzes von der Steinzeit bis zur frühen Eisenzeit.

Kulturwandel und Siedlungswesen des Neolithikums

Die zahlreichen Fundstellen des Neolithikums in Ostfriesland bezeugen eine dauerhafte Besiedlung der hochliegenden Sandrücken und -plateaus durch bäuerliche Gemeinschaften. Die Siedler der Trichterbecherkultur, wahrscheinlich Einwanderer aus dem Osten, fanden in Ostfriesland im Atlantikum einen Eichen-Linden-Wald vor. Sie schlugen Lichtungen oder gewannen Ackerland durch Brandrodung und erbauten ihre Wohnhäuser am Rande der Äcker. So siedelten mehrere Familien zusammen in einem naturräumlich durch Moore oder Wasserläufe begrenzten Gebiet. In den Geestregionen Ostfrieslands, beiderseits der zentralen Hochmoorbarriere, belegen die Funde von Steinwerkzeugen und Keramik, daß dort Menschen der Trichterbecherkultur lebten und als Pioniere der bäuerlichen Wirtschaftsweise auftraten.

In denselben Siedlungskammern folgte auf die Trichterbecherkultur die Einzelgrabkultur, die auch die Begräbnisplätze der Vorgängerin übernahm. So fanden sich in allen Großsteingräbern auch Bestattungen mit den typischen Beigaben der Einzelgrabkultur. Daraus kann nicht auf eine Feindschaft zwischen den Kulturen geschlossen werden, vielmehr bestand eine Verwandtschaft der Kulturelemente. Beispielsweise waren die Bestattungen in Einzelgräbern und die Grabbeigaben von Bechern, Beilen und Streitäxten in der Trichterbecherkultur ohnehin üblich. Als neues Element erschien nur der Feuersteindolch, bzw. die Flintklinge als Beigabe.

Auch die Elemente, die die Glockenbecherkultur brachte, neue Verzierungsmuster und Pfeilspitzen, scheinen

Abb. 15 Radbodsberg in der Gemarkung Brill (2411/3:1).

eher von den hiesigen Bewohnern angenommen als aufgepfropft worden zu sein. So zeigte beispielsweise der Becher aus Westerholt die Form und den Fuß eines Einzelgrabbechers und die Verzierungsmuster mit Stempeln der Glockenbecherkultur. Die Mischung und die Abwandlung von Kulturelementen macht es wahrscheinlich, daß ein Kulturwandel durch Einflüsse von außen und keine Einwanderung stattgefunden hatte. Die Einzelgrabkultur übte auf dem traditionellen Weg der Handelsverbindungen ihren Einfluß von Osten aus, und von Westen gelangten Waren und Kulturelemente der Glockenbecherkultur nach Ostfriesland.

Die Vermehrung des Fundbestandes der Becherkulturen erlaubt den Schluß, daß von den Siedlungskernen der Trichterbecherkultur aus das Siedlungsland von den Menschen der Einzelgrabkultur, erweitert und die Besiedlung verdichtet wurde. Darüberhinaus drangen die Bauern der Einzelgrabkultur von den hohen, trockenen Sandrücken auf die heute feuchten Sandböden vor, die erst wieder im Mittelalter genutzt wurden. Wahrscheinlich wurde die Ausweitung des Siedlungslandes durch eine klimatische Trockenperiode begünstigt. Dieser vermutlich stetige Siedlungsausbau ist nicht nur mit einer Vermehrung der Bevölkerung zu erklären, sondern wurde auch durch den technischen Einsatz des hölzernen Hakenpfluges unterstützt. Im Gegensatz zum Feld- und Gartenbau mit Hacke und Spaten erlaubte der von Rindern gezogene Pflug, größere Äcker zu bearbeiten und dadurch höhere Erträge zu erzielen.

Die Intensivierung der Bewirtschaftung war die Grundlage der Besiedlungsverdichtung, die sich mit dem Pflugbau und in geringerem Maß mit der möglichen Anwendung von Metallgeräten erklärt. Zwar kannte die Trichterbecherkultur das Kupfer als Schmuck und in der Zeit der Becherkulturen mag es bereits ein regional etabliertes Metallhandwerk auch im Küstenraum gegeben haben, aber bis in die rohstoffernen Gebiete wie Ostfriesland gelangte sicherlich nur so wenig Metall, daß eine Grundversorgung mit und damit ein wesentlicher Einfluß von Metallgeräten auf die Wirtschaftsweise nicht einmal in der Bronzezeit gewährleistet war. Davon zeugen die steinernen Äxte und Sicheln, die in ihrer Formgebung die metallenen Vorbilder nachahmen und hier bis zum Ende der Bronzezeit bzw. zum Anfang der Eisenzeit in Gebrauch blieben. Die schlechte Metallversorgung und das Fehlen überregional gesuchter Rohstoffe sind wahrscheinlich die Gründe dafür, daß eine gesellschaftliche Differenzierung auf der Basis von Metallbesitz kaum stattfand und daß sich das tägliche Leben in Ostfriesland im Neolithikum kaum veränderte.

Weil das Land selbst keine Rohstoffe bot und wahrscheinlich auch keinen wesentlichen Überschuß bei der Nahrungsmittelproduktion erzielte, reizte es eher zur Aus- als zur Einwanderung. Ein Wandel von Kulturelementen vollzog sich demnach durch Akkulturation, indem die Einflüsse der Kulturzentren im Osten, Westen oder Süden durch Handelskontakte, beispielsweise zur Versorgung mit Feuerstein und Kupfer, teilweise aufgegriffen wurden und dabei allmählich die Bestattungssitten, die Bewaffnung und die Ausrüstung modifizierten. So erklärt sich der Kulturwandel im Neolithikum in Ostfriesland überzeugender ohne Einwanderung oder gar Eroberung durch die Träger der Einzelgrab- oder Glockenbecherkultur, weil ein Anreiz dazu fehlte. Vielmehr scheint der Kulturwandel ein Prozeß gewesen zu sein, welcher durch die Attraktivität und den Reichtum der technologisch höher entwickelten Zentren auf die Gebiete am Rande der europaweiten Kultur- und Verkehrsräume, zu denen Ostfriesland in dieser Zeit zweifellos gehörte, zustande kam.

Abb. 16 Steinzeitlicher Pfahlweg in der Gemarkung Tannenhausen (2410/6:16).

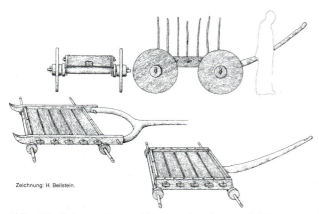

Abb. 17 Rekonstruierter Wagen des Spätneolithikums aus Tannenhausen (2410/6:16) (nach Hayen 1985).

Urgeschichtliche Moorwege

Die umfangreichen Forschungen Hayens im nordwestdeutschen Flachland haben vielfältige Erkenntnisse zum Bau von Moorwegen und zum Transport- und Verkehrswesen ergeben (Hayen 1985).

In der Jungsteinzeit, laut pollenanalytischer Datierung im Spätneolithikum (Kučan 1973), führte ein Weg von Tannenhausen über das Moor Richtung Nenndorf (Abb. 16). Er bestand aus gerade gewachsenen Erlen- und Birkenstämmen, also aus Rundhölzern, welche an ihren Enden die Technik der Fällweise mit Steinbeilen zeigten. Der Schlag der Steinbeile war möglichst in Längsrichtung zur Holzfaser geführt, so daß eine lange Spitze wie beim Bleistiftanspitzen entstand. Die einzelnen Rundhölzer lagen dicht gepackt auf untergelegten Längshölzern und ergaben eine Fahrbahnbreite von etwa vier Metern. Die Ausgrabung dieses Pfahlweges lieferte viele Wagenteile, so daß aus Wagenachsteilen, Scheibenrad-, Deichsel- und Oberwagenteilen ein Rekonstruktionsvorschlag für einen gesamten Wagen des Spätneolithikums gemacht werden konnte (Abb. 17). Der Wagen der Steinzeit besaß eine kaum bewegliche Vorderachse, die ihn ziemlich ungelenkig machte und daher eine große Fahrbahnbreite erforderte.

Die jüngeren Wege waren schmaler, wie der aus Oltmannsfehn-Ockenhausen aus der frühen Bronzezeit. Seine etwa 2,5 Meter breite Fahrbahn bestand ebenfalls aus Rundhölzern von Erle und Birke, die auf einer Substruktion von Längshölzern lagen (Abb. 18). Die Stammenden waren mit Metalläxten fast quer zur Holzfaser abgehackt.

Abb.18 Bronzezeitlicher Pfahlweg in Oltmannsfehn-Ockenhausen (2612/6:8).

Abb. 19 Eisenzeitlicher Bohlenweg in Oltmannsfehn-Ockenhausen (2612/6:7).

Die sorgfältig bearbeiteten Fahrbahnen wurden im Laufe der Entwicklung technisch noch perfekter. Die Längshölzer befestigte man in der Bronzezeit mit Pflöcken im Moor, und in der Eisenzeit wurden sie durch senkrecht stehende Lochbohlen fixiert. Man bevorzugte nun Eichenbohlen, die durch Einkehlungen oder mittels Keilen einzeln eingepaßt wurden. Längshölzer sorgten für eine zusätzliche Befestigung der Fahrbahnschicht (Abb. 19). Zu den sorgsam und mit Fachkenntnis gebauten Wegen gehörten ebenso verfertigte Wagen. Eine Wagenachse in Oltmannsfehn-Ockenhausen belegt einen lenkbaren Wagen mit einer Spurbreite von 1,2 Metern.

Im Laufe der Eisenzeit wurde die Bauart der Moorwege wieder vereinfacht, indem man die Enden der Eichenbohlen lochte und mit Pflöcken im Moor befestigte. Der Bohlenweg in Meinersfehn gehört in die Zeit von 300 vor bis 100 nach Christi Geburt. In seiner Nähe sind eisenzeitliche Bronzeröhrchen mit Vogelfiguren gefunden worden, die wahrscheinlich Teile eines kleinen Kultwagens bildeten. Die hölzernen Naben, Speichen und Achsen, die in Zusammenhang mit den Moorwegen entdeckt wurden, belegen den Gebrauch von Wagen mit robusten Speichenrädern und schwingenden Achsen.

In der römischen Kaiserzeit behielt man die Bauart der eisenzeitlichen Wege bei, und die Fahrbahnbreite variierte zwischen 2,5 und 3,0 Metern. Für das Mittelalter fehlen aussagefähige Befunde über Moorwege; das liegt vielleicht daran, daß günstige klimatische Bedingungen Moorwege teilweise überflüssig machten und die Entwicklung der Schiffahrt im Mittelalter andere Verkehrsströme schuf.

Die zentrale Moorbarriere in Ostfriesland zu überwinden, war seit der Steinzeit ein Bedürfnis der bäuerlichen Kulturen in Ostfriesland. Dadurch gelangte man nicht nur über das Hochmoor von der einen zu der anderen Seite und verkürzte dadurch die Fahrwege, sondern erschloß auch zusätzlichen Wirtschaftsraum auf isolierten Geestinseln im Moor. Die gelegentlich kilometerlangen, von einer bewohnten Geestinsel zur nächsten gebauten Bohlen- und Pfahlwege verdeutlichen, welchen Stellenwert für Begegnung und Handel die Verkehrsverbindungen in der bäuerlichen Besiedlungsphase von der Jungsteinzeit bis zur Eisenzeit besaßen. In der auslaufenden Bronzezeit und in der Eisenzeit scheinen sogar eigene Bautrupps, vielleicht spezialisierte Handwerker, diese Qualitätsarbeit verrichtet zu haben.

Bronzezeit

Laut Terminologie für die Nordost-Niederlande begann die Bronzezeit mit der weitgewundenen Wickelschnurkeramik (Wikkeldraad-) und dem Sögel/Wohlde-Komplex (N.N. 1967). Die Bronzezeit war unter Einfluß regionaler Gruppen der Glockenbecherkultur an Donau und Rhein (Singen- und Adlerbergkultur) und in Mitteldeutschland (Aunjetitz-Kultur) entstanden.

Auch im Küstenraum vermittelte die Glockenbecherkultur die technischen Kenntnisse der Metallverarbeitung (Butler 1979). Da Rohstoffe für Legierungen von Kupfer mit Antimon, Arsen, Blei und Zinn in den Küstenraum hätten eingeführt werden müssen, sind hierher wahrscheinlich nicht die Rohstoffe, sondern die Produkte gelangt. Bronze gehörte zu den Kostbarkeiten, deswegen wurde zerbrochenes Gerät umgearbeitet und wurde nicht wie unbrauchbares Steingerät weggeworfen. In der mittleren und jüngeren Bronzezeit scheint sich die Metallversorgung ein wenig verbessert zu haben, so daß Werkstätten für den lokalen Bedarf arbeiten konnten. Zerbrochene Stücke wurden eingeschmolzen und das Metall wiederverwendet. Dennoch war die Versorgung derart schlecht, daß Steingeräte - Äxte und Sicheln - bis zum Beginn der Eisenzeit weiterhin benutzt und importiert wurden. Diese Bedingungen verhinderten, daß sich im Küstenraum eine arbeitsteilige Gesellschaft entwickelte, deren Bildung durch die Produktion, die Hortung und den Vertrieb von Metall begünstigt wurde.

Abb. 20 Goldscheibe von Moordorf (2510/1:3).

Die Goldscheibe von Moordorf

Die Goldscheibe von Moordorf (Abb. 20) ist ein Zeichen für den weitreichenden Handel und Verkehr im Küstenraum. Als der Fund der Goldscheibe bekannt geworden war, konnte Peter Zylmann im Frühjahr 1927 eine Nachuntersuchung an der Fundstelle vornehmen. Dabei stellte er fest, daß sich unter dem jetzt abgetorften Gelände vermutlich ein dreiviertel Meter hoher Hügel befunden hatte. Deutlich sichtbar zeigte sich eine rechteckige Grube im Boden, die 57 cm breit und 2,3 m lang war. Demnach könnte die Goldscheibe aus einem Grab stammen.

Die Scheibe besteht aus 0,14 mm dickem, feinem Goldblech, sie wiegt 36,17 Gramm und hat einen Durchmesser von 145 mm. Am Rand sind zwei schmale Laschen mit zwei bzw. drei kleinen eingestochenen Löchern zu sehen. Im 40 mm großen Mittelstück sitzen acht erhabene kleine Buckel, symmetrisch im Kreis um einen Mittelbuckel angeordnet. Dann folgt ein 12 mm breiter Streifen mit feinen radialen Strichornamenten, die einen Buckel am äußern Ende aufweisen. Die glatte Zone von 13 mm Breite ist wiederum mit acht Buckeln verziert, passend zu denen, die in der Mitte sitzen. Es schließt sich ein ebenfalls 12 mm breiter Streifen mit radialen Strichornamenten an, darauf folgt die gleich breite Randzone mit 32 strichgefüllten Dreiecken und ganz außen ein 4 mm breiter Rand mit einfachen Strichen.

Die Aufteilung der Scheibe zeigt, daß die Verzierung sorgfältig vorgearbeitet und mit großem Geschick angebracht worden ist. Es spricht alles dafür, daß man die Ornamente von der Rückseite her einstempelte und das Goldblech nicht in einem holzgeschnitztem Negativ (Model) ausformte.

Die Falten in dem feinen Goldblech der Scheibe von Moordorf deuten an, daß dieses Exemplar ehemals diskusförmig gewölbt war (Drescher 1963). Vermutlich war sie auf eine entsprechende Unterlage montiert, worauf auch die beiden seitlichen Laschen hinweisen. Daher darf man vermuten, daß die Goldscheibe von Moordorf zu einem sogenannten Sonnenwagen gehört haben könnte. Ein vergleichbarer Fund der älteren Bronzezeit ist aus Trundholm in Dänemark (Abb. 21) bekannt geworden. Eine verzierte Sonnenscheibe lenkt einen zweirädrigen Wagen, der von einem Pferdegespann gezogen wird. Die Vorstellung, daß die Sonne mit einem Pferdewagen über den Himmel fährt, ist uns durch viele alte Mythen überliefert. Die eine Seite der Sonne des Wagens von Trundholm ist vergoldet, sie

Abb. 21 Sonnenwagen von Trundholm, Dänemark.

symbolisiert also den Tag, während die andere unvergoldete Seite offenbar die Nacht darstellt. Vielleicht diente die Goldscheibe von Moordorf als Tagseite eines Sonnenwagens aus Holz.

Weitere vergleichbare Funde von Sonnenscheiben der älteren Bronzezeit gibt es in Irland, in Südengland und außerdem in Dänemark. Einige Goldscheiben stammen aus Männergräbern. Die Funktion und Bedeutung der Scheiben ist jedoch nicht in jedem Falle geklärt. Das Gold der Sonnenscheibe von Moordorf zeigt die weitreichenden Handelsbeziehungen über die Nordsee, die sich in der älteren Bronzezeit herausgebildet hatten.

Feldfrüchte und der Pflug von Walle

Das Hochmoor in Tannenhausen enthält die Pflanzenpollen seit dem 4. vorchristlichen Jahrtausend. An den Veränderungen der Pflanzenarten zueinander läßt sich unter anderem ablesen, in welchem Maße der Mensch in die natürliche Vegetation eingegriffen hatte. Bereits am Ende des 4. vorchristlichen Jahrtausends machten sich Gräser und vor allem Wegerichpollen im Gesamtspektrum des Blütenstaubs bemerkbar, das deutet auf eine Verringerung des Waldes und eine Zunahme des Graslandes hin. Auch Getreidepollen waren nachweisbar. Die geringen Anteile der beiden Pflanzenarten, die weitab der eigentlichen Siedelgebiete im

Abb. 22 Pflug von Walle (2510/3:4).

Zentrum des Hochmoores entdeckt wurden, zeigten zwar eine seßhafte Bevölkerung an, die das Gebiet aber wahrscheinlich nur dünn besiedelte (Grohne 1957). Seit dem Neolithikum wurden vor allem die Weizenarten Emmer und Einkorn sowie die mehrzeilige Spelz- und die Nacktgerste angebaut. In Brill und Wiesens kamen in runden Gruben Getreidekörner zutage, die nur sehr wenig mit anderen Pflanzenresten vermischt waren. Die beiden Gruben in Brill können um 1100 vor Chr. G. datiert werden. Sie enthielten 89,4% vierzeilige Gerste und 10,6% Emmer sowie kleine Bruchstücke von Feuersteinsicheln. Der Getreidefund in Wiesens bestand aus fast reiner Nacktgerste. Aus der Reinheit der Arten und dem Fehlen von niedrigwüchsigen Unkräutern ist zu folgern, daß das Getreide auf artenreinen Feldern angebaut und mit der Sichel unterhalb der Ähre geschnitten wurde (Behre 1979;1982).

Über die Art und Weise der Feldbestellung ist nichts bekannt, aber es ist anzunehmen, daß zunächst im Neolithikum ein Garten- und Feldbau mit Hacke und Spaten auf kleinen Feldern betrieben wurde und daß der Hakenpflug der Einzelgrabkultur, der die Erde nur aufreißen und nicht wenden konnte, bereits bekannt war.

1927 kam ein hölzerner Hakenpflug (Abb. 22) beim Torfgraben in der Gemarkung Walle in der Nähe der Grenze von Georgsfeld zutage. Der Pflugbaum ist etwa

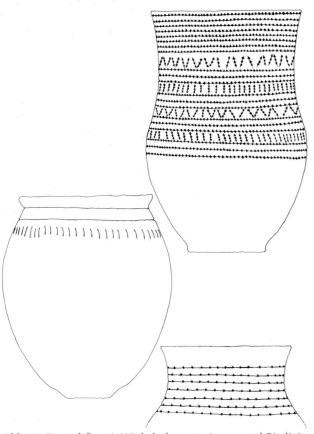

Abb. 23 Tongefäße mit Wickelschnurverzierung und Ritzlinien aus Hopels in der Gemarkung Marx sowie aus Popens und Middels. M 1:4.

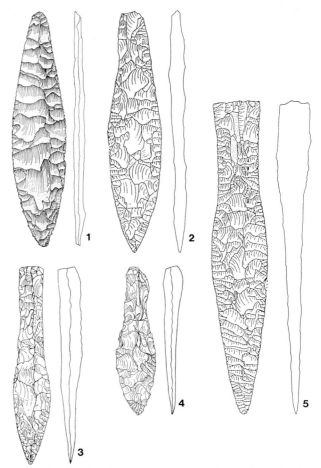

Abb. 24 Dolche der älteren Bronzezeit aus Feuerstein, gefunden in 1 Middels, 2 Logabirum, 3 Eversmeer, 4 Ostfriesland und 5 Heisfelde. M 1:3.

3 m lang und aus einem Eichenast gefertigt. Er ist mit der Pflugschar in einem Stück gearbeitet, indem die Schar aus dem Stamm der Eiche geschnitzt worden ist. In einer viereckigen Lochung der Schar steckt der mit Keilen verklemmte Sterz.

Die Pflugschar wird wohl insgesamt eine Länge von 60 cm besessen haben und vorn keilförmig spitz ausgelaufen sein. Der vordere Teil fehlt, weil beim Torfstechen der Pflug in viele Einzelteile zerschnitten worden war.

Noch im Herbst 1927 wurden die ersten Pollenproben an der Fundstelle des Pfluges entnommen, da aber der Pflug schräg in der Torfstichwand mit dem tiefsten Teil nur wenige Zentimeter über dem anstehenden Geestboden lag, war eine eindeutige Zeitbestimmung schwerlich möglich. Die Auswertung der Pollenanalyse wies darauf hin, daß der Pflug frühestens in die beginnende Bronzezeit datiert werden könnte (Overbeck 1950). Da es sich aber um eine relativ weit entwickelte Form des Hakenpfluges handelt, muß man in Betracht ziehen, daß er auch aus einer späteren Zeit, der jüngeren Bronze- oder der frühen Eisenzeit, stammen könnte (Brandt 1969).

Gerätschaften der älteren Bronzezeit

Das kulturelle Inventar der älteren Bronzezeit leitete sich ohne Bruch aus der vorausgegangenen Zeitstufe her. Die mit Wickelschnurstempel verzierte Keramik war in Norddeutschland und in den Nordostniederlanden verbreitet. Hohe, schlanke Becherformen, wie der Becher von Hopels (Abb. 23), waren charakteristisch. Die Verzierungsweise mit enggewundenen Wickelschnurstempeln gehörte wahrscheinlich noch in die Steinzeit, während Becherformen, verziert mit weitgewundenen und zum Teil auch unregelmäßig gesetzten Stempeln, für die frühe Bronzezeit typisch waren. Auch Becher mit einfachen Ritzlinien und Fingernagelkerben (Abb. 23) wurden in dieser Zeitstufe hergestellt. Forschungen in den Niederlanden wiesen darauf hin, daß Bestattungen zu ebener Erde oder in nur wenig eingetieften Erdgräbern in der Regel ohne Beigaben vorgenommen wurden und darüber je ein Grabhügel errichtet wurde (Lanting 1973). Die Gefahr einer neuzeitlichen Zerstörung dieser Gräber durch den Pflug war daher sehr hoch, und das ist auch eine Erklärung dafür, daß in Ostfriesland nur

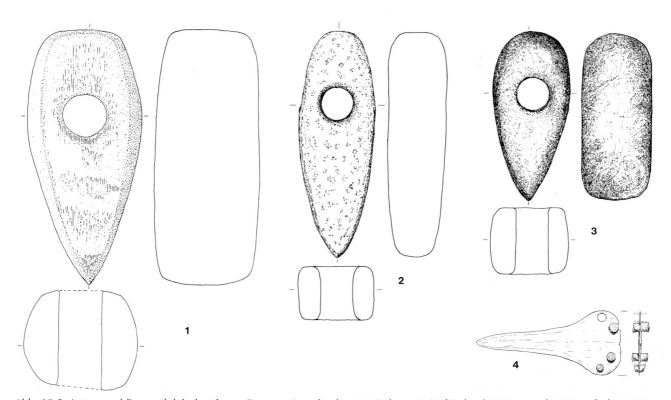

Abb. 25 Steinäxte und Bronzedolch der älteren Bronzezeit, gefunden in 1 Bühren, 2 Ostfriesland, 3 Marx und 4 Westerholt. M 1:3.

einzelne Funde bekannt geworden sind, aber noch keine Bestattungen entdeckt wurden.

Die lanzettförmigen Feuersteindolche (Abb. 24,1 u. 2), die auf den trockenen Sandrücken Ostfrieslands und nicht im Moor gefunden wurden, stammten wahrscheinlich aus solchen eingeebneten Grabhügeln der älteren Bronzezeit. Diese Dolche sowie die jüngeren Formen mit mehrkantigem Griff (Abb. 24,3-5) lieferten die Flintminen und Werkstätten Jütlands. Sie lösten in ihrer Funktion die Großklingen und Spandolche des Neolithikums ab und versuchten in Feuerstein die Metall-Dolchformen nachzuahmen und zu ersetzen (Bloemers 1969). Gebräuchliche Artefakte der älteren Bronzezeit waren die gedornten und geflügelten Pfeilspitzen (Abb. 14,7-11), welche von den Pfeilspitzen der Glockenbecherkultur abstammten, aber auch die querschneidigen Pfeilspitzen, ein Charakteristikum der Trichterbecherleute, waren noch in Gebrauch. Zur Holzbearbeitung, zur Herstellung von Balken und Brettern, dienten wahrscheinlich die steinernen Arbeitsäxte (Abb. 25), deren Form sich von ähnlichen Äxten der Glockenbecherkultur herleitete (Lanting 1973)

In der älteren Bronzezeit gehörte Ostfriesland zum Sögel/Wohlde-Kreis, der das niedersächsische Flachland und angrenzende Gebiete umfaßte. Die charakteristische Zusammensetzung der hier gefundenen Geräteformen deutet an, daß es sich um eine geschlossene regionale Kulturgruppe handelte (Sprockhoff 1942). Ein typischer Bronzedolch dieser Zeitstufe wurde in Westerholt (Abb. 25,4) im Moor gefunden; möglicherweise dort als Opfer für eine Gottheit deponiert.

Zahlreiche Fundstellen Ostfrieslands lieferten Bruchstücke von Feuersteindolchen und andere charakteristische Flintgeräte, insbesondere Pfeilspitzen, der älteren und mittleren Bronzezeit. Die Fundstücke lagen auf den hohen und trockenen Flugsandinseln am Rande eines Wasserlaufes: beispielsweise in Westerholt und Brill. Sie belegen die Weiterbesiedlung der alten Siedlungsräume, die bereits im Neolithikum erschlossen worden waren. Abgesehen von Funden im ehemaligen Moor, fehlen Fundstücke aber in den feuchten Sandgebieten, die offenbar nur im Spätneolithikum aufgesucht wurden.

Die Elp-Kultur in der mittleren Bronzezeit

Westlich der Weser, nördlich der Mittelgebirge und in den Nordost- und Mittelniederlanden entwickelte sich eine regionale Gruppe der europäischen Hügelgräberbronzezeit, die Elp-Kultur. Leider sind die Gräber oft fundleer, was nicht unbedingt auf eine Armut der Kultur hinweisen muß, sondern auch durch die Grabsitte erklärt werden kann. Eine Datierung der Gräber ist daher oft nur schwer möglich. In dieser Zeit bildete sich ein Grabbau heraus, der durch Pfahlkreise, Totenhäuser und durch Pfahlreihen gekennzeichnet war (Butler 1979). Beispiele dafür sind die Grabhügel in Logabirum (Abb. 26) und Reepsholt, sie lassen sich aber in allen Landesteilen Ostfrieslands nachweisen.

In den Niederlanden wurden erstmals in Elp große dreischiffige Bauernhäuser ausgegraben, die aus einem Wohn- und einem Stallteil bestanden, so daß Mensch und Vieh unter einem Dach lebten. Vielleicht bewirkte die Intensivierung der Viehhaltung in der mittleren Bronzezeit, daß Teile des Großviehs im Winter aufgestallt und durchgefüttert wurde. Deshalb bestanden die Bauerngehöfte auch nicht allein aus Wohn-Stall-Häusern, die die künftige Bauentwicklung der späteren dreischiffigen Gehöfte einleiteten, sondern es gab in einzelnen Fällen auch Nebengebäude, beispielsweise Scheunen und Speicher, wo der notwendige Wintervorrat untergebracht werden konnte (Waterbolk 1989). Die Getreidefunde in Brill und Wiesens (s.o.) stammten aus der Elp-Kultur.

Die Besiedlung in Elp bestand aus kleineren und größeren, verstreut in ihrer Ackerflur liegenden Gehöften, die vermutlich von Großfamilien bewohnt wurden. Der Rest eines Gebäudegrundrisses in Westerholt und Reste mehrerer in Weener (Abb. 27) sowie zahlreiche Oberflächenfunde in Ostfriesland und Keramik der Elp-Kultur aus Siedlungsgruben in Weener „Süder-Hilgenholt" deuten darauf hin, daß Ostfriesland zum Siedlungsraum der Elp-Kultur gehörte. Sie existierte bis weit in die jüngere Bronzezeit hinein und machte im Laufe ihrer Existenz den allmählichen Wandel der Bestat-

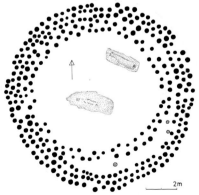

Abb. 26 Grabhügel der mittleren Bronzezeit in Logabirum mit Pfostenkreisen (2711/1:84).

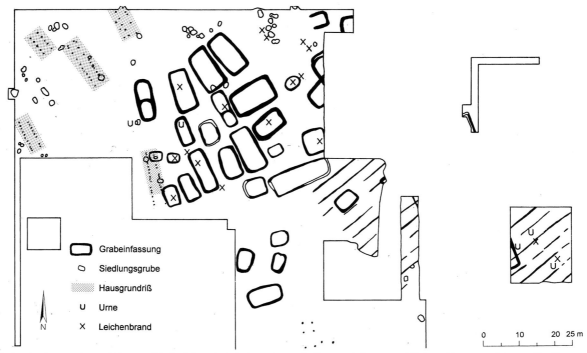

Abb. 27 Teil des Grabungsplanes Weener-"Süderhilgenholt" einer Geestsiedlung mit bronzezeitlichen Hausgrundrissen, Siedlungsgruben und früheisenzeitlichen, rechteckigen Grabanlagen (2809/6:39).

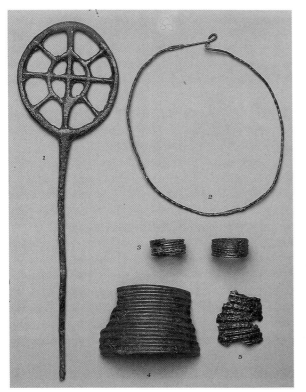
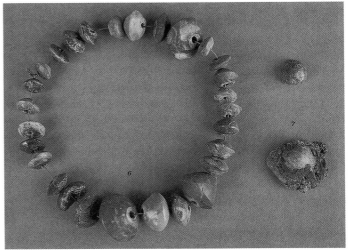

Abb. 28 Bronzeschmuck der Dame von Brill; 1 Radnadel, erhaltene Länge 21 cm; 2 Halsring; 3 Schläfenringe; 4 u. 5 Reste eines Armreifen; 6 Bernsteinkette; 7 Bronzehütchen (Stoffapplikationen oder Kettenglieder).

tungssitte mit, der sich auch in Mitteleuropa vollzog. Wie im Neolithikum wurden zunächst die Leichen in Grabgruben mit Hügel beigesetzt, bis sich die Verbrennung der Leichen durchsetzte und dann der Leichenbrand in Grabgruben und später in Urnen deponiert wurde.

Die Dame von Brill

In der mittleren Bronzezeit wurde eine Frau auf der Kuppe der heutigen Briller Gaste in einem kleinen Gräberfeld mit Gräbern der Stein-, Bronze- und frühen Eisenzeit bestattet. Ihr Grab war ziemlich reich ausgestattet, vielleicht weil sie eine bedeutende und angesehene Person war. Die gewöhnlichen Gräber in dieser Zeit sind in der Regel fundleer.
Die Dame lag in einem Baumsarg, von dem sich nur noch Spuren fanden. Über der Grabgrube von etwa 2,5 m Länge und 1,3 m Breite wölbte sich wahrscheinlich ein Grabhügel, der eine kreisförmige Pfostensetzung am Hügelfuß aufwies. Darüberhinaus blieb leider nichts erhalten, so daß anzunehmen ist, daß die Erde des Hügels der mittelalterlichen und neuzeitlichen Beackerung zum Opfer fiel. Weitere fundleere Grabgruben umgeben innerhalb des potentiellen Hügels das Grab, so daß vermutlich weitere Familienmitglieder hier ihre letzte Ruhestätte fanden.

Da die Toten nach damaliger Auffassung - wie man nach den Befunden annehmen muß - im Jenseits ein ähnliches Leben wie im Diesseits erwartete, wurden sie für die Ewigkeit entsprechend ausgerüstet. So trug die Dame von Brill (Abb. 28) beidseitig am Kopf Locken- oder Schläfenringe sowie kleine Bronzehütchen und Bronzeröllchen, die zu Gehängen oder zu Ketten gehörten. Den Hals umschloß ein enger, dünner, gedrehter Bronzereif mit Hakenverschluß. Außerdem schmückte sie eine Perlenkette aus 28 doppelkonischen Bernsteinperlen. Auf der Brust schloß eine Radnadel mit doppelter Felge einen Umhang bzw. einen Mantel.

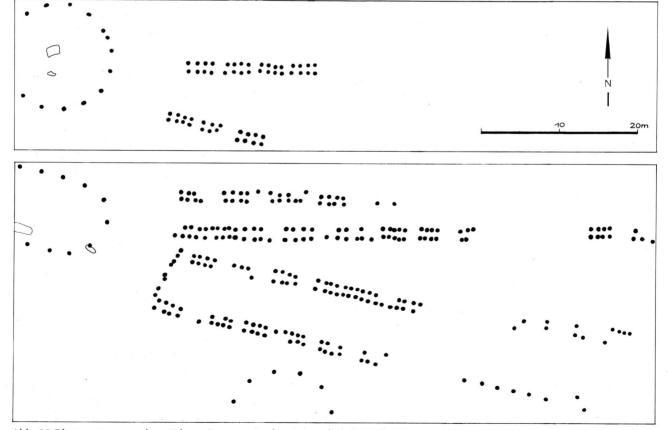

Abb. 29 Pfostensetzungen der mittleren Bronzezeit, oben Westerholt (2410/3:71), unten Wiesens (2511/5:67).

Bronzezeitliche Pfostensetzungen

In Westerholt und Wiesens (Abb.29) wurden Reihen von Pfostengruben entdeckt, die offenbar Bezug auf pfostengesäumte Grabhügel nahmen (Wilhelmi 1985). Abgesehen von einzelnen Unregelmäßigkeiten bestanden die Reihen aus Achter-Gruppen von je vier parallel gesetzten Pfostengruben. Diese Gruppen reihen sich vielfach hintereinander und können wie in Wiesens über sechzig Meter Länge erreichen. Die Pfostenreihen in Wiesens und in Westerholt verliefen jeweils in West-Ost-Richtung im Winkel von etwa 90 Grad von der Nordrichtung und im Winkel von 103 Grad. Wahrscheinlich hatte sich die Pfostensetzung in Wiesens aus einer zunächst einfachen Pfostensetzung wie in Westerholt entwickelt und wurde weiter ausgebaut.

Da es sich offenbar nicht um Hausbauten handelte, bleibt eine Deutung dieser Anlagen, deren Funktion sich nicht unmittelbar aus der Konstruktion erschließt, unsicher. Dennoch kann eine Überlegung zu den Pfostensetzungen sinnvoll sein, wenn von der Grundannahme ausgegangen wird, daß ackerbautreibende Gemeinschaften das Sonnenjahr berechnen müssen, um den Frühlingsanfang für die Aussaat und den Beginn des Jahreskreislaufes festzulegen (Drößler 1990). Daß die Menschen die Himmelsrichtungen bestimmen konnten, zeigt die konforme Orientierung der Gräber auf den Gräberfeldern seit dem Neolithikum. Auch die Pfostenreihen in Westerholt und Wiesens waren nach den Himmelsrichtungen orientiert, denn ihre Grundrisse passen deckungsgleich übereinander. Demnach kann man die West-Ost-Pfostensetzungen als Peillinien deuten, die den Sonnenaufgang am Horizont zur Tag- und-Nacht-Gleiche im Frühjahr anvisierten. Außerdem verlaufen die Reihen hangabwärts in Richtung Moor, welches wahrscheinlich einen weiten, freien Horizont bot. Die Richtung der jeweils zweiten Pfostenreihung läßt sich allerdings astronomisch nicht so einfach erklären.

Wenn auch ungeklärt bleibt, welche Bedeutung die Pfostenreihen im einzelnen gehabt haben, stellte doch ihre Errichtung eine bedeutende Leistung einer Siedlungsgemeinschaft dar, wie auch der Bau von Großsteingräbern im Neolithikum. So wurden beispielsweise bei dem großen Monument in Wiesens im Laufe seiner Existenz insgesamt mindestens sechshundert Baumstämme verarbeitet, die man auch für Hausbauten hätte verwenden können.

Jüngere Bronzezeit

Obwohl die Elp-Kultur als kontinuierliche Besiedlung bis weit in die jüngere Bronzezeit hinein weiterbestand, setzte sich die Leichenverbrennung als Bestattungssitte durch. Die Toten wurden auf Scheiterhaufen verbrannt und in Gruben oder in Urnen beigesetzt. Diese Bestattungssitte blieb, von Ausnahmen abgesehen, bis ins hohe Mittelalter bestehen.

In den Niederlanden haben großflächige archäologische Untersuchungen von Urnengräberfeldern vielfältige Bestattungssitten in der jüngeren Bronzezeit, beispielsweise Totenhäuser, Kreis-, Oval- und Rechteckgräber sowie schlüssellochförmige Gräben, entdeckt. Erstmals konnte nun auch in Weener die Bestattung mit Rechteckgräben nachgewiesen werden (Abb. 27). Die Gräber lagen am Rande des Siedlungsareals am Osthang zur Niederung und bildeten dort ein ausgedehntes Gräberfeld, das auch noch in der frühen vorrömischen Eisenzeit benutzt wurde. Darüberhinaus fehlen in Ostfriesland entsprechende Untersuchungen, so daß nur aufgrund der gleichen Gefäßformen angenommen werden kann, daß die Entwicklung hier ähnlich wie in den Nordost-Niederlanden verlief. Die Formenvielfalt der Bestattungen und Urnen zeigt Einflüsse aus dem Süden, die rheinabwärts kamen, aus dem Westen mit Kontakten über die Nordsee und aus dem Osten aus dem norddeutschen Küstenraum. Ob diese kulturellen Verbindungen allein auf Handels- und Verkehrskontakte zurückgingen, oder auf Einwanderung kleiner Bevölkerungsgruppen beruhten, ist ungewiß (Waterbolk 1962; Kooi 1979). Einflüsse aus südlicher und westlicher Richtung gab es seit der Einführung des Metallhandwerks, und die Verbindungen zum Osten bestanden traditionell seit dem Neolithikum im Kulturraum der Nordseeküste.

Gerätschaften der jüngeren Bronzezeit

Der Einfluß der mitteleuropäischen Urnenfelderkultur zeigte sich im norddeutschen Flachland mit den zweihenkeligen Terrinen (Abb. 30,1 u. 2), die als Urnen oft in vorhandenen Grabhügeln deponiert wurden. Als Einzelbestattung fanden sie sich in Gruben mit kleinen Steinkisten oder mit Scherbenpflaster und Deckel. Gelegentlich enthielten sie als Beigaben bronzene Rasiermesser und Pinzetten oder Nadeln (Abb. 30,5-8). Daneben verwendete man als Urnen doppelkonische Gefäße mit mehr oder weniger ausgebildetem Rand (Abb. 30,3,4 u. 9).

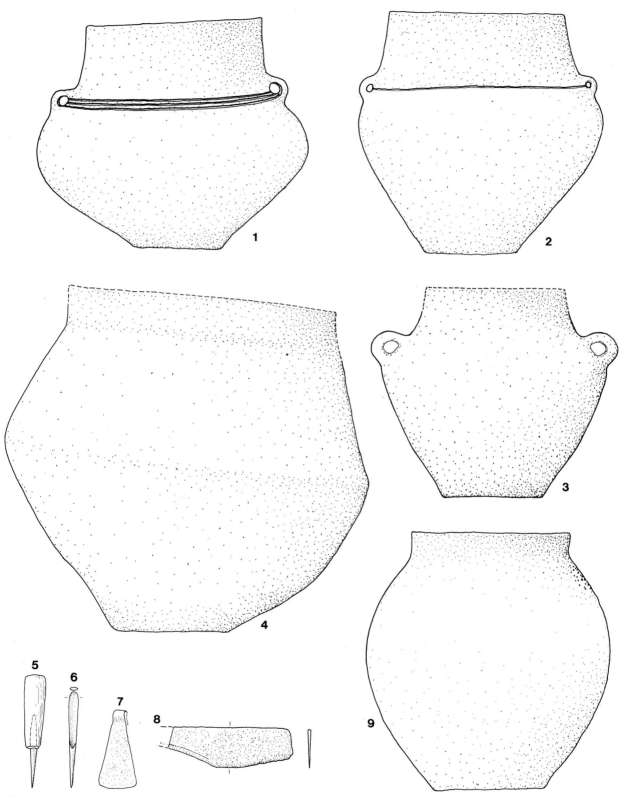

Abb. 30 Urnen und bronzene Grabbeigaben der jüngeren Bronzezeit aus Backemoor und Hesel. Gefäße M 1:4; Bronzen M 1:2.

Eines der wichtigen Werkzeuge bäuerlicher Siedler, das Beil, erhielt in der Bronzezeit eine Form, die dem Rohstoff Bronze entsprach und das Problem der Schäftung löste. Zunächst glich das Beil im Spätneolithikum den flachen, rechteckigen Feuerstein-Beilklingen, wenn auch die Schneide stärker ausgezogen und der Beilkörper flacher war. Zur besseren Schäftung der Beilklingen dienten in der mittleren Bronzezeit Randleisten und Stege als Widerlager für den knieartig gebogenen Holzschaft (Abb. 31,3). In der jüngeren Bronzezeit wurde das Problem der Schäftung der Beilklinge gelöst, indem das Tüllenbeil (Abb. 31,2) den Holzschaft umschloß. Alle früheren Schäftungsarten trieben die Klinge bei der Arbeit in den Schaft und spalten ihn langfristig. Darüberhinaus sparte die geänderte Form Metall, so daß aus derselben Menge Bronze mehrere Beile gegossen werden konnten.

In Plaggenburg wurde ein Hortfund im Moor entdeckt, der aus zwei Tüllenbeilen, einer Lanzenspitze, mehreren Armringen, einer Nadel sowie drei Feuersteinsicheln bestand. Auch der Depotfund im Moor bei Ostrhauderfehn zeigte die Mischung aus Waffen, Schmuck und Werkzeugen für den täglichen Bedarf. In einem Fellbeutel befanden sich eine Lanzenspitze, ein Messer, zwei Armringe, Ohrringe mit Perlen und Spiralen für Halsketten.

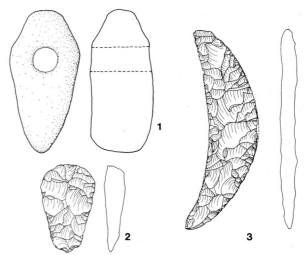

Abb. 32: Steingeräte der jüngeren Bronzezeit; 1 Streitaxt, 2 Löffelschaber, gefunden in Holtland, angefertigt aus zerbrochener Sichel und 3 Sichel, gefunden in Warsingsfehn. M 1:3.

Auch wenn der Grund für die Niederlegung der Moorfunde, beispielsweise als Opfer für eine Gottheit, unbekannt ist, geben die Funde doch einen Hinweis auf die Metallversorgung, -verarbeitung und auf die Ausrüstung der Menschen. Arm-, Hals- und Kopfschmuck waren sehr beliebt und hatten sich in dieser Art seit dem Neolithikum kaum verändert. Das galt auch für die Bewaffnung, für die nun aber häufiger Bronze verwendet wurde. So führte der Krieger die Lanze und trug Pfeil und Bogen. Der Dolch am Gürtel entwickelte sich zum Kurz- und Langschwert. Trotzdem war die Metallversorgung nicht optimal, denn die Flintsicheln und die Löffelschaber, deren Rohstoff ebenfalls erst beschafft werden mußte, sowie die steinernen Streitäxte (Abb. 32) der

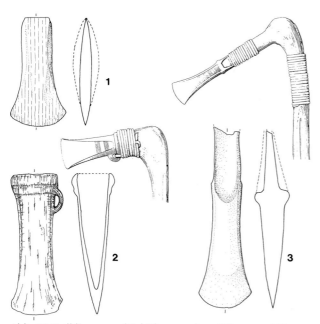

Abb. 31 Beilklingen und Schäftungen der mittleren und jüngeren Bronzezeit; 1 Nüttermoor, 2 Westerende-Kirchloog, 3 Westerholt. M 1:3.

Abb. 33 Sonnenstein von Horsten (2513/5:2).

jüngeren Bronzezeit und der beginnenden Eisenzeit schlagen ohne weiteres die Brücke zu den Formen des Spätneolithikums.

Der Sonnenstein von Horsten

Der Sonnenstein von Horsten, Landkreis Wittmund, (Abb. 33) wurde 1965 von Marschalleck entdeckt. Es gibt in Beckstedt und Harpstedt im Kreise Grafschaft Hoya ähnliche Steine mit 11 und 12 konzentrischen Kreisen, denen aber die Durchbohrung in der Mitte fehlt. Bei dem Sonnenstein von Horsten laufen um das Mittelloch von 3,4 cm Durchmesser 17 regelmäßige konzentrische Kreise herum, dessen äußerster einen Durchmesser von 70 cm besitzt. Im allgemeinen werden konzentrische Kreise als Sonnensymbol gedeutet, deshalb könnte es sich bei diesem Stein ebenfalls um ein bronzezeitliches Kultobjekt handeln; denn die Beobachtung der Sonne und ihre kultische Verehrung als Spenderin der Fruchtbarkeit war in bäuerlichen Kulturgruppen weit verbreitet.

Die Goldschalen von Terheide

Die Goldschalen wurden 1872 beim Sandgraben für den neuen Chausseebau entdeckt. Es ist nicht auszuschließen, daß sie aus einem Grab stammten, da die Fundstelle im Bereich verschwundener Hügelgräber lag. Dem alten Fundbericht zufolge kamen die Goldschalen mit steinernen Scherben (also Tongefäßscherben) zutage, welche leider nicht aufbewahrt wurden. Die beiden Gefäße (Abb. 34) sind 6,1 und 6,6 cm hoch. Ihre aus Gruppen konzentrischer Kreise, Linien und Punktreihen bestehende Verzierung wurde auf dem Goldblech durch Treibarbeit angebracht. Vergleichsfunde zeigen, daß sie in der jüngeren Bronzezeit angefertigt wurden und wahrscheinlich aus Mitteleuropa stammten (Jacob-Friesen 1963). Obgleich es verschiedene Vergleichsstücke gibt, über deren Funktion aber auch keine Aussage gemacht werden kann, legt das glänzende Metall und die reichhaltige Verzierung eine Bedeutung im Sonnenkult nahe; vielleicht wurden Trankopfer mit ihnen gespendet.

Vorrömische Eisenzeit

Besiedlung der Marsch

Zwischen den Meerestransgressionen der Calais- und der Dünkirchen-Folgen konnte während der Stillstands-

Abb. 34 Goldschalen von Terheide, Gemarkung Westerholt (2410/3:88).

oder gar Rückzugsphasen des Wasserstandes die trockengefallene Marsch begangen und auch besiedelt werden. Im ostfriesischen Küstenraum gibt es dafür bisher nur wenige Befunde, die sich aber in den Besiedlungsprozess der benachbarten Küstenregionen einfügen ließen (Behre 1987). Die hohen durchlochten Schuhleistenkeile, die im Emder Hafen ausgebaggert wurden, wiesen darauf hin, daß die Emsmarsch bzw. der Ems-Uferwall und die Ufer der Priele nach der Calais-II-Transgression von Menschen des Protoneolithikums aufgesucht wurden. Etwa eintausend Jahre später lebten wiederum Menschen auf den Uferwällen der Calais-IV-Transgression im heutigen Stadtgebiet Emdens, von denen das ausgebaggerte Steinbeil und der Becher der Trichterbecherkultur stammten. Regelrechte Siedlungen ließen sich in der Ems-Marsch aber erst auf den Sedimenten der Dünkirchen-0-Transgression am Ende der Bronzezeit nachweisen.

In der jüngeren Bronzezeit begünstigte eine Unterbrechung des Meeresspiegelanstiegs eine Landnahme in der trockenen und mit Pflanzen bewachsenen Marsch. Es ist wahrscheinlich, daß Fluß- und Seemarschgebiete von Menschen besiedelt wurden, worauf Funde aus benachbarten Gebieten und ein Tüllenbeil aus Hatzum hinweisen. Vermutlich wurden die Siedlungen in Ostfriesland noch nicht entdeckt, weil sie der Kleibedeckung wegen schwer zu finden sind. Feste Siedlungen in der Marsch waren erst am Beginn der Vorrömischen Eisenzeit, im Subatlantikum, nachzuweisen. Sie lagen auf dem hohen, bewaldeten Uferwall der Ems, welcher sich mit seinen tonigen Kleiböden zum Ackerbau anbot.

Eine Marschsiedlung wurde in der Nähe von Jemgum (Abb. 35) ausgegraben (Haarnagel 1957). Anhand einer Vasenkopfnadel konnte sie in den Übergang von der Bronzezeit zur frühen Eisenzeit (7.-5.Jh.v.Chr.) datiert werden. Die Menschen lebten in der Emsmarsch bei Jemgum zu ebener Erde in einer kleinen Gehöftsiedlung auf dem Uferwall eines Priels. Die Wohnhäuser und die Speicher lagen voneinander getrennt. Der in Holz erhaltene Grundriß eines Wohnhauses von nur 7,25 m Länge und 4,75 m Breite zeigte die dreischiffige Konstruktion des Gebäudes, das aber nur aus vier tragenden Pfosten bestand. Der Raum enthielt einen Herd und diente wahrscheinlich als Wohn- und Arbeitsraum. Dem Haus fehlte der Stall, stattdessen fand sich unter dem abgewalmten Dach zwischen Pfostenpaar und Außenwand ein kleiner Nebenraum mit gedieltem Fußboden. Obgleich ein Stall nicht nachgewiesen werden konnte, fanden sich Rinderknochen.

Die in ihrer Gründung etwa gleichzeitige (6.-3.Jh.v.Chr.) Marschsiedlung Boomborg bei Hatzum

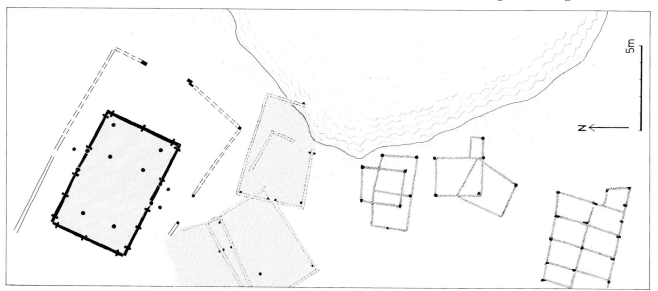
Abb. 35 Marschsiedlung der späten Bronzezeit bei Jemgum (2710/1:16).

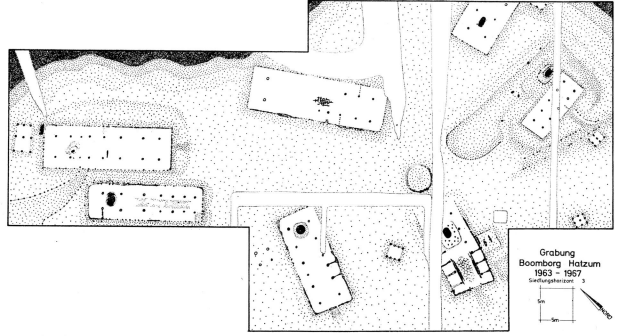
Abb. 36 Marschsiedlung der späten Bronzezeit und der älteren Vorrömischen Eisenzeit bei Hatzum (27 10/ 1 : 2), Siedlungshorizont 3.

(Abb. 36) bestand aus jeweils zehn bis vierzehn Gehöften (Haarnagel 1969). Die bäuerliche Siedlung lag auf dem Uferwall der Ems, gesäumt von Prielläufen, und wurde fünfmal an derselben Stelle erneuert, bevor sie wegen der Dünkirchen-I-Transgression aufgegeben werden mußte. Auf kleinen aus Mist und Klei aufgeworfenen Hauspodesten standen kleine und größere Wohn-Stall-Häuser mit abgewalmten Giebeln, die in unterschiedlichen Längen von zehn bis zwanzig Metern erbaut wurden. Sie gliederten sich in einen Wohn- und Stallteil, wobei Menschen und Tiere wie in der Bronzezeit in den dreischiffigen Gebäuden unter einem Dach lebten. Zu einer Betriebseinheit, einem Gehöft, gehörte auch ein Speicher. Auf dem Uferwall der Ems lebten die Menschen von der Viehhaltung und dem Ackerbau.

Es ist noch unklar, ob sich in der unterschiedlichen Struktur der beiden Siedlungen Jemgum und Hatzum-Boomborg andere Schwerpunkte in der Wirtschaftsweise ausdrückten. Vielleicht wirft die in Weener begonnene Grabung einer gleichzeitigen Siedlung auf der Geest neues Licht auf dieses Problem, u.a. auch darauf, inwieweit es zu einer wirtschaftlichen Anpassung an den Lebensraum Geest und Marsch kam und ob es eine wirtschaftliche Zusammenarbeit der Siedler beider Naturräume gab.

Wie die paläobotanische Untersuchung zeigte (Behre 1970), lebten in derältereisenzeitlichen Siedlung Hat-

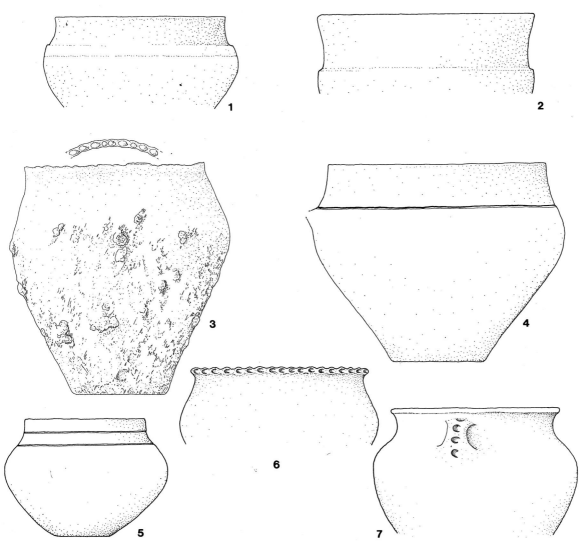

Abb. 37 Keramik der Vorrömischen Eisenzeit; 1 u. 2 Jemgum, 3 Logabirum, 4 - 7 Brill . M 1:4 .

zum-Boomborg die Menschen überwiegend von der Viehhaltung und weniger vom Ackerbau. Neben dem Anbau von Gerste waren vor allem Lein, Leindotter und Pferdebohne von Bedeutung.

Siedlungsprozesse und Keramikformen der Vorrömischen Eisenzeit

Das in Jemgum gefundene Keramikinventar (Abb. 37,1 u. 2) zeigte eine typische Zusammensetzung. Es umfaßte sowohl relativ grobe Gefäßtypen als auch fein gearbeitete und verzierte glattwandige Ware. Diese Keramik ist der Zeijener Kultur zuzuordnen, ein Name, den Waterbolk (1962; 1978) aufgrund seiner Untersuchungen der eisenzeitlichen Keramik in den Nordostniederlanden geprägt hatte. Die Keramikformen von Fundplätzen in der Marsch und auf der Geest ließen sich zu einer einheitlichen Kulturgruppe zusammenfassen, die sich von der Jasdorf-Kultur im Osten unterschied. Die hiesige typologische Entwicklung der Keramikformen (Abb. 37,4-7) zeigte im Laufe der Jahrhunderte eine Verkürzung des Halses. Kurz vor Christi Geburt war diese Entwicklung abgeschlossen, so daß an Stelle des Halses nur noch eine schmale Kehle vorhanden war. Der kurze, ausgestellte und verdickte Rand kann mit mehreren Facetten verziert sein (Abb. 38,1-5). Oft befanden sich auch Eindrücke von Fingernägeln und Fingertupfen auf diesem Rand.

Im Laufe der Vorrömischen Eisenzeit veränderte sich die Form der Keramik in der beschriebenen Weise und ließ in ihrer Verbreitung einen Siedlungsvorgang erkennen. Die frühen Formen der Gefäße fanden sich sowohl in der Marsch als auch auf der Geest und stellten damit einen kulturellen Zusammenhang der beiden Siedlungsräume her. Die späteren, kurzrandigen Formen waren dagegen nur noch in der Marsch verbreitet, so daß eine Siedlungsverlagerung von der Geest in die Marsch stattgefunden haben mußte. Dieser Vorstoß in die überlieferten friesischen Wohngebiete und die beweisbare Kontinuität zu ihren Nachfahren rechtfertigten nach Waterbolk (1962) die Bezeichnung „Protofriesen" für die Marschsiedler der Vorrömischen Eisenzeit. Ihre Nachkommen hießen den antiken Quellen zufolge „Friesen". Zwischen Ems und Elbe lebten dagegen die „Kleinen" und die „Großen Chauken".

Das Verlassen der Geest und die Kolonisation der Marsch ereignete sich auch in Ostfriesland; die erwähnten Fundplätze Jemgum umd Hatzum-Boomborg waren Beispiele dafür. Die bekannten urgeschichtlichen Fundplätze auf der Geest, beispielsweise Weener, Westerholt und Wiesens, endeten ebenfalls etwa im 5.Jahrhundert v.Chr., allerdings ist, von den Ausnahmen der Flußmarschsiedler abgesehen, noch keine flächendeckende Landnahme in der Marsch nachweisbar. Der Verbleib der Menschen im 4. und 3.Jahrhundert v. Chr. ist vorläufig ungeklärt, bis im 2. und 1. Jahrhundert die Neubesiedlung der Geest und der Marsch begann. Bisher sind nur wenige Ausnahmen von dieser Regel bekannt geworden. Es handelt sich um einzelne Fundplätze am Küstenrand in Brill und Moorweg, und neuerdings in der Seemarsch im Deichvorland des Landkreises Wittmund, die anzeigten, daß das Land nicht völlig siedlungsleer gewesen zu sein scheint. Wahrscheinlich siedelten hier auf den wenigen Fundplätzen aber nur die Reste der ursprünglichen Bevölkerung.

Römische Kaiserzeit

Die archäologische Zeitstufe der Römischen Kaiserzeit beginnt um Christi Geburt und endet mit dem Römischen Reich um 375 n.Chr. Der Einfluß des Römischen Reiches wird in dieser Zeit deutlich im Norden spürbar, da Augustus den Raum bis zur Elbe als Provinz erobern wollte, sich aber nach der Varus-Schlacht und weiteren verlorenen Schlachten mit der Befestigung der bestehenden Grenzen am Rhein begnügte. Um 90 n.Chr. begannen die Römer mit dem Bau des Limes, um die Vorstöße der Germanen auf das Römische Reich abzuwehren.

Aber nicht nur die Kontakte der Händler und Söldner zum Römischen Reich bewirkten einen qualitativen Wandel im Leben der Menschen an der Küste, sondern auch die verbesserte Agrarproduktion und die gute Rohstoffversorgung. Nach einer teilweisen Entsiedlung Ostfrieslands in der Vorrömischen Eisenzeit, über deren Ursachen und Umfang nichts sicheres bekannt ist, begann die Neubesiedlung im 2.Jahrhundert v.Chr. und endete etwa im 5.Jahrhundert n.Chr. auf dem Höhepunkt der Dünkirchen-II-Transgression. Die beiden Ereignisse trafen zufällig zusammen und bedingten einander nicht, nur in der Marsch hatte die Transgression zur Verschlechterung der Erträge der bäuerlichen Wirtschaft beigetragen.

Keramik der Römischen Kaiserzeit

Mit der Neubesiedlung Ostfrieslands im 2. und 1.Jahrhundert vor Chr. zeigten sich in der Keramik der Fundplätze Einflüsse aus dem Westen, Osten und

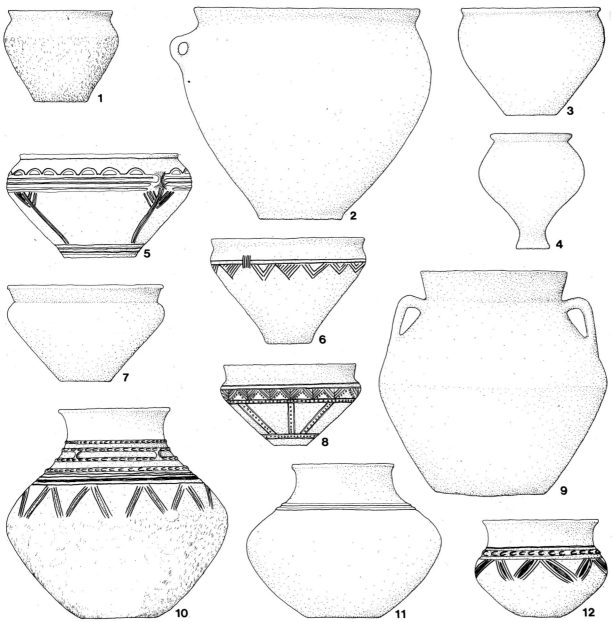

Abb. 38 Keramik der Römischen Kaiserzeit und der Völkerwanderungszeit; 1, 3 Detern; 2, 4 Brill; 5 Ostfriesland; 6 Nettelburg; 7, 8 Nortmoor; 9 Potshausen; 10 - 12 Ostochtersum. M. 1:5.

später aus dem Süden. Obgleich die Keramik des Küstenraumes mit der der benachbarten Gruppen in der Gefäßform und Randgestaltung verwandt war, besaß die nordwestdeutsche Küstenkeramik ein eigenes Gepräge (Schmid 1965). Von Westen her eindringend ließen sich die Formen der friesischen Keramik nachweisen, die im Marschengürtel bis zur Elbemündung zu finden sind: hohe steilwandige Gefäße mit kurzem Rand, die oft organisch gemagert, am Fußteil mit Schlick überzogen und am Rand mit Fingertupfen verziert wurden.

Außerdem gibt es in Ostfriesland Gefäßtypen, deren Hauptverbreitung zwischen Weser und Elbe liegt, wo die historischen Wohngebiete der Großen Chauken von

Tacitus überliefert wurden. Die Kleinen Chauken wohnten zwischen Ems und Weser. Kennzeichnend für diese Keramik sind die Trichterschalen (Abb. 38,6 u. 8), deren Ränder trichterförmig scharf vom Gefäßkörper abgesetzt sind. Sie sind im Gegensatz zu den fast schmucklosen friesischen Töpfen mit geometrischen Motiven wie Strichbändern, schraffierten Dreiecken und Punktreihen verziert. Ferner sind gemusterte Fußschalen typisch. Diese Gefäße wurden sowohl als Gebrauchskeramik in Siedlungen benutzt als auch als Urnen verwendet. Die Keramik ist sehr sorgfältig geformt, geglättet, gebrannt und auf der Schulter verziert. Die handgemachten Gefäße sind schlank und steilwandig, manchmal mit übertrieben einziehendem Fußteil, so daß der Standboden unverhältnismäßig klein wirkt. In der Oberflächenbeschaffenheit und in der Formgebung haben offenbar römische Drehscheibengefäße und Bronzeeimer Pate gestanden. Auf den Fundplätzen an der Küste sind aber auch Scherben von groben, granitgrusgemagerten Gebrauchsgefäßen der friesischen Art entdeckt worden, so daß die Frage noch unbeantwortet ist, ob es sich bei den beiden Keramiksorten, die friesische und die chaukische, nicht um Unterschiede im Rohstoff, hier Klei, da Geschiebelehm, handelt.

In der jüngeren Stufe der Römischen Kaiserzeit, im 2. und 3. Jahrhundert machte sich noch der Einfluß des niederrheinisch-westfälischen Formenkreises geltend. Es handelt sich um Trichterschalen (Abb. 38,7), deren Halszone deutlich vom Körper abgesetzt und profiliert ist. Ihre Vorbilder sind in den römischen Provinzen auf der Drehscheibe hergestellt worden. Außerdem stellte man große bauchige und engmündige Töpfe (Abb.38,9) für den täglichen Bedarf her. Die Gefäße sind nun nur noch selten mit Riefen oder Wülsten verziert.

Handwerk

Auf allen Fundplätzen der Römischen Kaiserzeit in Ostfriesland sind z. T. in großer Zahl Eisenschlacken gefunden worden. Obwohl bisher Schmelzöfen in Ostfriesland erst einmal bei Holtand beobachtet wurden, darf aufgrund der Schlackenfunde angenommen werden, daß das einheimische Raseneisenerz ausgebeutet wurde und sich daher die Rohstoffversorgung und die Ausrüstung der Menschen mit Metallgeräten erheblich verbessert hatten. Die Gewinnung des Roheisens in Rennfeueröfen erfolgte wahrscheinlich saisonal in der Nähe der Erzvorkommen, wo es auch Wälder gab, um Holzkohle zu erzeugen. Die weitere Verarbeitung des Roheisens geschah dann vor allem in der jüngeren Römischen Kaiserzeit in den Siedlungen, wie beispielsweise auf der Feddersen Wierde, Landkreis Cuxhaven, wo dann der Schmied im Ausheizherd die benötigten Werkzeuge herstellte und Reparaturen vornahm. Wie dort in der Marsch arbeiteten auch Schmiede in der Siedlung Flögeln, Landkreis Cuxhaven, auf der Geest (Haarnagel 1979; Zimmermann 1976).

Auch die Verarbeitung von Buntmetall lehrt das Beispiel der untersuchten Wurt Feddersen Wierde (Haarnagel

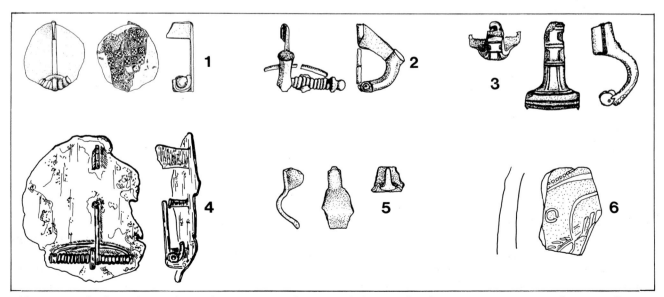

Abb. 39 Römischer bzw. provinzialrömischer Import; 1-3, 5 bronzene Fibeln aus Brill und 4 aus Wiesens, 6 Terra-sigillata aus Brill. M 2:3.

1979). Einfacher Schmuck und Gebrauchsgerät, wie Gürtelhaken, Nadeln und wohl auch Fibeln, wurden im Herdguß in der Siedlung hergestellt, was auch der Fundplatz Leer-Westerhammrich zeigte, während komplizierte Verfahren des Bronzegusses vermutlich nur von spezialisierten Handwerkern durchgeführt werden konnten. Nur Spezialisten verzierten Schmuckstücke mit Filigran oder Granulation. Wahrscheinlich befriedigten Wanderhandwerker den gehobeneren Bedarf der Siedlungen.

Das Römische Reich exportierte Luxusgüter, u.a. Bronzeeimer, Trinkgeschirr, Glas, Silber-, Gold- und Emailschmuck, und sorgte für die kontinuierliche Zufuhr von Rohstoffen, oft in Form von Münzen, die die einheimischen Handwerker in Schmuck verwandelten. Die provinzialrömischen Werkstätten am Rhein stellten beispielsweise die Email-Scheibenfibel her, die in Brill gefunden wurde (Abb. 39,1). Die zahlreichen Fundstellen, die Importstücke aus dem römischen Reich, u.a. auch Terra-sigillata- (Abb. 39,6) und Terra-nigra-Gefäße geliefert haben, zeigen nicht nur, daß Ostfriesland in der Römischen Kaiserzeit relativ dicht besiedelt war, sondern auch, daß ein reger überregionaler Austausch und Warenverkehr existierte.

Neben der Herstellung von Tongefäßen, der Verarbeitung von Holz und Leder für den täglichen Bedarf, war auch die Weberei am Gewichtswebstuhl von großer Bedeutung. Je zur Hälfte wurden Tuche in der traditionellen Tuchbindung und in Köperbindungen hergestellt. Ein Prachtmantel aus dem Vehnemoor, Landkreis Oldenburg, ist ein Beispiel für diese Qualitätsarbeit (Schlabow 1976). Zwei Weberinnen mußten etwa ein Jahr lang arbeiten, um aus den dünnen, fein gesponnenen Wollfäden von weniger als 1 mm Dicke ein 3x1,8 m großes Tuch im Diamantköper herzustellen. Seine Kanten sind mit Bändern in Brettchenwebtechnik gesäumt, wofür 122 Brettchen benötigt wurden, und mit Fransen verziert. Solche wertvollen Prunkstücke konnten sich sicher nur Personen von sozial herausragendem Rang leisten.

Moorleichen

Eine besondere Fundgruppe der Siedlungsphase der Römischen Kaiserzeit in Ostfriesland sind Funde von bekleideten menschlichen Leichen im Moor, die auch Moorleichen genannt werden. Da wissenschaftlich kontrollierte Bergungen nicht stattfanden, lassen sie sich nur allgemein in der Zeitraum der Römischen Kaiserzeit datieren, geben aber ein seltenes Beispiel für

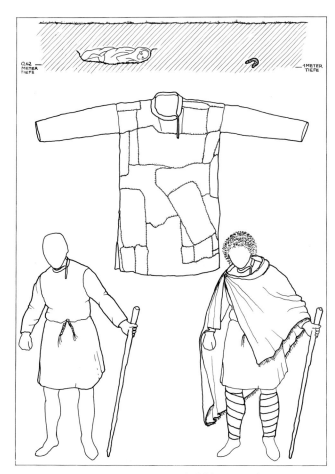

Abb. 40 Moorleiche von Bernuthsfeld, Gemarkung Tannenhausen (2410/6 :18), Abbildung nach Hahne und Schlabow.

die Bekleidung der Menschen im Alltag. Sie bestand in dieser Zeit aus Hose, Kittel und Mantel (Decke), die aus Wollstoffen hoher Qualität angefertigt worden waren, und Lederschuhen (Schlabow 1976).

Die Moorleiche eines etwa dreißigjährigen Mannes (Abb.40) wurde 1907 in Bernuthsfeld, Ldkr. Aurich, gefunden und sofort wieder begraben. Nachdem der Fund bekannt geworden war, konnte er geborgen werden und gelangte dann ins Ostfriesische Landesmuseum in Emden. Der Mann trug zu Lebzeiten einen Mantel von 1,95 x 1,7 m Größe, der aus relativ grober Schafwolle gewebt und am Rande mit Fransen verziert worden war. Der Mantel bestand aus einem Tuch, das aus einer minderen Wollqualität, durchsetzt mit dicken spröden Stichelhaaren, in Spitzköperbindung auf dem Gewichtswebstuhl hergestellt worden war. Der Kittel reichte mit 1,05 m Länge bis zum Knie und maß über der Brust 1,2 m. Die Ärmel wurden eingenäht und verjüngten sich zum Handgelenk. Auffällig waren die Vorder- und Rückseite des Kittels, die aus gebrauchten Tuchen zusammengesetzt und vielfach mit Flicken ausgebessert worden waren. Die Flicken stammten von Wolltuchen hoher Qualität, gewebt in Tuch-, Spitzköper- und Gleichgratköpermustern. Darunter befand sich auch der vierschäftige Rautenköper. Der Tote trug Wickelbinden, die in Tuchbindung gewebt und von auffallender Länge waren. Die eine Binde maß 3,7 m und die andere 2,92 m. Sie bestanden aus zwei aneinandergenähten Stücken von durchschnittlich 14 cm Breite. Vermutlich wurden sie um die Beine gewickelt, denn eine Hose fehlte. Außerdem war der Mann mit verschiedenen Stoffteilen versehen, darunter einer Kapuze, und mit einem Ledergürtel von 57 cm Länge, einer Messerscheide sowie einem Haselstock

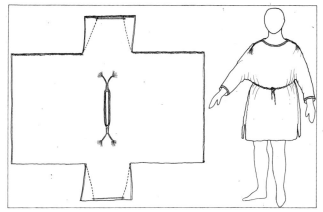

Abb. 42 Kittel von Reepsholt (2512/2 : 1), Abbildung nach Schlabow.

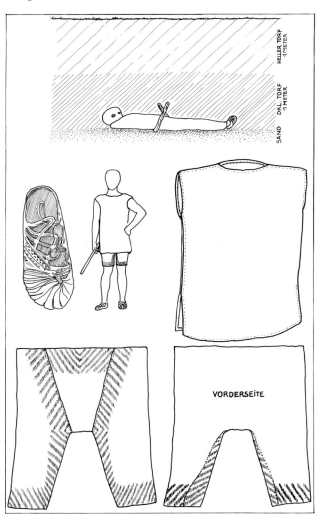

Abb. 41 Moorleiche von Marx-Etzel, Gemarkung Etzel (2513/4 :19), Abbildung nach Hahne und Schlabow.

ausgerüstet. Das Eisen der Gürtelschnalle und das der Messerklinge war offenbar durch das Moor nicht konserviert worden. Ein Lederriemen in Form einer Acht wird als Fußbandage für einen Sporn gedeutet (Hahne 1915).

1817 kam unter einer 2 m mächtigen Moorschicht auf dem Sand die Moorleiche von Marx-Etzel, Ldkr. Wittmund, (Abb.41) zutage. Die bekleidete Leiche lag auf dem Rücken und war mit Birkenpfählen, die über dem Körper kreuzweise in den Boden geschlagen worden waren, im Sandboden verankert. Leider wurde die Leiche gleichfalls wieder vergraben und konnte nur noch unvollständig geborgen werden. Der erwachsene Tote unbekannten Geschlechts trug eine knielange Hose aus einem Tuch von 1,3 m Breite und 1,05 m Länge, bei dessen Schnitt kein Abfall entstand. Das Herstellen des Kleidungsstückes begann also mit dem Weben des passenden Stoffes gleich in der gewünschten Form und Größe. Dafür wurde feine, sorgfältig gekämmte und gezwirnte Schafwolle von dunkelbrauner, aber melierter Farbe ausgewählt und in einem Stück in Diamantköperbindung und an den Rändern in Rautenköper- und Fischgratköperbindung gewebt. Der ärmellose Kittel bestand dagegen aus einer hellen Schafwolle in Gleichgratköperbindung und war aus einem Tuch von 98 cm Länge und 174 cm Breite zusammengenäht worden. Funde von Tuchresten deuten auf weitere Kleidungsstücke hin. Der Mensch trug Lederschuhe an seinen Füßen, von denen einer verloren ging. Der Schuh bestand aus einem Lederstück, das so geschickt geschnitten worden war, daß es über dem Fußrücken geschnürt werden konnte. Die Ränder sind mit Kerbschnittornamenten verziert.

Ein weiterer Beweis für die hohe Qualität der Wollstoffe ist der Kittel (Abb.42) von Reepsholt, Ldkr. Wittmund, der 1933 in einer Tiefe von 1,1 m in der Moorwand sorgfältig zusammengefaltet gefunden wurde. Der Kittel wurde mit den Ärmeln zusammen in einem Stück gewebt. Wegen der großen Webbreite von 1,94 m mußten zwei Weberinnen oder Weber zusammenarbeiten, um das 1,82 m lange Tuch herzustellen. Feine, helle und dunkle Wollfäden wurden zu einem Köperstoff gewebt und zum Kittel vernäht. Litzen aus gezwirnten Wollfäden säumten den Halsausschnitt und verzierten die Schulter. Obwohl das gewöhnliche Kleidungsstück der Zeit Kittel waren, ist der weite kimonoartige Schnitt des Kittels aus Reepsholt ein Unikum und für den täglichen Gebrauch durch die Stoffülle unter den Armen eher unpraktisch. Die sorgfältige Arbeit und die Verzierung zeugt dagegen von einem Kleidungsstück für eine bedeutende Persönlichkeit; vielleicht wurde es für eine Gottheit im Moor niedergelegt.

Die Moorfunde in Ostfriesland belegen die typische Kleidung der Germanen mit Schuhen, Hose, Kittel und Mantel, wie sie auch auf den römischen Bildnissen dargestellt ist. Je nach gesellschaftlichem Rang der Träger waren die Stoffe von mehr oder minder guter Qualität. Leider überlieferten die Moorleichen nicht die Frisur der Menschen. Auf römischen Darstellungen sind Männer mit charakteristischen Haarknoten und mit Bärten zu sehen. Der Mann von Bernuthsfeld trug die Haare lang und einen mehrere Tage alten Bart, mehr wurde leider nicht beobachtet.

Handel und Verkehr

Obgleich die Wirtschaft auf der Produktion der bäuerlichen Betriebe basierte, also auf Selbstversorgung ausgerichtet war, spielte doch der Handel inzwischen eine bedeutende Rolle. Römische Erzeugnisse, die man wohl als Luxuswaren bezeichnen darf, waren in den Siedlungen an der Küste keine Seltenheit.

Außerdem kamen zahlreiche Stücke römischer Militärausrüstung (Ulbert 1977) sowie Reste römischer Amphoren und Tonlampen in Bentumersiel an der Ems zutage. Die Ausgrabung legte eine ungewöhnliche Ansiedlung frei, bei der es sich keinesfalls um einen bäuerlichen Betrieb handelte (Abb.43). In geschützter Lage auf dem Emsuferwall, umgeben von einem Prielsystem, fanden sich ein dreischiffiges Hallenhaus ohne Stall, Pferche und zahlreiche Speicherbauten. Dieser Platz wurde auch nicht aufgehöht, wie die zeitgleiche benachbarte bäuerliche Siedlung Jemgumkloster, und offenbar nur im Sommer benutzt (Brandt 1977). Vermutlich handelte es sich um einen befestigten Markt am Emsufer, den auch römisches Militär kurz nach Christi Geburt zur Versorgung aufsuchte. Die Militaria können nur mit den Feldzügen des Germanicus 15/16 n. Chr. in Verbindung gebracht werden, der in diesen Jahren eine Flottenexpedition in die Emsmündung unternahm (Ulbert 1977). Noch ist unklar, welche Bedeutung diese spezifische Siedlung für die Besiedlung der Umgebung hatte. Einiges weist darauf hin, daß in dieser Siedlungsperiode Mittelpunktsorte, die das soziale Wirken von Ordnungskräften bezeugen, für Siedlungsgebiete entstanden, die als zentrale Versammlungs- und Stapelplätze dienten.

Der Handelsverkehr bewegte sich über das gewachsene Straßennetz, wobei Holzwege zur Durchquerung der Moore gegebenenfalls erneuert werden mußten. In stärkerem Maße wurden Waren offenbar mit dem Schiff transportiert, deswegen liegen viele Siedlungen der Römischen Kaiserzeit an den natürlichen, schiffbaren Wasserläufen.

Die in Ostfriesland gefundenen Münzschätze enthalten römische Silber- oder Goldmünzen, die von den Germanen ihres Edelmetallgehaltes wegen geschätzt wurden. Der Schatz von Filsum soll 600 Denare enthalten haben und der von Middels-Osterloog über 80. Beide datieren ins 2.Jahrhundert. Zwischen Bingum und Soltborg sind 15 Denare und 3 Asse der augustäischen Zeit gefunden worden. Die Buntmetallmünzen waren

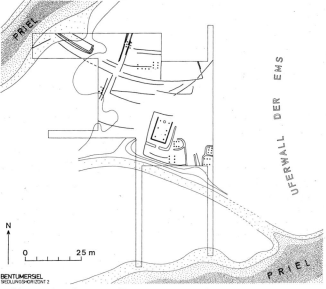

Abb. 43 Plan der Ansiedlung Bentumersiel im 1. Jh. n. Chr. Geb.

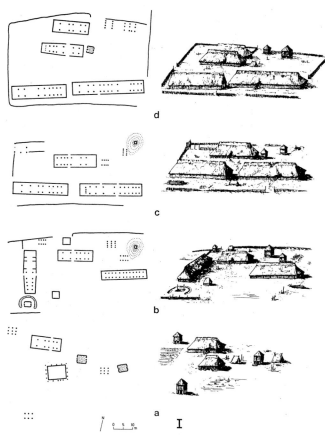

Abb. 44 Entwicklung eines Mehrbetriebsgehöftes, Flögeln (Kreis Cuxhaven), 1.-3. Jh. n. Chr.

Zahlungsmittel römischer Legionäre, so daß dieser Fund aus dem Besitz eines Soldaten, vielleicht eines Söldners, stammte (Berghaus 1958). Aber auch das Kleingeld wurde verwahrt, was die 17 Bronze- oder Messingmünzen des 4. Jahrhunderts aus Hauen bei Greetsiel zeigen. Möglicherweise fertigten die Metallgießer daraus die einheimischen Schmuckstücke, was mit Metallanalysen nachgewiesen werden könnte. Ein Geldumlauf wie im Römischen Reich hatte sich bei den Germanen an der Küste wahrscheinlich noch nicht herausgebildet. Vielmehr spielte sich Schenken, Tauschen und auch Handeln mehr auf der Ebene sozialer Kantakte ab. Für den überregionalen Fernhandel könnten bereits andere Bedingungen gegolten haben.

Siedlungswesen

Beispielhafte Einblicke in das bäuerliche Siedlungswesen der Römischen Kaiserzeit geben die Ergebnisse der Ausgrabungen der Feddersen Wierde durch Haarnagel (1979) und die der Untersuchungen der Siedlungskammer Flögeln durch Zimmermann (1976), beide Fundorte liegen im Landkreis Cuxhaven.

Viehhaltung und Ackerbau haben in der Marsch und auf der Geest eine große Bedeutung besessen. Weil die bäuerliche Lebensweise der Menschen den Hausbau bestimmte, war das dreischiffige Wohn-Stall-Haus in einen Wohn- sowie einen Arbeitsraum und einen Stall eingeteilt. Je nach Bedarf variierten die Hausteile, insbesondere die Stallänge, in ihrer Größe. Zu einer funktionierenden Betriebseinheit gehörten ferner Nebengebäude, vor allem gestelzte Speicher, aber auch Grubenhütten oder weitere Stallungen und Scheunen.

Ein solches Gehöft lag in oder am Rande der bewirtschafteten Flur. Sobald es baufällig wurde, wurde ein neuer Bauplatz ausgewählt und ein neues Gehöft errichtet. Man rechnet mit einer Lebenszeit von etwa dreißig Jahren in der Vorrömischen Eisenzeit, während in der Römischen Kaiserzeit die Häuser länger standen und mehr Platzkonstanz der Betriebe in Zeitspannen von 100 bis 150 Jahren vorherrschte. Im Laufe der Jahrhunderte veränderte sich das Gehöft und die ganze Siedlung (Abb.44). Mit der Bevölkerung nahmen nicht nur die Wohn-Stall-Häuser in der Größe und in ihrer Längenvariation zu, sondern auch die Siedlungsstruktur wandelte sich von verstreut liegenden Einzelgehöften zu dorfartigen Gruppensiedlungen seit dem 2. Jahrhundert. Die Höfe grenzten sich untereinander durch Zäune ab. Gewerbegebiete entstanden am Rande des Siedlungsareals, was als Differenzierung der sozialen Rangfolge der Menschen oder vielleicht teilweise auch als aktiver Brandschutz zu deuten ist.

Diese Veränderung der Siedlungsstruktur vollzog sich auch in der Marsch, von einzelnen, auf kleinen Wurten gelegenen Gehöften zu dorfartigen Gemeinschaftssiedlungen, obwohl der Naturraum möglicherweise einen stärkeren Druck zur Vereinigung der Kräfte ausübte. Auch in der Marsch lagen die Ansiedlungen in der Nähe der Wasserläufe auf den trockenen, sandigen Uferwällen. Zunächst wurde der Hofplatz separat auf einem Podest aus Mist und Klei errichtet, bis der Anstieg des Meeresspiegels im Verlauf der Dünkirchen-II-Transgression den Bau von großen, gemeinsamen Wurten erzwang (Schmid 1984).

Gesellschaftliche Gliederung

Historische Quellen überliefern eine rechtlich gegliederte Gesellschaft der Germanen in Freie, Halb-Freie und Sklaven. Ein Königtum gab es wahrscheinlich im

Küstenraum noch nicht. Auch die archäologischen Quellen lassen eine Gesellschaft erkennen, die je nach Quellenart gegliedert werden kann, ohne diese Gliederung jedoch direkt mit der der historischen Quellen in Übereinstimmung bringen zu können.

Die Entwicklung der bäuerlichen Gehöfte in der Römischen Kaiserzeit, die Zu- oder Abnahme des Viehstapels sowie die Entfaltung von Handwerk und Gewerbe zeigten ärmere und reichere Betriebseinheiten, die mit bäuerlichen Familien gleichzusetzen sind. Aus zunächst etwa gleichgroßen Betrieben der ersten Siedler, erwuchsen im Laufe der Siedlungsperiode herausragende Betriebe mit größeren Viehbeständen und eigenen Werkstätten, so daß andere Familien zu den erfolgreicheren in wirtschaftliche Abhängigkeit geraten sein könnten. Haarschnitt, Kleidung und Schmuck stellten den Rang ihrer Träger äußerlich dar, und wahrscheinlich drückte sich das Ansehen der Person auch im Grabritual bzw. in der Beigabensitte aus. Eine derartige Rangfolge bestand ebenso innerhalb einer Familie oder Sippe, denn der Patriarch wird ein höheres Ansehen genossen haben als seine nähere und fernere Verwandtschaft.

Die Sippen mit gleicher Sprache, Abstammung und Tradition formierten sich zu Stämmen mit gemeinsamen kultischen Zentren, wo sich alle freien, waffenfähigen Männer trafen und beratschlagten.

Völkerwanderungszeit

Im 4. Jahrhundert und in der Völkerwanderungszeit machen sich auf den Fundplätzen neue Keramikformen bemerkbar. Sie stammen aus einem Gebiet östlich der Weser, das von Sachsen besiedelt wurde. Daher hat diese schwarze, glänzend polierte und in der Regel reich verzierte Keramik (Abb. 38,10-12) den Beinamen „sächsisch" erhalten. Da das Erscheinen der neuen Keramik sich nicht im Siedlungsgeschehen auswirkte, beispielsweise durch Kriegs- und Brandhorizonte, ist zu vermuten, daß die in Ostfriesland ansässige Bevölkerung in den föderativen Stammesverband der Sachsen eingegliedert wurde. Vermutlich war bereits die Bezeichnung „Chauken" die eines Stammesverbandes und keine Selbstbezeichnung. Die Vorherrschaft der Sachsen führte dazu, daß die neuen Keramikformen für den Grabbrauch und den täglichen Bedarf übernommen wurden, es änderte sich gewissermaßen nur die Mode der Keramikgestaltung.

Sowohl auf der Geest als auch in der Marsch kam es im 5. Jahrhundert zu einem starken Rückgang in der Siedlungstätigkeit. Als Begründung dafür werden als natürliche Ursachen der Anstieg des Meeresspiegels, Überflutungen in der Marsch und die Vernäßung der Sietländer und der niedrigen Geest erwogen, die aber den Vorgang nicht befriedigend erklären. Die Siedlungslücke zeigt sich auch in den Pollenprofilen der Moore durch des Fehlen der Pflanzen, die verstärkt infolge der Siedlungstätigkeit wachsen. Eine weitere unbewiesene Begründung für einen von Menschen verursachten Siedlungsrückgang besagt, daß die zu dichte Besiedlung der Geest für eine Verarmung der Äcker sorgte und dadurch eine Verringerung der Besiedlung und eine Auswanderung großer Bevölkerungsteile bewirkte. Der Abbruch der Besiedlung wurde sicherlich von örtlich wirkenden Faktoren ausgelöst und muß deshalb in jedem Einzelfalle untersucht und datiert werden (Schmid 1984). Der Runensolidus von Schweindorf ist einer der wenigen Funde in Ostfriesland, der in die Zeitspanne des 5. und 6. Jahrhunderts zu datieren ist und damit die Anwesenheit von Menschen in dieser Zeit bezeugt.

Auch die Geschichtsquellen schweigen im 5. und 6. Jahrhundert n.Chr., weil für die Geschichtsschreiber mit dem Rückzug des Römischen Reiches der Küstenraum aus ihrem Gesichtskreis verschwand. Bekannt ist, daß die Expansion der Sachsen nach England auch von friesischen Gruppen getragen wurde. So entstand in der Völkerwanderungszeit im Nordseebereich ein recht einheitliches, anglo-friesisches Kulturgebiet.

Das Goldamulett von Schweindorf

Mit Sicherheit kein Zahlungsmittel war das Goldstück, das in Schweindorf 1948 auf dem Feld gefunden wurde (Abb.45). Sein Durchmesser beträgt 22 Millimeter und sein Gewicht 3,15 g. Die äußere Form bildet einen antiken Solidus nach, ist aber nicht mit zwei Stempeln geprägt, sondern aus Gold unter Anleitung eines Runenmeisters gegossen worden. Die Vorderseite zeigt einen Männerkopf und eine scheinbar römische Inschrift. Auf der Rückseite steht ein Mann, der Bogen und Köcher

Abb. 45 Goldamulett von Schweindorf (2410/3:36), Abbildung nach Berghaus und Schneider 1967.

trägt. Die Runeninschrift darunter bedeutet: „Dir (ist dieser) Hilfe (Unterstützung, Verteidigung)". Das Goldstück wurde als Amulett vor der Brust getragen, so daß die Inschrift der Rückseite zur Beschwörung und Anrufung des abgebildeten Gottes von außen nicht sichtbar war.

Eine Analyse des Stückes und der Inschrift von Berghaus und Schneider (1967) ergab, daß der Runensolidus im Vergleich mit anderen Funden aus dem 6.Jahrhundert stammt und numismatisch betrachtet von den weströmischen Goldsolidi der Zeit um 400 abzuleiten ist. Er gehört in den anglo-friesischen Kulturraum, der sich vom skandinavischen, wo es vergleichbares gibt, abgrenzen läßt. Der Fund belegt die Verehrung und Anrufung der helfenden jugendlichen Götterbrüder, die u.a. Baldr und Hodr genannt wurden.

Literatur

Behre, K.-E. (1970): Die Entwicklungsgeschichte der natürlichen Vegetation im Gebiet der unteren Ems und ihre Abhängigkeit von der Bewegung des Meeresspiegels.- Probleme der Küstenforschung im südlichen Nordseegebiet 9, 13 - 48.

Behre, K.-E. (1979): Ein jungbronzezeitlicher Getreidefund aus Ostfriesland.- Archaeo-Physika 8 (Festschrift Maria Hopf), 11 - 20.

Behre, K.-E. (1982): Zwei jungbronzezeitliche Getreidefunde aus Niedersachsen.- Nachrichten aus Niedersachsens Urgeschichte 51, 281 - 292.

Behre, K.-E. (1987): Meeresspiegelschwankungen und Siedlungsgeschichte in den Nordseemarschen.- Vorträge der Oldenburgischen Landschaft, 17.

Behrens, H. (1983): Die Anfänge des Neolithikums in Mitteleuropa.- Frühe Bauernkulturen in Niedersachsen. Archäologische Mitteilungen aus Nordwestdeutschland, Beiheft 1, 17 - 21.

Berghaus, P. (1958): Die ostfriesischen Münzfunde.- Jahrbuch der Gesellschaft für bildende Kunst und vaterländische Altertümer zu Emden 38, 9 - 73.

Berghaus, P., und Schneider, K. (1967): Anglo-friesische Runensolidi im Lichte des Neufundes von Schweindorf (Ostfriesland).- Arbeitsgemeinschaft für Forschung des Landes Nordrhein-Westfalen: Geisteswissenschaften, 134.

Beuker, R. (1983): Vakmanschap in vuursteen.- Museumfonds Publicatie 8.

Bloemers, J.H.F. (1969): Flintdolche vom skandinavischen Typus in den Niederlanden.- Berichten van de Rijksdienst voor het Oudheidkundig Bodemonderzoek 18, 1968, 47 - 110.

Brandt, K. H. (1969): Ein neuer Holzpflug vom Walle-Typus.- Bremer Archäologische Blätter 5, 17 - 20.

Brandt, K. (1977): Die Ergebnisse der Grabung in der Marschsiedlung Bentumersiel/Unterems in den Jahren 1971 - 1973.- Probleme der Küstenforschung im südlichen Nordseegebiet 12, 1 - 32.

Butler, J. J. (1979): Nederland in de Bronstijd.- Bussum (1. Aufl. 1969) 2. Auflage.

Drescher, H. (1963): Das Profil der Sonnenscheibe von Moordorf.- Die Kunde N.F. 14, 112 - 114.

Drößler, R.(1990): Astronomie in Stein.- Leipzig.

Gabriel, I. (1966): Das Megalithgrab zu Tannenhausen, Kr. Aurich.- Neue Ausgrabungen und Forschungen in Niedersachsen 3, 82 - 101.

Grohne, U. (1957): Zur Entwicklungsgeschichte des Ostfriesischen Küstengebietes auf Grund botanischer Untersuchungen.- Probleme der Küstenforschung im südlichen Nordseegebiet 6, 1 - 48.

Haarnagel, W. (1957): Die spätbronze-, früheisenzeitliche Gehöftsiedlung Jemgum bei Leer auf dem linken Ufer der Ems.- Die Kunde N.F. 8, 2 - 44.

Haarnagel, Werner (1969): Die Ergebnisse der Grabung auf der ältereisenzeitlichen Siedlung Boomborg/Hatzum, Kreis Leer, in den Jahren von 1965-1967.- Neue Ausgrabungen und Forschungen in Niedersachsen 4, 58 - 97.

Haarnagel, W. (1979): Die Grabung Feddersen Wierde. II: Methode, Hausbau, Siedlungs- und Wirtschaftsformen sowie Sozialstruktur. Feddersen Wierde 2.

Hahne, (1915): Die Moorleiche aus dem Hochmoor Hogehahn bei Bernuthsfeld, Kr. Aurich.- Vorzeitfunde aus Niedersachsen, 49 - 66.

Harsema, O. H. (1979): Het neolithische vuursteendepot, gevonden in 1940, bij Een, gem. Norg.- Nieuwe Drentse Volksalmanak 96, S. 117 - 128.

Hayen, Hajo (1985): Bergung, wissenschaftliche Untersuchung und Konservierung moorarchäologischer Funde.- Archäologische Mitteilungen aus Nordwestdeutschland 8, 1 - 43.

Jacob-Friesen, G. (1963): Einführung in Niedersachsens Urgeschichte, II. Teil: Bronzezeit, 4. Aufl.- Hildesheim.

Jankuhn, Herbert (1977): Einführung in die Siedlungsarchäologie.- Berlin, New York.

Kooi, P.B. (1969): Pre-Roman Urnfields in the North of the Netherlands.- Groningen.

Kučan, D. (1973): Pollenanalytische Untersuchungen zu einem Bohlenweg aus dem Meerhusener Moor (Kr. Aurich/Ostfriesland).- Probleme der Küstenforschung im südlichen Nordseegebiet 10, 65 - 68.

Lanting, J. N. (1973): Laat-Neolithicum en Vroege Bronstijd in Nederland en N.W.-Duitsland: continue ontwikkelingen.- Palaeohistoria 15, 215 - 317.

Lanting, J. N., und van der Waals, J. D. (1976): Beaker Culture Relations in the Lower Rhine Basin.- Lanting u. van der Waals (Hrsg.), Glockenbecher-Symposion Oberried, 18.- 23. März 1974, 1 - 80.

Lichardus, J. (1976): Rössen-Gatersleben-Baalberge. Ein Beitrag zur Chronologie des mitteldeutschen Neolithikums und zur Entstehung der Trichterbecher-Kulturen.- Saarbrücker Beiträge zur Altertumskunde 17.

Lüning, J. (Vorr.) (1989): Siedlungen der Steinzeit, Haus, Festung und Kult.- Spektrum der Wissenschaft. Heidelberg. 122 - 131: Bogucki, Die ersten Bauern in Polen. 133 - 139: Howell, Jungsteinzeitliche Agrarkulturen in Nordwesteuropa.

N.N. (1967): De periodisering van de Nederlandse prehistorie.- Berichten van de Rijksdienst voor het Oudheidkundig Bodemonderzoek 15-16, 7 - 11.

Overbeck, F. (1950): Neue pollenanalytisch-stratigraphische Untersuchungen zum Pflug von Walle.- Nachrichten aus Niedersachsens Urgeschichte 19, 3 - 25.

Schlabow, K. (1976): Textilfunde der Eisenzeit in Norddeutschland.- Göttinger Schriften zur Vor- und Frühgeschichte 15, Neumünster.

Schmid, P. (1965): Die Keramik des 1. bis 3. Jahrhunderts n. Chr. im Küstengebiet der südlichen Nordsee.- Probleme der Küstenforschung im südlichen Nordseegebiet 8, 9 - 72.

Schmid, P. (1984): Siedlungsstrukturen.- G. Kossack, K.E. Behre, P. Schmid (Hrsg.), Archäologische und naturwissenschaftliche Untersuchungen an ländlichen und frühstädtischen Siedlungen im deutschen Küstengebiet, 1, 193 - 244.

Schwarz, W. (1990): Besiedlung Ostfrieslands in ur- und frühgeschichtlicher Zeit. Klassifikation des Feuersteinmaterials von Oberflächenfundstellen.- Abhandlungen und Vorträge zur Geschichte Ostfrieslands 71.

Sprockhoff, E. (1942): Niedersachsens Bedeutung für die Bronzezeit Westeuropas.- 31. Bericht der Römisch-Germanischen Kommission, Teil II, 1941, 1 - 138.

Stapel, B. (1989): Die geschlagenen Steingeräte der Siedlung Hüde I am Dümmer. Zusammenfassung der Ergebnisse.- Die Kunde, N.F. 40, 1 - 12.

Strahm, C. (1990): Die Einführung der Metallurgie.- Freiburger Universitätsblätter 109, 43 - 57.

Struve, K. W. (1955): Die Einzelgrabkultur in Schleswig-Holstein und ihre kontinentalen Beziehungen.- Neumünster.

Ulbert, G. (1977): Die römischen Funde von Bentumersiel.- Probleme der Küstenforschung im südlichen Nordseegebiet 12, 33 - 66.

Waterbolk, H. T. (1962): Hauptzüge der eisenzeitlichen Besiedlung der nördlichen Niederlande.- Offa 19, 4 - 46.

Waterbolk, H. T. (1978): Walled Enclosures of the Iron Age in the Northern Netherlands.- Palaeohistoria 19, 1977, 97 - 172.

Waterbolk, H. T. (1985): Archeologie.- J.Heringa (Hrsg.), Geschiedenis van Drenthe, 2.Aufl., Amsterdam 1985,1986, 15 - 90.

Waterbolk, H. T. (1989): Elp.- Reallexikon der Germanischen Altertumskunde, 2. Aufl., 7.

Wilhelmi, K. (1985): Älterbronzezeitliche Grabanlagen mit Pfostenzuwegung in Westniedersachsen und ihre englischen Muster.- Ausgrabungen in Niedersachsen, Archäologische Denkmalpflege 1979-1984, 163 - 168.

Zimmermann, W. H. (1976): Die kaiserzeitlich-völkerwanderungszeitliche Siedlung Flögeln-Eekhöltchen.- Probleme der Küstenforschung im südlichen Nordseegebiet 11, 2 - 61.

Archäologische Quellen zur Besiedlung Ostfrieslands im frühen und hohen Mittelalter

von Wolfgang Schwarz

Einführung

Die schriftliche Überlieferung über die Lebensbedingungen im frühen und hohen Mittelalter ist außerordentlich gering, so daß die archäologische Forschung einen Beitrag zur Siedlungsgeschichte des Mittelalters in Ostfriesland leisten kann. Leider gibt es nur begrenzte punktuelle Einblicke und eine Vielzahl von Einzelbeobachtungen, die vorerst einen lückenhaften Überblick verschaffen (Schmid 1988; 1989). Obwohl sich die Siedlungsvorgänge im Küstenraum in großen Zügen abzeichnen, sind viele Einzelheiten noch unklar. Die vorläufigen Erkenntnisse werfen ein Licht auf die Differenziertheit des Siedlungsgeschehens, das sich im Spannungsfeld verschiedener, örtlich geltender Faktoren vollzog. Der Erfolg der Besiedlung hing von verschiedenen Ursachen ab, von technisch-wirtschaftlichen Innovationen und Lösungen auf der Grundlage der natürlichen Ressourcen sowie vom Grad der sozialen Organisation, der Konkurrenz von Herrschaft und Genossenschaft, und schließlich von der Populationsdynamik. Die Wirkung der einzelnen Faktoren gilt es noch regional zu untersuchen, um die Antworten, die die Menschen darauf mit ihrer Siedlungsweise gegeben haben, zu verstehen.

Neubesiedlung

Nach einer Siedlungslücke von etwa zweihundert Jahren begann im 7. und 8. Jahrhundert eine Neubesiedlung Ostfrieslands, wobei unklar ist, ob nicht Reste der Bevölkerung in der Völkerwanderungszeit hier wohnen blieben. In diesem Falle scheinen sie jedoch im Siedlungsprozeß kaum eine Bedeutung besessen zu haben; denn die Eigentümlichkeiten der Bestattungssitte weisen darauf hin, daß die Siedler des Küstenraums im frühen Mittelalter aus dem Westen, aus den friesischen Gebieten westlich der Lauwers, stammten. Auf den Ablagerungen der Dünkirchen-II-Transgression, die den Küstenverlauf erneut veränderte, suchten die Menschen in der Marsch zum Siedeln geeignete Plätze auf, die sie auf den Uferwällen der Flüsse und Priele sowie auf den Kuppen alter Wurten und Geestinseln fanden. Sie besiedelten auch die Höhenrücken der Geest und bevorzugten dabei innerhalb dieser naturräumlich von Wasserläufen und Mooren begrenzten Siedlungskammern die niedrig liegenden Zonen in der Nähe der Niederungen. Wahrscheinlich wurde die Besiedlung in den später vernäßten Lagen durch eine warme Klimaphase begünstigt. Nur die weiten Flächen der zentralen Hochmoorbarriere und die Geestrandmoore der Sietländer blieben vorläufig unerschlossen.

Siedlungen auf der Geest

Die Besiedlung der Siedlungskammer Dunum im frühen und hohen Mittelalter haben Reinhardt (1969) und Schmid (1972; 1984) exemplarisch dargelegt. Dunum liegt am Rande der Hauptplatte der Geest und ist auf drei Seiten von tiefen pleistozänen Wasserrinnen umgeben, die den Wasserstand mit dem Tidenhub wechselten und daher Kleisedimente aufweisen. Die höheren Zonen der Geestrücken waren mit Wald bestanden. Einzelne Gehöfte siedelten sich am Rande der Geest in der Nähe der Niederungen an (Abb.1). Vermutlich lag die Ackerflur

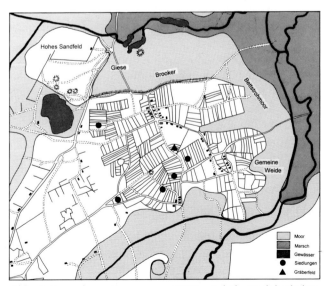

Abb. 1 Gemarkung Dunum um 1820 mit frühmittelalterlichen Siedlungsplätzen und naturräumlicher Gliederung: Marsch, Moor und Geest (nach Reinhardt 1969 und Schmid 1972).

dicht bei den Gehöften, und das Vieh konnte in den nahen Niederungen weiden oder in die höheren Waldstücke getrieben werden. Die Bewohner der einzelnen Gehöfte, die bäuerlichen Familien der Siedlungskammer, verstanden sich wahrscheinlich als Gemeinschaft, weil sie in ihrer Mitte ein gemeinsames Gräberfeld anlegten. Das heidnische Gräberfeld wurde mindestens zweihundert Jahre lang benutzt, bis mit der Christianisierung in Nord-Dunum ein Gotteshaus erbaut wurde und ein neuer Friedhof entstand.

Die fast völlige Freilegung des heidnischen Gräberfeldes in Dunum ließ fünf Gruppen von Gräbern erkennen, die zunächst voneinander getrennt waren, aber im Laufe der Zeit durch weitere Bestattungen von den ältesten Grabmonumenten aus immer mehr zu einem Gräberfeld zusammenwuchsen. Die fünf Gräbergruppen entsprachen vermutlich einer gleichgroßen Anzahl von bäuerlichen Familien, die in den einzelnen Gehöften lebten, deren Standorte am Rande der Siedlungskammer lokalisiert wurden. Rein rechnerisch können jeder Belegungsgruppe etwa siebzig Gräber im Nutzungszeitraum von zweihundert Jahren zugeordnet werden, so daß in der Siedlungskammer Dunum nicht einmal einhundert Menschen von der Landwirtschaft gelebt haben. Dabei muß die Anzahl der Kinder ungewiß bleiben, weil gemessen an der zu erwartenden Zahl viel zu wenig Kindergräber angetroffen wurden. Diese Modellrechnung, der die Interpretation der ausgegrabenen Grabstellen zugrunde liegt, macht eine Folge von sieben Generationen wahrscheinlich, denen die gleiche Anzahl an reich ausgestatteten Männer- und Frauengräbern - jeweils ein Paar pro Generation - entspricht. Vermutlich handelte es sich dabei um die jeweils bedeutendsten Familienmitglieder, den Hausherrn und die Herrin, der einzelnen Höfe. Die Beigaben in den Gräbern zeigten darüber hinaus, daß die wirtschaftliche Lage der Bauern gut war und sie über weitreichende Handelsbeziehungen verfügten. Ferner ließen die Beigaben das Eindringen christlicher Symbolik erkennen.

Am Ende des frühen Mittelalters fand in Dunum eine Umstellung der Wirtschaftsweise auf den intensiven Roggenbau statt, so daß eine Umnutzung der Siedlungskammer vollzogen wurde und sich eine vollkommen neue Siedlungsstruktur entwickelte (Behre 1976). Wie das Ackerland erhielten auch die Siedlungen nun feste Plätze. Die größere Bevölkerung, die durch die Intensivierung der Landwirtschaft und die Verbesserung der Erträge ernährt werden konnte, siedelte sich in den Dörfern Nord-, Süd- und Ost-Dunum an und legte gemeinsam genutztes Ackerland, die Gasten, an, die bis in jüngste Zeit Bestand hatten.

Ein ähnlicher oder gar gleicher Vorgang vollzog sich in Middels (van Lengen 1973; Schmid 1973). Middels liegt auf der Haupt-Geestplatte direkt östlich der zentralen Hochmoorbarriere. Der Siedlungsraum wird im Süden und Norden ebenfalls von Moor begrenzt, während er von den besiedelten Geestrücken im Osten durch öde Dünenfelder getrennt wird. In Middels gliedern die eiszeitlichen Entwässerungsrinnen die Geest in nach Nordosten verlaufende Höhenrücken, die ihrerseits ein sanftes hügeliges Relief aufweisen. Der Buschschloot, heute Burgschloot genannt, führte im Mittelalter bis zur Höhe der Middelser Kirche Brackwasser, so daß hier salzliebende Pflanzen lebten (Behre 1973). Wahrscheinlich stellte er auch eine schiffbare Verbindung zum Meer her und verband diesen Siedlungsraum mit dem friesischen Küsten- und Fernhandel.

Obwohl die Ansiedlungen der ersten Siedler in Middels noch nicht erforscht worden sind, ist es wahrscheinlich, daß sie wie in Dunum auch die Geestränder in der Nähe der Niederungen aufsuchten und dort ihre Felder anlegten. In der Mitte des Siedlungsraumes auf einer der bewaldeten Kuppen der Höhenrücken gründeten sie das gemeinsame zentrale Gräberfeld, welches bei der Ausgrabung der Middelser Kirche zufällig unter deren kleinem Plaggenhügel entdeckt wurde. Dies ist einer der höchst seltenen Fälle, daß die Platzkonstanz von einem heidnischen Gräberfeld zu einer christlichen Kirche wahrscheinlich gemacht werden kann. Die ältesten bekannt gewordenen Gräber in Middels entstanden im 8. Jahrhundert.

Wahrscheinlich im 10. Jahrhundert bildeten sich die Ortskerne Westerloog, Osterloog, Ogenbargen und Spekendorf, als die Wirtschaft auf den Roggenbau umgestellt und der Naturraum neu gegliedert wurde, um die ersten Gasten anzulegen. Der zentrale bewaldete Hügel mit dem Gräberfeld blieb jedoch erhalten, und hier wurde die erste christliche Holzkirche errichtet (Abb.2). Ob ein Zusammenhang zwischen der gravierenden Änderung der Wirtschaftsweise, der Neugliederung der Gemarkung und der Durchsetzung der neuen Religion besteht, ist jedoch ungewiß, denn es kann bei den unscharfen archäologischen Datierungen zufällig zu scheinbaren Übereinstimmungen kommen.

Die neue Siedlungsweise auf der Geest am Ende des frühen Mittelalters, wobei die wirtschaftliche Innovation mit einer Bevölkerungsvermehrung und einer Siedlungsverdichtung einher ging, war durch das Haufendorf und die Dorfplatzsiedlung mit den dazugehöri-

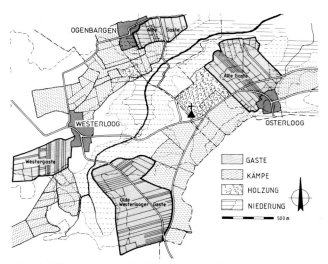

Abb. 2 Gliederung des Siedlungsraumes Middels mit zentraler Kirche (nach van Lengen 1973).

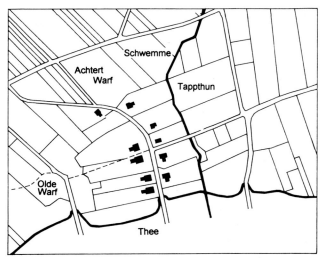

Abb. 3 Middels-Osterloog, Dorfplatzsiedlung mit „Thee-Platz" am südlichen Ende der Straße.

gen Gasten gekennzeichnet (Reinhardt 1969). Im Gegensatz zu den Haufendörfern, bei denen die Gehöfte unregelmäßig verteilt lagen, reihten sich die Höfe einer Dorfplatzsiedlung, wie beispielsweise in Middels-Osterloog (Abb. 3), in Nord-, Ost- und Süd-Dunum, beiderseits einer Straße auf, die auf einen Platz zulief, den „The-Platz". Er diente als Versammlungsort der Bauernschaft und sein Name bedeutet wahrscheinlich „Thing"-Platz. Die Gliederung der Siedlung und ihre Ausrichtung auf den Platz setzte offenbar eine gemeinsame Planung voraus. Wahrscheinlich besaßen alle Gehöftgrundstücke beiderseits der Straße ursprünglich auch eine gleichlange Straßenfront, und die Häuser waren mit ihren Giebelseiten entsprechend ausgerichtet. Die Flurkarte von Ardorf aus dem Jahre 1812 zeigte ein besonders eindruckvolles Beispiel dieser Dorfanlage mit einem etwa 0,7 ha großen The-Platz (Reinhardt 1969). Wie planvoll die Menschen auf der Geest ihre Wirtschaftsflächen einteilten, belegt auch das Beispiel Engerhafe (Wassermann 1985). Der beackerbare schmale Geestrücken, der sich über das Sietland erhob, wurde in etwa gleichgroße Streifen geteilt, so daß jeder Hof etwa gleichviel Ackerland erhielt (Abb. 4). Besonders deutlich wird die Planung der Anlage dort, wo der Geestrücken abknickt, weil hier ein dreieckiges Feld zwischen die gleichgerichteten Streifen eingeschoben wurde. Durch seine doppelte Breite an der Siedlungslinie hatte dieser Acker etwa denselben Flächeninhalt wie die streifenförmigen Äcker. Die Höfe lagen um die Ackerflur herum am Rande des Geestrückens, so daß abwechselnd einem Hof der nördlichen und einem

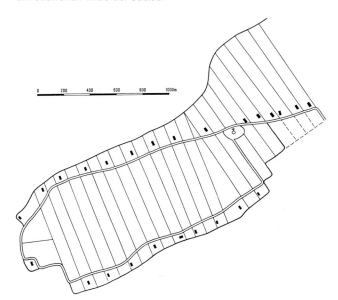

Abb. 4 Engerhafe, Siedlung mit gleichmäßiger Flureinteilung.

der südlichen Reihe ein Streifen gehörte, der sich bis zur gegenüberliegenden Seite des Geestrückens erstreckte.

Leider bieten die archäologischen Quellen und die geographischen Analysen für sich genommen immer nur punktuelle bzw. spezifische Einblicke in die Siedlungsweise der Menschen. Eine systematische Untersuchung darüber fehlt auf der Geest noch. Weder in Dunum noch in Middels kennen wir die ältesten Ansiedlungen aus dem frühen Mittelalter, während in Hollen und Ihlow Hausplätze aus dieser Zeit freigelegt, dafür aber die jüngeren Stufen und die Genese des Naturraumes nicht erforscht wurden.

Im Analogieschluß zu Dunum und Middels darf man vermuten, daß sich in Ihlow und in Hollen ähnliche Siedlungsprozesse vollzogen haben. Dort fanden sich in typischer Lage am Rande der Niederungen Gebäude des frühen Mittelalters. Die Untersuchung in Ihlow hat einen Hausgrundriß (Abb. 5) freigelegt, der zur ältesten Siedlungsphase an diesem Ort gehört. Er entspricht nicht der dreischiffigen Konstruktion bäuerlicher Häuser, sondern wurde in Pfostenbohlenbauweise errichtet. Er wurde mehrfach überbaut und dabei leider teilweise zerstört. Das Innere war quer in mehrere Kammern aufgeteilt und an den Längsseiten liefen Gräbchen, die zunächst als Traufrinnen gedeutet wurden. Der Querschnitt zeigte aber, daß sie über 0,5 m tief, steilwandig und mit festem humosen Material gefüllt waren, so daß sie vermutlich wie eine Drainage funktionierten. Vielleicht dienten sie aber zur Errichtung von Palisaden, was den festen, wehrhaften Charakter der gesamten Anlage entspräche.

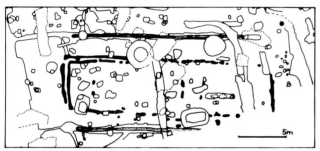

Abb. 5 Ludwigsdorf, frühmittelalterlicher Hausgrundriß am Dachsberg.

In Hollen wurden mehr als zehn Grundrisse (Abb. 6) ausgegraben, die von mehreren, immer wieder erneuerten Gehöften stammten. Die Bauweise in Hollen entspricht der Vielfalt zeitgleicher Bauernhäuser im Küstenraum (Haarnagel 1984; Zimmermann 1989). Die Dreischiffigkeit wurde variiert und zugunsten eines einschiffigen Hauses mit freiem Innenraum aufgegeben. Dabei verbreiterte man das tragende Pfostengerüst im Mittelschiff zu einer Halle so weit, daß es gleichzeitig die Außenwand bildete. Das erforderte außerdem eine andere Dachkonstruktion als vorher, denn um den breiten Innenraum frei überspannen zu können, war ein Sparrendach nötig. Auch die rechteckigen Grundrisse der Bauten wandelten sich, indem die Außenwände auch bogenförmig verlaufen konnten. Um zusätzlichen Platz in den einschiffigen Bauten zu schaffen, wurden stellenweise oder in voller Länge an einer oder beiden Längsseiten schmale, seitenschiffartige Anbauten angefügt bzw. angeküppt. Der Übergang vom Pfostenbau zum Ständerbau fand im 13. Jahrhundert statt. Dafür war ein geändertes Konstruktionsprinzip des tragenden Gerüstes nötig, da der Ständerbau auf Schwellsteinen auf den Bodenhalt der Pfosten verzichten mußte.

In Hollen wurden wahrscheinlich die Standorte von zwei bis drei Gehöften ausgegraben, die am Rande der Niederung des Molkereischlootes, mehrfach erneuert worden waren (Abb. 7). Zu jedem Hof gehörten ein Speicher oder ein Rutenberg und ein Brunnen, seltener auch eine Scheune. Drei der Brunnenschächte waren mit Holzeinbauten ausgekleidet worden. Für einen der Brunnen verwendete man die Reste eines erweiterten Einbaumes mit angedübelten Bordwänden, Bug- und Heckteilen. Der Einbaum aus einer ausgehöhlten Eiche ist ein seltenes Beispiel für den regionalen Verkehr mit flachen Booten auf den natürlichen Wasserrinnen in Ostfriesland. Die Bauern der kleineren Ansiedlungen konnten mit diesen Booten die Händler und Handwerker in den Handelssiedlungen erreichen, wo ihre Produkte im Austausch gegen Werkzeuge und Luxusgüter über das überregionale, küstenweite Verkehrsnetz vertrieben wurden.

Im hohen Mittelalter scheint die Geest keinen Raum mehr für eine weitere Binnenkolonisation geboten zu haben, weil die Gemarkungen nun streng in Ackerland

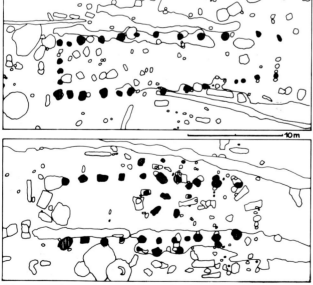

Abb. 6 Hollen, zwei früh- bis hochmittelalterliche Hausgrundrisse, der untere wurde später mit einem Rutenberg (Speicher) überbaut.

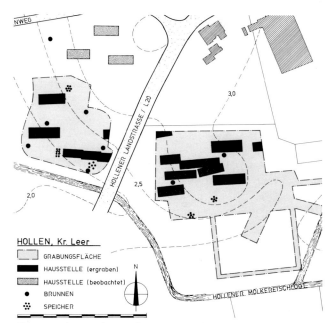

Abb. 7 Grabungsplan Hollen mit Lage der Hausstellen am Rande der Niederung.

(Gaste), in Weideland, in Heideland für den Plaggenhieb und möglicherweise in Refugien von Wald gegliedert waren. Der Landesausbau war auf der Geest zum Stillstand gekommen; nun konnten die Menschen nur noch in günstigen Fällen an den Rand der Gemarkungen ausweichen, wenn sie sich ansiedeln wollten, oder mußten in die Moore gehen.

Siedlungen in der Marsch

In der Marsch der Krummhörn, des Norder- und des Harlingerlandes finden sich zahlreiche Fundstellen des frühen Mittelalters, die von einer dünnen, aber flächendeckenden Besiedlung des neuen Landes im 8.Jahrhundert zeugen (Reinhardt 1969). Die Siedlungen wurden auf den Uferwällen der natürlichen Wasserläufe gegründet oder lagen auf der hohen Marsch am Rande der Meeresbuchten. In der unbedeichten Marsch nutzten sie die von Prielen trockengehaltenen, fruchtbaren Kleiböden als Ackerland und als Viehweide.

Leider läßt sich, abgesehen von der Lage, zur Form der Siedlungen wenig sagen. Die Wurt Hessens bei Wilhelmshaven, die bereits im 7.Jahrhundert gegründet wurde, belegt den Bau dreischiffiger, bäuerlicher Gehöfte auf aufgeschütteten Podesten aus Mist und Klei, wie sie auch aus der Römischen Kaiserzeit überliefert sind. Die Gebäude gruppierten sich um einen hofartigen Platz, auf dem ein Sammelteich für Regenwasser und ein Brunnen lagen. In Hessens lebten die Menschen im Wohnteil der dreischiffigen Hallenhäuser zusammen mit dem Vieh im Stallteil unter einem gemeinsamen Dach (Abb. 8). Die Entwicklung einer bäuerlichen Siedlung in der Marsch zeigten auch die Grabungen in den Wurten Niens und Sievertsborch, Kreis Wesermarsch (Brandt 1991). Mehrere Hofplätze wurden in der zweiten Hälfte des 7. Jahrhunderts zu ebener Erde gegründet, die zu erhöhten Wohnhügeln ausgebaut wurden und am Ende des 8. Jahrhunderts zusammenwuchsen und eine Dorfwurt zu bilden begannen. In der Regel bestand eine bäuerliche Betriebseinheit je nach Größe aus einem Haupthaus, Nebengebäuden, Speichern und Brunnen. Vermutlich lagen die Gehöfte in der Marsch an den günstigen Siedlungsplätzen relativ nah beieinander.

Es gibt Hinweise darauf, daß in der Marsch eine ähnliche bäuerliche Siedlungsstruktur wie auf der Geest existierte. Das frühmittelalterliche Gräberfeld „Galgen-

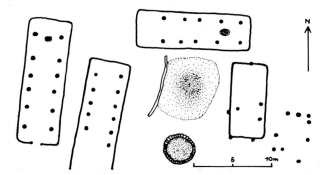

Abb. 8 Grabungsplan der frühmittelalterlichen Siedlung Hessens bei Wilhelmshaven, Horizont II. Lage der Gebäude um Innenhof mit Wassermulde und Brunnen (vereinfacht nach Reinhardt 1969).

berg" in der Gemarkung Schwittersum befand sich nämlich in zentraler Lage zu den gleichzeitigen Siedlungen Dornum, Resterhafe, Schwittersum und Reersum sowie zu vielleicht weiteren, noch undatierten Plätzen (Abb. 9). Diese Ansiedlungen wurden umgrenzt von dem Ostergaster Tief im Westen, dem Sielhammer Tief im Osten, dem Hochbrücker Tief im Norden und dem Sietland im Süden. Eine Notbergung in Reersum - eine Wurt dieser mutmaßlichen Siedlungseinheit - zeigte, daß die Wurt im frühen Mittelalter auf einer Geestkuppe in der Marsch gegründet und mehrfach bis ins hohe Mittelalter um mehr als 2,5 m aufgeschüttet worden war, um die Siedlung vor der immer höher

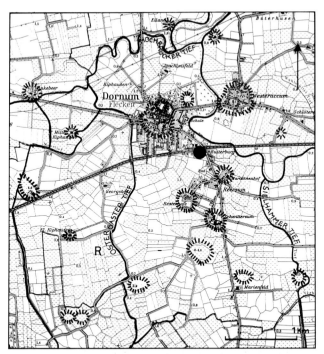

Abb. 9 Lage des frühmittelalterlichen Gräberfeldes „Galgenberg" (schwarzer Punkt) inmitten der Wurtensiedlungen der Marsch.

auflaufenden Sturmflut der Dünkirchen-III-Transgression zu schützen. Der Grabungsschnitt legte den Randbereich eines mehrfach künstlich aufgeschütteten Hausplatzes frei, der offenbar mit einem begleitenden Graben eine schiffbare Zufahrt zum Meer besaß. Diese Landemöglichkeiten für Boote waren offenbar von großer Bedeutung, denn auch ein Gehöft auf der Wurt Hessens verfügte über eine hölzerne Gleitanlage, auf der ein Boot zu Wasser gelassen werden konnte.

Das kleine, frühmittelalterliche Gräberfeld „Süderhaus" in der Hagermarsch war gleichermaßen von einigen Gehöftwurten umgeben, von denen leider noch keine datierenden Funde bekannt geworden sind, während zufällige Funde von anderen Einzelgehöftwurten nachweisen, daß dieses Marschgebiet im frühen Mittelalter aufgesiedelt wurde. Die Wurten lagen innerhalb einer charakteristischen, unregelmäßigen Blockflur, die von Prielen durchzogen und von Gräben gegliedert war (Abb. 10).

Auch in der Krummhörn kennzeichneten unregelmäßige Blockfluren das frühmittelalterliche Siedlungsland (Reinhardt 1969). Dort fanden sich in den großen Wurten, die auf den hochaufgelandeten Kleigebieten am Rande der Meeresbuchten lagen, gelegentlich frühmittelalterliche Urnen (Abb. 15, 1 u. 2), die für die

Annahme sprechen, daß es im frühen Mittelalter in der Marsch dorfartige Gruppensiedlungen gab, die über eigene Begräbnisplätze innerhalb des Siedlungsareals verfügten. Die hofnahe, hochliegende Marsch wurde von den Gehöften auf der Wurt bewirtschaftet und dabei durch Wirtschaftswege radial gegliedert. Daneben gab es in der Marsch auch Einzelgehöfte, die wahrscheinlich von den Dorfwurten aus gegründet wurden und vermutlich wegen der Dünkirchen-III-Transgression bald wieder aufgegeben werden mußten. Das scheint, abgesehen vom Bevölkerungswachstum, die Tendenz zur Bildung einer dorfartigen Siedlungsstruktur verstärkt zu haben. Eine weitere Voraussetzung dafür waren offenbar die großen Wurten der Römischen Kaiserzeit in der frisch überschlickten, alten Marsch, die als Kristallisationskerne der mittelalterlichen Neubesiedlung fungieren konnten.

Dagegen war die heutige Dorfwurt Uphusen eine Gründung des frühen Mittelalters (Abb. 11). Sie entstand aus drei Einzelsiedlungen, die sich an einer Schleife des Uphuser Tiefs gegenüberlagen. Die Sohle der West-Wurt und der Süd-Wurt liegt heute bei 1 m unter NN und die der Ost-Wurt liegt sogar noch tiefer. Der Auftrag der ältesten Schichten auf dem Uferwall der natürlichen Wasserrinne erfolgte für drei einzelne Ansiedlungen, die erst im späten Mittelalter zu einer gemeinsamen Dorfanlage zusammenwuchsen, als die West- und die Ost-Wurt durch einen mächtigen Bodenauftrag mitein-

Abb. 10 Gehöftwurten in der Hagermarsch, umgeben von Prielen und unregelmäßigen Blockfluren.

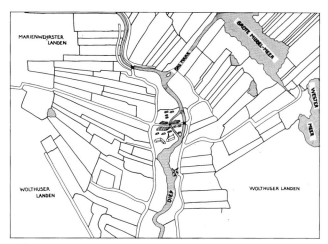

Abb. 11 Dorfwurt Uphusen mit Flureinteilung und Wirtschaftswegen um 1670, umgezeichnet nach der Flurkarte des Generalregisters der Oberemsischen Deichacht (Ns. Staatsarchiv Aurich). Die abknickenden Wirtschaftswege markieren einen mehrstufigen Ausbau des bewirtschafteten Landes.

ander verbunden wurden. Auch die Aufschüttungen für die Kirche und die Burg am Rande der West-Wurt entstand erst als Zutat im späten Mittelalter. Die imponierende Größe der heutigen Dorfwurt Uphusen mit einer Auftragshöhe von bis zu fünf Metern Mächtigkeit ist eine eindrucksvolle Leistung des Mittelalters.

Eine spezifisch neue Form der Siedlungsweise ohne bäuerlichen Charakter entstand im frühen Mittelalter mit den Wik-Siedlungen auf langgestreckten Wurten. Sie sind in dem ostfriesischen Marschgürtel in fast regelmäßigen Abständen zu finden und lagen immer an einem schiffbaren Wasserlauf. Es handelte sich um die Wik-Siedlungen Jemgum, Hatzum, Oldersum, Emden, Groothusen, Grimersum und Nesse (Brandt 1984).
Noch die heutige Siedlungsweise in Nesse zeigt die Aufreihung kleiner Häuser, die Familien gehören, die nicht bäuerlich wirtschaften (Abb. 12). Auf Parzellen mit kurzer Straßenfront standen die Gebäude nebeneinander an der zentralen Straße, so daß spätere Bauten, wie Kirche und Burg, mit den Grundstücken an den Straßenenden vorlieb nehmen mußten. Die Bohrungen in Jemgum sowie die Ausgrabungen in Hatzum, Emden, Groothusen und Nesse bestätigten, daß diese Siedlungsform im 8. Jahrhundert entstand und die Häuser in den einzelnen Siedlungshorizonten seit der Gründung ebenso giebelständig zur Straße orientiert waren wie heute, obwohl die Wurten inzwischen vielfach aufgehöht worden waren. Dieser Siedlungstyp hatte die Aufgabe, den Handelsverkehr zu betreiben. Hier siedel-

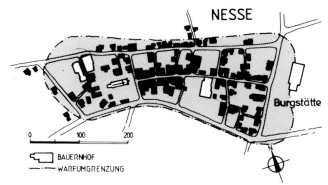

Abb. 12 Langwurt Nesse mit Kirche und Burg an den entgegengesetzten Enden der Hauptstraße.

ten sich von Anfang an Händler und Handwerker an, die das Hinterland mit seinen bäuerlichen Gruppensiedlungen und Einzelgehöften, also auch die der Geest, mit Handelsgütern, Handwerksprodukten und Luxusgütern versorgten und den Absatz der bäuerlichen Erzeugnisse, nämlich Getreide und Vieh, gewährleisteten (Brandt 1984). Der Ursprung der ostfriesischen Städte, die am Geestrand zur Marsch liegen: Weener, Leer, Norden, Esens, Wittmund und Jever, könnte ebenfalls in dem Bedürfnis der bäuerlichen Siedler Ostfrieslands zu suchen sein, ihre Produkte über See zu verkaufen.

Über die Siedlungsstruktur des frühen Mittelalters in der Marsch ist vorläufig wenig Sicheres bekannt. Zunächst wurden Flachsiedlungen im besiedelbaren Neuland gegründet, die bald zu dorfartigen Gruppensiedlungen zusammenwuchsen (Schmid 1984). Ob die Gehöftwurten von diesen großen Dorfwurten aus als Ausbausiedlungen entstanden, wie es in der Krummhörn zu sein scheint, sollte in jeder Region gesondert geprüft werden, denn die lokalen naturräumlichen Bedingungen begrenzten die Anstrengungen der Menschen und forderten spezifische Lösungen. So geben die archäologischen Befunde im Küstenraum zwischen Norden und Wittmund Hinweise auf Siedlungsgemeinschaften von Einzelgehöften mit einem zentralen Begräbnis- und Kultplatz, während in der Ems-Flußmarsch und der Krummhörn die archäologischen Befunde auf Gruppensiedlungen mit einem gemeinsamen Gräberfeld hindeuten. Sicher ist, daß es bereits am Ende des frühen Mittelalters zu einem Siedlungsausbau und einer Siedlungsverdichtung kam. Dazu mögen sowohl die Dünkirchen-III-Transgression als auch der Anstieg der Bevölkerung und die gute Ertragslage der bäuerlichen Wirtschaft beigetragen haben. Diese Faktoren zwangen die Menschen nicht nur zum Deichbau, sondern bewirkten auch im 13. Jahrhundert noch einen gewaltigen, gemeinschaftlichen Ausbau, eine Vergrößerung und Erhöhung der Dorfwurten. Von Anfang an siedelte in der Marsch eine gegliederte Gesellschaft, die Händler und vielleicht weitere spezialisierte Berufe innerhalb der bäuerlichen Siedlungsgemeinschaft kannte.

Der Zwang zum gemeinschaftlichen Deichbau mehrerer Siedlergruppen, um über den eigenen Bedarf hinaus größere Territorien zu schützen, ergab sich aus der Bedrohung des Siedlungslandes durch die ansteigenden Fluten des Meeres. Ob diese Leistung allein auf genossenschaftlicher Basis oder unter Anleitung eines Landesherrn erbracht wurde, ist noch eine unbeantwortete Frage.

Siedlungen auf dem Moor

Bereits am Ende des frühen Mittelalters waren die Geest und die Marsch durch Siedlungskonzentration und Tochtersiedlungen derart erschlossen, daß nur noch die Landessicherung durch Deiche eine weitere Binnenkolonisation in der Marsch ermöglichte. Darüber hinaus konnte der Bevölkerungsüberschuß nur aufgefangen werden, wenn eine Ausweichmöglichkeit in die weiten Sietländereien am Geestrand bestand.

Von der Stadt Leer im Süden bis zur Stadt Norden erstreckte sich zwischen Marsch und Geest ein Moorgürtel. Hier wurde das Oberflächenwasser gestaut, weil die hoch aufgelandete Marsch einen gleichmäßigen Abfluß verhinderte. Je nachdem, welche Bedingungen örtlich herrschten, ob beispielsweise ein Wasserlauf zum Meer führte oder nicht, wuchs Hoch- oder Niedermoor. In der Nähe des Meeres war der Moorgürtel mehr oder weniger mächtig überschlickt worden, da der pleistozäne Sandboden unter der Marsch abtaucht und bei veränderten Entwässerungsbedingungen, bzw. beim Anstieg des Meeresspiegels, zunächst vermoorte. Das führte teilweise zu einer Verzahnung von Klei- und Moorschichten im heutigen Marschsockel. Ähnliche Verhältnisse herrschten im Reiderland hinter dem Emsuferwall, wo sich ebenfalls moorbewachsene Sietländer bildeten.

Die ältesten bekannten Fundstellen des Sietlandes aus dem 10./11.Jahrhundert liegen im Reiderland in der Gemarkung Boen, im Riepster Hammrich sowie im Südteil und am Nordrand des Großen Meeres. Auch historische Quellen geben Hinweise auf eine frühe Besiedlung dieses Naturraumes. Leider läßt sich über die Siedlungsweise vorläufig nichts Genaues sagen, aber die Kartierung der Fundstellen weist darauf hin, daß zunächst scheinbar regellos Stellen im Moor aufgesucht wurden. Vielleicht gab es hier günstigere Bedingungen, weil der Geestboden im Untergrund höher anstand, Wasserläufe vorbeiführten oder Raseneisenerz abgebaut werden konnte (Groenendijk u. Schwarz 1991). Es ist auch in Betracht zu ziehen, daß zuerst temporäre Siedlungsplätze angelegt wurden, die bestimmten wirtschaftlichen Zwecken dienten, über deren Natur noch nichts bekannt ist. Untersuchungen der Hochmoorkolonien in den westlichen Niederlanden, die im 10./11. Jahrhundert gegründet wurden, machen es wahrscheinlich, daß noch im 14. Jahrhundert Getreideanbau betrieben wurde. Vermutlich warben die Bischöfe von Hamburg und Bremen deswegen niederländische Siedler zur Urbarmachung der Moor- und Marschgebiete am Unterlauf der Weser an, weil sie die technischen Verfahren zur Düngung und Entwässerung der Moore beherrschten (Borger 1987).

Seit dem hohen Mittelalter kommt aber eine systematische Siedlungsbewegung in Gang, der ein eigener Siedlungstyp entspricht: die Aufstrecksiedlung (Upstreekensiedlung). Sie wurde zuletzt von Wassermann (1985) bearbeitet. Nach dem Aufstreckrecht erhielt jeder Siedler einer Siedlergemeinschaft ein gleichbreites Stück an einer Siedlungslinie des Moorrandes, wobei jede Streifenbreite einer vollen Gerechtigkeit entsprach. Dieser Besitz durfte durch Bearbeitung des Moores soweit ins unerschlossene Moor ausgedehnt, bzw. aufgestreckt werden, bis er an eine Parzelle einer anderen Siedlung stieß. Dadurch entstanden an den Grenzen von Aufstrecksiedlungen charakteristische Zick-Zack-Linien (Abb. 13).

Während die Aufstrecksiedlungen die Möglichkeit hatten, ihre Siedlungslinien im Zuge der Kultivierung der Moore auf den höher liegenden Geestrand in mehreren Etappen zu verlagern und deswegen heute noch existieren, gingen die älteren Moorsiedlungen im späten Mittelalter unter. Daran waren einerseits der Anstieg des Meeresspiegels und der Deichbau schuld, die eine Verschlechterung der Vorflut und damit eine Vernässung des Hinterlandes, also des Sietlandes, bewirkten, und andererseits die Nutzung des Moores durch die Siedler, weil das Moor durch die Bearbeitung oxydierte, entwässert wurde und schwand, gewissermaßen verbraucht wurde. Es gibt Berechnungen, daß eine Absenkung der Mooroberfläche von mehr als zwei Metern im Sietland zu veranschlagen ist. Eine zeitlang hielt die Entwässerung mit dem Absinken der Oberfläche Schritt, bis die Moorkolonien in ein Niveau gerieten, das eine zügige Ableitung des Wassers über die natürlichen

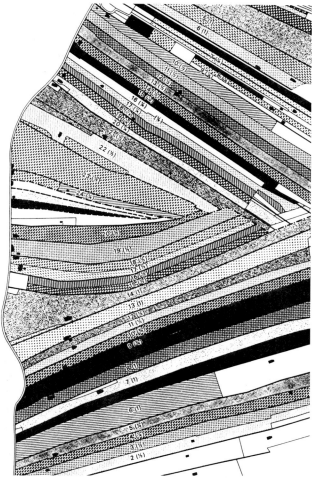

Abb. 13 Aufstrecksiedlungen Ayenwolde und Hatshausen und die primäre und sekundäre Aufteilung des Siedlungslandes nach Wassermann 1985. Ayenwolde bestand wahrscheinlich ursprünglich aus 12 vollen Herden mit einer Aufstreckbreite von je 100 Metern und Hatshausen aus 10 vollen Herden gleicher Parzellenbreite.

Wasserrinnen nicht mehr erlaubte. Wahrscheinlich war der anthropogene Moorschwund ein Faktor unter anderen, der die großen Landverluste im späten Mittelalter, den Einbruch des Dollarts und der Leybucht, begünstigte. Erst in der Neuzeit konnte mit verbessertem technischen Gerät, beispielsweise Wassermühlen, eine erneute Moorkolonisation in Angriff genommen werden.

Wirtschaft

Die Landwirtschaft bestimmte das tägliche Leben und die Arbeiten im Jahreskreislauf. Der Ackerbau wurde mit dem Hakenpflug und dem Streichbrettpflug betrieben, der den Boden nicht nur aufreißen, sondern auch wenden konnte. Die Erdschollen zerkleinerte man mit Hacken aus Geweih oder mit Eggen. Die Reste einer frühmittelalterlichen Egge (Abb. 14) sind in einem Brunnen in Hattersum bei Wittmund gefunden worden (Bärenfänger 1992). Bei einem der beiden Eggenbalken dieses seltenen Fundes standen die Zinken versetzt zueinander, so daß sie nicht nur im Sand, sondern auch auf schweren Böden, offenbar im Klei, eingesetzt werden konnte. Außerdem benutzten die Menschen Sensen und Sicheln aus Eisen sowie Holzspaten, die z.T. mit Eisen beschlagen waren (Zimmermann 1984).

Die Voraussetzungen für den Ackerbau waren in der Marsch und auf der Geest sehr unterschiedlich, was sich besonders in der Zusammensetzung der Kulturpflanzen ausdrückt. Obwohl im Winter die unbedeichte Seemarsch von Salzwasser überflutet wurde, wurde dort, wie auch in den Flußmarschen, stets ein beschränkter Ackerbau betrieben, der auf den natürlichen Uferwällen der Wasserläufe stattfand. In Ostfriesland sind in dieser Hinsicht die Flußmarschen des Reiderlandes am besten untersucht (Behre 1970; 1972; 1986). Seit der vorrömischen Eisenzeit stellten Pferdebohne, Lein und Spelzgerste bis ins Mittelalter die wichtigsten Kulturpflanzen dar, seltener wurden Leindotter und seit der Römischen Kaiserzeit Saathafer angebaut. Eine wichtige Weizenart für die Böden der Marsch und der Geest war in prähistorischen Zeiten der Emmer, der nach bisheriger Annahme seit Chr. Geburt in Norddeutschland verschwand. Neue Untersuchungen im Reiderland (Behre 1986) und jüngste in Butjadingen (Behre 1991) zeigten jedoch, daß die Emmerkultur in den Marschen, länger als angenommen, bis ins hohe Mittelalter anhielt. In geringem Umfange wurde der Emmer sogar durch den Dinkel, eine andere alte Weizenart, ergänzt.

Den mittelalterlichen Kulturpflanzenbestand der ostfriesischen Geest belegten vor allem die Entdeckungen bei den Ausgrabungen von Kirchen. Mengen von verkohltem Material, das Kirchenbränden zu verdanken ist, lieferten die Kirchen in Timmel, Wiegboldsbur und Etzel (Kučan 1979) sowie die Kirchen in Middels (Behre 1973) und Horsten (Behre 1986). Erwartungsgemäß herrschten auf den Sandböden andere Feldfrüchte vor, nämlich überwiegend der Roggen, gefolgt von der Spelzgerste, dem Saat- und dem Sandhafer sowie Lein und wenig Pferdebohne. In der Marsch fehlten dagegen der Roggen und der Sandhafer, weil dort nur Früchte angebaut werden konnten, die bis zu einem gewissen Grade Salzwasser vertragen.

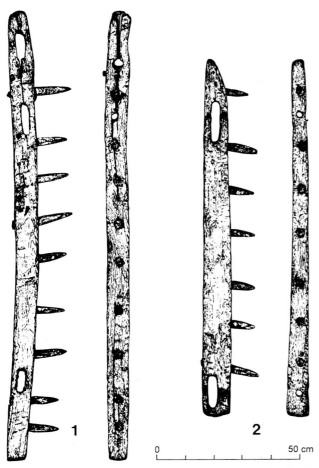

Abb. 14 Uttel, frühmittelalterliche Egge aus Hattersum, dendrochronologisch ins frühe 9. Jh. datiert.

Die Vorherrschaft des Roggens auf der Geest begann erst im hohen Mittelalter. In Dunum beispielsweise ließ sich ein tiefgreifender Wandel im Getreidebau seit der Mitte des 10. Jahrhunderts nachweisen, als die Wirtschaft völlig auf den „ewigen" Roggenbau umgestellt wurde (Behre 1976). Der Anbau von Roggen krempelte die Bewirtschaftung der Siedlungskammer völlig um und hatte weitreichende Folgen für die Landschaft, die Vegetation und die Böden. Die Wintersaat des Roggens erforderte nämlich verbesserte Meliorationsmaßnahmen, weil der Nährstoffentzug auf den Daueräckern ersetzt werden mußte. Der Humus wurde erzeugt, indem Heideplaggen in der Gemeinheit geschlagen, auf dem Hof mit Tierdung kompostiert und sodann auf die Felder gebracht wurden. Das so entstandene aufgehöhte Ackerland wird in Ostfriesland „Gaste" (anderswo Esch) genannt und ist in Streifenparzellen aufgeteilt. Mit der neuen Anbaumethode konnten die Äcker aber nicht mehr bei Bedarf verlegt werden, sondern das zur Verfügung stehende Land der Siedlungskammer mußte in Ackerland, Viehweide und Heideland für den Plaggenhieb gegliedert werden, weil einerseits die Plaggenwirtschaft große Heideflächen beanspruchte und andererseits durch die Düngung dauerhafte Äcker entstanden. Im Laufe der Nutzung wurden bei einem durchschnittlichen Auftrag von 0,8 m Höhe für 1 ha Fläche achttausend Kubikmeter Boden angefahren.

Die offene Weidelandschaft der Marschen eignete sich hervorragend für die Haltung von Rindern und Schafen. Zweifellos gehörte das Rind zu den wertvollsten Haustieren, denn es diente als Milch-, Knochen-, Horn-, Fell- und Fleischlieferant und konnte vor den Wagen und den Pflug gespannt werden. Im Winter wurde es im Stall untergebracht und durchgefüttert. Die Schafhaltung produzierte Wolle, die für die Herstellung der Kleidung nötig war, und das Pferd sowie das Schwein lieferten Fleisch und wurden deswegen als Schlachttiere gehalten. In der Marsch spielten Schwein und Pferd bei der Viehhaltung nur eine geringe Rolle, während das Schwein auf der Geest beliebter war, weil es in den Wäldern mit Eichen und Buchen leicht Futter fand (Reichstein 1984).

Handwerkliches Gewerbe wurde wahrscheinlich in geringem Umfange in den bäuerlichen Siedlungen saisonal betrieben. Die wichtigsten Tätigkeiten für den täglichen Bedarf waren: die Herstellung von Eisen, die Metallverarbeitung, Spinnen und Weben, die Herstellung von Tuchen sowie die Verarbeitung von Knochen, Geweih und Fellen zu Geräten und Leder (Brandt 1984).

Auch so wichtige Gerätschaften wie Tongefäße (Abb. 15) zum Aufbewahren und Kochen von Nahrungsmitteln wurden sicherlich von bäuerlichen Handwerkern vor Ort von Hand hergestellt. Dafür verwendete man den Ton oder Lehm, der in der näheren Umgebung gegraben werden konnte, und magerte ihn mit Muschel- (Abb. 15, 3 - 5) oder Granitgrus. Um dünnwandige Gefäße zu erzeugen, mußten die als Magerung des Tons verwendeten Zuschlagmittel stark zerkleinert oder feiner Sand ausgesiebt werden. Importierte Gefäße (Abb. 15, 6 u. 9), die mit dem Handelsverkehr Ostfriesland erreichten, wurden teilweise nachgeahmt. Das zeigt vor allem das kleine Gefäß der Paffrather Ware (Abb. 15, 6). Die kugelige Form der Gefäßkörper, die sich aus Vorformen bereits am Ende des frühen Mittelalters entwickelt hatte, verdankte seine Entstehung wahrscheinlich dem Kochen im offenen Herdfeuer. Werden die Kochgefäße in die Glut gestellt, dann verteilt die Kugelform die Hitze am besten und verringert

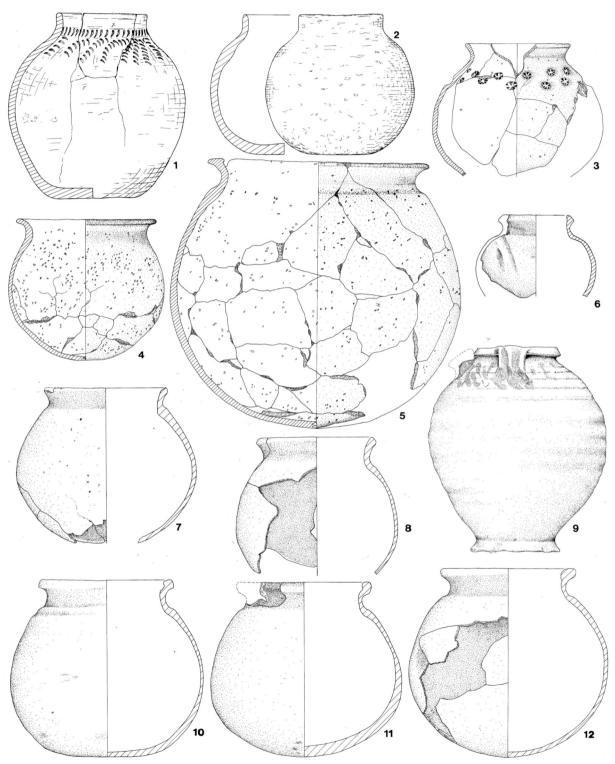

Abb. 15 Mittelalterliche Tongefäße, 1-2 aus Grimersum ca. 7./8. Jh., 3-5 aus Hattersum in der Gemarkung Uttel ca. 9 u. 10. Jh. und 6-12 aus Bedekaspel ca. 11. - 13. Jh.

die Gefahr von Spannungsrissen. Die einheimische Keramikproduktion war offenbar derartig erfolgreich und für die hiesigen Bedürfnisse ausreichend, daß sich erst in der Neuzeit mit den größeren, stadtartigen Siedlungen die Töpferscheibe und damit eine effektivere, auf größere Serien ausgerichtete Produktionsweise durchsetzen konnte.

Obwohl vieles in der bäuerlichen Siedlung des Mittelalters selbst erzeugt und repariert werden konnte, arbeiteten Spezialisten für den gehobenen Bedarf: Zimmerleute, Stellmacher, Böttcher, Kunst- und Waffenschmiede, die als Wanderhandwerker herumzogen, oder deren Produkte von Händlern verbreitet wurden. Ein Schlaglicht auf das Erscheinungsbild des örtlichen, bäuerlichen Handwerks im 10./11. Jahrhundert warf die Grubenhütte, die in Hesel ausgegraben wurde (Abb. 16) (Bärenfänger 1989). Die Erdgrube war mindestens 80 Zentimeter tief und maß 3,6 zu 3,2 Meter in der Fläche. Kräftige Pfosten an den Giebelseiten trugen ein oberirdisches Satteldach, das wahrscheinlich am Grubenrand ebenerdig auflag. In der Südwestecke des Innenraumes befand sich ein rechteckiger Feldsteinofen, dessen Sohle aus den Bruchstücken eines Mühlsteines aus Basaltlava gebildet wurde. In der Höhe der obersten Steinlage des Ofens kam ein Webgewicht aus rohem Lehm zutage, das vermutlich dort deponiert worden war, um gebrannt zu werden. Die Funde in der Grube zeigten ein Spektrum der täglichen Arbeit an diesem Ort, sie gaben Hinweise auf das Kornmahlen mit Handmühlen von 55 Zentimeter Durchmesser, auf das Spinnen und Weben mit dem Gewichtswebstuhl sowie durch die Schlacken in der Füllung auf die Eisenverarbeitung. Eine ähnliche Hütte mit einem großen Feldstein und mit Brandspuren wurde bereits vor einigen Jahren in der Nähe entdeckt.

Gesellschaftliche Gliederung

Archäologische Quellen geben nur indirekte Hinweise auf die gesellschaftliche Gliederung der Bevölkerung im frühen Mittelalter. Die historischen Quellen nennen Adelige, Freie, Halbfreie und Unfreie, womit vor allem die rechtliche Stellung einer Person beschrieben wird und weniger ihre Lebensumstände. So lebte ein Unfreier am Königshof wahrscheinlich besser als ein freier Bauer auf der Geest. Rechtsbegriffe sind mit archäologischer Methodik nicht zu erschließen. Die Archäologie kann dagegen Einzelfunde sowie Strukturen der

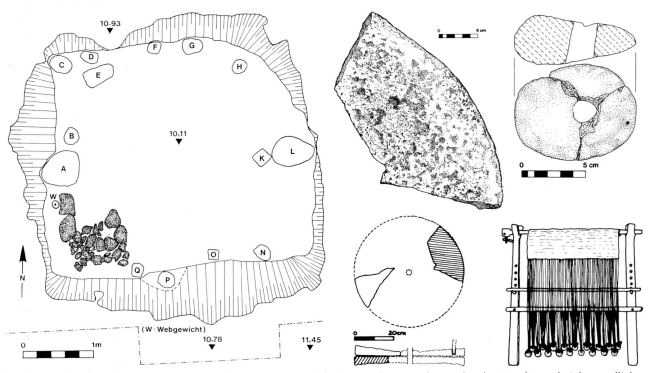

Abb. 16 Hesel, Grundriß eines Grubenhauses mit Steinofen. In den Pfostengruben A und L standen die Firstpfosten, bei den randlichen Pfostengruben handelt es sich wahrscheinlich um Wandpfosten. Die Funde eines Webgewichtes und eines Mahlsteines im Grubenhaus sind Reste des bäuerlichen Handwerks; Handmühle und Gewichtswebstuhl sind rekonstruiert.

Siedlungen und Gräber beschreiben und deuten.
Ein großer Schatz von etwa 800 Sceattas des 8.Jahrhunderts wurde in Hesel im Landkreis Leer entdeckt (Abb. 17). Sceattas sind anglo-friesische Silbermünzen des 7. und 8. Jahrhunderts von ungefähr einem Gramm Gewicht, die nach antiken Vorbildern zuerst in England, dann in Friesland geschlagen wurden. Sie bezeugen den entwickelten Handelsverkehr und den Geldumlauf an der friesischen Küste, wie auch die Sceattas, die bei Norden gefunden wurden. Bei dem Heseler Fund muß es sich um den Besitz eines wohlhabenden Mannes gehandelt haben, der vielleicht von Beruf Kaufmann war. Die Barschaft eines anderen Menschen des 9.Jahrhunderts, bestehend aus 24 Silbermünzen Ludwigs des Frommen, kam in Holtland neben einem Skelett bei der Abtragung eines Hügels zutage. Auch dieser Fund ist relativ reich, weil er über die übliche Menge von Grabbeigaben hinausgeht, falls es sich wirklich um eine Bestattung handelte. Weitere Einzelfunde von Münzen (Berghaus 1958) und die spezifischen Handelssiedlungen in der Marsch geben Hinweise auf eine etablierte Händlerschicht. Ferner weist die Erkenntnis, daß Münzen nur selten verlorengehen und daher in reicherem Maße vorhanden gewesen sein müssen, auf eine Silberwährung mit einem entsprechenden Geldumlauf im Küstenraum hin.

Einzelfunde von besonderem Wert und besonderer Bedeutung waren die beiden fränkischen Schwerter aus der Leda bei Leer und der goldene Fingerring aus einem Moor bei Aurich. Die Weihegaben oder Opfer in Quellen, Flüssen und Mooren waren in heidnischer Zeit ein bezeugtes Mittel, die Gunst von Gottheiten zu erringen; sie zeigen aber auch, daß es Personen oder Gruppen gab, die über einen entsprechenden Reichtum zum

Abb. 17 Hesel, Schatzfund von Sceattas, friesischen Silbermünzen des 8. Jhs.

Opfern verfügten. Die beiden Schwerter aus fränkischen Werkstätten (Abb. 18), beide etwa 90 cm lang, sind von hervorragender Qualität. Der Griff eines der Schwerter ist mit Streifentauschierung und schmalen plattierten Bändern aus Messing verziert. Die Klingen wurden in Damaszener-Technik hergestellt, also aus Streifen von weichem Eisen mit solchen von aufgekohltem, harten Eisen verschweißt. In derselben Damaszener-Technik war eine Klinge auf beiden Seiten mit buchstabenähnlichen Zeichen markiert, die gewissermaßen ein Gütesiegel darstellen, wie das des berühmten Schwertfegers Ulfberth. Auch der Fingerring aus dem Moor bei Aurich - aus 15,3 g Gold gegossen und mit geflochtenen Wülsten verziert - war ein wertvolles Stück. Derartige Ringe waren vor allem im 11. und 12. Jahrhundert bei den Wikingern beliebt und im Ostseeraum weit verbreitet. Auch aus den Jahrhunderten davor und danach gibt es entsprechende Funde (Stenberger 1958). Vielleicht darf der Ring mit den Einfällen der Normannen, aber auch mit zeitgemäßen Kontakten auf den Handelswegen in Zusammenhang gebracht werden.

Einige Gräber der frühmittelalterlichen Gräberfelder in Dunum und in Middels sowie vergleichbare Bestattungen im Upstalsboom bei Rahe, Galgenberg bei

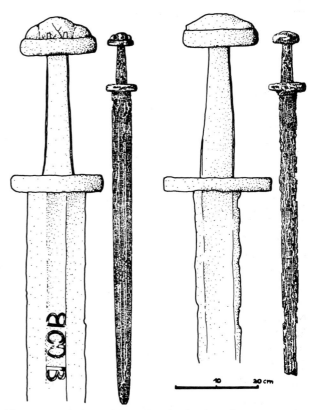

Abb. 18 Leer, frühmittelalterliche, fränkische Schwerter aus der Leda (nach Jacob-Friesen und F. Stein 1967).

Schwittersum, Süderhaus in der Hagermarsch und Klunderburg bei Oldendorp im Reiderland zeigten eine reiche Ausstattung: Männergräber mit Schwert, Schild und Lanze (Abb. 19) sowie Frauengräber mit Perlenkette, Bronzeschlüssel und Nadel (Abb. 20). Die meisten Gräber bargen keine Funde, manche enthielten Messer oder Klappmesser aus Eisen (Abb. 19; E, F). Die unterschiedlichen Grabbeigaben signalisieren eine geschichtete Gesellschaft in Arme und Reiche. Aber es ist Vorsicht geboten, denn das Gräberfeld von Dunum wird von Schmid so interpretiert, daß jeweils ein Paar pro Generation reich ausgestattet wurde. Das heißt, daß die jeweiligen Familienoberhäupter der gleichberechtigten, wohlhabenden Bauern reich bestattet wurden, während die übrigen Familienmitglieder je nach Ansehen weniger oder gar keine erhaltenen Beigaben ins Grab gelegt bekamen. Das bedeutet nämlich nicht, daß letztere arm waren sondern ihrem Rang gemäß andere Beigaben ins Grab gelegt bekamen.

Der Fund einer Urnenbestattung mit voller Bewaffnung des 8. Jahrhunderts im Upstalsboom in Rahe hat Entsprechungen in Gräbern der ersten Belegungsphase des Gräberfeldes von Dunum und Middels sowie in zahlreichen weiteren Begräbnissen im friesischen Küstenraum (Schwarz 1983). Diese Art der Brandbestattung in einem Hügel, ggf. mit Totenhaus, ist ein typisches Beispiel für die Beisetzung vornehmer Friesen, während die vornehmen Sachsen bereits unverbrannt beerdigt wurden. Durch den sächsischen Einfluß und später durch die Einführung des Christentums gingen auch die Friesen allmählich zur Sitte der Körperbestattung über.

Die Archäologie kann aufgrund der Eigenart ihrer Quellen nur eine wenig gegliederte Gesellschaft feststellen. Die Bevölkerung lebte hauptsächlich von der Landwirtschaft und nur ein geringer Teil der Bewohner ging als Händler, Seefahrer oder Handwerker einer anderen Beschäftigung nach, wobei unklar ist, ob nicht die reichen Bauernfamilien das Geschäft des Handels mit eigenem Kapital und eigenen Leuten, sei es mit Abhängigen oder mit Familienmitgliedern, betrieben. In der Marsch und auch auf der Geest hatte sich im frühen Mittelalter eine wirtschaftlich erfolgreiche, bäuerliche Schicht etabliert, die ihren Reichtum auch im Grabritus und -inventar ausdrücken konnte.

Der Reichtum durch die Überschüsse der Landwirtschaft und durch den profitablen Handel war ein Anstoß zur gesellschaftlichen Differenzierung. So stellt sich die Frage, ob die bedeutende Änderung der Siedlungsstruktur auf der Geest, die sich in Dunum am Ende des

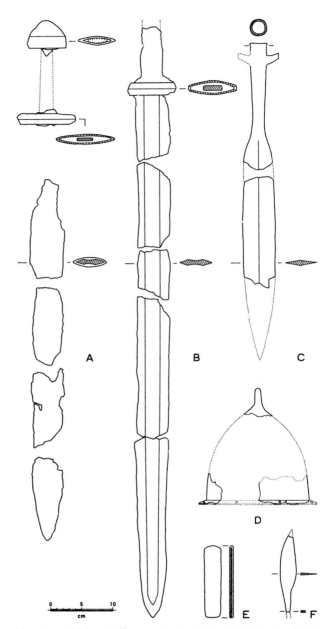

Abb. 19 Middels, Waffenausrüstung eines Mannes aus einem Brandgrab: Schwert (A,B), Lanze (C), Schild (-buckel D), Klappmesser (E) und Messer (F) (nach Schmid 1982).

frühen Mittelalters vollzogen hatte, gelenkt wurde und wie das geschah. Die Familienoberhäupter der anscheinend gleichberechtigten Bauern, deren Bestattungen auf dem heidnischen Gräberfeld zu finden waren, könnten durch gemeinsamen Ratschluß diese Änderung vollzogen haben. Es bleibt aber zu bedenken, daß neben der kollektiven Lenkung auch eine individuelle, etwa durch den Landesherrn oder eine entsprechend

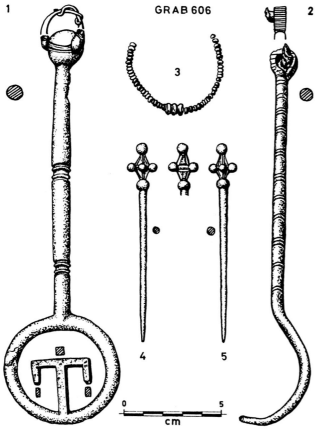

Abb. 20 Dunum, Beigaben einer Frau aus dem Körpergrab 606: Perlenkette (3), Schlüssel (1, 2) und Nadel (4, 5) (nach Schmid 1972).

einflußreiche Person, in Betracht gezogen werden muß. In Dunum gründete die Gemeinde nach der Christianisierung im hohen Mittelalter eine gemeinsame Kirche mit einem neuen Friedhof in Nord-Dunum, was - wie auch die Dorfplatz-Siedlungen in Dunum - eher an eine kollektive Entscheidung denken läßt.

Einen weiteren Anstoß zur gesellschaftlichen Differenzierung auf der Basis der wohlhabenden bäuerlichen Familien gaben dann die Einfälle der Normannen und der Zwang zur Bedeichung größerer Territorien. Die Gemeinschaftsleistung der Verteidigung und der Bedeichung kann auch von einer genossenschaftlich organisierten Gesellschaft erbracht werden, förderte aber den Ruhm einzelner Persönlichkeiten, welche gestärkt durch Gefolgschaften und wirtschaftlichen Erfolg sich zu lokalen Machthabern aufschwingen konnten. Allerdings hat es eine etablierte Schicht vornehmer Familien bei den Friesen offenbar zur Zeit König Karls im 9. Jahrhundert nicht gegeben, sonst wären sie wahrscheinlich bei der Durchsetzung der Grafschaftsverfassung im Fränkischen Reich als Grafen berücksichtigt worden (Schmidt 1975).

Frühe Burgen finden sich in Ostfriesland abseits der Siedlungen in verkehrsgünstiger Lage zur Bewachung der Landstraßen und Wasserwege. In den Siedlungen frühmittelalterlichen Ursprungs durchbrachen sie im späten Mittelalter die innere Ordnung der bäuerlichen Ansiedlung und erscheinen als Fremdkörper im Siedlungsbild. Bei den Wik-Orten begnügten sie sich mit einem Platz am Ende der Straße (Abb. 12), und auch die Aufstrecksiedlungen räumten ihnen offenbar nur einen Platz am Ende der Reihe ein.

Eins der wenigen Beispiele einer untersuchten frühmittelalterlichen Burg ist die „Alte Boomborg" bei Hatzum (Brandt 1977; 1984). Die Anlage nahm eine Fläche von etwa 60 x 60 Meter ein und war von 2 - 3 Meter breiten Gräben umschlossen, deren rechtwinkliger Verlauf zur Ems wahrscheinlich in Verbindung zu einem vorhandenen Entwässerungssystem der Siedlungen auf dem Emsuferwall stand. Die Siedlung wurde etwa um 900 zu ebener Erde gegründet und im 10./11. Jahrhundert zu einer Wurt ausgebaut. Auf dem Areal fand nur ein Gehöft Platz, welches vermutlich aus mehreren Gebäuden bestand. Ein einschiffiges Holzhaus von ungewöhnlicher Größe wurde entdeckt. Es maß 8 Meter in der lichten Breite und war über 23 Meter lang (Abb. 21). Zur Zeit der Wurtsiedlung verlief in Längsrichtung des Hauses eine Grube, die zahlreiche Webgewichte barg, so daß dort eine Tuchmacherei mit mehreren Webstühlen anzunehmen ist. Aus den Befunden kann geschlossen werden, daß hier eine vornehme Familie ansässig war, die am Handel teilnahm und im 13./14. Jahrhundert in der Lage war, ihr Anwesen mit einem Steinhaus zu bebauen. Vielleicht gab es eine Verbindung zu der Familie, die im späten Mittelalter die Burganlage in Hatzum errichtete.

Die Entwicklung in Hatzum unterstützt die Hypothese von der Etablierung der Häuptlingsfamilien aufgrund ihrer wirtschaftlichen Kraft und ihrer Teilnahme am Handel. Die Festigung der Macht einzelner Familien hatte dann eine Übersiedlung ihrer Burgen zu den Hauptorten im späten Mittelalter zur Folge. Allerdings gab es wohl Ausnahmen von der Regel, wie beispielsweise bei der Moorsiedlung Wymeer und den benachbarten Reihensiedlungen Westerwoldes, so daß die Bedeutung der Burgplätze als Sitze von Häuptlingen oder als Wehranlage der Siedlergenossenschaft bei der Moorkolonisation noch geprüft werden sollte. Die Lage der Burgen zu den Siedlungen zeigt aber, daß etablierte

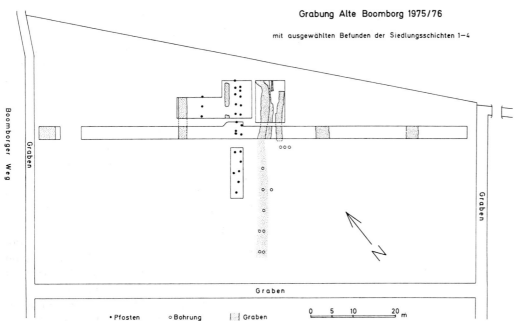

Abb. 21 Hatzum, „Alte Boomborg", Grabungsplan mit Hausplatz und umgebendem Grabensystem (nach Brandt 1977). In dem flachen Gräbchen im Haus lagen etliche Webgewichte, die auf eine Tuchweberei hinwiesen.

Häuptlingsfamilien erst nachträglich im hohen Mittelalter in den Marschdörfern Fuß fassen konnten (van Lengen 1973a).

Aus den genannten Indizien darf wohl der Schluß gezogen werden, daß die Marsch die Geest im hohen Mittelalter bereits wirtschaftlich überflügelt hatte und die gesellschaftliche Differenzierung in der Marsch weiter entwickelt war. Die wirtschaftliche Kraft der Landwirtschaft, die Profite des Handels, die Organisation der Bedeichung und die Verteidigung gegen die Normannen waren Faktoren, die Familien in leitende Funktionen brachten. So nimmt es nicht wunder, daß die ostfriesischen Häuptlingsfamilien aus der Marsch kamen und versuchten ihre Macht zu etablieren. Im späten Mittelalter trugen sie dann ihre regionalen Rangkämpfe solange aus, bis die Grafschaft Ostfriesland errichtet worden war.

Literatur

Bärenfänger, R. (1989): Ein Grubenhaus mit ungebranntem Webgewicht aus Hesel, Kr. Leer.- Berichte zur Denkmalpflege in Niedersachsen 9, Heft 3, 160 - 161.

Bärenfänger, R. (1992): Frühmittelalterliche Siedlungsfunde und hölzerne Eggenteile aus Hattersum, Landkreis Wittmund.- Archäologische Mitteilungen aus Nordwestdeutschland 15, 215-219.

Behre, K.-E.(1970): Die Entwicklungsgeschichte der natürlichen Vegetation im Gebiet der unteren Ems und ihre Abhängigkeit von den Bewegungen des Meeresspiegels.- Probleme der Küstenforschung im südlichen Nordseegebiet 9, 13 - 48.

Behre, K.-E. (1972): Kultur- und Wildpflanzenreste aus der Marschsiedlung Jemgumkloster/Ems (um Christi Geburt).- Neue Ausgrabungen und Forschungen in Niedersachsen 7, 164 - 184.

Behre, K.-E. (1973): Mittelalterliche Kulturpflanzenfunde aus der Kirche von Middels (Stadt Aurich/ Ostfriesland).- Probleme der Küstenforschung im südlichen Nordseegebiet 10, 39 - 47.

Behre, K.-E. (1976): Beginn und Form der Plaggenwirtschaft in Nordwestdeutschland nach pollenanalytischen Untersuchungen in Ostfriesland.- Neue Ausgrabungen und Forschungen in Niedersachsen 10, 197 - 224.

Behre, K.-E. (1986): Ackerbau, Vegetation und Umwelt im Bereich früh- und hochmittelalterlicher Siedlungen im Flußmarschgebiet der unteren Ems.- Probleme der Küstenforschung im südlichen Nordseegebiet 16, 99 - 125.

Behre, K.-E. (1986): Kulturpflanzen und Unkräuter des Mittelalters - Funde aus der Kirche von Horsten/Ostfriesland.- Abhandlungen des Westfälischen Museums für Naturkunde 48, 441 - 456.

Behre, K.-E. (1991): Umwelt und Ernährung der frühmittelalterlichen Wurt Niens/Butjadingen nach den Ergebnissen der botanischen Untersuchungen.- Probleme der Küstenforschung im südlichen Nordseegebiet 18, 141 - 168.

Berghaus, P. (1958): Die ostfriesischen Münzfunde.- Jahrbuch der Gesellschaft für bildende Kunst und vaterländische Altertümer zu Emden 38, 9 - 73.

Borger, G. J. (1987): Mittelalterliche Kolonisation von Marsch- und Moorgebieten.- Nordwestdeutsche Universitätsgesellschaft e.V. (Hrgb), Wilhelmshavener Tage Nr. 2, 1987, Wilhelmshaven 1989, 76 - 90.

Brandt, K. (1977): Handelsplätze des frühen und hohen Mittelalters in der Marsch zwischen Ems- und Wesermündung.- Zeitschrift für Archäologie des Mittelalters 5, 121 - 144.

Brandt, K. (1984): Langwurten, ihre Topographie und ihre Funktion.- Jankuhn, H., Schietzel, K., Reichstein, H. (Hrsg), Archäologische und naturwissenschaftliche Untersuchungen an Siedlungen im deutschen Küstengebiet, Bd. 2, 100 - 113.

Brandt, K. (1991): Die mittelalterlichen Wurten Niens und Sievertsborch (Kreis Wesermarsch).- Probleme der Küstenforschung im südlichen Nordseegebiet 18, 89 - 140.

Groenendijk, H. A., und Schwarz, W. (1991): Mittelalterliche Besiedlung der Moore im Einflußbereich des Dollarts: Ergebnisse und Perspektiven.- Archäologische Mitteilungen aus Nordwestdeutschland 14, 39 - 68.

Haarnagel, W. (1984): Mittelalter.- Kossack, G., Behre, K.-E., Schmid, P. (Hrsg), Archäologische und naturwissenschaftliche Untersuchungen an Siedlungen im deutschen Küstengebiet, Bd. 1, S. 183 - 193.

Kučan, D. (1979): Mittelalterliche Kulturpflanzen und Unkräuter aus ostfriesischen Kirchen.- Probleme der Küstenforschung im südlichen Nordseegebiet 13, 24 - 38.

van Lengen, H. (1973): Zur mittelalterlichen Siedlungsgeschichte von Middels (Stadt Aurich/Ostfriesland).- Probleme der Küstenforschung im südlichen Nordseegebiet 10, 49 - 57.

van Lengen, H. (1973a): Geschichte des Emsigerlandes vom frühen 13. bis zum späten 15. Jahrhundert.- Abhandlungen und Vorträge zur Geschichte Ostfrieslands, 53.

Reichstein, H. (1984): Haustiere.- Kossack, G., Behre, K.-E., Schmid, P. (Hrsg), Archäologische und naturwissenschaftliche Untersuchungen an Siedlungen im deutschen Küstengebiet, 1, 277 - 284.

Reinhardt, W. (1969): Die Orts- und Flurformen Ostfrieslands in ihrer siedlungsgeschichtlichen Entwicklung.- Ohling, J. (Hrsg), Ostfriesland im Schutze des Deiches, 1, 201 - 375.

Schmid, P. (1972): Zur Datierung und Gliederung der Grabanlagen von Dunum, Kr. Wittmund.- Neue Ausgrabungen und Forschungen in Niedersachsen 7, 211 - 240.

Schmid, P. (1973): Die Kirchwarf von Middels.- Probleme der Küstenforschung im südlichen Nordseegebiet 10, 1 - 13.

Schmid, P. (1982): Brandbestattungen mit Waffenbeigaben aus dem „Kirchhügel" von Middels, Stadt Aurich, Ldkr. Aurich. - Nachrichten aus Niedersachsens Urgeschichte 50, 147-156.

Schmid, P. (1984): Friesische Gräberfelder und das Verhältnis ihrer Funde zur Sachkultur im Karolingerreich und in Skandinavien.- Kossack, G., Behre, K.-E., Schmid, P. (Hrsg), Archäologische und naturwissenschaftliche Untersuchungen an Siedlungen im deutschen Küstengebiet, 1, 361 - 377.

Schmid, P. (1988): Die mittelalterliche Neubesiedlung der Niedersächsischen Marsch.- Bierma, M., Harsema, O. H., van Zeist, W. (Hrgb), Archeologie en Landschap, Groningen, 133 - 164.

Schmid, P. (1989): Mit dem Spaten in Ostfrieslands Vergangenheit.- Ostfreesland, Kalender für Jedermann, 211 - 226.

Schmidt, H. (1975): Politische Geschichte Ostfrieslands.- Ostfriesland im Schutze des Deiches, 5.

Schwarz, W. (1983): Die Altfunde vom Upstalsboom-Hügel (Stadt Aurich/Ostfriesland) und die frühmittelalterlichen Bestattungen mit Waffenbeigabe in Ostfriesland.- Nachrichten aus Niedersachsens Urgeschichte 51, 1982, 81 - 99.

Stenberger, M. (1958): Die Schatzfunde Gotlands der Wikingerzeit, 1.

Stein, F. (1967): Adelsgräber des achten Jahrhunderts in Deutschland. – Germanische Denkmäler der Völkerwanderungszeit, Serie A, Bd. IX.

Wassermann, E. (1985): Aufstrecksiedlungen in Ostfriesland.- Abhandlungen und Vorträge zur Geschichte Ostfrieslands 61.

Zimmermann, W. H. (1984): Nahrungsproduktion I.- Kossack, G., Behre, K.-E., Schmid, P. (Hrsg), Archäologische und naturwissenschaftliche Untersuchungen an Siedlungen im deutschen Küstengebiet, 1, 246 - 263.

Zimmermann, W. H. (1989): Die Wüstung Dalem 7.- 14. Jh. n. Chr. in der Siedlungskammer Flögeln, Kreis Cuxhaven.- Pischke, G. (Hrsg), Geschichtlicher Handatlas von Niedersachsen, Neumünster, 8 - 9, Karte 10.

Siedlungsgeschichte der Moore
von Ekkehard Wassermann

Mittelalterliche Moorkolonisation

Zu Beginn des hohen Mittelalters konzentrierte sich die Besiedlung Ostfrieslands auf die Bereiche der hohen Marsch und auf verschiedene Geestinseln. Die weitläufigen Hochmoore sowie die an die Geest und an die Emsuferwälle grenzenden Niederungszonen waren dagegen noch weitgehend siedlungsleer. Erst als im Zuge eines im 7./8. Jh. einsetzenden Landesausbaus die letzten im Umkreis der alten Wurtendörfer noch vorhandenen Landreserven verteilt wurden und ein nachfolgender Geburtenüberschuß auf diese Weise im Altsiedelland nicht mehr aufzufangen war, richtete sich das Augenmerk auf die bis dahin nur extensiv genutzten Räume, die sich zur Schaffung einer vollbäuerlichen Existenzgrundlage geradezu anboten.

Als Ausgangspunkte der Moorkolonisation sind sowohl die Altsiedelräume der Marsch als auch die der Geest anzusehen, wobei eine Analyse der Beziehungen zwischen Mutter- und Tochtersiedlungen ein deutliches Übergewicht von Siedlern aus Richtung Marsch erkennen läßt. In vielen Fällen sind sogar die Herkunftsorte der Kolonisten aus den Ortsnamen abzulesen. So finden sich im Bestimmungsort der urkundlich überlieferten Ortsnamen von „Dertsamewalt" (1475, später untergegangen), „Krytzemewalt" (1475, das heutige Marienchor), „Bedamewalt" (1475, Böhmerwold) und Rorichmoor die Namen der auf dem hohen Emsufer angeordneten frühmittelalterlichen Wurtendörfer Ditzum, Critzum, „Beddinghem" (9./10. Jh., in der Ems untergegangen) und Rorichum wieder. Das auf der Geest gelegene Weener hat seine Entsprechung in Weenermoor, Bunde in Bunderhee. Jeder Altsiedlung entspricht hier eine Neugründung in unmittelbarer Nachbarschaft. Weitere Zusammenhänge solcher Art lassen sich ferner aus dem Verlauf alter Gau- und Diözesangrenzen ableiten, was an dieser Stelle aber nicht weiter ausgeführt werden soll. In dem dicht bevölkerten Marschenraum des Ems- und Federgaus, der heutigen Krummhörn, grenzte die überwiegende Zahl der Wurtendörfer nicht unmittelbar an Moorkomplexe, wodurch deren Bewohner auch keine Besitzansprüche auf „ihr" Hinterland erheben konnten. Bei dem außergewöhnlichen Umfang der dort angrenzenden Moore des Brokmerlandes scheinen aber auch Siedler aus nicht Anrainergemeinden die Möglichkeit gehabt zu haben, unkultiviertes Land in Besitz zu nehmen. Zumindest spricht der Umstand, daß in diesem Gebiet wie auch immer geartete Verbindungen zu bestimmten Altsiedlungen nur in zwei Fällen festzustellen sind, für einen Zusammenschluß von Kolonisten aus den verschiedensten Herkunftsorten.

Die Einordnung, ob Siedlungen erst im Zuge der hochmittelalterlichen Moorkolonisation angelegt worden sind oder aber auf ältere Ursprünge zurückgehen, läßt sich relativ leicht entscheiden, da erstere durch ein spezielles Formungsprinzip gekennzeichnet sind, welches auf dem sogenannten Aufstreckrecht beruht. Dieses Recht besagte, daß ein jeder Interessent den Abschnitt eines Moores zum Ausgang seiner Besitzergreifung machen durfte, indem er die seitlichen Begrenzungslinien, in der Regel Entwässerungsgräben,

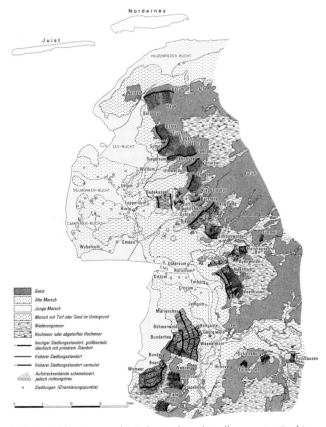

Abb. 1 Verbreitungsgebiet der Aufstrecksiedlungen in Ostfriesland.

geradlinig und parallel ins Moor vortrieb. Stieß der Kolonist im Zuge des Abtorfens und/oder der landwirtschaftlichen Nutzung seines Landes auf ein Hindernis, worunter z.B. ein Wasserlauf, ein Weg, meistens aber der Besitzstreifen eines anderen Kolonisten gehörte, so erlosch der Anspruch, seine Parzelle in diese Richtung erweitern zu dürfen. Der Besitz war also in allen Fällen nur in der Breite nicht jedoch in der Länge festgelegt und mußte folglich im Laufe der Zeit eine streifenförmige Gestalt annehmen.

Die Analyse der Besitzbreiten hat in vielen Fällen ein einheitliches Grundmaß innerhalb eines Siedlungsverbandes ergeben. So liegen in Georgiwold, Theene und Bangstede Maße von 60–70 Meter zugrunde, in Uthwerdum besonders breit ausgelegte Streifen von 130 Meter. In der Mehrzahl konnten Streifenbreiten von 90–100 Meter ermittelt werden. In Ayenwolde (Abb. 2) weisen die Aufstreckungen eine Breite von 100 Meter auf. Verschiedene Fluren setzen sich aus zwei Teilen mit regelhaften Maßen zusammen, was auf einen zweiphasigen Besiedlungsvorgang deutet.

Da sich mehrere Siedler zugleich an einem Moorrand ansetzten und auch dort ihre Höfe errichteten, bildeten sich durch diesen niederdeutsch als „upstrecken" bezeichneten Vorgang Reihensiedlungen mit hofanschließenden Streifen heraus, die sich analog des von den Kolonisten eingeschlagenen Kultivierungstempos unterschiedlich weit ins Moor erstreckten. Siedlungen, die auf diese Art und Weise entstanden sind, sollen im folgenden als Aufstrecksiedlungen angesprochen werden. Wurde nun ein Moor von mehreren Siedlergruppen und von verschiedenen Seiten her erschlossen, konnten Gruppen von der weiteren Aneignung des Bodens ausgeschlossen werden, indem ihre Kolonate von anderen abgeschnitten wurden; oder aber die Kultivierungsspitzen zweier Aufstreckverbände ver-

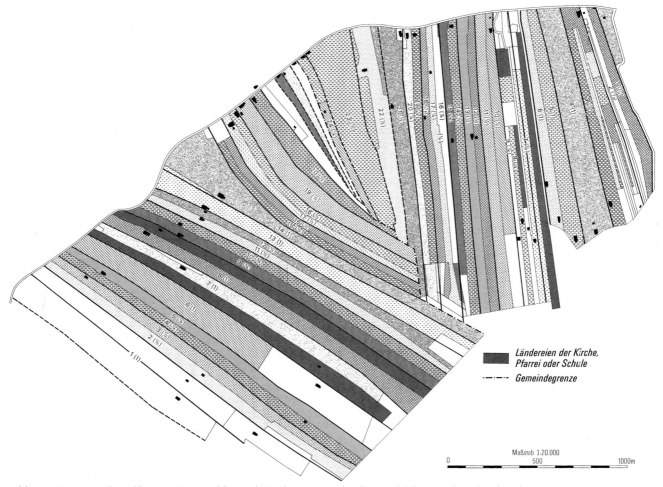

Abb. 2a Primäre Aufstreckbreiten Ayenwoldes und Hatshausens und voll ausgebildeter Aufstreckverband.

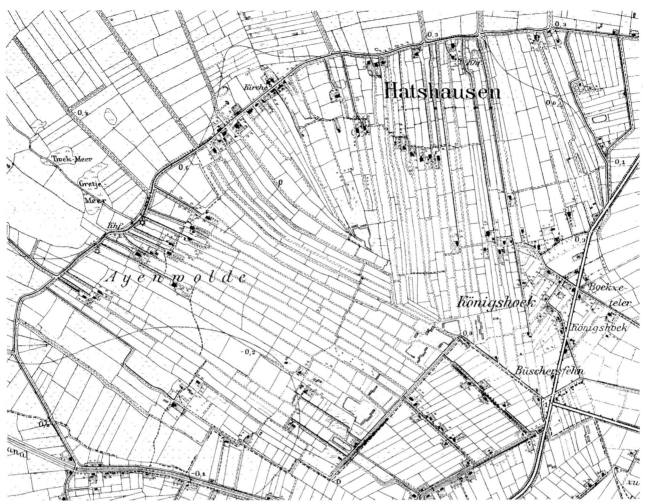

Abb. 2b Primäre Aufstreckbreiten Ayenwoldes und Hatshausens und voll ausgebildeter Aufstreckverband.

zahnten sich ineinander, wodurch ein weiteres Aufstrecken aller Kolonisten verhindert wurde. Augenfällige Beispiele bilden die Aufstreckverbände von Riepe, Ochtelbur, Bangstede und Simonswolde.

Durch die eben geschilderte Form der Besitzaneignung variiert die Länge der Aufstreckungen von 600 Meter (Uthwerdum) bis zu 4000 Meter (Georgiwold). Die überwiegende Zahl der Streifen, die nicht abgeschnitten wurden und so ihre volle Ausbildung erfahren haben, erstreckt sich jedoch um die 2000 Meter ins Moor hinein. Dieses im gesamten Raum zu beobachtende Phänomen scheint durch innerbetriebliche Gründe bedingt zu sein. Die Bewirtschaftung des Landes war bei den schlechten Feldwegen über diese Entfernung hinweg zu zeitaufwendig und aufgrund eines nur beschränkten Düngeranfalls auch nur bedingt durchzuführen. Insofern torfte man die Endstücke der Streifen dann nur noch ab, ließ sie unkultiviert liegen oder nutzte sie gemeinschaftlich als Weide. In der frühen Neuzeit wurden diese Areale vielfach an Interessenten verkauft, die sich dort ansiedelten.

Die in Ostfriesland gelegenen Aufstrecksiedlungen östlich der Ems haben weitgehend ihre ursprüngliche Form erhalten. Die Höfe einzelner Dörfer säumen zum Teil kilometerlang den Rand der mittlerweile abgetorften Geest, dessen Verlauf sie genauestens nachzeichnen. Die Länge der Siedlungsachsen bewegt sich zwischen 300 und 3000 Meter. Gehen Gemeinden ineinander über – siehe Hage-Lütetsburg-Berum, Riepe-Ochtelbur-Bangstede oder Wymeer-Boen -, kann die Länge der Siedlungsreihen bis zu 5 Kilometer betragen. Die Gehöfte sind auf Aufschüttungen errichtet, die aus

Abb. 3a Idealtypisches Beispiel der Verzahnung von Aufstreckfiguren.

Sand, Plaggen usw. bestehen. Daß sich das Hochmoor ehedem bis an den Geestrand vorgeschoben hat zeigen Torflagen, die über dem Geestuntergrund jedoch unter den Auftragungsschichten anstehen. Der Auftrag auf dem Hochmoor diente ursprünglich zur Befestigung des Baugrundes eventuell auch zur Abwehr aufsteigender Bodennässe. Im sturmflutgefährdeten Gebiet des Brokmerlandes wurde der Auftragshorizont im Laufe der Jahrhunderte soweit erhöht, daß die künstlich aufgehöhten Hofplätze zusammenwuchsen und auf

Abb. 3b Idealtypisches Beispiel der Verzahnung von Aufstreckfiguren.

diese Weise dammartige Gebilde entstanden. Die Siedlungsreihen von Upgant-Schott und Osteel haben dabei eine Höhe von bis zu 5 Meter erreicht. In weniger gefährdeten Bereichen begnügte man sich mit ca. 15–40 Zentimeter dicken Aufschüttungen.

Die typische Geestrandlage der Aufstrecksiedlungen östlich der Ems, die zum einen Schutz vor den winterlichen Überschwemmungen im vorgelagerten Sietland bot, zum anderen einen festen Baugrund garantierte, war den Aufstrecksiedlungen im Reiderland nicht gegeben. In der Niederungszone westlich der Ems, in der markante Höhenunterschiede nur in Form kleinerer Geestdurchragungen auftreten, siedelte man zunächst auf tiefgründigem Moorboden, nachdem zuvor kleinere Hauspodeste aufgetragen wurden. Als es im Lauf der Kultivierungsarbeiten zu einer Absackung und damit Vernässung der Böden kam, war man gezwungen, weiter aufzustrecken, um höher gelegene Areale zum Zwecke des Ackerbaus zu gewinnen. Aus innerbetrieblichen Verkehrsgründen verlegte man dann die Gehöfte gleich mit. In Weener ist es auf diese Weise zu einer dreifachen Verlegung der Siedlungsachse gekommen, in Georgiwold ist die Gemarkung zumindest in zwei Schritten durchwandert worden. Die Spuren der alten Siedlungsstandorte sind noch in Form kleiner Hofwurten zu erkennen. Wenn möglich, wurden bei der neuen Standortwahl die einen festen Untergrund abgebenden Geestrücken und -inseln gesucht, auch wenn sich diese nur geringfügig über ihre Umgebung erhoben. Hierdurch kam es zum Teil zu einer Auflösung der linearen Siedlungsform. In Rorichmoor, Neermoor, Wymeer und bei fast allen auf niederländischer Seite gelegenen Dollartrandsiedlungen scheint dagegen eine Zurücknahme von Gehöften auf höher gelegene Standorte weniger in einer Sackung der Böden als durch einen Anstieg des Meeresspiegelniveaus begründet. Zumindest deutet die Tatsache, daß alle diese Dörfer im Bereich der 0-Meter-Höhenlinie ihre endgültige Lage gefunden haben auf überregionale Zusammenhänge.

Allen Aufstrecksiedlungen ist eine charakteristische Lage im Grenzbereich zweier sich gegenseitig ergänzender Nutzungsräume gemein. Da eine landwirtschaftliche Inwertsetzung der nährstoffarmen Hochmoor- bzw. Torf-Sandmischböden langfristig nur bei intensiver Düngung denkbar war, mußte bei der Wahl der Siedlungsstandorte die Nähe zu einer potentiellen Grünlandzone gesucht werden. Hier wurde zum einen das Vieh gemästet, zum deren das Heu gewonnen, welches zur Winterfütterung für das im Stall gehaltene Vieh benötigt wurde, wodurch man wiederum den Dünger gewann, der zur Kultivierung und Bewirtschaftung des Ackerlandes unerläßlich war. Die Größe des Ackerlandes stand somit in jener Zeit in einem proportionalen Verhältnis zum Umfang des natürlichen Grünlandes. Dieser Aspekt muß den Kolonisten zu Beginn der Erschließung der Moore bewußt gewesen sein, denn Aufstrecksiedlungen sind in Ostfriesland und auch in den Niederlanden nur dort anzutreffen, wo grünlandträchtige Niederungsgebiete unmittelbar an Hochmoore angrenzen. Vor diesem Hintergrund wird auch verständlich, warum es im Rahmen des mittelalterlichen Landesausbaus nicht auch zu entsprechenden Ansiedlungen an den geestseitigen Moorrändern gekommen ist. Durch den Mangel an Grünland war hier einer dauerhafte landwirtschaftliche Bewirtschaftung des Bodens von vorn herein die Basis entzogen.

Legt man die durchschnittlichen Streifenbreiten und -längen der Aufstreckungen zugrunde, so waren die Höfe auf eine Größe von 15–20 Hektar ausgelegt. Hinzu kommen noch die Anteile an den in den Niederungsgebieten gelegenen Wiesen und Weiden, die von den Berechtigten einer Gemeinde zunächst zusammen genutzt wurden bevor sie, zum Teil erst Mitte des 19. Jhs. im Rahmen der Gemeinheitsteilungen, privatisiert wurden. Damit entsprachen die Betriebsgrößen in etwa den zur gleichen Zeit erfolgten Gründungen im Bremer und niederländischen Raum.

Wie schon erwähnt, wiesen die Aufstrecksiedlungen in Ostfriesland regelhafte Streifenmaße auf, was auf einen gelenkten Besiedlungsvorgang deutet. Bevor auf die Frage der Siedlungsträger eingegangen werden soll ist abzuklären, in welche Zeit die Anfänge des Landesausbaus überhaupt zurückreichen. Aufgrund mangelnder Schriftlichkeit über den ostfriesischen Raum ist es sinnvoll, die angrenzenden Niederlande mit in die Betrachtung einzubeziehen. In der ehedem zu Mittelfriesland gehörenden Provinz Groningen, in der ebenfalls entlang des Geestrandes und in der vorgelagerten Niederungszone auf der Grundlage des Aufstreckrechts kolonisiert wurde, werden Siedlungen dieser Art namentlich in den in die Zeit des 10./11. Jhs. datierten Urbaren des Klosters Werden geführt. Bemerkenswert ist, daß fünf von sechs Aufstrecksiedlungen in ihrem Ortsnamen das Grundwort „-wolde" tragen. Diese Ortsnamensendung bezeichnet Bruchgebiete, die im Zuge der Erschließung von feuchten Gebieten fruchtbar geworden sind.

In Ostfriesland finden sich Ortsnamen mit „-wolde"-Endung in ähnlicher geoökologischer Lage. Beispiele sind die schon bekannten Dörfer „Dertsamewalt",

„Krytzemewalt", „Bedamewalt" und „upwolde" (1475, Georgiwold) im Reiderland, ferner „Loppessumwalde" (1250, Bedekaspel), „Aldegundeswald" (1250) oder „Sudewalda" (1475, das heutige Blaukirchen) im südlichen Brokmerland. Hinzu kommen noch „Simiswalde" (1431, Simonswolde) und „Aylingkwolde" (1439, Ayenwolde) im heutigen Moormerland. Obwohl relativ häufig auftretend, ist keine der eben genannten Siedlungen in den Werdener Klosterregistern erwähnt, will man nicht „uppan Uualda" mit „Upwolde", dem heutigen Georgiwold, gleichsetzen. Dagegen werden in einem Verzeichnis des Hofes Weener, das sich im wesentlichen auf das Gebiet östlich der Ems bezieht, vier „wolde"-Ortsnamen ohne Bestimmungswort aufgelistet. Ansiedlungen mit dieser typischen Ortsnamensendung waren also zu jener Zeit in Ostfriesland noch nicht so zahlreich, als das sie durch ein Bestimmungswort näher hätten identifiziert werden müssen. Da ansonsten bei lediglich zwei uns interessierenden Dörfern, nämlich Upgant und Wiegboldsbur, eine Übereinstimmung mit Ortsnamen eines Urbar des Klosters Fulda (9./10. Jh.) sehr wahrscheinlich ist („Cuppargent" und „Uuibodasholta"), kann aufgrund der schriftlichen Quellen gesagt werden, daß der mittelalterliche Landesausbau in den ostfriesischen Mooren wohl im 10. Jh. in vereinzelter Form eingesetzt hat, während er im benachbarten Fivelgo zu dieser Zeit schon in größerem Maßstab erfolgte.

Diese Zeitstellung deckt sich in etwa mit archäologischen Befunden, die in jüngster Zeit im Bereich des Großen Meeres (Randscherben des 10. Jhs.) und in verschiedenen Hauswurten gemacht wurden (Keramik des 11./12. Jhs.). Des weiteren erbrachten Kirchengrabungen zu Wiegboldsbur, Victorbur, Engerhafe und Hage Hinweise auf Vorgängerbauten in Holz, wodurch den Dörfern ein zum Teil sehr viel höheres Alter zugewiesen werden kann als die zumeist in der Mitte des 13. Jhs. erbauten Kirchen anzeigen. Der in der ersten Hälfte des 13. Jhs. errichteten Kirche zu Victorbur gingen zum Beispiel noch vier Gebäude voraus, was eine Grundsteinlegung im 11. Jh. wahrscheinlich macht.

Kommen wir zur Frage, über welchen Zeitraum sich die hochmittelalterliche Moorkolonisation erstreckt hat. Eine grobe zeitliche Schichtung läßt sich anhand einer Ortsnamensanalyse vornehmen. Patronymische Namensbildungen auf „-heim" oder „ingen", wie z. B. Wirdum, waren in Ostfriesland während der Landnahme im 7./8. Jh. produktiv. Nach einer Periode, in der Personennamen in Ortsnamen nicht mehr verwendet wurden, wird dieser Namenstyp erst im 12. Jh. wieder fruchtbar, wobei er sich aber fast ausschließlich auf Einzelhofsiedlungen auf niedrigen Wurten bezieht, die erst nach der Bedeichung angelegt worden sind und die den Namen ihres Gründers tragen. Für Gruppensiedlungen mit patronymischen Namensbestandteilen wie Ayenwolde, Collinghorst fehlen dagegen schriftliche Belege vor Anfang des 14. Jhs.

Die Ortsnamen der Aufstrecksiedlungen lassen sich überwiegend auf Eigennamen, Landschafts- oder Lagebezeichnungen zurückführen, mehrere tragen in ihrem Bestimmungswort den Namen ihrer Muttersiedlung, in wenigen Fällen auch Heiligennamen. Daneben gibt es aber auch Ortsnamen wie Schatteburg, Folmhusen, Potshausen, Hatshausen, Ayenwolde, deren Bestimmungswort sich auf Personennamen wie Scato oder Scate, Folmet, Popt oder Popet, Haste, Hato oder Hatse und Ayl oder Ail zurückführen lassen. Diese Beobachtung legt den Schluß nahe, daß sich die Kolonisation der Moor- und Bruchgebiete bis in das 14. Jh. hinein erstreckt hat. Daß fünf von sieben Aufstrecksiedlungen, die der jüngsten Besiedlungsphase ab 1300 angehören im Moormer- und Overledingerland gelegen sind, deutet darauf hin, daß die Kolonisation im südlichen Ostfriesland zunächst nicht den Umfang angenommen hat wie zum Beispiel im Brokmerland, wo nach urkundlichen Belegen und archäologischen Befunden zu urteilen sämtliche Kirchdörfer schon Ende des 12. Jhs. bestanden haben. Während also hier die Moore schon weitgehend in Kultur genommen waren, standen dort noch größere Areale zur Verfügung, die dann in späterer Zeit erschlossen wurden. Hiermit ist jedoch nicht gesagt, daß der Landesausbau dort zu einem späteren Zeitpunkt als im Brokmerland eingesetzt hat, wie die „wolde"-Siedlungen im Reiderland ja bezeugen. Berücksichtigt man die Verhältnisse im Altsiedelland, gewinnen die eben getroffenen Schlußfolgerungen weiter an Plausibilität. Da das Brokmerland mit dem Ems- und Federgau ein weit größeres Einzugsgebiet aufzuweisen hatte als die übrigen Neusiedlungsräume, mußte die Kolonisation hier auch einen größeren Umfang und eine höhere Intensität als anderswo annehmen.

Die Frage nach den Organisatoren des – wie schon gesagt – gelenkten Besiedlungsvorgangs ist eng mit den zu jener Zeit in Ostfriesland bestehenden gesellschaftlichen Verhältnissen und Entwicklungen verknüpft. Nachdem Friesland von Karl dem Großen 785 endgültig in das Frankenreich integriert worden war, wurde das Land in mehrere Grafschaften geteilt. Träger gräflicher Rechte in Ostfriesland waren auswärtige Herren, als deren Vertreter auf lokaler Ebene sogenannte Schulzen fungierten. Diese vermutlich der friesischen Oberschicht entstammenden ortsansässigen Persönlichkeiten waren in einem begrenzten Territorium, wie zum Beispiel einem Großkirchspiel, später einem Landesviertel oder -drittel, für die Belange des Rechtsfriedens, der Abgaben sowie für die Organisation des militärischen Aufgebotes und anderer Aufgaben verantwortlich. Im Laufe des 12. Jhs. hatte sich die Basis gräflicher Machtausübung soweit verringert, daß ihr nur noch ein formaler Charakter zukam. Das Schulzenamt entglitt gräflicher Einflußnahme und verschwand schließlich ganz, während es auf der anderen Seite zur Bildung autonom regierter und genossenschaftlich organisierter Landesgemeinden kam. Die Länder gliederten sich im allgemeinen in Landesviertel, an deren Spitze jeweils vier Ratgeber (Redjeven, Consules) standen, die in ihren lokalen Rechtskreisen die richterliche und öffentliche Gewalt ausübten. Die Repräsentanten einer Landesgemeinde – Redjeven werden erstmals 1216 für den Fivelgo, 1250 für das Emsiger- und Brokmerland erwähnt –, die jeweils für ein Jahr gewählt wurden, scheinen wieder Mitglieder derselben sozial herausragenden, ständisch jedoch offenen Schicht gewesen zu sein, die schon seit Jahrhunderten die Geschicke des Landes bestimmten. Bis zur Mitte des 14. Jhs. ist ein zunehmender Verfall der Konsulatsverfassung zugunsten der Herrschaft einzelner Grundbesitzer zu verzeichnen. Diese waren in der Lage, das Redjevenamt an sich zu ziehen, wodurch ein regelmäßiger Wechsel nicht mehr stattfand. Der Machtbereich dieser, nun die öffentlichen Angelegenheiten wahrnehmenden sogenannten Häuptlinge beschränkte sich zum Teil nur über wenige Dörfer, manchmal auch über Landesteile.

Unter Berücksichtigung der bis ins 14. Jh. existierenden Herrschaftsformen, die zunächst von den Schulzen als den Repräsentanten gräflicher Gewalt ausgeübt wurde, dann auf die Vertreter der genossenschaftlich verfaßten Landesgemeinden, den Redjeven, überging, um dann von den Häuptlingen wahrgenommen zu werden, ist es unwahrscheinlich, daß die über vier Jahrhunderte sich hinziehende Kolonisation lediglich von einem Typ von Siedlungsträger organisiert worden ist. Hier kommen vielmehr nur die Kräfte in Frage, die über den gesamten Zeitraum die politische Macht inne hatten, das heißt zunächst die Schulzen, dann die Redjeven und zuletzt die Häuptlinge.

Belege, daß der Landesausbau von den Repräsentanten der über die Jahrhunderte mehr oder weniger deutlich sozial herausgehobenen friesischen Oberschicht gelenkt worden ist, finden sich im „Älteren Westlauwerschen Schulzenrecht" (11. Jh.), in dem in den Paragraphen 34 und 35 eindeutig die Schulzen als diejenigen ausgewiesen werden, die die Verlängerung der Aufstreckungen zu beaufsichtigen hatten. Eine ähnliche Aufgabe kommt den Redjeven im „Brokmer Recht" (13. Jh.) zu, nämlich darauf zu achten, daß im Zuge des Aufstreckens der Nachbar nicht in der Breite seines Besitzes eingeengt wurde, also jedermann nur in gerader Linie aufstreckte. Die ab dem 14. Jh. zunehmende Präsenz von Personennamen im Bestimmungswort von Ortsnamen kann als Indiz für die dann führende Rolle der Häuptlinge beim Ansiedlungsvorgang gewertet werden, zudem auch noch in Lütetsburg und Schatteburg Häuptlinge gleichen Namens im Dorf selbst oder im näheren Umkreis ansässig waren.

Kommen wir abschließend zu der Frage, warum es im Gegensatz zum übrigen Reich in Friesland weder zu einem Ausbau grundherrschaftlicher Strukturen kam noch eine feudale Landesherrschaft sich etablieren konnte. Zwar gab es vor der Jahrtausendwende auch in Friesland eine Schicht vermögender Grundeigentümer, die neben umfangreichen Ländereien auch Unfreie übereigneten, somit auch in sozialer Hinsicht alle Merkmale eines Adels aufwiesen; in der Folgezeit ist aber eine Nivellierung ständischer Rechtsunterschiede zu beobachten, so daß in einem Rechtstext aus dem späten 13. Jh. nur noch zwischen Besitzenden und Besitzlosen unterschieden wird. Abgesehen von der Tatsache, daß der Abwehrkampf gegen die bis Ende des 10. Jhs. andauernden Normanneneinfälle von den autochtonen Rechtsverbänden der Friesen selbst und nicht von den Grafen getragen wurde, was sicherlich zu einer Lockerung gräflicher Bindungen zum Reich, ferner zu einer Angleichung persönlicher Rechtsunterschiede beigetragen haben dürfte, wird der hochmittelalterliche Landesausbau in weit größerem Maße Veränderungen in diese Richtung bewirkt haben. Die im 10./11. Jh. beginnende Besiedlung und Inwertsetzung der Moore sowie die Gewinnung neuer und die Verbesserung alter Nutzflächen im Rahmen des einsetzenden Deichbaus schufen die Voraussetzung für eine marktorientierte Viehwirtschaft, die aufgrund des rasanten Städtewachstums im Rheinland und in Westfalen und der damit einhergehenden Nachfrage nach tierischen Produkten zu voller Blüte kam und einen wirtschaftlichen Aufschwung Frieslands nach sich zog. Augenfällige Beispiele sind die in der ersten Hälfte des 13. Jhs. errichteten überdimensionalen Kirchen im Kolonisationsgebiet des Brokmerlandes, die einen nicht unerheblichen Wohlstand dieser Gemeinden anzeigen. Es ist anzunehmen, daß die in Richtung auf eine Verbreiterung der Schicht vermögender Bauern erfolgten sozialen Umschichtungen die Grundlage für die Zurückdrängung gräflicher Nachtansprüche legten, indem sie eine Stärkung genossenschaftlicher Organisationsformen auf politischer Ebene bewirkten, die dann zur Entstehung der genossenschaftlich verfaßten Landesgemeinden führten.

Neuzeitliche Moorkolonisation

Fehnsiedlungen

Mit Großefehn entstand im Jahre 1633 ein für Ostfriesland neuer Typ von Siedlungsform, der durch ein hohes Maß an Planung, Regelhaftigkeit und Funktionalität gekennzeichnet ist, die sogenannte Fehnsiedlung. Mit dieser Bezeichnung verbindet man Dörfer, die im Zuge einer großräumigen und systematischen Erschließung von Hochmooren zum Zwecke der Brennstoffgewinnung geschaffen worden sind. In dem Zeitraum von 1633 bis 1860 kam es in Ostfriesland zur Gründung von 17 Siedlungen dieses Typs.

Das Rückgrat einer solchen Anlage bildeten Kanäle, die zum einen die Funktion hatten, das Hochmoor zu entwässern, zum anderen die Transport- und Verkehrsadern bildeten, auf denen die Siedler ihren Handel mit dem Umland abwickelten. Damit ist zugleich gesagt, daß das Kanalnetz mit einem schiffbaren natürlichen Wasserarm verbunden war. Die Anlage eines Fehns in seiner späteren klassischen Ausbildung hat man sich folgendermaßen vorzustellen. Von einem Wasserlauf wurde ein Anschlußkanal bis zum Hochmoorrand gegraben, der eine Weiterführung in einem in das Hochmoor getriebenen Stammkanal fand. Hier zweigten, je nach den Vorstellungen der Planer eines solchen Projekts, weitere, geradlinig verlaufende Hauptkanäle ab, die zusammen mit dem Stammkanal Leitlinien für die Bebauung darstellten. Die Kolonate der Siedler hatten überwiegend eine rechteckige Form und grenzten mit der Schmalseite an den Hauptkanal. Sie waren in der Regel gleich groß und regelhaft ausgerichtet. Ihre Größe betrug aus noch zu erläuternden Gründen meist nicht mehr als 4 Hektar. Um einen möglichst rationellen Arbeitsablauf zu gewährleisten, gingen zwei benachbarte Kolonisten dazu über, einen rechtwinklig vom Hauptkanal abzweigenden Nebenkanal, auch Inwieke genannt, auszuheben. Dadurch konnte bei einem Fortschreiten der Abtorfung auf den Kolonaten der Torf auf dem jeweils kürzesten Weg auf das Schiff verladen werden. Außerdem förderten die zusätzlichen Kanäle die Entwässerung des Hochmoores und ermöglichten eine beständigere Wasserführung im gesamten Kanalsystem.

In den ersten Jahren richtete sich das Hauptaugenmerk der Kolonisten auf die Gewinnung des Brennstoffes. Nachdem ein gewisses Areal abgetorft war, ging man dazu über, den freigelegten Untergrund landwirtschaftlich inwertzusetzen. Man vermischte die Sande mit der vorher abgeräumten obersten Torfschicht, wodurch der Boden eine günstige physikalische Struktur erhielt. Da das Gemisch aber sehr nährstoffarm war, mußte es zusätzlich gedüngt werden. Die gute Verkehrsanbindung der Fehne erleichterte die Beschaffung des Düngers, der überwiegend aus den Städten hierher transportiert wurde. Landwirtschaft konnte auf den Fehnen also durchaus mit Erfolg betrieben werden, sofern der Besitz nur groß genug war.

Obwohl in den Niederlanden das Formungsprinzip der Fehnsiedlungen Mitte des 17. Jhs. schon voll ausgereift war, das heißt das Flurbild eines Fehns von Anfang an durch ein geradlinig, schematisch angelegtes Kanalnetz mit regelhaft gleich großen, parallel zueinander verlaufenden Parzellen bestimmt wurde, und auch die Planer der ostfriesischen Fehne mit dieser Formvorstellung vertraut waren, zeigen deren erste Projekte nicht diese Formvollkommenheit, wie sie den niederländischen oder auch den späteren ostfriesischen Anlagen eigen ist. Die Kanalführung von Lübbertsfehn, Boekzetelerfehn und Neuefehn orientiert sich zum Beispiel anfangs am natürlichen Moorrand und verrät durch einen unregelmäßigen Verlauf eine mehrfache Verlängerung. Die davon abzweigenden Parzellen unterscheiden sich sowohl nach ihrer Größe als auch in ihrer Gestalt. Hier zeigt sich eine noch unzureichende Planung oder auch mangelhafte Aufsicht bei der Durchführung der Arbeiten, die bei späteren Gründungen aber nicht mehr auftreten.

In dem 1763 gegründeten Rhauderfehn ist die Gestalt des Kanalsystems von Beginn an beispielhaft in die vorhandene Gemarkungsfläche eingepaßt worden. Das Kanalnetz Westrhauderfehns erstreckt sich über ein weites, fast quadratisches Hochmoorgebiet und konnte dementsprechend großzügig in die Breite angelegt werden, während Ostrhauderfehn über eine schmale Gemarkung verfügte, was seine Entsprechung in einem langgezogenen, engen Kanalsystem findet. Zudem weist das Flurbild West- und Ostrhauderfehns ein Höchstmaß an formaler Regelhaftigkeit auf, das eine konsequent zur Ausführung gebrachte Planung verrät.

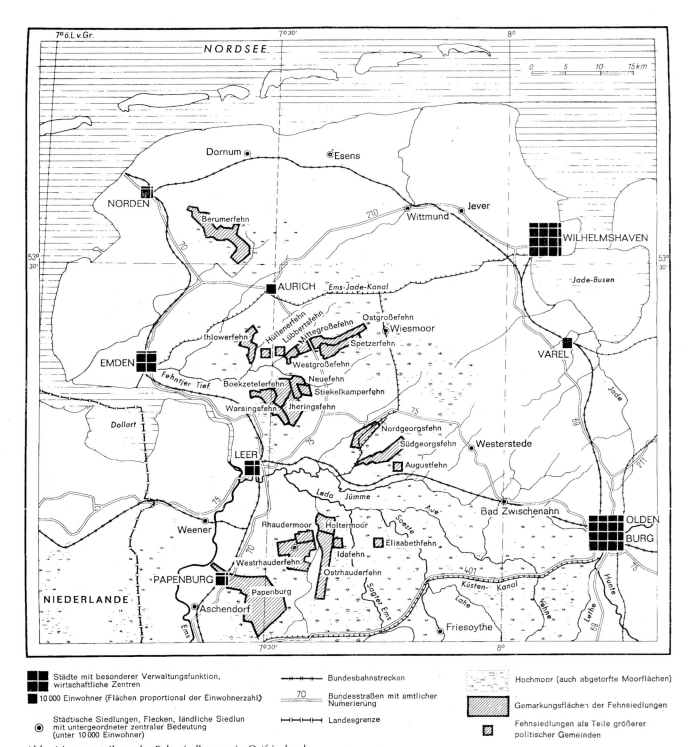

Abb. 4 Lageverteilung der Fehnsiedlungen in Ostfriesland.

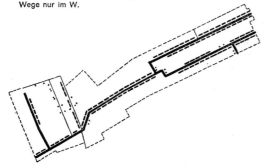

Abb. 5 Systeme der Kanalanordnung.

a) Ostgroßefehn
Einzelner Kanal als Hauptachse, über eine lange Strecke geradlinig verlaufend; Bebauung regelmäßig in mehr oder weniger geschlossenen Reihen zu beiden Seiten des Kanals; zusätzliches System von Wegen und Straßen nur im SW, dort aufgelockerte Bebauung.

b) Spetzerfehn
Im SW ähnlich Ostgroßefehn (einzelner Kanal), im NO **zwei** parallele Kanäle als Hauptachsen; Bebauung regelmäßig in mehr oder weniger geschlossenen Reihen zu beiden Seiten der Kanäle; gestreute Bebauung im Anschluß an Straßen und Wege nur im W.

c) Westrhauderfehn
Hauptkanal mit mehreren, **einseitig** abzweigenden Nebenkanälen; Bebauung regelmäßig in mehr oder weniger geschlossenen Reihen zu beiden Seiten der Kanäle; Netz von Straßen und Wegen mit lockerer Bebauung im S der Gemarkung.

d) Warsingsfehn
Hauptkanal mit zahlreichen, zueinander meist parallelen, **beidseitig** abzweigenden Nebenkanälen; teilweise weitere Verzweigung (z. B. im N); Bebauung regelmäßig in mehr oder weniger geschlossenen Reihen zu beiden Seiten der Kanäle; Hauptkanal teilweise nur spärlich bebaut; zusätzliches Wegesystem mit gestreuter Bebauung im SO.

Welches waren nun die Gründe, die zur Entstehung der Fehnsiedlungen in den Niederlanden und in Ostfriesland führten? Als auslösendes Moment ist vor allem eine zu jener Zeit im niederländischen Raum blühende wirtschaftliche Konjunktur zu nennen, die eine verstärkte Nachfrage nach Brennstoffen nach sich zog, welche in dem waldarmen Land nicht allein über Holz gedeckt werden konnte. Der zeitgleich in der Marsch einsetzende Übergang zum backsteingebauten Gulfbauernhaus, der den Bau von Ziegeleien initiierte, erhöhte den Brennstoffbedarf noch zusätzlich.

In Ostfriesland ist bis zu Beginn des 17. Jhs. die Nachfrage nach Brennstoff in der Hauptsache von den Fehnsiedlungen in der benachbarten Provinz Groningen und von Torflieferanten aus dem Saterland gedeckt worden, sieht man einmal von einer randlichen Nutzung der Moore zum Zwecke des Eigenbedarfs ab. Erst als die holländische Regierung 1621 ein Torfausfuhrverbot erließ, somit der größte Torflieferant Ostfrieslands ausfiel und zudem die Saterländische Torfproduktion aufgrund der Wirren des 30jährigen Krieges einen starken Rückgang erlitt, begannen sich vornehmlich Emder Bürger auf diesem Gebiet zu engagieren. Die durch die Versorgungsschwierigkeiten stark anziehenden Torfpreise und die damit verbundenen Gewinnerwartungen bewogen nun kapitalkräftige Interessenten, das Risiko einer größeren Investition in Fehnunternehmungen zu wagen.

Zu diesem Zweck pachteten sie Hochmoorflächen von der ostfriesischen Landesherrschaft und begannen, mit Hilfe von Tagelöhnern den Torf großflächig abzugraben. Die von der Landesherrschaft gemachte Auflage, den abgetorften Untergrund dann zu kultivieren, um selbst in den Genuß des jetzt zu entrichtenden sogenannten Erbpachtskanons zu kommen, wurde von den Unternehmern nur schleppend befolgt. Letztere interessierte nur der Torfabbau und die nachfolgende Ver-

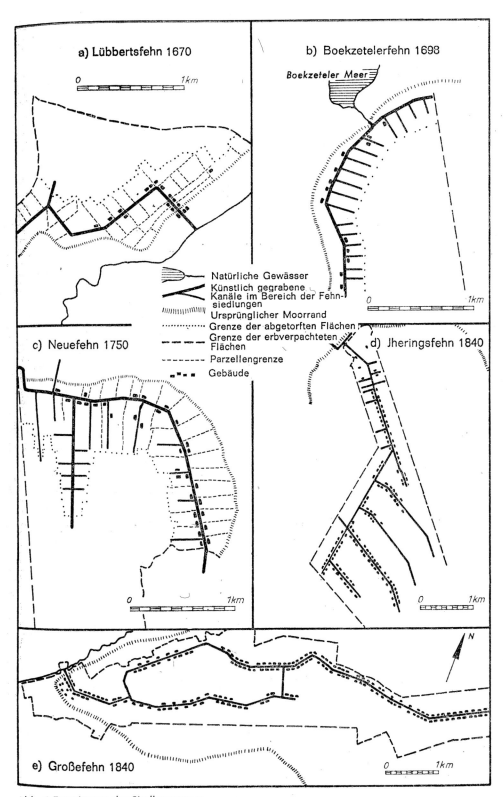

Abb. 6 Formierung des Siedlungstypus.

marktung, an der Schaffung von Kulturland waren sie nicht interessiert. Erst im Laufe der Zeit gingen die Unternehmer mehr und mehr dazu über, die von den Landesherrn in Erbpacht genommenen Hochmoorflächen an Interessenten weiter zu verpachten, die sich dann dort ansiedelten, die Torfgräberei besorgten und den Boden nachfolgend kultivierten. Die Gründer der Fehne wurden vermittelnde Instanz zwischen dem Landesherrn und ihren eigenen Erbpächtern und füllten fortan nur noch leitende und kontrollierende Funktionen aus. Die Gründung einer Fehnsiedlung wurde jetzt als eine Kapitalanlage betrachtet, mit der sich durch die Abgabe von Torfheuer und Erbpachtskanon seitens der Kolonisten laufende Gewinne erwirtschaften ließen.

Die eben gemachten Ausführungen lassen sich anhand zweier Verträge, die das im Overledingerland gelegene Rhauderfehn betreffen, belegen. Im Jahre 1766 gründeten fünf Interessenten, von Beruf Amtmann, Bauer, Steuereinnehmer und Deichrichter, Außenhandelskaufmann und Buchhalter, die sogenannte Rhauderfehngesellschaft. Im „Gesellschaftsvertrag der Entrepreneure des Rhauderfehns" verpflichteten sie sich „das Fehn in den Ämtern und den ihnen anzuzuweisenden Distrikt, miteinander anzulegen, die Kosten zu gleichen Teilen davon zu tragen und dann auch den davon zu hoffenden Gewinn gleichfalls zu fünf gleichen Teilen zu ziehen".

Schon die Berufe der Gesellschafter verdeutlichen, daß sie nichts mit der Torfgräberei zu tun haben, sondern das Projekt, wie sie auch schriftlich niederlegen, als Gewinnobjekt ansehen. Das mit der Landesherrschaft als der Eigentümerin der Moore abgeschlossene Vertragswerk umfaßt 13 Paragraphen. Die in unserem Zusammenhang wichtigen lauten:

„– Für jedes Diemat a 450 Ruthen zu 15 Fuss rheinländisch, so kultiviert wird, geben die Entrepreneurs zur Rekognition einen halben Reichstaler. Alle Jahre wird das brauchbar gemachte land vermessen . . .

– Für jedes Haus, so auf dem Fehn gebauet wird, bezahlt die Stuartsche Kompagnie einen halben Reichstaler ebenfalls nach 6 Freijahren" (zit. nach Glan, S. 19).

Die Rolle der Fehngesellschafter spiegelt sich deutlich in den von ihnen ausgegebenen Erbpachtsverträgen wider. Die Gesellschaft begnügte sich, auf eigene Kosten einen Anschlußkanal bis zum Moorrand, ferner die ersten 800 Meter eines abzweigenden Stammkanals ausgraben zu lassen. Das übrige Kanalsystem mußte ansonsten von ihren Erbpächtern angelegt werden. Paragraph zwei und drei der Erbpachtsverträge bestimmte:

„2. Muß der Erbpächter von der Haupt-Wieke an jeder Seite 40 Fuß breit den Torf abgraben, ohne etwas dafür an die Compagnie zu bezahlen, welche solche sodann auf ihre Kosten fahrbar machen lässet, dagegen aber 3. derselbe die Inwieken auf seine eigene Kosten völlig fertig machen, solche sowol, als die Hauptwieke gegen sein Haus und Land bis zu ewigem Tage rein und schiffbar unterhalten . . .".

An Abgaben waren an die Fehngesellschaft zu zahlen:
– Ein Antrittsgeld von 230 Gulden in Gold, zahlbar in drei Jahresraten;
– nach sechs Freijahren ein Reichstaler für jedes Haus und eineinhalb Reichstaler für jedes Diemat Untergrund;
– für jedes abgegrabene Dachwerk Torf einen halben Reichstaler.

Da die Landesherschaft von der Fehngesellschaft einen halben Reichstaler pro Haus und jedes Diemat kultivierten Untergrundes verlangte, stellte die Differenz den Gewinn der Gesellschafter dar.

Eine kontinuierlich fortschreitende Kultivierung des Untergrundes durch den Kolonisten suchte man mit Hilfe eines Paragraphen zu erreichen, der den Torfstich bei Weiterzahlung der Torfheuer untersagte, wenn das Kolonat, nachdem es zu zwei Drittel abgetorft war nicht auch wenigstens zu einem Drittel landwirtschaftlich genutzt wurde. Die Fehngesellschaft selbst versprach ihren Erbpächtern „. . . zu jeder Zeit 3 Fuß Wasser in der Wieke". Sie verpflichtete sich zudem, die Bauten und Anlagen des Kanalsystems instand zu halten.

Hier wird deutlich, daß die Kompagnie durch den Bau des Anschlußkanals und einen Teil des Stammkanals nur noch die Voraussetzung für eine systematische Erschließung und Inwertsetzung der Moore schuf, die dann aber von anderen, ihren Erbpächtern, in eigener Regie vorgenommen wurde. Die Gesellschafter füllten in der Folgezeit eine lenkende, organisierende und kontrollierende Funktion aus. Sie vergaben die Kolonate, hatten Aufsicht über den planmäßigen und geordneten Ausbau des Kanalsystems und zeichneten für die Instandhaltung der Kanäle verantwortlich.

Die Interessenparallelität zwischen Landesherrschaft und Fehngesellschafter, die als Verpächter des Bodens gleichermaßen an einer schnellen Abtorfung der Grundstücke interessiert waren, um hiernach in den Genuss des Erbpachtkanons zu kommen, der ihnen dauerhafte Einnahmen garantierte, war auch der Grund für die Vergabe so außerordentlich kleiner Parzellen. In Rhauderfehn hatten die kleinsten Kolonate eine Größe von nur einem Hektar, die größten von ca. fünf Hektar. War nun ein Grundstück vollständig abgetorft, so konnte der Kolonist, sofern das Hochmoorareal noch nicht vollständig vergeben war, eine weitere Parzelle an der Wachstumsspitze des Fehns, das heißt in dem jungen Kolonieteil, der noch unabgetorft dalag, erwerben, oder aber er mußte durch Zupachtung schon kultivierten Landes seinen Hof auf eine tragfähige Größe bringen. Letzteres war verständlicherweise nur einem Teil der Kolonisten möglich. Eine andere Erwerbsgrundlage für die ansässige Bevölkerung entwickelte sich parallel zum Wachstum der Fehnsiedlungen. Wie schon gesagt, dienten die Kanäle eines Fehns einerseits zur Entwässerung des Hochmoores, andererseits stellten sie oft die einzige Verkehrsverbindung mit dem Umland dar. Der Abtransport des gestochenen Torfs sowie der allgemeine Warenverkehr mußte somit auf den Kanälen per Schiff abgewickelt werden. Wurde diese Aufgabe anfangs noch von auswärtigen Unternehmern übernommen, so gingen bald etliche Kolonisten dazu über, sich ein Boot anzuschaffen, um ihren Torf selbst abzufahren. Daraus entwickelte sich ein eigenständiger Erwerbszweig, die Torf- oder Fehnschifferei. Die Verselbständigung der Fehnschiffahrt, das heißt die personelle Trennung von Schiffahrt und Torfgräberei, bewirkte eine Ausweitung des Tätigkeitsbereiches der Schiffer, der sich über die Wattschiffahrt, die den Frachtverkehr im norddeutschen und niederländischen Küstenbereich übernahm, bis zur reinen Seeschiffahrt entwickelte. Die Schiffe waren zwar noch auf den Fehnen beheimatet, lagen aber in den Hafenstädten vor Anker. Die unzureichenden Betriebsgrößen der Höfe führten in der Folgezeit zu einer Hinwendung zum Schiffahrtsgewerbe, das eine herausragende Stellung als Erwerbszweig für die Bewohner der Fehnsiedlungen erlangte. So waren 1839/41 in machen Fehnsiedlungen bis zu 90 Prozent der Erwerbtätigen mehr oder weniger von der Schiffahrtswirtschaft abhängig.

Betrachten wir abschließend die Frage, warum sowohl die ostfriesische als auch die preußische Landesherrschaft die Anlage von Fehnsiedlungen nicht eigenständig in die Hand genommen und die damit verbundenen Gewinne selbst realisiert haben. Der Hauptgrund hierfür lag wohl in ihrer schwachen ökonomischen

Abb. 7 Ostgroßefehn heute.

Position, die sich über den gesamten Zeitraum aus den schriftlichen Belegen herauslesen läßt und die es ihr nicht ermöglichte, das Anfangskapital zur Gründung eines Fehn aufzubringen. Auch die hannoversche Landesherrschaft, die 1830 auf Drängen ihres eigenen Amtes in Stickhausen der Gründung des Holterfehns zustimmte und somit selbst als Siedlungsträger auftrat, hatte sich erst „... zu dem Beschluße motiviert gefunden, die Anlegung der abgedachten Vehn-Colonie zu genehmigen, als nach dem Berichte Königlicher Landdrostey die Ausführung der Sache, namentlich auch die Anlegung der erforderlichen Canäle, der herrschaftlichen Casse keine Kosten veranlaßen wird, über das auszuweisende Moor unbedenklich verfügt werden kann, es gerade in der gegenwärtigen Zeit sehr nützlich ist, der ärmeren Classe von Einwohnern Gelegenheit zur Beschäftigung zu geben, und sich schon mehrere Personen zum Anbau an der anzulegenden neuen Colonie gemeldet haben, deren Abgaben der herrschaftlichen Casse eine vielleicht nicht unerhebliche Einnahme gewähren werden..." (Nds. Staatsarchiv in Aurich, Rep. 12, Nr. 2719, S. 117).

Aufgrund ihrer fehlenden finanziellen Möglichkeiten begnügte sich die jeweilige Landesherrschaft lediglich ihren Rechtsanspruch auf die bis ins 17. Jh. hinein als Niemandsland geltenden Moore geltend zu machen, um dann nach der Verpachtung von Hochmoorarealen an interessierte Unternehmer über den Erbpachtskanon in indirekter Weise finanziell zu profitieren. Ihr Verhalten bei der fehnmäßigen Nutzung der Hochmoorflächen war also vornehmlich passiver Natur. Im Falle von Holterfehn scheint neben dem finanziellen Interesse noch ein zweites Motiv die Landesherrschaft bewogen zu haben, der Gründung zuzustimmen, wie der Hinweis auf die Situation der „ärmeren Classe" schließen läßt. Angesichts der Julirevolution 1830 in Frankreich und bedingt durch die aufflackernden Unruhen und Aufstände in den verschiedenen deutschen Kleinstaaten scheint man zu jener Zeit die Moorkolonisation auch unter sozialpolitischen Aspekten gesehen zu haben; ein Gesichtspunkt, der zugegebenermaßen im 17. und 18. Jh. keine und im 19. Jh. sicherlich nur eine untergeordnete Rolle gespielt haben dürfte.

Moorkolonien

Über die Jahrhunderte hinweg waren die Hochmoore kein Gegenstand von Rechtsstreitigkeiten gewesen. Erst als im Laufe des 18. Jhs. die sogenannte Moorbrandkultur in größerem Maße in Ostfriesland Eingang fand und die Bauern sehr schnell erkannten, daß die bislang für relativ wertlos gehaltenen Hochmoore durch das neue Kultivierungsverfahren in ihrem Wert um ein Beträchtliches gestiegen waren, brachen Interessengegensätze zwischen Landesherrschaft und Gemeinden auf. Während nun die Landesherrschaft ein Recht auf die gesamten Moore geltend machte, verwiesen die Gemeinden auf ihre althergebrachten Gewohnheitsrechte. Unter Berufung auf das uns schon bekannte Aufstreck- oder Upstreckrecht erhoben sie Anspruch auf den Grund und Boden, der von ihnen in irgend einer Art und Weise schon einmal genutzt worden war und erklärten damit praktisch sämtliche Moorflächen im Umkreis ihrer Dörfer zu ihrem Eigentum. Das ostfriesische Fürstenhaus war bis zu seinem Aussterben im Jahre 1744 aufgrund seiner schwachen politischen Stellung den Landständen gegenüber nicht in der Lage, diese Rechtsunsicherheit zu seinen Gunsten aufzulösen. Insofern fehlte auch die rechtliche Grundlage, die eine großmaßstäbige Besiedlung der Moorränder in landesherrschaftlicher Regie schon zu diesem Zeitpunkt möglich gemacht hätte. Eine solche Voraussetzung zu schaffen, gelang erst der politisch und finanziell unabhängigen preußischen Landesherrschaft. Mit dem 1765 von Friedrich II. erlassenen „Urbarmachungsedikt" erklärte sie weite Moor- und Heideflächen zu ihrem Eigentum und eröffnete mit dieser Maßnahme einer Vielzahl von Interessenten die Möglichkeit, Grund und Boden zu erwerben und eine eigene Existenz zu gründen. Diese Verordnung gilt denn auch als Ausgangspunkt eines in der Literatur als neuzeitliche Hochmoorkolonisation bezeichneten Landesausbaus, der zur Gründung von mindestens 150 sogenannter Moorkolonien führte.

Die große Anzahl von Neugründungen sagt jedoch noch nichts über den Erfolg der Kolonisation aus. Das schon bei der Gründung der Fehnsiedlungen vorherrschende Interesse der preußischen Landesherrschaft schnell einen Gewinn zu realisieren ohne jedoch dafür nennenswerte Vorleistungen erbringen zu müssen, war auch nun Richtschnur ihrer Siedlungspolitik in den folgenden Jahre, der vielfach behauptete bevölkerungspolitische Hintergrund ausschließlich eine sich daraus ergebene positive Begleiterscheinung. So hatte die für die Besiedlung zuständige Kriegs- und Domänenkammer weder ein Konzept erarbeitet noch Richtlinien erlassen, wie die Ansiedlung vonstatten gehen sollte noch weitreichende Überlegungen angestellt, welche Existenzmöglichkeiten den Kolonisten langfristig überhaupt beschieden waren. Einig war man sich nur „... die

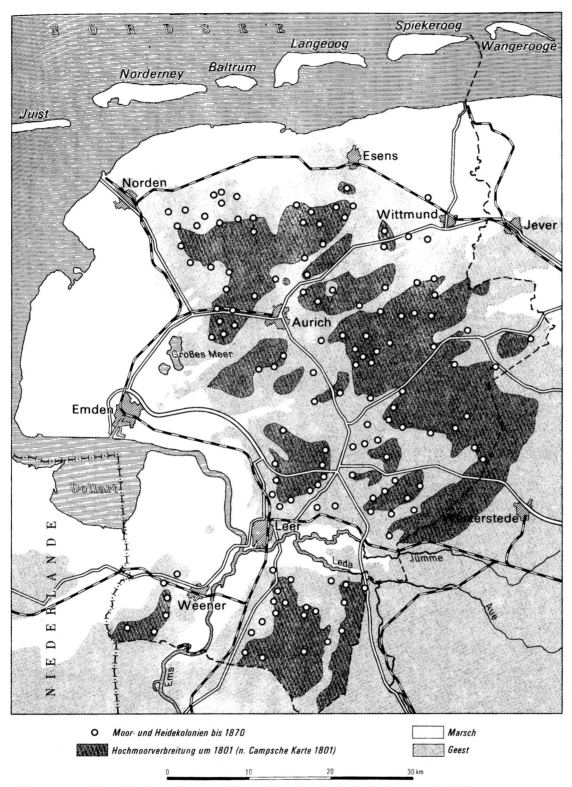

Abb. 8 Moor- und Heidekolonien des 18. und 19. Jahrhunderts in Ostfriesland. Entwurf: E. Seibt.

Wildernisse, besonders die wüsten Äcker und die Hochmoore, erstere durch Austhuung in Erbpacht, letztere durch Buchweizenbau und Torfstich in Zukunft besser auszunutzen...", wobei man vor allem an die abseits gelegenen, noch nicht genutzten und insofern auch keine Steuern einbringenden Gebiete dachte. „Die Absicht ist nicht, Colonien auf Sand- und Heidtfeldern nächst den Dörfern zu stiften, sondern überall in entlegenen Wildnissen, Hoch- und Leegmohrten und wo sonst niemand bauen will".

Ein den Absichten der Kammer voll entgegenkommendes Kultivierungsverfahren bildete der aus Holland eingeführte Buchweizenbau, eine Moorbrandkultur, die in der Folgezeit auch eifrigst von ihr propagiert wurde. Das Anwendungsverfahren hat man sich folgendermaßen vorzustellen: Nach einer randlichen Entwässerung des Hochmoores teilte man die zu bearbeitende Fläche durch schmale aber tiefe Grüppen auf, hackte den Boden grob auf und ließ ihn bis zum Frühjahr zum Austrocknen liegen. Nach einem neuerlichen Aufhakken brannte man dann im Mai, wenn keine Spätfröste mehr zu erwarten waren, das Moor ab, um in die warme Asche den Buchweizen zu legen. Nach einer Vegetationsdauer von zehn bis zwölf Wochen erbrachte der Buchweizen in den ersten vier Jahren das 30–40fache an Ertrag. In den darauf folgenden Jahren nahm die Ernte aber beständig ab, der Boden war „ausgebuchweizt", das heißt er mußte nun 20-25 Jahre brach liegen bleiben, um eine neue Pflanzendecke bilden zu können. Insofern mußte man sein Kolonat stetig erweitern, um weiter in der Lage zu sein, Moor zu brennen. Für einen ständigen Buchweizenbau benötigte man also große Flächen von Hochmoor.

Der Vorteil des Buchweizenbaus bestand darin, daß er nur minimalen Kapitalaufwand erforderte und somit auch von ärmeren Bevölkerungsschichten angewandt werden konnte. Damit entfiel für die Kammer die Pflicht, irgendwelche finanziellen Vorleistungen erbringen zu müssen. Des weitern lockte die Vorstellung, durch den Buchweizenanbau einen relativen Wohlstand zu erlangen, so daß kein Mangel an Kolonisten bestand. Der große Nachteil dieser Kultivierungsmethode beruhte in der außerordentlich hohen Frostempfindlichkeit des Getreides, das schon bei 1,5 bis 2,5 Grad erfror. Traten Spätfröste auf, so war mit dem Verlust der gesamten Ernte zu rechnen. Eine Existenz allein auf der Grundlage des Buchweizenbaus zu gründen, glich geradezu einem Glücksspiel.

Da für die Kolonisten in den ersten Jahren unter der Voraussetzung günstiger Witterungsbedingungen durchaus die Chance bestand, größere Mengen von Buchweizen zu verkaufen und auf dieser Basis eine Existenz zu gründen, könnte der Versuch der preußischen Administration, mit Hilfe der Moorbrandkultur eine Besiedlung und Kultivierung der Moor- und Heideflächen zu initiieren, durchaus positiv bewertet werden, wenn sie bei der Vergabe der Kolonate auch die langfristigen Konsequenzen mit in Betracht gezogen hätte. Denn war das Moor nach einigen Jahren erst einmal „ausgebuchweizt", so mußte man den Boden auf herkömmliche Art und Weise bearbeiten. Das heißt die Kolonisten mußten über potentielles Grünland verfügen, um über einen entsprechenden Viehbesatz an den Dünger zu gelangen, mit dem das Ackerland inwert gesetzt werden konnte. Dieses Grünland wurde aber schon von den Berechtigten der umliegenden Gemeinden in Anspruch genommen, so daß den Kolonisten im wahrsten Sinne des Wortes von Anfang an der Boden zur Schaffung einer langfristigen Existenz auf landwirtschaftlicher Grundlage entzogen war. Ein Bericht des Stickhausener Amtmanns verdeutlicht die damaligen Probleme:

„...Stickhausener Amt ist freylich eines von den weitläufigsten Aemtern, wo Heyde und Morast im Überfluß, doch allenthalben laßen sich auch keine Colonien anlegen. Man kann im Mohr zwar wohl Häuser bauen, allein wenn die Leute nicht Weide für ihr Vieh, und Land zum Heu machen haben, so kann kein Mensch in solchen Gegenden bestehen.

Ein Colonus der sich in solchen Gegenden anbauet, hat leere Hände, ihm fehlet Geld und Vieh, und wenn er letzteres auch noch hat, so beschwert der Bauer in solchen Gegenden sich doch, daß er keine Weide für ihn habe... haben sie allenfalls eben so viel Weide, als sie brauchen, allein indes ein Fuder Heu müßen sie für einen Ducaten und theurer bezahlen. Solche Leute müßen also im Mohr verschmachten..." (Nds. Staatsarchiv in Aurich, Rep.6, Nr. 2287, S.15).

Die anfangs praktizierte Vergabe von Kolonaten an einzelne Siedler wäre von den angrenzenden Gemeinden, die ihnen Heu und Dünger hätten verkaufen können, noch zu verkraften gewesen. Durch die Maßnahme, Ansiedlungen in größerem Maßstab zu fördern, wodurch ganze Kolonien versorgt werden mußten, war deren negative wirtschaftliche Entwicklung aber geradezu vorprogrammiert. Es drängt sich sogar der Verdacht auf, daß die Kammer diesen Umstand ganz bewußt in Kauf genommen hat. Hugenberg beschreibt die Antwort von Kammerräten auf eine Eingabe, die Kolonisation können niemals in größerem Umfang aus Mangel an Grünland zum Erfolg kommen, folgendermaßen: „An Heuland fehle es und darum sei auch die Kultur im Grossen nicht möglich. Für eine Kapitalisten rentiere sich die Kultur der unfruchtbaren Haidfelde nicht, weshalb die königliche Kasse nicht angegriffen werden könne; viel besser gehe es im Kleinen, mit Bauern und Taglöhnern, die ihre saure Arbeit nicht rechneten, sich von weitem ein paar Fuder Heu zusammenholten und sich notdürftig durchschlügen".

Das rein auf steuerliche Einnahmen ausgerichtete Interesse der preußischen Administration spiegelt sich auch bei der Ansetzung größerer Siedlergruppen wider. Infrastrukturelle Maßnahmen wie die Anlage von Straßen und Wegen zur überörtlichen Verkehrsanbindung sowie Abwässerungsgräben als Voraussetzung für eine landwirtschaftliche Nutzung der Moorböden unterblieben. Insofern konnten die Kolonisten auch keine kommerzielle Torfwirtschaft betreiben, da sie mit potentiellen Absatzgebieten nur unzureichend verbunden waren und folglich nicht in der Lage waren, mit den hervorragend angebundenen Fehnsiedlungen in Konkurrenz zu treten.

Auch bei der Vergabe der Kolonate achtete man genau darauf, daß der Siedler nach Ablauf der ihm zugestandenen Freijahre nicht mehr Land besaß, als er auch an Abgaben zu zahlen imstande war. Infolgedessen betrug die tatsächliche Größe der Stellen nur vier bis zehn Morgen, obwohl den Kolonisten im Erlaß der Kammer vom 17.Januar 1770 bis zu sechs Diemat (ca. 15 Morgen) versprochen waren. Ein Hof dieser Größe war natürlich nicht imstande, eine Familie zu ernähren. Die Kolonisten mußten zwangsläufig, sofern es nicht glückliche Umstände verhinderten, der Unterstützung der Muttergemeinde anheim fallen, wie zahlreiche diesbezügliche Eingaben verdeutlichen: „...auch die armen Mittel leiden dadurch sehr, denn alle fallen uns mit der Zeit zur Last..." (Nds. Staatsarchiv in Aurich, Rep. 6, Nr. 2745, S. 92). Paragraph 15 des „Urbarmachungsedikts", der die Muttergemeinden zur Unterstützung der verarmten Kolonisten verpflichtete, scheint denn auch der einzige Punkt zu sein, der von der preußischen Administration am Beginn ihres Kolonisationsvorhabens langfristig angedacht war – zu wessen Gunsten, erübrigt sich zu erwähnen. Ansonsten kann man nur dem Urteil einer von der königlichen Staatsregierung eingesetzten Kommission folgen, die 1871 feststellte, „. . . daß an ein fahrlässigeres Colonisieren nicht gedacht werden kann".

Obwohl man Ende des 19. Jhs. mit verschiedenen Maßnahmen versuchte, die „Armenkolonien" Ostfrieslands auf eine landwirtschaflich tragfähige Basis zu heben, ist der Erfolg ausgeblieben. Heute werden zahlreiche kleinbäuerliche Betriebe noch im Nebenerwerb bewirtschaftet.

Betrachten wir noch einmal kurz die im Rahmen der neuzeitlichen Moorkolonisation entstandenen Siedlungsformen. Im Gegensatz zur Besiedlung der Hochmoore im Zuge der Anlage von Fehnsiedlungen, die planmäßig verlief, weil eine lenkende und kontrollierende Instanz die Ansetzung von Kolonisten nach ihren Vorstellungen steuerte, verfügte die preußische Administration als Siedlungsträger über kein diesbezügliches Konzept und beließ den Ansiedlungsvorgang der Initiative der Kolonisten. Diese suchten sich in freier Wahl ihnen genehme Siedlungsplätze, von denen sie annahmen, daß es sich um königlichen Besitz handelte. Sodann begannen sie sich ein Haus zu bauen und ein Stück Land zu kultivieren und bei Bedarf individuell zu vergrößern. Zumeist stellten sie erst nach erfolgter Ansiedlung Gesuche an das Amt, dieses Land in Erbpacht nehmen zu dürfen. Dabei kam es auch vor, daß sich die Kolonisten anbauten, ohne die Administration davon in Kenntnis zu setzen, oder aber das Amt wurde erst durch eingereichte Beschwerden – „...haben außer ihrem Hause und Garten schon eine ziemliche Strecke Buchweizenland in Cultur" (Nds. Staatsarchiv in Aurich, Rep. 6 Nr. 2762, S. 24) – auf die Existenz einer Ansiedlung aufmerksam. Das Amt genehmigte seinerseits alle Anträge auf Zuweisung von Kolonaten, setzte die Abgaben und Freijahre fest und schickte einen Vermesser, „...damit ein jeder gewiße Limiten seines Eigenthums haben möge..." (Nds. Staatsarchiv in Aurich, Rep. 6 Nr. 2768, S. 71). Da es den Kolonisten überlassen war, die Breite ihres Besitzes zu bestimmen – die Parzellen durfte man dann individuell ins Moor verlängern –, ist das Flurbild der Moorkolonien verständlicherweise von unregelmäßig geformten Streifen bestimmt.

Warum sind nun im Rahmen des Ansiedlungsvorgangs fast ausschließlich gereihte Ortsformen mit streifigem Flurbild zur Ausbildung gekommen, wo doch eine lenkende Instanz mit einer diesbezüglichen Formvorstellung offensichtlich nicht vorhanden war? Aufgrund der Abhängigkeit von der Moorbrandkultur war es das Bestreben eines jeden Siedlers, einen möglichst großen Anteil am Hochmoor in seinem Kolonat zu vereinigen. Die zweckmäßigste Art dieses zu erreichen bestand darin, sich entlang des Hochmoores anzusetzen, um dann seine Besitzparzelle ins Hochmoor zu treiben. Insofern folgt die Bebauung auch in fast allen Fällen in mehr oder weniger großem Abstand dem Hochmoorrand. Ein Grund, die Kolonate in Form von Streifen anzulegen, lag in der Notwendigkeit, das Moor vor der Inwertsetzung engmaschig entwässern zu müssen, was durch lange parallele Entwässerungsgräben am besten zu gewährleisten war. Zudem scheint man sich bei der Besitzerweiterung an das althergebrachte Aufstreckrecht gehalten zu haben, wodurch die Kolonate im Zuge ihrer Verlängerung zwangsläufig eine streifige Form erhielten (vergl. Abb. 2 u. Abb. 3). Die gereihte Ortsform mit hochanschließenden Streifen wird demnach den ökonomischen Wünschen der Kolonisten sowie den kultivierungstechnischen Zwängen am besten entsprochen haben.

Während der hannoverschen Landesherrschaft in Ostfriesland, die von 1815 bis 1866 dauerte, gibt es für das Amt Stickhausen Belege, daß die Gründung und der Ausbau von Kolonien einer staatlichen Lenkung unterlag, wodurch es zu regelmäßiger gestalteten Siedlungsformen kam. Die zu erschießende Fläche einer Kolonie wurde zunächst vermessen, in Parzellen unterteilt und erst dann an Kolonisten vergeben. Eine Vergrößerung der Besitzparzellen durch Aufstreckung war nicht vorgesehen. An der viel zu gering bemessenen Größe des Besitzes änderte sich aber auch jetzt nichts und die Abhängigkeit von der Moorbrandkultur mit den damit verbundenen negativen Begleiterscheinungen blieb auch weiterhin ein Kennzeichen dieser Gründungen. Um ein abschießendes Urteil über die Siedlungspolitik unter hannoverscher Herrschaft zu bekommen, bedarf es jedoch noch umfassender Untersuchungen.

Literatur

Bünstorf, J. (1966): Die ostfriesische Fehnsiedlung als regionaler Siedlungsform-Typus und Träger sozialfunktionaler Berufstradition. – Abhandlungen und Vorträge zur Geschichte Ostfrieslands 45.

Hugenberg, A. (1891): Innere Colonisation im Nordwesten Deutschlands. – Abhandlungen aus dem staatswissenschaftlichen Seminar zu Straßburg 8.

Nitz, H.-J. (1984): Die mittelalterliche und frühneuzeitliche Besiedlung von Marsch und Moor zwischen Ems und Weser. – Siedlungsforschung 2, 43–76.

Reinhardt, W. (1969): Die Orts- und Flurformen Ostfrieslands in ihrer siedlungsgeschichtlichen Entwicklung. – Ostfriesland im Schutze des Deiches 1, 202–375.

Wassermann, E. (1985): Aufstrecksiedlungen in Ostfriesland. Ein Beitrag zur Erforschung der mittelalterlichen Moorkolonisation. – Abhandlungen und Vorträge zur Geschichte Ostfrieslands 61.

Bauernfreiheit und Häuptlingsherrlichkeit im Mittelalter
von Hajo van Lengen

Entstehung der Friesischen Freiheit

Wenn die Friesen sich noch heute nach Lebensgefühl und Selbstverständnis von den übrigen Deutschen bzw. Holländern durchaus unterschieden wissen (und auch werden), so ist dies historisch letztlich auf die unvergessene Friesische Freiheit des Mittelalters zurückzuführen. Zwar haben die damaligen bäuerlichen Landesgemeinden des friesischen Küstenraums daraus nicht - wie die schweizerischen Eidgenossen - ein autonomes Staatswesen entwickelt, aber die alte Tradition blieb über spätes Mittelalter und frühe Neuzeit hinaus lebendig und wirksam, eindrucksvoll festgehalten von dem ostfriesischen Gelehrten und Historiker Ubbo Emmius in seiner Friesischen Geschichte von 1616. So beanspruchten und behaupteten die Ostfriesen gegenüber dem Absolutismus ihr gutes, altes Recht auf Selbstbestimmung und Selbstverwaltung, das zudem die ausdrückliche und unmißverständliche Anerkennung durch den Kaiser fand und sich schließlich noch in der Schlußakte des Wiener Kongresses niederschlug. Vertreter und Verfechter solcher Eigenheit wurde in der Neuzeit die Körperschaft der Ostfriesischen Landschaft, heute keine Ständeversammlung und kein Hoheitsträger mehr, sondern ein Kulturparlament und eine Regionalvertretung.

Die Überlieferung der friesischen Freiheit findet sich zum erstenmal in den sog. gemeinfriesischen Siebzehn Küren, einer Zusammenstellung von Rechten, die wohl um 1080 entstanden ist; und danach legen die etwas jüngeren "Überküren" und "Magnusküren" sowie das gefälschte Karlspriveg aus der Mitte des 13. Jahrhunderts und andere Quellen mehr ein deutliches Zeugnis davon ab. Sie alle sagen aus, was den Friesen im hohen und späten Mittelalter zur Selbstverständlichkeit geworden und damit für sie Wirklichkeit war: sie sind allesamt frei und keinerlei Herrschaft unterworfen; die Freiheit ist geradezu ein charakteristisches Merkmal der Friesen; und kein Geringerer als Karl der Große hat sie ihnen dermaleinst gegeben. Diese Gabe war in der Erinnerung der Friesen der Lohn dafür, daß sie das heidnische, normannische Joch abgeworfen haben und sich stattdessen dem Schutz des fränkischen Reiches und der christlichen Kirche anvertraut haben.

"Nobilitas et libertas" kennzeichnete die Friesen, - eine Edelfreiheit, die darauf beruhte, daß alle Friesen ihr Gut als Eigentum besaßen, auf freiem Eigen saßen. Dieses Privileg hatte auch seinen Preis: die Friesen zahlten dem König dafür eine "huslotha" oder "koninckhuere" genannte Abgabe, einen Königszins für die Königsfreiheit. Damit erkannten die Friesen den König, aber auch nur ihn, als ihren Herrn an. Seine Ferne und Höhe waren der Garant für ihren Freiraum. Seinen Vertretern, den auswärtigen Grafen, und deren Vertretern, den einheimischen Schulzen, billigten sie daher über die Wahrnehmung bestimmter weniger königlicher Grundrechte hinaus keinerlei Ausübung regelrechter eigener Herrschaft zu. Die Distanz war konstitutiv für die Friesische Freiheit.

Die Integration aller Friesen in diese unmittelbar vom Königtum abhängige Freiheit, die die Rechtsüberlieferung des hohen Mittelalters - stammesbezogen wie individuell - als Tatbestand widerspiegelt und zurückprojiziert, war freilich nicht das Ergebnis eines einmaligen Verleihungsaktes, sondern eines allmählichen Entwicklungsprozesses. Dabei war der Umstand von entscheidender Bedeutung, daß Friesland nach seiner im 8. Jahrhundert schrittweise vollzogenen Eingliederung in das fränkische Reich kein eigenes Stammesherzogtum ausbildete. Aber auch einheimische Adelsherrschaften überregionalen Zuschnitts oder auswärtige Lehnsherrschaften fielen zumindest östlich des Fli als bestimmende Entwicklungsfaktoren aus, so daß dieses Friesland dem Königtum unmittelbar zugeordnet blieb. Als sich die Zuteilung der Friesen in weltlicher wie kirchlicher Hinsicht zu verschiedenen Grafen wie Bischöfen in der Nachbarschaft als Vertretern von Reich und Kirche dann später verfestigte, blieb ihnen als die einzige Möglichkeit, ihre Zusammengehörigkeit zu behaupten, die gemeinsame, sie verbindende direkte Ausrichtung auf den König wie den Papst als ihre ersten und eigentlich einzigen Instanzen. Wie in kirchlicher wäre es sicherlich auch in weltlicher Hinsicht bei einer Wunschvorstellung geblieben, die die Realität rasch eingeholt hätte, wenn hier nicht unvorhergesehene außenpolitische Einwirkungen den Friesen zu einer Sonderstellung verholfen hätten, die ihnen die Freiheit bescherte: die Normanneneinfälle.

Nachdem der Überfall des Dänenkönigs Göttrik auf Friesland im Jahre 810 den Friesen eine empfindliche Niederlage zugefügt und erhebliche Tribute abverlangt hatte, zog Karl der Große aus dieser Erfahrung der

Ohnmacht seiner Landmacht gegenüber derartigen Invasionswellen von See her umgehend entsprechende Konsequenzen, indem er diesen ungewöhnlichen Gefahren mit ungewöhnlichen Maßnahmen zu begegnen suchte. Er richtete in Friesland, insbesondere in den Mündungsgebieten der Flüsse, eine Küstenwacht ein, die alle günstigen Landestellen und lohnenden Angriffsziele absichern sollte. Damit legte er den Grundstein für eine Abwehrorganisation, die sich auf die Präsenz und Selbsthilfe der waffenfähigen Friesen stützte, in erster Linie wohl der Königsfreien unter ihnen, die ihm unmittelbar zur Verfügung standen. So zur Landfolge für Verteidigungszwecke verpflichtet, wurden sie von der Heerfolge für Eroberungszüge außerhalb Frieslands befreit.

Die Gruppe, die Rechte und Pflichten der Königsfreiheit für sich in Friesland in Anspruch nehmen konnte, und auf die Karl der Große seine Königsherrschaft in besonderer Weise stützte, war damals allerdings zahlenmäßig noch begrenzt. Denn viele Friesen, jedenfalls alle diejenigen, die mit den Sachsen gegen ihn aufgestanden waren, hatten wegen dieser Treulosigkeit ihr Verfügungsrecht über die väterliche Hinterlassenschaft und damit ihr freies Erbeigen verwirkt. Erst als Karls Sohn und Nachfolger Ludwig der Fromme ihnen dieses Recht 814 zurückgab und ihnen den einstigen Verrat verzieh, öffnete und ebnete er allen grundbesitzenden Friesen den Weg zur Königsfreiheit. Damit verstärkte er das Eigeninteresse der Friesen, ihr Land zu schützen, erheblich und verbreiterte er die Basis der Abwehrorganisation wesentlich. So verbanden sich hier angesichts der normannischen Angriffe und Überfälle fränkisches Reichsinteresse mit friesischem Eigeninteresse. Solche unruhigen Zeiten, in denen die Gemeinschaft nottat, sowie die trotzdem nicht wesentlich verringerte Mobilität, die Handelsverkehr und Geldwirtschaft an der Nordseeküste mitsichbrachten, bewirkten zudem, daß die sozialen Grenzen und ständischen Strukturen eher durchlässig und brüchig wurden sowie sich leichter und stärker auflösten, als es andere Verhältnisse zugelassen hätten. So konnten denn nach dem Ende der Normanneneinfälle im 11. Jahrhundert alle Friesen als frei betrachtet und bezeichnet werden.

Aber die Gemeinschaftsaufgabe der Normannenabwehr setzte nicht nur diesen weitgehenden Emanzipations- und Integrationsprozeß bei den Friesen in Gang, sondern ließ auch, je länger, desto fester, Organisationsformen des Zusammenwirkens auf anderen als den militärischen Gebieten heranwachsen, die genossenschaftliches Handeln in territorialen Verbänden zur Gewohnheit und zum Prinzip machten. Daß diese Entwicklung mit dem Aufhören der Normanneneinfälle keinen Rückgang, sondern im Gegenteil ihren Fortgang nahm, lag an dem Umstand, daß nunmehr der Küstenschutz auf eine andere Weise verstärkt notwendig wurde: in der Verteidigung des Lebensraumes der Marsch gegen den Ansturm der Wellen des Meeres. Nach den wilden Normannen hieß es den "blanken Hans" bekämpfen; statt Wälle und Tore mußten nun Deiche und Siele errichtet werden. (Abb. 1) Was sich in der Realität

Abb. 1 Deichbau im Mittelalter. Älteste bildliche Darstellung im Oldenburger Sachsenspiegel von 1336.

als ein bruchloser Übergang vollzog, ist in der Tradition als gleichzeitiger Zusammenhang gesehen worden. Nach der zehnten der siebzehn Küren brauchten die Friesen auf keiner Heerfahrt weiter zu ziehen als ostwärts bis zur Weser und westwärts bis zum Fli, damit sie ihr Land vor dem wilden Meere und dem heidnischen Heere schützen möchten. Die Selbsthilfe und ihre Organisation blieben also weiterhin in Funktion und Form; und diese Kontinuität stärkte die gewachsenen genossenschaftlich-territorialen Kräfte mit anhaltendem Schub gegenüber den zurückgedrängten personal-herrschaftlichen Kräften. Damit waren soziale Voraussetzungen geschaffen, die dann auch zu entsprechenden politischen Gestaltungen führten.

Autonome Landesgemeinden

Die Friesen haben den auswärtigen Grafen als Vertretern des Königs und den einheimischen Schulzen als Vertretern der Grafen die Wahrnehmung der Regalien grundsätzlich nicht streitig gemacht. Aber als die Grafen von diesen Grundrechten ausgehend seit der Mitte des 11. Jahrhunderts die bis dahin lockeren Zügel anzuziehen und mit kräftiger Hand darauf zuzusteuern begannen, die ihnen zugewiesenen friesischen Grafschaften in eigene Herrschaften umzubilden, erregten sie den erbitterten Widerstand der inzwischen freiheitsge-

auch als höherwertig eingeschätzt. Das bekamen auch die Schulzen zu spüren, wo sie ihre persönlichen mit den gräflichen Interessen verbanden und gegen die gemeinfriesischen verstießen. Solches Fehlverhalten wurde mit empfindlichen Strafen geahndet. So stilisierte diese antifeudalistische Grundeinstellung den "sareda riddere", den gerüsteten Ritter, zum Feindbild schlechthin hoch, demgegenüber die gemeinen Friesen ihr Selbstbild in einem mit Lanze/Schwert und Rundschild bewaffneten Fußkrieger (Abb. 2d, 5, 10) idealisierten. Dementsprechend war ihnen auch die Burg als Ausdruck des Feudalismus ein Dorn im Auge und von daher der Bau von Burgen als Herrschaftszeichen dem Einzelnen ausdrücklich verboten. Daß sich solcher Anspruch immer wieder neu gegenüber der Wirklichkeit zu behaupten hatte, dieser Widerspruch und -streit ist verschiedenen Quellen wiederholt zu entnehmen.
Jedenfalls gewann um die Mitte des 12. Jahrhunderts das

Abb. 2 Siegel der Landesgemeinden a) Brokmerland, b) Emsigerland, c) Rheiderland und d) Rüstringerland. a)-c) von 1276 mit den Landesheiligen Maria, Peter und Paul sowie einem überdimensionierten Sakralbau; d) von 1312 mit Karl d. Gr. zwischen zwei friesischen Kriegern.

wohnten und -verwöhnten Friesen. Sie trafen bei ihnen nun auf eine konkurrierende Gewalt, die sie dank ihrer entwickelten und gut funktionierenden Selbsthilfeorganisation vernichtete, vertrieb oder verdrängte. Die sächsischen Billunger, die Grafen von Werl, von Northeim, von Holland - sie alle scheiterten an den Friesen zwischen Weser und Fli; selbst Herzog Heinrich der Löwe vermochte sich nicht gegenüber den Östringern durchzusetzen, so daß die Grafen von Oldenburg in seinem Gefolge sich mit den verbliebenen Regalien begnügen mußten.

Im 12. Jahrhundert hatte sich die Freiheit der Friesen auf ganzer Breite durchgesetzt. Das bedeutete für sie eine Selbstbestätigung und -bewährung, die für den weiteren Entwicklungsgang ihrer Gemeinwesen von wesentlicher Bedeutung war. Die genossenschaftliche Form und Möglichkeit erwies sich hier der herrschaftlichen als überlegen und wurde demzufolge von den Friesen denn

friesische Gemeinwesen in Gestalt genossenschaftlich organisierter und territorial orientierter Gemeindebildungen Konturen, wenngleich sie noch nicht endgültig festgelegt und scharf umrissen waren. Unter heftigen Geburtswehen kamen diese politischen Gebilde zur Welt. Denn nachdem die Friesen ihre Grafen in die Schranken verwiesen hatten, mußten sie erst in inneren Fehden ihre eigenen Grenzen gegenüber den gemeinen Nachbarn erfahren und ermessen. Im 13. Jahrhundert hatten sich dann die neuen Strukturen weitgehend verfestigt. Das Vakuum, das die auf ihre Ausgangspositionen zurückverwiesenen Grafen hinterließen, wurde nun von einer Vielzahl autonomer friesischer Landesgemeinden kleinräumigen Zuschnitts ausgefüllt (Abb. 3), die in Ergänzung zu den Küren und Rechten, die allen Friesen gemein waren, jeweils ihr eigenes Landrecht setzten, - als grundlegendes Regelwerk für ein freiheitliches und friedliches Zusammenleben. Dieser innere Zusammenhalt und Landfrieden war und blieb freilich permanent gefährdet.

Analog zu den bürgerlich-städtischen Gemeinwesen lokalen Zuschnitts bildeten sich in Friesland bäuerlich-ländliche Gemeinden regionalen Zuschnitts heraus, die im Unterschied und Gegensatz zur herrschaftlichen Lehnsordnung eine genossenschaftliche Ratsverfassung aufwiesen. Lat. "consules" bzw. fries. "redjeven" oder - nach ihrer Hauptfunktion - schlicht Richter hießen die Gemeindevertreter, die - auf ein Jahr befristet und an das Landrecht gebunden - die Aufgaben der für das Zusammenleben wesentlichen Friedenswahrung zu erfüllen hatten. Im Landesgericht, dem höchsten Organ einer Landesgemeinde, saßen im östlichen Friesland in der Regel sechzehn Konsuln oder Richter, die "Sedecim", die "Sechzehner", wie jedes einzelne Mitglied dieses Kollegiums genannt wurde. Der Vorsitzende hieß auch wohl "Enunciator", "Orator" oder "Placitator", d.h. Verkünder oder Sprecher bzw. Wort- oder Verhandlungsführer. Von den sechzehn Richtern bildeten jeweils vier das Gericht eines Landesviertels, des Mittelbezirks; jeder von ihnen war darin für einen bestimmten Sprengel, einen Unterbezirk, zuständig. Die Landesviertel waren die am stärksten ausgeprägten Einheiten; und das führte nicht selten dazu, daß sie sich auch als ziemlich selbständige Verbände gebärdeten, ja gelegentlich sogar gegenseitig befehdeten.

Ursprünglich hatten auf der Ebene der Landesviertel jeweils ein formal vom Grafen eingesetzter, einheimischer Schulze als Richter und ein ebenfalls einheimi-

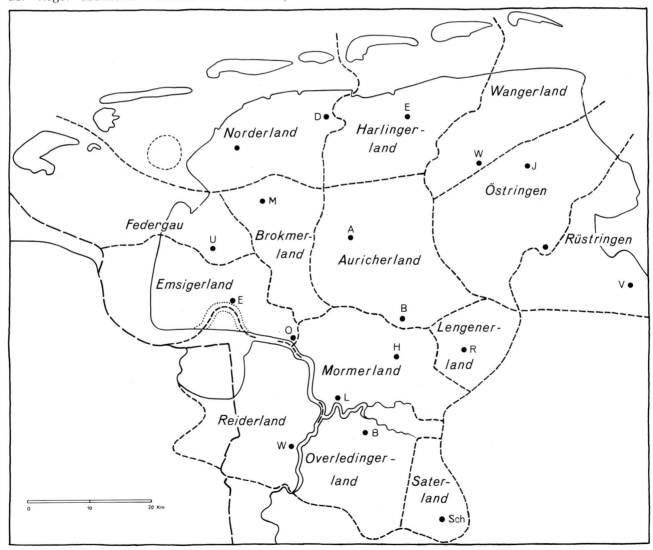

Abb. 3 Die ostfriesischen Länder im Mittelalter. Zeichnung: J. Engelmann.

scher, rechtskundiger Asega Gericht gehalten. Wenn die Amtsbezeichnung "Ratgeber" neben "Richter" für die Vertreter der Landesgemeinden eine Reminiszenz an eine ältere Funktion darstellt, so dürfte sie auf eine einst erlangte und zunächst nur beschränkte Mitwirkung von Gemeindevertretern im Gericht verweisen, bis sich infolge des Aufstiegs der Gemeinden die "Ratgeber" soweit emanzipierten, daß sie schließlich die ursprünglich getrennten Funktionen eines Richters und Urteilers in ihrem Amt integrierten und einzig und allein noch das Gericht bildeten.

Aber die Entwicklung blieb nicht stehen. Auch diese neuen Funktionsträger begannen sich mancherorts zusehends zu etablieren, ihren Eigennutz unter dem Mantel des Gemeinwohls zu verfolgen und das Amt entsprechend zu mißbrauchen. So setzten die Gemeinden verschiedentlich neue Vertreter ihres Vertrauens, "iurati" genannt, d.h. Geschworene, neben die alten, die sich ihnen entfremdet hatten, um in Landesangelegenheiten beteiligt zu bleiben, Initiativen ergreifen und Kontrollen ausüben zu können. Das führte im Emsigerland so weit, daß im Jahre 1276 ein wichtiger Vertrag von den alten und neuen Vertretern der Landesgemeinde ausgestellt und mit jeweils einem eigenen, dem alten und einem neuen, Landessiegel bekräftigt wurde. Im Brokmerland hat man zu dieser Zeit ein regelrechtes Kontrollorgan geschaffen und ein ausgeklügeltes Kontrollsystem entwickelt, um im Falle von Rechtsbeugungen die dafür verantwortlichen Ratgeber zur Rechenschaft ziehen zu können. Diese mußten zu diesem Zweck Sicherheiten hinterlegen, um einen möglichen Schaden, den sie aus Vorsatz, Willkür oder Parteinahme anrichteten, daraus begleichen zu können; und sie durften aus diesem Grund auch kein festes Steinhaus bauen, damit die Strafe, das Niederbrennen ihres Hauses, auch vollzogen werden konnte.

Die Freiheit der Friesen, die Autonomie ihrer Landesgemeinden, diese Selbständigkeit war ein Zustand, auf den sie stolz, aber dessen sie sich nicht ganz sicher waren. Das Verlangen nach Selbstdarstellung, Geltung und Rechtfertigung, kurz: nach einem Ausdruck, der Eindruck machte, war daher entsprechend groß. Mit dem Rückgriff auf Karl den Großen als Stifter der Freiheitsrechte und dem Zugriff auf große Heilige als Schützer der Landesgemeinden suchten die Friesen dem Rest der Welt klar zu machen, wie hoch und heilig ihr Teil zu bewerten sei. Hinter dem übersteigerten Geltungs- und Rechtfertigungsbedürfnis, das hier sichtbar wurde, verbarg sich wohl ein tiefsitzendes Minderweitigkeits- und Unsicherheitsgefühl. Die Erkenntnis und Erfahrung der Friesen, selbständiger und vermögender zu sein als die meisten Ritter, aber trotzdem als Bauern angesehen zu werden, haben viele der reichen unter ihnen offenbar nicht so ohne weiteres hinnehmen können.

Die Legitimation ihres Sonderdaseins suchten die friesischen Landesgemeinden mithin beim Reich und im Himmel: Mächte also, die einerseits unanfechtbar, andrerseits so weit entfernt waren, daß durch sie die Freiheit der Friesen zwar rechtlich geschützt schien, aber nicht merklich unterdrückt werden konnte. Was der Schutz im Ernstfall wert war, blieb allerdings fraglich. Jedenfalls schufen sich die Landesgemeinden in großartigen, überdimensionalen Kirchenbauten zu Ehren ihrer Schutzheiligen sakrale Zentren für ihr Heil, so zu Esens im Harlingerland, Marienhafe im Brokmerland oder mit Östringfelde. Damit erwiesen die Harlinger, Brokmer und Östringer - wie andere - nicht nur ihren Schutzheiligen ihre Reverenz, sondern bewiesen sie auch ihre enormen wirtschaftlichen, technischen wie künstlerischen Fähigkeiten und Möglichkeiten, die sich hinter denen von Reichsstädten und Landesherrn nicht zu verstecken brauchten. Diese Kirchen waren mehr als nur Zeugen ihres Reichtums und Vermögens: sie waren als Gegenstücke zu den Burgen des Feudalismus die Demonstrations- und Repräsentationsobjekte ihrer eigenwilligen Gesellschaftsform; und indem sie für diese ihre Zentren bewußt nicht die alten Standorte der gräflichen oder bischöflichen Gewalt wählten, machten die Landesgemeinden ihre Eigenständigkeit ganz unmißverständlich deutlich. Auch in ihren Landessiegeln stellten sie neben Karl den Großen ihre Landeskirchen und vor allem ihre Landesheiligen ehrfurchtgebietend und nachdruckverleihend zur Schau (Abb. 2). Die friesische Freiheit sollte geradezu als ein geheiligtes Gut verstanden werden; sie zu verletzen, wäre so einem Sakrileg gleichgekommen.

Den verschiedenen autonomen friesischen Landesgemeinden, so eigenwillig sie sich auch immer wieder gebärdeten, war selbstverständlich bewußt, daß ihre spezifische Freiheit ein gemeinsames Gut war, sie verband und von anderen Stämmen unterschied. Dieser Zusammengehörigkeit, einer friesischen Einheit, suchten sie auch Ausdruck zu verleihen, und zwar in Gestalt eines gesamtfriesischen Landfriedensbundes. Auch wenn es nie wirklich gelang, alle Frieslande gleichzeitig unter einen Hut zu bringen, wurde dieser Bund doch immer wieder bemüht, wenn es um die Friedenswahrung nach außen oder innen ging. Als Zentrum der

Beschwörung von Recht und Freiheit, Frieden und Einheit diente ein frühmittelalterlicher Grabhügel westlich von Aurich: der Upstalsboom (Abb. 4). Nach den wohl schon aus dem frühen 12. Jahrhundert stammenden "Überküren" aller Friesen sollten diese jährlich am Dienstag in der Pfingstwoche hier, "to Upstelesbame", zusammenkommen. In der Regel waren es dann zwei Vertreter von jeder Landesgemeinde; sie wurden als "Seeländische Richter" bezeichnet. Denn alle Frieslande zusammen, das ganze Friesland, faßte man in die poetische Form der "Sieben Seelande", - ein Bild, mit dem man am besten das Phänomen der Einheit in der Vielfalt zum Ausdruck zu bringen glaubte. Aber wenn auch auf und mit diesen Versammlungen am Upstalsboom gemeinsames friesisches Handeln demonstriert wurde, so dürfen doch der fromme Wunsch von den "Sieben Seelanden" wie das schöne Zeugnis des "Totius-Frisiae"-Siegels mit der zwischen friesischen Kriegern thronenden Jungfrau Maria als Schutzpatronin aller freien Friesen (Abb. 5), mit dem sie ihre Verlautbarungen bekräftigten, nicht darüber hinwegtäuschen, daß diese friesische Einheit nur sehr locker und brüchig war. Die zentripetalen Kräfte erwiesen sich immer wieder als schwächer denn die zentrifugalen. Mit dem Upstalsboom-Bund, dessen Versammlungen gelegentlich und auf einer Allmende statt regelmäßig

Abb. 4 Der Upstalsboom bei Aurich: a) historische Projektion des 19. Jahhunderts, b) älteste Ansicht (1790) von C. B. Meyer, c) Holzstich um 1880, d) gegenwärtiger Zustand.

und in einer Metropole stattfanden, war kein Staat zu machen. So vermochten die Friesen in ihrem Eigensinn und ihrer Egozentrik aus eigener Kraft nicht zu einer den freien Reichsstädten oder der Schweizer Eidgenossenschaft vergleichbaren Macht zu werden, die ein gleichwertiger Partner bzw. gleichgewichtiger Konkurrent feudaler Territorialherrschaften gewesen wäre. Die Einheit, die stark macht, hatten die Friesen nicht im Sinn, so oft sie sie auch beschworen. Sie war ihnen nur Mittel, nie Ziel. Die entbindenden Kräfte, sozial wie territorial, überwogen die bindenden. Der Partikularismus feierte immer wieder seine Urständ - bis in unsere Tage. Die Selbstüberwindung war nicht die Stärke der Friesen, wenn nicht gerade Not und Gefahr sie dazu zwangen. So sehr sie auch als Kauf- und Seeleute in die Ferne schweiften, die Weitsicht bestimmte nicht unbedingt ihr Denken und Handeln; die überschaubaren Zusammenhänge, die erreichbaren Horizonte waren ihr eigentliches Zuhause, ihr Alltag.

Frei, aber nicht gleich

Daß alle Friesen frei waren, hieß nicht, daß sie auch alle gleich gewesen wären. Die Anonymität, in der die handelnden Personen in den Gemeinden und Ländern weitgehend verblieben, so daß deren Amtsträger als Individuen nicht zu fassen waren, war nur ein genossenschaftliches Prinzip und gab die soziale Wirklichkeit nicht wieder. Nach wie vor gab es, und zwar keineswegs unerhebliche, Unterschiede zwischen kleinen und großen, armen und reichen Familien und Personen. Aber das gutsituierte bäuerliche Element in

scherloge im Turm (Abb. 7, 8) und war zudem außen herum reichlich mit plastischem Schmuck versehen: einem unerschöpflichen Fries wie zahlreichen Figuren. Natürlich hatte die Bauhütte die Architektur und Ikonographie mitgebracht, aber daß die Wahl auf sie fiel und der Auftrag an sie ging, hatte einen tieferen Grund. Mit dem Nachbau einer typischen Ausdrucksform des christlichen Abendlandes, der in keinerlei Hinsicht den Vergleich mit seinem Vorbild zu scheuen brauchte, wollten die Bauherren und Träger der Brokmer Landesgemeinde zum Ausdruck bringen, daß ihre Landesgemeinde und sie selbst als deren Genossen nicht minder leistungsfähig seien als die außerfriesische Gesellschaft und deren führende Mitglieder, und daß sie daher auch nicht minder einzuschätzen und anzusehen seien als diese. Solche Abkehr von der sonst verbreiteten Bescheidenheit entsprach dem zunehmenden Bedürfnis höherer friesischer Kreise, sich in den Ausdrucksformen der übrigen Welt zur Geltung zu bringen, um nicht länger eine unzutreffende Geringschätzung erfahren und erleben zu müssen. Anders schienen sie nicht recht ins allgemein verbreitete Bild der mittelalterlichen Gesellschaft zu passen. Sehr aufschlußreich für

der friesischen Gesellschaft war sehr verbreitet und von daher sie bestimmend und zusammenhaltend, so daß es immer wieder gelang, die Reichen und Mächtigen unter ihnen, die "divites" und "potentes", einzubinden und damit zu verhindern, daß die friesische Freiheit nur für eine vermögende Oberschicht galt. Trotzdem blieb diese nicht ohne merklichen Einfluß oder verzichtete sie nicht auf jegliche Eingriffe.

Dieser latente Widerspruch und Konflikt in der sozialen Wirklichkeit des 13. Jahrhunderts läßt sich indirekt sowohl in den verschiedenen Landrechten als auch an den großen Sakralbauten dieser Zeit ablesen. Denn diese entsprachen in Form und Stil, Ausstattung und Gestaltung ganz dem, was im feudalen Abendland, nicht aber im freien Friesland gang und gäbe war. So war die Kirche zu Marienhafe im Brokmerland (Abb. 6) einst eine dreischiffige Basilika mit hohem Westturm, Querschiff und Chor, die in ihrem Ausmaß an den Osnabrücker Dom heranreichte. Wie die Kirche zu Reepsholt im Östringerland, besaß auch sie eine aufwendige Herr-

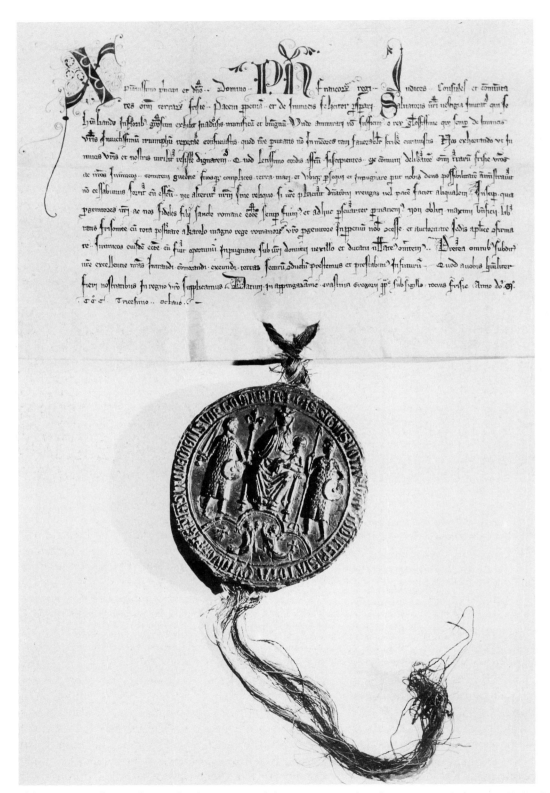

Abb. 5 Vertrag aller Länder Frieslands mit König Philipp VI. von Frankreich von 1338 mit dem sog. Totius-Frisiae-Siegel: thronende Jungfrau Maria mit Jesusknaben zwischen zwei friesischen Kriegern.

Abb. 6 Die Kirche zu Marienhafe während des Abbruchs 1829. Nach einer Lithographie von D. Bendixen.

dieses Selbstbewußtsein und Geltungsdürfnis ist in dieser Hinsicht auch das Mitte des 13. Jahrhunderts gefälschte Karlsprivileg. Denn was sich damit gewiß Angehörige der Oberschicht der freien Friesen hauptsächlich und sehr detailliert, weil nämlich neu, verleihen ließen, war das Recht, nach französischem Vorbild - und damit neuester Mode - zum Ritter geschlagen zu werden und dementsprechend gekleidet und gerüstet zu sein sowie einen Wappenschild zu tragen; und das alles, so paradox es klingen mag, zum Zeichen ihrer friesischen Freiheit. Hier wurde also ein Erscheinungsbild des Feudalismus, der Herrschaft, als adäquate Ausdrucksform des Gegenteils, der Freiheit, verwendet: ein sehr durchsichtiges und kaum durchhaltbares Unterfangen, geltende Normen und wirkende Fakten scheinbar in Einklang zu bringen. Diese Realität verbirgt sich auch hinter dem Phänomen der Marienhafer Kirche.

Es gibt keinen Zweifel: unter den grundbesitzenden, freien Friesen gab es nach wie vor eine besonders begüterte Oberschicht, die ein der allgemeinen genossenschaftlichen Lebensweise entgegenwirkendes und diese zeitweilig außerachtlassendes, eher also herrschaftliches Lebensgefühl beseelte und umtrieb, und die die Freiheit vor allem für sich beanspruchte. Auch innerhalb der Frieslande konkurrierten durchaus personal-herrschaftliche mit den territorial-genossenschaftlichen Kräften, wenngleich sich jene Gruppe auch nicht als ausgesprochener Adel rechtlich abzuheben und abzusondern vermochte. Das Burgenbauverbot verschiedener Landesgemeinden war zweifellos eine Gegenreaktion auf solche Ansätze und Tendenzen, ebenso wie die Schaffung neuer Gemeindeorgane zu den alten. Daß dieses aber durchsetzbar war, weist auch die Bauern als ein wesentliches und tragendes Element der Gemeinden aus. Hier korre-

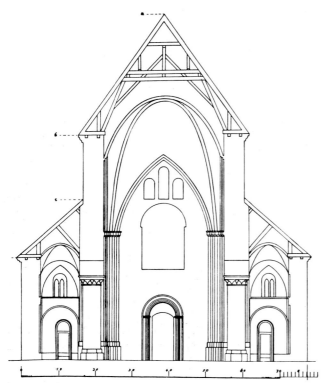

Abb. 7 Die Kirche zu Marienhafe, Längsschnitt der beiden Westturmgeschosse mit Öffnung des Obergeschosses zum Kirchenschiff. Zeichnung: J. G. Schomerus.

spondierte kein Reichtum weniger mit einer Armut vieler; auch die bäuerliche war eine wirtschaftlich starke Schicht. Trotzdem ist der erhebliche Anteil der eher als adlig anzusehenden Kreise an der Stiftung wie Ausstattung von Kirchen und Klöstern nicht zu übersehen. Auch archäologisch läßt sich die Kontinuität dieses verborgenen Adels anhand seiner immobilen wie mobilen Hinterlassenschaft inzwischen näher fassen. Aber seine Integration in die Genossenschaft gelang, trotz mancher Ausbrüche, bis ins 14. Jahrhundert und verschiedentlich länger.

Handel, aber keine Städte

Die aus dem frühmittelalterlichen Seehandel der Friesen erwachsende Wirtschaftskraft des Küstenraumes blieb auch in verwandelter Form ungeschmälert erhalten, da mit dem Ausbau der Besiedlung das Wachstum der einheimischen Bevölkerung aufgefangen werden und nicht nur ihrer Versorgung, sondern auch der auswärtiger Teile zusätzlich entsprochen werden konnte. Der im 13. Jahrhundert verbreitete Reichtum erwuchs aus der Verbindung von Landwirtschaft und Handelsverkehr, Landesausbau und Warenausfuhr und wurde begünstigt durch eine entsprechend hohe Konjunktur. Eindeichung an der Küste, Entwässerung des Hinterlandes und Aufschließung ins Hochmoor hatten zusätzliche Wirtschaftsflächen und neuartige Siedlungsformen entstehen lassen, und zwar nicht nur für den Ackerbau, sondern vor allem auch für die Viehzucht. Das dem Meer und Moor abgewonnene Ackerland machte unabhängiger von Getreideimporten; das zu Weiden und Wiesen umgewandelte weite Niederungsgebiet erlaubte zudem mehr Viehhaltung, viel mehr als für den Eigenbedarf vonnöten, und damit, den Viehexport zu steigern. So wiesen die Handelsbilanzen bei vielen Bauernkaufleuten hohe Überschüsse auf der Einnahmenseite auf. Rind, Pferd und Schaf sowie Butter, Käse und Eier waren die charakteristischen landwirtschaftlichen Erzeugnisse, die die Friesen ausführten (Abb. 10); dazu kamen Salz und Heringe sowie das aus der Schafswolle hergestellte, begehrte friesische Tuch. Daneben war aber auch die übrige gewerbliche Produktion nicht zu unterschätzen.

Der Strukturwandel, der sich vom 11. bis 13. Jahrhundert in Friesland vollzog, war ein sozialer und politischer sowie räumlicher und wirtschaftlicher; beides hing eng miteinander zusammen. Deutlich ist denn auch eine Änderung des Handelsverhaltens zu be-

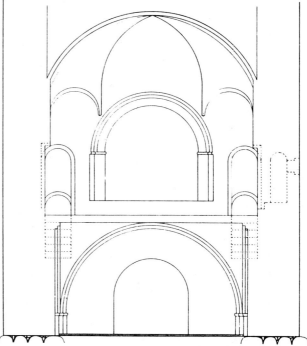

Abb. 8 Die Kirche zu Reepsholt, Querschnitt der beiden Westturmgeschosse. Zeichnung: H. Haiduck.

obachten: Die führenden friesischen Familien zogen sich aus dem Fernhandel, an dem sie im frühen Mittelalter so sehr partizipierten, zurück, so daß der Eigenhandel der Friesen nun von dem Handel der Hansestädte übernommen wurde. Dieser Wandel der Handelsformen führte aber nicht zu einem Verlust an Wirtschaftskraft für den friesischen Küstenraum. Auch ohne daß der Produzent und Unternehmer selbst zum Abnehmer und Konsumenten hinfuhr, um diesem seine Waren selbst feilzubieten, warfen seine Geschäfte soviel Gewinn ab, daß er ein hohes Leben führen und großes Vermögen bilden konnte, das er wiederum in Grund und Boden sowie Kirchen und Klöster investierte. Die an adlige Formen orientierte Lebenshaltung und auf Sicherheit bedachte Kapitalsanlage waren Verhaltensmuster bei den großen und reichen Friesen, wie sie auch das in den Städten entstehende Patriziat an den Tag legte.

Das Handelsgeschäft blieb also weiterhin ein bedeutender Wirtschaftsfaktor für den friesischen Küstenraum, wenngleich die Friesen ihre führende Rolle an die Hanse verloren. Der Wandel, der sich dabei vollzogen hatte, ließ nun auch einen neuen, besonderen Siedlungstypus entstehen, der die - zum Teil verlandeten - frühmittelalterlichen Handelsplätze in ihrer Form wie Funktion ablöste: den regionalen Marktort. Er war der wirtschaftliche, kirchliche und politische Sammel- und Mittelpunkt eines Landesteils oder Landesganzen, in jedem Fall eines begrenzten Umlandes; und diese Marktorte verteilten sich über den ganzen friesischen Küstenraum. Im Schatten und Schutze einer zentralen Kirche fand auf einem freien Platz, der "wic" oder dem "hove"/"have", der Markt, die "missa", statt. Im Normalfall bildete er, jedenfalls zwischen Lauwers und Weser, entweder eine Art Flecken mit eigener Gemarkung innerhalb eines größeren Kirchspiels oder - in der Großform - als eine Art Stadt ein eigenes Kirchspiel, nur für sich.

Der eindrucksvolle Marktplatz von Norden mit seiner Größe von über 6 ha ist ein beredtes Zeugnis für den schwunghaften Handel in der Mitte des 13. Jahrhunderts mit großem Stückgut wie dem Vieh (Abb. 9). Zugleich stellt Norden mit seinem Nebeneinander von Landes- und Stadtkirche, Benediktiner- und Dominikanerkloster das Musterbeispiel eines einerseits in die Landesgemeinde eingebundenen und andererseits aus ihr herausgenommenen und hervorgehobenen friesischen Stadtgebildes dar. Ähnlich wie im noch deutlicher akzentuierten Falle von Appingedam, dem Hauptort der Fivelgaer Landesgemeinde jenseits der Emsmün-

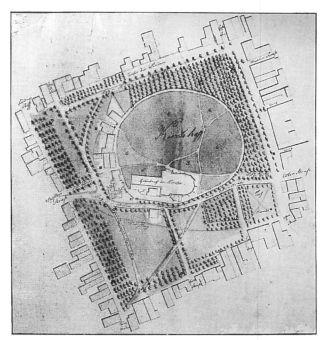

Abb. 9 Plan des Markplatzes zu Norden, 1805. Zeichnung: R. E. Müseler.

dung, bildete auch Norden zwar einen rechtlichen Sonderbezirk, mit einem eigenen Gemeindeverband und entsprechendem Vertretungsorgan, aber es blieb trotzdem eingebettet in die Gerichtsverfassung und Rechtsprechung der Landesgemeinde. Das später "Magistrat" betitelte städtische Gremium von Norden, bestehend aus drei Friedensrichtern und einem Sprecher, spiegelte im kleinen und besonderen das ebenso zusammengesetzte oberste Organ des Norderlandes im großen und allgemeinen wider. Eine Art das Landrecht ergänzendes Stadtrecht wie den bezeichnenderweise so genannten "Appingedammer Bauerbrief" ist von Norden nicht überliefert. In der Regel genügten ja auch einige wenige zusätzliche Bestimmungen und Regelungen, wie sie sich im Brokmer Landrecht finden, um einen reibungslosen Ablauf des Handels und Wandels auf einem Markt bzw. während eines Marktes zu gewährleisten.

Eine regelrechte Stadt mit Stadtmauer und Stadtrecht entwickelte sich unter und während der friesischen Freiheit östlich der Lauwers nicht. Dementsprechend bildete sich hier auch nicht ein Bürgertum als eigener Stand aus. Wie Adel und Bauer hoben sich auch Bauer und Bürger nicht scharf voneinander ab. Dazu bestand in Friesland unter den Bedingungen der autonomen Landesgemeinden weder eine zwingende Notwendigkeit noch ein dringendes Bedürfnis. Denn hier machte

Abb. 10 Das ehemalige Friesenbild im Dom zu Münster (nach 1250): Friesische Frauen und Männer mit Priester und Krieger schenken

ja schon die Landluft frei. Bei den freien Friesen schlossen sich daher Land und Stadt prinzipiell aus. Wie ein befestigtes Wohnhaus, so kam auch ein befestigter Wohnort nicht infrage.

Das machte die Landesgemeinde des Fivelga sehr anschaulich und unmißverständlich klar, nachdem sie gegen Mitte des 13. Jahrhunderts die - nicht friesische - Stadt Groningen eingenommen hatte: äußerlich dadurch, daß sie die Stadtmauer auf friesischer Seite niederlegen ließ, und innerlich dadurch, daß sie das Stadtregiment mitübernahm. Die Überlegenheit des friesischen Landes gegenüber der sächsischen Stadt war damals so dominierend, daß die Weiterentwicklung Groningens zu einer ausgebildeten Stadtgemeinde sich fast ein Jahrhundert verzögerte. Erst dann vermochte die Stadt Groningen den Spieß umzudrehen und die künftig sogenannten Ommelande von sich abhängig zu machen.

Die freien bürgerlichen Stadtgemeinden außerhalb Frieslands erwiesen sich am Ende doch als eine stärkere Kraft als die autonomen bäuerlichen Landesgemeinden innerhalb Frieslands. Damit hemmte und hinderte die friesische Freiheit, wie sie in diesen "universitates terrae" im Mittelalter ihre politische Gestalt gewann, über mehr als zwei Jahrhunderte hin an der südlichen Nordseeküste die Profilierung sowohl des Adels als auch der Städte, so daß diese für die historische Entwicklung des Abendlandes so bedeutsamen beiden Kräfte in Friesland weitgehend ausfielen bzw. nur beschränkt und erst verspätet zum Tragen kamen. Sie blieben zudem dann auch nur noch bescheidene Größen, mit geringem Wirkungskreis und niedrigem Wirkungsgrad, weil nun Landesherren wie einst die Landesgemeinden über sie geboten.

Häuptlinge

Zwischen dieser frühneuzeitlichen Epoche der entwikkelten Territorialherrschaft und jener hochmittelalterlichen Epoche der ausgeprägten Territorialgenossenschaft hatte sich während der Übergangszeit im friesischen Küstenraum schließlich eine so weitgehende soziale Differenzierung vollzogen, daß der bisherige gesellschaftliche und in Ostfriesland zwischen Ems und Jade auch der politische Rahmen gesprengt wurde. Hierbei handelt es sich um die nach und neben der Friesischen Freiheit zweite besondere Erscheinung in der friesischen Geschichte des Mittelalters: um das spezifische Phänomen der sog. Häuptlinge, "capitales" oder "hovetlinge" lateinisch bzw. niederdeutsch genannt.

Im Laufe der ersten Hälfte des 14. Jahrhunderts etablierte sich die führende Schicht in den friesischen Gemeinden als eine eigenmächtige Kraft: die namenlosen Funktionäre wurden zu namhaften Dynasten. Aus der ihnen auf Jahresfrist übertragenen Rechts- und Friedenswahrung machten die friesischen Großen nun eine ihnen auf Lebensdauer und erblich überlassene Gerichts- und Schutzherrschaft. Nach der Mitte des 14. Jahrhunderts war es soweit in Ostfriesland: Die alten autonomen Landesgemeinden wurden abgelöst von neuen souveränen Häuptlingsherrlichkeiten unter-

dem in der Mitte stehenden Apostel Paulus von links und rechts die Erzeugnisse ihrer Länder (Rind, Pferd, Schaf, Käse, Eier und Butter).

schiedlichsten und fließenden territorialen Zuschnitts. Eine Hausmacht von - allerdings auch häufig wechselnden - Anhängern und Freunden aus der näheren und ferneren Verwandtschaft spielte dabei keine unerhebliche Rolle. Eine solche Herrschaft konnte sich von einem Dorf bis über mehrere Länder erstrecken und war eine stets durch den auf Verdrängung abzielenden Konkurrenzkampf der Häuptlinge und ihrer Familien gefährdete und wechselnde Größe.

Die infolge der zunehmenden sozialen und wirtschaftlichen Differenzierung überreich und übermächtig gewordenen Großen der Oberschicht haben sich von der Genossenschaft, deren Normen sie für sich nicht mehr als verbindlich betrachteten, abgesetzt, um sich fortan selbständig und selbstherrlich zu gebärden. Als äußeres Zeichen ihres neuen Selbstverständnisses bauten sie sich eine feste Burg in Form eines turmartigen Steinhauses, eines kleinen Donjon (Abb. 11), und hielten sie sich ein militärisches Gefolge von "ruiters unde knechte", das sich aus der gewachsenen Schar der besitzlosen Leute der Unterschicht rekrutierte, die hier Brot und Beruf fanden; und wo die Häuptlinge urkundeten, bedienten sie sich nicht mehr der Gemeindesiegel mit den Schutzheiligen, sondern beglaubigten mit ihren eigenen Siegeln, die nun persönliche Wappen mit Adler, Löwen oder anderen profanen Zeichen der Stärke und Macht als Identitätsmerkmale aufwiesen (Abb. 12, 13). Die Verminderung des genossenschaftlichen Elements infolge der Verringerung des bäuerlichen Anteils schwächte die Gemeinden derart, daß ihnen nichts anderes übrigblieb, als den Häuptlingen die Rechtspre-

chung und Friedenswahrung erblich zu überlassen oder auch formell zu übertragen. Damit wurde freilich ein hierarchisches Verhältnis zwischen Häuptlingen und Untersassen begründet, wurden die private Macht und Gewalt der Häuptlinge sanktioniert und als öffentliche Herrschaft und Hoheit legitimiert. Mehr ein Schein als ein Hauch von Freiheit blieben dadurch gewahrt, daß formell und prinzipiell für die neue Gerichtsherrschaft das alte Landrecht zugrunde gelegt wurde und die Schutzherrschaft auf Leistung und Gegenleistung in einem akzeptablen Verhältnis beruhte. So gelang es in einigen Teilen des östlichen Friesland verschiedenen Familien in mehr oder weniger freiwilligem Einverständnis mit den betroffenen Gemeinden, die zuvor von Konsuln oder Richtern kollegial erfüllten Aufgaben und besetzten Funktionen an sich zu ziehen und als Besitz und Erbe auszuüben, und damit schließlich losgelöst von gemeindlich-genossenschaftlichen Ableitungen die Eingesessenen in ihrem Einzugsbereich zu regieren. Diese Häuptlinge und ihre Herrschaft, die als "Herrlichkeit" bezeichnet wurde, war ein durch und durch friesisches Eigengewächs. Schon der Titel drückt dies deutlich aus. Aber damit verband sich schon bald ein Selbstbewußtsein, das sich feudal-herrschaftlich und abgesondert von der bäuerlich-genossenschaftlichen Ebene verstand. So brachte der Aufstieg friesischer Häuptlingsfamilien, insbesondere im östlichen Friesland zwischen Ems und Jade, zu dynastischer Landesherrschaft neue Wertmaßstäbe mitsich, die dem Ansehen der Person und Familie des Häuptlings Priorität gaben. Die alten, tradierten und mehr introvertierten

Abb. 11 Häuptlingsburgen: a) Modell der Sibetsburg (Wilhelmshaven) mit mächtigen Turmhaus (Donjon) und Luftbild vom Burggelände (erbaut 1383); b) Steinhaus zu Bunderhee (15. Jahrhundert); c) älteres Turmhaus und jüngeres Langhaus (14. und 15. Jahrhundert) zu Emden (Ansicht um 1575); d) Burg zu Hinte, spätgotisches Langhaus (15. Jahrhundert), Lage neben der Kirche (Ansicht von 1842); e) Burg zu Grimersum, spätgotisches Langhaus (15. Jahrhundert) im hinteren Teil (Ansicht von 1886).

Abb. 12 Häuplingssiegel: a) Affo Beninga zu Pilsum, 1400: Adler; b) Wiard Abdena zu Emden, Ende des 14. Jahrhunderts: Löwe (und Adler); c) Hisko Abdena zu Emden, 1390: Löwe (und Hl. Paulus); d) Folkmar Allena zu Osterhusen, 1398: Adler (und Hl. Christopherus); e) Wiard zu Faldern, 1430: drei Lilien; f) Ulrich Cirksena zu Greetsiel, 1455: Harpyie.

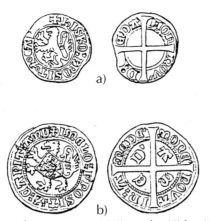

Abb. 13 Häuptlingsmünzen: a) Witten des Hisko Abdena zu Emden, 1412/13 oder 1428; b) Krummsteert des Imel Abdena zu Emden, 1929-33.

und eher extrovertierten der Häuptlingsdynastien und Landesherren zurück. Diese suchten nun offen und zielstrebig den ihnen ihrer Meinung nach zukommenden Platz in der europäischen Adelswelt einzunehmen und ließen dazu die gewohnten friesischen Kreise und Horizonte hinter sich.

Aufstieg und Fall der tom Brok

Das wohl eindrucksvollste Beispiel für diese neue Standes- und Verfassungsqualität in Friesland und die daraus folgenden grundlegend anderen Verhältnisse lieferten in der zweiten Hälfte des 14. und im ersten Viertel des 15. Jahrhunderts die Kenesna tom Brok: eine Häuptlingsfamilie, die aus der Oberschicht des Norderlandes stammte, offenbar mit formeller Zustimmung der Landesgemeinde eine unangefochtene Regionalherrschaft über das Brokmer- und Auricherland erlangte, von hier aus rundherum ihre Expansion unentwegt vorantrieb - ostwärts bis ins Jeverland hinein, westwärts weit über die Groninger Umlande hinaus - und dabei ihren stärksten und widerstandsfähigsten Gegenspieler, die Häuptlingsfamilie Abdena, aus Emden vertreiben und die Stadt selbst einnehmen konnte. Ohne Emden wäre denn auch jede Landesherrschaft in Ostfriesland Fragment und in Gefahr geblieben. Die tom Brok unternahmen als erste den großangelegten Versuch, eine ausgedehnte Landesherrschaft zwischen Weser und Zuidersee zu begründen. Sie ließen sich zu Rittern schlagen, führten einen dreifach gekrönten Adler in ihrem Wappen und Siegel (Abb. 14) und nannten sich auch "dominus". Der letzte tom Brok, Ocko II., schließlich schaffte es nicht nur, eine Grafentochter, Ingeborg von Oldenburg, zu ehelichen, sondern fast auch noch, erhoben von König Siegmund, in den Freiherrnstand aufzusteigen. Die tom Brok waren denn auch zielstrebig darum bemüht, Herrschaftstitel reichsrechtlicher Provenienz zu erwerben und sich von Herrschaftsrechten landesgemeindlicher Ableitung zu lösen.

In diese große Auseinandersetzung zwischen den Landesherren tom Brok und Stadtherren Abdena waren fast alle übrigen größeren und kleineren Häuptlingsfamilien in Ostfriesland - die Allena, Attena, Beninga, Cirksena, Idzinga, Kankena, Manninga, und wie sie alle hießen - einbezogen, häufig auch die Partei wechselnd, um sich selbst zu behaupten. Diese blutigen Konkurrenzkämpfe blieben keine innerfriesische Angelegenheit mehr; in sie wurden auch auswärtige Mächte hineingezogen bzw. diese wurden davon empfindlich berührt. Denn man brauchte Bundesgenossen; und das konnten Grafen von Holland, Herzöge von Geldern oder Bischöfe von Münster ebenso sein wie Hansestädte oder Vitalienbrüder. Gerade die letzteren bedeuteten eine schlagkräftige Truppenverstärkung für die relativ bescheidenen hauseigenen Streitkräfte der Häuptlinge. Aber was die Vitalienbrüder den Häuptlingen innenpolitisch an Vorteilen einbrachten, mußten diese mit neuen, außenpolitischen Nachteilen erkaufen. Denn sie konnten den Seeräubern zwar sicheren Schutz vor Verfolgern bieten, aber keinen festen Sold zahlen, so daß sie ihnen stattdessen freie Hand lassen mußten, sich selbst auf eigene Faust zu Lasten Dritter zu versorgen. Für die daraus erwachsende Unsicherheit und Gefährlichkeit auf den Seehandelswegen entlang der südlichen Nordseeküste machten die betroffenen und geschädigten Hansestädte die ostfriesischen Häuptlinge im besonderen verantwortlich. Man erkannte aber

Abb. 14 Siegel a) Kenos II. tom Brok und b) Ockos II. tom Brok, 1400 und 1418.

Abb. 15 Historienbild (Ölgemälde, 1803) von Tjarko Meyer Cramer: Ocko II. tom Brok wird nach der Niederlage in der Schlacht auf den Wilden Äckern gefangen vor Focko Ukena geführt (1427).

auch, daß erst ein dauerhafter Frieden in Friesland die Gewähr bot, die Nordsee ruhig und sicher befahren zu können. Daher schalteten sich die Hansestädte, Lübeck, Hamburg und Bremen voran, wiederholt auch militärisch massiv in die ostfriesischen Häuptlingskämpfe ein, um die streitenden Parteien zur Räson zu bringen und damit Ruhe und Ordnung in einem Raum zu schaffen, auf dessen Küstengewässer die mit England und Flandern verkehrenden Schiffe der Hanse angewiesen waren, und dessen Brückenfunktion sowie Eigenhandel, auch zum Binnenland, im wirtschaftlichen Gesamtzusammenhang nicht zu unterschätzen waren. Aber selbst so großangelegten Aktionen wie der im Jahre 1400, die am Ende die "hovetlinge unde menheyt des ghantsen landes to Ostvreslande" dazu brachte, den Hansestädten im Franziskanerkloster vor Emden zu geloben, niemals mehr Vitalienbrüder oder andere Räuber bei sich aufzunehmen und zu beschützen, die die Kaufleute zu Lande oder zu Wasser schädigen, war auf Dauer kein Erfolg beschieden. Kaum waren die Hansen nach Hause zurückgekehrt, gingen die Häuptlinge schon wieder auf einander los. Der friesische Küstenraum war politisch zu zersplittert und zerstritten, als daß Einigkeit hätte längeren Bestand haben können. Das völlige Fehlen einer politischen Einheit und einer zentralen Gewalt ließ keinen Frieden in Friesland einkehren.

Diese Situation änderte sich grundlegend, als die tom Brok mit der Vertreibung Hiskos Abdena und der Vereinnahmung Emdens durch Keno II. im Jahre 1413 und mit der darauf folgenden Ablösung der mit Hisko verbündeten Partei der Schieringer durch die dem tom Brok verbundenen Vetkoper in Groningen zur Ober- und Vorherrschaft in Friesland aufstiegen und damit hier klare Verhältnisse schufen. Die übrigen Häuptlinge folgten den tom Brok, da es für ihre eigene Stellung opportun war. Innenpolitisch wurde es nun ruhig, aber auf neuer Ebene erwuchsen die tom Brok außenpolitisch nicht nur zu neuen Partnern, sondern auch zu neuen Konkurrenten. Somit verlagerten sich Streit und Kampf aus der Mitte an die Ränder Frieslands.

Freilich: die vertriebenen und unterdrückten Häuptlinge hielten zwar still, aber gaben nicht auf, sondern hofften und warteten auf die Rück- und Wiederkehr in unbestimmter Zeit. Doch je weiter die tom Brok ausgriffen und je höher sie aufstiegen, desto näher rückte dieser Zeitpunkt. Denn die derart ambitionierten tom Brok provozierten die Friesen dahingehend, daß sie ihre freiheitsbezogene Identität wiederentdeckten und mobilisierten, - ermutigt zudem durch die ungebrochene Realität friesischer Freiheit, wie sie die Ostfriesen bei den Westfriesen vorfanden und von König Siegmund ausdrücklich anerkannt wurde. Diese Erfahrung und Erkenntnis weckte bei den ostfriesischen Bauern wie auch Häuptlingen im Gefolge des tom Brok nicht nur alte Erinnerungen, sondern auch neue Erwartungen, so daß sich gegen Form und Inhalt der tom-Brokschen Landeshoheit bald eine wachsende Opposition zu formieren begann. Die Friesische Freiheit kam wieder hoch in Kurs. Die tom Brok erschienen als Männer ohne friesische Eigenschaften, in ihrem Denken und Handeln den Friesen fremd und damit der Freiheit feind; sie wurden als Tyrannen verleumdet. Die offene und heimliche Opposition witterte Morgenluft und nutzte ihre Chance, nachdem Ocko II. tom Brok im Jahre 1420 gegenüber Herzog Johann von Bayern, dem Grafen von Holland, im Westen Frieslands an seine Grenzen gestoßen war. Die mit ihrer Abhängigkeit unzufriedenen Häuptlinge erkannten in dem wiedererwachten Freiheitsbedürfnis der Bauern die Möglichkeit, die sich hier auch ihren Eigeninteressen bot, und setzten sich an die Spitze der Ostfriesen, die ihre alten Freiheiten und Rechte zurückerhalten wollten. Als der mächtigste Getreue der tom Brok, der Häuptling Focko Ukena, der von Leer aus die Herrschaft über das südliche Ostfriesland in ihrem Auftrage als ihr Sachwalter ausübte, seinem Herrn den Dienst und die Treue aufkündigte und die Führung der gegnerischen Kräfte übernahm, begann der unaufhaltsame Abstieg des letzten tom Brok. Zahlreiche Häuptlinge im Gefolge Ockos II. wechselten zu Focko Ukena über, um mit der Gemeinfreiheit ihre Häuptlingsselbständigkeit wiederzuerlangen. Auch Ocko versuchte sich anzupassen und seine Herrschaftspositionen mit friesisch-freier Sprachregelung zu behaupten, aber ihm nahm man diese Verknüpfung nicht ab. In dem neuen Konkurrenzkampf und Parteienstreit, der ab 1424 offen ausgetragen wurde, vermochte sich jedenfalls Focko Ukena mit seinen Anhängern der bäuerlichen Freiheitsbewegung erfolgreicher zu bedienen. Im Jahre 1426 schlug er ein von den oldenburgischen Anverwandten Ockos zu dessen Hilfe herbeigeführtes Ritterheer bei Detern. Sein Sieg über Ocko selbst (Abb. 15) im Jahre 1427 in der sog. Schlacht auf den Wilden Äckern zwischen Marienhafe-Upgant und Oldeborg-Engerhafe bedeutete dann den vollständigen und endgültigen Sturz der tom Brok.

Die gemeinen Friesen sahen die autonomen Landesgemeinden wiederauferstehen; die Friesische Freiheit schien ein neues Leben gewonnen zu haben. Aber die Bauern sahen sich arg getäuscht und mißbraucht: Nicht die alten Landesgemeinden erstanden neu, sondern die alten Häuptlingsherrlichkeiten. Focko Ukena in Leer, seine Söhne in Aurich und Norden sowie die nach Emden zurückgekehrten Abdena und andere Häuptlinge ihres Anhanges dachten überhaupt nicht daran, selbständige, von Bauern oder Bürgern wesentlich bestimmte Gemeinden wiederaufleben zu lassen und sich als Anwalt und Wahrer von Landrecht und Gemeinfreiheit zu verstehen und darauf zu beschränken. Die Freiheit, die sie meinten, war ihre eigene; und das hieß: nach der Separation aus der Abhängigkeit von den tom Brok nun die Restauration der Häuptlingsherrlichkeit für sich selbst. Die Ostfriesen hatten die Herrschaft eines einzigen Häuptlings allein lediglich gegen die mehrerer Häuptlinge im Verbund eingetauscht; und diese neuen Häuptlinge hatten nichts Eiligeres zu tun, als sich wie die tom Brok und damit gar nicht altfriesisch aufzuführen. Aber die Ukena und ihre Parteigänger hatten sich verschätzt. Der Ruf nach Recht und Freiheit verstummte keineswegs. Die Freiheit der Bauern und Gemeinden war nicht nur eine bloße Idee und blasse Theorie, sondern inzwischen auch in Ostfriesland eine Realität, die sich Ausdruck verschaffen, und ein Faktor, der zum Tragen kommen wollte. Die Ostfriesen gaben daher nicht auf, die Freiheit, für die sie gekämpft hatten, auch zu erlangen und die Früchte ihres mit den Ukena errungenen Sieges auch zu genießen. Aber solange sich die Häuptlinge einig waren, hatten die Bauern wie Bürger das Nachsehen.

Herrschaftsbildung der Cirksena

Die Häuptlinge blieben sich jedoch nicht einig. Eine kleine Gruppe von Häuptlingen, vor allem aus dem Emsigerland, die nicht zum engsten Kreis um Focko Ukena zählten, griffen die vorherrschende Stimmung im Lande auf, machten gemeinsame Sache mit den Bauern und Front gegen die neuen Herren. So nahmen sich jetzt die Häuptlinge von Greetsiel der guten Sache der gemeinen Ostfriesen an, setzten sich an die Spitze der sich neu bildenden bäuerlichen Gemeinden und gingen mit weiteren Häuptlingen, die ihnen darin folgten, nun ihrerseits in Opposition zu Focko Ukena mit seinen Söhnen und Anhängern. Sie waren Verwandte der tom Brok und zudem durch Einheirat in eine der führenden Familien des Norderlandes deren Erben in Berum geworden, demzufolge sie deren altehrwürdigen Namen Tzyerza, d.i. Cirksena, annahmen. Mit von der Partie waren vor allem Wibet zu Esens, die Manninga zu Pewsum und Lütetsburg und Wiard von Uphusen bei Emden. In der erneuerten und weitergeführten Auseinandersetzung zwischen Genossenschaft und Herrschaft, Freiheit und Gewalt, Recht und Macht wußten Enno Cirksena und seine Söhne Edzard und Ulrich ihre Chance zu politischem Aufstieg zu nutzen. Sie und ihre Anhänger schlossen im Jahre 1430 mit einigen sich neu konstituierenden ostfriesischen Landesgemeinden den sog. Freiheitsbund der "Sieben Ostfrieslande", dessen Ziele von den Bauern bestimmt waren. Man versprach sich gegenseitigen Beistand, die Aufrechterhaltung von gemeinfriesischem Landrecht und gemeinfriesischer Freiheit sowie die Ablehnung jeglicher Hörigkeit; die Häuptlinge gedachte man wieder in die bäuerliche Freiheit zu integrieren. Sie ließen keinen Zweifel daran aufkommen, daß auch sie die Autorität, zu denen sie den Gemeinden verhalfen, voll anerkannten. Das Bündnis war - unausgesprochen - gegen die Ukena gerichtet, gegen die und deren Parteigänger man sich in diesem und dem folgenden Jahr mehrfach militärisch durchsetzte. Als Leer am Ende fiel und Focko floh, sein Sohn Udo sich aus Aurich nach Norden auf den Stammsitz seiner Frau zurückzog und sein Sohn Uko auf dem Wege von Oldersum nach Osterhusen erschlagen wurde sowie die Allena im Emsigerland neutralisiert waren, verschaffte diese Erfolgsbilanz dem Selbstbewußtsein der Gemeinden große Auftriebskraft. Aber die beiden Schwiegersöhne Fockos, die Häuptlinge Sibet in Bant an der Jade und Junge Imel Abdena in Emden an der Ems, widerstanden dem Freiheitsbund und hatten sich unbeschadet behaupten können. Da die Cirksena das Recht als Garant der Freiheit zur Richtschnur ihres politischen Handelns gemacht hatten, die Legitimität der Herrschaft beider Gegner aber nicht zu bestreiten war, da sie von deren Untersassen anerkannt wurde, blieb ihnen nichts anderes übrig, als vorerst stillzuhalten, wenn sie sich nicht unglaubwürdig machen wollten. So blieb das Feuer zweier Herde freiheitsgefährdender Gewalt noch nicht gelöscht.

Aber gegen die Seefesten Sibetsburg und Emden war ohne Seemächte nicht viel auszurichten; sie waren für eine bäuerliche Landmacht, die keine Berufsarmee darstellte, uneinnehmbar. Indem Imel und Sibet sich jedoch der Kaperei bedienten, setzten sie sich dem Vorwurf des Seeraubs aus und damit in das Unrecht, das den Cirksena und deren Bundesgenossen den willkommenen Anlaß bot, die Hanse, namentlich Hamburg und Bremen, auf den Plan zu rufen und zum Eingreifen zu bewegen. So überrumpelten die Hamburger im Jahre

Abb. 16 Bildnisgrabmal des Häuptlings Gerd zu Petkum († 1478) im Chor der Kirche zu Petkum.

auch die Sibetsburg (im heutigen Wilhelmshaven), die zerstört wurde (Abb.11b). Entgegen der früheren Praxis bei Interventionen, die sich nicht bewährt hatte, verließen die Hamburger, um diesmal sicher zu gehen, Ostfriesland nach getaner Arbeit nicht wieder. Sie setzten sich vielmehr in Emden fest, zerstörten im Umkreis von Emden die Burgen der nicht mit den Cirksena verbündeten Häuptlinge, vertrieben diese aus ihrer Heimat und errichteten über das untere Emsgebiet an deren und des Focko Ukena Stelle nun eine eigene Herrschaft. Eine solche neue Territorialmacht in Ostfriesland hatten sich die Landesgemeinden allerdings nicht als Ergebnis ihres Freiheitskampfes vorgestellt. Daß die hamburgische Stadtgemeinde als mit einer ostfriesischen Landesgemeinde artverwandt empfunden wurde, konnte jedoch nicht darüber hinwegtäuschen, daß sich hier eine fremde, weil ausländische Macht in friesischen Gefilden etablierte. Diese überraschende Wendung hatte denn auch schwerwiegende Folgen. Denn damit zerschlugen die dafür verantwortlichen hamburgischen Stadtväter zugleich den breiten Bund der ostfriesischen Landesgemeinden, so daß der Rest, der übrig blieb, nur noch resignieren konnte. Die verbliebenen Landesgemeinden räumten daraufhin jeweils wieder den Häuptlingen ihres Vertrauens die Herrschaft über sich ein. Für die Cirksena und ihre Freunde wurden dadurch nun auch in ihrem eigenen Umfeld die Verhältnisse wieder regierbar. Damit taten die Hamburger ihnen einen großen Gefallen, denn sie ersparten ihnen, selbst zum Totengräber der friesischen Freiheit zu werden. Nachdem sich die von den Hamburgern geschaffenen und ausgelösten neuen Verhältnisse konsolidiert hatten, sah sich die Stadt nicht länger genötigt, mit eigenen Leuten in Ostfriesland präsent zu sein. So übertrug Hamburg den Brüdern Edzard und Ulrich Cirksena im Jahre 1439 Emden und seinen Herrschaftsbereich auf Treu und Glauben zur Verwahrung. Damit hielten die Cirksena nun fast den gesamten Westen Ostfrieslands in ihrer Hand. Nachdem Edzard kinderlos verstorben war, ging Ulrich systematisch daran, seine Herrschaft über die verschiedenen Teile Ostfrieslands mittels Erb- wie Heiratsverträgen und anderer Übereinkommen rechtmäßig weiter abzusichern und zu untermauern. Als Hamburg die Gefahr erkannte, die seiner Herrschaft hieraus erwuchs, kehrte es nach Ostfriesland zurück, um die Zügel wieder selbst in die Hand zu nehmen, die Ulrich den Hamburgern zunächst auch widerstandslos übergab. Doch die Ostfriesen waren nicht gewillt, sie länger im Lande zu dulden. Aber zum Unmut seiner Ostfriesen mußte erst ein Unrecht der Hamburger tre-

1433 zunächst Emden und nahmen Imel Abdena in Geiselhaft, schlugen mit den Ostfriesen bei Bargebur die vereinten Streitkräfte von Udo, der fiel, und Sibet, der tödlich verwundet wurde, und bezwangen schließlich mit Hilfe der Bremer nach längerer Belagerung

ten, ehe er gegen sie vorging. Über Rechtsstreitigkeiten kam es daher zu Kriegshandlungen, die Hamburg schließlich zwangen, aufzugeben und Ulrich die Herrschaft im Jahre 1453 zu verpfänden. Die Wiedereinlösung blieb zwar juristisch möglich, war aber faktisch wenig wahrscheinlich.

So hatten die Cirksena nach den tom Brok erstmals wieder eine ostfriesische Landesherrschaft ausgebildet, die diesmal jedoch auf der Grundlage vielfältiger, unterschiedlicher Rechte und Verträge beruhte, von daher allerdings auch aufkündbar und einklagbar blieb. Um für die Zukunft davor sicher sein zu können, mußte Ulrich dafür einen jene aufhebenden und übergreifenden Rechtstitel erlangen. Diesen beschaffte er sich von Kaiser Friedrich III., der ihn und seine Nachkommen im Jahre 1464 zu Reichsgrafen und das von ihm beherrschte Gebiet zur Reichsgrafschaft in Ostfriesland erhob. Indem ihre Landesherrschaft und -hoheit nunmehr von den Ostfriesen wie vom Reich formell anerkannt war, hatten die Cirksena eine umfassende Legitimation dazu gewonnen. Das zwischen Herrschaft und Freiheit so lange Unvereinbare schien jetzt versöhnt. So verwunderte es nicht, daß der Kaiser nicht nur den Landeshäuptling zum Reichsgrafen erhob, sondern zugleich auch den gemeinen Ostfriesen alle überkommenen Gewohnheiten, Freiheiten und Rechte bestätigte, wie sie ihnen seit Karl dem Großen von Kaiser und Reich zugestanden worden waren. Dank des großen Vertrauens, daß sich Ulrich durch seine politische Praxis im Lande erworben hatte, kam dieser Widerspruch zu seiner Zeit nicht zum Tragen. Aber in späteren Generationen trat er wieder auf und führte zur Teilung der Landeshoheit zwischen den Reichsgrafen und Landständen in Ostfriesland.

Literatur

Die ältere Literatur ist verarbeitet und verzeichnet in dem Standardwerk von

Schmidt, H. (1975): Politische Geschichte Ostfrieslands. - Ostfriesland im Schutze des Deiches 5.

Neuere Geschichtsdarstellungen einzelner ostfriesischer Länder sind:

Albrecht Graf Finckenstein (1975): Die Geschichte Butjadingens und des Stadlandes bis 1514. - Oldenburger Studien 13.

van Lengen, H. (1973, 1976): Geschichte des Emsigerlandes vom frühen 13. bis zum späten 15. Jahrhundert, 2 Teile. - Abhandlungen und Vorträge zur Geschichte Ostfrieslands 53.

Salomon, A. (1965): Geschichte des Harlingerlandes bis 1600. - Abhandlungen und Vorträge zur Geschichte Ostfrieslands 41.

An jüngerer Literatur ist hinzuweisen auf:

Deichbau und Sturmfluten in den Frieslanden (1992). Beiträge vom 2. Historiker-Treffen des Nordfriisk Instituut, hrsg. v. Thomas Steensen.

Ehbrecht, W. (1983): Hansen, Friesen und Vitalienbrüder an der Wende zum 15. Jahrhundert. - Niederlande und Nordwestkontinentaleuropas im Mittelalter und in der Neuzeit, Franz Petri zum 80. Geburtstag, hrsg. v. Wilfried Ehbrecht und Heinz Schilling, Köln/Wien (Städteforschung, Veröffentlichungen des Instituts für vergleichende Städtegeschichte in Münster, Reihe A: Darstellungen, 15), 61-98.

Ehbrecht, W. (1983): Von friesischen zu hansischen Seehandelsplätzen im südlichen Nordseeküstengebiet (12./13. Jahrhundert). - Lübecker Schriften zur Archäologie und Kulturgeschichte 7, 95-109.

Ehbrecht, W. (1984): Universitas civium. Ländliche und städtische Genossenschaftsformen im mittelalterlichen Nordseeküstenraum. - Civitatum Communitas, Studien zum europäischen Städtewesen, Festschrift Heinz Stoob zum 65. Geburtstag, Teil 1, 115-145.

Haiduck, H. (1982): Die mittelalterliche Baugeschichte der Kirche von Reepsholt und romanische Westtürme und Turmlogen zwischen Ems und Elbe. - Jahrbuch der Gesellschaft für bildende Kunst und vaterländische Altertümer zu Emden 62, 5-66.

van Lengen, H. (1976): Der mittelalterliche Wehrbau im ostfriesischen Küstenraum. - Die Burgen im deutschen Sprachraum, ihre rechts- und verfassungsgeschichtliche Bedeutung, 1, hrsg. v. Hans Patze (Vorträge und Forschungen 19), 325-357.

van Lengen, H. (1984): Zur Entstehung und Entwicklung

van Lengen, H. (1985): Land und Stadt im ostfriesischen Küstenraum während des späten Mittelalters und der frühen Neuzeit. - Stadt im Wandel, Kunst und Kultur des Bürgertums in Norddeutschland 1150-1650, hrsg. v. Cord Meckseper (Landesausstellung Niedersachsen 1985), 4, 39-62.

van Lengen, H. (1986): Jever als friesische Stadt im Mittelalter. - Ein Blick zurück, Beiträge zur Geschichte des Jeverlandes, 20-23.

van Lengen, H. (1995): Emden im Mittelalter. - Geschichte der Stadt Emden von den Anfängen bis 1611. - Ostfriesland im Schutze des Deiches 10.

Moßig, C. (1982): Untersuchungen zur Geschichte des Auricherlandes im späten Mittelalter. - Jahrbuch der Gesellschaft für bildende Kunst und vaterländische Altertümer zu Emden 62, 67-86.

Res Frisicae (1978). Beiträge zur ostfriesischen Verfassungs-, Sozial- und Kulturgeschichte, hrsg. v. Kollegium der Ostfriesischen Landschaft. - Abhandlungen und Vorträge zur ostfriesischen Geschichte 59.

Rondom Eems en Dollard / Rund um Ems und Dollart (1992). Historische verkenningen in het grensgebied van Noordoost-Nederland en Noordwest-Duitsland / Historische Erkundungen im Grenzgebiet der Nordostniederlande und Nordwestdeutschlands. Groningen/Leer.

Schmidt, H. (1983): Rechtsaufzeichnung und landesgemeindliche Bewegung im hochmittelalterlichen Ostfriesland. Überlegungen zur Entstehungsgeschichte des „Brokmerbriefs" im späten 13. Jahrhundert. - Staat und Gesellschaft in Mittelalter und Früher Neuzeit, Gedenkschrift für Joachim Leuschner, 54-74.

Schmidt, H. (1984): Die Kirchen von Reepsholt, Überlegungen zum Wechselverhältnis von Kirchenbau und Gemeinde im hochmittelalterlichen Ostfriesland. - Beiträge zur niedersächsischen Landesgeschichte, zum 65. Geburtstag von Hans Patze hrsg. v. Dieter Brosius und Martin Last, 76-94.

Schmidt, H. (1987): Kirchenbau und „zweite Christianisierung" im friesisch-sächsischen Küstengebiet während des hohen Mittelalters. - Niedersächsisches Jahrbuch für Landesgeschichte 59, 63-93.

Schmidt, H. (1992): Stammesbewußtsein, bäuerliche Landesgemeinde und politische Identität im mittelalterlichen Friesland. - Regionale Identität und soziale Gruppen im deutschen Mittelalter, hrsg. v. Peter Moraw (Zeitschrift für Historische Forschung, Beiheft 14), 15-39.

Vries, Oebele (1986): Het Heilige Roomse Rijk en de Friese vrijheid. - Fryske Akademy, nr. 663.

Kleinstaat und Provinz.
Allgemeine Geschichte der Neuzeit
von Walter Deeters

1. Teil: 1464 bis 1744

Vorbemerkung

Zweihundertachtzig Jahre war die Grafschaft Ostfriesland ein selbständiges Territorium des Heiligen Römischen Reiches Deutscher Nation. Diese Selbständigkeit fand ihre Grenzen in der Kleinheit und Abgelegenheit des Landes, das nur um 1600 einmal Statist auf der Bühne der großen Geschichtsereignisse sein durfte. In diesen Jahrzehnten der frühen Neuzeit sind heute noch nachwirkende Entscheidungen gefallen, wie etwa die Konfessionsspaltung in Reformierte und Lutheraner oder die Ausbildung der besonderen Stellung der Stadt Emden innerhalb des Landes. In der Hauptsache aber fröhnte man seiner Eigenheiten, pflog mit Eifer juristischen Auseinandersetzungen und bemühte sich um sichere Anlage seines Vermögens.

Die geographisch bedingte Abgeschlossenheit des Ländchens vom übrigen Deutschland und der Aufstieg der Niederlande in die Weltgeschichte verschafften Ostfriesland das fragwürdige Dasein eines Satelliten der Niederländer. Hier wird die Geschichte jener Zeit exemplarisch, indem man die feinen Formen studieren kann, in denen sich die Abhängigkeit ausdrückt, und man den Versuchungen begegnet, welchen Menschen unter diesen Voraussetzungen ausgesetzt sind.

Früher Glanz 1464 bis 1528

Ostfriesland wird Grafschaft

Am 23. Dezember 1464 fand in der - heute nicht mehr stehenden - Franziskanerkirche im Emder Stadtteil Faldern eine feierliche Zeremonie statt. Namens des Kaisers Friedrich III. belehnte sein Rat Johann von Schaumburg den Häuptling Ulrich Cirksena mit der Grafschaft Ostfriesland und schlug ihn zum Ritter. Auf diesen Höhepunkt in seinem Leben hatte Graf Ulrich I., wie wir ihn jetzt nennen müssen, zielstrebig hingearbeitet.

Er hatte erkannt, daß er eines höheren Titels bedurfte, um seiner Macht ein festes Fundament im Lande zu geben. Darum bat er den Kaiser, ihn zum Grafen des Reiches zu erheben. Dieser seinerseits konnte dieser Bitte unter den Bedingungen der Zeit - große Entfernungen, mangelnde Kenntnis der Einzelheiten - nur nachkommen, indem er den vom Bittsteller vorgetragenen sachlichen Inhalt auf seine Rechtsform prüfen ließ, mögliche Einsprüche gegen die materiellen Zusagen aber einem Gerichtsverfahren vor Ort freistellte. Wenn also Ulrich I. am 1. Oktober 1464 zum Grafen „zu Norden, Emden, Emesgonien, in Ostfriesland" erhoben wurde, diente diese aus ostfriesischer Feder stammenden Umschreibung nur einem Zweck, nämlich der Abwehr der alten Ansprüche des Bischofs von Münster auf die Grafschaft Emesgonien. Darüber hinaus machte sie deutlich, daß der Herrschaftsbereich des neuen Grafen noch nicht fest begrenzt war.

In der Tat war es die erste Aufgabe Ulrich I., sich bei den anderen Häuptlingen im Lande anerkennen zu lassen, was ihm weitgehend gelungen ist. Unbetroffen von Rückschlägen starb der erste Graf aus dem Hause Cirksena im Herbst 1466, ein Politiker, der die Zeichen der Zeit erkannt hatte und sie für sich auszunutzen wußte. Der Hochchor der Ludgerikirche in Norden ist als sein Denkmal erhalten geblieben; die Burgen, von denen seine Amtmänner aus seine Besitzungen verwalteten, sind verschwunden. Daß überhaupt verwaltet wurde, war neu in Ostfriesland, und wenn es auch in bescheidenem Rahmen anfing.

Nach Ulrich I. Tode führte seine Witwe Theda für ihre Söhne Enno, Uko und Edzard die Regierung im Sinne ihres Mannes weiter. Es gelang ihr, die Herrschaft - vermehrt um das 1481 angekaufte Amt Friedeburg - den Nachkommen unversehrt zu überlassen. Enno I. starb bereits 1491 nach einem Familiendrama, das die ostfriesische Phantasie bis heute beschäftigt: seine Schwester Almuth hatte sich von einem Dienstmann entführen lassen, und der Bruder brach bei dem Versuch, Rache zu üben, durch das Eis des Friedeburger Burggrabens. Uko war zum Regenten nicht geschaffen, so daß die Bahn frei war für Edzard I., den bedeutendsten Regenten aus der Familie der Cirksena.

Graf Edzard I.

Dem Grafen Edzard hat man in Ostfriesland in begreiflicher Übertreibung den Beinamen „der Große" zugeteilt, ein ferner Widerhall der Tatsache, daß er die Bauern des Landes zu Feldzügen außerhalb des Landes aufbieten konnte. Das ging wider alle friesischen Traditionen und war sicher nur möglich, weil die Person des Grafen eine derartige Ausstrahlung hatte, wie sie vor und nach ihm kein Cirksena erreicht hat. So erklärt sich auch, daß die risikoreiche Ausdehnungspolitik des Grafen, die er verloren und die dem Lande viel Unglück gebracht hat, sein Bild in der Geschichte nicht verdunkelt hat.

Das Ziel dieser Politik war ihm vom Vater hinterlassen worden und hieß: Unterwerfung der ostfriesischen Halbinsel bis zur Weser hin unter die gräfliche Gewalt. Um seine Rechtstitel zu verbessern, scheute sich Edzard nicht, den kaiserlichen Lehnbrief von 1464 zu fälschen und sich 1495 eine auf dieser Fälschung beruhende Bestätigung von König Maximilian I. ausstellen zu lassen, die das Jeverland und Butjadingen ausdrücklich nannte. Dennoch kam er in den Kämpfen, die im gleichen Jahr sich um Jever und Esens abspielten, nicht vorwärts, da deren Herren Hilfe bei dem Grafen von Oldenburg suchten und fanden. Edzard mußte vorerst seinen Ehrgeiz zähmen und festigte zunächst sein Haus im Inneren. Am 1. Juni 1493 kaufte er der Stadt Hamburg ihre restlichen Ansprüche auf Ostfriesland ab, am 27. August 1495 dem Bischof von Münster die Grafenrechte auf „Emesgonien". Die Preise - hie 10.000 lübische Mark Silber, da 10.000 rheinische Goldgulden - verraten ein wenig den Reichtum des ostfriesischen Grafen, der auf seinem Grundbesitz in der Krummhörn beruhte. Aber nicht nur der Graf hatte Geld, seine Häuptlinge, Bauern und Städter nicht minder.

Der begabte Politiker zeigte sich in Edzard, als sich unverhofft ihm im Westen die Gelegenheit bot, Macht zu erwerben. Seit den 80er Jahren versuchte König Maximilian I., die Reichsrechte in Westfriesland und Groningen wieder zu beleben. Wie in vielen Angelegenheiten seiner Politik kam er auch hier nicht zum Ziel, fand aber einen eleganten Ausweg dadurch, daß er 1498 den Herzog Albrecht zu Sachsen, dem er viel Geld schuldete, zum „Gubernator" von Friesland erhob, damit dieser seine Forderungen aus den Steuern jener Länder befriedigen könne - Länder insofern, als auch das reiche Ostfriesland dazu gerechnet wurde. Formal mußte der Graf Edzard I. dem sächsischen Herzog huldigen, praktisch verbündete er sich mit ihm und ließ sich seine Hilfe gut bezahlen, indem er zunächst 1499 Appingedam und das „Oldambt" in Besitz nahm. 1506 überspielte er dann Herzog Georg, den Sohn des 1500 in Emden gestorbenen Albrecht, und machte sich zum Herrn der Stadt Groningen. Ungeahnte Möglichkeiten eines Territoriums beiderseits der unteren Ems, eines Landes mit reichen Hilfsquellen tauchen in der Phantasie des historisch Denkenden auf; Edzard aber konnte diese Macht auf die Dauer nicht behalten.

Verständlicherweise war den Nachbarn dieser Erfolg unlieb. Angeführt von dem Herzog Georg zu Sachsen, der die Reichsacht gegen Edzard erwirkte, und angetrieben von dem Herzog Heinrich d. Ä. zu Braunschweig und Lüneburg, der seinem auf dem Bremer Erzbischofsstuhl sitzenden Sohn die weltliche Macht in seinem geistlichen Bereich verschaffen wollte, fielen die Grafen von Oldenburg und Hoya, die Herren von Jever und Esens 1514 in Ostfriesland ein. Edzard stand ohne wahren Verbündeten allein: zwar half ihm der Herzog Karl zu Geldern, aber nur gegen den Preis von Groningen, und im Lande selbst rettete ihn nur der alsbald legendäre Kanonenschuß aus der Feste Leerort, der dem Braunschweiger Herzog Heinrich den Kopf zerschlug. 1517 stand Graf Edzard wieder da, wo er zwei Jahrzehnte zuvor angefangen hatte. Keiner seiner Nachfolger hat je versucht, sich wieder in derart kriegerische Abenteuer zu stürzen.

Groningen und Butjadingen waren für immer verloren; es blieben als Ziele weiterer Politik das Harlinger- und das Jeverland. In diesem starb der letzte Häuptling Christopher just im Jahre 1517; Edzard glaubte klug zu handeln, indem er sich dessen minderjährigen Schwestern als Vormund aufdrängte mit dem Versprechen, daß dereinst seine Söhne sie heiraten würden. So würde das Jeverland eines Tages automatisch an Ostfriesland fallen. Den mit einer Oldenburger Gräfin verheirateten Häuptling Hero vom Harlingerland mußte Edzard I. vorerst gewähren lassen.

Ämter und Städte

Alt geworden starb Graf Edzard 1528. Sein Handeln ist nicht zu verstehen ohne den Rückhalt, den ihm ein reiches und gutverwaltetes Land bot. In seiner Zeit wird die noch heute nachwirkende Einteilung Ostfrieslands in Verwaltungsbezirke endgültig. Es sind die Ämter, die ihren Mittelpunkt in einer Burg - im bescheidenen ostfriesischen Sinne - haben, die von einem Drost befehligt wird und wo ein Amtmann die herrschaftlichen Einkünfte von den Einwohnern einzieht und die

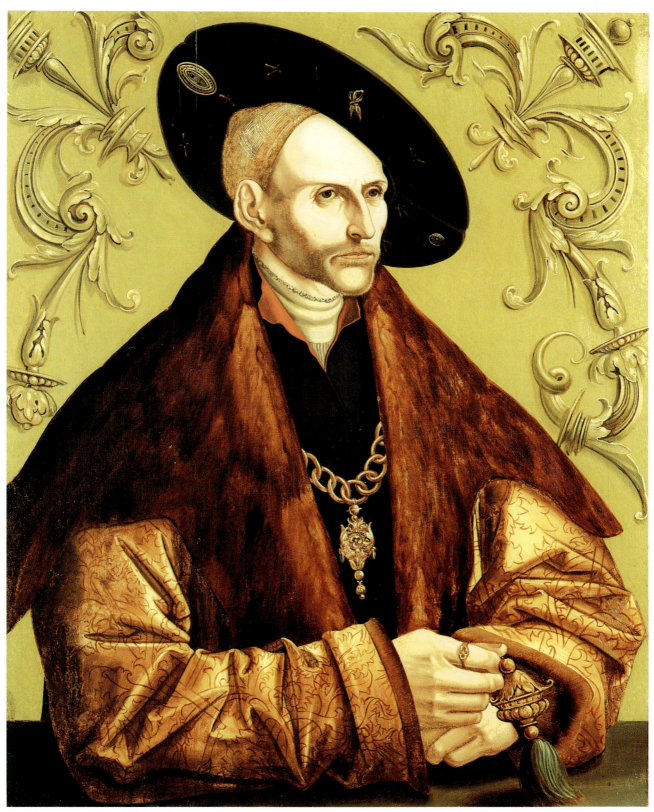

Abb. 1 Porträt des Grafen Edzard I. von Ostfriesland. Johannes a Lasco – Bibliothek der Großen Kirche, Emden.

niedere Gerichtsbarkeit über sie namens des Grafen ausübt. Die gräfliche Familie selbst wohnte in der Stammburg Greetsiel oder in Norden, wo das Kloster Marienthal ihnen die Grablege bot.

Das wichtigste und größte Amt war Aurich, rund um den schon damals vielleicht städtische Funktionen erhalten habenden Ort herum bis weit ins Brokmerland hinein. Das dagegen kleinste Amt Friedeburg verdankte sein Dasein nur seiner Abgelegenheit und der Grenzburg gegen Jever und Oldenburg. Sehr ausgedehnt dagegen war das Amt Stickhausen, der sandige und moorige Südosten des Landes mit der Grenzfeste gegen das Hochstift Münster. Die Burg Leerort, eine der wichtigsten Ostfrieslands, war Mittelpunkt des Amtes, das nicht nur das Mormerland und das Overledingerland und den Flecken Leer umfaßte, sondern jenseits der Ems das südliche Rheiderland. Dessen Nordteil zählte dagegen zum Amt Emden, zu dem man auch die nördliche Umgebung der Stadt rechnete. Die Krummhörn unterstand der Stammfeste der Cirksena, sie bildete das Amt Greetsiel und hier hatte die gräfliche Familie ihren reichsten Besitz. Merkwürdig war das Amt Norden, bestehend aus dem Ort - der sich irgendwann Stadt nannte - und seiner zum gleichen Kirchspiel zählenden Umgebung und der Insel Juist. Eine Burg oder eine Stadtmauer sucht man aber in Norden vergebens. Endlich gab es noch das kleine Amt Berum.

Unabhängig von diesen Ämtern waren die Herrlichkeiten, der Besitz der Häuptlinge, die sich seinerzeit dem Grafen Ulrich I. unterworfen hatten, und auf welche wir noch im Zusammenhang mit der Entstehung der Landstände zu sprechen kommen werden.

Städte? Auffallenderweise gibt es für Aurich, Emden und Norden, die bis in das 19. Jahrhundert hinein einzig als solche galten, keine Urkunde oder Nachricht über ihre Erhebung zur Stadt, mit welcher Funktion ja eine gewisse Selbstverwaltung verbunden ist. Für Aurich gibt es eine Art Dienstanweisung für den Bürgermeister von 1539, etwas Ähnliches sind die „Instituta Nordana" von 1535. Beide setzen städtische Einrichtungen wie Bürgermeister oder bescheidenen Umfang von Verwaltung voraus, und es mag sein, daß dies schon auf das Ende des 15. Jahrhunderts, auf die Anfänge des Grafen Edzard I. zurückgeht.

Emden, seit etwa hundert Jahren der wirtschaftliche Mittelpunkt des Landes, erfreut sich gegen Ende des 15. Jahrhunderts einer gewissen Selbstverwaltung, des Namens Stadt und des so einträglichen Stapelrechts. Zur Zeit der hamburgischen Besetzung eingeführt, taucht es Anfang der 80er Jahre wieder in voller Geltung auf und ist bis zu seiner Aufhebung in der napoleonischen Zeit die sprudelnde Quelle Emder Wohlstands und der Ärger aller ihm Unterliegenden gewesen. Noch ist die Stadt dem Grafen völlig untertan. Erste Regungen städtischen Selbstbewußtseins werden spätestens 1495 deutlich, als der Bürgermeister Hampo Hayen, der wohl von Graf Edzard I. mit der Vorlage des gefälschten Lehnbriefes beim König auf dem Reichstag zu Worms beauftragt worden war, bei dieser Gelegenheit für sich den Ritterstand und für die Stadt ein neues Wappen erwirkt: der Cirksena-Jungfrauenadler auf der Stadtmauer, im Volksmund „dat Engelke op de Mür", was die Stadt noch heute führt.

Erstgeburts- und Landrecht

Graf Edzard I. war der letzte aus dem Hause Cirksena, von dem man sagen kann, er habe über den Tag hinaus gedacht. Zwar war ihm seine Expansionspolitik mißlungen, aber der eben geschilderte Verwaltungsaufbau war eine Tat für die Zukunft. Um dieses Werk nicht zu zerstören, führte er gegen Ende seines Lebens, im Dezember 1527, das Erstgeburtsrecht in seiner Familie ein. Wie viele seiner weiterblickenden Standesgenossen sah er, daß dem Lande großer Schaden zuteil werden würde, würde es nach altem Herkommen wie ein Gutsbesitz unter den Erben verteilt. Für ihn und seinesgleichen gewinnt das Territorium damit einen abstrakten Charakter und löst sich von der Person des Herren. Daß am Anfang des 16. Jahrhunderts die spätergeborenen Nachkommen zugunsten des ältesten Bruders auf die ihnen selbstverständlich erscheinende Nachfolge verzichten sollten, war von ihnen nicht zu erwarten. Es hat darum in allen deutschen Ländern bittere Auseinandersetzungen um das Erstgeburtsrecht gegeben, und Ostfriesland blieb zu seinem Schaden davon nicht verschont.

Ein anderes Werk Edzards blieb aber über seinen Tod hinaus beständig und segensreich: die von ihm veranlaßte Sammlung und Überarbeitung des geltenden Rechts, das sogenannten Ostfriesische Landrecht. Juristisches Denken ist den Friesen heilig; gerichtliche Auseinandersetzungen nehmen sie ernst, und in einem reichen Land, wie es Ostfriesland damals war, waren Vermögensverhandlungen an der Tagesordnung. Das römische Recht, gestützt auf die Systematik von Rechtsbüchern und Kommentaren und einen akademisch ausgebildeten Juristenstand, hatte damals in Deutschland seinen Siegeszug gegen die alten übernommenen germanischen Landrechte längst gewonnen. Auch dieses sah Edzard, daß man in der neuen Zeit nicht mehr allein mit traditionellen friesischen Volksrechten auskommen konnte. Darum ließ er sie neu zusammenstellen mit Erläuterungen aus dem gemeinen deutschen und aus dem römischen Recht. Eine systematische Kodifikation ist es nicht geworden, war vielleicht auch gar nicht beabsichtigt; geblieben ist ein Arbeitsinstrument, mit dem die Ostfriesen gelebt haben bis zu seiner Aufhebung 1809.

Mäßige Erben 1528 bis 1648

Die weltlichen Folgen der Reformation

Dem Grafen Enno II. hat nach seinem frühen Tode die Witwe Anna ein prunkvolles Grabmonument in der Großen Kirche in Emden bereiten lassen, ausgerechnet dem Manne, der in nur zwölf Jahren das Erbe des Vaters verspielte und das zweihundertjährige Elend der Familie Cirksena eröffnete.

Wie sein Vater hatte Enno keinerlei theologische Interessen und ließ die aufkommende Reformation der katholischen Kirche gewähren. Was ihm wie allen anderen fürstlichen Landesherren in Deutschland aber einleuchtete, die Aufhebung der Klöster nämlich zu Gunsten des Staates, führte er auch aus, aber anders und im Gegensatz zu den deutschen Landen, zu denen wir hier noch das benachbarte Groningen zählen dürfen. Dort blieben die geistlichen Institute als ein Sondervermögen erhalten, in Ostfriesland hat man sie buchstäblich vom Erdboden vertilgt. Von den 29 Klöstern blieb keine Spur: die Bauten wurden abgebrochen, die liturgischen Geräte eingeschmolzen, Bibliotheken und Archive wurden bis auf geringe Reste vernichtet, der Landbesitz vom Grafen und seinen Helfershelfern eingezogen. Die einzige Erklärung für diese kulturschänderische Missetat liegt darin, daß Enno II. zu schwach war, die Auflösung der Klöster in geordneten Bahnen geschehen zu lassen, sondern einen allgemeinen Raubzug gestattete, zu dessen Verwischung die Spuren getilgt werden mußten, d. h. man beseitigte die Nachweise des klösterlichen Besitzes und tat so, als habe es sie nie gegeben.

Ausnahmen in diesem sich über hundert Jahre hinziehenden barbarischen Vorgehen bestätigen nur die Regel; die unmittelbaren Folgen waren ein erster schwerer Einbruch an Mißtrauen zwischen Landesherren und Untertanen - denen nämlich, die dabei nicht profitiert hatten -, ohne welchen die aufkommenden Ständezwistigkeiten zu denken sind; langfristig gesehen waren die Ergebnisse dieses Vorgehens noch verheerender. Indem man die Klosterarchive und -bibliotheken beseitigte, zerstörte man den Großteil der schriftlichen Überlieferung zur mittelalterlichen Geschichte Ostfrieslands. Dieser Verlust läßt sich nie wieder gutmachen.

Geldnot wird wohl eine der Triebfedern von Ennos Handeln gewesen sein, aber warum litt er unter ihr? Unnütze Kriege führte er, um den väterlichen Auftrag, das Jever- und das Harlingerland einzuverleiben, zu erfüllen. Dabei hatte Edzard I. hinsichtlich des Jeverlandes alles so fein eingefädelt: Enno und sein Bruder Johann sollten die „Damen von Jever" nach erlangter Volljährigkeit heiraten. Fürstliche Heiraten waren nie eine Folge von Liebesromanzen; das mußten auch die Cirksena-Brüder wissen. Sie aber ließen die „jeverschen Fräulein" sitzen, setzten ihnen einen Aufpasser ins Haus und gedachten auf ihren Tod zu warten, um das Erbe einzuziehen. Enno II. heiratete 1529 die Gräfin Anna von Oldenburg, wobei er die Ansprüche auf Butjadingen und das Statland endgültig aufgab, für welche ihm die oldenburgischen Ansprüche auf Jever zugesagt wurden.

Die Rechnung war aber ohne den Wirt gemacht: Maria von Jever, die ältere Schwester, trug ihr Ländchen dem Kaiser Karl V. als Herzog von Brabant zu Lehen auf, der dies auch akzeptierte und sie gegen den wütenden Ansturm Ennos schützte. Die Pointe war, daß der ostfriesische Landvogt Boing von Oldersum auf die jeversche Seite getreten war. Maria blieb fortan unbehelligt, eine schwärende Wunde im ostfriesischen Selbstbewußtsein, die sich durch ihr Testament vergrößerte, als sie den Grafen von Oldenburg als Erben einsetzte. Seit 1575 gehörte das Jeverland zur Grafschaft Oldenburg, ein Faktum, mit dem man sich in Ostfriesland bis zum heutigen Tag nur widerstrebend abgefunden hat.

Was für das Jeverland Brabant, wurde für das Harlingerland Geldern. Wir erinnern uns an die geldrische Hilfe für Edzard in seinen Groninger Nöten, die alles andere als uneigennützig gewesen war; im Verfolg dieser Politik nahm der Junker Balthasar, den kurz zuvor Enno II. zur Anerkennung seiner Oberhoheit gezwungen hatte, 1531 das Harlingerland von dem Herzog zu Geldern zu Lehen. Auch hier versagte Enno; denn der geldrische Herzog überzog Ostfriesland mit der sogenannten „geldrischen Fehde" von 1533 auf 1534, in der viel Unheil und Not geschah. Graf Enno II. mußte die Unabhängigkeit Balthasars von Esens anerkennen; auch als dieser auf Grund der von ihm geduldeten Seeräubereien in schweren Konflikt mit der Stadt Bremen geriet, aus dem ihn nur der Tod 1540 erlöste, blieb sein Territorium vorerst von Ostfriesland unabhängig.

Raub und Brand hatte Enno in sein Land gezogen, das zwanzig Jahre Ruhe nach der sächsischen Fehde von 1514 gehabt hatte. Die gräflichen Einkünfte hatten dadurch nicht zugenommen. Um sie weiter zu schwächen, kam auf Enno in seinen letzten Jahren der Konflikt mit seinem jüngeren Bruder Johann hinzu. Dieser war beim Katholizismus geblieben, erhielt die burgundische Grafschaft Falkenburg und heiratete Dorothea, eine außereheliche Tochter des Kaisers Maximilian I. Die notwendige Abfindung des Bruders fiel Enno schwer; die Frage muß gestellt werden: eigentlich war Ostfriesland reich, wo waren die Einnahmen des Landesherren geblieben? Jedenfalls beginnt unter Enno der Aufstieg der ostfriesischen Landstände, deren er in seinen Finanznöten bedurfte, zu ihrer einzigartigen Machtstellung.

Die Entstehung der Landstände

Die Landstände als Vertretung des Landes gab es im Mittelalter in ganz West- und Mitteleuropa. Ihre Angehörigen mußten im Lande ansässig sein. Diese Bodengebundenheit brachte es bald dahin, daß die Stände das eigentliche Land verkörperten gegenüber dem Landesherren, der mehrere Länder durch Erbschaft oder Heirat unter seiner Hand vereinigen konnte. Das berühmteste Beispiel des Ständewesens sind die Ostfriesland benachbarten Generalstaaten der Vereinigten Niederlande, hervorgegangen aus den Ständen der einzelnen Territorien des zusammengeerbten Herzogtums Burgund - Generalstaaten insofern, als sie ein Bund von Staaten = Ständen waren.

An sich zählten die Stände drei Ordnungen oder Glieder: Adel, Geistlichkeit und Bürger. Im ersten Stand waren alle waffenfähigen, erwachsenen Adligen stimmfähig, den zweiten Stand bildeten die Vertreter der einzelnen geistlichen Institute, und im dritten Stand vertraten die Bürgermeister die Städte. Die Masse der Bevölkerung, nämlich die lohnabhängigen Arbeiter und die Bauern, waren nicht repräsentiert.

In der Häuptlingszeit und der zweiten Hälfte des 15. Jahrhunderts hören wir nichts vom Ständewesen in Ostfriesland. Theoretisch konnte ja ein Landesherr ohne Stände regieren, wenn er mit seinen Geldern auskam. Denn das Geldbewilligungsrecht war die vornehmste Aufgabe der Stände; ohne ihre Zustimmung konnten keine Steuern erhoben werden. Wir haben gehört, wie reich die ersten ostfriesischen Grafen waren, und wie dieser Reichtum schwand - aller Klosterräuberei ungeachtet.

Eine besondere geographisch bedingte Wurzel des ostfriesischen Ständewesens scheint im Deich- und Sielwesen zu liegen, das ja seit alters genossenschaftlich besorgt wurde. Jedenfalls finden wir in diesem Bereich aus der Zeit um 1500 schon den Ausdruck: „Stände des Landes". 1507 erließen die „Stände des Amtes Emden" eine Deichordnung. 1529 huldigen „Räte, Prälaten, Ritterschaft und Stände der Grafschaft Ostfrisland" dem neuen Grafen Enno II. Hier sind die ersten beiden besonderen Standesordnungen schon ausgebildet, wer aber sind die Stände? Außerdem gehören noch die gräflichen Bedienten, die Räte, dazu. Endlich aber, 1537, in den eben geschilderten Geldverlegenheiten des Grafen gegenüber seinem Bruder, treten „Prälaten, Junker und Einwohner" auf. Sehr bald verschwindet dann die Geistlichkeit aus diesem Kreis, und seit der zweiten Hälfte des 16. Jahrhunderts haben wir die ostfriesischen Stände in ihrer endgültigen Zusammensetzung: Ritterschaft, Städte und Bauern.

Die Ritterschaft bestand aus den Nachkommen der vormaligen Häuptlinge, die sich dem Grafen Ulrich I. unterworfen hatten, soweit sie ein landtagsfähiges Gut innehatten. Auf diesen Gutsbezirken, „Herrlichkeiten" genannt, beruhte das Stimmrecht. Durch das natürliche Aussterben adliger Familien kamen die etwa 35 Herrlichkeiten in den Besitz immer wenigerer Geschlechter, soweit nicht Fremde einheirateten. Auf diese Weise verschwand der alte ostfriesische Adel bis auf die Familie zu Inn- und Knyphausen, die noch heute blüht. Die Ritterschaft verstand sich als ein geschlossener Kreis, den sie ungern öffnete. Besonders bekam das die Stadt Emden zu spüren, als sie, nachdem sie die bei der Stadt belegenen Herrlichkeiten Borßum, Jarßum und Oldersum gekauft hatte, auf die Idee kam, auch das darauf liegende ritterschaftliche Stimmrecht ausüben zu wollen, um mehr Einfluß innerhalb der Stände zu haben. Die Ritterschaft hat erfolgreich diese Bemühungen blockiert.

Der Städte waren drei: Emden, Aurich und Norden. Infolge der noch zu schildernden Sonderrolle der Stadt Emden gerieten die beiden anderen in ein dauerndes Abseits, zumal die Stadt Aurich, die seit 1561 die gräfliche Residenz beherbergte, um dessentwillen gar nicht gegen den Landesherrn auftreten konnte, auch wenn sie gewollt hätte.

Die Bauern sind das eigentlich Besondere innerhalb der Stände. Man findet sie selten sonst in den deutschen Landen vertreten. Jeder Gemeinde stand das Recht zu, einen Vertreter auf die Landtage zu schicken. Das Wahlrecht hatten wie bei den Kirchen- und Schulwahlen aber nur die sogenannten „Interessenten", die Grundbesitzer. Die Gemeinden mußten ihren Abgeordneten selber bezahlen, woraus folgt, daß die reicheren Gemeinden, die in den Marschgebieten belegenen, gegenüber den ärmeren auf der Geest bevorzugt waren, weil sie die Mittel für die Unterhaltung ihres Vertreters eher aufbringen konnten. Von einer allgemeinen Landesvertretung kann also nicht die Rede sein; immerhin war die Basis breiter als in anderen Ständen üblich. Die Stände sind infolge ihres Steuerbewilligungsrecht so stark, wie die Landesherrschaft schwach ist. Der Aufstieg der ostfriesischen Landstände in der zweiten Hälfte des 16. Jahrhunderts beruht auf diesem natürlichen Gesetz. Nach Ennos frühzeitigem Tod führte seine Witwe Anna, die geborene Gräfin von Oldenburg, für ihre Söhne die Regentschaft. Sie hat sich redlich Mühe gegeben, vor allem in den schweren Zeiten nach 1547, als die erste katholische Gegenreformation einsetzte und ihr Schwager, Graf Johann, sich wiederholt einmischte. Ihr Name bleibt auch ewig verbunden mit der 1545 erlassenen „Polizeiordnung", einem ersten Versuch ihrer Berater, das Leben zu regulieren, wie man es damals allenthalben in Deutschland vornahm, als die Obrigkeit das Gefühl bekam, für ihre Untertanen sorgen zu müssen. Die Polizeiordnung befaßt sich mit so verschiedenen Dingen wie Bettlern und Armen, dem Gerichtsverfahren, Gefängnissen und Pachtverhältnis-

Abb. 2 Ubbo Emmius, Karte von Ostfriesland 1595. Bad. Landesbibliothek Karlsruhe. Originalmaßstab 1:210 000 (fast dreifach verkleinert).

sen, Münzwesen, Mühlengerechtigkeiten und Dienstboten. Mehr eine Zusammenstellung als eine Kodifikation, blieb sie durch die Jahrhunderte wichtig.
Solch eine Ordnung bezeugt natürlich die Festigung der Verwaltung, deren Sprache nun endgültig das Hochdeutsche ist, wenn man im Alltag wohl allgemein Niederdeutsch, wenn nicht noch das erst hundert Jahre später ausgestorbene Friesisch sprach. Eine „Hofordnung" von 1554 spiegelt die Notwendigkeit einer gewissen Repräsentation der gräflichen Familie wieder, die selbstverständlich meilenweit entfernt ist von dem Pomp und der Enge spanischen Hofzeremoniells. Man wäre also geneigt, der Gräfin Anna wie der Gräfin Theda ein gutes Zeugnis auszustellen für die Vormundschaft, wenn ihr nicht Mutterliebe das Werk vernichtet hätte.
Wider die Erstgeburtsordnung des Grafen Edzard I., die schon Enno II. viel Mühe bereitet hatte, erwirkte Anna die Belehnung Ostfrieslands durch den Kaiser 1558 für alle drei Söhne: Edzard II., Johann und Christoph. Christoph starb schon früh, aber Edzard und Johann befehdeten sich bis zu Johanns Tod 1591 unerbittlich - wobei niemand weiß, welche Motive Johann für den Bruderstreit hatte, außer seinem ostfriesischen Dickkopf; denn Kinder, für deren Erbe zu fechten sich gelohnt hätte, hatte er nicht. Edzard II. hingegen war mit einer Dame verheiratet, wie sie vornehmer nie wieder ins Haus der Cirksena gekommen ist: Katharina, die älteste Tochter des schwedischen Königs Gustav I. Wasa, die sich ihrer Würde durchaus bewußt war.
So waren die Voraussetzungen denkbar schlecht, mit denen die Regierung der Grafschaft Ostfriesland in die zweite Hälfte des 16. Jahrhunderts schritt, in welcher das Ländchen an den Rand der Weltgeschichte geriet. Denn man wird dem Freiheitskampf der vereinigten Niederlande gegen Spanien nicht den welthistorischen Rang absprechen können. Der Nachbar Ostfriesland war davon betroffen, ob man wollte oder nicht.

Ostfriesland am Rande der Weltgeschichte

Wie in einem Brennspiegel ballten sich die Ereignisse in Emden, das den größten Anteil an der stetig wachsenden ostfriesischen Seeschiffahrt hatte. Sie beförderte nicht nur die westfälischen Exporte, sondern begann Teil zu nehmen an der internationalen Trampschiffahrt von der Nord- in die Ostsee. Als nun die Spanier die Niederlande nach 1566 mit aktiven Kriegshandlungen überzogen, bot sich Emden nicht nur als Zufluchtsort für

Flüchtlinge an, sondern auch für Schiffe, die ehemals in niederländischen Häfen beheimatet gewesen waren. Dies merkte man auch in Spanien. Emder Schiffe wurden dort als feindlich aufgebracht, und die Autorität des Grafen von Ostfriesland, der ihnen Seepässe und damit seinen Schutz gegeben hatte, stand auf dem Spiel.
Wer aber war Graf in Ostfriesland? Praktisch war es dahin gekommen, daß der der reformierten Richtung der Reformation zuneigende Graf Johann im westlichen Landesteil mehr Einfluß hatte, wogegen der lutherische Graf Edzard II. die größere östliche Hälfte beherrschte. Die Brüder riefen in ihrem Streit wiederholt den Kaiser an, der gar nicht anders reagieren konnte, als Kommissionen ins Land zu schicken oder die Ostfriesischen Stände mit der Schlichtung zu beauftragen, bei denen die Stadt Emden eine immer größere Rolle spielte.
In Emden, damals mit 10.000 Einwohnern eine Großstadt, lebte seit 1575 der Prediger Menso Alting, der einen „Zug aggressiver Unbedingtheit" in den die Stadt beherrschenden Calvinismus brachte. Über den reformierten Kirchenrat begann er, das Stadtregiment zu beeinflussen, indem er sich zum Sprecher der von diesem vernachlässigten Mittel- und Unterschichten machte. Die drei Jahrzehnte von 1580 bis 1611 sind der Höhepunkt der Emder Geschichte, die sich vornehmlich zwischen dem zwischen 1574 und 1576 erbauten prächtigen Rathaus und der reformierten Großen Kirche abspielt.
So erleben wir jetzt in Ostfriesland ein Kräftedreieck: an der schwankenden Spitze der Graf, am einen Ende die Stände, am anderen die Stadt Emden, die aus diesen herauswächst. Edzard II. versucht mit untauglichen Mitteln, seine Autorität zu bewahren; stattdessen muß er erleben, daß man einer Tochter von ihm die lutherische Leichenpredigt in Emden verweigert. Zwar erlöst ihn der Tod Johanns 1591 vom Bruderzwist, aber die Geldverlegenheiten und damit die Beanspruchung der Stände nehmen nicht ab. Eine dauernde Folgerung zog der Graf allerdings aus der aufmüpfigen Emder Haltung: Schon 1561 hatte er seine Hofhaltung in die Burg vor Aurich verlegt, das seitdem die Hauptstadt Ostfrieslands ist.
Innerhalb der Stände bildet die Ritterschaft, wie schon gesagt, ein festes Gebilde. Der dritte Stand, die Bauern, ist so gefestigt, daß er einen eigenen Syndikus bezahlen kann. Die Städte Norden und Aurich folgen widerwillig der Emder Politik. Die Hauptforderung der Stände war derzeit das Verlangen nach einem von dem Grafen unabhängigen Obergericht, das sie unterhalten wollten. Dieses Gericht wurde als Hofgericht 1593 eingeführt und stand fortan gleichberechtigt neben dem

Abb. 3 Grabmal der Gräfin Walburg von Rietberg, der letzten Herrin des Harlingerlandes, die 1586 an der Geburt ihres totgeborenen Sohnes - neben ihr - starb. Magnuskirche, Esens.

Kanzleigericht, der gräflichen Instanz, so wie es im Deutschen Reich das Reichskammergericht in Speyer neben dem Reichshofrat in Wien gab. Nur wer die Wertschätzung, welche die Rechtspflege im ostfriesischen Denken einnimmt, anerkennt, kann dieses Anliegen richtig verstehen.

Emden indessen strebt nach der offenen Autonomie. 1594 beginnt mit dem endgültigen Abfall Groningens die Macht Spaniens in den Niederlanden zurückzugehen. Die ersten Flüchtlinge kehren aus Emden in ihre Heimat zurück. Die Bedeutung der Stadt erreicht ihren Scheitelpunkt, den man mit der sogenannten „Emder Revolution" von 1595 markieren kann. Es war am 18. März dieses Jahres, als durch den reformierten Kirchenrat gesteuert ein Aufruhr der Handwerker losbrach und ein neuer Magistrat bestimmt wurde - gegen den Grafen, dessen Burg ein Monat darauf eingenommen wurde. Ihre Befestigung zur Stadt hin wurde geschleift.

Dem allen mußte Graf Edzard II. ziemlich hilflos zusehen, und auch seinem ihm 1599 folgenden Sohn Enno III. waren die Hände in seiner Finanznot gebunden. Die Ereignisse in Emden hatte der Vater am 15. Juli 1595 in dem Vertrag von Delfzijl anerkennen müssen - in der Wahl des Ortes ein unübersehbares Zeichen des niederländischen Einflusses. Dieser Vertrag fand 1597 die kaiserliche Zustimmung. Zwei Jahre später hatten sich die Gemüter soweit beruhigt, daß man die sogenannten Emder „Konkordate" schließen konnte, eine Festschreibung der Verfassungswirklichkeit. Den Ständen wurde das Hofgericht bestätigt ebenso wie die Steuerhoheit. Die wichtigste Bestimmung dieses Vertrages war aber die Festlegung der Konfessionsgrenzen.

Vergessen wir nicht, daß damals noch die Religionsausübung ein ernstliches Bedürfnis der Menschheit war und eine viel höhere Wichtigkeit im Alltag einnahm wie heute. Die Konkordate von 1599 sanktionierten die Verteilung der reformierten und der lutherischen Richtung der Evangelischen, wie sie sich in den Jahrzehnten zuvor gebildet hatten: die Stadt Emden und die Ämter Greetsiel, Emden und Leerort weitgehend reformiert, das übrige Land lutherisch. Darüber hinaus wurde - noch war man unduldsam wie die katholische Mutterkirche! - vereinbart, daß an einem Orte nur eine Religion öffentlich bekannt werden dürfe. Damit war Ostfriesland gespalten, getrennt in den reicheren, aber kleineren reformierten Westen und den ärmeren, aber weitläufigeren lutherischen Osten. Diese Konfessionsgrenzen sind mit Ausnahme der Städte im Grunde noch heute gültig.

Mit dieser Ordnung hätte man in Ostfriesland leben können, zumal Enno III. damals nachholte, was sein gleichnamiger Großvater versäumt hatte: 1600 fand er im „Berumer Vergleich", den der Kaiser bestätigte, seine Töchter aus seiner ersten Ehe mit der Erbtochter des Harlingerlandes ab. Die ältere erhielt die Grafschaft Rietberg in Westfalen, heiratete ihren Onkel Johann, Ennos Bruder, und begründete eine katholisch gewordene Seitenlinie des Hauses Cirksena, die 1690 ausstarb. Der jüngeren, die mit einem mährischen Herrn von Liechtenstein verheiratet war, sagte der Vater eine Zahlung von 165.000 Reichstalern zu, welche die späteren Fürsten von Liechtenstein nie gesehen haben, aber wer konnte das wissen? Dafür aber kam das Harlingerland endgültig zu Ostfriesland, zuerst allerdings in Form einer Personalunion, die langsam ausgehöhlt wurde. Immerhin hatte der Graf von Ostfriesland jetzt eine Residenz in Esens, wohin er sich ungestört von seinen ostfriesischen Ständen zurückziehen konnte; denn das Ständewesen hat sich im kleinen Harlingerland nicht ausbilden können.

Beide Parteien - die Stadt Emden und der Graf - gingen an Macht gefestigt in das nächste Jahrzehnt, das wider Erwarten an Turbulenzen reich zu deren Abschluß im Osterhusischen Akkord von 1611 führen sollte. Seinen besonderen Akzent erhält diese Zeit im Auftreten mehrerer Personen, welche die widerstreitenden Tendenzen verkörpern.

Zunächst ist da des Ubbo Emmius zu gedenken, geb. 1547 in Greetsiel und gest. 1625 in Groningen. Lutherischer Pastorensohn, wählte er in seiner Jugend das reformierte Bekenntnis und entwickelte in seinen Schriften die Lehre von der „Friesischen Freiheit", die zur herrschenden Ideologie bei den Ständen geriet. Emmius war seit 1580 Rektor der Lateinschule in Leer und seit 1594 in Groningen ansässig, wo er 1614 der erste Rektor der neuen Universität wurde: von beiden Orten unterstützte er in einem lebhaften Briefwechsel Menso Alting und seine Gesinnungsgenossen in Emden. Sein dauerndes Hauptwerk ist die 1616 veröffentlichte „Friesische Geschichte", die ihm zum „Rechtsbeweis der emdischen und ständischen Sache gegen den Grafen" geraten ist, indem er in ihr die calvinistischen Vorstellungen von der Wahl des Fürsten in das Mittelalter zurückversetzte. Von diesem Blickwinkel abgesehen, sind seine Werke heute noch ein dauerndes Denkmal dieses Gelehrten, eines der berühmtesten, die aus Ostfriesland stammen.

Die praktische Verwirklichung dieser Lehren besorgte in Emden ab 1604 der Stadtsyndikus Johannes

Althusius, geb. 1557 in der Grafschaft Nassau, gest. 1638 in Emden. Menso Alting hatte ihn, der als Professor an der kleinen Universität Herborn lehrte, in die Stadt gezogen. Althusius ist berühmt als theoretischer Begründer der Lehre von der Souveränität des Volkes in seinem zuerst 1603 erschienenen Werk über die Methoden der Politik. Was er dort formuliert hatte, versuchte er nun in Emden in die Wirklichkeit umzusetzen, eine schroffe Persönlichkeit, die ihre geistige Überlegenheit alle spüren ließ und den Teil der Politik, der diplomatisches Fingerspitzengefühl verlangt, gewiß nicht beherrschte. Seine größten Niederlagen erlitt Althusius innerhalb der ostfriesischen Stände, denen die Macht der Stadt Emden sowieso nicht geheuer war. Sicher ist aber, daß die Emder in ihm ein gewichtiges Sprachrohr gefunden hatten.

Althusius' Gegenspieler in diesem ersten Jahrzehnt des 17. Jahrhunderts war auch ein Professor der Rechte, aber ein Lutheraner namens Thomas Franzius, geb. 1563 und gest. 1614 in Magdeburg. Ihn hatte noch Graf Edzard II. 1597 in seinen Dienst genommen. Als Kanzler war er der oberste Ratgeber des Grafen und vertrat ihn oft am Kaiserhof in Prag. Franzius war Althusius wohl ebenbürtig, aber hatte nur den Grafen als Rückhalt, und dieser erwies sich zu schwach, als die Emder 1610 das 1609 geplünderte Manuskript des „Getreuen Rats" veröffentlichten, den Franzius für Enno III. verfaßt hatte. 1611 mußte er Ostfriesland verlassen.

Wir haben schon gehört, daß ein Volksaufruhr die „Emder Revolution" von 1595 auslöste. Diejenigen, die den Geist der Menge aus der Flasche holen, können ihn oft nachher nicht mehr bändigen. So erging es auch der Emder Führungsschicht. Denn hinter solchen Unruhen stehen gemeinhin soziale Spannungen. In Emden war es die Last des spanisch-niederländischen Krieges, die auf dem Handel der Stadt lastete, obwohl sie offiziell neutral war. Den Spaniern galt sie aber als Helfershelfer ihres Feindes, so daß ihre Kaperschiffe keinen Unterschied zwischen Emder und niederländischen Fahrzeugen machten. Damit war Emdens Handel schwer gefährdet und Arbeitslosigkeit breitete sich aus.

Als dann gar Enno III. 1602 militärisch gegen Emden vorging, die Mächtigen in Emden von innen und von außen bedroht waren, blieb ihnen nicht anderes übrig, als den Beschützer ins Haus zu nehmen: im Mai 1602 zogen niederländische Truppen in Emden ein, die dort bis 1744 stationiert blieben. 1611 war es dann der Graf von Ostfriesland, der eine niederländische Garnison in die Festung Leerort holte. Beide Besatzungen sind sichtbarer Ausdruck der niederländischen „Barriere"-Politik und des ostfriesischen Sateliten-Daseins, das auf dem Höhepunkt der Emder Macht einsetzt und anderthalb Jahrhunderte währen soll. Auf diese Weise schützten die Niederlande ihre verwundbare Ostflanke. So nimmt es auch nicht Wunder, daß die Kämpfe von 1602 im „Haagischen Vergleich", in Den Haag also, 1603 abgeschlossen wurden. Eine Bestimmung dieses Vergleiches brachte in der Folge unendliche Zwietracht in die ostfriesischen Stände: neben der niederländischen Truppe sollten sie eigene Soldaten in Emden bezahlen. Die Stadt wurde im 17. Jahrhundert also durch ihren 1618 vollendeten prachtvollen Festungswall beschützt und durch dreierlei Militär: die Bürgerwehr, die ständische und die niederländische Garnison.

Die Abhängigkeit von den Niederlanden führte Ostfriesland dann auch zum vorläufigen inneren Frieden im „Osterhusischen Akkord" vom 21. Mai 1611, dessen Bestimmungen in der Folgezeit als eine Art Verfassung des Landes angesehen werden können. Vorausgegangen war der spanisch-niederländische Waffenstillstand von 1609, der auf tiefer Erschöpfung beider Parteien beruhte und die Generalstaaten antrieb, auch für Ruhe in Ostfriesland zu sorgen, wo man emdischerseits im Herbst 1609 neuen Aufruhr betrieben hatte. Enno III. hatte einen Landtag nach Aurich ausgeschrieben, den Emden sprengte, indem es einen Tag zuvor das Schloß und die Stadt Aurich überfiel. Man plünderte die gräflichen Papiere, fand zwar den „Getreuen Rat" des Thomas Franzius, aber nicht die erhofften Beweise des Einvernehmens des Grafen mit den Spaniern, und stand am Ende düpiert vor den Beschützern im Haag, die zwei Jahre später den allseits erwünschten Ausgleich zu Stande brachten.

Der Osterhusische Akkord - unterzeichnet im Dorfe Osterhusen bei Hinte vor Emden - wird zwischen dem Grafen von Ostfriesland und seinen Landständen geschlossen, unter denen die Stadt Emden besonders genannt wird. Mehr bedarf es nicht, um die tiefe Zerrissenheit innerhalb der Stände auszudrücken. Die bisher getroffenen Vereinbarungen werden bestätigt, erweitert und genauer beschrieben. Die von den Ständen zu tragenden Steuern werden genau definiert. Die Rechte und Freiheiten der Städte Emden, Norden und Aurich sowie des dritten Standes werden benannt. Über das von den Ständen zu besetzende Hofgericht werden ausführliche Bestimmungen erlassen. Daß die Beamten der Landesherrschaft auch auf den Akkord vereidigt werden sollten, war noch eine Forderung des letzten ostfriesischen Landtages alten Stiles 1790.

Dieser Vertrag markiert eine Zeitwende in der ostfriesischen Geschichte. Altes schließt er ab, indem das binnen 100 Jahren völlig gewandelte Verhältnis zwischen Landesherrn und Ständen festgelegt wird. Neues zeigt er, indem mit dem entscheidenden Einfluß der niederländischen Generalstaaten Ostfriesland jetzt zum Spielball auswärtiger Einflüsse geworden ist. Diesen zu widerstehen, war das Land auf Grund der im Osterhusischen Akkord vereinbarten Gewaltenteilung nicht mehr fähig.

Sturz im Dreißigjährigen Krieg

Einen Wandel erlebte auch die ostfriesische Wirtschaft. Mehrere Mißernten hintereinander nagten am bäuerlichen Wohlstand, ihrem Fundament. Der Handel brachte keine Impulse mehr. Von Jahr zu Jahr sank der Anteil Emdens an der europäischen Schiffahrt, erst recht nach dem Waffenstillstand von 1609. Aus natürlichem Egoismus hatte sich die Stadt bemüht, den Handel in den kleinen ostfriesischen Häfen, wie Greetsiel oder Norden, klein zu halten. Dem Niedergang dort konnte Emden aber keinen Aufschwung entgegenstellen. So verkrampfte man sich in der Bewahrung des Bestehenden, bot keinen Anreiz für den Neuzuzug von Fremden, sondern suchte den ostfriesischen Handel in Emden zu konzentrieren. Bezeichnend ist, daß damals die reiche Emder Familien begannen, ihr Vermögen in der Landwirtschaft in der Krummhörn anzulegen und es nicht mehr in neue Unternehmungen zu investieren.

In dieser Zeit erweist sich eine Bevölkerungsgruppe als unentbehrlich, die schon mehrere Jahrzehnte lang in Ostfriesland ansässig war, die Juden nämlich. 1613 wurde ihnen gegen erheblichen Widerstand der Aufenthalt in Emden zugesichert - typisch insofern für die Verhältnisse, als diese Erlaubnis vom Stadtmagistrat ausging, der damit ein anerkanntes gräfliches Hoheitsrecht, das Judenregal, verletzte. Dieses, auch Judenschutz genannt, stellte die Juden als Nicht-Christen und Außenseiter der Gesellschaft unter den Schutz der Landesherrschaft, nicht aus christlichem Mitleid, sondern gegen Geld, das die Cirksena selbstverständlich nicht verschmähten.

Auf Grund gräflicher Erlaubnis waren die ersten Juden nach Emden gekommen, wahrscheinlich um 1530. Seit 1571 kann man sie sicher nachweisen, ebenso in Norden seit 1581 und in Aurich seit 1624. Dort, in der Residenz, entstand eine größere Gemeinde mit dem Mittelpunkt des Hofjuden, des Bankiers des Landesherrn. In Emden, dem Mittelpunkt ständischer Finanzwirtschaft, gab es dementsprechend einen Landschaftsjuden. Die seit dem kanonischen Zinsverbot des Mittelalters den Juden aufgedrängte Rolle als Geldvermittler nahmen sie in Ostfriesland ein, daneben engagierten sie sich stark im Viehgeschäft und Schlachtergewerbe.

Eigentlich aber war bis in die beiden ersten Jahrzehnte des 17. Jahrhunderts der Wohlstand in Ostfriesland allgemein und gleichmäßig verteilt; ausgesprochene Elendsgegenden gab es nicht. Binnen einer Generation schaffte da ein Ereignis den Wandel, das das Land nur indirekt berührte: Der Dreißigjährige Krieg. Im Ostfriesischen hat es keinerlei Kampfhandlungen gegeben, aber die Grafschaft wurde fortwährend ausgeplündert durch Truppen, die sie als Quartier benutzten. Anders als in der benachbarten Grafschaft Oldenburg, wo Graf Anton Günther mit Pferden und anderen Bestechungen sein Land frei hielt, fand die ostfriesische Zwietracht kein Heilmittel gegen diese Pest.

Wieder lösten die Generalstaaten der Niederlande die Ereignisse aus. Der Fenstersturz von Prag 1618 und der böhmische Krieg 1619/1620 hatten Ostfriesland unberührt gelassen. 1621 endete der niederländische Waffenstillstand mit Spanien, und die Generalstaaten nahmen einen der Söldnerführer in Dienst, die im Großen Krieg auf- und untergingen: Ernst von Mansfeld, dem sie im November 1622 Ostfriesland als Winterquartier anwiesen. Er blieb bis in den Januar 1624. In diesen fünfzehn Monaten haben seine Truppen einen derartigen Schrecken in dem an Kriegsgräuel nicht gewöhnten Lande verbreitet, daß die „Mansfelder" wie die „Conflanser" des Herbstes 1761 noch heute im Volksmund mit Plündern und Elend gleichgesetzt werden, wiewohl ihre Schandtaten nur der Anfang waren.

Mansfeld, der zeitweise davon träumte, Graf von Ostfriesland zu werden, hat sich seinen Aufenthalt wie sein Scheiden teuer bezahlen lassen. Seiner Beutesucht fielen auch die auf 300.000 Taler angewachsenen Liechtensteinischen Abfindungsgelder zum Opfer. Daß er abzog, war nicht den Operationen Tillys in Westfalen zu danken, sondern dem Überdruß, den sein zuchtloser Haufen den Niederländern bereitete. Die besondere ostfriesische Komponente in diesem Trauerspiel bot nun die Stadt Emden. Nicht nur, daß sie dank des rechtzeitig fertiggestellten Festungswalls von allen Kriegsnöten verschont blieb und Zufluchtsort vieler, sogar des Grafen Enno III., wurde, nicht nur, daß sie Mansfelds Artillerie auf dem Seeweg abfing und vereinnahmte: sie weigerte sich hartnäckig, zu den Kosten des Aufenthalts der Mansfelder beizutragen und bot damit ein Lehrbeispiel übelster Eigensucht, das man in Ostfriesland nicht vergessen hat.

Als nächste Besatzungsmacht kamen Ende 1627 kaiserliche Truppen der Tillyschen Armee unter dem Obersten Gallas nach Ostfriesland. Sie blieben bis zum Frühjahr 1631. Es war die Zeit, als die kaiserlich-katholische Partei den Höhepunkt ihrer Kriegserfolge erlebte, eine Gegenreformation versucht wurde und Wallenstein Herzog zu Mecklenburg war, wo er von einer Reichs-Admiralität träumte, die Franzius 1600 in Emden haben wollte. Da man die Klöster in Ostfriesland vom Boden vertilgt hatte, war keinerlei Ansatzpunkt für eine katholische Restauration vorhanden. Tillys Soldaten nahmen viel im Lande, gaben aber viel zurück für ihren Unterhalt. Ihre Anwesenheit erhält eine tragische Note durch den Tod des Grafen Rudolf Christian, der sich im April 1628 mit einem ihrer Offiziere in Berum duelliert hatte - wie häufig bei einem Frühvollendeten sagt man ihm mehr Begabung für seine Aufgabe nach, als er sie beweisen konnte.

Wiederum die Niederlande schickten im August 1637 7.000 hessische Soldaten unter dem Landgrafen Wilhelm nach Ostfriesland. Sie blieben 13 Jahre, zwei Jahre über den Westfälischen Frieden hinaus, bis man sie mühsam ausgezahlt hatte. Diese lange Zeit vernichtete endlich den Wohlstand des Landes: zwar wurde viel von dem, was zum Unterhalt des Militärs aufgebracht wurde, wieder ausgegeben, aber auf die Dauer - und das war das Entscheidende - wurde die Grafschaft ausgesogen. Graf Ulrich II. machte einige täppische Versuche, die Hessen loszuwerden, bis zum dritten und letzten Antrag an die Generalstaaten im Haag, Ostfriesland in die Niederlande aufzunehmen. Er starb im November 1648 und hinterließ seiner Witwe Juliana, einer geborenen Landgräfin von Hessen, ihre Landsleute zu verabschieden.

In die Jahre zwischen der zweiten und dritten Besetzung des Landes fällt nun ein denkwürdiges Ereignis, dessen Folgen einen Teil der ostfriesischen Geest völlig verändern sollten, nämlich der Beginn der Verfehnung der Moore oder der Fehnkultur. Die Kriegsläufe hatten es mit sich gebracht, daß die aus Westfalen erfolgende Versorgung mit Torf, dem hergebrachten Brennmaterial, ins Stocken geraten war. Emder Kaufleute kamen auf die Idee, nach holländischem Vorbild die im Lande liegenden Moore abzutorfen und ließen sich 1633 eine Konzession für das Moor nördlich von Timmel geben, die Keimzelle des heutigen Großefehn.

Die Fehnkultur war auf folgenden Grundsätzen aufgebaut. Ein oder mehrere Unternehmer erbaten sich eine bestimmte Fläche Moorlandes zur Ausbeutung und erhielten es zu Erbpacht, d. h. auf dauernd gegen Zahlung einer jährlichen Gebühr. Mit den Fortschreiten des Abbaus wurden neue Flächen bewilligt, so daß nach ihrer Vermessung die Erbpachtabgabe anstieg. Der oder die Erbpächter planten in ihrem Moor eine gerade Strecke, auf der ein Kanal ausgehoben werden sollte und dessen Ufer in regelmäßigem Abstand mit sogenannten Kolonaten besetzt wurde, in denen sie Unterpächter ansetzten, welche die schwere Arbeit des Torfstechens ausübten. Dieser Torf wurde auf dem Kanal, der Anschluß an eins der Tiefs haben mußte, zur Verwertung verschifft. Im gewissen Sinne war es Raubbau; denn an eine Kultivierung der abgegrabenen Flächen beiderseits des Fehnkanals dachte man nicht. Arbeitskräfte für die überaus harte körperliche Anstrengung fand man im verarmten Lande genug; bezeichnenderweise fanden die Fehnsiedlungen keine Vertretung bei den Ständen.

Auf diese Weise entstand 1633 Großefehn, 1637 Lübbertsfehn, 1639 Hüllenerfehn, 1641 das Hookster Fehn, 1647 Boekzetelerfehn und 1660 das Neuefehn. Von irgendeiner planmäßigen Verteilung dieser Fehnanlagen seitens der Landesherrschaft kann nicht die Rede sein. Es hieße auch die Vorstellungswelt des 17. Jahrhunderts überfordern. Die Folge ist aber die heute gelegentlich kurios anmutende geographische Lage der Fehndörfer.

So ist dann doch mitten im Kriege ein Werk des Friedens entstanden und es bleibt am Schluß dieses Kapitels nur noch eines Friesen zu gedenken, der die seinen Landsleuten eigentümliche Abneigung gegen den Militärdienst überwindend sich aktiv dem Kriegshandwerk gewidmet hat, des Reichsfreiherren Dodo zu Inn- und Knyphausen (1583 - 1636). Seine Familie, Erbin der Manninga auf Lütetsburg, gehörte zum vornehmsten ostfriesischen Adel. Ihm behagte aber die heimische Enge nicht, er nahm Kriegsdienste wie viele andere Adlige und endete sein Leben als schwedischer Generalfeldmarschall.

Verfall einer Familie 1648 bis 1744

Ein Graf wird Fürst

Um die Mitte des 17. Jahrhunderts erscheint allenthalben eine neue Generation in Ostfriesland, ohne daß sie große Begabungen aufzuweisen hätte. Dem einzig bedeutenden Ostfriesen jener Zeit bietet bezeichnenderweise die Heimat, die ihm stets am Herzen lag, keinen Raum:

Abb. 4 Porträt des Prof. Dr. Hermann Conring in Helmstedt, des aus Ostfriesland gebürtigen Universalgelehrten (1606 - 1681). Radierung.

Hermann Conring (1606 - 1683), der große Universalgelehrte in Helmstedt. Er, wie viele vor und nach ihm, verkörpert den in der Kleinheit eines Landes ständig vorhandenen Zwang, sich einen besseren Wirkungskreis außerhalb suchen zu müssen.

Graf und Stände hatten nach dem Ende des Großen Krieges allen Anlaß, für die Festigung ihrer Finanzen zu sorgen. Beide waren mit erheblichen Schulden beladen, die nun für ein Jahrhundert Dauerthema und ständige Last werden. Die Höhe der Verpflichtungen der Landesherrschaft kannte diese wohl selbst nicht einmal genau; die ständischen Schulden betrugen 1632 die Summe von 1.717.536 Gulden, die zwischen 8 und 13 % zu verzinsen waren, und waren bestimmt nicht geringer geworden. Niemand war aber in der Lage, nachhaltige Besserung dieser üblen Verhältnisse zu schaffen, wie sie dem Grafen durch Sparsamkeit - „parsimonia" von Hermann Conring empfohlen - und genaues Ausschöpfen der ihm verbliebenen Geldquellen und den Ständen durch gerechtere Verteilung und Aufbringung der Steuerlasten möglich gewesen wäre.

Statt dessen bezahlte Enno Ludwig viel Geld, um sich 1654 zum Fürsten des Heiligen Römischen Reiches Deutsche Nation vom Kaiser erheben zu lassen. Reichsrechtlich blieb Ostfriesland eine Grafschaft bis zum Untergang des Reiches 1806, praktisch gewöhnte man sich allmählich daran, von einem Fürstentum Ostfriesland zu sprechen. Fürst oder Graf: das alte Schloß in Aurich blieb ein baufälliges Gebäude und das Jagdhaus in Sandhorst vor der Stadt, das der Mode entsprechend Versailles nachahmen sollte, war ein überaus bescheidenes Gebäude. Fürstliche Mätressenwirtschaft war in Ostfriesland unbekannt; pietistische Ehrbarkeit genügte aber nicht zum Regieren.

Wie Enno mit Franzius, so hatten seine Enkel Enno Ludwig und Georg Christian mit ihrem Kanzler Höpfner wenig Glück. Höpfner brachte es in den zwei Jahren seines Wirkens 1659 bis 1661 dahin, daß Ostfriesen auf Ostfriesen schossen. Es war kein Bürgerkrieg. Der Kanzler hatte richtig gesehen, daß man die Macht der Stände dadurch schwächen konnte, daß man die ihnen einwohnenden Gegensätze - vor allem im Städte- und im Hausmannsstand - ausnutzte. Über die Frage der Höhe der Steuern, die zur Tilgung der Schulden notwendig war, spalteten sich die Stände mit Hilfe der Landesherrschaft, die für den niedrigen Tarif eintrat. Dies ist immer populär; der lutherische Osten brachte ein erkleckliches Bauernaufgebot zusammen, das Georg Christian gegen die von Emden dirigierten Steuerforderungen der ständischen Verwaltung einsetzen konnte.

Am 12. September 1660 fielen bei Marienhafe Schüsse. Beiderseits sah man aber die Grenzen der Macht - beispielsweise verweigerten die Bauern aus dem Harlingerland ihrem Landesherrn die Heerfolge nach Ostfriesland - und wandte sich um Schlichtung an den wahren Herrn, die niederländischen Generalstaaten, die endlich einen „Finalrezeß" 1663 zustandebrachten, der gewisse Bestimmungen des Osterhusischen Akkords präzisierte. Aber schon drohte neues Ungemach.

Es war spätestens seit Ende des vergangenen Jahrhunderts üblich geworden, daß Landesherrschaft und Stände ihre Streitigkeiten auch vor den höchsten Reichsgerichten auszutragen pflegten, dem Reichskammergericht in Speyer und dem Reichshofrat in Wien. In der Wahl des Gerichtsorts war man frei, in Wien mußte man allerdings infolge der dem Alten Deutschen Reich eigentümlichen Vermischung von Verwaltung und Justiz erhoffen oder befürchten, daß politische Gesichtspunkte das Urteil beeinflußten. Im übrigen waren solche „bella diplomatica" = Papierkriege tägliches Brot aus ganz Deutschland bei den Reichsgerichten.

Zu den erwähnten politischen Möglichkeiten des Reichshofrats gehörte die Wahl dessen, dem die Ausführung einer Entscheidung übertragen wurde, da dem Reich eine eigene Exekutivbehörde fehlte. Manch einer konnte da sein Süpplein in fremder Küche kochen. Zu ihnen gehörte „Bombenbernd", der machtbewußte Bischof Christoph Bernhard von Münster, der sich vom Fürsten Liechtenstein mit der Eintreibung der von den Mansfeldern fortgenommenen 300.000 Taler Abfindung auf das Harlingerland beauftragen ließ. Er sah das im Zusammenhang seiner Auseinandersetzungen mit den niederländischen Generalstaaten und betrachtete Ostfriesland bloß als Mittel zum Zweck. Hilflos trieb nun anderthalb Jahrzehnte das Ländchen als Spielball auf den Wogen der großen Politik; es kommen und gehen Soldaten des münsterschen Bischofs, der Herzöge zu Braunschweig und Lüneburg, der Niederlande und aus - Dänemark. 1667 nämlich war der letzte Graf von Oldenburg, der berühmte Anton Günther, gestorben. Die Grafschaft versank für 100 Jahre in den Dämmerschlaf eines dänischen Nebenlandes, dessen Könige sie geerbt hatten. Dänemark, seit je her an der Nordseeküste interessiert, in Erbfeindschaft mit Schweden und darum begierig auf den seit 1648 schwedischen Elb-Weser-Winkel, wurde nun zum stillen Begleiter der ostfriesischen Begebenheiten in der Hoffnung, eines Tages daraus Profit ziehen zu können.

Den Ostfriesen jener Tage mußten natürlich Hintergründe dieser Art verborgen bleiben. Seit 1665 wurden sie von einer energischen jungen Dame aus Süddeutschland regiert, Christine Charlotte, Tochter des Herzogs von Württemberg, welche die Vormundschaft für ihren 1665 postum geborenen Sohn Christian Eberhard übernommen hatte. Sie brachte allerlei Landsleute mit, was den Ostfriesen gar nicht einleuchtete, stieß aber mit ihnen fest auf die Eigentümlichkeit des Landes und war eben nicht die begnadete Regentin, für die sie sich hielt. Die Auseinandersetzungen mit den Ständen drehten sich wie eine Gebetsmühle um das Steuerrecht. Dazu brachte die Fürstin die Militärhoheit ins Spiel. In panischer Angst, dadurch wie von anderen Potentaten in ihren Ländern geschehen entmachtet zu werden, und angesichts eines augenblicklichen Zusammenfalls niederländischer mit landesherrlichen ostfriesischen Interessen, warfen die Stände alle ihre Hoffnungen nach Wien, auf den Kaiser. Dort lag es im politischen Interesse, die Niederlande zu dämpfen.

Bolo Ripperda, der Häuptling von Petkum, vertrat die Interessen der ostfriesischen Stände am kaiserlichen Hoflager von 1675 bis 1678. Für sich erwarb er die Würde eines Reichsfreiherren, welche die Familie zu Inn- und Knyphausen schon 1588 erhalten hatte; für seine Auftraggeber holte er neue Truppen ins Land, nämlich eine von ihnen zu bezahlende kaiserliche „Salvegarde", die in Leer stationiert allmählich zum Gespött wurde. Aus eigener Initiative verschaffte er daneben den Ständen eine einmalig gebliebene Vergünstigung: ein vom Kaiser verliehenes eigenes Wappen, das nach Ubbo Emmius einen Geharnischten unter dem Upstalsboom zeigt und bis heute das Symbol der Ostfriesischen Landschaft geblieben ist. In einem Jahrhundert, wo Zeremonialstreitigkeiten Mittel der großen Politik sein konnten, war diese kaiserliche Gunst ein Schlag in das Gesicht des Landesherren, und am Hof in Aurich hat man dies auch so aufgefaßt. Widerwillig haben die Fürsten sich 1693 zur Duldung dieses Wappens bereiterklärt.

Mit den kaiserlichen Soldaten im Land waren die Ängste der Stände noch nicht beseitigt, so daß sie sich 1681 ein weiteres „Conservatorium" ihrer Freiheiten bei dem Kaiser erbaten, der mit dessen Ausführung - Ostfriesland gehörte zum westfälischen Reichskreis - die „kreisausschreibenden" Fürsten dieses Distrikts beauftragte, deren einer sich der Sache ernstlich annahm: der Herzog zu Kleve und brandenburgische Kurfürst Friedrich Wilhelm. Nach dem ganzen Ablauf der Dinge steht zu vermuten, daß hier ein auf den Freiherrn Dodo zu Inn- und Knyphausen zurückgehendes Projekt verwirklicht wurde, den ostfriesischen Ständen, deren Beschützer im Haag spröde geworden waren, einen besseren Protektor zu verschaffen.

Preußen vor den Toren

Wir wissen nicht, was den Großen Kurfürsten bewogen hat, sich in die ostfriesischen Angelegenheiten einzumischen. Die Hohenzollern haben nie ein maritimes Verständnis entwickelt, einschließlich des unglücklichen Wilhelm II., der nur meinte, es zu besitzen. Wie alle barocken Herrscher glaubte Friedrich Wilhelm, nicht nur ein Raritätenkabinett haben zu müssen, sondern auch ein Stück Exotik. Dem diente die in Pillau ansässige „Afrikanische Handlungskompanie", die in Emden dem Ozean allerdings näher war. War das der Grund? Oder war der Schritt nach Ostfriesland ein Schachzug im diplomatischen Spiel mit den Niederlanden, mit denen der Kurfürst enge Verbindung pflog? War er als ein „Halt!" gegen dänische Ausdehnungsbestrebungen gedacht? Wie kommt der Mann, der seinen ostpreußischen Ständen mit brutaler Gewalt den Herrn gezeigt hatte, dazu, ständische Interessen andernorts zu unterstützen?

Wir wissen es nicht. Fest steht nur, daß nach sorgfältiger Vorbereitung ein Kommandotrupp am 6. November 1682 die Festung Greetsiel, die Stammburg der Cirksena, mühelos überwältigte. Der Fürstin Christine Charlotte blieb nur ohnmächtiger Protest übrig. Im Jahr darauf zog der größere Teil der brandenburgischen Truppen nach Emden, wo nach einem Vertrag mit Ständen und Stadt sich die Afrikanische Handelskompanie etablierte. Daß sie nicht gedieh und am Widerstand der Niederlande und Englands scheiterte, daß sie gar 1717 aufgelöst wurde, änderte nichts am Bleiben der Gäste. Hatten die Stände damit endgültig genügenden militärischen Rückhalt, so mußten sie diesen doch bezahlen. In ihrer Finanznot trafen sie sich mit der gleichbelasteten Landesherrschaft, die 1690 Fürst Christian Eberhard endlich seiner herrschsüchtigen Mutter abnahm, ein vom Pietismus erfüllter Mann, dem am Frieden mit aller Welt lag. So kam 1693 in Hannover ein Vergleich zustande, der im Grunde die herrschenden Verhältnisse bestätigte.

Die Wahl dieses Ortes war kein Zufall. Seit 1660 zeigt sich nicht nur dänisches, sondern auch hannoversches Interesse an Ostfriesland - wir wollen nicht behaupten, daß es auf einer vergnüglichen Badereise des späteren Kurfürsten Ernst August mit seiner Gemahlin Sophie

Abb. 5 Das den Ostfriesischen Landständen vom Kaiser Leopold I. 1678 verliehene Wappen. Die Bilder von Kaiser und Kurfürsten symbolisieren das Reich in der Verleihungsurkunde. Nds. Staatsarchiv, Aurich.

nach Norderney beruht, obwohl diese als erster Funken ostfriesischen Fremdenverkehrs nicht übergangen werden sollte. Sei dem wie ihm sei, 1691 verabredete Ernst August mit Christian Eberhard eine Erbverbrüderung des Inhalts, daß die Welfen beim Aussterben der Cirksena Ostfriesland, jene beim Verschwinden der Welfen die Grafschaften Hoya und Diepholz erben sollten. Solch ein Vertrag galt damals nicht als sittenwidrig, nur bedurfte er der kaiserlichen Bestätigung, da es ja in ihm um Reichslehen ging, die offiziell dem Kaiser zustanden. Diese Zustimmung haben die Vertragspartner nicht eingeholt, und der Vertrag blieb ungültig. Warum?

Selbstverständlich enthielt er eine Spitze gegen Brandenburg, mit dem Hannover in Erbfeind- und -freundschaft leben. Vielleicht wollte Ernst August eines Tages die Möglichkeit, ihn bestätigt zu bekommen, als Waffe im diplomatischen Spiel einsetzen. Jedenfalls reagierte Kurfürst Friedrich III. besser. Als Kurprinz hatte er sich heimlich dem Kaiser zur Rückgabe des Kreises Schwiebus jenseits der Oder verpflichtet, der zu den schlesischen Ansprüchen der Hohenzollern gehörte. Als er nun 1694 sein Versprechen wahr machte, erhielt er vom Kaiser, der als König von Böhmen diesen Besitz erhielt, von Reichs wegen die Lehnsanwartschaft auf die Grafschaft Ostfriesland. Wir erinnern uns, daß das Land 1464 ein Reichslehen geworden war. Starb die damit belehnte Familie im Mannesstamm aus, stand es dem Lehnsherren frei, darüber nach Belieben neu zu verfügen. In der Praxis allerdings war diese Möglichkeit nahezu ausgeschlossen - Erbverbrüderungen wie vorhin erwähnt und andere politische Verpflichtungen und Anwartschaften blockierten den Willen des Lehnsherren. 1694 sagte also der Kaiser dem Kurfürsten von Brandenburg zu, im Falle des Aussterbens der Cirksena ihn und seine Nachfolger und niemanden anders mit Ostfriesland zu belehnen.

Angesichts der Dekadenz, die das ostfriesische Fürstenhaus befallen hatte, war diese Aussicht keine bloße Chimäre, zumal sie im Gegensatz zur hannoverschen Erbverbrüderung reichsrechtlich gültig war. War auch das „Conservatorium" erloschen, so hatten die Brandenburger oder - wie man nach 1701 sagen muß - Preußen nun einen offiziellen Vorwand, den Fuß in der offenen ostfriesischen Haustür zu behalten. In Dänemark sah man es scheelen Blickes.

Der spanische Erbfolgekrieg und der Nordische Krieg, die das erste Jahrzehnt des 18. Jahrhunderts in Europa durchtobten, störten in keiner Weise die ostfriesische Selbstgenügsamkeit. Als aber im zweiten Jahrzehnt allmählich Friede wiedereinkehrte, begann man in Ostfriesland die ersten Fäden zu einer hausgemachten bitteren Auseinandersetzung bis aufs Blut zu spinnen. Die äußeren Umstände waren alles andere als günstig; denn Katastrophen waren über das Land gekommen: 1715 eine Viehpest, 1716 Mäuseplage und am 25. Dezember 1717 die „Weihnachtsflut", die verheerendste Sturmflut, die seit Menschen Gedenken die Nordseeküste überschwemmt hat. Die ganzen Marschen an der Nordsee von Belgien bis nach Dänemark waren betroffen, und die eisige Kälte verschlimmerte die Leiden. Das Unglück war darum so groß, weil die Flut wider alles Erwarten bei ablaufendem Wasser über die Deiche brach, als jedermann schlief, der vorher stundenlang ängstlich das hochstehende Wasser beobachtet hatte.

Der „Appelle-Krieg"

Wir haben erwähnt, daß das pro forma noch staatsrechtlich selbständige Harlingerland keine Stände kannte. Vielleicht ist es kein Zufall, daß der Mann, der Ostfriesland tiefe Wunden beibrachte, in Esens geboren wurde. Enno Rudolph Brenneysen war es, 1669 geboren, der nach dem Studium in Halle 1697 in fürstliche Dienste trat, in denen er 1734 wenige Tage nach Georg Albrechts Tod starb mit dem Bewußtsein, gescheitert zu sein.

Brenneysen war zutiefst erfüllt von dem Absolutismus seiner Tage; er hielt ihn für göttlich gerechtfertigt und sah im ständischen Wesen nur widerspenstige Untertanen, ohne zu bedenken, daß dieses bei vernünftiger Handhabung der Angelegenheiten einen Ausgleich der Interessen herbeiführen konnte, der dem Staat nur nützlich sein konnte. In dem kleinen Ostfriesland wurden er und der namensgebende ständische Widerpart, Heinrich Bernhard von dem Appelle, die Symbolfiguren eines Prinzipienstreites, der ohne ostfriesische Dickschädeligkeit nicht vorstellbar ist.

Vielleicht waren die anfänglichen Erfolge des Kanzlers in den Auseinandersetzungen nur darin begründet, daß er seit Jahren auf sie hingearbeitet hatte. Theoretischen Ausdruck fanden diese Vorbereitungen in der 1720 veröffentlichten, dickleibig-zweibändigen „Ostfriesische Historie und Landesverfassung", in der Brenneysen des Ubbo Emmius Vorstellungen von der Friesischen Freiheit zu widerlegen meinte. Praktisch nahm er die heftigen Streitigkeiten um die Finanzierung des Wiederaufbaus der durch die Weihnachtsflut 1717 zerstörten Deiche zum Anlaß. Fürst wie Stände waren eigentlich bankrott, wenn man ihre Schuldenlast ansieht. Unter diesen Umständen nimmt nicht Wunder, daß Brenneysen die ständische Finanznot benutzte, seine Gegner zu erpressen, indem er ihren erhöhten Forderungen an die Steuerpflichtigen die landesherrliche Genehmigung verweigern ließ, falls sie nicht die fürstliche Oberaufsicht über ihr Finanzwesen zuließen. Das glich einer Kriegserklärung, auszutragen auf dem Rücken des notleidenden Landes.

1720 also eröffnete Brenneysen einen neuen Prozeß vor dem Reichshofrat in Wien in der unendlichen Reihe „Ostfriesland contra Ostfriesland". im August 1720 erließ dieser, beeinflußt von der absolutistischen Strömung zur Stärkung der Fürstenmacht auch in ihren Territorien, schwerwiegende Dekrete gegen die Stände, die in der Hauptsache auf eine Entmachtung ihrer Finanzhoheit hinausliefen. Selbstverständlich widersprach man ständischerseits vor Gericht, mußte es aber im Juni 1723 erleben, daß Kursachsen und das Fürstentum Wolfenbüttel des Welfenhauses - die ältere, nicht erbverbrüderte Linie - mit der Aufsicht über die Ausführung der Reichshofratsentscheidungen beauftragt wurden - eine Art Gegen-Conservatorium zu dem von 1681.

Im Lande selbst bröckelte die ständische Einigkeit, die ja immer brüchig gewesen war, unter dem Druck der fürstlichen Steuerforderungen, die Brenneysen ausschreiben ließ. Wem sollte man zahlen? Im lutherisch geprägten Osten erreichte die Regierung bald ihr Ziel, im calvinistisch beeinflußten Westen berief man sich auf die Friesische Freiheit, wobei in den Marschdörfern die großen Bauern den Ton angaben. Gegen Ende des Jahres 1724 dann spalteten sich die Stände förmlich: auf einem Landtag in Aurich - der Residenzstadt - wurden neue Administratoren gewählt und die ständische Steuerverwaltung nach Aurich verlegt.

Und wo blieb der Schirmherr der Stände, was taten die Hochmögenden im Haag? Wir haben schon gehört, daß das Verhältnis seit einigen Jahrzehnten abgekühlt war. Nichtsdestoweniger betrachteten sich die Niederländer als Garanten der ostfriesischen Landesverträge und waren darüber hinaus auf Grund ihrer umfangreichen Anleihen an die Grafschaft auf das äußerste daran interessiert, daß Ruhe und Ordnung im Lande herrschten. Da in den 20er Jahren des 18. Jahrhunderts die europäischen Konstellationen dahin tendierten, daß Österreich sich Spanien näherte, wogegen England und das mit ihm in Personalunion verbundene Hannover sich an die Holländer hielten, so stand das kleine Ostfriesland gewissermaßen im Niemandsland zwischen den Fronten, wo man es sich zu seinem Schaden mit sich selbst beschäftigen ließ.

Denn am 2. Februar 1725 wurde in Leer geschossen, als fürstliche Soldaten ständische Truppen vertrieben, die den landesherrlichen Steuereinnehmer nicht zulassen wollten; am 7. April 1726 geschah es umgekehrt, indem das landesherrliche Aufgebot eine große Niederlage erlitt. Im April 1727 aber setzte sich das fürstliche Militär in mehreren Kämpfen bei Norden und in der Krummhörn gegen die „Renitenten" - wie man die Verweigerer der Unterwerfung unter die kaiserlichen Dekrete nannte - durch. Außer der Stadt Emden, wo die niederländische und preußische Garnison stille Helfer waren, war die ganze Grafschaft Ostfriesland fest in fürstlicher Hand. Überflüssigerweise hatte Georg Albrecht kurz zuvor - wir erinnern uns an das ständige dänische Engagement - Hilfstruppen aus Oldenburg sich in Aurich einquartieren lassen.

Der „Appelle-Krieg" war zu Ende, wenn man denn von einem Kriege reden will; der Schaden war ungeheuer. Denn Brenneysen war nicht gesinnt, Milde des Siegers walten zu lassen; mit pietistischer Härte forderte er Schadenersatz und legte eine „Renitenten-Steuer" zur Unterhaltung der dänischen Soldaten auf. Schon im Sommer 1727 hatten die Aufständischen ihre Unterwerfung unter das kaiserliche Gebot erklärt; ab 1728 lief dem Kanzler die große Politik zu seinen Ungunsten davon. In dem Bestreben nämlich, die Erbfolge seiner Tochter Maria Theresia zu sichern, näherte sich Kaiser Karl VI. wieder den Seemächten; um die Zustimmung der Niederlande zu erhalten, begnadigte er 1729 die Rebellen - mit Ausnahme des Herrn von dem Appelle - und setzte, als die Niederländer 1732 wirklich ihm das Erbe garantierten, praktisch die Dekrete von 1721 außer Kraft.

Der Tod Georg Albrechts und Brenneysens war nur der symbolische Schluß dieser verfahrenen Angelegenheit. Carl Edzard, der letzte Fürst, ließ sich von seinem Hofmarschall von Lengeln leiten. Man erkennt in Ansätzen eine neue Politik am Fürstenhof, erwachsen aus Brenneysens Scheitern. Die Landesverträge waren wieder in Kraft; fürstlicherseits konnte man aber seine Position stärken, indem man das eigene Haus in Ordnung brachte. Deutlich sieht man das Bemühen, in die landesherrlichen Finanzen mehr Ordnung zu bringen, verdunkelte Einkünfte wieder zu heben, genauere Buchführung zu üben, kurzgesagt sich mehr Bewegungsfreiheit zu verschaffen. Denn waren die ständischen Finanzen durch den „Appelle-Krieg" zerrüttet, so die fürstlichen nicht minder.

Mit den Ständen lebte man im kalten Frieden. Rührig war ihrerseits ein Dr. Sebastian Anton Homfeld gebür-

Abb. 6 Norderburg in Dornum. Ensemble einer ostfriesischen Adelsherrschaft, einer sog. Herrlichkeit. Photographie um 1930.

tig aus dem Rheiderland und offiziell „Direktorialrat" des westfälischen Reichskreises und Syndikus der Stände, inoffiziell Vertreter des Königs von Preußen. Dieser, und zwar Friedrich Wilhelm I., nahm 1732 Titel und Wappen eines Fürsten von Ostfriesland in seine Titel und Wappen auf - für das zeremonialbewußte 18. Jahrhundert eine deutliche Unterstreichung seiner Lehnsanwartschaft. Sein Sohn Friedrich II. ging weiter und schloß mit Homfelds Hilfe im Frühjahr 1744 eine streng geheime Konvention mit der Stadt Emden, die nun wieder Kraft zum Konspirieren zu haben glaubte, in der er ihr für den Fall der Besitzergreifung ihre Rechte zu wahren versprach. Zwei Monate später, in der Nacht vom 25. auf den 26. Mai 1744, starb der letzte Cirksena, Fürst Carl Edzard, im Alter von 35 Jahren unversehens.

Beschreibung Ostfrieslands

Wir benutzen diesen Einschnitt, um das Ostfriesland der ersten Hälfte des 18. Jahrhunderts zu beschreiben und beginnen mit seinen Grenzen. Nehmen wir die Küste zuerst, so können wir im Dollart eine fortschreitende Verlandung erkennen. Für die Machtlosigkeit der ostfriesischen Grafen ist bezeichnend, daß sie um diese Seeanwächse, die an sich unbestrittenes Herrschaftseigentum waren, Prozesse führen mußten, weil sie anders ihr Recht nicht durchsetzen konnten. Der erste Polder am Dollart, das Bunderneuland, war 1605 an Groninger Kapitalisten vergeben worden, ihm folgten 1682 der Charlottenpolder und 1707 und 1708 der Norder- und Süder-Christian-Eberhards-Polder und der Bunder Interessentenpolder. Diese Einpolderungen geschahen schon rechts des Aa-Flusses, der die Grenze zu den Niederlanden bildete, Grenze insofern, als diese seit 1648 staatsrechtlich nicht mehr zum Deutschen Reich gehörten.

In der Ems verlief die Grenze, so weit man von einer solchen überhaupt sprechen will, am Ende des Niedrigwassers auf der holländischen Seite gemäß der Grafschaftsverleihung von 1464, welche die ganze Ems zu Ostfriesland geschlagen hatte. In landesherrlichem Auftrag - und es war einer der ganz seltenen Fälle, wo die Partner sich einig waren - besorgte die Stadt Emden die Aufsicht über das schwierige Fahrwasser der Ems, setzte Seezeichen und baute 1578 den Leuchtturm auf Borkum. Für alle diese Leistungen erhob sie Gebühren.

Im übrigen hatte die Stadt Emden vor der eigenen Haustür gewaltig mit der zunehmenden Verschlammung ihres Hafens zu kämpfen. Die Ems, die 1509, als in einer Sturmflut der Dollart sein größtes Ausmaß erhielt, bei Pogum durchgebrochen war, hatte das alte Flußbett an Emden vorbei zwar noch nicht verlassen. Es wurde aber von Tag zu Tag flacher, und die Spülwirkungen, die von den in Sielen der Stadt gestauten Wassern der ostfriesischen Tiefs ausging, konnte dies nicht wettmachen. Man versuchte bei Borßum mit dem sogenannten Nesserlander Höft, einer gewaltigen Holzpalisade, die neue Ems abzusperren, aber in den Wirren des Dreißigjährigen Krieges konnte die Stadt dieses Unternehmen nicht mehr aufrechterhalten.

Von Emden aus verlief der Emsdeich an Larrelt und Wybelsum vorbei; noch heute kann man dort Reste der alten Deiche in der Landschaft erkennen. Vor Rysum

Abb. 7 Wappenlöwe am Eingang zur Norderburg in Dornum.

ging in der Weihnachtsflut 1717 das Dorf Bettewehr unter; sonst gleicht die Deichlinie der heutigen bis Greetsiel, östlich dessen der gewaltige Meereseinbruch der Leybucht allmählich verlandete. Auf dem 1603 eingedeichten Wirdumer Neuland entstanden landesherrliche Domänen. Beiderseits des Norder Fahrwassers wurden der Süder- und der Wester-Charlotten-Polder eingedeicht. Man darf ja über der alles beherrschenden Rolle Emdens in der ostfriesischen Schiffahrt die Häfen Greetsiel und noch mehr Norden nicht vergessen - bescheiden zwar, aber fest in landesherrlicher Hand.

Die Nordküste ist damals durch kleine Einpolderungen ein wenig gewachsen mit Ausnahme der Harlebucht, die im 15. Jahrhundert bis Esens, Burhafe und Wittmund durchgebrochen war. Hier ging man in gewissem Einklang mit dem benachbarten Jeverland vor. 1550 wurde der Seriemer und Werdumer Altengroden gewonnen, 1570 zog man den Deich von Altfunnixsiel nach Altgarmsiel, den die Allerheiligenflut von 1571 alsbald zerstörte, worauf man ihn 1598 nördlicher erneuerte. 1658 kam der Enno-Ludwig-Groden hinzu, 1677 und 1679 der Große und der kleine Charlottengroden und 1729 der Carolinengroden. An seinem Siel entwickelte sich der bedeutendste aller ostfriesischer Sielhäfen, das heutige Carolinensiel.

Bei diesen Eindeichungsarbeiten in der Harlebucht erhob sich dringend das Problem der Grenze im Watt zwischen Ostfriesland und dem Jeverland. 1666 schloß man einen Vergleich, nach dem die Grenze von einem Pfahl ausging, den man in die Mitte des „neuen Mitteldeichs" zwischen Neufunnixsiel und Garmsersiel setzte. In Peilung auf die Mitte zwischen den Inseln Spiekeroog und Wangerooge sollte die Grenze nordwärts gerade verlaufen. Die Ostwanderung der Inseln hat dazu geführt, daß diese Linie, im Volksmund „Goldene Linie" genannt, heute auf das Ostende von Spiekeroog trifft.

Die Landgrenzen Ostfrieslands lagen im Groben seit Jahrhunderten fest, exakt waren sie nur auf der Geest bestimmt, im Moor verliefen sie von ungefähr. Folgen wir also der Goldenen Linie zu Lande, so lief die Grenze nach Süden, bis sie vor Reepsholt nach Osten ausbuchtete und das Viereck des Amtes Friedeburg bildete. Bei Gödens hatte Ostfriesland Zugang zum Meer über den Jadebusen gehabt. Nach der Übertragung des Jeverlandes an Oldenburg hatte Graf Johann VII. 1605 den Ellenser Damm anlegen lassen, ein Meisterwerk der Wasserbaukunst, mit dem er Ostfriesland vom Wasser abschnitt, um eine Landverbindung ins Jeverland zu erhalten. In der Gödenser Marsch waren also weitere

Eindeichungsmöglichkeiten ausgeschlossen, und es ist verständlich, daß die Grafen von Ostfriesland die von Oldenburg mit heftigen Prozessen vor dem Reichskammergericht überzogen, ohne in der Sache etwas zu erreichen.

Vom Amt Friedeburg aus ging die Grenze weiter leicht südwestwärts nach Stickhausen und von dort weiter südlich, weitgehend durchs Moor. Den Südteil des Amtes Stickhausen nahm die Johanniterkomturei Langholt ein, ein kurioser katholischer Überrest in der Wildnis, den die ostfriesischen Grafen dem Malteserorden hatten lassen müssen. Südlich Langholt sprang die Grenze nach Westen um, überquerte südlich Wymeer die niederländische Aa, der entlang nach Norden sie zum Dollart ging. Seit 1626 hatte dieser Verlauf eine merkwürdige Ausbuchtung: ohne den Grafen zu fragen, erbauten die Generalstaaten die Grenzfestung Neuschanz und ließen sich nach Vollendung das entsprechende Terrain abtreten.

Diese Grenzen waren von See oder Fluß aus überall zugänglich, von Land nur an bestimmten von Mooren freien Stellen. Dort verliefen seit alters auch die Verbindungswege; denn Straßen kannte man in Ostfriesland nicht. Dies lag einerseits daran, daß man angesichts der vielfältigen Möglichkeiten des Wassertransports den Landverkehr vernachlässigen konnte, andererseits hat man nie eine vernünftige Wegeunterhaltung durchsetzen können - auch unter den bescheidenen technischen Anforderungen der frühen Neuzeit. Dies lag darin, daß im Grunde jeder für den Weg vor seinem Grundstück verantwortlich war, und alle Versuche scheiterten, gemeinsam einen Weg auszubauen zum gemeinen Nutzen und nicht zum eigenen. Unter diesen Voraussetzungen waren die wichtigsten Grenzwege die von Rispel nach Jever, von Friedeburg nach Neuenburg und von Stickhausen nach Apen, die ins Oldenburgische führten, die von Stickhausen nach Barßel und von Weener nach Rhede, die ins Münstersche wiesen. Nach Groningen und in die Niederlande reiste man von Emden, Greetsiel oder Norden aus mit einer Fähre nach Delfzijl und von dort weiter, mit dem Schiff oder der Kutsche.

Diese Unzugänglichkeit in weiten Teilen hat Ostfriesland, wie wir gesehen haben, nicht vor den Invasionen im Dreißigjährigen Krieg bewahrt; die Abgeschlossenheit und Selbstgenügsamkeit des Ländchens aber gefördert. Gewiß, mit dem Aufkommen des Reisens als Bildungseinrichtung durchquerte mancher das Land, wie etwa der Große Kurfürst als Kurprinz auf der Reise in die Niederlande in Greetsiel übernachtet hat. Aber Ostfriesland lag an keiner Handelsstraße abgesehen von der Ems, wo Emden bekanntlich sein Stapelrecht ausnutzte.

Die Wasserläufe waren also die Hauptverkehrswege im Lande; mit kleinen Booten kam man vielerorts tief ins Innere. Mußte man auf festem Boden reisen, benutzten die Reichen die Kutsche und die Masse die eigenen Füße, konnte man doch von Aurich aus jeden Punkt in Ostfriesland - außer im Rheiderland - an einem Tag zu Fuß erreichen. Im Extremfall allerdings - wie nach der Weihnachtsflut 1717 - erfuhr man am fürstlichen Hof erst drei Tage nach der Katastrophe von ihr. Kleine Ansätze, diese Situation durch die Anlage von Kanälen zu verbessern, finden wir schon im 17. Jahrhundert in dem Vorschlag von 1637, zwischen Emden und Aurich einen Wasserweg auszubauen. Die entstehenden Fehnkanäle waren in ihrem Wildwuchs nicht als durchgehende Verkehrsverbindungen geeignet.

Die Landschaft Ostfrieslands in ihrem Dreiklang von Marsch, Geest und Moor war also noch weitgehend unverändert. Die Bewirtschaftung der Moore begann eben, und auf der Geest waren die eiszeitlichen Meere, die man im 18. Jahrhundert auszutrocknen begann, noch zahlreich vorhanden. Das Ödland, das sich in vielen Geestdörfern hinter den einzelnen Höfen ausdehnte, hielten die Besitzer dieser Anwesen auf Grund des uralten „Upstreekrechtes" für ihr Eigentum, soweit es nicht Gemeinweide war. Die heute für Ostfriesland so charakteristische Wallheckenlandschaft mit den wunderschönen Eichen fehlte weitgehend, wie überhaupt von Wäldern nicht die Rede sein kann. Die einzig nennenswerten Gehölze waren die Forsten bei Sandhorst und bei Ihlow, die dem fürstlichen Jagdvergnügen dienten.

Wie wurde nun dieses Gemeinwesen regiert? Von der Einteilung Ostfrieslands in Ämter und Städte haben wir schon gehandelt, wie sie sich zu Ende des Mittelalters herausgebildet hatte. Sie hat sich im Wesentlichen nicht verändert außer, daß die von den Manninga angekaufte Herrlichkeit Pewsum nunmehr ein Amt bildete.

In Aurich, der Hauptstadt, residierte der Fürst in seinem Schloß, das weiß Gott nicht prächtig war, auch wenn Georg Albrecht den Marstall hatte ausbauen lassen. Der fürstliche Landsitz, das ostfriesischen Versailles, befand sich in Sandhorst und war gleichenfalls bescheiden. Der hauptsächliche Berater des Fürsten war sein Kanzler, dessen Posten auf den gräflichen Schreiber zurückgeht. Ihm zur Seite standen ein oder zwei Sekretäre zur Erledigung der Korrespondenz und etwa fünf oder sechs Räte oder Geheimräte - diese daneben meistens aber noch mit Spezialaufgaben betraut. Die Kanzlei war also die Zentralbehörde. 1720 setzte man unter dem entscheidenden Einfluß von Brenneysen einen Geheimen Rat ein, der über der Kanzlei und den ihr bisher nebengeordneten Behörden stand und alle Angelegenheiten in letzter Instanz entschied. Ihm gehörten drei bis vier Mitglieder an.

Neben der Kanzlei stand vor allem die Kammer oder Oberrentkammer, die für die Finanzen zuständig war. Für die erbärmliche Geldwirtschaft der Cirksena ist bezeichnend, daß ihr nie die erforderliche Aufmerksamkeit gewidmet wurde, was die Ausstattung an Personal und Befugnissen angeht - mit Ausnahme vielleicht des letzten Jahrzehnts nach Brenneysens Scheitern. Aber da war es zu spät. Für Kirche und Schule war das Konsistorium zuständig, wie die Kammer eher eine Abteilung der Kanzlei, die durch Geistliche verstärkt wurde.

Die andere Zentralverwaltung Ostfrieslands - hier das Harlingerland ausgenommen - war die ständische Administration. Von der Einteilung der Stände und ihrer Machtfülle ist schon gehandelt worden; sie versammelten sich regelmäßig auf Landtagen oder Landrechnungsversammlungen, welch letztere alljährlich am 10. Mai stattfanden. Die ständische Verwaltung wurde geführt von den sechs Administratoren, die die Emder Konkordate von 1599 vereinbart hatten, je zwei aus jedem Stand. Sie wurden wie die fürstlichen Räte bezahlt und hatten vor allem die Aufsicht über den Landrentmeister und die Steuerpächter. Der Landesherr hatte das Recht, ihre Tätigkeit durch einen „Inspektor" überwachen zu lassen, dem aber zu fürstlichen Zeiten nie eine rechte Wirksamkeit gelungen ist.

Neben den Administratoren standen die „Ordinärdeputierten", eine Art Hauptausschuß des Landtags, die schnell zusammenzurufen waren, um eilige Angelegenheiten zu beraten. Ihrer waren es 17 (zwei von den Rittern, fünf von den Ständen und zehn aus dem Hausmannsstand). Wie die Administratoren übten sie ihr Amt lebenslänglich aus, falls sie nicht über politische Fallstricke fielen. Im Grunde stand der fragwürdigen Autokratie des Fürsten die ebenso zweifelhafte Oligarchie einiger ständischer Herren gegenüber. Daß zwischen ihnen überhaupt noch ein Ausgleich gefunden werden konnte, lag an der den Ostfriesen so bedeutsamen Rechtspflege.

Wir haben schon erwähnt, daß es wie im Reich auch in Ostfriesland ein fürstliches und ein ständisches Obergericht gab, das Kanzleigericht und das Hofgericht. Es besteht ja noch nicht die heutige Trennung von Rechtsprechung und Verwaltung, so daß die fürstliche Kanzlei unangefochten auch als Justizorgan fungieren konnte. Beide Gerichte waren obere Berufungsinstanz; das Hofgericht war aber das gewichtigere unter ihnen, da hier die Klagen des Landesherrn gegen seine Untertanen und umgekehrt verhandelt wurden. Das gilt sowohl für die Zivil- wie für die Strafjustiz. Das Harlingerland hatte sein eigenes Obergericht in der Kanzlei in Esens. Unter diesen Obergerichten standen als Mittelinstanz im eigentlichen Ostfriesland zwei Landgerichte, eins für die Ämter Aurich, Friedeburg, Norden und Berum, das andere für die Ämter Stickhausen, Leerort, Emden, Greetsiel und Pewsum. Auch im Harlingerland fungierte ein Landrichter. Der jeweilige Landrichter hatte mindestens einmal im Jahr in jedem Amt seines Bezirks Gericht zu halten, unter Besitz des jeweiligen Drosten und Amtmanns. Die kleineren Vergehen wurden von den Ämtern unmittelbar abgeurteilt. Wie die Ämter hatten die Bürgermeister in den Städten auch die Gerichtsbefugnis.

Verhandelt wurden diese Rechtsstreitigkeiten auf der Grundlage des schon erwähnten Landrechts des Grafen Edzard I., zu dessen Auslegung namentlich an den Obergerichten viel römisches Recht herangezogen wurde, soweit es Zivilprozesse betraf. Die Strafjustiz wurde nach der „Carolina", der Strafprozeßordnung Kaiser Karl V. gehandhabt, mit allen ihren barbarischen Einzelheiten. Für die Ordnung des täglichen Lebens sorgten in den Städten die Statuten und auf dem Lande die Bauernrechte, eine bunte und vielfältige Mischung lokaler Gewohnheiten, zu denen auch die Zunft- und Gilderechte der Handwerker und Kaufleute zu rechnen sind.

Es gab also durchaus schon eine gemeindliche Selbstverwaltung, die sich vielfach mischte mit der Besorgung der gemeinsamen Angelegenheiten, was nicht nur die Gemeinweide, sondern auch das Deich- und Sielwesen anging. Bei der Gemeinweide war auf die rechte Beschickung, die Entwässerung und die Grenzen zu achten, die Siele mußten regelmäßig unterhalten werden, wie auch die Deiche steter Aufsicht bedurften. Die Kosten wurden von den jeweiligen Beteiligten aufgebracht, ihre Verwaltung und Abrechnung aber oblag den dazu Gewählten. Mit dem Begriff Wahl darf man aber nicht an heutige Vorstellungen anknüpfen; wie bei der Vertretung des Bauernstandes aus den Landtagen konnte ein solches Amt nur der übernehmen, der es sich leisten konnte. Wenn beispielsweise in einem Dorf wie Pilsum von 353 Einwohnern nur 14 die sogenannten „Interessenten" waren, die die großen Bauernhöfe besaßen, so war dies eine für die Marsch typische bäuerliche Oligarchie. Auf der Geest waren die Verhältnisse nicht so kraß abgestuft; hier konnte es durchaus geschehen, daß die Ämter „von Jahr zu Jahr von Haus zu Haus" wechselten. Aus diesen Verhaltensweisen resultierten natürlich verschiedene Gesinnungen, die man bei der Teilung Ostfrieslands in den reichen reformierten Westen und den ärmeren lutherischen Osten immer bedenken muß.

In einer Historischen Landeskunde sollte eine Aufzählung der Orte, Höfe, Polder und Fehne nicht unterbleiben, die nach dem Gründer oder zu Ehren einer Person genannt worden sind.
Diese Liste geht nun über die Grenzen dieses Abschnitts bis in den Anfang des 19. Jahrhunderts und man kann in ihr aufführen:

Angernheim	nach dem preußischen Staatsminister v. Angern
Beningafehn	an die Familie Lantzius-Beninga 1788 verkauft
Bernuthsfeld	nach dem preußischen Kammerpräsidenten v. Bernuth
Carolinengroden Carolinensiel Fürstinnengrashaus	} nach der Fürstin Caroline
Charlottengroden Charlottenpolder	} nach der Fürstin Christine Charlotte
Christian-Eberhard-Polder	nach dem Fürsten Christian Eberhard
Colombburg	nach dem Kammerpräsidenten v. Colomb
Dammspolder	angelegt von dem Amtsverwalter H.L. Damm aus Norden
Dietrichsfeld	nach dem Amtsassessor Dieterichs
Enno-Ludwig-Groden Ennoswonne Ludwigslust	} nach dem Fürsten Enno Ludwig
Ernst-August-Polder	nach dem König Ernst August von Hannover
Friedrichsgroden Friedrichshof Friedrichsschleuse	} nach dem König Friedrich II. von Preußen
Georgsfehn	nach dem König Georg IV. von Großbritannien und Hannover
Georgsfeld Georgsheil Völlener Königsfehn	} nach dem König Georg V. von Hannover
Glansdorf	nach dem Amtmann v. Glan in Stickhausen
Hagenpolder	nach dem preußischen Staatsminister v. Hagen
Heinitzpolder	nach dem preußischen Staatsminister Heinitz
Jheringsfehn	erworben von dem Regierungsdirektor S.E. Jhering
Lübbertsfehn	angelegt von Lübbert Cornelius
Ludwigsdorf Vinckepolder	nach dem Kammerpräsidenten Ludwig Freiherr Vincke
Münsterpolder	nach dem hannoverschen Staatsminister Graf Münster
Rademacherseck	nach dem preußischen Kriegs- und Domänenrat Rademacher
Schulenburger Polder	nach dem preußischen Staatsminister Graf v. d. Schulenburg

Schwerinsdorf	nach dem Kammerpräsidenten Graf v. Schwerin
Schwerinsgroden	
Tannenhausen	angelegt von dem Kriegs- und Domänenrat Tannen
Teltingspolder	angelegt von der Familie Telting
Tiemannsegge	nach dem Kriegs- und Domänenrat Tiemann
Wagnersfehn	angelegt von Johann Georg Wagner in Esens
Warsingsfehn	angelegt von Dr. Gerhard Warsing
Wilhelminenholz	nach der Fürstin Sophie Wilhelmine

STAMMTAFEL DER GRAFEN UND FÜRSTEN VON OSTFRIESLAND AUS DEM HAUSE CIRKSENA

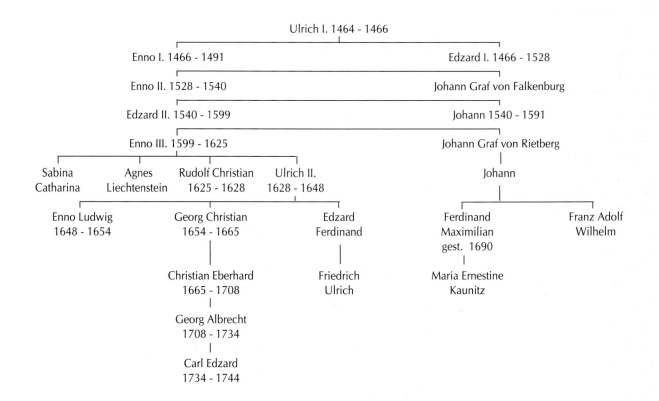

't Wapen der Stadt EMBDEN
van Kaiser MAXIMILIAN I.
gegeven, Anno 1495. d. 10. Augusti.

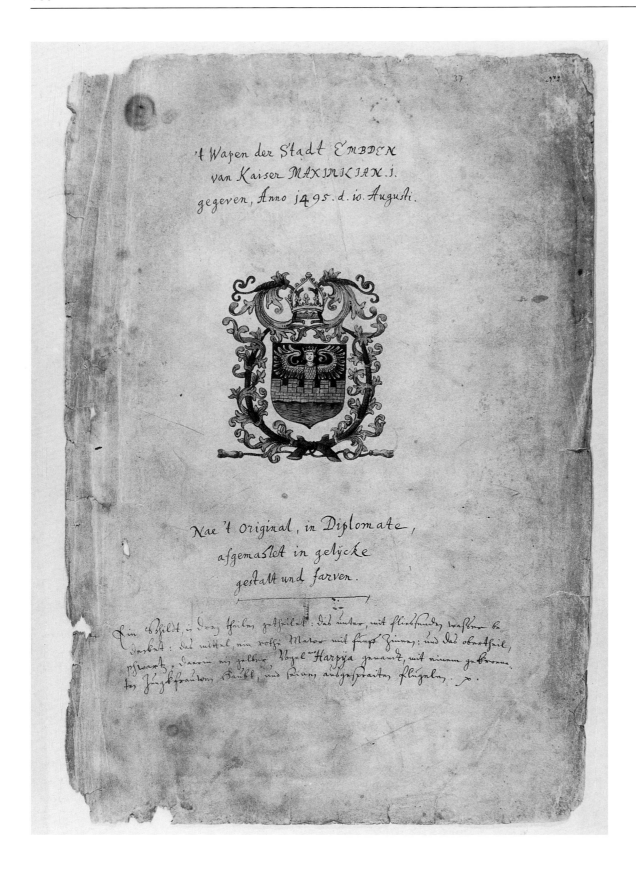

Nae 't Original, in Diplomate,
afgemaalet in gelijcke
gestalt und farven.

Ein Schildt, in drey theilen getheilet: das unter, mit fliesenden wasser bezirket: das mittel, ein rothe Mawer mit fünff Zinnen; und das oberteil, schwartz, darin ein gelber Vogel Harpyja genannt, mit einem gebronen, der Jungkfrauwen Bildt, und seinen ausgespraiten flügeln.

2. Teil: 1744 bis 1978
Vorbemerkung

Der Tod macht Geschichte: das unerwartete Sterben von Männern und Frauen, auf deren Entscheidung es ankommt, hat oft genug den Lauf der Ereignisse beeinflußt. Für das große Welttheater des 18. Jahrhunderts braucht man hier nur an das Ableben der Zarin Elisabeth II. und des Zaren Peter III. von Rußland im Jahre 1762 zu erinnern; auf der kleinen ostfriesischen Bühne bedeutete der Tod des letzten der Cirksena das Gleiche. Von da an wurden die Entscheidungen über Ostfriesland andernorts gefällt. Stand das Ländchen vorher im Wechselbad der verschiedensten politischen und kulturellen Einwirkungen, deren man sich in Aurich bedienen konnte oder erwehren mußte, so wird nun die Entfernung zur Hauptstadt, aus der eine Entfremdung werden kann, für die in Ostfriesland verantwortlich Tätigen ein Umstand, der nicht immer zum Guten ausgeschlagen ist. Die eigenen Kräfte Ostfrieslands versanken zeitweise in Lähmung, aus der sie erst der fortschreitende Prozeß der demokratischen Selbstbeteiligung geweckt hat.

Sind dies die innerostfriesischen Voraussetzungen für die Geschichte der letzten zweieinhalb Jahrhunderte, so muß man im Blick auf die allgemeine Entwicklung betonen, daß die Zeit der territorialen Eigenheiten spätestens seit der Erfindung der Eisenbahnen immer rascher verging. Man konnte nicht mehr abgeschlossen von der Welt leben. Für Ostfriesland bedeutete das den allmählichen Verlust vieler Eigentümlichkeiten, ein Vorgang, welcher der beharrenden Natur der Bewohner zutiefst zuwider war und viel Mißstimmung erzeugt hat. Die eben beschriebene Lähmung wurde durch diese Gefühle mitgetragen. Heute hat sich die Randlage Ostfrieslands in Deutschland eindeutig als wirtschaftlicher Nachteil erwiesen, der im kommenden Europa der Regionen vielleicht wieder wettgemacht werden kann.

Die erste preußische Zeit von 1744 bis 1806
Statistik und Verwaltung

Als Ostfriesland 1744 an Preußen fiel, geriet unversehens ein kleines Land in den Griff einer großen Macht. Die preußische Monarchie war kein Einheitsstaat. Allen Bemühungen seit den Tagen des Großen Kurfürsten zum Trotz lebte in den einzelnen Ländern des Königreichs noch immer das Bewußtsein der Eigenständigkeit, das auch das gemeinsame Erlebnis der Leiden im Siebenjährigen Krieg nicht beseitigt hat. Eine besondere Kluft bestand zwischen den kleinen westlichen und den um vieles größeren östlichen Gebieten, die mit den Schlagworten Industrialisierung und Gutsuntertänigkeit hier nur angedeutet werden kann.

Das Königreich Preußen hatte bei dem Regierungsantritt Friedrichs II. einen Umfang von 2.160 Quadratmeilen = 122.550 qkm mit einer Bevölkerung von 2.240.000 Einwohnern. Dazu kam 1741 Schlesien mit 688 Quadratmeilen = 39.0000 qkm und 1.100.000 Einwohnern. Die drei polnischen Teilungen von 1772 bis 1795 vergrößerten erneut das östliche Schwergewicht der Monarchie. Wie bescheiden nahm sich dagegen Ostfriesland mit seinen 54 Quadratmeilen und 83.000 Einwohnern aus!

Die Bevölkerung der neuen Provinz stieg langsam, aber unaufhaltsam von 83.000 auf 100.000 im Jahre 1770, um 1805 auf dem Stand von 120.000 anzukommen. Keine Epidemie hemmte dieses Wachstum. Da von einer nennenswerten Auswanderung nicht die Rede sein kann, wurde diese Vermehrung um die Hälfte im Lande aufgefangen: das ist die Rechtfertigung der Kolonisation, von der noch zu handeln sein wird.

Die preußische Regierung behielt die in der fürstlichen Zeit gewachsene Einteilung Ostfrieslands in Ämter, Städte und adlige Herrlichkeiten bei. im Harlingerland allerdings wurde die besondere Kanzlei in Esens 1745 geschlossen und die dortige Münzstätte 1748 aufgehoben, wie auch die Landrichter verschwanden. Städte mit beschränkter Selbstverwaltung waren die Hauptstadt Aurich, die Handelsstadt Emden, verarmt und unzufrieden, und die Landstädte Norden und Esens. Städtischen Charakters war der Flecken Leer, der vergeblich Stadt zu werden versuchte. Die Ämter waren Aurich, Esens, Wittmund, Friedeburg, Stickhausen, Leerort oder Leer, Emden, Pewsum, Greetsiel, Norden und Berum. Adlige Herrlichkeiten, die nicht in adliger Hand zu sein brauchten, fand man in Gödens, Loga, Oldersum (mit Borßum und Up- und Wolthusen im Besitz der Stadt Emden), Petkum, Rysum, Jennelt, Lütetsburg und Dornum.

Nach Abschluß der Auseinandersetzung mit den Ständen anfangs der 50er Jahre wurde nach preußischem Vorbild Ostfriesland zweigeteilt verwaltet. Unabhängig voneinander amtierten in Aurich eine Regierung und eine Kriegs- und Domänenkammer. Die Regierung,

Abb. 8 Friedrich II., König von Preußen 1740-1786; seit 1744 Fürst zu Ostfriesland.

Nachfolgerin der Kanzlei und des Hofgerichts, war hauptsächlich eine Justizbehörde mit zwei Senaten, der neben der Rechtsprechung Hoheitssachen, wie z.B. die Grenzangelegenheiten, oblagen. Um geistliche Mitglieder vermehrt bildete der erste Senat das Konsistorium für Kirchen- und Schulangelegenheiten. Die Kriegs- und Domänenkammer war zuständig für Handel, Wirtschaft, Verkehr und das weitere Feld der Kommunal- und Polizeiaufsicht. Der Regierungspräsident v. Derschau (1714 - 1799) und die Kammerpräsidenten Lentz (1695 - 1768) und v. Colomb (1719 - 1797) gehörten zur Elite der preußischen Beamten.

Beide Behörden bedienten sich der Ämter und Bürgermeister in den Städten ohne Unterschied für Verwaltung und Rechtsprechung in der unteren Instanz. Über die Herrlichkeiten übten sie die Aufsicht aus. Die Stadt Emden wurde von einem dort ansässigen „Commissarius loci" beaufsichtigt, der zur Kriegs- und Domänenkammer zählte. Die spärlichen Forsten verwaltete ein Oberförster.

Die Steuern wurden nach wie vor von den Ständen eingezogen und verwaltet. Ostfriesland zahlte zur Abgeltung der Militärlasten, von denen es befreit war, jährlich 40.000 Taler, zu denen aus dem Harlingerland eine gleichwertige Kontribution kam, da dort bekanntlich den ostfriesischen Ständen keine Befugnis zustand. Mit den von der Kammer erzielten Domanialüberschüssen zusammen wurden jedes Jahr bis zu 200.000 Taler in die königlichen Kassen in Berlin eingeliefert.

Die Finanzverwaltung war jetzt das Hauptarbeitsgebiet der Stände, die dabei vom Staat beaufsichtigt wurden. Die in fürstlicher Zeit verschleppte Revision der Steuerlisten und die Kontrolle der Ausgaben ermöglichten es, die ständischen Schulden allmählich zu tilgen. Seit den 70er Jahren wurde es darum den Ständen möglich, Aufgaben der Landesentwicklung zu übernehmen, wie z. B. die erste große Landesvermessung durch den niederländischen Ingenieur Camp um die Jahrhundertwende von ihnen bezahlt worden ist.

Diese größere Beweglichkeit brachte den Ständen ein neues Selbstbewußtsein, nachdem sie die Ereignisse nach 1744 wie gelähmt über sich hatten ergehen lassen. Ausdruck dessen war der Landtag in den Jahren 1790 und 1791, der nach Jahrzehnten wieder die ständische Komponente Ostfrieslands zu Wort kommen ließ.

Politische Ereignisse

Nicht einmal 100 Tage brauchte Preußen, um die Verhältnisse in Ostfriesland zu ordnen. Kaum war Carl Edzard gestorben, nahmen Homfelds Beauftragte im Namen des Königs von Preußen Besitz. Wer auf Kurhannover hoffte, sah bald eine kleine preußische Truppe im Lande. Die niederländischen Soldaten gingen aus Emden und Leerort weg, die Dänen verschwanden aus Aurich und die kaiserliche Salvegarde in Leer löste sich in Nichts auf. Hannover war viel zu sehr in den österreichischen Erbfolgekrieg verstrickt, um mehr als auf dem Papier seine Ansprüche von 1691 zu bekräftigen.

Am 6. Juni erschien der preußische Justizminister von Cocceji in Aurich und schaffte es bis zum 7. Juli, daß die Stände Friedrich II. huldigten und sich zur Zahlung von Militärgeldern verpflichteten. Homfeld amtierte an der Spitze der Regierung als eine Art Statthalter, doch mußte er mit immer größerem Verdruß erleben, daß der neueingerichteten Kriegs- und Domänenkammer, die er sich unterordnen wollte, aus Berlin der Rücken gestärkt wurde. Die Stadt Emden stand gestützt auf ihre Konvention von 1744 stolz abseits, mußte aber im Frühjahr 1749 eine kleine Revolution über sich ergehen lassen,

Abb. 9 Christoph Friedrich von Derschau (1714-1799), preußischer Regierungspräsident von Ostfriesland 1751-1785.

Abb. 10 Porträt des Dr. Tileman Dothias Wiarda, des Geschichtsschreibers und Landessyndikus der Ostfriesischen Stände. Steindruck.

die der neue Kammerpräsident Daniel Lentz angeregt hatte. Emden verlor die meisten seiner Freiheiten. 1751 wurde dann das alte ständische Hofgericht mit der Regierung vereinigt, an deren Spitze Homfeld verbittert als Kanzler alterte.

Außer ihm war niemand in Ostfriesland, der dem preußischen Vorgehen hätte entgegentreten können. Widerspruchslos mußten die Stände zulassen, daß die Kammer begann, ihre finanzielle Unordnung zu durchleuchten. Langsam begann man sich in der neuen Ordnung heimisch zu fühlen, wozu zwei königliche Besuche, 1751 und 1755, wesentlich beitrugen; sah man doch den unheimlichen Mann in Fleisch und Blut vor sich. Es begannen die ersten Einpolderungen und anderen Arbeiten zur Landeskultur; auch dachte man in der Kammer über ein Urbarmachungsedikt nach.

Alle diese Ansätze zerknickten durch den Ausbruch des Siebenjährigen Krieges. Es war völlig unmöglich, das Land gegen einen Feind zu verteidigen. Zweimal wurde es vom Feind besetzt: vom Herbst 1757 bis zum Sommer 1758 kamen französische Truppen, die auf Kosten der Einwohner lebten, und im Herbst 1761 erschütterte ein kurzer Raubzug eines französichen Freikorps Ostfriesland, der mit Mord und Brand unverlöschlich im Gedächtnis geblieben ist. Sonst diente Emden als Nachschubhafen für die englischen und hannoverschen Verbündeten. Aktiv am Kriege beteiligt haben sich die Ostfriesen kaum.

Von einem eigentlichen politischen Leben kann in den ruhigen Zeiten nach 1763 nicht die Rede sein. Die Landstände begnügten sich mit Ausschußversammlungen und begehrten nur einmal auf, als von ihnen im Bayerischen Erbfolgekrieg 1778 die Stellung von Trainknechten verlangt wurde. Da dieser Krieg im Sandkasten versickerte, blieb es beim Sturm im Wasserglas. Die den Friesen eigentümliche Abneigung gegen Militärisches fand reichen Stoff in dem Benehmen des in Emden stationierten Freibataillons v. Courbière, wo preußische Militärdisziplin anschaulich exerziert wurde. Dem verhinderten Spießrutenlauf des Johann Gottfried Seume verdankt Emden auf diese Weise sein Dasein in der deutschen Literaturgeschichte.

Es ist der preußischen Verwaltung nicht gelungen, Ostfriesland vollständig in die Monarchie zu integrieren. Dem König genügte es, wenn die Einnahmen, von denen er sich einen beträchtlichen Teil für seine Dispositionskasse vorbehalten hatte, pünktlich abgeliefert wurden. Das Ministerium und das Generaldirektorium in Berlin, die der Regierung und der Kammer in Aurich vorgesetzten Behörden, leiteten diese im gewohnten Gang, brauchten ihnen aber keine besondere Aufmerksamkeit zu widmen wie den neuerworbenen östlichen Landesteilen. Ostfrieslands Besonderheiten wurden in Berlin immer weniger verstanden; denn unter den dort tonangebenden Personen war kein Ostfriese - wie sollten sie auch etwa einen General stellen. Zwischen 1755 und 1869 hat kein preußischer König den Weg nach Ostfriesland eingeschlagen.

So abgeschieden war das Land nun doch nicht, daß nicht die revolutionären Ereignisse in Frankreich ihren Widerhall gefunden hätten. Ausdruck dessen wurde der Landtag, der 1790 und 1791 in Aurich tagte und eine Fülle von Vorschlägen und Beschwerden behandelte. Beispielsweise beklagte man die strenge Aufsicht durch die Kammer. Erfolgreich erinnerte man daran, daß 1744 zugesagt worden war, die in Ostfriesland tätigen Staatsdiener zur Wahrung der besonderen Rechte des Landes zu verpflichten. Ebenso gelang es den Ständen, eine grundsätzliche Diskussion über Fehn- und Moorkolonisation in Gang zu setzen, in deren Folge deren unkontrollierten Wildwucherungen eingestellt wurden. Zum ersten Mai wurde in größerem Rahmen das für den Verkehr wichtige Problem der Wasserstände auf den Fehnkanälen erörtert, das durch die fortschreitende Trockenlegung Ostfrieslands verursacht wurde. Diese Frage hing eng mit dem Sielwesen zusammen. Größerer Abfluß verlangte größere Siele, wo aber sollte man das Geld dafür hernehmen?

Nachdem im Frieden von Basel zwischen Preußen und Frankreich eine Demarkationslinie beider Mächte festgesetzt worden war, bezogen zu deren Schutz preußische Truppen auch Ostfriesland, deren Kommando zeitweise der spätere Feldmarschall Blücher führte. Wie nötig diese Soldaten waren, lernte man spätestens 1795, als französische Truppen die Niederlande überwältigten und an der Grenze streiften.

Das folgende Jahrzehnt wurde zu einer Zeit der Scheinblüte für Ostfriesland, das wieder einmal aus niederländischen Nöten Nutzen zog. Napoleons Kontinentalsperre, die 1803 auch das Kurfürstentum Hannover einbezog, machte Emden zum einzigen großen Hafen in Nordwestdeutschland, dem die ostfriesischen und oldenburgischen Sielhäfen so gut es ging Konkurrenz boten. Der blühende Handel - vor allem mit England - fand jäh sein Ende, als Preußen in seiner Torheit sich Hannover von den Franzosen übereignen ließ. Das war im Frühjahr 1806; im Herbst des gleichen Jahres brach der Staat

Friedrichs des Großen wie ein tönerner Koloß zusammen. Ostfriesland wurde ohne einen Schuß Pulver von holländischen Soldaten im Auftrage Napoleons besetzt.

Wirtschaftsgeschichte

Nach wie vor bildete die Landwirtschaft das wirtschaftliche Rückgrat Ostfrieslands. Hier war auch viel städtisches Kapital gebunden, weil die Bürger die Pachtung eines Hofes als sicherste Vermögenslage betrachteten. In den Jahren um 1770 erschütterten mehrere Mißernten die bäuerlichen Betriebe; im Großen und Ganzen erfreute sich aber die Landwirtschaft eines gedeihlichen Wachstums.

Die Viehzucht bildete den Schwerpunkt, demgegenüber der Getreideanbau zurücktrat. Kartoffeln wurden noch nicht angebaut. 1757 schätzte man die Zahl der Kühe auf 30 bis 40.000, die der Ochsen auf 8.000, die der Pferde auf 13.000 und die der Schafe auf 40.000. Die Schafe fanden in den unbebauten Geestländereien reiche Nahrung. 1784 betrug der Wert der Butterausfuhr 60.000 Taler und der des Käseexports 180.000 Taler. Die Pferde wurden auf Pferdemärkten verhandelt, deren es um 1800 42 gab, und deren bekanntester in Weener abgehalten wurde.

Unablässig ist im ganzen 18. Jahrhundert der bebaute Grund und Boden vergrößert worden. Zuerst sind die Eindeichungen zu nennen, deren größte der Landschaftspolder von 1755 am Dollart und der Friedrichsgroden von 1766 an der Harlebucht waren. Im Landesinnere wurden ein eiszeitliches „Meer" nach dem anderen trockengelegt und die Upstreeksfluren erweitert. Alles geschah aber eher zufällig, wie es die Bedürfnisse des einzelnen forderten, dem die Obrigkeit ihre Zustimmung allerdings nicht versagte.

Das wurde anders nach 1763, als Friedrich II. für die ganze preußische Monarchie das „Rétablissement" anordnete, den Wiederaufbau; denn nun griff der Staat ein. 1765 wurde ein „Urbarmachungsedikt" erlassen, in welchem der König die herrenlosen Ländereien ausdrücklich dem bisher freien Zugriff nach Upstreeksrecht entzog. Es war eine kleine Revolution für das ostfriesische Rechtsbewußtsein, die entsprechende Unzufriedenheit auslöste. Verhängnisvoll für den Fortgang der Kolonisation wurde nun, daß mit diesem Edikt der Staat seine Pflicht getan zu haben glaubte. Wahl- und planlos wurden die Kolonisten angesetzt, ohne daß man sich Gedanken machte, wie sie nach den ihnen zugesagten zehn abgabefreien Jahren weiterkommen sollten.

Diese Binnensiedlung hat einen großen Teil des durch natürliche Vermehrung entstandenen Bevölkerungsdruckes aufgefangen: das ist ihre Rechtfertigung vor der Geschichte. Der Preis dafür war aber zu hoch: weil beispielsweise Wege fehlten, die Abwässerung nicht vorhanden war, man die Siedler sich selber überließ, gerieten viele von ihnen in tiefes Elend. Symbol dessen wurde die Kolonie Moordorf bei Aurich, deren Kinder und Erwachsene die nahe Hauptstadt mit Betteln überzogen. Die Reaktion der verzweifelten Bürger war Verleumdung. Man erklärte die Moordorfer samt und sonders zu Zigeunern und konnte nicht wissen, daß über hundert Jahre später von einer deutschen Regierung die Rasse als bestimmend über Leben und Tod angesehen werden würde. Da aber stellte sich zum Erstaunen aller heraus, daß die Moordorfer ebenso gute Ostfriesen waren wie ihre Landsleute.

Von der Kolonisation zu unterscheiden ist die Fehnkultivierung, die in jener Zeit einen tiefen Wandel erlebte. Auch die im 17. Jahrhundert begonnene Fehnsiedlung verlief planlos, woran sich im 18. nichts änderte. Nach wie vor waren es private Unternehmer, die als Obererbpächter das wirtschaftliche Risiko trugen. Die Fehne vermehrten sich 1726 um das Warsingsfehn, 1746 das Spetzerfehn, 1769 das Rhauderfehn, 1780 das Ihlowerfehn und 1795 das Berumerfehn. Mit ihrer wachsenden Größe wurde der Transport des gewonnenen Brenntorfes immer wichtiger, so daß langsam, aber sicher die Schiffahrt von einer Nebenbeschäftigung der Fehntjer zu ihrer Haupterwerbsquelle wurde.

Das belebende Element in der stagnierenden ostfriesischen Wirtschaft des 18. Jahrhunderts ist die Schiffahrt. Seit alters dienten die Tiefs als bevorzugte Verkehrswege, da die ostfriesische Dickköpfigkeit in der Unterhaltung der Landwege, die den Anliegern überlassen war, zu verheerenden Ergebnissen geführt hatte. Kunststraßen kannte man bis zum Anfang des 19. Jahrhunderts nicht, so daß in dem oft moorigen Ostfriesland die Wege nur Notbehelf waren. So mußten die „Fähren", wie man die Fahrzeuge im Binnenwasserverkehr nannte, den Hauptteil der Transporte bewältigen. Es ist darum auch kein Zufall, daß nach jahrzehntelangen Bemühungen seit 1795 der erste künstliche Kanal zu Stande kam: der Treckfahrtskanal von Emden nach Aurich, wiederum nicht vom Staat, sondern von privaten Interessenten gebaut und betrieben.

Kein Schiffsverkehr ohne Wasser. Diese banale Erkenntnis wurde im späten 18. Jahrhundert in Ostfriesland zu einem Problem, welches das ganze 19. Jahrhundert

Abb. 11 Hafen von Greetsiel.

beschäftigen sollte. Schon immer hatte ja das flache Land mit dem Abfluß des Regenwassers zum Meer Schwierigkeiten erlebt, da ja dem Flutstrom an der Küste Einhalt geboten werden mußte. Die Siele dienten dieser Aufgabe, indem sie zu Ebbezeiten das angestaute Binnenwasser nach außen entließen. Deren Menge nahm nun mit der zunehmenden Kolonisation und Trockenlegung zu. Zwar kannte man seit alters Überschwemmungen in Ostfriesland, namentlich im Herbst und Winter: im Sommer war man sie aber nicht gewohnt. Die Landwirtschaft drängte auf bessere Entwässerung ihrer nassen Weiden - die Binnenschiffahrt verlangte stets einen hohen Wasserstand in Kanälen und Tiefs, um größere Schiffe fahren zu können: das war ein Zwiespalt gegenseitiger Interessen, den man lange nicht durchschaute.

Die Sielorte gewannen aber eine noch größere Bedeutung dadurch, daß sie sich zu Häfen einer immer blühenderen Seeschiffahrt entwickelten. Emden und sein Hafen waren und blieben das Zentrum der maritimen Interessen. Mit Zähigkeit verteidigte der Magistrat das alte Stapelrecht gegen die berechtigten Angriffe der Leeraner Kaufmannschaft. 1751 erhielt die Stadt das Portofranco-Recht, eine Art Freihafen-Status. Das ewige Leid blieb die Verschlammung des Fahrwassers, dem man 1768 durch die Anlage des sog. Alten Fahrwassers abzuhelfen suchte. Eigentlich war Emden aber kein Flußhafen mehr, sondern ein Sielhafen, der auf den natürlichen Abfluß des Hinterlandes angewiesen war.

So unterschied sich Emden nur noch in der Größe von Häfen wie Greetsiel, Norden und Carolinensiel an der Küste und Leer und Weener im Binnenland. Dieses Verhältnis sieht man etwa an der Zahl der zu Zeiten Friedrichs des Großen angelegten Werften: vier in Emden stehen drei in Halte und Leer, eine in Norden und eine in Carolinensiel gegenüber. Man darf immer nur nicht vergessen, daß die dort gebauten Schiffe nach den Maßstäben unserer Zeit recht klein waren. Der Handel, der mit dieser Schiffahrt betrieben wurde, fand zum wenigsten mit ostfriesischen Erzeugnissen statt. Emden blieb das Ausfallstor Westfalens. Mehr und mehr gingen die Schiffseigner auch auf die Trampschiffahrt über, d. h. sie nahmen die Ladung, wo sie sie fanden, und brachten sie dahin, wo sie verlangt wurde. Es hat nicht an Versuchen gefehlt, dem Emder Hafen auch außerhalb täuschender Kriegskonjunkturen aufzuhelfen. Sie verbinden sich mit den preußischen Handelskompagnien, deren berühmteste die Asiatische ist. 1750 wurde eine privilegierte Aktiengesellschaft gebildet, die europäische Fertigwaren nach Kanton bringen sollte, um von dort chinesische Erzeugnisse, namentlich Seide, Tee und Porzellan zurückzubringen. Das Geschäft war voller Risiken; Gewinne und Verluste gleich hoch. Namentlich war die Konkurrenz der viel älteren Seemächte der Niederlande und Englands auszuhalten. Der Siebenjährige Krieg brach die verheißungsvollen Ansätze ab; nach Kriegsende wurden noch eine Bengalische, eine Ostindische und eine Levantinische Kompanie errichtet, von denen keiner Erfolg beschieden war.

Unter starkem staatlichen Druck entstand in Emden 1768 eine Heringsfangkompanie, der, um gegen den niederländischen Wettbewerb gerüstet zu sein, das Monopol des Heringsverkaufs in ganz Preußen zugesichert wurde. Dank dieses Protektionismus' wurde die Gesellschaft ein erfolgreiches Unternehmen. Den Walfang allerdings mußte man endgültig den Holländern überlassen.

Das eben erwähnte Monopol ist einer der seltenen Fälle, wo die ostfriesische Wirtschaft der größeren preußischen diente. Das Land war doch zu abgelegen für die große Monarchie. Der Warenhandel spielt sich darum mit den Nachbarn ab. 1784 hatte die Gesamtausfuhr einen Wert von 160.000 Talern, deren Grundlage Textilerzeugnisse waren: Leinen für 53.000 Taler, Zwirn für 35.000 Taler und gestrickte Strümpfe für 14.000 Taler. Die Landwirtschaft Ostfriesland erzeugte den Flachs und die Wolle als Rohstoffe für diese Produkte. Als bedeutendster Gewerbezweig ist die vorwiegend von Mennoniten betriebene Leeraner Leinenweberei anzusehen, wie überhaupt Leer aufstieg, derweil Emden verfiel. Im projektereichen 18. Jahrhundert hat es natürlich auch hierzulande nicht an Versuchen gefehlt, neue gewerbliche Unternehmungen zu errichten: außer den Schnapsbrennereien, die Absatz innerhalb und außerhalb des Landes fanden, litten alle diese Versuche an der Kapitalarmut und der Schwierigkeit der Zuführung der Rohstoffe.

Das geistige Umfeld

„Frisia non cantat": der aus der geringen Bedeutung des Gemeindegesangs im reformierten Gottesdienst herrührende und heute geflügelte Satz vom angeblich unmusischen Friesland taucht 1781 zuerst in der Literatur auf, genauer gesagt in der Auricher Zeitung, als ein Ausdruck „von groben Lügen", der seit hundert Jahren nicht mehr gelte. Dennoch hat er sich durchgesetzt in dem Sinne, daß man vom ganzen Deutschland her gesehen Literaten und Künstler in Ostfriesland spärlich antrifft. Das ist ohne Zweifel eine Folge der durch die Landesnatur gegebenen Abgeschiedenheit des Landes von den kulturellen Zentren und Strömungen der Zeit. Wir müssen hier auch daran erinnern, daß die niederländische Sprache im reformierten Westen nicht nur Kirchen- und Schulsprache, sondern Hochsprache neben dem Plattdeutschen war.

Das Verschwinden jeglichen höfischen Lebens nach dem Aussterben der Cirksena 1744 hat zu dieser selbstgenügsamen, im Indigenatsdenken verwurzelten Isolierung beigetragen. Die Hofkapelle - mochte sie noch so bescheiden sein - wurde aufgelöst. Die fürstliche Bibliothek wurde versteigert, weil man sie sparsam in die Konkursmasse der Cirksena-Schulden einbezog, desgleichen die Münzsammlung und andere Raritäten. Dies hatte zur Folge, daß es bis heute kein staatliches Museum in Ostfriesland gibt, und eine zentrale öffentliche Bibliothek erst in unseren Tagen - nicht vom Staat, sondern von der Landschaft eingerichtet wurde.

Was man unter derart bescheidenen Voraussetzungen dennoch leisten konnte, lehrte das Werk von Tileman Dothias Wiarda, nach Ubbo Emmius der zweite Erzvater der ostfriesischen Geschichtsschreibung. Wiarda entstammte einer der Beamtenfamilien, die, untereinander versippt und verschwägert, Ostfriesland im Grunde im 17. und 18. Jahrhundert regierten, von denen wir hier nur die Namen Conring, Jhering, Kettler, Schnedermann und Telting anführen wollen. Geboren 1746 in Emden, hat er sein Leben in seinem schönen Haus am Auricher Markt, im Mittelpunkt Ostfrieslands, zugebracht. Er hatte die Rechte in Duisburg und Halle studiert und wurde 1781 Sekretär der ostfriesischen Landstände, die ihn 1787 mit der Abfassung einer ostfriesischen Geschichte beauftragten.

Wiarda hat sich dieser Aufgabe in zehn Bänden entledigt mit einem bis heute nachwirkenden Erfolg. In flüssiger Sprache erzählte er vom ostfriesischen Mittelalter, was man bisher nur niederdeutsch bei Beninga und lateinisch bei Emmius nachlesen konnte. Für die Zeit der Ständekämpfe des 16. und 17. Jahrhunderts benutzte er in zunehmenden Maße Akten, und das 18. Jahrhundert konnte er auch aus mündlicher Überlieferung und eigenem Erleben gestalten. Neben diesem Hauptwerk stehen viele kleinere Abhandlungen bis zu einem Lustspiel, das er allerdings nicht gedruckt sehen wollte.

Aus England verbreitete sich im 18. Jahrhundert die medizinische Erkenntnis, daß das Baden in der See die Gesundheit fördere, eine kleine Revolution für die an Reinlichkeit und Hygiene wenig gewöhnten Gemüter der Zeit. Es war der Pastor Janus auf Juist, der 1783 daraus Folgerungen zog und seinen bitterer Not leidenden Pfarrkindern einen Zusatzerwerb verschaffen wollte, indem er ein Seebad auf der Insel vorschlug. Doch war die Zeit noch nicht dafür reif. 1797 war es dann der Medizinalrat von Halem, der nicht, wie Janus, den Staat anging, sondern sich an die Landstände wandte. Deren Präsident, der Reichsfreiherr Edzard Maurits zu Inn- und Knyphausen, der hinter seinem Schloß Lütetsburg einen englischen Park anlegen ließ, setzte sich für diese Idee ein und investierte eigenes

Kapital auf der Insel Norderney, die Halem als größer und verkehrsgünstiger vorgeschlagen hatte. 1800 wurde dort das Seebad als das zweite seiner Art in Deutschland eröffnet und fand in der Hochkonjunktur der damaligen Tage alsbald regen Zuspruch. 1804 folgte man schon in Wangerooge nach, das damals zu der nominell russischen Herrschaft Jever gehörte.

Man wird kaum die Schwierigkeiten überschätzen können, die das Zusammentreffen einer verarmten und in sich geschlossenen Gesellschaft von Fischern auf einer Insel mit dem lockeren Fremdenschwarm erbrachte. Sicher ist aber, daß hier eine zukunftsweisende Entscheidung getroffen worden ist, die dem armen Ostfriesland viel Segen gebracht hat.

Hannoversche und andere Zeiten von 1806 bis 1866

Unruhiges Vorspiel

Vom 29. Oktober 1806 bis zum 15. Dezember 1815, in noch nicht einmal zehn Jahren ging Ostfriesland durch ein Wechselbad der verschiedensten Zugehörigkeiten. 1806 wurde es für das Königreich Holland in Besitz genommen, einen Satelliten von Napoleons Gnaden, das sein Bruder Ludwig regierte. 1807 erkannte Preußen im Frieden von Tilsit diese Annektion an. Am 9. Juli 1810 verleibte Napoleon das Königreich Holland seinem Kaiserreich ein. Die französische Verwaltung Ostfrieslands begann am 1. Januar 1811. Sie verschwand wie ein Spuk nach dem 8. November 1813, als Kosaken und Preußen Ostfriesland besetzten. Eine preußische Zwischenzeit folgte bis zum Jahresende 1815, als das Land offiziell an das Königreich Hannover abgetreten wurde.

Mit den neuen Herren kam ein scharfer Wind in die ostfriesische Behäbigkeit. Nur der schnelle Wechsel verhinderte, daß alle möglichen Reformen weitreichende Folgen hatten. Ostfriesland wurde zum Departement Ost-Ems. Das linksemsige Rheiderland wurde zum Departement West-Ems geschlagen, dafür kamen die Herrschaften Jever und Kniphausen mit Varel dazu. Justiz und Verwaltung wurden streng getrennt, und die ostfriesischen Landstände 1808 kurzerhand aufgelöst. Obwohl schon 1795 das Allgemeine Preußische Landrecht eingeführt worden war, hatte doch das alte Ostfriesische Landrecht daneben seine Gültigkeit behalten: die Gültigkeit beider Gesetzbücher endete 1809, als der Code Napoleon seine Herrschaft antrat. 1813 wurde dann wieder das preußische Landrecht rechtskräftig; die Epoche des eigenen ostfriesischen Rechts war aber auf immer vorbei, eine über tausendjährige Erscheinung still vergangen.

Die leitenden Personen waren Ausländer, wie der holländische Landdrost van der Cappellen, der Domänen-Administrator von Salis - übrigens ein ehemaliger Gouverneur der niederländischen Kapkolonie - und der französische Präfekt Jannesson, der allerdings aus Straßburg gebürtig war. Unter ihnen dienten im Verwaltungs- und Gerichtsdienst deutsche Beamte, ohne daß ihnen vor- wie nachher der Vorwurf der Kollaboration gemacht worden wäre. Die Finanz- und Zollverwaltung allerdings, auf die es vor allem Napoleon bei seinem Kampf um die Kontinentalsperre gegen England ankam, war nahezu rein französisch, und schon aus diesem Grund bei der Bevölkerung verhaßt. Schmuggel war damals ein gern geübtes Delikt, das den verarmten Insulanern reichen Gewinn einbrachte.

Wie im ganzen französischen Machtbereich, stellte sich auch in Ostfriesland der innere Widerspruch der napoleonischen Herrschaft heraus, in welcher die Reformen, die die Untertanen beglücken sollten, in ihrer Wirkungskraft von der scharfen finanziellen Ausbeutung, die zur Kriegsführung nötig war, aufgehoben wurden. Was nützte da die neu verordnete Gewerbefreiheit? Besonders anstößig wurden den Ostfriesen die französischen Aushebungen. Als man gar 1811 auf den Fehnen die seegewohnten Männer zur Marine einberief, kam es zu Tumulten, die mit zwei Todesurteilen abschlossen. Niemand weiß, wie der erwähnte Widerspruch sich je aufgehoben hätte, denn im November 1813 war die französische Herrschaft binnen einer Woche zu Ende.

Man war zufrieden, wieder in den alten ostfriesischen Grenzen preußisch zu sein. Von irgendwelcher Begeisterung, die Eroberer mit der Waffe in der Hand zu verfolgen, kann indessen nicht die Rede sein. Die preußische Regierung machte nun keine Anstalten, neue Akzente zu setzen, und langsam wurde allen der Grund bewußt: Preußen hatte sich im Frühjahr 1813 verpflichtet, zur Bezahlung englischer Kriegslieferungen Territorien an Hannover - hier wirkte einmal die Personalunion! - abzutreten, darunter Ostfriesland. Warum? Diese damals gestellte Frage ist bis heute nicht beantwortet. Wollte man oldenburgischen Ausdehnungsgelüsten einen Riegel vorschieben? Sah man in Emden ein Einfallstor für englische Waren? Sicher ist, daß Graf Münster, der leitende Minister des englischen Königs, Ostfriesland für Hannover erwerben wollte.

Folgerichtig hat er kurz nach 1815 die Herrschaft Dornum gekauft. Man kann vermuten, daß Preußen, und zwar seine Bürokratie, nicht sein König, diesem Drängen nachgab, weil in Berlin Ostfriesland immer als ein Fremdkörper empfunden worden war, nicht zuletzt durch den Verzicht der Ostfriesen auf Präsenz im preußischen Militär.

So kam auf dem Wiener Kongreß der berühmte Ringtausch zu Stande: Preußen gab das ehemalige Fürstbistum Hildesheim, das Emsland und Ostfriesland an Hannover und empfing dafür Lauenburg, das es an Dänemark weitergab, das dafür Norwegen an Schweden übereignete, welches an Preußen das nördliche Vorpommern abtrat. Die Bewohner aller dieser Länder wurden nicht gefragt; zu großen Mißverständnissen in Folgezeit sollte aber die Bestimmung führen, daß die landständischen Verfassungen erhalten bleiben sollten. In Ostfriesland verstand man darunter das Wiederaufleben der Ständeordnung, wie sie vor 1808 bestanden hatte. Selbstverständlich hatten die Stände die Auflösung nicht hingenommen; bei der feierlichen Übergabe Ostfrieslands an Hannover am 15. Dezember 1815 im Schloß in Aurich waren sie wieder vertreten und mit ihnen eine Abordnung aus dem Harlingerland.

Politik im Königreich Hannover

Etwas über fünfzig Jahre gehörte Ostfriesland zum Königreich Hannover, bis es 1866 mit diesem wieder zu Preußen zurückkehrte. Dieses halbe Jahrhundert hat einen schlechten Ruf im ostfriesischen Geschichtsbewußtsein, der unbegründet ist. Der Besiegte hat immer Unrecht, und die hannoversche Politik gegenüber Preußen war öfters töricht genug. Aber ist damit der Stab über das Ganze gebrochen?

Deutsche Innenpolitik in der ersten Hälfte des 19. Jahrhunderts bedeutet ja für die großen Staaten das Zusammenwachsen der alten mit den neuen Landesteilen. Baden, Bayern und Württemberg waren dabei Preußen und Hannover um mehr als ein Jahrzehnt voraus, eine Zeit, in der man in diesen Staaten mit eiserner Hand zentralisiert hatte. Solch eine Politik war nach 1815 in Hannover unmöglich, wo man den Ständen - eine reine demokratische Verfassung lag außerhalb jeder Vorstellung - eine Mitwirkung bei der Vereinheitlichung des Königreichs zugedacht hatte. Um so größer war die Überraschung, als in der ersten Ständeversammlung die ostfriesischen Deputierten erklärten, daß sie nicht mitarbeiten würden, bevor nicht ihre eigene ständische Verfassung, die 1808 beseitigt worden wäre, wiederhergestellt worden wäre. Dabei bezogen sie sich auf eine Klausel in dem Abtretungsvertrag Hannovers mit Preußen.

In diesem Prinzipienstreit ist Ostfriesland unterlegen, zum Schaden des Landes, dessen Stimme in Hannover wenig Gehör fand. Erst 1846, nachdem man seit 1833 darüber beraten hatte, wurde der Landschaft, in der jetzt auch das Harlingerland vertreten war, eine neue Verfassung gegeben. Sie sicherte den Ostfriesen eine Mitwirkung bei Gesetzen zu, die nur Ostfriesland betrafen, was etwa bei der Ausarbeitung der Deich- und Sielordnung von 1853 von großem Nutzen gewesen ist. Demokratisch war diese Verfassung aber nicht. Nach wie vor bestand die Landschaft aus Ritterschaft, Ständen und Hausmannsstand. Die Ritterschaft bildeten die adligen Besitzer der Rittergüter; die Städte Emden, Norden, Aurich, Esens und Leer wurden von Deputierten vertreten, und den dritten Stand repräsentierten Abgeordnete der Begüterten in Marsch, Geest, Fehnen und Inseln - hier etwa war eine Grenze von 1000 (!) Talern gesetzt - und aus den Flecken. Bei der Armut in Ostfriesland bedeutete das den Ausschluß von etwa vier Fünfteln der Bevölkerung, da ja auch in den Städten nur die Besitzenden stimmberechtigt waren. Die hartnäckigste Opposition gegen Hannover kam aus dem Hausmannsstand, der noch 1865 gegen eine Jubelfeier zur fünfzigjährigen Zugehörigkeit zu Hannover stimmte; die noch ungelöste Frage aber ist, ob diese Abneigung, die in das ostfriesische Geschichtsbewußtsein übergegangen ist, der Stimmung aller Einwohner entsprach oder nur der ständischen Auslese?

Das Königreich Hannover war in sechs Landdrosteien und eine Berghauptmannschaft gegliedert. Ostfriesland bildete die Landdrostei Aurich, der ein Justizkanzleibezirk entsprach. Beide Behörden waren Vorgesetzte der Ämter, Städte und Herrlichkeiten (Patrimonialgerichte), in denen Justiz und Verwaltung noch nicht getrennt waren. Gegenüber der preußischen Zeit war die Ämtereinteilung leicht verändert: Aurich, Esens, Wittmund, Friedeburg, Leer, Weener, Jemgum (diese beiden waren die rheiderländischen Teile der Ämter Leerort und Emden), Emden, Greetsiel in Pewsum (zwei Ämter vereinigt), Norden und Berum. 1823 war Leer zur Stadt erhoben worden. Herrlichkeiten waren Gödens, Evenburg (beide 1838 aufgegeben), Jennelt, Lütetsburg und Dornum.

Die Verwaltungsreformen von 1852 und 1859 ließen die Ämter Aurich, Esens, Wittmund (dazu Friedeburg), Stickhausen, Leer, Weener (dazu Jemgum), Emden

Abb. 12 Das 1852 auf den Grundmauern des alten errichtete neue Schloß in Aurich in dem für das Königreich Hannover typischen Pseudo-Tudor-Baustil.

(dazu Greetsiel) und Berum (dazu Norden) übrig, denen die Herrlichkeiten einverleibt wurden. Die Justiz wurde nun von Amtsgerichten in diesen Orten - und in Norden - besorgt. Den Städten gab die Hannoversche Städteordnung von 1852 eine neue Verfassung. Die Kirchen- und Schulverwaltung blieb beim Konsistorium, doch brachte das Volksschulgesetz von 1846 die ersten Eingriffe des Staates in diese bisher der Kirche vorbehaltene Verwaltung. Das alte Interessentenwahlrecht der Gemeinden für die Pfarr- und Schulstellen bestand unangetastet weiter.

Steuer, Zoll und Forsten hatten ihre eigenen Behörden; Militär garnisonierte nur zeitweise. Ein mildes Wehrpflichtgesetz mit der Möglichkeit, sich loszukaufen, schonte die heimischen Empfindlichkeiten. Die fortschreitende Spezialisierung führte zur Bildung von Sonderbehörden, was nicht umsonst mit den Wasserbauinspektionen kurz nach 1815 in Ostfriesland einsetzte. Anders als im übrigen Königreich Hannover blieb in Ostfriesland das preußische Landrecht in Kraft; die Strafjustiz erhielt 1840 ihr eigenes hannoversches Gesetzbuch. Auch die Steuergesetze waren einheitlich in Hannover: ob man wollte oder nicht, Ostfriesland verlor seine Eigenheiten.

Dies spürte man natürlich und fand den Sündenbock in späteren Tagen in den landfremden hannoverschen Beamten, als ob die preußischen Kriegs- und Domänenräte des 18. Jahrhunderts nicht auch von auswärts gekommen wären. Die Landdrosten waren durchweg tüchtige Hannoveraner, deren zwei zum Minister aufstiegen und einer sich mit dem ostfriesischen Adel versippte. In der Landdrostei wirkte bis 1857 der Geheimrat Christian Sethe, der 1803 als jüngster Beamter aus Kleve in die Kriegs- und Domänenkammer gekommen war, und unter ihr fungierten in den Ämtern viele ostfriesische Beamte. Ähnliche Verhältnisse kann man in der Justizverwaltung feststellen.

„Briefkastenbehörde" hat man die Landdrosteien genannt; weil ihnen als Kollegialbehörden und Mittler zwischen Obrigkeit und Untertanen die Möglichkeit eigenen Handelns weitgehend genommen war. Die in Aurich war darüber hinaus behindert durch den latenten Widerwillen der tonangebenden Einheimischen. Eigentlich ist sie auch nie auf eine Belastungsprobe gestellt worden, will man nicht die Ereignisse des Jahres 1848 als solche ansehen. Wie Revolution dem Deutschen schon fremd, so dem bedächtigen Ostfriesen erst recht. Der Widerhall der bewegenden Ereignisse in Deutschland war darum in Ostfriesland gedämpft. Daß man in den Städten Versammlungen abhielt und Petitionen nach Hannover schickte, war nichts Außergewöhnliches; bemerkenswert ist eher, daß die Landarbeiter, die Habenichtse, zum ersten Mal zusammenkamen und Forderungen erhoben. Der Lehrer Hinrich Janssen Sundermann war dabei die treibende Person. Alles aber verlief planlos und zufällig, wie dann auch die Ostfriesischen Stände sich beileibe nicht zu revolutionären Wortführern berufen fühlten.

Zwei Namen müssen doch noch genannt werden: Gottfried Wilhelm Bueren und Johann Carl Gittermann. Der erste war Stadtsyndikus in Emden und forderte ein eigenes Fürstentum Ostfriesland mit dem hannoverschen König in Personalunion; der andere wurde zum Märtyrer ob einer Rede in Esens, als er dem Ärger darüber Ausdruck gab, daß Hannover die Reichsverfassung von 1849 nicht anerkennen wollte. Überflüssigerweise machte man ihm den Prozeß und schickte ihn auf vier Wochen nach Hildesheim ins Gefängnis. Politik wurde also nach wie vor klein geschrieben in Ostfriesland. Seiner Stimmung gab man Ausdruck in den Wahlen, wo man möglichst prominente Auswärtige, die der Regierung nicht genehm waren, in die Ständeversammlung wählte. Im Dezember 1865 feierte König Georg V. von Hannover mit seinem Sohn und Hofstaat in Aurich die fünfzigjährige Zugehörigkeit Ostfrieslands zum Königreich Hannover: es war der erste offizielle Besuch eines welfischen Herrschers im Lande, ein prunkvolles Schauspiel, dem auch die Mißgelaunten nicht fernbleiben wollten. Ein halbes Jahr war vergangen, da sah man, wie der Schein regiert hatte: kaum hatten preußische Truppen Ostfriesland besetzt, erließen Einwohner aus Emden und der Krummhörn am 24. Juni 1866 - vor den Entscheidungen von Langensalza und Königgrätz - Aufrufe zu Spenden für verwundete Soldaten, aber nicht für hannoversche, sondern preußische.

Wirtschaft und Sozialverhältnisse

Aus der preußischen Zeit übernahm Hannover allerlei Projekte zur Landeserschließung, die mangels Kapital oder technischer Ausführbarkeit nicht zustande kamen, wie etwa den Weiterbau des Treckfahrtkanals nach Wittmund, den Ausbau der Ems zu einer Schiffahrtsstraße oder den Anschluß an das niederländische Kanalnetz, bezeichnenderweise alles Wasserbauten. Das in den 20er Jahren begonnene Georgsfehn sollte sich später als geeignet erweisen, durch anschließende Kanäle erheblich zu den immer dringender werdenden Abwasserproblemen beizutragen.

In den 30er Jahren begann endlich der Bau von Kunststraßen, nachdem in französischer Zeit der Weg von der Fähre in Leerort nach Leer chaussiert worden war. Es entstand das noch heute benutzte Grundnetz mit den Knotenpunkten in Hesel, Aurich und Georgsheil. Diese Anlage bezahlte der Staat, der seine Aufwendungen über Wegegelder wieder beitrieb; denn der Bau war wegen der schwierigen Bodenverhältnisse teuer. Jahrelang verfolgte man etwa den Plan einer Chaussee von Papenburg nach Leer, aber vergeblich. Die in Ostfriesland traditionell üblen Verhältnisse der Nebenstraßen - Wege genannt - wurden durch die Schaffung von Wegeverbänden in den einzelnen Ämtern zwar nicht behoben, aber zum Bessern getrieben, indem man von der Verantwortung des Einzelnen für den Weg vor seinem Grundstück abging.

Im Jahrhundert der Dampfmaschine, dem 19. nämlich, darf nicht die Eisenbahn fehlen, die 1856 mit der lang ersehnten hannoverschen Westbahn in Emden ankam. Damit war es vorerst getan; denn die gleichen technischen Schwierigkeiten wie für den Straßenbau stellten sich hier. Sie wurden verschärft durch Rentabilitätsberechnungen. Projekte und Vorschläge gab es reichlich. Erst 1869 gab die Post die Benutzung des Treckfahrtkanals auf: nach wie vor vollzog sich ein großer Teil des Verkehrs auf den Wasserwegen.

Die ostfriesische Segelschiffahrt erreichte in diesem halben Jahrhundert ihren Höhepunkt und Vollendung. Die Schiffe befuhren alle Weltmeere, und daß sie aus dem Herzen des Landes, etwa aus Großefehn, stammen konnten, will dem heutigen Betrachter des Kanals dort schier unglaubhaft erscheinen. Mit der Seefahrt war eine blühende Werftindustrie - auch auf den Fehnen - verbunden. 1862 z. B. waren beheimatet 19 Seeschiffe in Boekzetelerfehn, 45 in Großefehn, 23 in Warsingsfehn, 21 in Westrhauderfehn. Emden und Leer stellten natürlich den Hauptanteil, nicht zu unterschätzen war aber die Zahl der auf den Inseln und in den Sielhäfen beheimateten Schiffe.

Um diesem wichtigen Wirtschaftszweig gerecht zu werden, mußten erhebliche wasserbauliche Anstrengungen erfolgen. Namentlich ist hier zu nennen die Schaffung eines neuen Fahrwassers in Emden, erstmals unter Benutzung einer Schleuse, die 1848 eröffnet, noch heute dem Hafenbetrieb dient. In der Nähe des Bahnhofs wurde ein neues Hafenbecken gegraben.

Wir haben schon erwähnt, daß eine der ersten Spezialbehörden im Lande die Wasserbauinspektionen waren. Jahrhundertelang hatte die Aufsicht und Pflege der Deiche und Siele bei den Deich- und Sielachten gelegen, welche nun immer mehr unter staatliche Obhut gerieten - nicht aus Unfähigkeit, sondern um der größeren technischen Anforderungen willen. Die verheerende Sturmflut von 1825 und die immer größer werdenden Abflußnöte machten dies einfach notwendig. Die Deich- und Sielordnung von 1853 setzte den juristischen Schlußstein unter diese Entwicklung.

Die Sturmflut hatte nicht nur beispielsweise in Emden große Schäden angerichtet, sondern auch auf den Inseln. Baltrum war in zwei Teile gespalten. Da aber allmählich alle Inseln vom Fremdenverkehr berührt wurden, erwies es sich als notwendig, mit kostspieligen Uferschutzbauten ihre uralte West-Ost-Wanderung aufzuhalten. Solche Werke entstanden auf Borkum, Norderney und Baltrum. Gegenüber von Norderney entwickelte sich ein neuer Hafen in Norddeich.

Im Landesinnern war die Verfehnung allmählich zum Stillstand gekommen. Um 1860 erwog man den Plan, das Großefehn ostwärts zum Jadebusen zu verlängern. Es ist eins der wenigen Projekte, bei denen man nach-

Abb. 13 Kolonistenhaus in Moordorf. Photographie um 1910.

weisen kann, daß es aus politischen Gründen nicht vorwärtsgetrieben worden ist. Ob es technisch machbar gewesen wäre, steht dahin; die Abneigung der Regierung in Hannover aber gegen das preußische Marineetablissement am Jadebusen, das spätere Wilhelmshaven, ließ die Idee still ersterben.

Die in der französischen Zeit eingeführte Gewerbefreiheit wurde nach 1815 alsbald wieder abgeschafft und blieb im Königreich Hannover länger als in anderen deutschen Staaten, namentlich Preußen erhalten, wie überhaupt man in Hannover wenig Wert auf verstärkte Industrie legte. In Ostfriesland war von solcher überhaupt nicht die Rede; es blieb also bei den bescheidenen Handwerksbetrieben, die zur Eigenversorgung genügten.

Auch der Handel stagnierte. Ein Motiv für die Erwerbung Ostfrieslands durch Hannover war die Hoffnung auf den englischen Handel gewesen, der in Emden ein günstiges Einfuhrtor gefunden hätte. Dies wurde nicht nur durch den schlechten Zustand des Hafens in Emden verhindert. Etwas anders wurde dies nach der Jahrhundertmitte durch den Beitritt Hannovers zum Deutschen Zollverein, der allein durch die von ihm mit auswärtigen Mächten ausgehandelten Schiffahrtsverträge schon für Ostfriesland wichtig wurde, wurde doch darin die Trampschiffahrt, die bei dem Mangel an hannoverschen Exportzeugnissen lebenswichtig war, gesichert.

Zukunftsweisend wurde die durch eine der letzten hannoverschen Verordnungen von 1866 ermöglichte Gründung von Handelskammern in Emden, Norden, Leer und Papenburg, die sich auf Grund eines preußischen Gesetzes 1872 zur späteren Industrie- und Handelskammer für Ostfriesland und Papenburg zusammenschlossen. Die zunehmende Verbesserung der Abwässerung stärkte die Landwirtschaft, vor allem in der schwächeren Geest. Zudem erlebte sie eine Revolutionierung in der Bodenverteilung in den Gemeinheitsteilungen. Der Staat benutzte vieler seiner dabei anfallenden Anteile zu großen Aufforstungen. Von den seit 1842 gesetzlich möglichen Ablösungen machten die Ostfriesen sparsamen Gebrauch. Ob all das zu einer Verbesserung der Lage des Bauernstandes geführt hat, mag man bezweifeln; sicher wurden den Unternehmungslustigen mehr Möglichkeiten geboten. Die ganz Europa erfassende Mißernte von 1847 führte allen Beteiligten Grenzen vor Auge; es wird kein Zufall sein, daß 1849 mit dem Landwirtschaftlichen Hauptverein sich der erste Interessentenverband in Ostfriesland bildete. Lange Jahre war sein Vorsitzender der Graf, später Fürst Edzard zu Inn- und Knyphausen auf Lütetsburg, der als Präsident der Landschaft in Personalunion die wichtigste Stimme Ostfrieslands führte.

Die größten Probleme Ostfrieslands im 19. Jahrhundert liegen in der ungelösten sozialen Frage. Allein von 1821 bis 1848 stieg die Bevölkerung um knapp 30 % von 133.990 auf 173.247 Köpfe an, die höchste Prozentzahl im ganzen Königreich Hannover. Hatte im 18. Jahrhundert die Binnenkolonisation noch diesen Druck aufgefangen, so trat nun die Auswanderung nach Übersee, eigentlich nur in die Vereinigten Staaten von Amerika, an diese Stelle. Charakteristisch für die Ostfriesen war, daß diese Abwanderung sich im Rahmen von Familien und Bekanntschaften vollzog: einer zog den anderen nach, und drüben bildeten sich viele geschlossene Siedlungen, die ihr vertrautes Platt bis in unsere Tage beibehalten haben.

Es war nicht nur das Elend, das sie aus der Heimat trieb. In der reichen Marsch wandelte sich damals das Verhältnis zwischen Bauer und Knecht, indem die Lebensgemeinschaft zerbrach. Der Bauer wurde zum Herren, der Knecht zum Lohnabhängigen, die menschlich nichts mehr gemein miteinander hatten. Also konnte man auch unbeschwert fortgehen.

Der Staat begann in dieser Zeit, die Kirche in der Sozialfürsorge allmählich zu ersetzen. Praktisch äußerte sich das in der verstärkten Aufsicht über die kirchlichen Armenverbände, deren einige Sparkassen für den kleinen Mann eröffneten, um ihn vor den Versuchungen der Geldausgaben zu schützen. Anderen Anfechtungen beggenete die Obrigkeit durch die scharfe Trennung der Wirtshäuser und Kramläden auf dem Lande. Wenn man in diesen auch nur den heißgeliebten Tee und Salz erwarb, so sollte man sich doch für den ebenso beliebten „Schluck" zu einer anderen Tür bemühen. Das Auftreten der ersten Mäßigkeitsvereine bezeugt auch, daß die soziale Sprengkraft des Alkoholkonsums allmählich erkannt wurde.

Das Ende der Isolierung

Nach 1815 setzte der Badebetrieb auf Norderney wieder ein und nahm im Lauf der Jahrzehnte immer größeren Umfang an. Sehr bedeutsam war die Vorliebe des Kronprinzen und späteren Königs Georg V. von Hannover für das Seebad, nachdem schon in den 20er Jahren Heinrich Heine es literarisch in Deutschland bekanntgemacht hatte. Norderney war mondän und teuer; es lag in der Natur der Sache, daß die anderen Inseln nachfolgten: Borkum um 1830, Juist um 1840, Baltrum, Langeoog und Spiekeroog um 1850. Das begüterte

Bürgertum nahm seine Sommerfrische auf diesen Inseln mit dem Abenteuer der anfangs wohl primitiven Unterbringung.

Für Ostfriesland entscheidend wurde aber der Zustrom von Fremden im Sommer dadurch, daß das Land zum ersten Mal Ziel von friedlichen Reisenden wurde, die Geld ausgeben wollten. Die jahrhundertelange Isolierung gegenüber dem anderen Deutschland begann zu schwinden, und die Verbesserung der Verkehrswege war die technische Ergänzung dieser menschlichen Entwicklung.

Diese Hinwendung zu Deutschland wurde begleitet von einer Abwendung von den Niederlanden, die jahrhundertelang wesentlich das ostfriesische Leben beeinflußt hatten. Nachdem schon die preußische Regierung darauf gedrungen hatte, setzte die hannoversche Herrschaft durch, daß die Studenten der reformierten Theologie nicht mehr in die Niederlande gingen, sondern in Deutschland studierten. Auf diese Weise starb der Gebrauch der niederländischen Sprache in den reformierten Landesteilen Ostfrieslands allmählich aus, weil die Pastoren sie nicht mehr verstanden. Es blieb der Gebrauch des gemeinsamen Dialekts zwischen Bewohnern Ostfrieslands und der Provinz Groningen.

Auch auf andere Weise grenzte man sich ab, indem zum ersten Mal die Grenzlinie förmlich festgestellt wurde. Auf dem Festland war es kein Problem; für den Dollart übernahm der Grenzvertrag von Meppen 1824 die Regelung des 18. Jahrhunderts, daß aus ihm ein rechtwinkliges Stück als niederländisch angesehen werden sollte. Für die Ems unterhalb des Dollarts wurde nichts geregelt, weil man sich nicht einigen konnte. Die Ostfriesen sahen nach altem Herkommen, das sich auf die Konstitution der Grafschaft 1464 stützte, die Niedrigwassergrenze auf der niederländischen Seite als Trennungslinie an; niederländischerseits widersprach man dieser Auffassung.

Alle Charaktereigenschaften eines Ostfriesen verkörperte ein Mann, der heute weithin vergessen ist: Onno Klopp aus Leer (1822 - 1903), ein Literat eines bemerkenswerten Werkes, das sich auf Geschichtsschreibung und Politik gleichmäßig verteilt. Bekannt wurde er 1858 mit dem dritten Band einer Ostfriesischen Geschichte, für den ihm anders als für die beiden vorhergehenden die Ostfriesische Landschaft eine geldliche Anerkennung verweigerte, weil er die Bedeutung des Königs Friedrich II. von Preußen für Ostfriesland zu Recht nicht lobte. Daraufhin zog ihn der König Georg V. von Hannover in seinen Dienst, dem er hinfort in mittelalterlicher Vasallentreue ergeben war. Im Feldzug 1866 war der Zivilist Klopp der einzige Mann unter verzagenden Militärs. Danach lebte er bis zu seinem Tode in freiwilliger Verbannung in Wien.

Seine Schriften für Hannover und gegen Preußen sind mit Recht vergangen; geblieben sind die Ostfriesische Geschichte und eine unvollendete Ausgabe der Werke des Universalgelehrten G.W. Leibniz; erhalten vor allem aber ist der Eindruck eines Mannes, der zäh an seinen Überzeugungen festhielt - auch wenn sie widersprüchlich waren - und sein Mäntelchen nicht nach dem Winde hängte.

Kam Klopp aus dem Kleinbürgertum, so war Rudolf v.

Abb. 14 Onno Klopp (1822-1903), Historiker und Publizist.

Jhering der Sproß der schon erwähnten Beamtendynastie; 1818 in Aurich geboren, 1892 in Göttingen gestorben, wurde Jhering in der Rechtswissenschaft seiner Zeit weltberühmt durch seine Betonung der sozialen Komponente im Rechtsleben angesichts einer im Formalismus unterzugehen drohenden Jurisprudenz. „Der Kampf ums Recht", sein weitestverbreiteter Vortrag, liest sich wie die Anleitung zu einem in Ostfriesland sich abspielenden Prozeß; so sehr ist er unbewußt von heimischem Denken erfüllt.

Die Universitätsferne Ostfrieslands hat immer wieder dazu geführt, daß die begabten Landeskinder Lehrstühle in der Ferne einnehmen mußten: die Ärzte Reil und v. Frerichs, die Mathematiker Jabbo Oltmanns und Enno Heeren Dirksen, der Philosoph Eucken oder der Jurist v. Jhering, um nur die wichtigsten aufzuführen. Gerade für diesen ist sein Werk ohne seinen ostfriesischen Hintergrund unverständlich. Die Öffnung Ostfrieslands nach Deutschland hat damit nicht nur dem kleinen Land Nutzen gebracht, sondern es hat seinen bescheidenen Anteil an dem Großen Ganzen geliefert.

Die zweite preußische Zeit von 1866 - 1946

Politik

Nirgends im Königreich Hannover wurde dessen Annexion durch Preußen im Herbst 1866 mehr begrüßt als in Ostfriesland. Man - d.h. ein Teil der verhältnismäßig dünnen Schicht der Bevölkerung, der nicht um das tägliche Brot kämpfen mußte - sah in übertriebener Abneigung gegen Hannover in Preußen ein Ideal und hoffte auf bessere Zeiten. Selten sind überspannte Hoffnungen so schnell enttäuscht worden, zumal dies schweigend hingenommen werden mußte, um den Hohn der Gegner nicht herauszufordern.

Preußen war 1866 nicht das Preußen von 1806 und nach 1866 änderte es sich mehr, als es seinen Konservativen lieb war; denn der Staat verlor Rechte an das neue Reich und kam nach mancher Auffassung den neuen Untertanen zu weit entgegen. Für Ostfriesland wurde dieses sofort wichtig in dem Streit um seine künftige Zugehörigkeit zur Provinz Hannover oder zur Provinz Westfalen. Namentlich in Emden betrachtete man die Stadt als den naturgegebenen westfälischen Seehafen und wollte Ostfriesland bei dieser Provinz sehen. In Berlin hat man sich dann etwas wider Willen von der Güte der hannoverschen Verwaltung überzeugt und kam nicht nur aus diesem Grunde von dem Plan einer Aufteilung Hannovers auf die benachbarten preußischen Provinzen ab.

Das ehemalige Königreich blieb als eigene Provinz erhalten; ja, ihm wurde eine gewisse Selbstverwaltung in Gestalt eines Provinzialverbandes zugestanden, zu dessen Gunsten die Ostfriesische Landschaft auf die letzten Reste der ihr 1846 noch gewährten Gesetzgebungsbefugnisse verzichten mußte. Der Plan einer Zusammenlegung der Landdrosteien Aurich und Osnabrück scheiterte aus praktischen Gründen, da beide Orte am Rande des vorgesehenen großen Bezirks lagen; das benachbarte Oldenburg hatte sich ja 1866 rechtzeitig zur preußischen Seite gesellt, um nominal seine Eigenständigkeit zu behalten.

Im Endergebnis blieb also alles beim alten oder wurde schlechter, wenn man den Kompetenzverlust der Landschaft ansieht, die nun endgültig den Wege von einer politischen zu einer kulturellen Interessentenvertretung einschlug. Die allgemeine Wehrpflicht hatte man auch nicht in Hannover gekannt; das begeisternde und siegreiche Erlebnis des Krieges mit Frankreich 1870 auf 1871 schwemmte diese Vorbehalte fort.

In diesen Jahren bildeten sich mit Zentrum, Sozialdemokraten, Freisinnigen und Konservativen allmählich Parteien heraus, deren Stimmanteile in den Wahlen Rückschlüsse auf die politische Meinung der Ostfriesen erlauben, die in hannoverschen Zeiten nur die Möglichkeit zu Personenwahlen gehabt hatten. Es gab zwei Reichstagswahlkreise (westliches und östliches Ostfriesland) und drei Landtagswahlkreise (Norden/Emden, Aurich/Wittmund und Leer). Beim Reichstagswahlrecht hatte jeder Mann eine Stimme, beim Landtagswahlrecht waren die Stimmen nach Steuerkraft auf drei Klassen verteilt.

Im ersten Reichstagswahlkreis waren Nationalliberale und Konservative nahezu gleich stark, so daß erst die Stichwahlen meist zu liberalen Gunsten entschieden. Dennoch war der markanteste unter den Abgeordneten der konservative Graf, seit 1900 Fürst Edzard zu Inn- und Knyphausen. Im zweiten Wahlkreis, zu dem auch Wilhelmshaven gehörte, waren die Nationalliberalen meist unangefochten. Die Sozialdemokraten in den Städten Emden, Leer und Norden unterstützten bei Stichwahlen den nationalliberalen Kandidaten.

Unter den Bedingungen des Dreiklassenwahlrechts sind die Ergebnisse der Landtagswahlen nur bedingt aussagefähig. Auch hier standen sich Nationalliberale und Konservative gegenüber. In Norden/Emden waren die ersten ununterbrochenen Sieger, in den beiden anderen wurden sie 1903 durch die Konservativen abgelöst. Der namhafteste Landtagsabgeordnete war der Oberbürgermeister Fürbringer von Emden seit 1905.

In allen diesen Wahlen deutete sich eine Polarisierung der öffentlichen Meinung in zwei Lager an. Noch gab es aber keine Berufspolitiker, und die meisten Abgeordneten verstanden sich nicht als Vertreter einer bestimmten Parteirichtung, geschweige denn als Lobbyist. Der einzige, der in dieser Hinsicht seinen Einfluß einzusetzen begann, war Fürbringer für die Stadt Emden. Emden wandelte sich auch am meistern in diesem halben Jahrhundert.

Den ersten Weltkrieg hatte Ostfriesland relativ unbeschadet überstanden. Borkum wurde eine Seefestung; der Hafen in Emden war eine Zeitlang gesperrt, in Hage wurde ein Luftschiffhafen für Zeppeline, die England bombardierten, eingerichtet. Der Hunger, unter dem Deutschland litt, machte sich in dem immer noch landwirtschaftlich bestimmten Lande nicht sehr bemerkbar.

Die Revolution von 1918 schwappte von Wilhelmshaven herüber. Arbeiter- und Soldatenräte wurden allenthalben eingerichtet und verschwanden im Sommer 1919. Unter den Bedingungen des nun eingeführten Verhältniswahlrechts war zwar nun jede Stimme - auch die der Frauen - gültig, aber die Ferne Ostfrieslands von den Zentren der politischen Macht führte dazu, daß durch die jetzt eingeführten großen Wahlkreise nur wenig Ostfriesen die Gelegenheit erhielten, gewählt zu werden.

Wir begnügen uns darum mit der Aufführung der Stimmenzahlen (abgerundet) der wichtigsten Parteien bei den Reichstagswahlen (s. unten).

Diese Zahlen entsprechen im groben den allgemeinen deutschen Ergebnissen. Man sieht, wie der alte Block der Nationalliberalen (DVP und DDP) sich allmählich auflöst und Konservative (DNVP) und Sozialdemokraten den heutigen Gegensatz von CDU und SPD vorwegnehmen, bis die Woge der NSDAP sie überrollt. Seit 1932 also stimmte man in Ostfriesland mehrheitlich für den Nationalsozialismus, vor allem auf dem Lande. Die verzweifelte Lage der Landwirtschaft in der Wirtschaftskrise, die in einem von den Märkten so fernen Gebiet noch schlimmer wurde, ist dafür die Hauptursache. In den von der Arbeitslosigkeit geplagten Städten, namentlich in Emden wählte man eher linksradikal. Als dann 1933 die NSDAP die Macht in Deutschland übernahm, blieb nach der bedächtigen Natur der Ostfriesen der große Jubel aus. Die führenden Kommunisten und Sozialdemokraten wurden verhaftet, Gewerkschaftler verloren ihre Stelle, das Bürgertum hob die Hand zum Deutschen Gruß und eifrige junge Nationalsozialisten schickten sich an, die Welt zu verbessern. Die Probleme aber blieben, und bald merkte man, daß die herrschende Ideologie keine Rezepte zu ihrer Lösung bot - mit Ausnahme der Judenverfolgung, von der weiter unten gehandelt wird. Ernüchterung machte sich breit.

Die Arbeitslosigkeit verschwand relativ rasch angesichts der Aufrüstung, die im eigentlichen Ostfriesland zu Kasernenbauten und im nahen Wilhelmshaven zu Kriegsschiffbauten führte. Die Abdichtung vom Getreideweltmarkt half der Landwirtschaft. Wie in dem Jahrzehnt von 1806 bis 1815 weiß man nicht, was die neue Bewegung nun Eigenständiges fertig gebracht hätte; denn der Ausbruch des Zweiten Weltkrieges rückte Ostfriesland wieder ganz an den Rand des Geschehens.

Es erlebte den Krieg namentlich als Einflugsschneise alliierter Bombenverbände, deren planlose Bombenwürfe auf dem Hin- oder Rückflug mancherlei Verderben brachten. Ein einziger planmäßiger Luftangriff auf Emden im September 1944 zerstörte in 20 Minuten die historische Altstadt. Als landwirtschaftliches Gebiet wurde Ostfriesland natürlich Ziel von Rückwanderern, Ausgebombten und anderen Flüchtlingen; am Rande Deutschlands gehörte seine nördliche Hälfte zu den wenigen Gebieten, die beim Abschluß des Waffenstillstands 1945 noch nicht vom Feind besetzt waren.

	abgegeb. Stimmen	NSDAP	DNVP	DVP	DDP	SPD	KPD
1920	89.700	-	11.400	27.800	11.300	28.200	2.800
1924 I	93.600	13.000	24.200	14.200	6.800	13.000	7.600
1924 II	98.100	10.900	27.400	18.700	9.400	20.600	4.700
1928	120.400	11.400	18.800	12.100	7.200	27.100	6.300
1930	120.600	34.600	16.900	7.400	5.700	29.800	4.800
1932 I	153.400	83.100	12.500	2.200	2.000	31.500	13.500
1932 II	137.900	70.900	12.100	2.600	1.500	28.000	14.700
1933	150.000	85.500	14.800	1.900	1.500	26.400	12.800

Verwaltung

Nach 1866 beließ die preußische Regierung in der Verwaltungsorganisation alles beim alten. Erst 1885 kam es zu grundlegenden Umänderungen: aus der kollegialischen Landdrostei wurde eine Regierung mit den drei Abteilungen für Inneres, Schule und Kirche und Domänen, der vom Konsistorium die Volksschulverwaltung und von der Finanzdirektion die Domänenverwaltung zukam. Die Regierungspräsidenten kamen und gingen, Rückhalt im Lande hatten sie nicht. Nach dem ersten Weltkrieg wurde das etwas anders mit der Person des Regierungspräsidenten Jann Berghaus. Dieser aus Schirum bei Aurich gebürtige Lehrer hatte sich zum Bürgermeister von Norderney hinaufgearbeitet und war Abgeordneter der DDP im preußischen Landtag. Als die preußische Regierung bewußt 1922 die Posten der Ober- und Regierungspräsidenten auf Angehörige der sie tragenden Parteienkoalition verteilte, wurde Berghaus - zum Entsetzen vieler Konservativer - Präsident in Aurich und blieb es bis 1932. Unter dem Eindruck des Mangels an ostfriesischen Abgeordneten füllte er diese Lücke, indem er es als seine Aufgabe ansah, Anwalt Ostfrieslands in Berlin zu sein. Als solcher hat er sich bald den Respekt auch seiner Gegner erworben. Mit Fug und Recht kann man ihn als einen der bedeutendsten Ostfriesen in der ersten Hälfte des 20. Jahrhunderts bezeichnen.

Nach 1933 kam die Regierung in die Zwickmühle zwischen dem ihr vorgesetzten Oberpräsidenten in Hannover und dem sich als ihr Vorgesetzter aufspielenden Gauleiter in Oldenburg. Der für das Dritte Reich charakteristische Gegensatz von Partei und Staat hat andererseits der Ostfriesischen Landschaft das Überleben ermöglicht, indem ihr Präsident in der Frage ihrer angestrebten Auflösung beide Gewalten gegeneinander ausspielte. Die alte Verfassung von 1846 wurde 1942 durch eine neue abgelöst, die an Stelle der Ständevertretung berufene Mitglieder der Landschaftsversammlung vorsah.

Die Verwaltungsreform von 1885 ersetzte die alten hannoverschen Ämter durch Landkreise. Es begann die in unserer Zeit abgeschlossene Epoche der Zusammenlegung: die Ämter Stickhausen und Leer und die Ämter Esens und Wittmund wurden zu den Kreisen Leer und Wittmund vereinigt. 1928 wurden Borßum und Wolthusen in Emden eingemeindet. 1932 wurde der Kreis Weener dem Kreis Leer zugeschlagen und der Landkreis Emden aufgelöst. Die Krummhörn kam zum Landkreis Norden, die ehemaligen Herrlichkeiten

Abb. 15 Jann Berghaus (1870-1954), Regierungspräsident in Aurich 1922-1932, Präsident der Ostfriesischen Landschaft 1946-1954.

Petkum und Oldersum und die Insel Borkum zum Kreis Leer. 1945 wurden Larrelt und Harsweg, 1946 Uphusen nach Emden eingemeindet.

Langsam keimte die kommunale Selbstverwaltung. In den Ämtern hatte es seit 1859 Amtsversammlungen gegeben, die vornehmlich die Verteilung der Wegebaulasten vornahmen, ihnen folgten 1885 Kreisausschüsse mit weiteren Befugnissen. In den Städten hatte die hannoversche Städteordnung von 1852 Magistrate und Bürgervorsteher eingesetzt, die von dem steuerzahlenden Teil der Einwohnerschaft gewählt wurden. Die Magistratsverfassung gab autokratischen Naturen wie dem Oberbürgermeister Fürbringer in Emden weiten Spielraum zur Verwirklichung ihrer Pläne.

Nach 1918 wurde das Verhältniswahlrecht auch auf die Kommunalwahlen angewendet; dennoch blieb die Stellung der Bürgermeister und Landräte stark. Unter diesen haben sich einen Namen gemacht der Landrat Bubert in Emden und der Landrat Dr. Conring in Leer. Bubert, 1922 als SPD-Angehöriger gekommen, mußte mit der Auflösung des Kreises Emden 1932 gehen;

Conring regierte seinen Kreis von 1930 bis 1945 und war daneben seit 1943 Vorsteher der Ostfriesischen Landschaft und Urheber ihrer neuen Verfassung.
Immer mehr verlagerte sich die Fülle der Aufgaben aber auf Spezialbehörden, die mit der stärkeren Beanspruchung des Staates sich ausdehnten. Ein sprechendes Beispiel ist im Wasserbau die Konzentration der Deich- und Sielachten und die Übernahme vieler derer Aufgaben durch die Wasserwirtschaftsämter. Jahrhundertelang hatten diese Genossenschaften ihre Pflichten erfüllt, manchmal mehr schlecht als recht, aber ohne Hilfe des Staates außer in Katastrophenfällen. Im 19. Jahrhundert nun beginnt sich der Staat beispielsweise für die Höhe der Deiche, für ihre Standfestigkeit, oder für die Zulassung von Überschwemmungsgebieten zu interessieren, Aufgaben, zu deren Erledigung er seine Gelder anbietet, aber nicht ohne Einflußnahme. Schon personell waren manche kleine Achten darin überfordert, so daß sie sich mit den benachbarten zusammenschließen mußten.

Ein anderes Beispiel bieten die Katasterämter, denen nach 1870 die erste ausführliche Landesvermessung Ostfrieslands zu verdanken ist. Übersichtskarten von Ostfriesland gab es seit dem 16. Jahrhundert, darunter eine berühmte des Ubbo Emmius; die mühsame Vermessung der einzelnen Fluren und Ödländereien war - auch aus technischen Gründen - erst im 19. Jahrhundert möglich.

Zum dritten sei die Ausbildung der Lehrer genannt, die jahrhundertelang in handwerksähnlichen Formen in Ostfriesland geschehen war, indem begabte Schüler bei Lehrern das Lehren und das dafür nötige Wissen erlernten. 1852 begann man mit einem bescheidenen Lehrerseminar in Aurich, das 1876 ein prächtiges Gebäude für 75 Anwärter erhielt. Es war aber ganz auf Ostfriesland zugeschnitten, bis 1926 das Seminar aufgelöst wurde und die ostfriesischen Lehrer auf auswärtigen pädagogischen Akademien ausgebildet wurden, womit viele den Bezug zur Heimat verloren.

Landesausbau und Industrialisierung

Die zweite Hälfte des 19. Jahrhunderts ist nun die Zeit, in der auch in Ostfriesland die gemütlichen alten Zeiten der gewerblichen Selbstversorgung und -genügsamkeit vergehen. Zwar steigert sich etwa die Torfproduktion bis hin zu dem eindrucksvollen Kraftwerk in Wiesmoor, doch der Kohle sind nun ebenfalls die Transportwege geöffnet, und eine Stadt nach der anderen eröffnet ein Gaswerk.

Abb. 16 Landrat und Bundestagsabgeordneter Dr. Hermann Conring im Ruhestand 1984.

Das Kraftwerk in Wiesmoor ist heute nur noch eine ferngeschaltete gasbetriebene Turbine zur Deckung von Spitzenbedarf: es war eine der originellsten Einrichtungen. Nach dem Scheitern der Moorkolonisation alten Stiles, die zur Armut wesentlich beigetragen hatte, machte man Ende 19. Jahrhunderts einen neuen Anlauf im sogenannten Auricher Wiesmoor, wo als eine der ersten Siedlungen Marcardsmoor entstand. Hier begann man zuerst mit der Schaffung der Infrastruktur in Gestalt von Wegen und Abwässerungen, baute Häuser und holte dann die Ansiedlungswilligen, die auch später nicht sich selbst überlassen wurden. Das Verfahren war erfolgreich, so daß man vor dem Ersten Weltkrieg die Idee verwirklichte, mitten im Moor ein Kraftwerk zu errichten, das mit Torf beheizt die erste Elektrizität in Ostfriesland lieferte.

Nichtostfriesischen Lesern sei hier ausdrücklich gesagt, daß Torfstechen eine der härtesten Handarbeiten ist, die Menschen zugemutet werden kann. Um dieses Kraftwerk bildete sich eine Siedlung der Torfarbeiter, welche den Namen Wiesmoor erhielt. In den 20er Jahren erweiterte man den Betrieb um Gewächshäuser für Blumen und Frühgemüse, die mit der Abwärme des Kraftwerks beheizt wurden. Diese kombinierte Produktionsweise von Elektrizität und Gartenbauerzeugnissen hat sich bis zum Ende der 50er Jahre gehalten.

Die Verbesserung der Verkehrsverbindungen förderte nachdrücklich die Öffnung Ostfrieslands nach Deutschland. 1876 wurde die noch in hannoverschen Zeiten beschlossene Querverbindung von Oldenburg über Leer in die Niederlande fertig. 1883 baute man die Küstenbahn von Emden nach Norden - mit Abstecher nach Aurich - und Esens weiter nach Jever und Sande. Nach 1900 folgten dann Kleinbahnen quer durchs Land: von Leer über Aurich und Esens nach Bensersiel, von Emden nach Greetsiel und von Ihrhove nach Rhauderfehn.

Der Straßenbau ging 1873 in die Verwaltung der neuen Provinz über. Jetzt entstanden die für Ostfriesland so typischen Klinkerstraßen mit der halben Fahrbahn als Sommerweg, die für das alsbald unentbehrliche Fahrrad, aber auch für die wenigen Kraftfahrzeuge völlig ausreichten. Mit alle dem und mit der wachsenden Größe der Schiffe verloren natürlich allmählich die Kanäle und Fehne ihre Funktion als Verkehrsträger.

Hiervon ausgenommen ist der Dortmund-Ems-Kanal, der 1899 vollendet wurde. Seit 1856 hatte man über ihn nachgedacht, und in der Diskussion über den Anschluß Ostfrieslands an Westfalen nach 1866 spielte sein Projekt eine wichtige Rolle, betrachtete man sich doch in Emden als der naturgegebene Hafen Westfalens. Eigentlicher Kanal ist er nur von Oldersum bis Emden; sonst wurde die Ems zur Schiffahrtsstraße ausgebaut. Über fünfzig Jahre lang hat der Kanal seine erhoffte Wirkung ausgeübt: Kohle aus dem Ruhrgebiet zur Verschiffung nach Emden zu bringen, und von dort auf den gleichen Kähnen Eisenerz zurückzutransportieren.

Abb. 17 Grundsteinlegung der neuen Seeschleuse des Emder Hafens am 14. Februar 1910.

Der Emsausbau brachte den Häfen von Papenburg und Leer erhöhte Möglichkeiten, nur fehlte diesen Städten die staatliche Förderung, die dem Emder Hafen zuteil wurde. Dieser wurde seit 1886 planmäßig erweitert und 1913 vollendet mit der Großen Seeschleuse, der größten ihrer Art damals in Europa. Der neue Hafen zog seinerseits Schiffbauer an. Es entstanden Werften, aber nun nicht mehr in der handwerklichen Größe, wie sie auf den Fehnen bestanden hatten, sondern industrielle Großunternehmungen. Die erste Werft ging bald ein, weil man über keinen ausgebildeten Arbeiter verfügte. Woher sollten sie auch in dem industriefernen Lande kommen?

Bei dem Neubeginn 1912 hatte man aus den Fehlern gelernt und zog planmäßig Arbeiter heran, denen man im Friesland-Viertel in Emden-Borßum eigens Häuser baute. Einzig in Emden verspürt man darum in Ostfriesland eine Spur des gewaltigen industriellen Aufschwungs im zweiten deutschen Kaiserreich mit allen sozialen Erschwernissen, die er mit sich brachte. Dennoch gab es kein Proletariat, wie in den Großstädten, und die gelegentlichen Streiks fielen nicht ins Gewicht. Fremde Agitatoren hatten es bei den Einheimischen schwer, weil sie nicht die plattdeutsche und diese nicht die hochdeutsche Sprache beherrschten.

Alle diese Aktivitäten haben aber eine Verminderung der sozialen Probleme nicht gefördert. Die Auswanderung in die USA vermehrte sich eher noch, auch um der ungeliebten Wehrpflicht zu entgegnen; und der Alkoholmißbrauch nahm nicht ab. Bis nach dem ersten Weltkriege hielten sich die kirchlich bestimmten Armenverbände; dann übertrug die Gesetzgebung des Reiches die Wohlfahrtsaufgaben den Gemeinden. Nachdem die Kirche in der Mitte des 19. Jahrhunderts sich von der sozialen Frage hatte überrollen lassen, finden wir gegen Jahrhundertende zunehmend mehr kritische Fragen auf den Synoden gestellt. Explosionshaft leuchten diese Probleme 1919 und 1923 auf in Streiks der Landarbeiter in der Krummhörn und im Rheiderland - dort waren sie verbunden mit dem Scheitern des Pastors Dr. Nordbeck in Landschaftspolder, der gegen den Widerstand der Grundbesitzer Landarbeitersiedlungen errichten wollte.

Landwirtschaft und Wasserbau

Diese Unruhen sind nur Ausdruck des Strukturwandels in der Landwirtschaft, der durch die Einführung von Maschinen ausgelöst wird, die Menschenkraft ersetzen. Ebenso sind sie Zeugnis des unverhofften Reichtums, der durch die Hungerjahre in Krieg und Nachkrieg über die Bauern gekommen war. Um so tiefer war der Sturz in den „goldenen" 20er Jahren, als die Marktgesetze wieder ihre Wirkung ausübten.

Der schon erwähnte Landwirtschaftliche Hauptverein wurde zur größten Interessenvertretung in Ostfriesland, so groß, daß es zu Sonderentwicklungen kam: 1883 wurde der Verein Ostfriesischer Stammviehzüchter, 1901 der Verein der Rotbuntzüchter und 1906 der Verein Ostfriesischer Pferdezüchter gegründet, die sich um die intensive Verbesserung der Rinder- und Pferdezucht kümmerten. Mit der höheren Produktion stiegen natürlich auch die Vermarktungsprobleme.

Die Anbaufläche vergrößerte sich nur noch gering, da der Landesausbau zu Ende ging, und immer stärker der Gedanke des Naturschutzes sich Bahn brach. Für die landwirtschaftlich genutzten Böden lag das wichtigste Problem in der mangelnden Abwässerung, an dessen Lösung unablässig gearbeitet wurde. Typisch für Ostfriesland ist, daß ein militärisch geplantes Werk sich in eine Entwässerungsanstalt verwandelte.

Der bald nach 1870 von der neuen Reichsmarine angestrebte Verbindungskanal für sicheren Kohlentransport zwischen Wilhelmshaven und Emden, heute Ems-Jade-Kanal genannt, war schon bei seiner Vollendung vor hundert Jahren zu klein für den angestrebten Zweck und in diesem Sinne eine gigantische Fehlinvestition. Von Emden bis Aurich baute man den alten Treckfahrtskanal um, von Aurich aus grub man ein neue Bett quer durchs Land. Hunderte meist polnischer Wanderarbeiter haben damals in der Feuchte Ostfrieslands gelitten. Dieser gewaltige Eingriff in die Natur führte zwangsläufig zu anderen.

In der Stadt Emden wurde eine Kanalisation eingeführt; denn bisher besorgten das nach venezianischem Muster die städtischen Wasserläufe. Für die südliche Krummhörn wurde ein neues Siel an der Knock geschaffen, zu dessen Betreibung sich die alten Emder Sielachten 1879 zum I. Emder Entwässerungsverband vereinigten. Nach 1890 erwies es sich als nötig, in weitem Bogen nördlich und westlich um Aurich den Ring-Kanal und den Abelitz-Moordorf-Kanal anzulegen.

Diesen großen Werken der Landeskultur schlossen sich Einpolderungen an: 1913 in der Leybucht und 1922 endlich der Wybelsumer Polder bei Emden, nachdem schon in den 70er Jahren der Kanalpolder im Rheiderland geschaffen worden war, der seinen Namen von einem Entwässerungskanal bekam. Die vorher schon geschilderten Wasserbauarbeiten in der Ems und am Emder Hafen führten zu einem starken Anstieg des

Verkehrs in diesem Hafen. Gefährlich war natürlich das Überwiegen der Kohle-Erz-Verschiffung. Dem abzuhelfen, brachte der Oberbürgermeister Fürbringer kurz vor dem Ersten Weltkrieg die HAPAG und den Norddeutschen Lloyd dahin, auch Emden als Auswandererhafen anzulaufen. Eine der damals errichteten Auswandererhallen steht noch; ein paar Transporte haben stattgefunden; dann vernichtete der Krieg diese Ansätze. Die traditionell im Emder Hafen ansässige Heringsfischerei hielt sich unter starken Anfechtungen in der ganzen Periode.

Fremdenverkehr

Finden wir in der ersten Jahrhunderthälfte auf allen Inseln den Anfang des Badelebens, so entfaltet sich dieses bis zum ersten Weltkriege in vollem Umfang. Norderney steht unbestritten im Mittelpunkt; seine höfische hannoversche Vergangenheit ist nicht vergessen, und Prominenz aller Art hält sich dort auf. Die anderen Inseln betonen demgegenüber das einfachere und preiswertere Leben auf ihnen. Auch auf Borkum und Juist entstehen große Hotelbauten für das anspruchsvollere Publikum.
Nach 1880 setzt dann eine weitere Richtung des Fremdenverkehrs ein: nämlich die Errichtung von Erholungsheimen durch Stiftungen oder Korporationen zur Benutzung durch Minderbemittelte oder Angehörige. Hospize nannte man sie, und das bekannteste Beispiel ist das 1885 eröffnete Hospiz des Klosters Loccum auf Langeoog für Geistliche und Lehrer aus der Provinz Hannover. Das hängt zusammen mit den Bemühungen, von dem Sommer als der einzig geeigneten Zeit für den Inselaufenthalt fortzukommen, und diese Ausweitungen wiederum sind Spiegel des endgültigen Wandels der Insulaner von einer Fischer- zu einer Vermieterbevölkerung.
Traurige Berühmtheit erhielt Borkum in Deutschland in den 20er Jahren des 20. Jahrhunderts durch einen lutherischen Pastor Münchmeyer, dem die Seelsorge an den Fremden mehr oblag als an den wenigen Lutheranern auf der reformierten Insel. Niemand weiß, warum seit den 80er Jahren ein latenter Antisemitismus auf Borkum herrschte, ob aus Konkurrenz zu dem als „Judenbad" verschrieenen Norderney? Ausdruck dessen war das „Borkumlied" und die Weigerung der Insulaner, jüdische Kurgäste aufzunehmen. Münchmeyer nun verfocht seine antijüdischen Vorstellungen so geräuschvoll, daß ganz Deutschland aufhorchte, als er in mühsamen Verfahren von der Landeskirche in Hannover seines Amtes enthoben wurde.

Die Juden und ihre Verfolgung

Es ist merkwürdig, daß ausgerechnet auf einer Insel in Ostfriesland der Antisemitismus lebendig wurde, kannte man doch seit Jahrhunderten die Juden als friedliche Zeitgenossen. Die meisten waren genau so arm wie ihre christlichen Miteinwohner. Zwar wohnten sie bevorzugt zusammen, aber eigentliche Ghettobildungen kannte man nicht. Ihre Haupterwerbszweige waren der Hausierhandel und das Schlachtergewerbe teilweise mit dem Viehhandel verbunden. Gerade der letzte Geschäftszweig, der andernorts in Deutschland viel zum Antisemitismus beitrug, ließ in Ostfriesland nichts dergleichen erkennen.
1744 hatten die Juden mit dem Leibjuden des Fürsten ihren Rückhalt bei Hofe verloren. Sie waren fortan auf sich selbst angewiesen und lebten bescheiden in ihren Gemeinden Norden, Dornum, Esens, Neustadt-Gödens, Aurich, Emden, Leer, Weener und Jemgum. 1763 kam es in Emden und 1782 in Neustadt-Gödens zu antijüdischen Ausschreitungen, bei denen die Juden als Sündenböcke wirtschaftlicher Not herhalten mußten. Ihr geistlicher Vorgesetzter war ein Landparnaß in Aurich, der unter der Aufsicht der Kriegs- und Domänenkammer stand.
In der napoleonischen Zwischenzeit erhielten die Juden die volle staatsbürgerlichen Rechte, die ihnen 1815 wieder genommen wurden. Erst das hannoversche Gesetz über die Rechtstellung der Juden von 1842 brachte sie ihnen zurück. In Emden wurde ein Landrabbiner für die Synagogengemeinden in den Landdrosteien Osnabrück und Aurich eingesetzt, der von diesen beaufsichtigt wurde. Das jüdische Schul- und Armenwesen geriet gleichermaßen wie das christliche in den schärferen Blick der Obrigkeit. Sonst waren den Juden aber alle Möglichkeiten freier bürgerlicher Betätigung gegeben. Ihre Zahl war gering, etwa 1 % der Bevölkerung. 1885 zählte man 2.707, 1905 2.766 und 1925 2.456 Juden. In den größeren Gemeinden waren sie verteilt wie folgt (s. S. 183):
Daraus kann man den Schluß ziehen, daß im 20. Jahrhundert schon vor der Verfolgung ihre Zahl abnahm, namentlich in den kleinen Gemeinden wie Jemgum und Neustadt-Gödens; denn auch die Juden nahmen Teil an der ostfriesischen durch Armut bedingten Auswanderung. Ihre wirtschaftliche Lage war also nicht besser oder schlechter als die ihrer christlichen Mitbürger.

	Aurich	Bunde	Dornum	Emden	Esens	Jemgum	Leer	Neustadt-gödens	Norden	Norderney	Weener	Wittmund
1885	406	55	61	663	87	50	306	139	253	31	231	86
1905	370	65	83	809	89	20	266	85	283	35	175	71
1925	398	70	58	700	76	9	289	25	231	88	149	53

Bei der Beschreibung der Geschichte der Judenverfolgung in Ostfriesland seit 1933 muß man unterscheiden zwischen den für ganz Deutschland gültigen Anordnungen und dem, was man hierzulande daraus machte. Die Nachstellungen begannen mit dem Boykott der jüdischen Geschäfte am 1. April 1933, der zumindest in Emden nicht auf allgemeine Zustimmung stieß. Fanatismus ist den Ostfriesen fremd; der fortschreitenden Entrechtung der Juden sah man abseitsstehend zu, hatten doch die meisten Bekannte unter ihnen, die sie hochschätzten, wenn sie auch dem Volk als Ganzem skeptischer gegenüberstand.

Die Juden, welche die Zeichen der Zeit erkannten, verkauften ihre Habe und wanderten aus; wie sollte aber ein Habenichts das tun? So kam die unselige Nacht der Synagogenbrände vom 8. auf den 9. November 1938. Erhalten blieben die Synagogen in Dornum, Norderney und Neustadt-Gödens, aber nur weil sie schon vor 1933 aufgegeben und von den Gemeinden verkauft worden waren. In der gleichen Nacht wurden die Juden aus ihren Häusern getrieben - aber wohin mit ihnen? Als sie am folgenden Tag durch die Straßen geführt wurden, war den denkenden Zuschauern das Menetekel deutlich.

Offiziell bestanden die Synagogengemeinden bis Anfang 1939; dann wurden die Juden, die es bis dahin nicht geschafft hatten, zu entkommen, aus Ostfriesland weggeführt bis zum Tod im Konzentrationslager. Nach dem Krieg hat niemand, auch nicht die Stimme Ostfrieslands, die Ostfriesische Landschaft, dieses Vorgehen öffentlich bedauert. Die in den Strafprozessen um die Synagogenbrände Angeklagten beriefen sich mehr oder minder erfolgreich auf die im Kriege gefallenen Mittäter. Die Zerstörung Emdens und die Vertreibung der Juden: das ist die düstere Bilanz des durch den Nationalsozialismus geprägten Endes der zweiten preußischen Zeit in Ostfriesland.

Tendenzen der Nachkriegszeit

Bei Kriegsende war Ostfriesland überfüllt mit Soldaten und Flüchtlingen. Jene zogen allmählich ab, dafür kamen neu die Vertriebenen aus den deutschen Ostgebieten. Jedenfalls stieg die Einwohnerzahl von 1939 = 295.687 Personen auf 385.072 im Jahre 1950, um ein knappes Viertel also. Bis 1961 sank diese Zahl wiederum um 15.865 Einwohnern, um bis 1974 auf 412.884 anzusteigen. Die Abwanderungsverluste sind aufgeholt worden; man muß also in Ostfriesland mit einer größeren Bevölkerung mit dem uralten Problem fertigwerden, daß das Land als solches nicht genügend Beschäftigung für seine Einwohner bietet. Dies ist der Hauptgrund der ständigen Arbeitslosigkeit, die ihren Höhepunkt in den Jahren 1950 und 1951 erreichte, als im Winter 30 % und im Sommer 20 % Arbeitslose gezählt wurden, wohlgemerkt noch ohne die erweiterten Begriffsbestimmungen von heute.

Am 23. August 1946 - achtzig Jahre nach der Annexion - war das Land Hannover wieder hergestellt worden, das sich am 1. November des gleichen Jahres mit den Ländern Braunschweig, Oldenburg und Schaumburg-Lippe zum Lande Niedersachsen formierte, in dem nun Ostfriesland den Regierungsbezirk Aurich bildete. Damit war die jahrhundertealte Grenze gegen Oldenburg gefallen. Bei den nun bald einsetzenden Wahlen zeigte sich bald, daß die alte Polarisierung Ostfrieslands wiederauflebte: der Westen wählte mehrheitlich sozialdemokratisch, der Osten christdemokratisch, nachdem die alten nationalliberalen Traditionen im Kreise Wittmund anfangs fröhliche Urstände für die FDP ergeben hatten. Neu war jetzt - und das gilt für die Abgeordneten im Bundestag wie im Landtag -, daß diese, wenn es um ihre Heimat ging, oft die Parteigrenzen übersprangen und gemeinsam arbeiteten. Zum ersten Mal hatte Ostfriesland wirkliche Volksvertreter an den Zentralen der Macht.

Die Verfassung der ostfriesischen Landschaft von 1942 wurde 1949 in demokratischen Formen neu gefaßt; nunmehr bestimmten die Kreistage und der Stadtrat von Emden die Mitglieder der Landschaftsversammlung, die ihrerseits den Präsidenten und die Landschaftsräte wählten. Erster Präsident wurde der ehemalige Regierungspräsident Jann Berghaus. Nachdem die Landschaft 1943 die von ihr 1870 gegründete Ostfriesische Sparkasse hatte aufgeben müssen, die ihr gehörige Landschaftliche Brandkasse um ihres Monopols willen aber keine Gewinne machen durfte, wurde ihr freier finanzieller Spielraum im Lauf der Jahre immer enger. Als Kulturparlament sich verstehend, hat die Landschaft neue Aufgaben übernommen, wie die Landschaftliche Bibliothek oder das Forschungsinstitut für den friesischen Küstenraum, ist aber bei der Erfüllung dieser Obliegenheiten stark auf die Hilfe des Landes Niedersachsen angewiesen.

In der Verwaltung wurden den Kreisen und Städten mehr kommunale Selbständigkeit eingeräumt. Immer prekärer wurde aber die Situation der Regierung in Aurich als der kleinsten derartigen Behörde in Niedersachsen. Die allgemeine Tendenz zur Verwaltungsreform führte 1972 zu einer großen Zusammenlegung unter den ostfriesischen Gemeinden, wobei in den neuen Gemeindenamen alte Landgemeindenamen des Mittelalters oft wiederauflebten. 1977 war dann die Reihe an den Landkreisen: Leer blieb, Aurich und Norden wurden vereinigt und Wittmund sollte mit dem alten friesischen, seit langem oldenburgischen Landkreis Jever zusammengehen. Der natürliche Widerwille der Bevölkerung gegen Änderungen - hier genährt von uralten gegenseitigen Vorurteilen - brachte diese Vereinigung zwei Jahre später zum Scheitern, so daß den beiden großen Landkreisen Aurich und Leer der kleine Landkreis Wittmund nun gegenübersteht. Anfang 1978 endlich ging der Regierungsbezirk Aurich im neuen Regierungsbezirk Weser-Ems auf: Ostfriesland als historische Einheit wird jetzt nur noch von der Ostfriesischen Landschaft und der Landessuperintendentur der lutherischen Landeskirche verkörpert.

Diese administrativen Änderungen trafen ein in wenigen Jahrzehnten sehr verwandeltes Land. Der Siegeszug der Maschinen in der Landwirtschaft und die durch die Europäische Wirtschaftsgemeinschaft ausgelöste Steigerung ihrer Produktion haben das Aussehen der Dörfer umgestaltet: statt kleihaltiger Feldwege ausgebaute Straßen, statt Hühnern auf dem Misthaufen Tiefkühltruhen im Stall, statt Nachbarschaft Konkurrenz. Die Windmühlen werden museal gepflegt, und die Tierzucht wird von der Wissenschaft begleitet. Viele Landwirte haben ihre Wirtschaft aufgegeben, und Städter haben sich in ihren Höfen als zweitem Wohnsitz niedergelassen. Um jedes Dorf stehen neue Siedlungen, und die Begriffe Knecht und Magd sind ausgestorben. Der

Abb. 18 Das um 1900 errichtete Landschaftsgebäude in Aurich.

Chronist kann nur den Wandel notieren: wie sich die Landwirtschaft in Ostfriesland behaupten wird, steht noch dahin.

Diese Veränderungen entspricht eine bis dahin nie dagewesene Mobilität der Bevölkerung. Der Kraftwagen hat auf dem dünn besiedelten Lande einen unaufhaltsamen Siegeszug angetreten und alle anderen Verkehrsmittel verdrängt: selbst die 1883 angelegte Küstenbahn wurde mit Mühe eben 100 Jahre alt. Man ist nicht mehr gezwungen, winters im schlecht zugänglichen Dorf zu bleiben und sich wohl oder über miteinander zu vertragen. Damit verwischen sich auch die alten Grenzen: nicht nur die zu Oldenburg, sondern auch zu den Niederlanden, wo der bis Groningen gleiche Dialekt und die in Europa immer gleicher werdenden Probleme neue Gemeinsamkeiten ermöglichen.

Der Fremdenverkehr wurde endgültig zur tragenden Säule der ostfriesischen Wirtschaft bedingt durch seine allgemeine Wandlung zum Massentourismus. Die Sielhäfen an der Küste machten sich die Überfüllung der Inseln zu Nutze und begannen, preiswerte Unterkünfte anzubieten. Daraus entwickelten sich ganze Feriensiedlungen mit Wohnungen, Schwimmbädern, künstlich aufgespülten Stränden und den unvermeidlichen Parkplätzen. Im Landesinnern gewöhnte man sich daran, Fremdenunterkünfte anzubieten für die, die auf Inseln oder an der Küste keinen Platz mehr fanden oder haben wollten. Als großer Feind dieses ständig angewachsenen Verkehr entpuppte sich im Laufe der Zeit immer mehr das unbeständige Wetter, das den Vergleich mit wärmeren Zonen nicht standhält.

Diese tragende Grundlage ist darum so bitter nötig für Ostfriesland geworden, weil die Versuche, die Industrialisierung zu verstärken, wenig gediehen sind. In den Jahren der Hochkonjunktur wurden zwar allenthalben von Firmen, die auf der Suche nach Arbeitskräften waren, Zweigbetriebe angelegt, von denen aber viele, als man sie nicht mehr benötigte, wieder aufgegeben wurden. Vorbild und Leitstern aller dieser Unternehmungen wurde das Volkswagenwerk in Emden, das in den 60er Jahren begann, sich in Emden niederzulassen, um den Hafen für seinen Export zu nutzen. Diese doppelte Funktion - nicht nur Zweigwerk, sondern Exportstützpunkt - hat dem Werk die nötige Stabilität gegeben, so daß es der bedeutendste Arbeitgeber in Ostfriesland geworden ist. Demgegenüber geriet die im Emder Hafen traditionelle Schiffbauindustrie in den 70er Jahren in die durch die Überproduktion ausgelöste schwere Werftenkrise und behauptet sich nur mit Mühe dank spezieller Fertigungen. Die im 19. Jahrhundert entstandenen Ziegeleien, die in der Krummhörn und im Rheiderland vielerorts das Landschaftsbild prägten, verschwanden bis auf wenige Reste in den 50er Jahren, da sie mit den neuen Großfeueranlagen nicht mithalten konnten.

Auf der Vorschwelle zum dritten Jahrtausend steht darum Ostfriesland in Wartestellung: abhängig von vielen Unsicherheiten, von der Weltwirtschaftskonjunktur bis zum Wetter, von den negativen Auswirkungen der modernen Industriegesellschaft aber noch nicht so sehr betroffen, daß nicht aus diesem Umstande heraus sich unter Umständen günstige Voraussetzungen für weiteres Gedeihen ergeben könnten.

Literatur

Die Literatur zur ostfriesischen Geschichte ist verzeichnet bei:

Oberschelp, R. (1985): Niedersachsen-Bibliographie. Berichtsjahre 1908-1970. Hrsg. von der Niedersächsischen Landesbibliothek Hannover, 1-5. Mainz-Kastel.

Tielke, M. (1990): Ostfriesische Bibliographie <16. Jh. - 1907>. - Veröffentlichungen der Historischen Kommission für Niedersachsen und Bremen 30a.

Das alljährlich erscheinende „Jahrbuch der Gesellschaft für bildende Kunst und vaterländische Altertümer zu Emden" berichtet in seinem Literaturteil über die wesentlichen Neuerscheinungen zur ostfriesischen Geschichte.

Eine moderne Zusammenfassung findet man bei:

Schmidt, H. (1975): Politische Geschichte Ostfrieslands. - Ostfriesland im Schutze des Deiches 5.

Eine knappe Skizze bietet:

Deeters, W. (1992): Kleine Geschichte Ostfrieslands, 2. Auflage. Leer.

Mittelalterliche Kirchengeschichte
von Christian Moßig

Karolingerzeit – Missionierung und Errichtung von Bistümern

In der Völkerwanderungszeit verlagerte sich das politische Kräftefeld des Abendlandes allmählich vom Mittelmeer nach Nordwesten und fand seinen Schwerpunkt im Bereich der Franken zwischen Loire und Rhein. Dieses für das europäische Kräftespiel nunmehr zentrale Gebiet berührte den Mündungsbereich von Schelde, Maas und Rhein und damit die Nordseeküste.

Während der merowingisch-karolingischen Epoche traten die im Küstensaum der südlichen Nordsee siedelnden Friesen erstmals in Erscheinung. Friesische Kaufleute, insbesondere im Rheindelta ansässig, befuhren auf ihren Handelsreisen die Nordsee und ihre Küstengewässer und die größeren Flüsse Nordwesteuropas. Sie besuchten beispielsweise Skandinavien, die Britischen Inseln und die von der Küste her und über Flußläufe erreichbaren Teile des Frankenreiches und vermittelten dabei erste Kenntnisse des Christentums den Bewohnern wohl des gesamten friesischen Küstensaumes vom Rhein bis zur Weser, also gewiß auch den Bewohnern des heutigen Ostfriesland.

Etwa in der gleichen Zeit kam es auch zu planmäßigen, sich im Laufe der Jahrzehnte verstärkenden Bekehrungsbemühungen, die zu einem großen Teil von Kirchenmännern aus Britannien getragen wurden. Die erste überlieferte Missionierung im friesischen Siedlungsgebiet wurde in den Jahren 678/679 von Bischof Wilfrith von York unternommen – oder besser – geleitet. Während eine engere Beziehung Wilfriths zum fränkischen Königtum nicht belegt ist, erfolgten spätere uns bekannte Missionsanstrengungen in Zusammenarbeit mit dem Frankenreich, so diejenigen, die mit den Namen der Angelsachsen Willibrord, Winfried-Bonifatius und Willehad in Verbindung gebracht werden, sowie diejenigen des in angelsächsischer Tradition stehenden Friesen und Westfalen Liudger.

Schon früh war Utrecht der Ausgangspunkt der Bemühungen um Aufbau und Ausbau fränkischer Einflußnahme in den Frieslanden, deren bedeutendster Aspekt in dem allmählichen Eindringen christlichen Gedankenguts und christlicher Kulturformen lag. So wurde Utrecht 695 Kathedralsitz des damals zum Erzbischof der Friesen geweihten, erst 739 verstorbenen Willibrord, der also offenbar gut vierzig Jahre von Utrecht aus Friesenmission betrieb.

Winfried-Bonifatius, dessen Lebensaufgabe in Aufbau und Organisierung der fränkischen Reichskirche östlich des Rheins, vornehmlich im Gebiete Hessens und Thüringens, lag, widmete sich im hohen Alter ebenfalls der Friesenmission, und zwar von Utrecht aus, dessen Bedeutung für die Frieslande nach der 745 erfolgten Eingliederung als Bistum in die Kirchenprovinz Köln im Schwinden begriffen war. Vielleicht nachhaltiger als seine tatsächliche Missionsarbeit wirkte die Erinnerung an den Märtyrertod, den er und seine Begleiter 754 bei Dokkum in Westfriesland erlitten.

Nach gemeinsamen Missionsversuchen von Willehad und Liudger, durchgeführt in Westfriesland in der Nachfolge von Willibrord und Bonifatius, wurde Willehad von Karl dem Großen 780 mit der Mission in sächsischen und friesischen Siedlungsräumen an der unteren Weser betraut. Die nun einsetzende Missionstätigkeit Willehads steht in deutlichem Zusammenhang mit dem militärischen Vorgehen Karls gegen die Sachsen: sie bediente sich, etwa bei der Zerstörung von Kultstätten, des Schutzes durch fränkisches Militär und sie mußte infolge vorübergehend nachlassenden Kriegsglücks der Eroberer unterbrochen werden.

Auch der sowohl von friesischen wie von westfälischen Vorfahren abstammende und in Utrecht und in York ausgebildete Liudger, der die Domschule in Utrecht leitete und von dort aus – zunächst zusammen mit Willehad – in Westfriesland missionierte, mußte in den Jahren fränkischer Mißerfolge in der Kriegsführung den Küstenraum verlassen. Spätestens seit seiner Rückkehr 787 war er durch Kaiser Karl für die Christianisierung eines verhältnismäßig klar umrissenen Gebietes um die Emsmündung bestimmt. Ein weiteres Arbeitsfeld für Mission und Kirchenorganisation fand Liudger ab 792/793 in Westfalen. Seine hier von Münster aus betriebene Arbeit mündete 805 in die Gründung des Bistums Münster mit Liudger als erstem Bischof. Es umfaßte die beiden räumlich getrennten Missionsbezirke Liudgers. Manches spricht dafür, daß seine beiden Tätigkeitsfelder und damit das spätere Bistum Münster sich mit den Räumen deckten, zu denen Liudger besonders enge persönliche Bindungen besaß, etwa aufgrund von Besitz von Personen, die zu seiner Verwandtschaft zu rechnen sind. Die Bedeutung, die die Verwurzelung seiner Familie in beiden Teilen der Diözese bei der geographischen Ausgestaltung des Bistums gehabt haben könnte, wird noch durch die Tatsache verstärkt, daß die beiden ersten Nachfolger auf dem Bischofsstuhl Verwandte Liudgers waren.

Parallel zur Bildung des Bistums Münster wurde der Tätigkeitsbereich des schon 789 verstorbenen Missionsbischofs Willehad als Bistum Bremen organisiert. Damit war das Gebiet des späteren Ostfriesland in einen westlichen, der Diözese Münster, und in einen nordöstlichen, der Diözese Bremen angehörenden Teil gespalten, eine Teilung, die bis heute unter geänderten konfessionellen Verhältnissen in der Spaltung in einen reformierten Westen und einen lutherischen Osten fortwirkt (Abb. 1). In dem Missionsgebiet Liudgers erlangte sein Eigenkloster Werden an der Ruhr vor allem beiderseits der Ems und in der Krummhörn umfangreichen Besitz und gleichfalls schon in der Missionsepoche auch Fulda, das Kloster des Bonifatius, und zwar vornehmlich in dem Bereich, in dem dieser missioniert hatte, im wesentlichen westlich der Lauwers und daneben auch in der Krummhörn. Ebenso dürfte die Bremer Kirche schon früh über Besitz in Willehads Christianisierungsgebiet verfügt haben, so im Harlingerland, in Rüstringen und Östringen.

In den zwei Jahrzehnten um 800 dürfte das Christentum verhältnismäßig ungehindert auf die friesische Bevölkerung eingewirkt haben. Man wird allerdings keineswegs annehmen dürfen, daß sie in diesem Zeitraum von der neuen Religion wirklich durchdrungen wurde. Im Gegenteil wird davon auszugehen sein, daß die Auffassungen, die Denkweise, das alltägliche Handeln der Menschen vielleicht erst Jahrhunderte später in hohem Maße vom Christentum bestimmt waren. Es war in der Zeit Karls des Großen in den nunmehr formal zum Fränkischen Reich gehörenden Frieslanden an den Küsten der südlichen Nordsee immerhin ein Fundament für das Christentum gelegt.

So wird in Ansätzen das – damals gewiß noch recht lückenhafte – Netz der ostfriesischen Kirchspiele in jene Zeit zurückgehen. Im 9. Jahrhundert dürften schon eine ganze Reihe von Kirchen aus Holz errichtet gewesen sein. Häufig entstanden Kirchen am Platz oder in der Nähe vorchristlicher Kultstätten.

Normannenzeit – Überdauern kirchlicher Strukturen

Es ist weniger an ein schroffes Aufeinanderstoßen von Christentum und den älteren religiösen und mystischen Vorstellungen zu denken als wohl eher an ein sehr langes Nebeneinander mit mannigfaltigen wechselseitigen Beeinflussungen. Die nur kurze Zeit der verhältnismäßig engen Verbindungen zum Fränkischen Reich endete schon in den ersten Jahrzehnten des 9. Jahrhunderts.

Beutezüge und kriegische Aktionen der skandinavischen Normannen, die schon kurz vor 814, dem Todesjahr Karls des Großen, einsetzten und erst im beginnenden 10. Jahrhundert abebbten, blockierten die Verkehrswege zum christlichen Süden und Westen und schnitten Ostfriesland weitgehend von christlichen Kultureinflüssen ab. Dies gereichte den schon jahrhundertelang wirksamen religiösen Vorstellungen und Praktiken gewiß sehr zum Vorteil. Während der von normannischen Kriegsaktionen geprägten Jahrzehnte wird von einem Rückgang der Wirksamkeit christlicher Religiosität und von Rückschlägen beim Aufbau der christlichen Pfarrorganisation auszugehen sein. Dafür sprechen beispielsweise Begräbnisformen, die weiterhin oder erneut in vorchristlicher Weise praktiziert wurden. Es ist weiter keineswegs auszuschließen, daß in jenen Jahrzehnten Pfarreien verwaist waren, daß damals keine neuen Kirchen errichtet und daß Kirchen zerstört wurden.

Andererseits könnte ein gemeinsames Interesse an der Abwehr der von den Normannen drohenden Gefahr die Bevölkerung an der Nordsee und die Kirchenorganisation miteinander in Verbindung gehalten haben. Dafür spricht, daß Küstenbewohner mit Unterstützung des Erzbischofs Rimbert von Hamburg-Bremen wohl in den Marschengebieten bei Norden im Jahre 884 einen Sieg über Normannen errangen. Insgesamt gesehen, werden die kirchlichen Strukturen in den friesischen Gebieten der Diözese Bremen und gewiß auch in denjenigen der Diözese Münster die unruhige Normannenzeit, während der der friesische Küstenraum weitgehend sich selbst bzw. den Einwirkungen der Normannen überlassen war, zum Teil, vielleicht nur zu einem kleinen Teil, überdauert haben.

Ottonenzeit – Wiederbelebung und Ausbau kirchlicher Strukturen

Nach der mehr als 100 Jahre dauernden Periode, in der sich Christentum und Reich im Küstenraum in die Defensive gedrängt sahen, bemühten sich erst die Herrscher aus dem ottonischen Hause, die ja selbst aus dem Norden Mitteleuropas stammten, im Laufe des 10. Jahrhunderts wieder stärker, auch in dieser Region Fuß zu fassen. Die Ottonen nutzten für die Einbeziehung dieser Gebiete in den Rahmen des Reiches die für ihre Herrschaft so kennzeichnenden Machtmittel, nämlich vornehmlich diejenigen, die ihnen die Reichskirche bot. Ihr erneuter Versuch einer festen Angliederung dieses Raumes, insbesondere der Gebiete zwischen Weser- und Emsmündung, stützte sich – soweit erkennbar – vorwiegend auf eine Wiederbelebung, eine Stärkung und auf einen weiteren Ausbau der kirchlichen Strukturen.

Für eine Stärkung der Präsenz des Reiches an der nördlichen Peripherie war das Amt des Erzbischofs von Hamburg-Bremen von entscheidender Bedeutung. Otto I. vergab diesen Posten gleich zu Beginn seiner langen Regierungszeit, nämlich schon 937, an einen engen Vertrauten, an seinen Kanzler Adaldag, der auch nach seiner Versetzung auf den wichtigsten Posten im Norden des Reichs einer der bedeutendsten Ratgeber Ottos I. blieb.

Erzbischof Adaldag spielte offensichtlich die entscheidende Rolle bei der Stiftung des Klerikerstifts Reepsholt in der heutigen Gemeinde Friedeburg im Osten Ostfrieslands, dessen Gründung im Jahr 983 abgeschlossen war. Gelegen am Kreuzungspunkt zweier wichtiger Verkehrswege, nämlich an einem damals vorhandenen Tief, auf dem man von der Jade aus mit dem Schiff weit in die ostfriesische Halbinsel vordringen konnte und

Abb. 1 Middels – Altar und Findlingsfundament der Holzkirche.

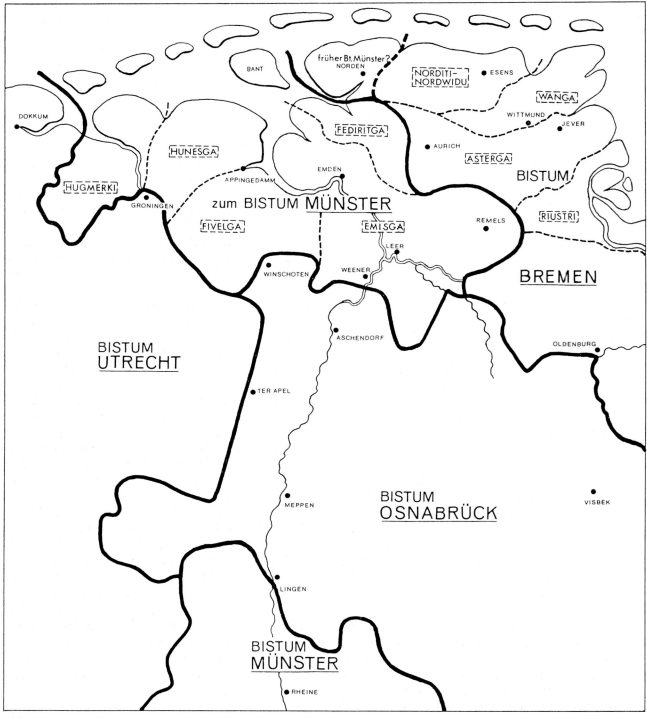

Abb. 2 Bistums- und Gaugrenzen im Mittelalter. Zeichnung: J. Engelmann.

zum andern am Landweg von Bremen und Oldenburg zur ostfriesischen Nordseeküste, war Reepsholt sehr geeignet, eine Mittelpunktfunktion mit geistiger Ausstrahlung im Sinne einer beabsichtigten kirchlichen und damit auch politischen Durchdringung der friesischen Teile der Diözese Bremen zu übernehmen.

Die Kanoniker in Reepsholt könnten wesentlich zur Verbesserung der kirchlich-seelsorgerlichen „Versorgung" der Bevölkerung der bremischen Teile der Frieslande beigetragen haben. In den 1070er Jahren sollen nach Adam von Bremen, dem wichtigsten mittelalterlichen Geschichtsschreiber im Nordseeküstenbereich, 50 Kirchen, wohl Pfarrkirchen, im friesischen Bereich der Diözese Bremen bestanden haben (Abb. 2). Damals war mithin die seelsorgerlich-pfarrliche Erschließung im bremischen Teil Ostfrieslands weit fortgeschritten. Daran dürfte insbesondere ein stetiges und beharrliches Wirken Erzbischof Adaldags einen bedeutenden Anteil haben: mehr als fünfzig Jahre, nämlich von 937 bis 988, hatte er das Amt des Erzbischofs von Hamburg-Bremen inne.

Kirchliche Einteilung

Die zu Lebzeiten Karls des Großen festgelegten Grenzen zwischen den Diözesen Bremen und Münster blieben, wie dies grundsätzlich für Diözesangrenzen zutrifft, während des Mittelalters bestehen. Es könnte allenfalls zu kleineren Veränderungen gekommen sein, und zwar zu sehr frühen Zeitpunkten, etwa im Bereich von Norden: Die Kirche von Norden, die dem heiligen Liudger geweiht ist, was möglicherweise auf ihre ursprüngliche Zugehörigkeit zu Münster hinweist, war, seit schriftliche Quellen hierzu vorliegen, stets Teil der Diözese Bremen. Zu Bremen gehörte der Norden Ostfrieslands einschließlich Aurichs, während die übrigen Gebiete, insbesondere der dicht besiedelte Westen mit seinen wohlhabenden Marschengebieten, vor allem denen der Krummhörn und auch des Reiderlandes, der Diözese Münster zugeordnet waren. Der Zuständigkeit des Bistums Osnabrück unterlagen nur fünf Kirchspiele um Völlen im äußersten Süden.

Die kirchliche Einteilung wird sich grundsätzlich an vorgefundene Gauabgrenzungen und auch – aber keineswegs immer – an naturräumliche Scheidungen angelehnt haben. So griff die Diözese Bremen vom Norden her über eine Moorzone bis in die Geestinsel des Auricherlandes hinein, so daß die Diözesangrenze zwischen Bremen und Münster das Geestgebiet um Aurich durchschnitt.

Der bremische Teil des heutigen Ostfriesland, nämlich das Harlingerland, das Auricherland und das Norderland, war kirchlich in dem Archidiakonat – Archidiakonate sind die Untergliederungen von Diözesen – des Bremer Domscholasters organisiert. Die Aufgaben des Domscholasters, der sich wohl zumeist in Bremen aufgehalten haben dürfte, wurden von seinem Vertreter, dem wohl ständig im Bezirk anwesenden Offizial wahrgenommen, der seinen Sitz in Esens gehabt haben könnte. Der Archidiakonat umfaßte sechs Dekanate oder – mit anderer Bezeichnung – Sendbezirke, nämlich diejenigen von Wittmund, Stedesdorf, Ochtersum, Arle, Norden und Aurich. An diesen Orten oder in ihrer nächsten Umgebung werden gewiß sehr früh Kirchen bestanden haben, von denen die weiteren Kirchengründungen ihren Ausgang genommen haben dürften. Neben dem Archidiakonat des Domscholasters in dem zum heutigen Ostfriesland gehörenden Teil der Diözese Bremen bestand wohl erst seit den 1130er Jahren nur noch ein weiterer räumlich sehr kleiner Bezirk mit Reepsholt als Mittelpunkt, der dem hier wohl Rechte eines Archidiakons ausübenden Propst von Reepsholt unterstand.

Die friesischen Gebiete Münsters beiderseits der Ems bildeten einen einzigen geschlossenen Bezirk, den Archidiakonat Friesland, der sich über die räumliche Trennung vom Kernbereich der Diözese hinaus – durch eine ganze Reihe kirchenrechtlicher Besonderheiten auszeichnete. Der hier ständig anwesende Offizial ist möglicherweise mehr als Vertreter des Bischofs zu betrachten. Die kirchenrechtlichen Befugnisse des Archidiakons gegenüber Laien waren seit jeher eingeschränkt und wurden weitgehend von den ihm nachgeordneten Vorstehern der Dekanate oder Sendbezirke, den Dekanen, die hier später zumeist als Pröpste bezeichnet wurden, ausgeübt.

Im heutigen Ostfriesland hatten münstersche Dekanate, die hier regelmäßig als Propsteien bezeichnet wurden, ihre Sitze – was die Krummhörn anbetrifft – in (1.) Emden, (2.) Groothusen, (3.) Hinte und (4.) Uttum; – was das Reiderland anbetrifft – in (5.) Weener und in (6.) Nesse, infolge des Dollarteinbruchs zunächst nach Hatzum und später als zweite Propstei nach Weener verlegt; ferner in (7.) Leer mit sehr ausgedehnten Geest- und Moorgebieten; und schließlich trat im 13. Jahrhundert nach Landesausbau und Besiedlung die aus der Propstei Uttum ausgegliederte Propstei (8.) Brookmerland hinzu.

Gemeindeverfassung, Pfarrerwahl

Genossenschaftliche Strukturen, denen im friesischen Bereich besonderes Gewicht zukommt, die etwa durch das gemeinsame Schutzbedürfnis gegen das Meer und durch die Notwendigkeit der Entwässerung des Kulturlandes stark gefördert wurden, waren auch – und sind es noch heute – im kirchlichen Rahmen deutlich ausgeprägt. In nahezu allen Gemeinden Ostfrieslands bestand ein Genossenschafts – oder Gemeindepatronat. Hier wurde, und dies ist der wesentliche Inhalt des Patronatsrechts, von den männlichen Gemeindegliedern oder – eher – von einer Gruppe dazu Berechtigter aus der Gemeinde ein Geistlicher gewählt, der zur Investitur, also zur Einsetzung in das Amt des Pfarrers dem Bischof oder dessen hierfür bestimmten Vertreter, etwa dem Archidiakon, präsentiert wurde. Da sich etwa der Archidiakon an dieses Votum gebunden sah, bedeutete das zumeist, daß der Gemeindepfarrer von einer Gruppe wirtschaftlich und sozial starker Personen der Gemeinde bestimmt wurde. Die sonst in Mitteleuropa gewöhnlicherweise übliche Praxis der Präsentation des zukünftigen Pfarrers von einem einzelnen Adligen als Inhaber des in seiner Familie erblichen Patronats war in Ostfriesland seltene Ausnahme; sie konnte bislang nur in Aurich nachgewiesen werden, wo der Patronat in der Hand der Grafen von Oldenburg lag. Das Genossenschaftswahlrecht mag wohl mit dazu beigetragen haben, daß einzelne Pfarreien über mehrere Generationen von Mitgliedern derselben mächtigen Familie, oft als Häuptlingsfamilie anzusehen, besetzt waren. Das bekannteste Beispiel dürfte die Familie Abdena in Emden sein, deren Macht, ja Herrschaftsausübung sich nicht zuletzt auf die Möglichkeiten stützte, die ihnen das über fünf Generationen behauptete kirchliche Amt des Pfarrers und Propstes in Emden bot. Es wird heute – vielleicht zu Unrecht – als zweifelhaft angesehen, ob alle Inhaber von „erblich" gewordenen geistlichen Ämtern tatsächlich alle kirchlichen Weihen erworben hatten.

Kirchenbau

Die frühesten Kirchen Ostfrieslands, nämlich die in der Karolingerzeit gebauten und vielleicht auch diejenigen der ottonischen Epoche, dürften Holz- oder Holz-Erde-Bauten gewesen sein. Angesichts des Mangels an Bauholz besonders in der Marsch muß auch schon in diesem frühen Kirchenbau eine große Leistung gesehen werden.

Abb. 3 Middels – Südwand der Granitquaderkirche.

Abb. 4 Arle – Nordwand der Tuffsteinkirche.

Abb. 5 Pilsum – Südansicht der Backsteinkirche.

Abb. 6 Marienhafe – Nordwand des einstigen Mittelschiffes.

Abb. 7 Norden – Spätgotischer Hochchor der Ludgerikirche.

Im 12. Jahrhundert kam es trotz des Mangels an Stein in der norddeutschen Tiefebene zur sehr aufwendigen Aufführung von Steinbauten, und zwar einerseits zum Bau mit Feldsteinen und Granitquadern, die aus Findlingen gebrochen wurden, und zum anderen zum Bau mit Tuffstein (Abb. 3 u. 4). Es ist noch unbestimmt, welches Material etwas eher verwendet wurde. Der Bau mit Granitsteinquadern ließ sich vornehmlich auf der Geest nachweisen, wo Findlinge häufiger als in der Marsch zur Verfügung standen, etwa in den auf der Geest gelegentlich zu findenden Großsteingräbern. Der leicht zu bearbeitende und auch vom Gewicht her Vorteile aufweisende Tuffstein mußte mit hohem Kostenaufwand aus der Gegend von Andernach eingeführt werden, wofür im Rhein freilich ein sehr geeigneter Schiffsweg vorhanden war.

Kurz vor 1200 setzte die Verwendung von Backsteinen ein, einem Material, das sich als in unbegrenztem Maße im Lande selbst erzeugbar als das zweckmäßigste erwies. Gelegentlich finden sich Granitsteinquader, Feldsteine und Backsteine als Baustoffe in demselben Kirchengebäude.

Das 13. Jahrhundert ist – sieht man einmal von der Zeit nach dem 2. Weltkrieg ab – die Epoche der umfangreichsten kirchlichen Bautätigkeit. Das hängt natürlich mit den Möglichkeiten zusammen, die nunmehr die Verwendung von Backsteinen boten (Abb. 5 u. 6).

Hochmittelalter – Christliche Durchdringung

Die gesteigerte kirchliche Bautätigkeit jener Jahrzehnte muß auch gesehen werden als eine Folge des Anwachsens der Bevölkerung, die einen verstärkten Landesausbau hervorrief, der im 12. und im 13. Jahrhundert einen Höhepunkt erlebte, und dem in hohem Maße die Besiedlung des Brookmerlandes zu verdanken ist.

Die Bereitschaft oder das Bedürfnis für die Errichtung so vieler Kirchen im 13. Jahrhundert muß auch erklärt werden mit der jetzt fortgeschrittenen Verinnerlichung des Christlichen im Bewußtsein der Menschen, durch die vorchristliche religiöse Vorstellungen und Praktiken wenn nicht überwunden, so doch weitgehend beiseitegedrängt worden waren. Die Auswirkungen der im gesellschaftlichen, politischen und kirchlichen Leben tiefe Spuren hinterlassenden Umwälzungen, die gern mit dem Begriff Investiturstreit in Verbindung gebracht werden, dürften mit einiger Verzögerung damals auch in Ostfriesland zu einer weiteren Stärkung kirchlichen

Lebens und zu weiteren Fortschritten in der Ablösung der immer mehr Eigengewicht erlangenden kirchlichen Einrichtungen von Personen und von deren weltlicher Machtausübung beigetragen haben. Dennoch kann etwa die auch über das 13. Jahrhundert hinaus fortbestehende „Erblichkeit" von kirchlichen Ämtern in mächtigen Familien als Zeichen dafür angesehen werden, daß die Ablösung des Kirchlichen aus der Verfügungsgewalt einzelner Personen in Ostfriesland möglicherweise noch unvollkommener erreicht wurde als in anderen Regionen Mitteleuropas.

Stifte, Klöster, Ordenshäuser

Es dauerte ungefähr 200 Jahre, ehe der Gründung des Stiftes Reepsholt im Gebiet des heutigen Ostfriesland die Entstehung weiterer Stifte oder Klöster folgte. Die Errichtung des Stiftes Reepsholt, dem wahrscheinlich seelsorgerlich tätige Kleriker angehörten, stellte eine wichtige Maßnahme zur Förderung der Christianisierung dar.

Die gesellschaftlichen Voraussetzungen für die Gründung von Klöstern, die zunächst nur dem Adel vorbehalten waren und in denen ständige Anwesenheitspflicht herrschte, waren bis ins Hochmittelalter hinein in Ostfriesland nicht gegeben. Erst die Klosterreformbewegung ermöglichte stiftische und klösterliche Einrichtungen, denen auch nichtadlige Personen angehören konnten, Personen, die aber zweifellos einer sozial und wirtschaftlich gehobenen Schicht angehören mußten. Bis zum 13. Jahrhundert war in der ostfriesischen Bevölkerung das Christentum so weit intensiviert, daß Menschen zu einem Leben in einem Stift oder Kloster bereit waren. Günstig hierfür hatten sich – dies kann mit der Bevölkerungsvermehrung und möglicherweise auch mit dem Auslaufen des hochmittelalterlichen Landesausbaus in Verbindung gebracht werden – die wirtschaftlichen und demographischen Verhältnisse entwickelt: nichterbberechtigte Kinder, die jetzt kaum noch die Möglichkeit zur Ansiedlung auf noch zu erschließendem Land hatten, konnten in einem Stift oder Kloster verhältnismäßig günstig und vielleicht auch mit erschwinglichem Kostenaufwand für die Familie, aus der sie stammten, untergebracht und versorgt werden; außerdem konnte man davon ausgehen, daß so untergebrachte Personen nicht zur weiteren Bevölkerungsvermehrung beitrugen.

Erst in den Jahren zwischen 1183 und 1198 wurde das Kloster Meerhusen bei Aurich als wohl zweite stiftische oder klösterliche Gründung Ostfrieslands ins Leben gerufen. Meerhusen gehörte zusammen mit anderen Klöstern, besonders westlich der Ems, dem kleinen Klosterverband des später heiliggesprochenen Hatebrand an, der in Feldwirth bei Appingedamm seinen Mittelpunkt gehabt haben wird. Wie die anderen Häuser dieser Gruppe war auch Meerhusen ein Doppelkloster, wo Mönche und Nonnen, zwar voneinander getrennt, aber doch in räumlicher und vor allem rechtlicher Einheit lebten. 1219 wurde Meerhusen grundsätzlich in den Zisterzienserorden aufgenommen. Bedingung für die Aufnahme war eine rechtliche und räumliche Trennung der beiden Konvente. Wahrscheinlich erst 1230 war dies durch die Besetzung des Zisterzienserklosters Ihlow, das den Männerkonvent aufnahm, erfüllt; der nun gleichfalls nach zisterziensischen Gewohnheiten lebende Frauenkonvent verblieb in Meerhusen. Ihlow, das einzige Zisterzienserkloster Ostfrieslands, ragte in seiner Bedeutung unter den Stiften, Klöstern und Ordenshäusern deutlich hervor (Abb. 9).

Im 13. Jahrhundert traten noch eine ganze Reihe von geistlichen Einrichtungen ins Leben, die zum Teil auch in stiftischer Tradition standen, wie etwa die prämonstratensischen Gründungen, von denen Barthe im Mormerland als sehr frühe, wohl gegen 1200 erfolgte Gründung und das Prämonstratenserstift Langen als eine sehr bedeutende genannt werden sollen. Mit dem Aufkommen der Orden, dem Zisterzienserorden als erstem, mit dem Prämonstratenserorden als zweitem und mit den vielen weiteren Orden verwischte sich die Unterscheidung zwischen Kloster und Stift, so daß man vom 13. Jahrhundert an sehr oft nur von Ordenshäusern sprechen sollte.

Bis zum Ende des Mittelalters wurden in Ostfriesland insgesamt 28 Stifte, Klöster und Ordenshäuser gegründet; hierbei mitgerechnet sind die dem Meer zum Opfer gefallenen, wie zum Beispiel Langen. Von keiner dieser Einrichtungen, auch nicht von denjenigen, die nicht überflutet worden sind, finden sich heute noch nennenswerte Gebäudereste. Es kam übrigens häufig zum Wechsel der in einem Haus befolgten Gewohnheiten. Die bloße und manchmal auch nur vorgebliche Befolgung bestimmter einem Orden eigener Gewohnheiten bedeutete keineswegs zwangsläufig auch formelle Mitgliedschaft eines Hauses in einem Orden. In Ostfriesland sehr stark vertreten waren die Johanniterhäuser, von denen etwa zehn bestanden, und die Prämonstratenserstifte, von denen es etwa acht gab; die Zahlen müssen wegen des häufig eingetretenen Wechsels der Gewohnheiten unbestimmt bleiben. 28 derartige Einrichtungen sind für diese doch verhältnismäßig begrenzte Region eine erstaunlich hohe Zahl, für die sich als erste und die Gründe keineswegs voll erfassende Erklärungsmöglichkeit ein demographisches Bedürfnis anführen ließe. Bemerkenswert ist, daß ein sehr hoher Anteil dieser Häuser – ein solcher Fall ist mit Meerhusen schon genannt – Doppelkonvente, also sowohl einen Konvent von Männern als auch einen Konvent von Frauen umfaßte.

In bescheidenem Umfang könnten diese geistlichen Einrichtungen Kultivierungsarbeiten geleistet haben. Kultivierung und Melioration wird ja insbesondere mit den Zisterzienserklöstern in Verbindung gebracht. Freilich läßt sich kaum etwas über die wahrscheinlichen Meliorationen konkret in Erfahrung bringen, die Kloster Ihlow durchgeführt haben könnte und die unter Umständen auch Stifte und Ordenshäuser geleistet haben könnten. Nicht auszuschließen ist, daß der Landesausbau, an dem im 13. Jahrhundert möglicherweise auch geistliche Häuser beteiligt waren, von Klöstern, Stiften und anderen Ordenshäusern auch im späteren Mittelalter – in sehr bescheidenem Maße freilich – fortgeführt wurde.

Kirchspiele seit dem Spätmittelalter

Die Gründung neuer Kirchspiele wird im 13. Jahrhundert weitgehend abgeschlossen worden sein. Danach ist es kaum noch zur Abspaltung neuer Pfarreien von schon bestehenden Gemeinden gekommen. Die konfessionelle Differenzierung in reformatorischer und nachreformatorischer Zeit und die Verbreitung von Sekten besonders im 19. Jahrhundert einmal außer acht gelassen, hat sich seitdem bis hinein ins 20. Jahrhundert die Zahl der Kirchspiele Ostfrieslands kaum vermehrt; seitdem ist die topographische Gestalt der Kirchspiele nahezu unverändert geblieben. Die Dorfwarfen der Krummhörn bildeten – und bilden noch heute – jeweils eine eigene Kirchengemeinde; in den wohlhabenden Marschengebieten liegen die Kirchen vergleichsweise dicht beieinander. Auf der wirtschaftlich wesentlich schwächeren

Abb. 8 Aurich – Altar des Klosters Ihlow, zwischen 1510 und 1515 von der Lukasgilde in Antwerpen geschnitzt und gemalt (nach G. Robra), in der Lambertikirche zu Aurich.

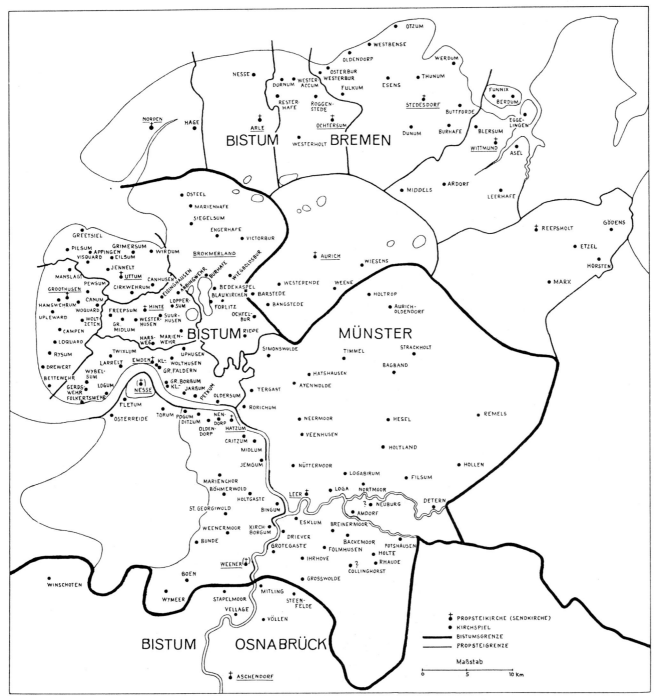

Abb. 9 Sendbezirke mit ihren Kirchspielen in Ostfriesland im 15. Jahrhundert. Zeichnung: J. Engelmann.

Abb. 8 Pilsum – Bronzetaufbecken von Hinrich Klinghe, 1463.

Geest hingegen decken die Kirchspiele, zumeist bis heute, wesentlich größere Gebiete ab; sie umfaßten in der Regel mehrere Bauerschaften. Anders als in der Marsch, wo kirchliche und politische Gemeinde bis in die 1970er Jahre regelmäßig zusammenfielen, vereinigte ein Geestkirchspiel zumeist mehrere Kommunen.

Literatur

Schmidt, H. (1977): Über Christianisierung und gesellschaftliches Verhalten in Sachsen und Friesland. – Niedersächsisches Jahrbuch für Landesgeschichte 49, 1–44.

Schmidt, H. (1987): Kirchenbau und „zweite Christianisierung" im friesisch-sächsischen Küstengebiet während des hohen Mittelalters. – Niedersächsisches Jahrbuch für Landesgeschichte 59, 63–93.

Smid, M. (1974): Ostfriesische Kirchengeschichte. – Ostfriesland im Schutze des Deiches 6.

Kirche und Religion in der Neuzeit
von Menno Smid

Voraussetzungen

Entscheidungen und Entwicklungen zu Beginn der Christianisierung Ostfrieslands und im Mittelalter haben die Geschichte der Kirche bis weit in die Neuzeit hinein bestimmt. Dazu gehört die Aufteilung des heutigen Ostfriesland auf drei Bistümer. Der Ostteil des Landes gehörte von der Zeit Karls des Großen ab an zum Erzbistum Bremen, der Westen zum Bistum Münster und fünf Gemeinden im Süden zum Bistum Osnabrück. Die weite Entfernung der Bischofssitze von Ostfriesland begünstigte Sonderentwicklungen. Die Gemeinden, vor allem im Bereich der Diözesen Münster und Osnabrück, bewahrten weitgehend ihr Eigenkirchenrecht. In Finanzverwaltung und Pfarrerbestellung entzogen sie sich der Lenkung durch den zuständigen Bischof.

Die kirchliche Mittelinstanz, die Propstei, befand sich in vielen Fällen in der Hand der Häuptlingsfamilien, also von Laien. An der weitgehenden Selbstverwaltung der Kirchengemeinden änderte sich auch nicht viel durch eine Urkunde von Papst Innozenz VIII., mit der dieser am 25. Mai 1485 dem Grafen Enno I. das Patronatsrecht über sämtliche Benefizien seines Herrschaftsgebietes bestätigte. Mehr als ein Anspruch auf Machterweiterung war das nicht. Er ließ sich nicht durchsetzen.

Am Ausgang des Mittelalters war von einem Niedergang der Kirche in Ostfriesland nichts festzustellen. Die Klöster bedurften zwar häufiger einer Reform, wozu der Landesherr seine helfende Hand lieh und dadurch Einfluß auf sie gewann. Die letzte um 1500 in Ostfriesland geplante, dem Heiligen Antonius gewidmete Klostergründung des Augustinerordens für acht Chorherren in Petkum, wurde auf Antrag durch Papst Alexander VI. verhindert. In Ostfriesland scheint weniger als anderswo ein Bedürfnis für Veränderung bestanden zu haben.

Anfänge der Reformation

Ausgelöst wurde die Reformation in Ostfriesland durch Luthers Schriften. Der genaue Zeitpunkt ist unbekannt. Graf Edzard I. wird zwar von dem ostfriesischen Chronisten Eggerik Beninga als der gerühmt, der 1519 der Reformation in Ostfriesland freien Lauf ließ, aber er hielt sich in Fragen der Theologie und Kirche zurück, wohl aus außenpolitischen Gründen.

Allerdings schrieb Luther am 19. Dezember 1522 an Wenzeslaus Linck: „Auch Friesland wünscht Diener des Wortes", und im Juli 1523 an Spalatin: „Jacob Propst ist abgereist, da er nach Friesland vom Grafen von Emden berufen wurde." Doch dieser kam nicht nach Ostfriesland. Er reiste zunächst in die Niederlande und von dort nach Bremen. Dies ist der einzige Hinweis darauf, daß Edzard I. von Ostfriesland einen Versuch unternahm, das Kirchenwesen in Ostfriesland im reformatorischen Sinn zu ordnen, der aber nicht zur Ausführung kam.

Bald nach 1520 begann der Lehrer der Söhne Graf Edzard I., Georg Aportanus, reformatorisch in Emden zu predigen. Er stammte aus Wildeshausen, studierte in Köln Theologie und war Lehrer bei den Brüdern vom gemeinsamen Leben in Zwolle gewesen. Zu einem nicht bekannten Zeitpunkt kam es zu einer Auseinandersetzung zwischen Aportanus, der auch Priester an der Großen Kirche in Emden war, und den anderen Priestern an dieser Kirche wegen seiner reformatorischen Auffassung. Man verweigerte ihm den Zugang zur Kirche. Er predigte unter freiem Himmel. Der Graf ließ ihm unter Androhung von Waffengewalt seinen Platz in der Kirche wieder einräumen.

Was sich an verschiedenen Orten in Ostfriesland entwickelt hatte, wurde durch Ulrich von Dornum, einen humanistisch gebildeten Häuptling in Oldersum, in einem aufsehenerregenden Ereignis bewußt und literarisch bekannt gemacht. Im Sommer 1526 veranstaltete er in der Kirche in Oldersum ein Religionsgespräch vor versammelter Gemeinde. Dazu wurden zwei Dominikanermönche aus Groningen eingeladen, die die katholische Lehre vertraten. Ihnen gegenüber standen wohl alle damals in Ostfriesland reformatorisches Gedankengut vertretenden Prediger. Das waren neben Aportanus aus Emden, Friedrich van Bree, Pewsum, Johannes Stevens, Norden, Lübbert Cantius, Leer, die Prediger Hinrich und Albert aus Oldersum, Wybo aus Petkum und Hinrich Vastenau aus Rorichum. Einen von ihm verfaßten Bericht über das Gespräch in niederdeutscher Sprache ließ Ulrich von Dornum noch im selben Jahr in Wittenberg bei Nikolaus Schirlentz drucken. Darauf antwortete der Dominikaner Laurens Laurensen mit der

Gegenschrift „Een antwoort op de disputacie ghedruct in de naem Iuncker Vlricx van Doernum. Esenze enn Oldersum. lerende waer bij men een waerachtich predicant sal scheyden van een valschen. Enn hoe sick de simpele luden sullen hebben als hen contrarie wort ghepredikeet oft gheleert. Item ho verscheyden Christus enn Maria middelen tusschen god enn de mensche. Item oft bij den gheloue moeten wesen goede wercke. Item ofte men bliuen sal bi de olde ghewoente der heyliger kercken. als bidden. vasten. aelmissen to geuen. enn al so voert an. Ghemaecket van Broeder Laurens. Doctor in den godliken scriften. Prior der predicaer broeders binnen Groninghen. Den duer- luchtighen. hoochgheboren ... Kaerle hertoghen van Gelre ... Gheprent tho Campen. Bij mij Ian Euertsoen wonende in de Geerts strate van der A Int iaer ons heeren M.CCCCC. enn xxvij. den ix. dach Augusti." Diese bisher von der ostfriesischen Reformationsgeschichtsschreibung übersehene und noch nicht ausgewertete Schrift enthält auch die Predigt, die der Verfasser in Jemgum hielt und die den Anlaß für das Religionsgespräch gab.

Am 1. Januar 1527 disputierte der Dominikanermönch Hinrich Reese in seinem Kloster in Norden über 22 von ihm verfaßte Artikel und zog danach demonstrativ seine Mönchskutte vor den Versammelten aus. Aus diesen Thesen, einem Abendmahlslied, einer kurzen Schrift von Aportanus zum Abendmahl sowie sechzehn Artikeln von der Obrigkeit und vor allem aus dem Bekenntnis ostfriesischer Prediger vom 14. November 1528, worin sie sich gegenüber dem Vorwurf verteidigen, daß sie Gottes Wort und die Sakramente verachten, erfahren wir etwas über die damals in Ostfriesland vertretene reformatorische Theologie. Sie hat sich deutlich von Luther abgesetzt und entspricht mehr der Karlstadts, der wegen seines Gegensatzes zu Luther Wittenberg verlassen mußte und wohl nicht zufällig 1529 nach Ostfriesland kam. Hier wurde ihm allerdings auch nur zu wenigen Kanzeln der Zugang gewährt. Nach einigen Monaten mußte er das Land wieder verlassen und zog über Straßburg in die Schweiz zu Zwingli.

Der Niederländer Hinne Rode stieß bereits 1521 mit der spiritualistischen Abendmahlsauffassung seines Landsmannes Wessel Gansfort (gestorben 1489 in Groningen) bei Luther auf Ablehnung. 1523/24 fand er damit bei Bucer in Straßburg, Oekolampad in Basel und bei Zwingli positive Aufnahme. Etwa 1527 erhielt er eine Pfarrstelle in Norden. Dort später abgesetzt, starb er als Inhaber der Pfarrstelle in Wolthusen.

Auch Melchior Hofmann, ein Kürschner aus Schwaben, kam in jener Zeit nach Ostfriesland, fand hier nicht nur Anhang, sondern taufte 1530 in der Gerkammer der Großen Kirche in Emden 300 Erwachsene wieder. Damit wurde er zum Begründer der Täufergemeinden in Ostfriesland und den Niederlanden, mußte allerdings schon bald danach wieder Ostfriesland verlassen. Die Mennoniten sehen in jenem Ereignis die Begründung ihrer Glaubensrichtung und können damit einen gewisseren Anfang ihrer Konfession als Reformierte und Lutheraner in Ostfriesland angeben.

Graf Enno II., der als 23-jähriger seinem Vater Edzard I. 1528 in der Regierung folgte, begann ein Jahr später mit dem Einziehen von Wert- und Kunstgegenständen aus Kirchen und Klöstern sowie dem Enteignen von Klö-

Abb. 1 Johannes Bugenhagen bei der Ausübung des Schlüsselamtes. Ausschnitt aus der Darstellung von Lucas Cranach d. Ä., 1547 (Altarflügel der Stadtkirche in Wittenberg).

stern, wodurch er seinen Beitrag zum Einreißen bestehender Ordnungen leistete. Das religiöse Chaos knapp zehn Jahre nach den ersten Anfängen der Reformation in Ostfriesland beschrieb Graf Enno II. in einem Brief vom 25.März 1530 an Landgraf Philipp von Hessen: Zwietracht und Uneinigkeit ist über die Taufe, das Abendmahl, die Bedeutung der Predigt, die Menschwerdung Christi und das Wirken des Heiligen Geistes entstanden. Die radikalsten Vertreter lehnen Taufe und Abendmahl (ein solches Sakrament ist ein weißer Gott, ein runder Gott, ein gebackener Gott. Es ist dem Menschen viel nützlicher, er frißt tausend Teufel als ein Sakrament) völlig ab. Von dem Pastor Mamme Folkardus (geb.1498, hatte in Wittenberg studiert) in Ardorf heißt es, daß er bald nach 1525 die jungen Leute „auf allerhand Arten vom Papsttum abgeführt und sie sonderlich angefrischt habe, die papistischen Bilder aus den Kirchen zu holen und zu verbrennen, darüber die Eltern, sonderlich die alten Mütter sehr geklagt und mehrmalen gesprochen: Ach der Ketzer Mamme Folkerts verführt uns unsere Kinder." Das war das Ergebnis einer Reformation, die ohne Lenkung durch landesherrliches Regiment, vor allem durch von auswärts gekommene junge Prediger, ins Werk gesetzt wurde.

Ordnungsversuche

Die kirchlichen Verhältnisse in Ostfriesland erregten Aufsehen und Anstoß und bedurften der ordnenden Hand. In Graf Enno II. Regierungszeit wurden dazu vier ganz verschiedene Versuche unternommen. Am 14. Februar 1529 schlug Ulrich von Dornum Graf Enno II. vor, den Wittenberger Pastor und Mitarbeiter Luthers, Johannes Bugenhagen, zur Ordnung der kirchlichen Verhältnisse nach Ostfriesand zu berufen. Doch Bugenhagen kam nicht und versuchte nur, von Hamburg aus brieflich zu helfen.

Im Oktober 1529 erbat sich Graf Enno II. von der Stadt Bremen die Theologen Johann Timann und Johann Pelt. Diese beiden Lutheraner stammten aus Amsterdam. Sie erarbeiteten eine erste protestantische Kirchenordnung für Ostfriesland (die sog. Bremer Kirchenordnung) auf der Grundlage der Marburger Artikel vom Oktober jenes Jahres, klammerten aber die zwischen Luther und Zwingli strittig gebliebene Abendmahlslehre aus. Als Vorlagen dienten ihnen Bugenhagens Kirchenordnungen für Braunschweig und Hamburg, die kurz vorher entstanden waren. Enno II. nahm nun bischöfliche Gewalt für sich in Anspruch, rief die Prediger Ostfrieslands zu einer Versammlung am 13. Januar 1530 nach

Abb. 2 Porträt des Johannes a Lasco. Steindruck um 1860.

Emden zusammen und verpflichtete sie auf diese Ordnung. Der Graf versuchte den Widerstand gegen diese Ordnung zu brechen. Er wies die Wiedertäufer zum 1. März 1530 aus Ostfriesland aus und setzte etwa fünf Prediger ab, die Fürsprache durch Zwingli und den Landgrafen Philipp von Hessen erhielten, während Luther das Vorgehen Enno II. billigte. Doch die Wirkung dieser Ordnung blieb gering, da es dem Grafen an Durchsetzungsvermögen fehlte.

So kam es bereits 1535 zu einem dritten Kirchenordnungsversuch in Ostfriesland. Dieses Mal aufgrund der Niederlage Graf Enno II. in einer kriegerischen Auseinandersetzung mit Herzog Karl von Geldern, der die Rekatholisierung Ostfrieslands anstrebte. Als Vorstufe dafür sollte eine streng lutherische Ordnung durchgeführt werden. Der Landgraf Philipp von Hessen wurde gebeten, Antonius Corvinus zu entsenden. Als diese Bitte nicht erfüllt wurde, schickte Herzog Ernst von Lüneburg den aus Gent stammenden Superintendenten in Celle, Martin Undermarck, sowie Matthäus Ginderich aus Ginderich bei Xanten am Niederrhein, Pastor in Bardowiek. Als Vorlagen der von diesen beiden erstellten sog. Lüneburger Kirchenordnung von 1535 dienten die Kirchenordnung für Brandenburg-Nürnberg von 1533 sowie Luthers Taufbüchlein und Deutsche Messe von 1526. Mit dieser lutherisch geprägten Ordnung wurden Ausführungsbestimmungen herausgegeben, die u.a. auch die in Ostfriesland auf Herkommen beruhende Gemeindeverfassung mit Pfarrwahlrecht und Selbstverwaltung durch Kirchen- und Armenvorsteher festschrieb. Obwohl auch nach dieser Ordnung einige Pastoren aus dem Dienst entfernt wurden, war ihre Wirkung begrenzt. In Borssum konnte sich ein so profilierter Zwinglianer als Pastor halten wie Aquilomontanus. Die Schriften Sebastian Franks, die ohne Verständnis für die sichtbare Kirche waren, wurden nach wie vor in Oldersum gelesen.

Noch einen vierten und letzten Anlauf unternahm Graf Enno II., dieses Mal zusammen mit seinem Bruder Graf Johann, die kirchlichen Verhältnisse in Ostfriesland zu ordnen. Ende 1538 schickte er seinen Leibarzt Thomas Ennius zur Universität Köln. Die gräflichen Brüder versicherten ihre Treue zur katholischen Kirche und baten um Entsendung einer mehrköpfigen Delegation nach Ostfriesland, um das Land wieder ganz für die katholische Kirche zurückzugewinnen. Wahrscheinlich hatte auch dieser Versuch politische Gründe. Er versandete allerdings aus noch nicht erforschten Ursachen.

Graf Johann wurde damals wieder katholisch und heiratete eine uneheliche Tochter Kaiser Maximilians. Festzuhalten bleibt aber, daß am Ende von etwa zwei Jahrzehnten Reformation in Ostfriesland nach dem Tode Graf Enno II. das Land von 1540 bis 1542 durch die vormundschaftliche Regierung des Grafen Johann für seine Neffen wieder einen katholischen Landesherrn hatte. Unter seiner Herrschaft lebten Katholiken, verschiedene evangelische Richtungen sowie Gruppen und einzelne, die längst aus der verfaßten Kirche ausgewandert waren, in Ostfriesland nebeneinander. Das Kirchenwesen harrte immer noch der Ordnung.

Bald nachdem Gräfin Anna, die Witwe von Graf Enno II., im Jahre 1542 die vormundschaftliche Regierung für ihre Söhne angetreten hatte, berief sie im Frühjahr 1543 den Polen Johannes a Lasco zum Superintendenten der evangelischen Kirche in Ostfriesland, einen fünften Ordnungsversuch zu unternehmen. Johannes a Lasco wurde 1499 in Lask in Polen als Glied einer damals einflußreichen Adelsfamilie geboren. Der Bruder seines Vaters war von 1510 bis 1531 Erzbischof von Gnesen und Primas von Polen. Dieser ließ seinen Neffen ab 1513 in Rom, Bologna und Padua studieren. Zu Erasmus von Rotterdam in Basel kam er 1524. Bei diesem lebte er 1525/26 in Hausgemeinschaft. In dieser Zeit schloß er auch Freundschaft mit Humanisten und Druckern und lernte Zwingli, Farel, Oekomlampad und Cammerarius kennen. Nach der Priesterweihe 1521 wurde er Dekan in Gnesen, Sekretär des Königs von Polen, 1531 Propst von Gnesen und Leczyc und 1538 Archidiakon von Warschau. Die Pläne, als Nachfolger seines Onkels Erzbischof von Gnesen zu werden, scheiterten ebenso wie die Versuche, ein anderes Bischofsamt in Polen zu erhalten. Von 1526 bis 1539 war a Lasco vor allem als Diplomat und Politiker u.a. in Ungarn tätig. Die Kirche Polens wollte er im Sinne des Erasmus reformieren, scheiterte aber damit. Er mied Beziehungen zu Luther, traf sich aber 1537 mit Melanchthon in Leipzig zu einem theologischen Gespräch. Im Sommer 1539 floh a Lasco aus politischen Gründen aus Polen, ohne mit seiner Kirche zu brechen. In Löwen in Belgien schloß er sich den Brüdern vom gemeinsamen Leben an und heiratete hier 1540. Danach fand er Zuflucht in Emden. Von hier besuchte er seinen Bruder Hieronimus in Krakau. Nach dessen Tod vollzog er etwa Ende 1542 oder Anfang 1543 seinen Bruch mit der katholischen Kirche, also erst ganz kurz vor seiner Einstellung als Superintendent durch die Gräfin Anna. Theologisch wandte er sich Calvin zu.

In seinem neuen Amt führte er Gespräche mit Mönchen, Täufern und extremen Gruppen (u.a. den Anhängern des David Joris). Er begann, die Bilder aus der Großen Kirche in Emden entfernen zu lassen, übte Kirchenzucht und gründete 1544 den Emder Kirchenrat als Leitungsgremium der Gemeinde und den Coetus, eine Versammlung aller ostfriesischen Prediger. An der Abfassung der Polizeiordnung der Gräfin Anna von 1545 war er beteiligt. Mit theologischen Abhandlungen und Katechismen suchte er eine einheitliche Grundlage für die Kirche in Ostfriesland zu legen. Darüber kam es zu Spannungen mit führenden politischen Kräften und Lutheranern, die ihn bereits 1546 zur Amtsniederlegung veranlaßten. Diese machte er allerdings rückgängig.

Auf Bitten des Herzogs von Somerset und des Erzbischofs Cranmer war er 1548/49 in England, um dort nach dem Regierungsantritt von König Eduard VI. die kirchlichen Verhältnisse neu zu ordnen. 1549 nach Emden zurückgekehrt, lehnte er das ostfriesische Interim, das der Gräfin Anna durch den Kaiser mit dem Ziel der Rekatholisierung des Landes aufgedrungen worden war, ab und reiste wieder nach London, wo er 1550 Superintendent der Fremdengemeinden der Niederländer, Deutschen, Wallonen, Franzosen und Italiener wurde. Für diese Freikirche schuf er nach Emder, Schweizer und oberdeutschem Vorbild eine für die reformierten Kirchen beispielhafte Gemeindeordnung. Nach seiner Vertreibung aus England war er 1553 bis 1555 wieder in Emden, zwar ohne Amt, aber nicht ohne Einfluß auf den Emder Katechismus von 1554. Danach wirkte er kurz in Frankfurt am Main und von 1556 bis zu seinem Tode 1560 in Polen. Dort gelang ihm zwar nicht die Reformation des Landes, aber er wurde zum Begründer der reformierten Kirche in Polen.

In der kurzen Zeit seiner Wirksamkeit in Ostfriesland erreichte es a Lasco nicht, die verschiedenen evangelischen Richtungen zu einer Kirche mit einem Bekenntnis zusammenzufassen. Die theologische Auseinandersetzung mit entschiedenen Lutheranern wie Wilhelm Lemsius, der aus Antwerpen stammte und seit 1536 Pastor in Norden war, vermied er und vertagte damit nur den Bruch auf spätere Zeiten. Von Dauer waren allerdings der von ihm gegründete Emder Kirchenrat, der jedoch in anderen reformierten Gemeinden Ostfrieslands keine Schule machte, und der Coetus. Dieser wurde aber einige Jahrzehnte später zu einer Versammlung ausschließlich für die reformierten Prediger Ostfrieslands. Einen Nachfolger im Amt als Superintendent erhielt a Lasco in Ostfriesland nicht.

Im damals noch nicht zu Ostfriesland gehörigen Harlingerland begann der Pastor in Burhafe, Johannes Visbeck, der von 1519 bis 1525 in Wittenberg studiert hatte, 1525 mit reformatorischer Predigt, die auch in den Nachbargemeinden aufgenommen wurde. Der Herzog Karl von Geldern, den Balthasar von Esens, der Herr über das Harlingerland, im Kampf mit Graf Enno II. von Ostfriesland zur Hilfe rief, ließ durch seinen Statthalter Berend von Hackfort die alten kirchlichen Verhältnisse im Harlingerland wiederherstellen und die reformatorischen Prediger vertreiben. Aber nach dem Tod des Herzogs von Geldern 1538 führte Balthasar von Esens die Reformation auf lutherischer Grundlage wieder ein.

Im Jahre 1574 erhielt das Harlingerland, bestehend aus den früheren Herrlichkeiten Esens, Stedesdorf und Wittmund, das erst durch den Berumer Vergleich von 1600 endgültig mit Ostfriesland verbunden wurde, durch den damals dort vormundschaftlich absolut regierenden Grafen Erich von Hoya und Bruchhausen eine streng lutherische Kirchenordnung. Sie wird bezeichnenderweise „Christliche Kirchen- und Polizeiordnung" genannt, durch welche „die allgemeinen Untertanen in guter Disziplin und christlicher Zucht gehalten werden möchten". Am 3. Juni 1574 wurden alle Pastoren des Harlingerlandes vor den Grafen Erich von Hoya zitiert. Sie gelobten, die Kirchenordnung anzunehmen und sich danach zu richten. Der Verlust des Amtes wurde ihnen angedroht, wenn sie nicht über die Einhaltung der Ordnung wachten. Damit erstarrte die Kirche im Harlingerland in der vom Landesherrn befohlenen Orthodoxie, während im benachbarten Ostfriesland noch ein erstaunlich freies Spiel der konfessionellen Kräfte der verschiedenen Schattierungen bis zur Indifferenz ohne lenkende Hand möglich war.

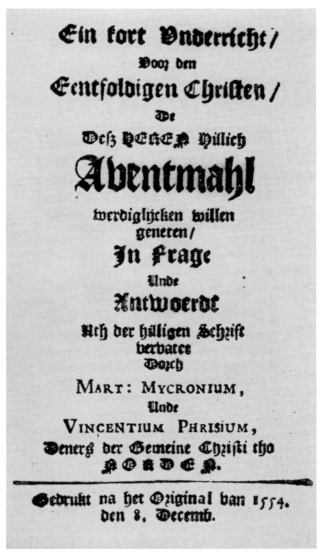

Abb. 3 Katechismusfragen für die Erstkommunion von Martin Micron für seine Norder Gemeinde, 1554.

Konfessionelle und religiöse Vielfalt

Nach der Aufhebung des Interims mit seiner Rekatholisierungstendenz durch den Passauer Vertrag von 1552 gab es in Ostfriesland einen relativ breiten Spielraum für die verschiedenen konfessionellen und religiösen Richtungen, die sich hier entwickelt hatten oder noch hinzukamen. Der Augsburger Religionsfriede vom 25. September 1555 gewährte zwar auch der Gräfin Anna von Ostfriesland die Freiheit, sich für eine Konfession zu entscheiden und diese auch für ihre Untertanen einzuführen (cuius regio eius religio). Aber, um in Ostfriesland eine Konfession durchzusetzen, fehlten ihr die Voraussetzungen.

Es waren die Jahrzehnte, in denen zahlreiche Glaubensflüchtlinge aus den Niederlanden, aber auch aus England, vor allem nach Emden und in das übrige Land einströmten. Zugleich erlebte die Wirtschaft einen ungeahnten und nie wiederkehrenden Aufschwung. Die Gemeinde in Emden war damals „Moderkerk" für viele in Westeuropa, Zufluchtsort, Ratgeber und Helfer. Emden schickte sich an, ein drittes reformatorisches Zentrum in Europa zwischen Wittenberg und Genf zu werden. Trotz theologischer Auseinandersetzungen war in Ostfriesland noch vieles offen. Dessen war man sich bewußt. Es mangelte auch nicht an Selbstbewußtsein, einen Ruf an Philipp Melanchthon in Wittenberg als Nachfolger a Lascos ergehen zu lassen, die verschiedenen theologischen Richtungen in Emden und Ostfriesland zu einer Kirche zu verschmelzen. Doch dieser folgte so wenig dem Ruf wie vorher Jakob Propst, Johannes Bugenhagen oder Antonius Corvinus.

Durch die Nichtwiederbesetzung der Superintendentur nach a Lascos Weggang fehlte es an einer herausgehobenen theologischen Führungskraft. Für das nächste Jahrzehnt wuchs der Prediger Gellius Faber, der um 1515 Priester in Jelsum bei Leeuwarden gewesen war und 1537 nach Emden kam, in die Stellung eines führenden Geistlichen in Ostfriesland hinein. Theologisch vertrat er eine mittlere Linie zwischen Luther und Calvin und stand Philipp Melanchthon in Wittenberg und Martin Bucer in Straßburg nahe. In einem 1552 entflammten Abendmahlsstreit in Norden versuchte er, durch eine Kompromißformel den Ausgleich zu schaffen, was aber auf Dauer nicht gelang. In Norden kam es allerdings mehr wegen persönlicher als wegen theologischer Streitigkeiten lutherischer und reformierter Prediger zu Entfernungen aus dem Pfarramt, denn damals waren strenges Luthertum wie Zwinglis, aber auch Calvins Lehre in Ostfriesland nebeneinander möglich.

Der von Gellius Faber verfaßte Emder Katechismus wurde bis zu seinem Erscheinen 1554 durch a Lasco im Sinne Calvins überarbeitet und konnte deshalb nicht zur einigenden Grundlage für den Protestantismus in Ostfriesland werden.

Von 1553 bis 1559 amtierte ein so profilierter reformierter Theologe wie Martin Micron (1523-1559), der aus Gent stammte und aus London vertrieben war, in Norden. Zur gleichen Zeit wirkte von 1551 bis 1588 in Hage bei Norden der entschiedene Lutheraner Martin Faber, geboren 1513 in Alst in Flandern, der engen Kontakt zu dem Hamburger Superintendenten Joachim Westphal (1510-1574) hatte. Im Norder Pfarramt folgte nach Martin Microns Tod 1559 der Lutheraner Johannes

Abb. 4 Menno Simons, Gründer und Führer der Mennoniten (1496 - 1561).

Ligarius, der sich noch als Vertreter lutherischer Orthodoxie in Ostfriesland hervortun sollte.

In seiner Abendmahlslehre zwischen Melanchthon und Calvin stehend und deshalb aus seinem Pfarramt am Dom in Bremen 1561 vertrieben, war D. Albert Rizaeus Hardenberg (ca.1510-1574) aus Hardenberg in der niederländischen Provinz Overyssel von 1567 bis zu seinem Tode Prediger an der Großen Kirche in Emden. Wie Hardenberg und Martin Faber am Reformationsversuch des Kölner Erzbischofs Hermann von Wied in den Jahren 1543 bis 1546/47 beteiligt, mit Melanchthon befreundet und Martin Bucer in Straßburg theologisch nahestehend, war dies auch Petrus Medmann, von 1553 bis 1584 Bürgermeister in Emden.

Neben den Konfessionen, die später um die Alleinherrschaft in Ostfriesland kämpften, hatten sich die Mennoniten inzwischen etabliert. Leenaert Bouwens wurde 1551 in Emden durch Menno Simons zum Ältesten bestellt. Er war einer der erfolgreichsten Täufer und hat, wie sein Taufbuch ausweist, bis 1582 ca.10.000 Personen in Ostfriesland und den Niederlanden getauft. Emden war in jener Zeit der bedeutendste Druckort für das Schrifttum (vor allem Bibeln) der Täufer, das u.a. unter den Pseudonymen Nikolaus Bistkens und Lenaert der Kinderen (Johann und Willem Gaillart) erschien.

Mit den Täufern fanden in Ostfriesland zahlreiche Religionsgespräche statt, die z.T. ausführlich dokumentiert wurden. Auf Johannes a Lascos Gespräch mit Menno Simons schon im Jahre 1543 folgten Gellius Fabers Auseinandersetzungen mit ihnen in den fünfziger Jahren. Vom 27. Februar bis zum 17. Mai 1578 fand mit großer öffentlicher Beteiligung in der Gasthauskirche in Emden täglich vormittags und nachmittags ein Gespräch zwischen Calvinisten unter Führung Menso Altings und Mennoniten in 124 Sitzungen statt, über das im folgenden Jahr ein ausführliches Protokoll gedruckt wurde.

Zwischen 1554 und 1557 erreichte der Zustrom niederländischer Glaubensflüchtlinge in Ostfriesland seinen ersten Höhepunkt, nach dem Feldzug des Herzogs von Alba 1567/68 einen zweiten. 1554 entstand mit landesherrlichem Privileg ausgestattet eine französisch sprechende wallonische Gemeinde in Emden. Auch eine englisch sprechende Gemeinde wurde hier gegründet. Niederländische Glaubensflüchtlinge in Deutschland und England, die sich freikirchlich organisiert hatten, hielten vom 4. bis 13. Oktober 1571 in Emden die erste niederländische Nationalsynode ab. An dieser nahmen aus Emden allerdings nur Vertreter der französischreformierten Gemeinde teil. Die übrigen Emder und

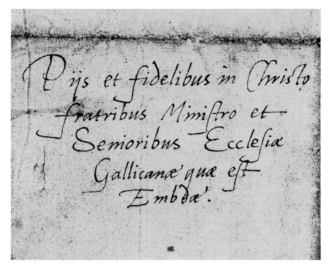

Abb. 5 Einladungsschreiben zur Emder Synode von 1571 an die französisch-reformierte Gemeinde in Emden; Anschrift.

ostfriesischen Gemeinden nahmen davon keine Notiz und übernahmen bis 1974 auch nichts von dem auf dieser Synode vertretenen Gedankengut freikirchlich organisierter calvinistischer Gemeinden.

Das Geistesleben und Religionswesen in Ostfriesland bereicherten im 16. Jahrhundert u.a. noch folgende Persönlichkeiten: Hendrik Niclaes (geb. 1501/02 in Münster, gestorben 1570 oder 1580) lebte ab 1540 als Kaufmann in Emden. Beeinflußt durch David Joris, aber sich äußerlich zur katholischen Kirche haltend, stand er der Reformation und den Schriften Luthers kritisch gegenüber. Er glaubte, Gott und Jesus Christus hätten sich in ihm vermenschlicht. Er verkündigte den Anbruch des Reiches Gottes auf Erden und des Zeitalters der Liebe. Seine Hauptschrift „Der Spiegel der Gerechtigkeit" verfaßte er in Emden und ließ sie 1556 durch seinen Anhänger, den berühmten Antwerpener Drucker Christoph Plantin, herausbringen. Wie groß sein Anhang in Emden und in Ostfriesland war, ist unbekannt. Größeren Einfluß haben seine Gedanken in England ausgeübt und lebten teilweise in den Quäkern fort. Aus Emden mußte er im Herbst 1560 fliehen.

Caspar von Schwenckfeld (1484-1561), ein Schlesier, der mystisches Gedankengut verbreitete, die Sakramente ablehnte und das äußere Kirchentum verwarf, andererseits aber einer der ersten Vertreter konsequenter Toleranz war, hatte auch einige Anhänger in Emden, vor allem in vornehmeren Kreisen. Der Emder Drost Unico Manninga (1529-1588) soll ihm nahegestanden haben. Der bedeutende niederländische Jurist Aggäus

Albada, der sich zeitweise in Emden aufhielt, bekannte sich zu Schwenckfelds Lehren, die später auch teilweise vom Pietismus aufgenommen wurden.

Der niederländische Staatsmann und Theologe Philipp Marnix, Herr von St. Aldegonde (1540-1598), geboren in Brüssel, floh 1567 vor Herzog Alba nach Ostfriesland zu Unico Manninga in Lütetsburg und verfaßte hier verschiedene Schriften, darunter den schroff antirömischen „Biëncorf" 1569.

Der aus Amsterdam gebürtige Dirk Volkertszoon Coornhert (1522-1590) verfaßte wohl nicht zufällig auf seiner Flucht in Emden 1582 seine berühmte „Zeedekunst, dat is Wellevenskunst", die erste große Ethik in moderner Sprache. Diese zeigt starke stoische, spiritualistische und mystische Züge, während die biblisch-religiösen Elemente ins Moralische umgedeutet sind. Er suchte in allen Religionen nach den wichtigsten Aussagen und war für weitgehende Toleranz.

Aus der Pfalz vertrieben, kam mit Matthias Vehe ein entschiedener Vertreter des Antitrinitarismus nach Emden. Seine Leugnung der Trinität wurde als so gefährlich angesehen, daß der reformierte Graf Johann von Ostfriesland ihn in Greetsiel ins Gefängnis werfen ließ. Er behauptete u.a., der wahre Gott sei eins in Wesen und Person, der dreifaltige Gott ein Götze, die Gottheit Christi und des Geistes eine Erfindung des Satans und die Vertreter der Trinität müßten getötet werden. Die Prediger des Greetsieler Coetus wollten mit ihm dennoch ein Kolloquium abhalten. Das lehnten die Emder Prediger ab. Er starb 1589 im Gefängnis.

Von ähnlicher Geisteshaltung war Johannes Erasmus, gebürtig aus Salzwedel. Er brach in Meißen mit der lutherischen Lehre. In Emden war er zunächst Lehrer. Als er ein Pfarramt anstrebte, erwies er sich als Antitrinitarier und verließ 1581 Emden. Menso Alting bemühte sich vergeblich um ihn. Über die Niederlande und Polen zog er nach Siebenbürgen und wurde in Klausenburg Prediger, wo es eine eigene Kirche der Unitarier gab, in der auch der Italiener Faustus Socci, der Namensgeber der Sozinianer, wirkte.

Hermannus Rennicherus, Professor in Leiden und einer der Lehrer von Jacob Arminius, dessen Lehre, der Arminianismus (gegen die Prädestinationslehre gerichtet), auf der Synode in Dordrecht 1618/19 verworfen wurde, fand um 1580 für einige Zeit Zuflucht in Emden. So wurde auch Emden schon früh in den arminianischen Streit, der die niederländische Kirche zu spalten drohte, mit hineingezogen.

David Joris wirkte durch sein „Wonderboek" und seine Anhänger bis über das 16. Jahrhundert hinaus in Ostfriesland nach. Ubbo Emmius sah sich noch 1597 veranlaßt, den „Gründlichen Bericht von der Lehre des Erzketzers David Joris" herauszugeben. Auch Menso Alting wandte sich, nachdem er sich in Basel eingehend über Joris erkundigt hatte, in einer Streitschrift gegen diesen, der u.a. die Polygamie vertrat.

Zur religiösen Vielfalt, die in jenen Jahrzehnten in Emden und darüber hinaus in Ostfriesland besonders groß war, kam auch die Ansiedlung von Juden. In der mittelalterlichen Geschichte des Landes gab es sie noch nicht. Die politische, wirtschaftliche und soziale Entwicklung Ostfrieslands und seiner Städte bot dafür offensichtlich noch keine Voraussetzung. Nach neuerer Erkenntnis kamen mit der Bevölkerungsbewegung in der Reformationszeit um das Jahr 1530 die ersten Juden nach Emden. Es ist nicht bekannt, aus welchen Orten sie stammten, auch nicht, wie groß ihre Zahl am Anfang war. Sie kamen aber aus Deutschland und waren aschkenasische Juden. Sephardische Juden aus Portugal traten hier erst später in Erscheinung. Über die ersten Jahrzehnte der Juden in Emden ist nichts weiter bekannt. Möglicherweise erregten sie in der Stadt Emden, deren Bevölkerung sich in der ersten Hälfte des 16. Jahrhunderts durch Zuwanderung von Glaubens- und Wirtschaftsflüchtlingen etwa verdoppelte, zunächst wenig Aufsehen. Um 1550 betrug die Einwohnerzahl der Stadt etwa 5000, die in den nächsten Jahrzehnten auf ca. 15000 anwuchs. Wie andere, die neu nach Emden zuzogen, wohnten sie vor der damaligen Stadtbefestigung, die die Altstadt und Mittelfaldern umschloß, im Norden von Großfaldern. Dieses Gebiet wurde erst von 1570 bis 1573 mit Wall und Graben umgeben, wie das auf der ältesten Planansicht von Emden im zweiten Band des Städteatlasses von Georg Braun und Franz Hogenberg zu sehen ist, der in erster Auflage 1575 erschien.

Zur gleichen Zeit, als die hier angedeutete geistige und religiöse Vielfalt in Ostfriesland möglich war, verbot Gräfin Anna 1559 die katholische Messe in den immer noch existierenden Klöstern. Auch das war noch nicht das Ende der katholischen Kirche in Ostfriesland, wenngleich ihr organisatorischer Bestand damit aufgehoben wurde. Einige Nonnenklöster konnten ihre Selbständigkeit noch bis nach 1600 bewahren. Die Geschichte des Johanniterordens in Ostfriesland endete erst mit der Einziehung der ehemaligen Kommenden Langholt und Hasselt zu Beginn des Jahres 1807. Diese Restgüter des Johanniterordens gingen 1822 als einziger ehemaliger Klosterbesitz in Ostfriesland an die Klosterkammer in Hannover über.

Der Kampf der Reformierten und der Lutheraner um die Alleinherrschaft

Mehrere Ereignisse sind Anlaß, daß es auch in Ostfriesland zu heftigen Auseinandersetzungen der Konfessionen kam. Es war die allgemeine Festlegung auf Bekenntnisschriften und ausgefeilte theologische Formulierungen, das Streben nach Rechtgläubigkeit, die Orthodoxie. Hinzu kamen personelle Veränderungen in Politik und Kirche. Die Gräfin Anna starb 1575. Damit nahm die Auseinandersetzung ihrer beiden Söhne, der Grafen Johann und Edzard II. um die Herrschaft in der Grafschaft Ostfriesland, womit beide gemeinschaftlich belehnt wurden, schärfere Formen an. Graf Johann, der unverheiratet blieb, hielt sich zur reformierten Lehre. Graf Edzard II., der die schwedische Königstochter Katharina zur Frau hatte, war ein entschiedener Lutheraner. So erhielten die Konfessionen so etwas wie die Funktion, die heute politische Parteien mit ihrem Programm haben.

Nach auf Ausgleich bedachten Theologen wie zuletzt auch Albertus Hardenberg, der als „Kryptocalvinist" aus dem damals noch lutherischen Bremen nach Ostfriesland weichen mußte und hier großes Ansehen genoß, kam mit Menso Alting 1575 ein überzeugter Calvinist in das Pfarramt an der Großen Kirche in Emden. Alting war 1541 in Eelde in der Provinz Drenthe in den Niederlanden geboren. Nach entsprechender Ausbildung erhielt er 1564 die Rechte eines katholischen Pfarrinhabers in Sleen. Doch 1565 brach er mit der katholischen Kirche, studierte 8 Monate in Heidelberg bei Zacharias Ursinus und Caspar Olevian, den Verfassern des Heidelberger Katechismus von 1563, und wurde 1567 der erste evangelische Pastor in der niederländischen Provinz Drenthe. Vor Herzog Alba floh er in die Pfalz, wo er im Pfarramt tätig war. So

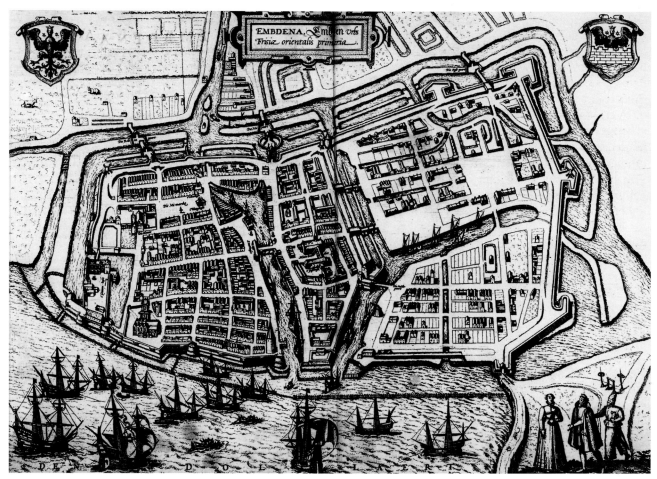

Abb. 6 Planansicht von Emden, 1575 (Braun-Hogenberg, Band II, 1. Auflage).

vorbereitet kam er und mit ihm, ebenfalls aus der Pfalz, Rudolf Landius als Pastor nach Emden. Alting wurde als Nachfolger von Hardenberg Coetuspräses, was er bis zu seinem Tode 1612 blieb.
Schon bald versuchte er, dieser Einrichtung durch eine Coetusordnung im Jahre 1576 eine straffere Gestalt und eine ausgeprägtere theologische Richtung auf calvinistischer Grundlage zu geben. Diese Ordnung wurde von Lutheranern wie Martin Faber in Hage und Johannes Ligarius, Pastor in Nesse, abgelehnt. Auch Graf Edzard II. stimmte ihr nicht zu. Damit begann der offene Kampf der Konfessionen in Ostfriesland. In diesem berief Graf Edzard II. Johannes Ligarius 1577 in das Amt eines Hofpredigers und damit zum Gegenspieler Altings. Das erste Kräftemessen in diesem Kampf fand in Norden statt und endete hier mit dem Sieg der Lutheraner im Jahre 1580, nachdem Unionsversuche die Gräben zwischen den Konfessionen nur umso tiefer aufgerissen hatten. Die Reformierten in Norden fanden in Unico Manninga auf der Lütetsburg einen Schutzherrn, wo sie Gottesdienste ihrer Konfession besuchen konnten. In den weiteren Auseinandersetzungen verbot Graf Edzard II. den Coetus im Jahre 1583. Sogleich richtete der reformierte Graf Johann in den unter seiner Verwaltung stehenden Ämtern Stickhausen und Leerort einen Coetus in Leer und für das Amt Greetsiel einen solchen in Eilsum bzw. Visquard ein. In den Ämtern Leerort und Stickhausen versuchte Graf Johann die reformierte Konfession ähnlich straff einzuführen, wie das mit der lutherischen im Harlingerland geschehen war, allerdings ohne nachhaltigen Erfolg. Graf Edzard II. strebte danach, in seinem Herrschaftsbereich, vor allem in Emden, dem Luthertum einen größeren Einfluß zu verschaffen. Ab 24. Februar 1586 ließ er in der Neuen Münze am Neuen Markt in Emden lutherisch predigen. Eine lutherische Predigt anläßlich der Beisetzung seiner Tochter Margarethe im Erbbegräbnis der Cirksena in der reformierten Großen Kirche in Emden konnte er dagegen im Jahre 1588 nicht durchsetzen.
Als nach dem Tod Graf Johanns 1591 der lutherische Graf Edzard II. die Alleinherrschaft über Ostfriesland antrat, versuchte er, das ganze Land lutherisch zu machen. Begleitet wurde dieser Versuch von einer umfangreichen literarischen Fehde der Theologen auf beiden Seiten. Die Lutheraner gaben sich 1593 die Marienhafer, die Reformierten 1594 die Emder Kirchenordnung. Der Graf scheiterte schließlich mit seinem Vorhaben an der inzwischen wirtschaftlich sehr stark gewordenen Stadt Emden, den immer selbstbewußter werdenden Landständen, den herkömmlichen Rechten der

Gemeinden und vor allem an der Tatsache, daß Groningen 1594 von den calvinistischen Generalstaaten erobert wurde und diese nunmehr als unmittelbare Nachbarn Ostfrieslands ihren Glaubensbrüdern die notwendige Hilfe zuteil werden lassen konnten. So war der Emder Revolution am 18. März 1595, die sich gegen die Herrschaft des Grafen richtete, ein voller Erfolg beschieden. Die Niederlage des Grafenhauses wurde in den Landesverträgen von 1595 bis 1611 festgeschrieben.

Die Landesverträge 1595 bis 1611 und ihre Folgen für das Kirchenwesen in Ostfriesland.

Nach der Emder Revolution kam es am 15. Juli 1595 durch Vermittlung der Generalstaaten zwischen Graf Edzard II. und der Stadt Emden zum Delfzijler Vertrag. Dieser besagt in Artikel 1: „Daß in der alten Stadt Emden, auf Faldern und in den Vorstädten, sei es auf der Münze oder anderswo, öffentlich keine andere Religion gelehrt, ausgeübt oder geduldet werden soll als jene, die gegenwärtig in der Großen Kirche und der Gasthauskirche gepredigt wird. Dennoch soll niemand in seinem Gewissen beschwert oder erforscht werden. Dem Grafen wird es gestattet, auf seiner Burg in Emden, wenn er dort Hof hält, seinen Hofprediger predigen zu lassen."
Als nächster Punkt wurde das seit dem Mittelalter in Ostfriesland herkömmliche Pfarrbestellungsrecht eindeutig festgeschrieben: „Die Nomination, Vokation, Praesentation und Collation der Prediger oder Kirchendiener soll der Gemeinde und ihren Gliedern zustehen und erhalten bleiben, nur die Konfirmation soll durch den Grafen geschehen, der sie ohne Widerspruch oder Einrede gegen die Person vollziehen soll."
Das bedeutete, daß in Emden kein lutherischer Gottesdienst mehr geduldet wurde. Ligarius, der hier seit 1591 als lutherischer Pastor tätig war, mußte die Stadt gleich nach der Revolution verlassen und starb am 21. Januar 1596 in Norden im Alter von fast 67 Jahren. Bis zum 31. Oktober 1685 fand kein lutherischer Gottesdienst mehr in Emden statt. Wollten Lutheraner in Emden ihrer Konfession leben, hatten sie die Gottesdienste in dem ca. 8 km entfernten Petkum aufzusuchen. Noch länger blieben katholische Gottesdienste in der Stadt verboten, und zwar von 1559 bis 1683. Erst danach wurden den Katholiken Hausgottesdienste zugestanden, die vorher schon heimlich stattfanden. Juden und Mennoniten erhielten

aber durch besondere Privilegien des Magistrats die Erlaubnis, ihre Religion in der Stadt zu praktizieren. Außerdem wurde bestimmt, daß niemand in der alten Stadt oder auf Faldern ohne Erlaubnis von Bürgermeistern und Rat Schulen einrichten und unterhalten durfte. Alle Schulmeister hatten sich nach den Ordnungen des Magistrats zu richten. Während die Schule bis über das 19. Jahrhundert hinaus in allen Gemeinden Ostfrieslands Sache der jeweiligen Kirchengemeinde war, war in Emden der Magistrat als Sieger der Emder Revolution und nicht die nun dort allein zugelassene reformierte Kirche der bestimmende Faktor. Kirche und Schule wurden dem weltlichen Stadtregiment streng untergeordnet. Weltliche und geistliche Herrschaft gingen in Emden eine so enge Bindung ein wie sonst nirgends in Ostfriesland. Proteste des Grafen gegen den Inhalt des Delfzijler Vertrages beim Kaiser änderten am Inhalt des Vertrages nichts. Als Graf Edzard II. am 1. März 1599 gestorben war, kam es erst zur Huldigung seines Sohnes und Nachfolgers Graf Enno III. durch die Landstände, nachdem zwischen beiden Seiten die sog. Konkordate ausgehandelt waren. Dieser Vertrag ist einer Wahlkapitulation ähnlich. Er ist für die Regelung der kirchlichen Verhältnisse in Ostfriesland der wichtigste der zahlreichen Landesverträge. In ihrer Gesamtheit waren die Landesverträge, die zwischen dem Landesherrn und den Landständen abgeschlossen wurden, so etwas wie die Landesverfassung Ostfrieslands.

Die Konkordate gingen trotz der konfessionellen Spaltung von der Fiktion einer evangelischen Kirche in Ostfriesland aus. Lehrgrundlage war nach den Konkordaten von 1599 für die Kirche in Ostfriesland das den prophetischen und apostolischen Schriften gemäße Bekenntnis von Augsburg, die Confessio Augustana. Während sich die Lutheraner nach der unveränderten Confessio Augustana von 1530 richteten, nahmen die Calvinisten die im Artikel über das Abendmahl veränderte Ausgabe von 1540 für sich als Lehrgrundlage in Anspruch und wurden damit in Ostfriesland als religionsfriedensfähig gemäß dem Augsburger Religionsfrieden von 1555 ausdrücklich anerkannt. Das geschah im Deutschen Reich erst im Westfälischen Frieden von 1648. Dem Landesherrn wurde es durch die Konkordate untersagt, den Konfessionsstand der Gemeinden zu verändern. Was im Augsburger Religionsfrieden den Landesherren im Deutschen Reich zugestanden wurde, war nach den Konkordaten Sache der einzelnen Gemeinden bzw. der Herrlichkeitsbesitzer.

Jede Gemeinde sollte bei der Ausübung und der Auslegung der Augsburgischen Konfession belassen werden, die bei ihr herkömmlich war. So erhielten reformierte und lutherische Gemeinden in Ostfriesland ein verbrieftes Daseinsrecht. Die jeweiligen Minderheiten am Ort wurden mit allen Rechten und Pflichten, unbeschadet ihres Konfessionsstandes, der ecclesia dominans eingegliedert, hatten aber das Recht, sich darüber hinaus einer Gemeinde ihrer Konfession anzuschließen und dort Amtshandlungen in Anspruch zu nehmen. Das bereits Emden im Delfzijler Vertrag bestätigte Pfarrwahlrecht wurde mit den Konkordaten allen lutherischen und reformierten Gemeinden in Ostfriesland garantiert, sofern nicht Herrlichkeitsbesitzer oder der Landesherr das Patronatsrecht innehatten. Die Gestaltung des Wahlrechts in den einzelnen Gemeinden wurde in den Konkordaten nicht näher beschrieben. Sie war Sache der Gemeinde, die ihrem Herkommen entsprechend dabei verfuhr und dieses auch ändern konnte, wenn man sich darüber einig war.

Abb. 7 Hermann Conring (1554 - 1644), Pastor an der Ludgeri-Kirche zu Norden.

Küster, Kirchen- und Armenvorsteher konnten die Gemeinden ohne gräfliche Bestätigung bestellen. Der reformierte Coetus in Emden wurde durch den Landesherrn anerkannt. Ein solcher für die lutherischen Gemeinden in Ostfriesland wurde zwar angestrebt, kam jedoch über Versuche nicht hinaus. Ein mit reformierten und lutherischen Mitgliedern paritätisch besetztes Konsistorium für Ostfriesland wurde in den Konkordaten vorgesehen, kam aber nicht zustande. Erst 1643 wurde ein lutherisches Konsistorium für Ostfriesland in Aurich ohne reformierte Mitglieder gegründet.

Auch nach Abschluß der Konkordate gingen die Ständekämpfe weiter. Mit dem Osterhusischen Akkord zwischen dem Grafen Enno III. und den Landständen und insbesondere der Stadt Emden vom 21. Mai 1611 wurden die bis dahin geschlossenen Landesverträge bestätigt. Garantiemacht für die Einhaltung der Landesverträge wurden dadurch die Generalstaaten der Vereinigten Niederlande, die auch befugt waren, im Fall von Streitigkeiten Entscheidungen zu fällen. Das betraf auch das hier angeführte Kirchenrecht.

In den ersten Jahren und Jahrzehnten nach den Konkordaten kam es zu Veränderungen im Konfessionsstand einiger ostfriesischer Gemeinden. Nachdem schon vorher unter der Herrschaft Graf Johanns reformiert bestimmte Gemeinden in den Ämtern Leerort, Stickhausen und Greetsiel nach dessen Tod 1591 lutherisch oder wieder lutherisch geworden waren, durften sich nun in der Mehrheit zur reformierten Konfession neigende Gemeinden ihrer durch Graf Edzard II. aufgedrungenen lutherischen Pastoren entledigen. Die Stadt Emden versuchte durch den Aufkauf von Herrlichkeiten in ihrer näheren Umgebung vergeblich Sitz und Stimme in der Ritterschaft des Landes zu erhalten. Umso unangefochtener setzte die Stadt in diesem Bereich als Inhaberin der Pfarrbestellungsrechte die reformierte Konfession durch. Das betraf die zehn Kirchengemeinden Wolthusen, Uphusen, Klein- und Groß-Borssum, Jarssum mit Widdelswehr, Gandersum, Oldersum, Rorichum, Tergast und Simonswolde. Außerdem läßt sich bei einer Anzahl von Gemeinden nachweisen, daß sie bis über die Mitte des 17. Jahrhunderts

Abb. 8 Kelch der lutherischen Kirche in Pewsum, 1608 gestiftet von der Gräfin Katharina von Ostfriesland.

Abb. 9 Abendmahlsbecher der reformierten Kirche in Campen von 1631.

Abb. 10 Evangelisch-reformierte Kirche in Marienchor.

hinaus, z.T. beeinflußt durch die Wirtschaftskraft und die damit verbundene politische Macht Emdens, mehr aber noch durch die Anziehungskraft und Wirkung des reformierten Coetus, vom lutherischen ins reformierte Lager übergingen wie etwa Esklum, Kirchborgum, Marienchor, Ditzum und andere Gemeinden an der Ems und im Rheiderland. Im Süden Ostfrieslands blieben Völlen und Steenfelde lutherisch, weil sie durch Lutheraner, die nach der Rekatholisierung des Emslandes nach dort flohen, bestimmt wurden. Im Rheiderland behielten Holtgaste, Bingum und Pogum die lutherische Konfession, in der Krummhörn Loquard, Pewsum und Woquard. Reformierte Enklaven im lutherischen Teil Ostfrieslands wurden Bedekaspel, die Herrlichkeit Gödens sowie die Burgkapelle in Lütetsburg bei Norden.

Nach etwa 1650 gab es keinen Konfessionswechsel ganzer Gemeinden in Ostfriesland mehr. Sie waren und blieben entweder lutherisch oder reformiert. Konfessionelle Minderheiten waren der einen Ortsgemeinde mit allen Rechten und Pflichten eingegliedert. Die Ausübung eigener Gottesdienste wurde ihnen nicht gestattet. Wo allerdings diese Minderheiten groß genug waren, kam es nach mehr oder weniger heftigen Auseinandersetzungen zu einer zweiten Konfessionskirche am Ort. So wurden die lutherischen Gemeinden in Leer 1673 und in Emden 1685 und die reformierten Gemeinden in Norden 1684 und in Aurich 1701 gegründet. Diese hatten für längere Zeit freikirchlichen Status.

Bezogen auf die Fläche erstreckten sich die reformierten Gemeinden Ostfrieslands über knapp ein Viertel des Landes, aber über das damals am dichtesten besiedelte und wirtschaftlich stärkste Gebiet. Die Lutheraner hatten zwar die übrigen drei Viertel des Landes inne, aber abgesehen von dem nördlichen Landesteil zwischen der Stadt Norden und dem Harlingerland, war ihr Gebiet dünn besiedelt, wirtschaftlich schwach und zum größten Teil von Moor und unkultivierter Heide bedeckt. Bis um 1800 waren Lutheraner und Reformierte in Ostfriesland zahlenmäßig etwa gleich stark vertreten. Die Oberaufsicht des Landesherrn über die Gemeinden war nur äußerst schwach entwickelt. Im reformierten Teil versuchte der Coetus kirchenregimentliche Funktionen wahrzunehmen. Das wurde ihm vom Landesherrn nur mit mäßigem Erfolg verwehrt.

Die Theologie und die Frömmigkeit der reformierten Gemeinden und Prediger in Ostfriesland wurde auch nach Rückkehr der Glaubensflüchtlinge in ihre Heimat so gut wie ausschließlich von den Niederlanden bestimmt. Auf der für die reformierte Theologie so wichtigen Dordrechter Synode war die Emder Gemeinde durch die Prediger Daniel Bernhard Eilshemius (1555-1622) und Ritzius Lucas Grimershemius (1568-1631) vertreten. Der Professor D. Abraham Scultetus (1566-1624), in seinen letzten Lebensjahren reformierter Pastor in Emden, war für die Universität Heidelberg in Dordrecht. Der Präses des Moderamens der Synode, Johannes Bogerman (1576-1637), damals Pastor in Leeuwarden, war in Upleward in Ostfriesland geboren. Dieser hatte auch bedeutenden Anteil an der Staaten-Übersetzung der Bibel, die auch in den ostfriesischen reformierten Gemeinden in Gebrauch war. Vom Ausgang des 16. Jahrhunderts bis ins 19. Jahrhundert hinein studierten die reformierten Theologen Ostfrieslands bevorzugt an niederländischen Universitäten. Der Pfarrstellenwechsel ostfriesischer und niederländischer Pastoren war grenzüberschreitend. Kirchen- und Schriftsprache in den reformierten Gemeinden Ostfrieslands wurde das Niederländische, während die lutherischen vom Niederdeutschen zum Hochdeutschen übergingen. Vom Beginn des 17. bis weit ins 19. Jahrhundert hinein ging die Sprach- und Kulturgrenze zwischen dem Deutschen und dem Niederländischen entlang der Konfessionsgrenze zwischen den reformierten und lutherischen Gemeinden mitten durch Ostfriesland hindurch.

Nachdem es schon in der zweiten Hälfte des 16. Jahrhunderts gräfliche Hofprediger unterschiedlicher Bedeutung gegeben hate, konnte 1626 mit dem Lutheraner D.

Abb. 11 Altar der Ludgerikirche in Norden.

Michael Walther, der hier bis 1642 blieb, ein bedeutender Theologe und Organisator gewonnen werden, der als erster in Ostfriesland den Titel Generalsuperintendent führte. Der geborene Nürnberger war vorher Professor in Helmstedt gewesen. Er führte ab 1629 Visitationen in lutherischen Gemeinden Ostfrieslands durch, die allerdings wohl wenig bewirkten. Im Jahr 1631 verfaßte er für die lutherischen Gemeinden des Landes eine Kirchenordnung, die 1716 eine zweite Auflage erfuhr und in den meisten Gemeinden bis in unser Jahrhundert in Gebrauch war. Unter seinem Nachfolger D. Brandanus Daetrius wurde 1643 das schon in den Konkordaten vorgesehene Konsistorium gegründet, das allerdings mehr als hundert Jahre nur mit Lutheranern besetzt war. Wie seine beiden Nachfolger stammte er aus der Schule des Helmstedter Professors Georg Calixt, der auf Ausgleich zwischen den Konfessionen bedacht war. In Ostfriesland war den Calixtschülern damit kein Erfolg beschieden. Mit dem Generalsuperintendenten Matthias Cadovius begannen aufgrund 1671 verfaßter Visitationsartikel systematisch Visitationen in allen lutherischen Gemeinden, die in den ersten Jahren allerdings an manchen Orten auf Widerstand stießen, der erst allmählich aufgegeben wurde.

Während des Dreißigjährigen Krieges litt das kirchliche Leben in den Landgemeinden Ostfrieslands sehr. Wirtschaftlicher Niedergang, Seuchen, Bedrängnisse durch Besatzungstruppen, Tod und Flucht vieler Einwohner, auch mancher Pastoren, blieben nicht ohne Folgen. Der Sittenverfall war erheblich. Aber schon in dieser Zeit, in der die Theologie erstarrt war, bahnten sich auch in Ostfriesland Vorformen einer Erneuerungsbewegung in der Kirche, des Pietismus, an.

Pastoren wie Conrad Potinius in Wittmund wichen von der Orthodoxie ab und sammelten Anhänger. Aber auch der Schuster Bruno Lamberts in Wittmund und der Landwirt Hemme Heyen in Upgant bei Marienhafe zogen mit ihren Privatoffenbarungen Gleichgesinnte an.

Die reformierten Prediger Jodocus Ankumanus (1590 - 1613 Pastor in Rorichum) und Bernhardus Nicaeus Ankumanus (1614-1666 Pastor in Tergast) waren beide längere Zeit in England und studierten dort. Der Letztere verbreitete durch seine Schriften den Geist des englischen Puritanismus, der eine Wurzel des reformierten Pietismus ist, in Ostfriesland.

Katholiken hatten nach den Konkordaten von 1599 in Ostfriesland keine Daseinsberechtigung mehr. Die letzten Klöster verschwanden. Einige wenige Familien blieben katholisch, ohne allerdings öffentlich ihre Religion ausüben zu können. Mit dem Dreißigjährigen Krieg erhielten sie aber durch die verschiedenen Besatzungstruppen im Lande wieder Zuzug und Rückenstärkung. Jesuiten aus dem Emsland nahmen sich seit mindestens 1632 auf ihren Missionsreisen nach Ostfriesland der dort verstreut lebenden Katholiken an. In Gödens wurde 1639 ein Jesuit zum Schloßkaplan bestellt, da die Ehefrau des Herrlichkeitsbesitzers Franz Iko von Frydag katholisch war. 1662 zählten zur Gemeinde Gödens 30 Katholiken, in Aurich waren es ebenfalls 30 und in Esens und auf den Inseln je 8.

1643 war die zweite katholische Missionsstation in Ostfriesland in Leer entstanden. Die Zahl der Kommunikanten wuchs hier von 15 bis zum Jahre 1658 bereits auf 120. Die erste katholische Kirche in Ostfriesland nach der Reformation wurde 1715 in Gödens und die zweite 1728 in Leer an der Kirchstraße gebaut. In Emden wuchs

Abb. 12 Porträt des Hofpredigers Bertram. Radierung von 1740.

Abb. 13 Katholische Kirche in Leer von 1775.

die Zahl der Katholiken trotz Unterdrückung bis 1703 auf etwa 400. Einem Direktor der „Afrikanischen Kompagnie", die der Große Kurfürst Friedrich Wilhelm von Brandenburg in Emden einrichtete, Leonhard von Grinven, gestattete der Magistrat 1683, in seinem Haus katholische Gottesdienste abhalten zu lassen.

Die Mennoniten konnten im 17. Jahrhundert in Ostfriesland ihre Zahl mindestens halten, wenn nicht noch vergrößern. Ihr Zentrum war Emden, aber außer in Norden und Leer waren sie auch in nicht geringer Zahl in den Landgemeinden im Westen Ostfrieslands vertreten. Sie hatten beim Grafen bzw. bei der Stadt Emden Schutzbriefe zu erwerben. Die Spaltung in verschiedene Richtungen wie Fläminger, Friesen, Waterländer und seit 1645 Ukowallisten war gegen Ende des 17. Jahrhunderts begleitet von der Abnahme ihrer Gesamtzahl in Ostfriesland.

Schon vor 1593 hatten die Juden in Emden eine Synagoge. Da auch sie wie die Mennoniten Geleitbriefe haben mußten, gerieten sie in die Auseinandersetzungen zwischen dem ostfriesischen Grafen und der Stadt Emden. Das Ausstellen von Geleitbriefen war ein Regal, das dem Landesherrn zukam und für ihn Einnahmen bedeutete. Dieses Recht übte er auch in Emden aus. Dagegen wehrte sich der mit dem Dienstantritt von Menso Alting militanter werdende Calvinismus. Dieser richtete sich gegen alle Andersgläubigen, mochten sie Katholiken, Lutheraner, Mennoniten oder Juden sein. Darum erlaubte der schon zitierte Artikel 1 des Delfzijler Vertrages von 1595 nur die calvinistische Religionsausübung in Emden. Das hatte das sofortige Verbot des lutherischen Gottesdienstes zur Folge. Für lutherische Pastoren gab es keine Daseinsberechtigung mehr in der Stadt wie schon seit Jahrzehnten nicht mehr für katholische Geistliche und Gottesdienste. Das ließ auch für die Juden das Schlimmste befürchten. Folgerichtig drängte der reformierte Kirchenrat auf Schließung der Synagoge und Ausweisung der Juden. Doch nicht der Kirchenrat bestimmte die Geschicke der Stadt, sondern der Magistrat. Dieser nahm die bisherigen gräflichen Rechte für sich in Anspruch. Es waren gewiß nicht zuletzt wirtschaftliche Gründe, die den Magistrat veranlaßten, nun seinerseits den Juden städtische Geleitbriefe auszustellen, die Zahlungen dafür für die Stadtkasse zu vereinnahmen und den Juden das Bleiben in der Stadt und die Religionsausübung zu gestatten.

So heißt es denn in der ersten Judenordnung der Stadt Emden vom April 1613 in Artikel 4 in Abweichung von den entsprechenden Bestimmungen des Delfzijler Vertrages von 1595: „ Se soelen ock in ohren godesdienst, welche sie neht opentlick holden soelen, aller godtslesteringe gegen unseren Herrn und Heiland Jesum Christum endholden by lyves unde religationes straefe. Darbenefen solen sie neene Christenen in ihre versamblungen, so voele by ohnen is, inlaeten, by poena 10 ggl. Unde so jemandt mitt gewalt sick indringen würde, sall van der Stadt Capitein ingetogen unde arbitralick." Diese Bestimmungen wurden im Schutzbrief des Emder Rates für die Juden vom 26. Oktober 1639 weiter gelockert. Darin heißt es: „Wirdt ihnen juden hirmit eine Synagoge und Schule bis exspiration obiger frist von zwölf jahren concedieret und veruhrlaubt". Damit wurde den Juden in Emden die uneingeschränkte Religionsausübung gestattet. Dieses Recht war zwar befristet, doch die Befristung wurde stets verlängert.

Um die Ansiedlung portugiesischer Juden, die wegen ihrer Bedeutung im europäischen Wirtschaftsleben besonders angesehen waren, bemühte sich Emden durch die Ausstellung von sehr großzügigen Privilegien in den Jahren 1649 und 1703. Neben uneingeschränkter Berufsausübung wurde ihnen volle Freiheit in der

Religionsausübung zugesagt. Sie durften sich 1703 sogar einen eigenen Friedhof innerhalb der Stadt in der Nähe ihrer Synagoge anlegen. Dennoch kam es nicht zu größerer dauerhafter Ansiedlung portugiesischer Juden in Emden, weil die Stadt wirtschaftlich für diese zu uninteressant geworden war. In diesem Zusammenhang ist zu bedenken, daß der Versuch der Lutheraner, unter dem Schutz der Fürstin Christine Charlotte in deren Herrschaftsbereich weit außerhalb der Stadt 1664 bis 1666 in Harsweg eine alte Friedhofskapelle für den Gottesdienst herzurichten, durch Emder Miliz gewaltsam verhindert wurde. Auch Katholiken war bis 1683 jegliche Art von Gottesdienst in Emden verboten. Wie in jener Zeit in Emden mit nichtzugelassenen Andersgläubigen umgegangen wurde, macht z.B. ein Reisebericht von 1652 deutlich. Der italienische Katholik Giacomo Fantuzzi wohnte in Emden in dem Gasthof „Unter dem Blauen Kreuz". Die Freundlichkeit der Gastgeber lobt er. Aber als eine ältere Frau in diesem Gasthof sah, wie er vor dem Essen betete und sich bekreuzigte, machte sie unanständige Gesten in seine Richtung und spuckte ihm ins Gesicht.

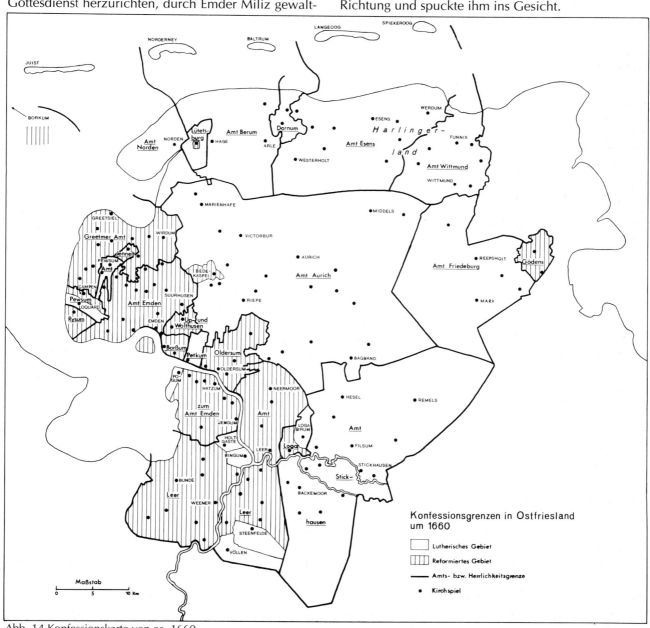

Abb. 14 Konfessionskarte von ca. 1660.

Quäker kamen in jener Zeit in Emden um ihres Glaubens willen ins Gefängnis. Ein Besuch von William Penn beim Magistrat und ein bewegender Brief von ihm an diesen, in dem er um Toleranz bat, änderten nichts an der harten Haltung der Verantwortlichen in der Stadt. Toleranz war in jener Zeit in Emden nicht vorhanden. Um so bemerkenswerter ist die Art und Weise, wie Juden und Mennoniten geduldet wurden.

Das trifft auch für die Grafschaft und das spätere Fürstentum außerhalb Emdens in ähnlicher Weise zu. So entstanden noch in der Zeit der Selbständigkeit Ortfrieslands in allen Städten und größeren Orten jüdische Gemeinden, deren Gliederzahl langsam wuchs, so in Aurich (erste Erwähnung 1636), Bunde (1670), Dornum (1717), Esens (1637), Jemgum (1604), Leer (1611), Neustadtgödens (1639), Norden (1577), Weener (1645) und Wittmund (1637). Eine weitere Synagoge wurde im 19. Jahrhundert noch auf der Insel Norderney gebaut. Nirgends wohnten die Juden in Ostfriesland in Gettos, sondern mitten unter der christlichen Bevölkerung. Bereits seit 1662 gab es eine eigene jüdische Gerichtsbarkeit in Ostfriesland, die religionsgesetzliche und auch andere Streitigkeiten zwischen Juden entscheiden konnte. 1670 wurde den Juden in Ostfriesland die Anstellung eines Rabbiners zugestanden, der von Schutzgeldzahlungen frei war. Die relative rechtliche Autonomie der jüdischen Gemeinden in Ostfriesland wurde damit vom Landesherrn anerkannt. Er griff dann allerdings wieder in die innerjüdischen Verhältnisse ein, als das Amt des Landrabbiners in Aurich zu einem öffentlichen Amt wurde, das der Landesherr verlieh. Durch das Generalgeleit vom 27. März 1736 erhielten die Juden in Ostfriesland ihre Verfassung, die über die preußische Zeit hinweg bis zur Eingliederung Ostfrieslands in das Königreich Holland in Geltung stand und ihnen erträgliche Lebensbedingungen gab.

Der Pietismus

Schon in der Zeit der Hochblüte der Orthodoxie, die dem persönlichen Glaubensleben wenig Platz ließ, entwickelten sich auch in Ostfriesland Anfänge einer neuen Religiosität. Die Vorformen dafür gingen bis ins Reformationsjahrhundert zurück. Spiritualismus, Mystik und Kritik an der Kirche als Institution gab es nicht nur in den hier stets beheimateten und mehr oder weniger geduldeten Sonderrichtungen der Reformation, sondern auch bei den Angehörigen der beiden großen evangelischen Konfessionskirchen. Dieses war allerdings stärker im Westen des Landes, also im Gebiet der reformierten Gemeinden und vor allem im Grenzgebiet zwischen Reformierten und Lutheranern, der Fall, als in den ausschließlich lutherisch gewordenen Landesteilen Ostfrieslands.

Zur Zeit der Anfänge des Pietismus in Ostfriesland, im letzten Drittel des 17. Jahrhunderts, waren hier die Konfessionsgrenzen, die zugleich Sprach- und Kulturgrenzen waren, verfestigt. Deshalb müssen der reformierte und der lutherische Pietismus in ihrem Herkommen und ihrer Gestaltung je für sich gesehen werden. Bei mancher Berührung und z.T. parallel laufender grundsätzlicher Infragestellung der überkommenen Konfessionsgemeinden trug der Pietismus hier zur Überwindung der konfessionellen Gegensätze wenig bei. Der Bau der lutherischen Kirchen im reformierten Leer 1674 und im reformierten Emden 1685 sowie der der reformierten Kirche im lutherischen Norden-Bargebur 1684 und der Beginn reformierten Gottesdienstes im lutherischen Aurich 1701 fielen zwar in die Zeit des hier aufkommenden Pietismus, sind aber eher Beispiele dafür, welche hohe Bedeutung die Konfessionen damals noch in Ostfriesland hatten.

Neben dem Pietismus, der sich in den beiden großen Kirchen entwickelte und Gemeinde- und Glaubensleben verlebendigte, verdienen die Sonderformen Beachtung, die sich von Anfang an außerhalb der bestehenden Gemeinden entfalteten oder aus ihnen herausdrängten und mehr oder weniger starke separatistische Züge aufwiesen. Von diesen soll zunächst kurz die Rede sein.

Die Zahl der Mennoniten und ihrer besonderen Richtungen erreichte gegen Ende des Dreißigjährigen Krieges wohl ihren höchsten Stand in Ostfriesland. Im Jahre 1645 kam Uko Wallis, der Gründer einer neuen Richtung der Mennoniten, der nach ihm benannten Ukowallisten, nach Ostfriesland. Wegen seiner Lehren war er aus Groningen vertrieben worden. Der ostfriesische Graf schützte ihn und seine Anhänger und ließ ihn auf seinem Besitz in Sielmönken wohnen, obwohl reformierte und lutherische Pastoren diese neue Richtung bekämpften.

Die Bewegung der Quäker, die ein sehr individualistisches Christentum vertraten und vieles von den Familisten aufnahmen, einer Glaubensrichtung, die sich auf die Lehren von Hendrik Niclaes, der von 1540 bis 1560 in Emden gelebt und gewirkt hatte, gründete, entstand um 1650 in England. Schon wenige Jahre später tauchten in Emden und Leer die ersten Quäker auf.

Abb. 15 Titelseite einer Ausgabe des Ostfriesischen Gesangbuches.

Ein bemerkenswerter Einzelgänger war der Landwirt Hemme Heyen aus Engerhafe, der später in Upgant lebte, von Hause aus Lutheraner, aber durch Mennoniten beeinflußt und mehr in ihrer religiösen Welt beheimatet war. Die von ihm selber mitgeteilte Geschichte seiner besonderen persönlichen religiösen Erfahrungen, die im Jahre 1666 seinem Leben eine entscheidende Wende gaben, wurde später in pietistischen Kreisen im Druck verbreitet. Zwei Generationen später hatte er um 1740 in dem Landwirt Heinrich Janssen in Freepsum, dem sog. „Langen Hinderk" so etwas wie einen Nachfolger. Dieser war ebenfalls von Hause aus Lutheraner, lebte aber in der reformierten Gemeinde Freepsum, und sammelte zahlreiche Anhänger um sich.

Beide standen der in Ortsgemeinden verfaßten Kirche äußerst kritisch gegenüber.

Auf Schloß Lütetsburg lebte um 1680 die katholische Mystikerin Antoinette Bourignon aus Lille in Nordfrankreich, die dort eine Anhängerschar um sich sammeln konnte.

Zu den stark kirchenkritischen Theologen jener Zeit zählte Petrus Dittelbach, von 1666 bis 1676 Pastor in der reformierten Gemeinde Nendorp im Rheiderland. Seine Lehrer und Vorbilder waren Jean de Labadie (1610 - 1674) und Jodocus van Lodenstein. Nach deren Lehre sollte die Kirche nur eine Gemeinschaft der Wiedergeborenen sein. Labadie hatte sich in Middelburg in den Niederlanden nach 1666 mit seinen Anhängern von der Kirche separiert. Seine Anhänger gründeten 1675 in Wieuwerd in Westfriesland eine Gemeinschaft auf kommunistischer Grundlage. Nach dort zog auch Dittelbach, als er sich in Nendorp wegen seiner theologischen Auffassungen nicht mehr halten konnte. Auch andere reformierte Pastoren hatten damals separatistische Tendenzen. Sie teilten die Glieder ihrer Gemeinde ein in Bewährte, Begnadigte, Kleingläubige und Unbegnadigte. An die Stelle Gottes trat der fromme Mensch. Das Abendmahl, die Predigt und das Gebet waren nicht mehr für alle Gemeindeglieder da, sondern wurden zu einem Vorrecht eines ganz kleinen Kreises, der den Nachweis der Wiedergeburt erbracht hatte.

So ist es nicht weiter verwunderlich, daß ein solcher Extremist wie der 1711 aus Harburg verwiesene Schloß- und Garnisonprediger Anton Römeling 1714 nach Leer in Ostfriesland kam, wo er hier und an anderen Orten Anhänger fand. Die Gruppe der „Engelsbrüder", zu der er seit 1708 gehörte, feierte das Abendmahl überhaupt nicht mehr und trennte sich völlig von den Nichtwiedergeborenen. Erst nach drei Jahren theologischer Auseinandersetzungen wurde Römeling auch aus Ostfriesland ausgewiesen. Dieser gemeindezerstörende Pietismus hat in manchen ostfriesischen Gemeinden seine Spuren hinterlassen. In ihm begegnen uns religiöse Tendenzen wieder, wie sie schon aus dem Reformationsjahrhundert in Ostfriesland bekannt sind. Aber so wenig wie damals gewannen sie auch in der Zeit des Pietismus die Oberhand. Das lag sicher nicht zuletzt auch daran, daß der Pietismus sich nicht in seiner das Leben der Gemeinden verlebendigenden Gestalt in der reformierten wie auch in der lutherischen Kirche in Ostfriesland in jener Zeit durchsetzte.

Wie nach 1575 durch den Amtsantritt von Menso Alting und seine Anhänger der Calvinismus im reformierten

Teil Ostfrieslands heimisch wurde, so der reformierte Pietismus durch Johannes Alardin (1639-1707), der im Pestjahr 1666 zum Prediger an der Großen Kirche in Emden gewählt wurde, sowie durch die ihm folgenden Prediger der gleichen theologischen Richtung. Alardin stammte aus Bremen und hatte dort und in den Niederlanden seine Ausbildung erhalten. In Leiden war er wie Theodor Undereyck (1635-1693), der Begründer des pietistischen Konventikelwesens in Deutschland, ein Schüler des berühmten Johannes Coccejus, der die Föderaltheologie lehrte.

Nach Joachim Neander (1650-1680), dem berühmten Liederdichter des Pietismus, und neben Theodor Undereyck wurde Blasius Reuter (1653-1695) Frühprediger an St. Martini in Bremen, einer Pflanzschule des reformierten Pietismus. Diesen berief die Emder Gemeinde 1686 an die Seite Alardins und zu diesen beiden noch im Jahre 1688 Ernst Wilhelm Buchfelder. Dieser war durch die Predigten Undereycks bekehrt worden, nannte u.a. Gisbert Voetius und Jodocus van Lodenstein in Utrecht seine Lehrer. Voetius drängte ganz entschieden auf Buße und Bekehrung und wurde das Haupt einer Richtung, die sich nach ihm „Voetianer" nannte. Diese pietistische Linie in Emden wurde durch den 1701 gewählten Georg Christoph Rese bis 1735 fortgesetzt, der auch aus der Schule des Bremer Pietismus kam. Weitere Vertreter dieser theologischen Richtung folgten.

Auch in den übrigen reformierten Gemeinden kamen pietistische Theologen ins Amt. Große Breitenwirkung erzielte Wilhelm Schortinghuis, 1723-1734 Pastor in Weener, später in den Niederlanden. Seine Hauptschrift „Het innige Christendom", wonach der ganze Gnadenstand aus einem Nichtigkeitsgefühl besteht, wurde in Ostfriesland durch Theologen verteidigt, während sie in den Niederlanden auf starke Kritik stieß.

Der Kirchenhistoriker Eduard Meiners (1691-1752), der ab 1723 als reformierter Prediger in Emden wirkte und auch Pietist war, berichtet im zweiten Band seiner Ostfriesischen Kirchengeschichte, der 1739 erschien, wie der Pietismus fast alle Gemeinden Ostfrieslands in jener Zeit bestimmte, wobei Emden keineswegs für sich besonderen Ruhm beanspruchen konnte. In manchen Landgemeinden kamen mehr Bekehrungen vor.

Auf einem ganz anderen Wege gelangte der Pietismus in die lutherischen Gemeinden Ostfrieslands. Durch die

Abb. 16 Waisenhaus in Esens nach dem Vorbild von Halle, Werk des Pastors Christian Wilhelm Schneider von 1713 (durch Brand zerstört 1860).

Heirat des Fürsten Georg Christian mit der Württembergischen Herzogstochter Christine Charlotte in Tübingen im Jahre 1662 kam es zu Kontakten mit dem schwäbischen Pietismus und mit Philipp Jakob Spener (1635-1705). Die Beziehungen zu Spener wurden durch den Sohn dieses Fürstenpaares, Christian Eberhard, fortgesetzt und vertieft. Dieser ließ seinen 1708-1734 regierenden Sohn Georg Albrecht streng pietistisch erziehen. Fürst Georg Albrecht pflegte enge persönliche Kontakte zu August Hermann Francke in Halle. In jener Zeit waren der Vizekanzler Avemann und der langjährige Beamte und nachmalige Kanzler Enno Rudolf Brenneysen am Fürstenhof in Ostfriesland entschiedene Vertreter des lutherischen Pietismus. In der Pastorenschaft, aber auch in den konservativ ausgerichteten Gemeinden, die das Wahlrecht hatten, stieß diese Frömmigkeitsbewegung in vielen Fällen zunächst auf Widerstand.

So konnte einer der Wegbereiter des lutherischen Pietismus in Ostfriesland, der Pastor Johann Husius, zwar mit Duldung der Obrigkeit, ab 1685 in Esens nur als Privatlehrer tätig sein und eine Gemeinschaft um sich sammeln, in der er auf Bekehrung drängte. Er war von Schriften des schlesischen Mystikers Jakob Böhme, von Caspar Schwenckfeld, Johann Arnd, aber auch von denen eines so radikal kirchenkritischen Pietisten wie Christian Hoburg (1607-1675) beeinflußt. Quäkerei, Böhmesterei, Pietisterei, Enthusiasterei und Phantasterei wurde ihm vorgeworfen. 1695 ernannte ihn der Fürst Christian Eberhard trotzdem zum Pastor auf der Insel Langeoog, und von 1697 bis 1712 amtierte er auf Norderney. Er hatte nie die Universität, wohl aber in Bremen die Schule besucht wie einige der genannten Wegbereiter des reformierten Pietismus in Ostfriesland.

Größere Bedeutung für die Ausbreitung des Pietismus in den lutherischen Gemeinden Ostfrieslands hatte Barthold Meyer (1644-1714). Von 1684 bis 1692 war er Generalsuperintendent in Wolfenbüttel. Da er im Sinne Speners wirkte, mußte er sein Amt niederlegen. Wohl durch Fürsprache des Vizekanzlers Avemann wurde er 1694 zum Pastoren der lutherischen Gemeinde Hage bei Norden gewählt. Dort sammelte er gleichgesinnte Studenten und Kandidaten der Theologie um sich, die er fortbildete und die ihn auch in seiner Arbeit unterstützten. So wurde Hage zu einem Zentrum des lutherischen Pietismus in Ostfriesland. Um 1700 regte sich aber in der Gemeinde Widerstand gegen die täglichen Betstunden und auch gegen die Wahl eines von Meyer protegierten Lehrers, nämlich des Esenser Kantors Brendel, der dort die Tradition von Husius fortsetzte. Auch bei der Besetzung der 2. Pfarrstelle in Hage konnte Meyer seinen Kandidaten nicht ins Amt bringen, obwohl ihn der Landesherr und das Konsistorium dabei unterstützten. Die Gemeinde wählte einen orthodoxen Pastoren.

Zunächst kamen, abgesehen von Meyer in Hage, nur im Harlingerland, wo der Fürst das Recht hatte, die Pfarrstellen zu besetzen, Vertreter des halleschen Pietismus ins Amt, so Hieronymus Brückner in Wittmund, wo er von 1710 - 64 amtierte, und Christian Wilhelm Schneider in Esens, der dort nach dem Vorbild von Halle 1713 ein Waisenhaus baute. Ab 1711 war das Amt des lutherischen Generalsuperintendenten in Ostfriesland bis 1729 mit Lewin Coldewey und danach bis 1771 mit Johann Ludwig Lindhammer besetzt, die beide dem Pietismus zuzurechnen sind. Im Verlaufe des 18. Jahrhunderts wurden immer mehr Pastoren, die in Halle studiert hatten und vom dortigen Pietismus beeinflußt waren, in lutherische Pfarrämter Ostfrieslands gewählt. Als Ostfriesland 1744 an Preußen kam, waren auch die lutherischen Gemeinden des Landes durchweg vom Pietismus bestimmt. Er trug zur Intensivierung des geist-

Abb. 17 Hieronymus Brückner (1673-1746), Schüler von A. H. Francke in Halle, luth. Pastor in Wittmund 1711-1746.

lichen Lebens des einzelnen wie auch der Gemeinden erheblich bei, förderte allerdings auch die Neigung zu gesetzlichem Verhalten und tat, wegen seiner strengen Maßstäbe für die Lebensführung und Glaubenshaltung als Voraussetzung für die Teilnahme am Abendmahl, dem Abendmahlsbesuch erheblichen Abbruch.

Bis zum Jahre 1738 lassen sich in Norden die Anfänge einer Gemeinde der von Nikolaus Ludwig Graf von Zinzendorf gegründeten Herrnhuter Brüdergemeinde in Ostfriesland zurückverfolgen. Der 7. Mai 1757, der Tag der Anstellung eines eigenen Pastoren, galt als Gründungstag dieser Gemeinde, die seit 1773 auch eine eigene Schule unterhielt. Die Seelenzahl dieser Gemeinde war nie sehr groß. Sie stand auch nicht in ausgesprochenem Gegensatz zu den landeskirchlichen Gemeinden. Auf diese wirkte sie schon von ihren Anfängen an befruchtend und belebend, indem sie jene auch für die missionarische Tätigkeit der Brüdergemeinden in Übersee interessierte, lange bevor diese sich aus eigenem Antrieb der äußeren Mission selber zuwandten. Durch Beschluß vom 13. Februar 1898 löste sich die Herrnhuter Brüdergemeinde in Norden auf.

Neuordnung der Kirche unter preußischer Regierung und Aufklärung

Als Ostfriesland nach dem Aussterben seines Fürstenhauses 1744 eine Provinz des Königreichs Preußen wurde, geschah das unter Anerkennung auch der bestehenden kirchlichen Ordnungen und Gewohnheiten. Reformierte und lutherische Kirchengemeinden waren und blieben weitgehend autonom.

Große Hoffnungen setzten die Reformierten auf den neuen Landesherrn. Nach dem 1591 zu Ende gegangenen Mit- bzw. Teilregiment des Grafen Johann war dieser nun erstmals wieder reformierter Konfession. Daß Friedrich der Große als Vertreter des aufgeklärten Absolutismus den mit ihm in der Konfession übereinstimmenden Reformierten in Ostfriesland keine bevorzugte Stellung einräumte, mußten diese bald mit einer gewissen Enttäuschung erkennen.

Das seit 1643 bestehende Konsistorium, das bis 1744 nur mit lutherischen Beamten und Geistlichen besetzt war, und nicht der reformierte Coetus wurde nun in weit stärkerem Maße das Instrument preußischen landesherrlichen Kirchenregiments, als es das je in der Zeit der Selbständigkeit Ostfrieslands gewesen war. Mit dem Kanzler Sebastian Homfeld erhielt das Konsistorium von 1744 bis 1761 zwar einen reformierten Vorsitzenden, blieb aber sonst ausschließlich mit lutherischen Juristen und Theologen besetzt. Erst durch Ernennung des Coetuspraeses und Pastors in Emden, Thomas Henrich Ardels, im Jahre 1766 zum reformierten Oberinspektor erhielt das Konsistorium ein reformiertes geistliches Mitglied, das aber nur zweimal im Jahr an den Sitzungen teilnahm. Nicht anders war es bei seinem Nachfolger Johannes Eilshemius bis 1799, der als reformierter Prediger in Leer amtierte.

Auf zwei Wegen kam der Geist der Aufklärung in das um 1750 stark vom Pietismus geprägte Ostfriesland, nämlich durch die vom aufgeklärten Absolutismus bestimmte Verwaltung des preußischen Staates und später durch im Geiste der Aufklärung wirkende lutherische und reformierte Theologen.

In rascher Folge erließ das Konsistorium Verordnungen, die für lutherische und reformierte Gemeinden galten. Besonders einschneidend war die Verordnung für die reformierten Gemeinden, daß Ostfriesen nur noch an preußischen Universitäten studieren durften. Nun konnten reformierte Theologen aus Ostfriesland nicht mehr an den berühmten niederländischen Universitäten studieren und mußten mit der bescheidenen Universität in Lingen im Emsland vorliebnehmen. Diese Bestimmung wurde später wieder gelockert.

Andere Verordnungen betrafen u.a. die Verpachtung der Kirchengüter (1753), die Regelung des Armenwesens (1759), die Führung der Kirchenbücher (1764), die Einschränkung der Feiertage (1773 wurden die bis dahin vier Bußtage im Jahr auf einen reduziert, Gründonnerstag, Himmelfahrt und die dritten Festtage an Weihnachten, Ostern und Pfingsten abgeschafft). Das Wöllnersche Religionsedikt von 1788 betraf auch Ostfriesland. Das Zensuredikt von 1788 entzog dem reformierten Coetus die Zensur theologischer Bücher und übertrug sie dem Landeskonsistorium.

Die Prüfungsordnung für Kandidaten der Theologie von 1799 wurde auch für den reformierten Coetus verbindlich. Die Anfertigung von kirchlichen Rechnungen und Inventarien regelte eine Verordnung von 1805. Das alles waren erhebliche Eingriffe in die bis dahin fast völlig unkontrollierte Autonomie der einzelnen Gemeinden, der lutherischen wie der reformierten. Noch gewichtiger war die Einführung des Generallandschulreglements 1763, durch das das Schulwesen in Ostfriesland erstmals gesetzlich geordnet wurde. Das freie Pfarrwahlrecht, dessen Handhabung bis dahin ganz auf der Organisationsgewalt der einzelnen Gemeinden beruhte, wurde 1763 durch das sog. Votantenregister reglementiert. Dieses zwang die Gemeinden, ein verbindliches Register der bei Wahlen Stimmberechtigten nach vorgegebenen Grundsätzen aufzustellen, um in Zukunft bei Wahlstreitigkeiten klarer entscheiden zu können. Dadurch sollte kein neues Recht gesetzt werden, vielmehr sollte die Kodifizierung des Gewohnheitsrechts der größeren Rechtsklarheit und Rechtssicherheit dienen. Das Allgemeine Preußische Landrecht von 1794, das bis 1809 und auch wieder nach 1814 in Ostfriesland galt, hatte im kirchlichen Bereich gegenüber dem Lokalrecht nur subsidiären Charakter.

Der besseren Durchsetzung landeskirchlichen Kirchenregiments diente auch die Inspektionsordnung von 1766. Danach wurden die lutherischen Gemeinden in 8 Inspektionen eingeteilt und die reformierten 7 Inspektionen zugeordnet. In jeder Inspektion wurde ein Pastor zum Inspektor (seit 1806 Superintendent genannt) bestellt, der vor allem die Visitationen und die Einführungen von Pastoren vorzunehmen hatte. Daraus wurden im Laufe der Zeit die Kirchenkreise als kirchliche Mittelinstanz. Der lutherische Generalsuperintendent wurde Oberinspektor, der die Inspektoren einsetzte und visitierte. Auch die Reformierten erhielten einen Oberinspektor, der später auch den Titel Generalsuperintendent erhielt und Mitglied des Konsistoriums in Aurich war. Damit entstand im Jahre 1766 so etwas wie eine ostfriesische Landeskirche mit lutherischen und reformierten Gemeinden und Inspektionen, die durch das Konsistorium in Aurich und nicht durch den reformierten Coetus geleitet wurde.

In diesem von der preußischen Obrigkeit gestalteten Kirchenwesen konnte ein gewisser Freiraum für Toleranz gewährt werden, wie es das in der Zeit der Selbständigkeit Ostfrieslands nicht gegeben hatte. Die gleichsam als Freikirchen entstandenen Minderheitskirchengemeinden in den Städten erhielten nach und nach den Charakter gleichberechtigter Kirchengemeinden. Der Freiraum für Katholiken, Mennoniten und Juden wurde größer, was vor allem zum Anwachsen der katholischen und der jüdischen Gemeinden und zu Neugründungen führte. Wo solche religiösen Minderheiten, wie etwa die Juden 1782 in Neustadtgödens, von Ausschreitungen bedroht wurden, erhielten sie bewaffneten Schutz durch preußisches Militär.

Allerdings hatte die Toleranz auch ihre Grenzen. Magister Joachim Röling wurde nach dem Urteil der theologischen Fakultät Rostock 1741 als Pastor in Bingum abgesetzt und des Landes verwiesen, weil er Sozinianer und Leugner der Gottheit Christi war. In preußischer Zeit kehrte er nach Ostfriesland zurück und ließ sich in Nesse als Buchbinder nieder. Er erbat für sich und andere Antitrinitarier freie Religionsausübung. Zunächst wurde diese abgelehnt, dann 1767 erlaubt. Aber wegen Übertretung von Zensurbestimmungen kam Röling für kurze Zeit ins Gefängnis.

Wirtschaftlicher Aufschwung nach Beendigung des Siebenjährigen Krieges führte zu einer Baukonjunktur im Lande, an der auch die Kirchen aller Konfessionen ihren Anteil hatten. Vor allem als Ersatzbauten für mittelalterliche Gebäude entstanden acht neue reformierte Kirchen in Cirkwehrum 1751, Landschaftspolder 1768 (neu eingerichtete Gemeinde), Wolthusen 1784, Leer 1785 bis 1787, Canhusen 1789/90, Neermoor 1795/96, Jarssum 1797, Borkum 1805 und fünfzehn lutherische in Nortmoor 1751, Norderney 1750, Westerbur 1753, Amdorf 1769, Wittmund 1775, Emden 1775, Pogum 1776, Carolinensiel 1776 (neu errichtete Gemeinde), Neuburg 1779, Juist 1779, Hatshausen 1783, Breinermoor 1784, Woquard 1789, Berdum 1802 und Detern 1806 sowie zwei katholische Kirchen in Leer 1775 und in Emden 1806. Hinzu kamen eine größere Anzahl von Teilerneuerungen und Umbauten sowie die Vervollständigung der Einrichtungen, vor allem zahlreiche Orgelneubauten. Beachtlich war die Zahl neuer Pfarrhäuser und Schulen, aber auch neuer „Gasthäuser", das sind Häuser der Armenverwaltungen der Kirchengemeinden für Waisenkinder und ältere Menschen, die mittellos waren. Architektonisch beachtlich sind die bis heute erhaltenen Gasthäuser, das lutherische von 1788 (heute Jugendherberge) und die reformierten von 1791 (heute Gemeindehaus der Lutherkirchengemeinde) in Leer und in Weener von 1791 (heute Heimatmuseum).

Bis weit in die zweite Hälfte des 18. Jahrhunderts hinein waren die meisten lutherischen und reformierten Gemeinden Ostfrieslands noch vom Pietismus geprägt. Auch der vom preußischen König 1772 als Nachfolger Lindhammers zum lutherischen Generalsuperintendenten für Ostfriesland ernannte Johann Friedrich Haehn (1710-1789), der schon vorher als Pädagoge eine hervorragende Bedeutung erlangt hatte, wurzelte im Pietismus. Er nahm sich besonders des Schulwesens auf der Grundlage des preußischen Generallandschulreglements von 1763 an.

Erst der ihm 1792 im Amt folgende Gerhard Julius Coners (1730-1797) war ein Mann der Aufklärung. Er war als Pastorensohn in Reepsholt geboren. Früh verwaist, machte er eine Apothekerlehre in Aurich durch, studierte ab 1752 in Halle und war mehrere Jahre in England, wo er ein Anhänger des Deismus und der

Abb. 18 Porträt des Generalsuperintendenten Coners. Radierung von 1796.

Aufklärung wurde. Seine Heimatgemeinde wählte ihn nicht. Stattdessen ernannte ihn der König von Preußen zum 2. Pastor in Esens im Jahre 1763, wo er 1770 Konsistorialrat und 1771 Kircheninspektor wurde, als er die 1. Pfarrstelle erhielt. Im Jahre 1777 besuchte er in Berlin die preußischen Minister von Zedlitz und Wöllner, war auch in Braunschweig, Halle und Dessau und traf sich mit dem bedeutenden Pädagogen Johann Bernhard Basedow und dessen aus Jever stammenden Mitarbeiter Christian Hinrich Woelke. Ein von Coners 1778 veröffentlichter Katechismus, der vom Geist der Aufklärung bestimmt war, entfachte einen Streitschriftenkrieg. In den „Ostfriesischen Mannigfaltigkeiten", die von 1784 bis 1787 erschienen, hatten die Vertreter der Aufklärung in Ostfriesland ihre Zeitschrift, der bis in die erste Hälfte des 19. Jahrhunderts weitere folgten.

Coners Nachfolger in Esens wurde Ludwig Röntgen. Dieser stammte aus Neuwied am Rhein, wo sein Vater Abraham, Mitglied der Herrnhuter Brüdergemeinde, und sein Bruder David als Möbeltischler Weltruhm erlangten. Persönlich bekannt mit Lavater, Klopstock, dem Abt Jerusalem und vielen anderen kam er 1783 nach Petkum. Hier gehörte er auch der Freimaurerloge in Emden an, was den heftigsten Widerstand von Gemeindegliedern hervorrief. Er war mit einer Tochter des Malers Johann Jakob Tischbein verheiratet.

Sein Pfarrhaus in Esens, in dem neben Deutschen auch Engländer und Franzosen lebten, galt als Mittelpunkt schöngeistigen Lebens in Ostfriesland. Die Brüder Johann Hermann (ab 1806 lutherischer Pastor in Emden) und Rudolf Christian Gittermann (ab 1803 Pastor in Resterhafe, Dornum und Eggelingen) taten sich durch umfangreiche literarische Tätigkeit hervor.

Als 1780 das öfter revidierte ostfriesische Gesangbuch von 1690 durch das rationalistische Berliner Gesangbuch ersetzt werden sollte, setzten sich die Gemeinden dagegen mit Erfolg zur Wehr. Dennoch faßte die Aufklärung in den Gemeinden allmählich Fuß. Allgemein wurde ein Abnahme des Gottesdienstbesuches und der Teilnahme am Abendmahl festgestellt. In der „Jahresschrift Pallas zur Beförderung der Sittlichkeit und nützlichen Unterhaltung für das Jahr 1800" findet sich ein umfangreicher Aufsatz mit dem Titel „Woher kommt es, daß die öffentlichen Gottesverehrungen heutigen Tages so sehr vernachlässigt werden?"

Auch in der reformierten Gemeinde in Emden kamen mit Christian Heinrich Olck ab 1782 sowie Abraham Kater und vor allem Helias Meder bedeutende Vertreter der Aufklärung ins Amt. Olck und Meder veröffentlichten Katechismen. Ein besonderer Vorposten der Aufklärung war die französisch-reformierte Gemeinde in Emden. Weniger als in den Städten und im Harlingerland faßte die Aufklärung in den Landgemeinden Fuß, die ihre Pastoren selber wählten. So gibt es aus dem Jahr 1786 die Feststellung, „daß da, wo vor 40 - 50 Jahren kein pietistisch gesinnter Kandidat sein Unterkommen finden konnte (sondern nur Orthodoxe), nun beinahe kein anderer (nämlich Anhänger der Aufklärung) unterkommen kann".

Die Vertreter der Aufklärung, die wohl stets in der Minderzahl waren, versuchten auf allen Gebieten des gesellschaftlichen und politischen Lebens Reformen einzuleiten. Die Pietisten dagegen, die im Jahrhundert vorher den Gemeinden als Neuerer erschienen waren, wurden nun als konservativ angesehen und hielten an den überkommenen religiösen, gesellschaftlichen und politischen Strukturen fest, so sehr sie sich damit auch der Kritik der von der Aufklärung Bestimmten aussetzten.

Als Ostfriesland von 1807 bis 1810 zum Königreich Holland und von da ab an bis 1813 zum Kaisereich Frankreich gehörte, erhielt die Aufklärung zusätzliche Impulse. Das Kirchen- und das Schulwesen wurden neu geordnet. Die Einführung der Zivilstandsregister und der obligatorischen Zivilehe wurde nach der kurzen Dauer der Fremdherrschaft zwar wieder rückgängig gemacht, nahm aber schon das vorweg, was im letzten Viertel des 19. Jahrhunderts auf Dauer verwirklicht wurde.

Nach dem Übergang an das Königreich Holland erlangten die ostfriesischen Juden dieselben Rechte und Pflichten wie alle anderen Bewohner Ostfrieslands. Alle Sonderbelastungen, die zu Beginn der preußischen Zeit noch erhöht worden waren, wurden vollständig aufgehoben. Zur völligen Emanzipation der Juden kam es aber nicht so schnell, weil die Grundhaltung der übrigen Bevölkerung ihr noch entgegenstand.

Restauration und Veränderungen in der Zeit der Zugehörigkeit zum Königreich Hannover

Das Königreich Hannover, zu dem Ostfriesland von 1815-1866 gehörte, knüpfte bei der Ordnung für die beiden evangelischen Hauptkonfessionen an die Zeit vor 1806 an. Die ostfriesischen Landesverträge, die preußischen Ordnungen und Gesetze einschließlich des Allgemeinen Preußischen Landrechts von 1794, soweit sie die Kirchen betrafen, wurden wieder in Kraft gesetzt oder blieben geltendes Recht. Die beiden führenden Geistlichen des Landes, der lutherische Generalsuperintendent von 1797 bis 1821 D. Johann Peter Andreas Müller und der reformierte Oberinspektor von 1799 bis 1831, Georg Wilhelm Essenbrügge, blieben während der Zugehörigkeit Ostfrieslands zu Preußen, Holland, Frankreich, dann wieder zu Preußen und schließlich zum Königreich Hannover im Amt. Das protestantische Konsistorium in Aurich wurde wieder für die lutherischen und reformierten Gemeinden des Landes sowie für die lutherischen Gemeinden des Harlingerlandes Organ des landesherrlichen Kirchenregiments. Kirchenleitende Aufgaben des reformierten Coetus wurden zugunsten des Konsistoriums zurückgedrängt.

Verschiedene Verordnungen dienten der Durchsetzung der deutschen Sprache in den reformierten Gemeinden. Im Zusammenhang mit dem werdenden Nationalismus sollte diese Kirche ganz aus ihrer niederländischen Verflechtung herausgelöst werden. Dieser Eindeutschungsprozeß führte im Verlaufe des 19. Jahrhunderts zur Gleichsetzung der Kultur- und Sprachgrenze mit der hannoversch-niederländischen Staatsgrenze. Auf die striktere Durchführung der Visitationsordnung in den reformierten Gemeinden Ostfrieslands wurde geachtet. Bei allem war der reformierte Generalsuperintendent, diesen Titel erhielt der bisherige Oberinspektor, mehr Organ des Landesherrn als Vertreter der reformierten Gemeinden.

Um den sozialen Status der Pastoren in kleineren Gemeinden mit geringem Einkommen zu heben, wurden Versuche unternommen, leistungsschwache Gemeinden zusammenzulegen. Als das am Widerstand der betroffenen Gemeinden scheiterte, wurde 1822 aus staatlichen Mitteln ein Kirchen- und Schulunterstützungsfonds eingerichtet, aus dem Pastoren und Leh-

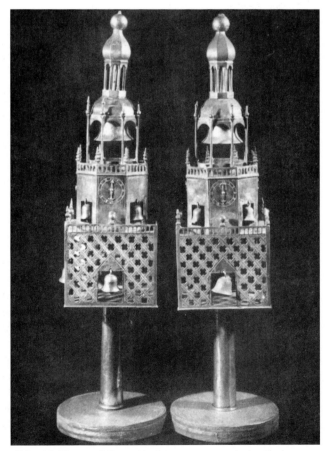

Abb. 19 Thoraaufsätze der Synagogengemeinde Emden von 1806.

rer mit einem Einkommen unter dem Existenzminimum Zuschüsse erhielten. Damit gerieten zunächst die leistungsschwachen Gemeinden und ihre Lehrer und Pastorem in ein Abhängigkeitsverhältnis zum Staat, wie es das bis dahin in Ostfriesland nicht gegeben hatte. Nur in Emden hatte die Stadtkasse schon seit langem erhebliche Beträge für die Geistlichen und Lehrer der Religionsgemeinschaften in der Stadt geleistet. Im 19. Jahrhundert zahlte diese Zuschüsse zu den Gehältern in der reformierten, französisch-reformierten, lutherischen, katholischen, mennonitischen und der jüdischen Gemeinde in der Stadt. Mit staatlicher Unterstützung wurde das Schulwesen ausgebaut, das bis dahin ausschließlich Sache der örtlichen Kirchengemeinde gewesen war. Das höhere Schulwesen wurde entkonfessionalisiert und zugleich säkularisiert. Die Aufsicht über das Armenwesen in den Kirchengemeinden erfuhr 1821 die Verlagerung vom Konsistorium auf die königliche Regierung. Damit wurde die Säkularisierung der Sozialfürsorge eingeleitet. Die staatliche Zensur richtete sich 1824 gegen Traktatgesellschaften und die Verbreitung von schwärmerischen Ideen im religiösen Bereich. Konventikel, die es in Ostfriesland seit dem Aufkommen des Pietismus gab, wurden durch den Staat verboten. In diesem Zusammenhang wurde auch die Tätigkeit eines so erfolgreichen Erweckungspredigers wie des Pastoren Gerhard Krino Stipp außerhalb seiner Gemeinde Osteel untersagt.

Andererseits wurde Theologen, die in ihrer Studentenzeit um 1830 wegen revolutionärer Handlungen rechtskräftig verurteilt worden waren, der Zugang ins Pfarramt nicht verwehrt.

Der Einfluß des Staates auf die Kirche wuchs in hannoverscher Zeit in Ostfriesland zunehmend. Erst jetzt bahnte sich hier das viel kritisierte Verhältnis von Thron und Altar an. Ein solches hatte es hier wegen der weitgehenden Autonomie der lutherischen wie der reformierten Gemeinden gegenüber dem landesherrlichen Kirchenregiment nicht gegeben. Gleichzeitig lief in jenen Bereichen, in denen der Landesherr bisher uneingeschränkt das Kirchenregiment ausgeübt hatte, die Entwicklung auf Mitbeteiligung der Gemeinden an der Verantwortung und Verselbständigung der Kirche gegenüber dem Staat hinaus. Diesem Ziel diente das Gesetz zur Bildung von Kirchen- und Schulvorständen von 1848 im Königreich Hannover. Da die Selbstverwaltung der reformierten und lutherischen Gemeinden in Ostfriesland aber weit über das hinausging, was in diesem Gesetz vorgesehen war, bewirkte es hier keine Veränderung. Auch die Kirchenvorstands- und Synodalordnung von 1864 brachte auf der Gemeindeebene aus demselben Grunde wenig Neues.

Vorbereitet durch den Pietismus und die Aufklärung bahnte sich parallel zum wachsenden Zugriff des Staates auf das Leben des Einzelnen und der Gemeinden eine Entwicklung des Vereinswesens an, in dem sehr viele Aktivitäten zur Entfaltung kamen, die auch über die Möglichkeiten einer einzelnen kleinen Kirchengemeinde hinausgingen. Verbunden damit war der Zug zur Individualisierung und zur Emanzipation von den überkommenen Strukturen. Dem Zuge der Aufklärungszeit entsprechend kam es dabei zunächst zur Gründung von Gemeinschaften außerhalb der Kirche. So entstanden in Emden 1763 die Freimaurerloge, 1802 der Klub zum guten Endzweck, 1814 die Naturforschende Gesellschaft, 1820 die Gesellschaft für bildende Kunst und vaterländische Altertümer und auch außerhalb dieser Stadt Lesegesellschaften und nach niederländischem Vorbild Gesellschaften „Tot nut van't allgemeene".

Abb. 20 Georg Siegmund Stracke, Federzeichnung um 1800.

Die 1780 in Basel gegründete Christentumsgesellschaft hatte schon bald ihre Anhänger unter lutherischen Pastoren in Ostfriesland. Aus diesem Kreis heraus wurde die erste Missionsgesellschaft in Deutschland im Jahre 1798 gegründet, nämlich die „Missionssozietät vom Senfkorn" in der kleinen abgelegenen Kirchengemeinde Hatshausen, die heute pfarramtlich mit Warsingsfehn verbunden ist, durch Pastor Georg Siegmund Stracke und einige Gleichgesinnte. Sie fand später ihre Fortsetzung in der 1834 entstandenen Ostfriesischen Evangelischen Missionsgesellschaft, in der Lutheraner und Reformierte zusammen über Konfessionsgrenzen hinweg beachtliche Aktivitäten im Bereich der äußeren Mission entfalteten.

Die Ostfriesische Bibelgesellschaft erfuhr nach der ersten Zeit ihres Bestehens von 1815 bis 1831 eine Neugründung im Jahre 1835. In Ostfriesland bildete sich 1844 der ebenfalls konfessionsübergreifende Gustav-Adolf-Verein und 1846 der Verein für Innere Mission. Aus dem letzteren ging 1864 der Rettungsverein hervor, der die Gründung eines Rettunghauses für Problemkinder, das heutige Leinerstift, betrieb, und weitere diakonische Tätigkeiten entfaltete, u.a. die Ostfriesische Seemannsmission, gegründet 1902. Eine Ostfriesische Mäßigkeitsgesellschaft bestand von 1839 bis 1848. Ein Verein gegen den Mißbrauch geistiger Getränke von 1883 an, der Blaukreuzverein (seit 1896 in Emden und danach an vielen anderen Orten in Ostfriesland bis zum heutigen Tage) und die Guttempler (1899) wandten sich dem gleichen Aufgabenfeld zu. Herbergen zur Heimat und Warteschulen (Kindergärten) entstanden zum Teil auf Vereinsbasis wie es auch zu Vereins- und Gruppenbildungen innerhalb der Kirchengemeinden kam. Alle aufzuführen, würde hier zu weit führen. Andere Zeitströmungen wurden im Seriemer Protestantenverein gepflegt. Die kirchliche Arbeit die sich bis dahin im wesentlichen in der Ortsgemeinde abspielte, erfuhr dadurch trotz beginnender

Abb. 21 Ev.-luth. Kirche in Fulkum.

Entkirchlichung seit der Aufklärung und fortschreitender Säkularisierung einen bemerkenswerten Auftrieb. Die Bestrebungen, Frömmigkeit neu und außerhalb der bisherigen Strukturen zu praktizieren, führten im Verlauf des 19. Jahrhunderts erstmals seit der Reformation wieder zur Neubildung von religiösen Gemeinschaften und Separationen in Ostfriesland. Die hier seit dem 16. Jahrhundert vorhandenen eigenständigen Gemeinden der Mennoniten schrumpften, die französisch-reformierte Gemeinde in Emden ging in der dortigen reformierten Ortsgemeinde auf wie die Herrnhutergemeinde in der lutherischen Gemeinde in Norden.

In den benachbarten Niederlanden kam es 1834 durch Pastor Hendrik de Cock in Ulrum zur Trennung (Afscheiding) der altreformierten Gemeinden (Gereformeerde Kerk) von der Staatskirche (Hervormde Kerk). Trotz der damals noch vielfältigen Beziehungen über die Grenze hinweg gab es in Ostfriesland keine vergleichbare Kirchenspaltung in der reformierten Kirche. Der Graben zwischen der verfaßten Kirche und der Mehrzahl ihrer Kritiker war offensichtlich nicht so tief wie in den Niederlanden und die Entfremdung zwischen den Pastoren und der ärmeren Bevölkerung nicht so groß wie dort. Allerdings hatte de Cock in dem reformierten Pastoren Reemt Weerds Duin, der in Jarssum und Veenhusen bis zu seinem Ausscheiden aus dem Dienst der Kirche wirkte, einen Gesinnungsgenossen, der sich wie er mit äußerst kritischen Kampfschriften gegen den Verfall der reformierten Kirche in Ostfriesland durch den Geist der Aufklärung wandte. Duin und seine Anhänger forderten vom Coetus die Wiedereinführung der alten reformierten Bekenntnisschriften, vor allem der Emder Kirchenordnung von 1594 und des Emder Katechismus von 1554. Der Coetus lehnte das ab, schloß Duin aus, schritt aber nicht gegen die Konventikel ein, die seine und de Cocks Auffassungen vertraten.

Aber in fünf reformierten Kirchengemeinden in Ostfriesland separierten sich Konventikel von der Ortsgemeinde unter ganz verschiedenen Begleitumständen, so in Campen, Emden, Bunde, Ihrhove und Neermoor. Die neu entstandenen Gemeinden beriefen sich in fundamentalistischer Weise auf die Bibel und die 37 Artikel der Dordrechter Synode von 1618 und 1619. Im Jahre 1884 wurden sie in die Synodalversammlung der Altreformierten Kirche in Bentheim aufgenommen. Mit dieser zusammen schlossen sie sich an die „Gereformeerde Kerken in Nederland" an und haben dort die Rechte einer Partikularsynode.

Die Geschichte der Baptisten, die sich zur größten Freikirche in Ostfriesland entwickelten, beginnt mit dem Besuch des Gründers des deutschen Baptismus, Johann Gerhard Oncken (1800-1884), in Leer im Jahre 1827, noch sieben Jahre bevor er sich selber in Hamburg taufen ließ. Obwohl Oncken 1841 der Aufenthalt im Königreich Hannover verboten wurde, fanden am 18. Oktober 1845 durch ihn die ersten Taufen durch Untertauchen bei Leer statt. Im folgenden Jahr wurde die Muttergemeinde der Baptisten in Ostfriesland unter dem Namen „Gemeinde getaufter Christen in Ihren" gegründet. In Ihren im Kreis Leer wurde 1854 die erste Baptistenkapelle in Ostfriesland errichtet, die nach Erweiterungen auch noch heute als solche in Gebrauch ist. Von hier aus wirkten die Baptisten missionarisch in über 50 Gemeinden in Ostfriesland und gründeten Zweiggemeinden. Allen Schwierigkeiten, die dieser Glaubensgemeinschaft von kirchlicher und staatlicher Seite gemacht wurde, zum Trotz und obwohl viele ostfriesische Baptisten um ihres Glaubens willen nach USA auswanderten, etablierte sich diese Freikirche in Ostfriesland und hat hier an Zahl und Bedeutung die älteren Täufergemeinden der Mennoniten längst überflügelt.

Im Jahre 1866 übersiedelte der Methodistenprediger Franz Klüsener (1837-1916) von Oldenburg nach Aurich. Als Zweck seiner Bemühungen gab er an: " Nicht Separation, sondern Besuch und Sammlung der religiös verkümmerten niedern Volksschichten vor andern". Es kam aber doch zur Bildung von Evangelisch-Methodistischen Gemeinden in Ostfriesland, deren Glieder sich von den Landeskirchen trennten. Die Behörden schritten nicht dagegen ein. Erfolge hatte Klüsener vor allem in kirchlich unterversorgten Landgebieten, so in Ihlowerfehn und Neuschoo, aber auch u.a. in Aurich, Dornum, Esens und Westrhauderfehn.

Das 19. Jahrhundert brachte den katholischen Christen die Neuorganisation ihrer Kirche in Ostfriesland. Als dieses Land von 1810 bis 1813 zum Kaiserreich Frankreich gehörte, wurden die vier Missionsstationen in Neustadtgödens, Leer, Emden und Norden zu selbständigen katholischen Pfarreien erklärt. Der Artikel 16 der Deutschen Bundesakte vom 8. Juni 1815 und die dazu erlassene Ausführungsverordnung des Königreichs Hannover vom 28. September 1824 gipfeln in der Bestimmung: „Allen christlichen Religions-Parteien steht eine ungehinderte und freie Religions~Ausübung zu." Damit war auch die Voraussetzung für die Neuorganisation der katholischen Kirche in Ostfriesland gegeben. Die vier katholischen Gemeinden Ostfrieslands, die bisher in Fortsetzung der mittelalterlichen Tradition zum Bistum Münster gehörten, kamen 1824 an das Bistum Osnabrück. Ein eigenes katholisches Dekanat Ostfriesland wurde 1835 gebildet, zu dem außer den vier genannten Gemeinden im Verlaufe des 19. Jahrhunderts noch die folgenden hinzukamen: Westrhauderfehn (1829), Weener (1843), Aurich (1849) und Flachsmeer (1852). Trotz gesetzlich verankerter Religionsfreiheit stieß die katholische Kirche in Ostfriesland als Minderheit in protestantischer Umgebung noch lange auf Mißtrauen und Widerstand bei der Entfaltung ihrer Lehr- und Glaubensgrundsätze sowie beim Ausbau ihrer Einrichtungen.

Nach erneuten Beschränkungen zu Beginn der hannoverschen Zeit brachte auch das Emanzipationsgesetz von 1842 den Juden in Ostfriesland noch nicht die volle Gleichberechtigung. Die uneingeschränkte Gleichstellung mit den übrigen Einwohnern erlangten sie erst durch das Gesetz des Norddeutschen Bundes vom 3. Juli 1869, das 1871 Reichsgesetz wurde. Parallel zu diesen gesetzlichen Regelungen machte die Emanzipation der Juden in Ostfriesland erhebliche Fortschritte.

Die Bildung der Landeskirchen und die letzte Phase des landesherrlichen Kirchenregiments

Für die lutherischen und reformierten Gemeinden in Ostfriesland war der Landesherr bis zu seiner Abdankung im Jahre 1918 der oberste Bischof. Seine Aufsichts- und Ordnungsbefugnis in Sachen Religion erstreckte sich auch auf die katholische Kirche und alle religiösen Gemeinschaften. Sie war aber in Ostfriesland durch die älteren Eigenrechte der Gemeinden stark eingeschränkt. Wahrnehmen ließ er diese Rechte durch das Konsistorium in Aurich, die Generalsuperintendenten und die Superintendenten, aber auch durch seine Minister und Beamten. Die vom reformierten Coetus wahrgenommenen Leitungsbefugnisse wurden dadurch bis zur Bedeutungslosigkeit zurückgedrängt. Aber Landeskirchen, die ihre Angelegenheiten selber verwalteten, gab es noch nicht, sondern nur weitgehend auf sich allein gestellte Gemeinden, für die es keine gemeinsame Handlungsebene gab.

Die Verfassung des Königreichs Hannover von 1848 sieht in § 23 die Neuordnung der Kirchenverfassung vor, die zur Bildung der lutherischen und der reformierten Landeskirche führte. Grundlage für die neu gebildete Evangelisch-lutherische Landeskirche im Königreich Hannover ist die Kirchenvorstands- und Synodalordnung, die am 9. Oktober 1864 Gesetzeskraft für alle lutherischen Gemeinden im Königreich erhielt. Wegen der besonderen verfassungsrechtlichen Verhältnisse der lutherischen Gemeinden in Ostfriesland waren für sie Öffnungsklauseln wie etwa beim Wahlrecht für den Kirchenvorstand erforderlich. Während allgemein vorgesehen war, daß alle volljährigen männlichen Mitglieder der Gemeinde das Wahlrecht haben sollten und auch alle beitragspflichtig waren, gab es in Ostfriesland Gemeinden, in denen die Beitragsleistung auf einen bestimmten Personenkreis eingeschränkt war. Dieser sollte von den Nichtbeitragspflichtigen nicht überstimmt werden können. Darum waren viele Einzelregelungen erforderlich. Ein anderes Problem war die Tatsache, daß in Ostfriesland seit 1599 auch Reformierte unbeschadet ihres Konfessionsstandes mit allen Rechten und Pflichten Mitglieder der einen lutherischen Gemeinde am Ort waren, in der sie wohnten. Ihrer Wahl zu Kirchenvorstehern in ihrer lutherischen Wohnsitzgemeinde, neben der es am Ort keine reformierte Kirchengemeinde gab, stand vor 1864 nichts im Wege. In einer Zeit wieder zunehmender Konfessionalisierung und durch das für das ganze Königreich geltende Gesetz wurde dies zum Problem, für dessen Lösung Sonderregelungen geschaffen wurden. Die Einführung der neuen Verfassung stieß in den lutherischen Kirchengemeinden Ostfrieslands auf wenig Zustimmung, und ihre Durchführung zog sich wegen vieler Sonderregelungen längere Zeit hin. Kurz vor der Annektion des Königreichs Hannover durch Preußen wurde durch Verordnung vom 17. April 1866 das evangelisch-lutherische Landeskonsistorium in Hannover eingerichtet und damit das Konsistorium in Aurich für die Lutheraner in Ostfriesland ein nachgeordnetes Provinzialkonsistorium.

In dieser Gestalt blieb die so gebildete Evangelisch-lutherische Landeskirche Hannovers nach der Zugehörigkeit zu Preußen erhalten und wurde nicht in die Kirche der Preußischen Union eingegliedert. In der preußischen Zeit begannen die in der Kirchenvorstands- und Synodalordnung vorgesehenen Bezirkssynoden im Jahre 1868, ihre Tätigkeit aufzunehmen. Gegenstand der Verhandlungen in den Bezirkssynoden waren in den Anfangsjahren fast ausschließlich die kirchlichen und sittlichen Zustände und Bedürfnisse des Synodalbezirks. Davon abgesehen waren die Inspektionen (Kirchenkreise) noch keine Handlungsebene. Diese wurden aber damals auch neu abgegrenzt.

Wahlen zur lutherischen Landessynode Hannovers fanden erstmals 1870 statt. In Ostfriesland wurden dafür drei geistliche und drei weltliche Synodale gewählt. Außerdem wurden von hier zwei weitere Geistliche in die 1. Landessynode berufen. Das erste wichtige Gesetz, das die Landessynode verabschiedete, war das Pfarrwahlgesetz von 1870. Dieses ließ das in den ostfriesischen Gemeinden auf Herkommen beruhende Pfarrwahlrecht (Interessentenwahlrecht) in Geltung, hinter dem es mit seinen Bestimmungen über die alternierende Wahl (im ersten anstehenden Fall ernennt die Kirchenbehörde den Pastor, beim nächsten Mal wählt die Gemeinde usw.) zurückblieb. Es hatte in Ostfriesland nur in landesherrlichen Patronatsgemeinden Auswirkungen. Zu Auseinandersetzungen zwischen ostfriesischen Kirchengemeinden und der Kirchenbehörde kam es gegen Ende der 80er Jahre, als neu gegründeten Kirchengemeinden im Geltungsbereich der ostfriesischen Landesverträge das hier herkömmliche Wahlrecht mit Hinweis auf das Pfarrwahlgesetz von 1870 bestritten wurde. Das Gesetz zur Verbesserung des Einkommens von Pfarrstellen weitete die bald nach 1820 begonnene Subventionierung der Kirche aus staatlichen Mitteln aus.

Die Bildung einer reformierten Landeskirche kam trotz längerer Vorüberlegungen in der Zeit des Königreichs Hannover nicht mehr zustande. In Ostfriesland lagen damals von den 113 reformierten Gemeinden im Königreich Hannover 79 mit 88 Pastorenstellen. Verzögert wurde der Zusammenschluß u.a. dadurch, daß der Coetus der reformierten Prediger in Ostfriesland auf die Bewahrung seiner angestammten Rechte und möglichst noch auf deren schon immer gewünschte Ausweitung bedacht war. Erst Ende 1881 tagte eine außerordentliche Synode der refomierten Gemeinden in der Provinz Hannover zur Erarbeitung einer Verfassung für diese Landeskirche. Dabei ging es auch um die Bekenntnisgrundlage dieser Kirche. Für die reformierten Gemeinden in Ostfriesland stand damals keine Bekenntnisschrift und keine Kirchenordnung in Geltung. In anderen Gemeinden und Kirchengebieten in der Provinz galten unterschiedliche Bekenntnisse. Bemühungen um eine Vereinheitlichung scheiterten. So blieb diese Landeskirche ohne Bekenntnisschriften, auf die ihre ordinierten Theologen verpflichtet werden konnten. Das änderte sich auch nicht mit ihrer zweiten Verfassung von 1922.

Die Kirchengemeinde- und Synodalordnung für die Evangelisch-reformierte Kirche in der Provinz Hannover wurde 1882 veröffentlicht und erhielt am 6. August 1883 durch Staatsgesetz Rechtskraft. Diese Verfassung entsprach im wesentlichen den 1864 für die lutherische Kirche in der Provinz Hannover und 1873 für die Preußische Union erlassenen Ordnungen. Von den neun Synodalbezirken dieser Kirche lagen fünf mit 48091 Gemeindegliedern in Ostfriesland. In den jährlich tagenden Bezirkssynoden sollte verhandelt werden, was geeignet ist, „Zucht und gute Sitte, und überhaupt ein gesundes christliches Leben im Synodalbezirk zu fördern". Die Bezirkssynoden, deren gedruckte Protokolle, wie die der lutherischen Bezirkssynoden, eine bedeutende Geschichtsquelle für die Entwicklung des kirchlichen Lebens sind, traten erstmals 1884 zusammen, die reformierte Landessynode erstmals 1885. Der seit 1544 bestehende Coetus der reformierten Prediger besteht seit dieser Zeit als Predigerkonferenz ohne durch die Verfassung festgelegte Aufgaben weiter. Das Konsistorium in Aurich wurde nunmehr, wie schon in den Konkordaten von 1599 vorgesehen, als wirklich paritätisches eingerichtet. Für die reformierten Gemeinden in der ganzen Provinz wurde es Landeskonsistorium, während es für die lutherischen Gemeinden Ostfrieslands schon seit 1864 Provinzialkonsistorium war, das dem lutherischen Landeskonsistorium in Hannover unterstand. Da die Organisationsform und Besetzung des Auricher Konsistoriums weitgehend reformierten Wünschen entsprach, erhob sich dagegen Widerspruch in der lutherischen Geistlichkeit Ostfrieslands, der aber nichts mehr an der nunmehr getroffenen Regelung änderte. Mit einer Union zwischen beiden Kirchen hatte diese Konstruktion nichts zu tun. In dieser Form bewährte sich das paritätisch besetzte Konsistorium bis zu seiner Auflösung im Jahre 1924. Danach blieb es das Landeskirchenamt für die reformierte Kirche.

Nach ihrer Gründung hatten die Landeskirchen zwar eine gewisse Selbständigkeit gegenüber dem landesherrlichen Kirchenregiment gewonnen. Dennoch war in Ostfriesland die Verquickung von Staat und Kirche niemals im Laufe ihrer Geschichte größer als in den letzten Jahrzehnten vor der Trennung von Staat und Kirche durch die Weimarer Reichsverfassung von 1919. Das hatte seinen Grund nicht zuletzt in der immer stärker einsetzenden finanziellen Subventionierung der Kirche durch den Staat, die es bis in das 19. Jahrhundert hinein in Ostfriesland überhaupt nicht gegeben hatte. Die finanzielle Unterstützung diente vor allem der Anhebung der Pastoren- und Lehrergehälter auf zeitgemäße Mindestbeträge, weil die Einkünfte aus den alten Einnahmequellen immer mehr hinter der Entwicklung in der übrigen Wirtschaft zurückblieben. Bei der Gründung und Ausstattung neuer Kirchengemeinden und

Schulen beteiligte sich der Staat in wachsendem Umfang. Damit wurde dieser zum entscheidenden Faktor bei Neugründungen, was er solange nicht gewesen war, wie die Gemeindeglieder ausschließlich alleine dafür aufzukommen und nichts dafür vom Staat zu erwarten hatten. Dies führte zur Abnahme von Eigeninitiativen vor Ort und zur stärkeren staatlichen Verantwortung und Aufsicht über das Kirchenwesen, was ein harscher Kritikpunkt der Freikirchen war, die in dieser Zeit entstanden und sich ausweiteten. Pastoren und Superintendenten nahmen das Amt als Lokal- und Kreisschulinspektors im Auftrage des Staates wahr. Preußische Landräte, Bürgermeister und Oberbürgermeister überwachten neben den Superintendenten als sog. weltliche Kirchenkommissare die Kirchengemeinden nicht nur bei Visitationen, sondern bis in die alltägliche Verwaltung hinein. Der Staat hielt die Kirche als Hort der Religion, Sitte und Moral für seinen eigenen Bestand für notwendig.

Gleichzeitig schränkte der Staat den Zuständigkeitsbereich der Kirchen weiter ein. Das Allgemeine Preußische Landrecht von 1794 hatte schon die Armenfürsorge, die bis dahin fast ausschließlich Angelegenheit der Kirchen- und Religionsgemeinschaften gewesen war, als Aufgabe des Staates erklärt. Die Durchführung dieses Grundsatzes zog sich länger hin, doch nach 1866 kam es endgültig zur Übertragung dieser Aufgaben auf die inzwischen weiter entwickelten politischen Gemeinden und Landkreise. Orts- und Kreisarmenverbände wurden gebildet. Während so die allgemeine soziale Grundversorgung nicht mehr durch die Kirchengemeinden und Religionsgemeinschaften geleistet zu werden brauchte, wandten diese sich neuen diakonischen und karitativen Aufgaben zu, um die sich die öffentliche Hand noch wenig oder gar nicht kümmerte. Als sehr viel härter wurde von den Kirchen der Eingriff des Staates in ihren Verantwortungsbereich durch den Erlaß des preußischen Gesetzes von 1872 empfunden, das die Beaufsichtigung des Unterrichts- und Erziehungswesens betraf. Darin wurde die Schule zur Aufgabe des Staates erklärt. Der heftige Protest der Pastoren gegen diese Neuordnung konnte sie nicht verhindern. Sie erhielten die geistliche Schulaufsicht als Staatsauftrag, mit der sie bis zu ihrer Beendigung im Jahre 1919 auf immer stärkeren Widerstand der sich emanzipierenden Schule und Lehrerschaft stießen.

Das Personenstandswesen, das bis dahin, abgesehen von der holländischen und französischen Zeit, in den Händen der Pastoren gelegen hatte, ging am 1. Oktober 1874 an die vom Staat bestellten Standesbeamten über. Die Befürchtung, daß damit die Zahl der kirchlichen Amtshandlungen zurückgehen würde, traf vorübergehend nur für kirchliche Trauungen zu.

Auffallend ist im Verlauf des 19. Jahrhunderts die starke Verschiebung des Zahlenverhältnisses bei den evangelischen Landeskirchen in Ostfriesland. Im Jahre 1800 gab es hier etwa 60000 Lutheraner und etwa 50000 Reformierte. 1857 lauteten die Zahlen für Ostfriesland ohne Harlingerland (dort lebten damals ca. 34000 Lutheraner): 100276 Lutheraner und 52397 Reformierte. Die Volkszählung von 1875 ergab für den Landdrosteibezirk Aurich (einschließlich Harlingerland) 201053 Einwohner. Davon waren 137355 Lutheraner, 51685 Reformierte, 6146 Katholiken, 3326 andere Christen und 2541 Juden. Diese Verschiebung zugunsten der Lutheraner erklärt sich vor allem durch die innere Kolonisation Ostfrieslands, aber auch durch die Abnahme der Bevölkerung in der größtenteils von Reformierten bewohnten Marsch. Weite, bis dahin unbewohnte Heide- und Moorgebiete, die zum Gebiet von lutherischen Gemeinden gehörten, wurden in jener Zeit zunehmend erschlossen und besiedelt. Nach 1870 wurden bis zum 2. Weltkrieg nur fünf reformierte Gemeinden in Ostfriesland neu gegründet, dagegen aber 16 lutherische.

Schließlich wurde auch die Zivilgemeinde des neu gegründeten preußischen Kriegshafens Wilhelmshaven der lutherischen Inspektion Wittmund eingegliedert. Lutherische Gemeinden im bisher einparochial reformierten Gebiet entstanden 1890 in Loga und 1903 auf der Insel Borkum.

Bei gleichen verfassungsrechtlichen Voraussetzungen von lutherischen und reformierten Gemeinden in Ostfriesland fand im Laufe der Zeit eine Annäherung beider Konfessionen statt. Die Sitten und Gebräuche, die Gestaltung der Kirchenräume und der Liturgie, aber auch die Zurückhaltung beim Abendmahlsbesuch rückte die Lutheraner in Ostfriesland stärker in die Nähe der dort lebenden Reformierten als in die der Lutheraner in der übrigen Landeskirche. Die Agende für die evangelisch-lutherische Kirche der Provinz Hannover von 1901 fand in den lutherischen Gemeinden Ostfrieslands nur sehr zögernd und in vielen Fällen gar keine Aufnahme. Beim Kirchengesang ist dagegen stärker eine Angleichung der Reformierten an das lutherische Vorbild festzustellen, nachdem die niederländischen Bibeln und Gesangbücher durch die deutschen in der 2. Hälfte des 19. Jahrhunderts endgültig verdrängt wurden.

Abgesehen von Zuschüssen zu Neubauten und zur Schul- und Pfarrkasse erhielten die ostfriesischen Kirchengemeinden bis zur Einführung der Landeskirchensteuer im Jahre 1949 so gut wie keine staatlichen und schon gar keine kirchlichen Zuschüsse, weil dafür überhaupt keine Mittel vorhanden waren. Die Gemeinden finanzierten sich selbst und hatten gesamtkirchliche Aufgaben nach deren Einführung durch Umlagen mitzufinanzieren. Da die Einnahmen aus Stiftungsvermögen und anderen älteren Quellen wegen der gestiegenen Kosten und der Geldwertverschlechterung in den meisten Fällen nicht mehr reichten und darum ihre Verschuldung zunahm, waren die meisten Gemeinden gezwungen, früher oder später Ortskirchensteuersysteme verschiedener Art einzuführen. Schon in der Aufklärungszeit wurde über das Nachlassen der Kirchlichkeit geklagt. Besonders davon betroffen war das Harlingerland vor über 200 Jahren, das sich von diesem Rückgang des Kirchenbesuchs auch niemals wieder erholte. In den alten Gemeinden Ostfrieslands war dieser auch rückläufig, stabilisierte sich aber auf einem höheren Niveau und konnte zum Teil auch durch die Erweckungsbewegung wieder angehoben werden. Der Abendmahlsbesuch war schon in der Zeit des Pietismus auch in lutherischen Gemeinden sehr gesunken und betrug hier jährlich kaum mehr als 15% der jeweiligen Gesamtgliederzahl der Gemeinde. Bei den Reformierten in Ostfriesland war sie noch geringer. Kurz unterbrochen wurde die Abnahme des Gottesdienstbesuches nach Ausbruch des Ersten Weltkriegs. Doch im Verlauf des Krieges verringerten sich die Besucherzahlen wieder.

Neu eingerichtet wurde in den letzten Jahrzehnten des 19. Jahrhunderts der Kindergottesdienst, vor allem in den Städten und größeren Gemeinden. In diesem waren zahlreiche Helferinnen und Helfer ehrenamtlich neben den Pastoren tätig. Der Besuch war durchweg sehr gut und lebte auch nach Rückgang während des Ersten Weltkriegs wieder stark auf. Geklagt wurde darüber, daß die Pastoren immer weniger Kontakt zur konfirmierten Jugend hatten. Einzelne Pastoren, wie z.B. Remmer Janssen (1850-1931) in Strackholt, hatten starke Ausstrahlungskraft auch über ihre Gemeinde hinaus und nach wie vor überfüllte Kirchen. Missionsfeste, die an vielen Orten gefeiert wurden, waren stark besucht, besonders das Strackholter Missionsfest, zu dem Tausende auch von entfernteren Orten her angereist kamen, aber auch das Hauptmissionsfest, das durch die Ostfriesische Evangelische Missionsgesellschaft von Lutheranern und Reformierten gemeinsam ausgerichtet wurde.

Den sozialen Problemen der Zeit, vor allem in den Städten und in den Marschgebieten, waren die Pastoren, die z.T. das Problem wohl sahen und sich auf Konferenzen damit beschäftigten, meist nicht gewachsen. Pastor Dr. jur. Arnold Wilhelm Nordbeck (1860-1948), der von 1886 bis 1922 in der reformierten Kirchengemeinde Landschaftspolder wirkte, ist da eine besondere Ausnahme. Allen Widerständen zum Trotz setzte er sich für die in wirtschaftlicher Not befindlichen Landarbeiter und deren Familien ein. Als es für diese Arbeitnehmer noch kein Koalitionsrecht gab und ihnen damit die Bildung einer Gewerkschaft zur Vertretung ihrer Interessen verboten war, gründete er für sie 1907 den Christlichen Arbeiterverein für Ditzumerverlaat und Umgegend und wurde dessen Vorsitzender. Zur Verbesserung der Wohn- und Lebensverhältnisse der Landarbeiter gelang es ihm, ein größeres Siedlungsvorhaben in Heinitzpolder durchzusetzen. Der Widerstand derer, die nach wie vor in der Kirchengemeinde das Sagen hatten und die Wirksamkeit von Pastor

Abb. 22 Pastor Dr. jur. Arnold Wilhelm Nordbeck (1860 - 1948).

Nordbeck ablehnten, wuchs. Schließlich erreichten sie es, daß er durch Aufhebung seiner Pfarrstelle und Kombination mit Ditzumerverlaat 1922 als 62jähriger aus seinem Amt vertrieben wurde und auf eine Pfarrstelle im Emsland kam.

Kirchen und Religionsgemeinschaften seit der Trennung von Staat und Kirche bis zur Gegenwart

Das Ende des Ersten Weltkriegs und das Abdanken der Monarchen in Deutschland brachte das Ende des landesherrlichen Kirchenregiments. Wie dieses schon vor der Reformation im ausgehenden Mittelalter seinen Anfang genommen hatte, waren wesentliche Veränderungen, die in Richtung auf das Ende dieses Ordnungssystems zielten, das Jahrhunderte gegolten hatte, schon im 19. Jahrhundert geschehen. Die Artikel 135 bis 141 der Weimarer Reichsverfassung vom 11. August 1919 waren davon nur die konsequente Fortsetzung und kein so radikaler Bruch. Für die Landeskirchen wurden dadurch neue Verfassungen nötig, aber auch sie waren nur Fortschreibungen der Gesetzeswerke aus dem vorangegangenen Jahrhundert. Die nunmehr geschehene Trennung von Staat und Kirche und die Bestätigung der uneingeschränkten Religionsfreiheit änderten an den bestehenden Verhältnissen weniger, als manche zunächst befürchtet haben mochten. Der Bestand der Volkskirchen erlitt trotz vermehrter Kirchenaustritte keinen tiefergreifenden Schaden. Die Landgemeinden wurden davon so gut wie überhaupt nicht betroffen. In Emden gründete ein Teil der Ausgetretenen eine freireligiöse Gemeinde, deren Mitgliederzahl gering blieb, ein anderer Teil fand in der dortigen Mennonitengemeinde eine neue religiöse Heimat.

Die bis heute noch verbliebenen Mennonitengemeinden in Ostfriesland in Emden, Leer mit Oldenburg vereinigt, und Norden sind mit der Gemeinde Gronau in Westfalen unter einem Pfarramt in Emden verbunden. Diese vier Gemeinden zählten 1992 zusammen 373 Mitglieder, von denen etwa 100 außerhalb Ostfrieslands lebten. Bei den Baptisten in Ostfriesland veränderte sich an dem Stand, der bis zum Ersten Weltkrieg erreicht wurde, nichts Entscheidendes mehr. In der Zeit des Dritten Reiches wurden die Baptisten gezwungen, einen Gemeindeleiter für jede Gemeinde als Ansprechpartner des Staates herauszustellen und sich stärker zu einem Verband zusammenzuschließen. Da sich beides in dieser Glaubensgemeinschaft bewährte, wurde es beibehalten. Heute gibt es in Ostfriesland 12 selbständige „Evangelisch-freikirchliche Gemeinden" (Baptisten) und zwei Zweiggemeinden mit zusammen ca. 1870 getauften Gemeindegliedern. Diese gehören zur Vereinigung Nordwestdeutschland im Bund Evangelisch-freikirchlicher Gemeinden in Deutschland. Die größte Gemeinde in Ostfriesland ist Firrel/Remels mit 385 getauften Mitgliedern vor Emden mit 277 und Ihren mit 222.

Die Methodisten in Ostfriesland haben sich nach anfänglich weiterer Verbreitung und Zerstreuung in drei Bezirken zusammengefunden mit den Gemeinden Neuschoo und Aurich, Leer mit der Kapelle in Altschwoog. An Westerstede ist die Filialgemeinde in Wiesmoor angeschlossen. Zu den benachbarten lutherischen Gemeinden entwickelte sich im Laufe der Zeit ein positives Verhältnis, das zur Erklärung der Kirchengemeinschaft führte, die Kanzel- und Abendmahlsgemeinschaft einschließt.

Die Evangelisch-altreformierte Kirche in Niedersachsen erhielt auf ihren Antrag hin 1950 den Status einer Körperschaft des öffentlichen Rechts. Die fünf Gemeinden in Ostfriesland erfuhren in den letzten Jahrzehnten Zuwachs durch Niederländer, die sich hier zum Teil auf Dauer, zum Teil vorübergehend als Landwirte ansiedelten und zählen zusammen 1045 Gemeindeglieder.

Im Jahre 1934 kam es zu einer Spaltung in der lutherischen Gemeinde Bagband. Es bildete sich dort eine lutherische Freikirche, die sich 1938 eine eigene Kapelle für ihre Gottesdienste in Bagband baute. Nach dem letzten Krieg kehrte ein Teil der Separierten in die landeskirchliche Gemeinde zurück. Es blieb aber eine evangelisch-lutherische freikirchliche Gemeinde Hesel/Bagband bestehen, die in Hesel ein Altenheim betreibt und zur Selbständigen Evangelisch-lutherischen Kirche (SELK) gehört.

An weiteren religiösen Gruppen und Gemeinschaften, die sich in den letzten hundert Jahren hier bildeten, tätig waren oder es auch noch sind, sind die Darbisten zu nennen, die seit etwa 1880 in Jherings-Boekzetelerfehn, Jemgum, Leer, Emden, Loquard, Detern, Neermoor und an anderen Orten anzutreffen waren. Sie wurden u.a. die Vorgänger der „Freien Evangelischen Gemeinde Leer" wie auch der „Christlichen Versammlung" in Emden.

Katholisch-apostolische oder Altapostolische Gemeinden (Irvingianer) werden nur für die Städte Emden, Norden und Leer bezeugt. In Leer bauten sie 1896 eine noch heute vorhandene Kapelle. Nach dem Tod ihrer Apostel und ohne eigene Priester ist diese Gemeinde auf wenige Glieder in Ostfriesland zusammengeschrumpft.

Umso stärker entfaltete sich hier die Neuapostolische Kirche seit den 20er Jahren dieses Jahrhunderts. Zu ihren heute 17 Kirchengemeinden in Ostfriesland gehören etwa 2000 Mitglieder. Zuletzt wurde im Jahre 1993 eine Kirche dieser Konfession in Marienhafe gebaut. Die Gemeinden in Ostfriesland haben keinen eigenen Rechtsstatus, sondern gehören zum Bezirk Bremen der Neuapostolischen Kirche, der den Status einer Körperschaft des öffentlichen Rechts hat. Von den Mitgliedern wird der Zehnte erwartet. Die Gemeinden benötigen wenig Geld, weil in ihnen fast ausnahmslos Ehrenamtliche tätig sind. In Leezdorf lebt einer ihrer Bischöfe, der für drei Neuapostolische Bezirke zuständig ist.

Russeliten, Missourier, Holsteiner, Heilsarmee, Elberfelder und Evangelische Brüder waren zeitweise an verschiedenen Orten in Ostfriesland anzutreffen. Einige Pfingstgemeinden gehören zur religiösen Vielfalt in Ostfriesland. Sie gründeten das „Haus Friede", ein Pflegeheim in Leer und das Erholungsheim „Haus Nazareth" in Norddeich. In Leer gibt es die Kirche Jesu Christi der Heiligen der letzten Tage (Mormonen), Adventisten und in Loga das Missionswerk „Christus für Dich", in Emden das Jesus-Zentrum, die Evangelische Bibelgemeinde e.V. in Norden und in Boen/Wymeer, die Biblische Glaubensgemeinde in Weener, Freie Evangelische Gemeinden in Aurich und Norden.

Jehovas Zeugen, früher ernste Bibelforscher, haben ihre Königreichssäle in Emden, Leer, Norden und Weener. Sie sind die religiöse Gruppe, die am stärksten in der Zeit des Nationalsozialismus zu leiden hatte, weil sie mit Entschiedenheit den Kriegsdienst ablehnte.

Bedrohlicher als die Gottlosenbewegung der kommunistischen Partei in der Zeit der Weimarer Republik wurde von den evangelischen Kirchen der sog. Tannenbergbund und dessen „artgemäße deutsche Gotterkenntnis" angesehen. Antichristliches und Nationales wurden in dieser Richtung von dem bekannten General Erich Ludendorff und dessen Frau Mathilde miteinander verbunden. Nationale Gesinnung spielte auch bei denen, die in der Volkskirche tragende Bedeutung hatten, eine nicht geringe Rolle. Im Kreis Wittmund und in einigen anderen Gebieten Ostfrieslands hatte der Tannenbergbund seine Anhänger und Sympathisanten. Er wurde aber noch in der Zeit des Dritten Reiches verboten und hatte organisatorisch auch nach dem Krieg in Ostfriesland keine Bedeutung mehr.

Alle diese Gruppen und Richtungen außerhalb der evangelischen Landeskirchen und der katholischen Kirche sind Ausdruck einer großen Vielfalt religiösen Lebens in Ostfriesland bis in die Gegenwart hinein.

Die jüdischen Gemeinden in Ostfriesland, die gegenüber anderen Religionsgemeinschaften nicht mehr benachteiligt wurden, erlebten bis 1933 keine nennenswerten organisatorischen Veränderungen. Aufkommender Antisemitismus machte ihnen aber zunehmend zu schaffen. Dieser hatte seine Wurzeln schon in der Zeit vor dem Ersten Weltkrieg. Ein Beispiel dafür ist das berüchtigte Borkum-Lied gegen die Juden, das weit über Ostfriesland hinaus bekannt wurde. Es kam deswegen zu Auseinandersetzungen, die auch vor Gericht ausgetragen wurden. In den 20er Jahren tat sich der lutherische Pastor Ludwig Münchmeyer auf Borkum in besonders übler Weise mit seinem Antisemitismus hervor. Gegen ihn eingeleitete Maßnahmen veranlaßten ihn schließlich, die Insel zu verlassen, ganz aus dem Amt auszuscheiden und hauptberuflich in den Dienst des Nationalsozialismus zu treten. Durch ihn und weniger stark hervortretende Gleichgesinnte an vielen Orten war der Boden für die Ausgrenzung der jüdischen Bevölkerung auch in Ostfriesland bereitet. Als 1933 die offene Unterdrückung der Juden durch die neuen Machthaber begann, erhob sich dagegen kein nennenswerter Widerspruch von Seiten der christlichen Bevölkerung, die jahrhundertelang in enger Nachbarschaft mit den jüdischen Bürgern zusammengelebt hatte. Dies ist umso schwerer zu verstehen, als das Miteinander gerade in den letzten Jahrzehnten davor im Geschäftsleben, in Vereinen, in der Schule, beim Militär, durch die gemeinsame Teilnahme am Ersten Weltkrieg enger geworden war denn je zuvor in der langen gemeinsamen Geschichte. Der Widerstand gegen die Unterdrückung, Vertreibung und schließlich Vernichtung der Juden war in der ostfriesischen Bevölkerung offenbar längst abgebaut, bevor es ab 1933 dazu kam.

Im Jahre 1905 lebten 2766 Juden in Ostfriesland. Das entsprach 1,1% der Gesamtbevölkerung des Landes. In der Stadt Emden wohnten davon allein 809 Juden. Bei der Volkszählung 1925 betrug ihre Zahl in Ostfriesland nur noch 2146. Dieser Rückgang hing wohl mehr mit der wirtschaftlich schwierigen Lage zusammen als mit Anfeindungen, die erst später kamen. In Aurich, Bunde, Leer und Norderney hatte damals die Zahl der Juden noch zugenommen, aber in acht anderen Orten hatte sie z. T. erheblich abgenommen. Die Bedrängnisse, denen die jüdische Bevölkerung ab 1933 ausgesetzt war, führten zunächst zu Abwanderungen, und zwar in deutsche Großstädte oder auch ins Ausland.

Deshalb waren schon vor der großen Ausschreitung gegen die Juden am Abend des 9. November 1938 und danach sechs der zwölf Synagogen verkauft und z.T. abgebrochen worden. Aber in Aurich, Emden, Esens, Leer, Norden und Weener wurden die Synagogen durch Brandstiftung zerstört. In Emden wurde in dieser Nacht ein Jude getötet, viele wurden mißhandelt und verletzt und alle zumindest vorübergehend aus ihren Häusern geholt und eingesperrt. Damit hatten die jüdischen Gemeinden in Ostfriesland aufgehört zu existieren. Der Abwanderungsdruck wurde verstärkt. Schon im April 1940 konnten einige Städte und Landkreise ihr Gebiet als judenfrei melden, die anderen folgten bis 1942. Das bedeutete für die meisten das Ende in den Vernichtungslagern.

Die Juden, die nicht rechtzeitig hatten auswandern können, wurden von wenigen Ausnahmen abgesehen, alle umgebracht. Nur ganz wenige kehrten nach dem Krieg in ihre ostfriesische Heimat zurück. Zur Wiederherstellung einer jüdischen Gemeinde kam es hier nicht.

Die katholische Kirche in Ostfriesland erlebte zwischen den beiden Weltkriegen wenig Veränderungen. In der Zeit des Dritten Reiches hatte sie dieselben Probleme wie alle anderen Religionsgemeinschaften, aber sie hatte auch Opfer zu beklagen. Der katholische Pfarrer in Leer, Heinrich Schniers (1880-1942), der dort seit 1933 im Amt war, wurde im Dezember 1941 verhaftet und schließlich in das Konzentrationslager Dachau gebracht, wo er am 30. August 1942 den Hungertod starb. Durch den starken Zuzug von Flüchtlingen und Heimat-

Abb. 23 Todesanzeige des katholischen Pfarrers von Leer, Heinrich Schniers.

vertriebenen ab 1945 war es nötig, in fast allen größeren Orten, wo es noch keine katholischen Gemeinden und Kirchen gab, Seelsorgebezirke und Gottesdienststationen einzurichten. Vertriebene Priester, vor allem aus der Erzdiözese Breslau und der Diözese Ermland, wurden hier tätig. Ostfriesland erhielt nach etwa 400 Jahren wieder ein engmaschiges Netz einer katholischen Kirchenorganisation. Es gab keine evangelische Gemeinde mehr, in der nicht auch katholische Christen wohnten. Einige dieser Bezirke und Stationen wurden wegen Fortzugs von Katholiken schon bald wieder aufgelöst.

In den letzten zwanzig Jahren ist die Zahl der Katholiken in Ostfriesland aber wieder um mehr als 25% auf 29515 bis Ende 1991 gewachsen. Das geschah vor allem durch Zuwanderung aus anderen deutschen Ländern im Zuge der allgemeinen Bevölkerungsfluktuation. Aber auch aus europäischen und außereuropäischen Staaten kamen Katholiken nach Ostfriesland. Damit ist hier der katholische Bevölkerungsanteil auf über 7% angestiegen.

Zum katholischen Dekanat Ostfriesland gehören jetzt 18 Pfarreien, in denen gegenwärtig 15 Pfarrer und 1 Kaplan tätig sind. 20 Jahre zuvor waren bei 25% weniger Gemeindegliedern noch 20 katholische Priester im gleichen Gebiet tätig. Priestermangel ist die Ursache für dieses Mißverhältnis zwischen Pfarreien und Pfarrern. Um dennoch eine ausreichende geistliche Versorgung zu gewährleisten, wird in drei Seelsorgebezirken zusammengearbeitet. Zum Seelsorgebezirk Nord gehören zur Zeit: Emden, Norden und die Inseln Borkum, Juist, Norderney und Baltrum; zum Bezirk Mitte: Aurich, Esens, Wittmund, Langeoog, Spiekeroog, Neustadtgödens und Wiesmoor; zum Bezirk Süd: Leer, Oldersum, Westrhauderfehn, Flachsmeer-Westoverledingen und Weener.

Die ökumenische Zusammenarbeit zwischen katholischen und evangelischen Gemeinden hat sich weiter positiv entwickelt. Aus einstiger gegenseitiger Abgrenzung ist in vielen Fällen ein gutnachbarschaftliches Verhältnis geworden.

Die 1922 geschaffenen neuen Verfassungen der reformierten und der lutherischen Landeskirchen, zu denen die ostfriesischen Gemeinden gehören, erhielten 1924 ihre staatliche Bestätigung. Da die neue Verfassung der Evangelisch-lutherischen Landeskirche keine Sprengelkonsistorien mehr vorsah, wurde der lutherische Teil des Konsistoriums in Aurich aufgehoben. Allerdings behielt der lutherische Generalsuperintendent, der nun für die Bereiche Ostfriesland und Osnabrück zuständig war, seinen Dienstsitz im Landeskonsistorium der Evangelisch-reformierten Kirche in der Provinz Hannover in Aurich und nach ihm zunächst auch noch der lutherische Landessuperintendent für den Sprengel Ostfriesland.

Einschneidendere Veränderungen als die neuen Kirchenverfassungen bewirkte die schlechte Wirtschaftslage zwischen den beiden Weltkriegen in den beiden Landeskirchen. Viele kleine Pfarrstellen wurden von den Kirchenbehörden nach eintretender Vakanz nicht zur Wiederbesetzung freigegeben, weil dafür die Mittel nicht reichten. Die Zahl der besetzten Pfarrstellen auf dem Lande wurde erheblich eingeschränkt. Neue Stellen in größer gewordenen Gemeinden, vor allem in den Städten, wurden nur selten errichtet. Das überkommene Finanzierungssystem der Kirchen hatte mit der allgemeinen Wirtschaftsentwicklung nicht Schritt gehalten und stieß an Grenzen. Dieser Mangellage begegnete man damals nicht mit der Verbreiterung der Finanzierungsbasis bei den Mitgliedern, sondern mit dem Ab- und Umbau kirchlicher Arbeit und der Reduzierung von Stellen.

Die sozialen Fragen, die die Gesellschaft nach dem verlorenen Ersten Weltkrieg und seinen Folgen bedrängten, wurden auch Gegenstand der Erörterungen in der Kirche, aber Kraft zu neuen diakonischen Aktivitäten hatte diese in jener Zeit nur in geringem Maße. Allgemein ließ das kirchliche Leben, wie auch schon in den Jahrzehnten davor, weiter nach. Aber es gab auch in einigen reformierten Gemeinden in der Krummhörn und im Rheiderland sowie auch in einigen lutherischen Gemeinden, vor allem im Kreis Leer, eine Belebung des geistlichen Lebens durch Erweckungen. Bibelseminare und intensive Jugendarbeit waren die Folge. Im Zusammenhang damit kam es 1921 zur Bildung des Ostfriesischen Gemeinschaftsverbandes, dem lutherische und reformierte Christen angehören, die sich aber nicht von den Landeskirchen trennten. Ihm gehören heute etwa 30 Gemeinschaftskreise an, die auf eigene Kosten Prediger im Reisedienst haben und zum Teil auch über eigene Gemeindehäuser verfügen.

Die Krise, in die die beiden evangelischen Landeskirchen nach 1933 hineinkamen, hat auch in Ostfriesland eine lange Vorgeschichte. Sie liegt u. a. darin begründet, daß völkisches, nationales und zum Teil auch antijüdisches und antikommunistisches, aber auch antisozialdemokratisches Denken in ihnen seit langem beheimatet war. Die Weimarer Republik wurde von vielen abgelehnt. So wurde der Machtwechsel im Jahre 1933 von vielen Gliedern und Amtsträgern in den beiden evangelischen Kirchen begrüßt. Die Auflösung aller ganz oder zum Teil durch Wahl gebildeten Vertretungen in der Kirche, wie etwa der Kirchenräte und Kirchenvorstände, der Kreiskirchentage und der Synoden sowie die Neuwahlen Ende Juni und im Juli 1933, stießen auf erstaunlich wenig Widerstand. Die Politisierung dieser Wahlen durch Deutsche Christen und durch die NSDAP und andere nationalsozialistische Organisationen, die auf Gleichschaltung ausgerichtet waren, ließ manche erkennen, was der Kirche bevorstand.

Die ostfriesischen Lutheraner wurden dadurch aufgeschreckt, daß ihr Generalsuperintendent Wilhelm Heinrich Schomerus zum 1. Oktober 1933 in den Ruhestand versetzt wurde, und der 32jährige Pastor Heinrich Meyer in Aurich, der als überzeugter Nationalsozialist und Vorkämpfer der Deutschen Christen bekannt war, zunächst kommissarisch mit der Wahrnehmung dieses Amtes betraut wurde. Darüber kam es seit Sommer 1933 zur Bildung einer Bekenntnisgemeinschaft, weil man das Geschehen als einen Angriff auf das lutherische Bekenntnis beurteilte. Die meisten lutherischen Pastoren Ostfrieslands und viele Gemeindeglieder schlossen sich dieser Richtung an, ohne damit aber grundsätzlich in Opposition zum nationalsozialistischen Staat zu gehen. Im Verlauf der Auseinandersetzungen wurde Heinrich Meyer, inzwischen Landespropst, aus diesem Amt entlassen. Er trat aber seinen Dienst als 3. Pastor an der Lambertikirche in Aurich nicht wieder an, sondern sammelte, ohne selber aus der Landeskirche auszutreten oder dazu aufzufordern, neben den landeskirchlichen Gemeinden seine deutschchristliche Gemeinde in Ostfriesland mit Schwerpunkt in Aurich. Nur zehn der lutherischen Pastoren in Ostfriesland, die aber in ihren Pfarrstellen blieben, hielten sich bis 1945 zu dieser Richtung. Es kam zeitweise zu harten Auseinandersetzungen zwischen den Deutschen Christen und der Bekenntnisgemeinschaft, allerdings nur in wenigen Fällen zu Gewaltakten von seiten des Staates gegenüber Pastoren der hannoverschen Landeskirche. Im Zuge der Neuordnung der Kirchenverhältnisse wurde Pastor Theodor Elster in Riepe am 19. Juni 1936 erster lutherischer Landessuperintendent in Ostfriesland. Er war vorher der Leiter der Bekenntnisgemeinschaft.

Anders verlief der Kirchenkampf in der reformierten Kirche. Deren Kirchenleitung verhielt sich dem neuen Staat gegenüber so loyal, daß ihr die Finanzabteilung über ihre Kirche übertragen wurde, sie hatte also das Vertrauen der neuen Machthaber. Erst Ende 1933 begann sich bei den Reformierten der Widerstand, der

Abb. 24 Pastor Heinrich Meyer. Photographie 1929.

aber auch hier nicht primär gegen den Staat gerichtet war, zu regen. So kamen auch Teilnehmer aus dem reformierten Teil Ostfrieslands zur ersten Freien Reformierten Synode am 4. Januar 1934 in Barmen-Gemarke, die der früher als Pastor in Ostfriesland tätig gewesene Karl Immer zusammengerufen hatte. Auch an der Bekenntnissynode in Barmen am 30. Mai 1934 nahmen Reformierte aus Ostfriesland teil. Am 25. Oktober 1934 erklärten 38 Pastoren und 13 Kandidaten ihr Befremden gegenüber dem Verhalten des reformierten Landeskirchentages und der Kirchenleitung und zugleich ihre Hinwendung zur bekennenden Kirche. Ende November 1934 wurde die Bekenntnisgemeinschaft innerhalb der Evangelisch-reformierten Kirche in der Provinz Hannover gebildet, der schon bald über 1000 Mitglieder angehörten und später zwei Drittel aller Pastoren. Einige reformierte Pastoren hatten unter staatlichen Gewaltmaßnahmen zu leiden.

Die Bemühungen der Bekenntnisgemeinschaft führten zwar nicht zur völligen Ausschaltung der Deutschen

Christen, aber sie veranlaßte den Landeskirchentag, die Lehre der Deutschen Christen als mit dem reformierten Bekenntnis für unvereinbar zu erklären. Es erwies sich in den theologischen Auseinandersetzungen als Mangel, daß die reformierte Verfassung keine verpflichtenden Bekenntnisschriften nannte, an denen man die Vertreter der Irrlehre hätte messen können.

Eine Kirchenaustrittswelle in den letzten Vorkriegsjahren ebbte mit Beginn des Krieges wieder ab. Während des Zweiten Weltkriegs litten die Gemeinden aller Konfessionen unter sehr großem Pastorenmangel. Laienprediger, Pastorenfrauen, aber auch andere Gemeindeglieder waren neben den wenigen in den Gemeinden verbliebenen Pastoren in vielen Fällen sehr selbständig tätig. Trotz aller Auseinandersetzungen im Kirchenkampf und der äußerst angespannten pfarramtlichen Versorgung während des Krieges erlitt der Bestand der Kirchen in der Zeit des Dritten Reiches so gut wie keinen Schaden.

Aufgrund der veränderten politischen, gesellschaftlichen und geistigen Verhältnisse erlebten die Kirchen auch in Ostfriesland nach der bedingungslosen Kapitulation Deutschlands im Mai 1945 einen gewissen Aufschwung. Das hatte seinen Grund u. a. in der Begünstigung durch die Besatzungsmächte. Der Zuzug der Vertriebenen und Flüchtlinge ließ nicht nur die Zahl der Kirchenglieder in den Gemeinden anwachsen. Diese nahmen durchweg auch stärker am kirchlichen Leben teil, als das in manchen Gegenden Ostfrieslands die einheimische Bevölkerung tat. Für das kirchliche Leben bedeuteten die Neubürger eine erhebliche Bereicherung mit Nachwirkung über viele Jahrzehnte. Andererseits erleichterte dieses Heimischwerden in der Kirchengemeinde für viele die schwierige Integration in die oft problematischen neuen Verhältnisse.

Die Glieder der Kirche, die aus der Altpreußischen Union kamen, waren durchweg durch Luthers Katechismus und die Liturgie dieser Kirche geprägt. Darum fühlten sich manche von ihnen in den reformierten Gemeinden Ostfrieslands fremd. Sie machten z. T. weite Wege, um die ihnen vertrauteren Kirchen und Gottesdienste der Lutheraner aufzusuchen. Wo diese Personengruppe eine stärkere Minderheit bildete und lutherische Gemeinden weit entfernt lagen, kam es nach erheblichen Auseinandersetzungen zur Gründung von neuen lutherischen Gemeinden in bisher einparochial reformierten Gebieten.

Nach einem Vergleich vor dem Schiedgerichtshof der Evangelischen Kirche in Deutschland wurde am 1. Oktober 1955 die evangelisch-lutherische Erlösergemeinde in Weener und nach mehr als zwanzigjährigen Auseinandersetzungen zum 1. Januar 1969 die Emmaus-Kirchengemeinde in Bunde gegründet. In der Stadt Emden wurden die Ortsteile Uphusen und Larrelt auch zweiparochial. In dem nach 1950 neu besiedelten Leybuchtpolder, in dem drei Viertel der evangelischen Einwohner zur lutherischen und ein Viertel zur reformierten Kirche gehören, errichteten beide Konfessionen je ihre eigene Kirche und gründeten dort Gemeinden, die zwischenzeitlich in vielem zusammenarbeiten. Um nicht an zu vielen kleinen Orten zur Parallelgründung von zwei evangelischen Gemeinden oder zur Ausweitung der Parochialgrenzen über benachbarte kleine Gemeinden der anderen evangelischen Konfession kommen zu müssen, wurde es ermöglicht, sich auf Antrag mit allen Rechten und Pflichten einer Gemeinde der eigenen Konfession anzuschließen. Außerdem wurde zwischen den beiden evangelischen Kirchen die Möglichkeit eines vereinfachten Übertrittverfahrens geschaffen, das beim gewünschten Konfessionswechsel in diesem Fall die Austrittserklärung vor dem Standesamt erübrigt.

Die Unterschiede zwischen Reformierten und Lutheranern im Bekenntnis und in der Gottesdienstgestaltung und manchem anderen bestehen in Ostfriesland ebenso fort wie die beiden Landeskirchen. Aber in der Leuenberger Konkordie vom 16. März 1973, einer Vereinbarung von Lutheranern und Reformierten, wird die Kanzel- und Abendmahlsgemeinschaft zwischen diesen beiden Konfessionen für möglich erklärt. Bemühungen um mehr Zusammenarbeit, möglichst mit dem Ziel des Zusammenwachsens der fünf evangelischen Kirchen in dem 1946 aus der preußischen Provinz Hannover, den Ländern Braunschweig, Oldenburg und Schaumburg-Lippe entstandenen Land Niedersachsen, führten am 1. Februar 1971 zur Bildung der Konföderation evangelischer Kirchen in Niedersachsen als Körperschaft des öffentlichen Rechts. Darin wirken lutherische und reformierte Mitglieder aus Ostfriesland im Rat und in der Synode mit.

Auf lokaler Ebene wurde 1977 der Kreisverband des Diakonischen Werkes für den Landkreis Leer als eingetragener Verein gegründet, durch den lutherische und reformierte Kirchengemeinden, Bezirke und Kirchenkreise gemeinsam eine Erziehung-, Ehe- und Lebensberatungsstelle, eine Suchtberatung, eine Haus- und Familienpflegestation und sozialpädagogische Lernhilfe betreiben. Dem Diakonieverband Rheiderland e.V., der mehrheitlich von den dortigen reformierten Gemeinden gebildet ist und der ein Alten- und Pflege-

Abb. 25 Auschnitt aus dem Plan der Stadt Emden von H. G. van Oosterloo 1852 mit den Gotteshäusern der Religionsgemeinschaften.
Reformiert: Große Kirche (zerstört 1944, jetzt Schweizer Kirche von 1949), Französisch-reformierte Kirche (bis 1897), Gasthauskirche (durch Brand zerstört 1938) und Neue Kirche (1648, 1950 wiederaufgebaut).
Andere: in Mittelfaldern Lutherische Kirche (1775, Neubau 1958) und Mennonitenkirche (bis 1944); in Großfaldern Synagoge (bis 1938), katholische Kirche St. Michael (1806, 1950 wiederaufgebaut), altreformierte Kirche = A (Neubau 1950 am alten Platz), Baptistenkirche = B (1914) und Mennonitenkirche = M (1953).
Entwurf M. Smid, Zeichnung G. Kronsweide.

heim in Weener hat, gehören auch die lutherischen Gemeinden des Rheiderlands an. Diese Art der Zusammenarbeit von Gliedern und Körperschaften beider Kirchen blieb bisher in neuerer Zeit auf diese Ausnahmen beschränkt.

Der starke Zuwachs von Kirchengliedern in den lutherischen Gemeinden führte seit dem Zweiten Weltkrieg zur Errichtung zahlreicher neuer Kirchengemeinden, zur Aufteilung der zu groß gewordenen Stadtgemeinden, sowie zur Errichtung vieler Pfarr-, Diakonen- und anderer Mitarbeiterstellen. Gleichzeitig wurden so viele Kirchen, Pfarrhäuser, Gemeindehäuser, Kindergärten und andere Gebäude neu gebaut, umgebaut oder renoviert wie noch nie zuvor in einem so kurzen Abschnitt in der Geschichte der Kirche. Die Einführung der Landeskirchensteuer als Zuschlag zur Lohn- und Einkommensteuer der Kirchenglieder im Jahre 1949 schuf die Voraussetzung für diese Ausweitung des Personal- und Baubestandes, aber auch die Aufnahme zahlreicher diakonischer Aktivitäten, die durch Gemeinden und Kirchenkreise getragen werden. Zu den finanziellen Möglichkeiten für alle Kirchen kam für die evangelischen Kirchen in den 80er Jahren hinzu, daß es eine sehr große Zahl von Bewerbern für das Pfarramt, aber auch für andere Dienste in der Kirche gab. 181 Pastorinnen (27) und Pastoren (154) waren 1993 im lutherischen Sprengel Ostfriesland in 109 Kirchengemeinden und im übergemeindlichen Dienst tätig, 20 Jahre zuvor waren es bei größerer Gemeindegliederzahl nur 125.

Durch Kirchenaustritte, die in den ländlichen Gemeinden Ostfrieslands bisher sehr viel weniger vorkamen als in den Ballungsgebieten, sich aber auf Dauer auch hier bemerkbar machen, den Fortzug und die Tatsache, daß in manchen Gemeinden die Zahl der Sterbefälle die der Taufen übersteigt, ist die Gemeindegliederzahl im Sinken begriffen. Darum dürfte wohl die Obergrenze in bezug auf Ausstattung mit Personal und Gebäuden erreicht sein. Wie schon im letzten Jahrhundert hat sich die aktive Teilnahme am kirchlichen Leben in den Gemeinden unterschiedlich entwickelt. Wo Pietismus und Erweckung ihre Spuren hinterließen, ist das kirchliche Leben in Gemeinden des Kreises Leer und Aurich sehr viel lebendiger als etwa im Kreis Wittmund. Am stärksten besucht werden die Kirchen auf den Inseln durch die zahlreichen Gäste, weniger durch die einheimischen Gemeindeglieder. Die Evangelische Volkshochschule in Potshausen, die Jugendbildungsstätte in Asel, aber auch der Christliche Verein junger Menschen (CVJM) und der Jugendbund für entschiedenes Christentum (EC) haben neben den durch die Gemeinden und Kirchenkreise entfalteten Aktivitäten eine große Bedeutung für das kirchliche Leben in Ostfriesland.

Der starke Zuzug nach dem letzten Weltkrieg kam weniger den reformierten Gemeinden in Ostfriesland zugute. Unter dem Fortzug aus diesem wirtschaftlich schwierigen Gebiet haben sie mehr als alle anderen Konfessionen zu leiden. So ist die Zahl der reformierten Kirchenglieder in Ostfriesland in den letzten 20 Jahren um etwa 18 % auf 76256 Ende August 1993 gesunken. Das sind 18 % der Gesamteinwohnerzahl Ostfrieslands (413000) oder 21,5% der evangelisch-landeskirchlichen Gemeindeglieder. Demgegenüber geben die Lutheraner die Zahl ihrer Gemeindeglieder in Ostfriesland mit 277240 an. Das bedeutet ein Absinken um 7% in den letzten 20 Jahren und einen Anteil von 67 % an der Gesamtbevölkerung sowie 78,5 % der evangelisch-landeskirchlichen Mitglieder.

Durch die geringer werdende Gemeindegliederzahl verstärkt sich das Problem, das die reformierte Kirche in Ostfriesland mit der geistlichen Versorgung vieler kleiner selbständiger Kirchengemeinden mit in vielen Fällen erheblich unter 500 Mitgliedern hat. Die gute finanzielle Lage und der starke Nachwuchs bei Theologen machten bisher noch keine einschneidenden Veränderungen in der Struktur und Versorgung dieser Gemeinden nötig. Die Zahl der hier tätigen Pastoren und Pastorinnen konnte trotz erheblich zurückgegangener Gemeindegliederzahlen in den letzten 20 Jahren in den 75 reformierten Gemeinden in Ostfriesland noch um mehr als 10 % von 60 auf 67 erhöht werden, davon 5 im übergemeindlichen Dienst. Hinzu kommen noch befristete Anstellungsverhältnisse für theologische Mitarbeiter und Mitarbeiterinnen.

Die aktive Teilnahme am kirchlichen Leben ist in den kleinen Gemeinden prozentual unvergleichlich viel höher als in den größeren, etwa auch in der Stadt Emden. Mit Wirkung vom 1. Februar 1989 gab sich die reformierte Landeskirche, deren Landeskirchenamt sich in Leer befindet, eine neue Verfassung und den neuen Namen „Evangelisch-reformierte Kirche (Synode ev.-ref. Kirchen in Bayern und Nordwestdeutschland)". Diese Kirche hat insgesamt 140 Gemeinden, wozu seit neuestem auch die reformierten Gemeinden Bützow in Mecklenburg und Leipzig in Sachsen zählen.

Die Zahl derer, die in Ostfriesland keiner Kirche oder religiösen Gemeinschaft angehören, liegt bei etwa 6 % der Gesamteinwohnerzahl von gegenwärtig etwa 413000. In Emden ist der Prozentsatz mehr als doppelt so hoch, in den zahlreichen Landgemeinden dagegen durchweg wesentlich geringer. Die Freikirchen zählen mit etwas mehr als 4000 Gemeindegliedern zusammen 1% der Einwohner Ostfrieslands zu den Ihren. Die anderen Religionsgemeinschaften kommen zusammen auf weniger als 1%.

Am Ende des 20. Jahrhunderts ist der volkskirchliche Charakter der Kirchen in Ostfriesland, der vor allem durch lutherische und reformierte Gemeinden bestimmt wird, trotz anhaltendem langsamen Schwundes von Gemeindegliedern in den Landgebieten ungebrochen, aber auch noch in den Städten vorhanden.

Literatur

Balke, W. (1978): Het pietisme in Oost-Friesland. - Theologia reformata 21, 307-327.

Bartel, O. (1981): Jan Laski. Berlin.

Beer, U. (1986): „Der falsche Priester". Eine Borkumer Kampfschrift aus der Weimarer Republik. – Jahrbuch der Gesellschaft für bildende Kunst und vaterländische Altertümer zu Emden 66, 152-163.

Beuker, G. J. (1988): Umkehr und Erneuerung. Aus der Geschichte der Evangelisch-altreformierten Kirche in Niedersachsen 1838-1988. Bentheim.

Brüggemann, S. (1988): Landschullehrer in Ostfriesland und Harlingerland während der ersten preußischen Zeit <1744 - 1806>. Köln/Wien.

Bubenheimer, U. (1988): Karlstadt, Andreas Bodenstein von. - TRE 17, 649-657.

Bulicke, I. (1979): Zur Geschichte der Kirchensprache in Ostfriesland seit der Reformation (Schriften des Instituts für niederdeutsche Sprache, Reihe: Kirche, 3).

Delbanco, H. (1988): Kirchenkampf in Ostfriesland 1933-1945. - Abhandlungen und Vorträge zur Geschichte Ostfrieslands 68.

Deppermann, K. (1979): Melchior Hoffman. Göttingen.

Ders. (1986): Hoffman, Melchior - TRE 15, 470-473.

Ebeling, R. A. (1990): Nederlands in Oostfriesland. - Groninger Kerken 7, 38-50.

Engelbrecht, J. (1982): Die reformierte Landgemeinde in Ostfriesland im 17. Jahrhundert. Frankfurt a. M./Bern.

Ev.-luth. Kirchengemeinde Norden [Hrsg.] (1985): Festschrift zur Wiedereinweihung der restaurierten Ludgerikirche mit Arp-Schnitger-Orgel. Norden.

Groeneveld, S. u.a. [Hrsg.] (1980): Wederdopers, menisten, doopsgezinden in Nederland 1530-1980. Zutphen.

Hamilton, A. (1981): The Family of Love. Cambridge.

Hollweg, W. (1978): Die Geschichte des älteren Pietismus in den reformierten Gemeinden Ostfrieslands. - Abhandlungen und Vorträge zur Geschichte Ostfrieslands 57.

Jakubowski-Tiessen, M. (1984): „Uns selbst untereinander zu ermahnen. . ." Die Christentumsgesellschaft in Ostfriesland. - Jahrbuch der Gesellschaft für Niedersächsische Kirchengeschichte, 82, 195-227.

Kappelhoff, B. (1977, 1978): Die Reformation in Emden. - Jahrbuch der Gesellschaft für bildende Kunst und vaterländische Altertümer zu Emden 57, 64-143 und 58, 22-67.

Krumwiede, H.-W. (1983): Kirchengeschichte. Geschichte der evangelischen Kirche von der Reformation bis 1803. In: Hans Patze (Hrsg), Geschichte Niedersachsens, Bd. 3, Teil 2, Kirche und Kultur von der Reformation bis zum Beginn des 19. Jahrhunderts. Hildesheim, 1-216.

Lamschus, C. (1984): Emden unter der Herrschaft der Cirksena, Studien zur Herrschaftstruktur der ostfriesischen Residenzstadt 1470 - 1527. Hildesheim.

Lokers, J. (1990): Die Juden in Emden 1530-1806. - Abhandlungen und Vorträge zur Geschichte Ostfrieslands 70.

Lomberg, Elwin, u.a. [Hrsg.] (1982): Die Evangelisch-reformierte Kirche in Nordwestdeutschland. Beiträge zu ihrer Geschichte und Gegenwart. Weener.

Mager, I. (1985): Hannover I. Kirchengeschichtlich. - TRE 14, 428-438.

Nijenhuis, W. (1982): Die Bedeutung von Ostfriesland für die Reformation in den Niederlanden. - Jahrbuch der Gesellschaft für bildende Kunst und vaterländische Altertümer zu Emden 62, 87-102.

Nordholt, G. (1982): Evangelisch-reformierte Kirche in Nordwestdeutschland. - TRE 10, 642-645.

Oldenhof, H. J.(1992): Der Katholizismus zwischen Lauwers, Jade und Vechte. In: Rund um Ems und Dollart, 218-236.

Otte, H. (1985): Hannover II. Kirchenkundlich. - TRE 14, 438-442.

Pettegree, A. (1987): The Exile Churches and the Churches „Under the Cross": Antwerp and Emden during the Dutch Revolt. - The Journal of Ecclesiastical History 38, 187-209

Ders. (1992): Emden and the Dutch Revolt. Exile and the Development of Reformed Protestantism. Oxford.

Rauhaus, A. (1977): Untersuchungen zu Entstehung, Gestaltung und Lehre des Kleinen Emder Katechismus von 1554. Diss. Göttingen.

Raupp, W. (1992): „An ihre Brüder jeder Gemeinde in Deutschland, welche unsern Herrn Jesum Christum aufrichtig lieben". - Jahrbuch der Gesellschaft für Niedersächsische Kirchengeschichte 90, 279-286.

Reyer, H. und Tielke M. (Hrsg.) (1991): Frisia Judaica. Beiträge zur Geschichte der Juden in Ostfriesland. 3. Aufl. - Abhandlungen und Vorträge zur Geschichte Ostfrieslands 67.

Reyer, H. und Tielke, M. (Bearb.) (1988): Das Ende der Juden in Ostfriesland. Aurich.

Reyer, H. (Hrsg.) (1992): Die Juden in Aurich <ca. 1635-1940>. Aurich.

Rokahr, G. (1987): Die Juden in Esens. - Abhandlungen und Vorträge zur Geschichte Ostfrieslands 65.

Schilling, H. (1978): Reformation und Bürgerfreiheit. Emdens Weg zur calvinistischen Stadtrepublik. In: Stadt und Kirche im 16. Jahrhundert. Hrsg. v. B. Moeller - Schriften des Vereins für Reformationsgeschichte 190, 128-161.

Ders. (1983): Reformierte Kirchenzucht als Sozialdisziplinierung. Die Tätigkeit des Emder Presbyteriums in den Jahren 1557-1562. Mit vergleichenden Betrachtungen über die Kirchenräte in Groningen und Leiden sowie einem Ausblick ins 17. Jahrhundert. In: W. Ehbrecht u. H. Schilling (Hrsg.), Niederlande und Nordwestdeutschland. Studien zur Regional- und Stadtgeschichte Nordwestkontinentaleuropas im Mittelalter und in der Neuzeit, Franz Petri zum 80. Geburtstag, 261-327.

Ders. (1992): Civic Calvinism in Northwest Germany and the Netherlands. - Sixteenth Century Essays and Studies.

Ders. (1992): Frühneuzeitliche Formierung und Disziplinierung von Ehe, Familien und Erziehung im Spiegel calvinistischer Kirchenratsprotokolle <Emden und Groningen>. In: P. Prodi [Hrsg.] Glaubensbekenntnisse, Treueformeln und Sozialdisziplinierung zwischen Mittelalter und Neuzeit. - Schriften des Historischen Kollegs. Kolloquien 23.

Ders. u. Schreiber, K.-D. (Hrsg.) (1989, 1992): Die Kirchenratsprotokolle der reformierten Gemeinde Emden 1557-1620. Teil 1: 1557-1574. Teil 2: 1575-1620. - Städteforschung, Reihe C: Quellen, 3.

Smid, M. (1974): Ostfriesische Kirchengeschichte. - Ostfriesland im Schutze des Deiches 6.

Ders. (1978): Kirche zwischen Burg und Rathaus. Ein Beitrag zur Emder Stadtgeschichte und zum Verhältnis von Staat und Kirche in Emden. - Res Frisicae. Beiträge zur ostfriesischen Verfassungs-, Sozial- und Kulturgeschichte (Abhandlungen und Vorträge zur Geschichte Ostfrieslands 59), 131-150.

Ders. (1990): Kirchliche Beziehungen zwischen Groningen und Ostfriesland im 16. Jahrhundert. - G. Halsema u. a. (Hrsg.), Geloven in Groningen, 28-42.

Ders. (1990): Laski, Jan. - TRE 20, 448-451.

Ders. (1991): Ostfriesland. - Territorien des Reiches im Zeitalter der Reformation und der Konfessionalisierung, Land und Konfession 1500-1650, Heft 3, Der Nordwesten. Hrsg. v. A. Schindling und W. Ziegler, (Katholisches Leben und Kirchenreform im Zeitalter der Glaubensspaltung. Vereinsschriften der Gesellschaft zur Herausgabe des Corpus Catholicorum 51), 162-180.

Ders. (1992): Von den Anfängen des Pietismus im 17. Jahrhundert bis zur Erweckung und Kirchenspaltung im 19. Jahrhundert beiderseits der Grenze. - Rund um Ems und Dollart, 202-217.

Ders. (1993): Rechtsstreit um die Pfarrwahl in Ditzum 1640/41. Ein Beitrag zur Stände- und Konfessionsgeschichte in Ostfriesland. - Geschichte in der Region. Zum 65. Geburtstag von H. Schmidt. Hrsg. v. D. Brosius u. a. Hannover, 233-248.

Ders. (1993): Der mennonitisch-lutherische Dialog. - Was hat die Ökumene gebracht? Fakten und Perspektiven. Hrsg. v. H. Brandt und J. Rothermundt, 43-52.

Schmidt, H., (1975): Politische Geschichte Ostfrieslands. - Ostfriesland im Schutze des Deiches 5.

Tanis, J. (1991): East-Friesland and the reformed Reformation. - Calvin theological journal 26, 319-349.

Tielke, M. (1986): Das Rätsel des Emder Buchdrucks. Aurich.

Ders. (1990): Ostfriesische Bibliographie <16. Jh. - 1907>. - Veröffentlichungen der Historischen Kommission für Niedersachsen und Bremen 30a.

Ders. (1992): Die Reformation am Dollart, in: Rund um Ems und Dollart, 188-201.

Uthoff, R. (Hrsg.) (1989): 175 Jahre Ev.-ref. Kirche Aurich. Aurich.

Weber, M. (1989): Kirche und Gesellschaft in einer Stadt der frühen Neuzeit. - Jahrbuch der Gesellschaft für bildende Kunst und vaterländische Altertümer zu Emden 68, 78-107 und 69, 39-81.

Die ostfriesischen Klöster aus archäologischer Sicht

von Rolf Bärenfänger

Vorbemerkung

Von den wohl 28 Klöstern verschiedener Kongregationen, die ehemals in Ostfriesland bestanden, ist keines bis in unsere Tage erhalten geblieben. Vor allem im Zuge der Säkularisation sind außerdem Urkunden, Verträge, Bild- und Schriftquellen größtenteils abhanden gekommen. Wir sind kaum über das Aussehen der Kirchen, der Wohn- und Wirtschaftsgebäude unterrichtet. Kein Plan blieb erhalten, keine Beschreibung gibt Nachricht über die Lebens- und Wirtschaftsbedingungen der Konventualen und der von ihnen abhängigen Menschen. Ein großes Erbe von erheblichem Wert ist somit verlorengegangen.

Der Mangel an Überlieferung bedeutet aber nicht, daß diese erheblichen Lücken in der historischen Landeskunde Ostfrieslands nicht wenigstens teilweise geschlossen werden könnten. Es bleibt zuvorderst der Untersuchung der Sachüberreste im Boden, also der archäologischen Forschung überlassen, die mittelalterliche Klosterwelt der Region zu erkunden. Im Vordergrund dieser Arbeit steht die Ermittlung von Grundrissen und Bauphasen, ihrer genauen Datierung und Nutzung, Wälle, Gräben, Brunnen können ebenso analysiert werden wie Wirtschaftsareale in Form von Äckern oder Gartenflächen. Keramik- und Glasscherben, Metallfunde und andere Gegenstände geben durch den Einblick in die materielle Kultur weitere Auskünfte zur Lebens- und Wirtschaftsweise. Tierknochen und ggf. Pflanzenreste lassen die Ernährungsgrundlagen erschließen. Durch die Aufdeckung von Bestattungen und ihre anthropologische Untersuchung kann schließlich einiges über die damalige Lebenserwartung, über Krankheiten und medizinische Behandlungsmethoden in Erfahrung gebracht werden.

Die Säkularisation der Klöster, meist Mitte des 16. Jahrhunderts, brachte nicht nur für die Konventualen eine grundlegende Veränderung ihrer Lebensbedingungen und -inhalte, auch die Gebäude wurden umgewidmet und bald profaner Nutzung zugeführt. Es liegt auf der Hand, daß die früher nicht unbedeutenden Wirtschaftseinheiten ohne den zusammenhaltenden Arm der Glaubensgemeinschaften mehr oder weniger schnell zerfielen. Die alten Gebäude wurden zweckentfremdet oder rasch abgebrochen. Die Baumaterialien, meist Backsteine, wurden in der rohstoffarmen Region schnell für Neubauten aller Art wiederverwandt. Doch nur wenige Klosterstätten fielen unmittelbar wüst, für ihre überwiegende Zahl ist eine kontinuierliche Nutzung auf landwirtschaftlicher Erwerbsbasis bis in das 18. und 19. Jahrhundert zu belegen (z.B. Barthe, Ihlow), bisweilen stehen heute moderne Gebäude auf den alten Stellen (z.B. Thedinga, Hasselt, Dünebroek). Entsprechendes läßt sich von den Vorwerken, den mehr oder weniger abhängig wirtschaftenden Außenhöfen der Klöster behaupten.

Die Erkenntnismöglichkeiten der archäologischen Methodik sind naturgemäß unmittelbar vom Grad der Erhaltung der Sachüberreste im Erdreich, also vom Zustand bei der Auffindung der „Bodenurkunden" abhängig. Schon der Abbruch der Klostergebäude hat ebenso wie spätere Überbauungen vernichtende Spuren hinterlassen. Noch gravierender gestalten sich allerdings moderne Bodeneingriffe, wenn etwa durch Maschinen der Boden weiträumig umgebrochen oder abgetragen wird (u.a. Kloster Schoo). Selbst wenn sich die heutige Archäologie mit einer ganzen Anzahl von zeitgemäßen Feldmethoden und Auswertungsmöglichkeiten präsentiert, muß sie in erster Linie dafür eintreten, daß auch diese Bodenurkunden als Denkmäler behandelt und bewahrt werden, um noch künftigen Generationen Zeugnis ablegen zu können.

Zur Topographie der Klöster

Auf die besondere Dichte von Klostergründungen im ostfriesischen Raum ist mehrfach hingewiesen worden (Smid 1974; Streich 1986; Wiemann 1970; 1975). Die Zusammenhänge zwischen der jeweiligen Standortwahl und den naturräumlichen Voraussetzungen sind indes noch wenig untersucht. Bisher scheint es so, als hätten sich die Ordensniederlassungen unter topographischen Vorbedingungen vollzogen, die ganz allgemein das Besiedlungsbild im Spätmittelalter charakterisierten. So lagen weniger als die Hälfte der Klöster auf den überflutungssicheren Geestdurchragungen (Abb. 1). Vom frühen Reepsholt abgesehen, läßt sich daraus jedoch keine chronologisch zu wertende Tendenz ableiten, denn die im frühen 13. Jahrhundert erscheinenden Prämonstratensergründungen erfolgten mit Barthe und Hopels auf der Geest oder wie mit Palmar und

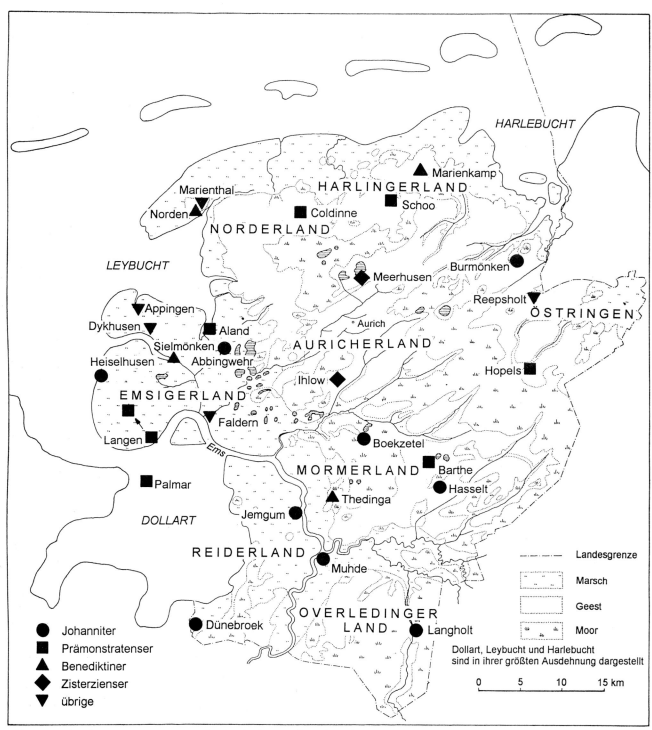

Abb. 1 Lage der Klöster im Naturraum Ostfriesland. Als Grundlage dient die Karte von Wiemann (1970, Beilage). Die von Weers (1989a, Abb. 5) gegebene Karte ist in Teilen unvollständig und widersprüchlich gegenüber der Liste und Kartierung bei Wiemann (1970, 26 ff.; 75, 81 f.). Noch anders kartieren Smid (1974, Karte V) und Streich (1986, Beilage). Die Widersprüche liegen hauptsächlich in der unterschiedlichen Beurteilung von Inkorporationen bzw. Selbständigkeiten begründet. Eine abschließende Klärung dieser Fragen steht von Seiten der Historiker noch aus. So existierte in Hesel sicher nie ein eigenständiges Kloster mit Vorwerk Oldehave (zu Barthe!). Burlage war ein Vorwerk von Langholt. Tjüchen ein Vorwerk von Burmönken etc. Für diesen Fragenkomplex wäre die Erarbeitung einer Karte der Verteilung und Zugehörigkeit von Klosterbesitztümern wünschenswert.

wenig später Langen in der Marsch. Bei diesem Orden hielt sich die Nutzung von Geest und Marsch etwa die Waage, selbst das wegen der Dollarteinbrüche 1499 aufgegebene Langen wurde durch Verlegung nach Blauhaus im selben Naturraum belassen. Im Gegensatz zu den später erscheinenden Johannitern haben die Prämonstratenser die Moorgebiete stets gemieden. Zieht man die Flußmarsch der Ems hinzu, so haben die Johanniter diese Feuchtgebiete geradezu bevorzugt, lediglich Hasselt und Burmönken lagen auf der Geest. Ob diese Standortwahl aus dem Wunsch nach Weltabgeschiedenheit resultierte oder ob eher allgemein wirtschaftliche bzw. agrartechnologische Gründe dafür ausschlaggebend waren, kann nur gemutmaßt werden.

Die bisher untersuchten Klosterstellen lassen darauf schließen, daß bei der Standortwahl eher feintopographische Vorbedingungen bestimmend waren, die z.T. weitgehend unabhängig vom großräumigen Kontext betrachtet werden können. Bezeichnend, wenn auch sicher nicht exemplarisch, ist die Lagesituation des Zisterzienserklosters Ihlow. Das leicht trapezoide, etwa 350 x 260 bzw. 240 m messende innere Klostergelände der „Scola Dei" war von zwei Gräben und einem Wall umgeben. Es lag am nordwestlichen Rand des Krummen Tiefs auf einem sandigen, leicht erhöhten, z. T. von Moor umgebenen Geestrücken. Der überflutungssichere Platz zwischen der +2,00 und der +3,00 m Isohypse verfügte also in strategisch günstiger Position über eine direkte Anbindung an einen schiffbaren Handels- und damit Kommunikationsweg und gleichzeitig über beackerbares Hinterland.

Im Falle des Klosters Barthe kann kaum die Suche nach Abgeschiedenheit die Standortwahl beeinflußt haben. Die Grabungen konnten vielmehr nachweisen, daß die Prämonstratenser eine kleine, wohl seit dem 10./11. Jahrhundert bestehende, wahrscheinlich bäuerliche Ansiedlung übernahmen, die bereits vor der Klostergründung über eine Kirche verfügte. Sie lag auf einem sich von Süd nach Nord erstreckenden Geestplateau am östlichen Rand einer moorigen Niederung, die dieses Siedlungsgebiet von dem ebenfalls in das frühe Mittelalter zurückreichende Hesel trennte. Erst weiter nach Osten stieg das Geestgelände bis auf über +16 m NN an, erwies sich aber wohl aus Gründen der Wasserversorgung und des Windeinflusses als weniger siedlungsfreundlich. Hier scheinen eher Rohstoffe, vor allem Lehm, gewonnen worden zu sein, worauf tiefe Abbaustellen hindeuten. Die Heidedecke der hohen Geest wurde außerdem zur Gewinnung von Plaggen genutzt, die nach der Einbringung in die Stallungen auf den Acker- und Gartenflächen ausgebracht wurden. Die Größe des inneren Barther Klostergeländes läßt sich aufgrund der neuzeitlichen Überprägung nur noch schätzungsweise mit 150 auf 150 m angeben. Schon in dieser Hinsicht wird ein deutlicher Unterschied zu Ihlow offensichtlich, außerdem scheint keine Umwallung und kein abgrenzendes Grabensystem existiert zu haben.

Grundsätzlich ist für die Klosterstandorte offenbar von einer in erster Linie wirtschaftlich bedingten Korrespondenz zu den Naturräumen auszugehen, da die Lebensgrundlagen auf landwirtschaftlichem Erwerb, also auf Ackerbau und vor allem Viehwirtschaft basierten. Anders lassen sich verschiedene Gründungen in der Marsch oder im Moor nicht erklären. Zur Frage der Herstellung spezieller Güter, zu denken wäre etwa an Wollgewinnung, und zu den Möglichkeiten ihres Vertriebs läßt sich archäologisch bisher ebensowenig aussagen wie zu möglichen Handelsverbindungen einschließlich der Versorgung mit Fremdprodukten. Es ist aber davon auszugehen, daß sich die Klöster in dieser Hinsicht nicht von anderen, weltlichen Produktionseinheiten unterschieden haben. Das umfangreiche, noch nicht abschließend ausgewertete Fundgut vom Kloster Barthe weist deutlich in diese Richtung.

Erste Untersuchungen

In der dem Niedergang der ostfriesischen Klöster folgenden Zeit sind sicher an verschiedenen Orten wiederholt Überreste der ehemaligen Bauten im Boden entdeckt worden. Sie werden dann ohne nähere Untersuchung zur Gewinnung von Backsteinen demontiert worden sein. So ist etwa aus Hesel, Kr. Leer, überliefert, daß Fundamente, Fußböden sowie Kellergewölbe von der Kapelle des Heseler Vorwerks, die sich noch in sehr gutem Zustand befunden haben müssen, und dazugehörige Bestattungen Mitte des 19. Jahrhunderts zerstört wurden (Sundermann 1922). Ein ähnliches Schicksal ereilte einige Fundamentreste und gemauerte Grabkammern des Stiftes Reepsholt beim Abfahren von Erde im Jahre 1903 (Siefken 1982).

In den ersten Jahrzehnten unseres Jahrhunderts war es vor allem Revierförster C. B. Brünig, der Interesse an den Bodendenkmälern und damit auch an den Klosterstätten zeigte, die in seinem Amtsbereich lagen. Er spielte in dieser Hinsicht eine gewisse, wenn auch wohl einsame Vorreiterrolle. Seine heimatkundlichen Forschungen basierten zwar z.T. auf mystifizierenden Legenden (z.B. Köppen-Bode 1915), gleichwohl verstand er es, alte Handschriften abzuschreiben und zu interpretieren (Brünig 1919; 1922). Die Vorstellungen vom vorgeschichtlichen Hesel brachte Brünig auf mehreren Kartenskizzen zu Papier, im Bereich der Klöster Hopels und besonders Barthe ist er zudem mit dem Spaten aktiv gewesen. Die zeitgenössische archäologische Vorgehensweise muß ihm durchaus vertraut gewesen sein, denn in seinen Manuskripten sind Skizzen von Funden enthalten, die der damaligen Darstellungsweise entsprechen. Wäre das Schürfen am Kloster Barthe von Erfolg gekrönt gewesen, hätte Brünig sicher auch die beobachteten Befunde in solcher Weise niedergelegt. Trotz mangelnder Grundlagen wurde von ihm ein Lageplan des Klosters angefertigt (Brünig 1919), der sich auf die topographischen Gegebenheiten stützte und der wohl aufgrund seiner Einmaligkeit für Ostfriesland noch in späterer Zeit zitiert wurde (Smid 1974, Abb. 56).

Erst in den fünfziger Jahren wurden dann zwei kurzzeitige Klosteruntersuchungen möglich, die offenbar dem nun gesteigerten Bewußtsein der modernen Öffentlichkeit zu verdanken sind, denn beide kamen durch Fundmeldungen im Zuge von Bauarbeiten zustande. K. H. Marschalleck hatte so im Jahre 1956 die Gelegenheit, Reste eines Wandstumpfes des Stiftes Reepsholt und einige Bestattungen freizulegen (Marschalleck 1956).

Meerhusen

Ebenso zufällig rückte ein zweiter ostfriesischer Klosterkomplex im Jahre 1958 in das Gesichtsfeld der Archäologen. Die Ergebnisse blieben bezeichnenderweise noch unveröffentlicht (Reinhardt 1959). Auf der Geest bei Tannenhausen waren Forstarbeiter auf Mauerwerk und Überreste menschlicher Bestattungen im Bereich des ehemaligen Zisterzienserinnenklosters Meerhusen gestoßen. So konnten durch eine Nachuntersuchung der Fundstelle und eine spätere kurze Sondierungsgrabung erste Befunde dokumentiert werden (W. Reinhardt und Arbeitsgemeinschaft Vorgeschichte der Ostfriesischen Landschaft).

In Meerhusen wurden zunächst einige Bestattungen in rechteckigen, aus Backsteinen gemauerten Grabkästen aufgedeckt, die offenbar mehrfach belegt wurden (Abb. 2). In dem einzigen trapezoiden Kasten wurde eine bronzene Gürtelschnalle zwischen den Beckenkno-

Abb. 2 1958 freigelegte Grabkästen aus Backsteinen vom Kloster Meerhusen.

chen der Bestatteten gefunden, wodurch eine Datierung in das ausgehende Mittelalter, also in die spätere Zeit des Klosters ermöglicht wurde. Nördlich der Bestattungen, die dem Friedhof zuzurechnen sind, kamen Reste eines Fliesenfußbodens und Backsteinschutt zutage. Nur wenig tiefer lag östlich davon ein Halbrund aus sechs größeren Granitsteinen, ein weiterer war aus seiner ursprünglichen Lage gebracht. Diese Steine wurden als Gebäudefundament gedeutet. Aufgrund der geringen Größe des Grabungsschnittes und mangelnder stratigraphischer Beobachtungen hinsichtlich des Fußbodens kann das Halbrund kaum als Ostabschluß der Klosterkirche angesprochen werden (vgl. Weers 1989). Ähnliches gilt für einige Pfostengruben östlich davon, da offen blieb, ob es sich um Spuren einer hölzernen Vorgängerbebauung oder um Gerüstpfosten im Zuge der Erstellung von Klostergebäuden gehandelt hat.

Reepsholt

Die Reepsholter Stiftsgründung, bereits für das Jahr 983 schriftlich belegt, steht streng genommen nicht unmittelbar im Zusammenhang mit der Geschichte der ostfriesischen Klöster.

Seine Errichtung kurz vor der Jahrtausendwende diente der Festigung der Christianisierungsbestrebungen und der Organisation des Niederkirchenwesens in diesem Bereich. Im frühen 15. Jahrhundert wurde Reepsholt dem Stift St. Willehad in Bremen inkorporiert. Um das Jahr 1500 war es desolat und wurde etwa 1534 zerstört (Streich 1986).

In Reepsholt existieren zwei aufgeschüttete Hügel. Auf dem nördlichen liegt die hochmittelalterliche Kirche mit der Turmruine, in der bereits kleinere Grabungen stattfanden (Haiduck 1983). Auf dem südlichen Hügel, genannt „Auf dem Klimp" oder „Kaiserberg", soll das Stift bestanden haben. Die frühe Gründungszeit ließ sich archäologisch bisher nicht zweifelsfrei nachweisen. K. H. Marschalleck konnte 1956 auf dem „Kaiserberg" die bereits genannten Befunde erheben. Westlich dieses heute überbauten Areals unternahm W. Schwarz 1982 zwei Probegrabungen zur Klärung der Hügelstratigraphie und möglicher Gebäudestandorte (Schwarz 1983).

Insgesamt wurden vier Hauptphasen der Hügelentstehung herausgearbeitet (Abb. 3). Im Anfang wurde

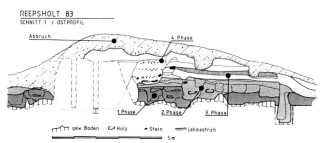

Abb. 3 Der „Kaiserberg" in Reepsholt weist vier Entstehungsphasen auf.

offensichtlich ein flacher Hügel aus Heideplaggen aufgeworfen, in den christliche Bestattungen (West-Ost-Ausrichtung) eingebracht waren. Dieser Bezirk war von Gräben umgrenzt, er datiert mit Sicherheit vor das 12. Jahrhundert. Gebäudereste konnten auch für die folgende Phase nicht erfaßt werden, es steht aber fest, daß der Platz vergrößert wurde und wieder Bestattungen in die Erde gelangten. Sie gerieten später z.T. unter einen Fußboden, der zu einem nicht näher charakterisierten Gebäude, vielleicht zu einem Holzhaus, gehört hat. Zur dritten Phase gehört ein Gebäude mit einem Lehmestrich, dessen Ende mittels Keramikscherben in die Zeit um 1200 gesetzt werden kann. Erst in der vierten Phase wurde ein massiver Steinbau aus Klosterformatziegeln errichtet, zu dem bereits die im Jahre 1956 beobachteten Mauerreste gehört haben müssen. Der Ausgräber hält es für möglich, daß dieser Bau mit der Stiftskirche gleichzusetzen ist, die danach etwa 40 m lang und 12 m breit gewesen sein muß.

Die Größe des Stiftsbezirkes hat etwa 130 x 130 m betragen. Ältere Erdabtragungen haben die archäologischen Befunde in diesem Bereich stark reduziert, weshalb die in den Probeschnitten ermittelten Ergebnisse erst durch weitere, großflächige Untersuchungen erhärtet werden können. Erst dann könnte das frühe Gründungsdatum archäologisch nachgewiesen und die Struktur der Bebauung erkannt werden.

Hopels

Von mit Reepsholt vergleichbarer Größe war der Klosterbezirk in Hopels. Hier fand 1980 eine kurzzeitige Untersuchung im Vorwege von forstwirtschaftlichen Maßnahmen statt, wobei das Befestigungswerk erkundet wurde (Schwarz 1981). Der oben 5,50 m breite Graben maß auf seiner Sohle noch 3,50 m in der Breite. Nach außen war ihm ein ehemals höchstens 1,00 m hoher Wall vorgelagert, der nach den aufgefundenen Pfostengruben eine Palisade oder Holzwand zur Verstärkung getragen hat. Auf der Innenseite lag eine 1,00 m breite Berme hinter dem Graben, auf der eine Backsteinmauer gestanden haben muß. Keramikfunde datierten den Beginn der Anlage in das 13. und ihr Ende in das 15./16. Jahrhundert.

Ihlow

Die Grabungen am Kloster Ihlow sind als erste umfangreiche Untersuchung eines ostfriesischen Klosterkomplexes zu bezeichnen. Vor dem Hintergrund der mangelnden Überlieferung reagierte hier die Archäologie auf die Forderung nach der Erhebung von neuen Quellen, die von der landesgeschichtlichen Forschung an sie herangetragen wurde (vgl. Wiemann 1970).

Die Bodenaufschlüsse erfolgten in mehreren Kampagnen, die unter wechselnder Leitung z.T. unterschiedlichen Fragestellungen nachgingen. Erste Untersuchungen erbrachten 1973 (W. Schwarz) durch die Aufdeckung von Werkstattresten den Nachweis von handwerklichen Verrichtungen im nördlichen Klosterareal, 1977 (W. Schwarz) wurde südlich davon in Suchschnitten der Standort der Kirche lokalisiert. Daraufhin konnten in den Jahren 1983–85 (W. Schwarz, A. Weers) größere Grabungen angesetzt werden, um den Kirchengrundriß in seiner Gesamtheit zu erfassen. Außerdem gelang es, den Fußboden eines späteren Nebengebäudes mit sekundär verwendeten Fußbodenfliesen zu bergen. 1983 (P. Caselitz) wurde zudem ein Teil des Friedhofes untersucht. Eine kleinräumige Aufdeckung galt 1989 (M. Roehmer) dem Klausuranschluß unmittelbar südlich der Kirche. Schließlich wurden 1990 zwei kleinere Schnitte eröffnet, um Hölzer zur dendrochronologischen Datierung einzelner Bauphasen zu gewinnen (Schwarz und Stutzke 1991). Zusammenfassend kann an dieser Stelle nur ein knapper Blick auf die Ergebnisse geworfen werden, da bisher noch kein vollständiger Grabungsbericht vorliegt und erst Zwischenergebnisse veröffentlicht wurden.

Das Hauptresultat der archäologischen Untersuchungen in Ihlow ist die Feststellung des Kirchengrundrisses (Abb. 4). Es war eine dreischiffige Gewölbebasilika mit Querschiff und polygonaler Apsis (7/12 Chorschluß; Abb. 5). Die Gesamtlänge der Abteikirche betrug etwa 67,60 m, die Breite des Querschiffes war 34,80 m, während das Langhaus noch 22,60 m in der Breite maß. Diese imposanten Abmessungen sind z. B. mit denen des Ratzeburger Doms vergleichbar (Gesamtlänge 64,44 m, Querschiff 37,17 m; Langhausbreite 22,57 m; vgl. Groß 1989). Die Ihlower Klosterkirche war nach Marienhafe die zweitgrößte Kirche in Ostfriesland. Im Zuge der Grabungen konnten eine Reihe von Einzelheiten ihrer Baugeschichte ermittelt werden. So wurden nach der Planierung und partiellen Aufhöhung des Bauplatzes zunächst Fundamentgräben ausgehoben, die mit sterilem Sand verfüllt und anschließend durch die Zuleitung von großen Wassermengen an den Oberkanten einnivelliert wurden. Auf diese Weise konnten die genauen Höhen für die unteren Backsteinlagen der Fundamentsockel bestimmt werden, die das aufgehende Mauerwerk und die Pfeiler trugen (Abb. 6). Wahrscheinlich wurde mit dem Bau in den Ostteilen der Kirche begonnen, um anschließend nach Westen fortzuschreiten. Dabei wurde wiederholt von den Oberkanten bereits verlegter

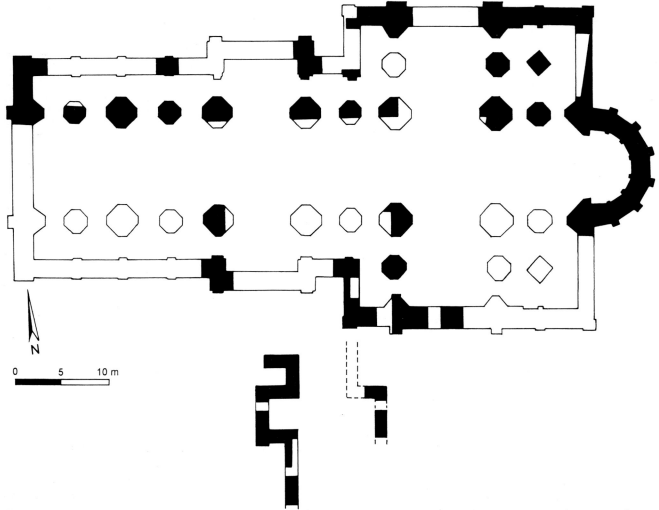

Abb. 4 Idealisierter Grundriß der Klosterkirche zu Ihlow mit südlich angrenzendem Fundament des Kreuzganges (schwarz: ergrabene Befunde, offene Signatur: Mauerwerk vermutet).

Abb 5 Blick von Osten auf einen Teil der polygonalen Apsis der Ihlower Klosterkirche.

Steinlagen aus erneut mit Wasser eingeschlämmt und so die Niveaus weiterer Lagen bestimmt.

Wurde bisher von einer recht zügigen Erstellung eines mutmaßlich frühen Kirchenbaues ausgegangen, die auf dem hohen Niveau und einer in der Backsteinbaukunst erfahrenen Bauhütte basierte (Weers 1987; 1989), so haben neue Erkenntnisse zur absoluten Datierung diese Hypothesen relativiert. Bereits die Grabungen des Jahres 1977 hatten Bestattungen zutage gefördert, die aufgrund ihrer stratigraphischen Einbindung älter als der Kirchenbau sein mußten. 1990 konnten schließlich Eichenhölzer von Totenbrettern geborgen werden, die mit den Bestatteten in die Erde gelangten, bevor mit dem Kirchenbau begonnen wurde. Die Hölzer wurden dendrochronologisch bestimmt, die Auszählung der Jahrringe erbrachte Fälldaten der verwendeten Bäume zwischen 1234 ±6 als ältestem und 1270 ±6 als jüngstem Zeitpunkt. Nach diesem Befund kann der südliche Teil des Querhauses erst nach 1260 und die NW-Ecke des Langhauses erst Jahrzehnte nach 1270 erbaut worden sein. Das steht durchaus im Einklang mit der schriftlichen Überlieferung, wonach 1218 Standort und Baufragen des Klosterbaues geklärt waren und 1228 der Erzbischof von Bremen die Neugründung des Klosters offiziell bestätigte (van Lengen 1978; Streich 1986). Wahrscheinlich entstand zunächst am Ostteil der im Bau befindlichen Klosterkirche ein Friedhof, dessen älteste Gräber bisher um 1230 zu datieren sind. Er wurde später im Zuge des Baufortschrittes nach Westen z. T. durch das südliche Querschiff und das Langhaus überbaut. Die Bauarbeiten waren frühestens im 14. Jahrhundert vollends abgeschlossen. Eine kurze Bauzeit hätte sicher kaum ausgereicht, einen Kirchbau von solcher Dimension zu erstellen. Vergleichbar ist wiederum der Ratzeburger Dom, dessen Bauzeit von 1160/70 bis zur Mitte des 13. Jahrhunderts angegeben wird (Untermann 1984). Auch aus kunsthistorischer Sicht scheint nichts gegen die späte Datierung der Ihlower Kirche zu sprechen, da polygonale Chorbauten in Deutschland „frühestens in den Jahrzehnten vor der Mitte des 13. Jahrhunderts" erstellt wurden, im Groningerland erst nach 1300 und in Ostfriesland sonst nicht

Abb. 6 Fragment eines Pfeilers der Ihlower Klosterkirche während der Freilegung.

vor dem 15. Jahrhundert erschienen (Schwarz u. Noah 1984).

Grabungen im Klausurbereich lieferten zudem zwei Bestattungen, die dendrochronologisch in die zwanziger Jahre des 13. Jahrhunderts datiert wurden. Die Ausgräberin konnte deshalb die vorgenannten Ergebnisse bestätigen, sie fand in den kleinen Schnitten ebenfalls keinen klaren Hinweis auf einen Vorgängerbau (Roehmer 1990; 1991). Sie unterschied südlich der Kirche zwei klosterzeitliche Bauhorizonte, die von mehreren neuzeitlichen Hausresten überlagert wurden. Auch im Bereich des Ostflügels der Klausur und des Kreuzganges scheinen die Baumaßnahmen in der zweiten Hälfte des 13. Jahrhunderts begonnen zu haben. Der Kreuzgang wurde später umgebaut, wobei eine schmale Mauer durch eine massivere ersetzt wurde (Abb. 4). Zu beiden Bauphasen gehörten verschiedene Lehmestriche, während des Umbaues wurden zudem Backsteinkanäle zur Wasserentsorgung eingezogen.

Die Bestattungen auf dem Klosterfriedhof waren dem christlichen Ritus gemäß in West(Kopf)-Ost-Richtung niedergelegt. Holzsärge wurden nicht festgestellt, nur die gelegentliche Auffindung einzelner Nägel scheint auf ihre Verwendung in Einzelfällen hinzudeuten. Bei den älteren Bestattungen wurden z. T. abdeckende Totenbretter gefunden. Wie in Meerhusen, Barthe und anderen bereits genannten Plätzen kamen vereinzelt Backsteinkisten vor. Ausgesprochen selten fanden sich Gürtelschnallen in der Hüftregion einzelner Skelette. Beobachtungen zur Stratigraphie der Bestattungen auf dem Klosterfriedhof beschränken sich offenbar mit einer fraglichen Ausnahme auf das Erkennen eines einzigen Belegungshorizontes, was bisher wenig zur Erhellung der archäologischen Fragestellungen beiträgt. Die vorläufige demographische Bearbeitung der Skelettreste und der Versuch ihrer überregionalen Einbindung steht aufgrund der meist weit entfernten, wenig genau datierten und vor allem zahlenmäßig zu kleinen Vergleichsserien ebenfalls noch auf eher tönernen Füßen (vgl. Caselitz 1990).

Die Ihlower Klosterkirche mag nach Marienhafe die zweitgrößte Kirche zwischen Bremen und Groningen gewesen sein, sie war größer als Hude, aber doch kleiner als Walkenried oder Riddagshausen (Weers 1987). Ihre bemerkenswerten Dimensionen stellen für das nordwestdeutsche Gebiet sicher eine Besonderheit dar, da sie selbst den überregionalen Vergleich nicht scheuen müssen (vgl. Wittig-Sorg 1990). Entsprechendes läßt sich von den Fliesenfunden behaupten, die zum einen in der Kirche und zum anderen in einem etwa 60 m von ihr entfernten, mehrräumigen Nebengebäude zutage kamen. Die dort freigelegten Fußböden bestanden aus einfachen Backsteinfliesen und über 100 verzierten Exemplaren. Letztere stammen offenbar aus der Klosterkirche und stellen Reste ihrer älteren Fußböden dar, die wahllos nebeneinander in einem neuen Gebäude sekundär verwendet wurden.

Abb. 7 Ihlower Fliesen mit inkrustiertem Tiermotiv.

Abb. 8 Zu den ältesten Ihlower Fliesen zählen reliefierte Exemplare (oben), später folgten inkrustierte (Mitte) und schließlich erhabene Motive (unten).

Die Fliesen lassen sich nach vorläufiger Einschätzung in zwei Hauptgruppen einteilen, wobei nach reliefierten und inkrustierten Oberflächen unterschieden werden kann (Schwarz 1978; Weers 1989). Für die älteren, reliefierten Typen sind geometrisch-florale Motive kennzeichnend (Abb. 8, oben), während sich die späteren, inkrustierten Exemplare durch figürliche, meist faunistische und seltener durch geometrische Darstellungen auszeichnen. Die Motive wurden durch Stempel eingedrückt und das Negativ mit einer hellen Tonmasse ausgefüllt (Abb. 8, Mitte, u. 7). Auch die Umkehr dieser Technik ließ sich feststellen, danach blieb das Motiv erhaben und hob sich vom hellen Umfeld ab (Abb. 8, unten).

Die Ausgrabungen in Ihlow haben zusammengenommen einen unersetzlichen Beitrag zur spätmittelalterlichen Ordensbaukunst in Ostfriesland geliefert und gleichzeitig eine weitere Tür zur Kenntnis der regionalen Landesgeschichte aufgestoßen. Einen ebensolchen Stellenwert besitzt der Ihlower Fliesenfundus, der nach seiner abschließenden Auswertung ein historisches Dokument besonderer Güte darstellen dürfte.

Barthe

Die Gründungszeit des Klosters Barthe ist nach einer der wenigen Schriftquellen eng umrissen, sie wird mit „circa 1204" angegeben (Backmund 1952). Der erst Mitte des vergangenen Jahrhunderts endgültig wüstgefallene Platz wurde in den Jahren 1988–92 (R. Bärenfänger) einer umfangreichen Ausgrabung unterzogen. Die primäre Fragestellung war hier die Lokalisierung und Rekonstruktion der Gesamtanlage, die Ermittlung von Bauphasen und die Erkundung der nachklösterlichen Nutzung. Barthe wurde nicht allein wegen seines frühen Gründungsdatums zum Forschungsobjekt gewählt, sondern vor allem, weil es im Gegensatz zu Ihlow ein eher durchschnittliches ostfriesisches Kloster gewesen sein muß. Die hier gewonnenen Erkenntnisse lassen sich deshalb, wenn auch unter vielen Vorbehalten, auf die übrigen Klöster der Region, mit Ausnahme wohl von Thedinga, allgemein übertragen.

Die Erkenntnismöglichkeiten der Ausgrabungen im heutigen Heseler Wald wurden durch die relativ schlechten Erhaltungsbedingungen, hervorgerufen durch den rigorosen Abbruch der Gebäude, durch die partielle neuzeitliche Überlagerung des Platzes mit Flugsanddünen und nicht zuletzt durch den dichten Baumbestand stark beeinträchtigt. Trotzdem wurde eine Reihe von Ergebnissen erzielt (Bärenfänger 1991; 1991a; 1992), die hier ebenfalls nur stark gekürzt wiedergegeben werden können, eine umfassende Publikation ist in Vorbereitung.

Bei der Rekonstruktion der Gesamtanlage galt es zunächst, den schon erwähnten Klosterplan zu überprüfen (Smid 1974, Abb. 56). Die archäologischen Untersuchungen konnten bald den wahren Standort der Gebäude klären und nachweisen, daß die Kirche im Süden der Anlage stand, der Klausurbau erstreckte sich nördlich von ihr, der Friedhof lag östlich und südlich der Kirche, Wirtschaftsgebäude und Ofenanlagen wurden im Windschatten nordöstlich der Hauptgebäude betrieben.

Auch in Barthe standen die Hauptgebäude auf mit Sand gefüllten Fundamentgräben, der Nachweis für Schlämmtechniken, analog zu den Befunden in Ihlow, konnte allerdings nicht zweifelsfrei erbracht werden. Die Rekonstruktion der Gebäudefluchten und ihrer Bauphasen beruht fast ausschließlich auf dem Verlauf

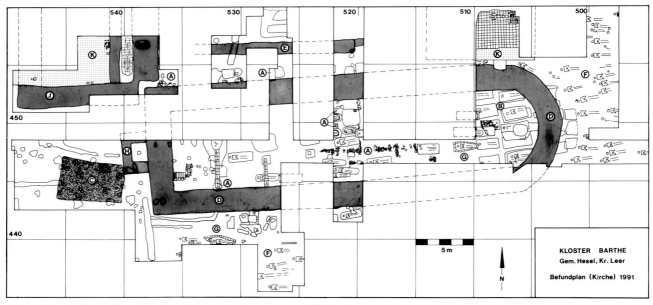

Abb. 9 Grundriß der Klosterkirche zu Barthe und angrenzende Befunde
A: Pfostengruben und Feldsteinlagen der Holzbauphase
B: vorklösterliche Bestattungen
C: „Handwerkerhäuschen"
D: Fundamentgräben der Backsteinkirche
E: Fundamentgraben des Kreuzganges
F: Bestattungen des Klosterfriedhofes
G: Backsteingräber
H: späterer Vorbau im Portalbereich der Kirche
I: Fundamentgraben des Westtraktes der Klausur
K: neuzeitliche Gebäude

der Fundamentgräben, Mauerreste waren kaum erhalten. Jeweils von der Innenkante der Fundamentgräben gemessen, ergab sich für die Kirche eine maximale innere Ausdehnung von 31,40 x 6,60 m (Abb. 9). Zu diesem Maß sind wohl an allen vier Wänden 0,50 m hinzuzurechnen, da an der Westwand ein Lehmfußboden um etwa dieses Maß auf den Fundamentgraben zog. Die Backsteinmauer kann also erst 0,50 m westlich der Innenkante des Fundamentes angesetzt haben. So gesehen kann von einem maximal 32,40 x 7,60 m großen umbauten Innenraum ausgegangen werden. Der Fundamentgraben der Kirchenostwand verlief gebogen (Abb. 10), weshalb auf einen halbrundförmig umbauten Chorraum geschlossen werden muß. Die Backsteinkirche besaß also eine langgestreckte, fast schlauchige Form mit halbrundem Chor- oder Apsidialschluß. Vor ihrem Altar haben mindestens drei Bestattungen gelegen, deren Grabgruben mit Backsteinen ausgekleidet und von Sandsteinplatten abgedeckt waren.

Der Backsteinbau wurde von einem Brand betroffen und anschließend wieder aufgebaut. Es ließ sich jedoch noch eine weitere Bauphase herausarbeiten, denn der Backsteinbau hat augenscheinlich eine ältere Holzkirche abgelöst. Dies läßt sich durch Feldsteinreihen und Ständersteine belegen, die ein aufgehendes Balkenwerk getragen haben müssen. Die Bedachung bestand aus Schilf oder Stroh. Der Fundamentgraben der späteren Backsteinkirche schnitt im Chorbereich zudem ältere Bestattungen, die zum Friedhof der ersten Kirche zu rechnen sind (Abb. 9). Bemerkenswerterweise wurden im stratigraphischen Zusammenhang mit dem Lehmfußboden der Holzkirche verkohlte Getreidekörner entdeckt. Nach Mitteilung von H. Haiduck, Wilhelmshaven, ist die Auffindung von Getreide für früh- und hochmittelalterliche Kirchen Ostfrieslands nahezu typisch. Er stellte in einzelnen Fällen große Mengen davon in Kirchen fest und geht deshalb von regelrechter Einlagerung aus (Kornböden?). Möglicherweise handelt es sich um Naturalabgaben, die an die Kirchengemeinden geleistet werden mußten. Neben etlichen Befunden und Funden, darunter Keramikscherben des 10. bis 12. Jahrhunderts, scheint also ein Beleg dafür gefunden, daß die Klostergründer um das Jahr 1204 keine Gebäude erstellen mußten, sondern bereits vorhandene, sogar eine kleine Holzkirche, übernehmen und vorerst nutzen konnten. Erst später begannen sie mit der Errichtung von Backsteingebäuden.

Weitere Grabungsschnitte galten dem Klausurbereich des Klosters. Zuerst wurde offenbar der Nordflügel

Abb. 10 Blick von Westen auf den Fundamentgraben im Chorbereich der Klosterkirche zu Barthe. Angrenzend lag der Friedhof (oben), im Vordergrund sind rechteckige Grabgruben älterer Bestattungen zu erkennen.

erstellt, der nach einem Brand und folgendem Neubau umgestaltet und durch einen Westtrakt ergänzt wurde. Erst dadurch wurde eine Verbindung zur Nordwestecke der Kirche hergestellt. Es kann jedoch von einer Geschlossenheit der Gesamtanlage im Sinne einer dreiflügeligen Klausur mit im Süden vorgelagerter Kirche nicht ausgegangen werden, da der Ostflügel nach Norden über den Nordtrakt hinausreichte und im Süden keine Anbindung an die Kirche besaß. Er griff vielmehr mit seiner vollen Breite über den Chor der Kirche aus, sein südlicher Abschluß lag gut 10 m nordöstlich des Chores, so daß hier augenscheinlich ein freier Platz verblieb, der teilweise als Friedhof genutzt wurde.

Im Zuge der Grabungen kam eine große Anzahl von Versorgungs- und Wirtschaftsanlagen zutage. Zu nennen ist nicht nur ein „Handwerkerhäuschen", das wäh-

Abb. 11 Wasserleitung aus Dachziegeln vom Kloster Barthe.

Im Gegensatz zu der geringen Anzahl von Fundstücken, die im Klosterareal von Ihlow geborgen werden konnten, lieferten die Grabungen in Barthe eine ungeahnt große Menge von Fragmenten ehemaliger Gebrauchsgegenstände. Die kontinuierliche Nutzung des Platzes vom 10./11. bis zum 19. Jahrhundert hat sich vor allem in einem überreichen Keramikfundus niedergeschlagen, aber auch Werkzeuge und diverse Utensilien des täglichen Bedarfs wie Messer, Nadeln, Kämme als auch Schmuckstücke wurden gefunden (Abb. 14). Die abschließende Auswertung all dieser Funde wird nicht nur chronologische Bedeutung für die Abfolge der Bauphasen erlangen, sie wird gerade im Hinblick auf Keramikherstellung und -import gesamtostfriesische Dimension erreichen. Es darf jedoch in diesem Zusam-

Abb. 12 Ofenanlage mit Feuerungsraum und aschegefülltem Rost vom Kloster Barthe.

rend der Bauzeit der Backsteinkirche in Funktion stand (Abb. 9; Bärenfänger 1991a), erwähnenswert ist auch eine über 9 m lange Wasserleitung, gesetzt aus Dachziegeln, die offenbar Oberflächenwasser vom Innenhof unter dem Fußboden des Nordtraktes hindurch in ein Gräbchen leitete (Abb. 11), oder ein Brunnen aus Torfsoden, die einer hölzernen Substruktion aus Holzbalken aufsaßen Zudem wurden zwei schlüssellochförmige Öfen freigelegt, von denen einer noch über 0,50 m hoch erhalten war (Abb. 12).

Trotz der im 17. Jahrhundert einsetzenden Versandung des ehemaligen Klosterplatzes wurde seine Bewirtschaftung nicht aufgegeben. Zahlreiche neuzeitliche Befunde und Funde legen davon ein beredtes Zeugnis ab. Unter anderem konnte ein 1698 erwähntes Gebäude mit zwei eingewölbten Kellern identifiziert werden. In seinem Südteil waren noch Reste des Fußbodens, zwei Treppenstufen und ein Pfeilersockel erhalten (Abb. 13).

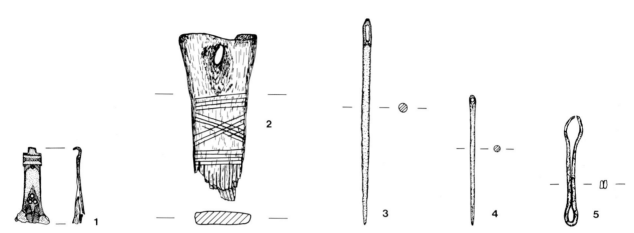

Abb. 13 Gebrauchsgegenstände vom Kloster Barthe. M. 1:2 (1 Buchverschluß, 2 Knochenkamm, 3 und 4 Nadeln, 5 Pinzette).

menhang nicht vergessen werden, daß es sich um den archäologischen Niederschlag einer ganz speziellen sozialen Gruppe, eben einer klösterlichen Lebensgemeinschaft handelt.

Ausblick

Die Ergebnisse der bisherigen Ausgrabungen auf ostfriesischen Klosterstätten konnten die nur spärlich fließenden Schriftquellen schon merklich ergänzen. Im Wesen der archäologischen Erkenntnismöglichkeiten liegt darüberhinaus der unmittelbare Zugang zu den baulichen Anlagen der Klosterbewohner, zu ihren Lebensbedingungen und deren wirtschaftlichen Grundlagen. Von den materiellen Hinterlassenschaften einiger Ordenshäuser sind zwar erst Ausschnitte an das Licht gekommen, sie bilden jedoch eine solide Basis zur Kenntnis der mittelalterlichen Klosterwelt Ostfrieslands.

Nun sind Ansatzpunkte für überregionale Vergleiche geboten, wobei besonders der niederländische Raum interessieren wird, da von dort aus die meisten Filiationen erfolgten. In diesen Zusammenhang gehören Fragen nach der Ausbreitung verschiedener Kongregationen, dem Waren- und Güteraustausch zwischen einzelnen Häusern, kurz: Handelswege, Wirtschaftszweige und kulturelle Verbindungen müssen anhand der archäologischen Realien erarbeitet werden. Zudem ist das Bild von der Rolle der Klöster bei dem spätmittelalterlichen Landesausbau (Deich- und Sielbau, Moorkultivierung u.a.) noch zu unscharf, zu unklar sind die Konturen von dem technologischen Potential der Kongregationen und ihrem Umsetzungsvermögen. Die durch die Grabungen ermittelten krassen Gegensätze zwischen den baulichen Anlagen, den Ausstattungen und Dimensionen der Klöster Ihlow und Barthe lassen in

Abb. 14 Kellerfußboden, Pfeilerrest und Treppenstufen im neuzeitlichen Langen Haus.

diesem Zusammenhang große Unterschiede in wirtschaftlicher Hinsicht und den daraus resultierenden Einflußmöglichkeiten erahnen. Davon ausgehend gilt es nun, der Frage nach dem spätmittelalterlichen Austausch mit der weltlichen Population und ihrer Obrigkeit nachzugehen. Hier herrscht jedoch ein deutlicher Mangel an großflächig ergrabenen profanen Plätzen dieser Zeitstellung, so daß Bauweisen, Wirtschaft, Handwerk und kulturelle Kontexte noch nicht befriedigend verglichen werden können.

Die Archäologie des Mittelalters wird in der Zukunft sicher verstärkt diesen Problemkreisen nachgehen und sie wird nicht nur bezüglich der Klosterstätten auch die nachreformatorischen Siedlungs- und Wirtschaftsverhältnisse in ihr Blickfeld nehmen. Denn ebenso wie die spätmittelalterliche Epoche ist die frühe Neuzeit ein in vielerlei Hinsicht noch weites Forschungsfeld, und zwar unabhängig davon, ob es um kleinräumige Zusammenhänge lokaler Geschichte oder um ausgreifende Fragestellungen überregionaler Bedeutung geht.

Es ist jedoch abzusehen, daß es auf lange Sicht nicht mehr zur großräumigen Ausgrabung eines Klosterplatzes kommen wird. Die Gründe dafür liegen in der Bindung der wenigen Fachkräfte in der Region an Rettungsgrabungen, die nahezu laufend auf durch Baumaßnahmen gefährdeten Fundplätzen vorgenommen werden müssen. Auf diesem Wege wird sicher auch der eine oder andere Klosterplatz archäologisch wieder in Erscheinung treten, grundsätzlich sollen aber der Schutz und die Unversehrtheit dieser Stätten im Vordergrund des denkmalpflegerischen Interesses stehen.

Literaturauswahl

Backmund, N. (1952): Monasticon Praemonstratense, tom II. Straubing.

Bärenfänger, R. (1991): Brände und Feuerstellen am „Kloster Barthe" aus archäologischer Sicht. – Freiwillige Feuerwehr Hesel 1891 – 1991 (Festschrift zum 100jährigen Bestehen), 63–73.

Bärenfänger, R. (1991a): Ein bemerkenswerter mittelalterlicher Hausbefund vom Kloster Barthe. – Jahrbuch der Gesellschaft für bildende Kunst und vaterländische Altertümer zu Emden 71, 5–15.

Bärenfänger, R. (1992): Einige Zwischenergebnisse von der Wüstungsgrabung „Kloster Barthe" im Heseler Wald, Ldkr. Leer. – Nachrichten aus Niedersachsens Urgeschichte 61, 157–171.

Brüning, C. B. (1919): Geschichte des Prämonstratenser Klosters Barthe. Handschriftl. Manuskript, Hesel 1919, Faksimile 1986.

Brüning, C. B. (1922): Gründung des Klosters Barthe. – Die Tide, 6. Jg., Heft 5, 213–215.

Caselitz, P. (1990): Die Grabung im Friedhofsbereich des ehemaligen Zisterzienserklosters Ihlow, Ldkr. Aurich (Vorbericht). – Archäologische Mitteilungen aus Nordwestdeutschland 13, 47–69.

Groß, H.–D. (1989): Dom und Domhof Ratzeburg. Die blauen Bücher, 4. Aufl.

Haiduck, H. (1983): Die mittelalterliche Baugeschichte der Kirche von Reepsholt. – H. Haiduck, Chr. Moßig, W. Schwarz: Stift und Kirche zu Reepsholt. Aurich 1983 (Sonderdruck aus dem Jahrbuch der Gesellschaft für bildende Kunst und vaterländische Altertümer zu Emden 62 und 63, 1983), 5–66.

Köppen-Bode, M. (1915): Kloster Barthe. – Ostfreesland, Kalender für Jedermann, 59–68.

Van Lengen, H. (1978): Geschichte und Bedeutung des Zisterzienser-Klosters Ihlow. – Abhandlungen und Vorträge zur Geschichte Ostfrieslands 59 (Res Frisicae), 86–101.

Marschalleck, K.-H. (1956): Gemäuer des Reepsholter Klosters freigelegt. – Anzeiger für Harlingerland v. 24.3.1956.

Noah, R. (1978): Zur Bestimmung baulicher Einzelheiten des ehemaligen Zisterzienser-Klosters Ihlow. – Abhandlungen und Vorträge zur Geschichte Ostfrieslands 59 (Res Frisicae), 114–120.

Reinhardt, W. (1959): Die Grabung „Kloster Meerhusen" bei Tannenhausen, Kreis Aurich, Ostfriesland. (Unveröffentlichtes Manuskript, Ortsakten Archäologische Forschungsstelle der Ostfriesischen Landschaft).

Roehmer, M. (1990): Archäologische Untersuchungen im Klausurbereich des Klosters Ihlow. – Jahrbuch der Gesellschaft für bildende Kunst und vaterländische Altertümer zu Emden 70, 5–62.

Roehmer, M. (1991): Die Klosterstelle im Ihlower Forst bei Aurich. – Berichte zur Denkmalpflege in Niedersachsen, 11. Jg., Heft 4, 131–134.

Smid, M. (1974): Ostfriesische Kirchengeschichte. – Ostfriesland im Schutze des Deiches 6.

Schwarz, W. (1978): Archäologische Untersuchungen auf dem Gelände des Zisterzienser-Klosters Ihlow. – Abhandlungen und Vorträge zur Geschichte Ostfrieslands 59 (Res Frisicae), 102–113.

Schwarz, W. (1981): Lehrgrabung am Befestigungswerk des Klosters Hopels (Ostfriesische Fundchronik

1980). – Jahrbuch der Gesellschaft für bildende Kunst und vaterländische Altertümer zu Emden 61, 206–207.

Schwarz, W. (1983): Erkenntnisse über die Lage des Stiftes in Reepsholt. – H. Haiduck, Chr. Moßig, W. Schwarz: Stift und Kirche zu Reepsholt. Aurich 1983 (Sonderdruck aus dem Jahrbuch der Gesellschaft für bildende Kunst und vaterländische Altertümer zu Emden 62 und 63), 67–83.

Schwarz, W. u. Noah, R. (1984): Das Zisterzienserkloster Ihlow bei Aurich. – Berichte zur Denkmalpflege in Niedersachsen, 4. Jg., Heft 4, 122–130.

Schwarz, W. u. Stutzke, R. (1991): Fundchronik 1990, Ostfriesland. – Archäologische Mitteilungen aus Nordwestdeutschland 14, 78–106.

Siefken, O. S. (1982): Tausend Jahre Reepsholt. Aurich.

Streich, G. (1986): Klöster, Stifte und Kommenden in Niedersachsen vor der Reformation. Studien und Vorarbeiten zum Historischen Atlas Niedersachsen 30.

Sundermann, F. (1922): Alte Dörfer. III. Hesel (Kr. Leer). – Ostfreesland, Kalender für Jedermann, 31–36.

Untermann, M. (1984): Kirchenbauten der Prämonstratenser. (29. Veröffentlichung der Abteilung Architektur des Kunsthistorischen Instituts der Universität zu Köln).

Weers, A. (1987): Die Zisterzienser in Ihlow. Bilanz der Grabungen 1977–1985. Ausstellungskatalog.

Weers, A. (1989): Ostfriesische Klöster. / Das Zisterzienserkloster Ihlow. – Ostfriesland, 2/1989: Burgen, Siedlungen und Klöster im Mittelalter, 35–43.

Weers, A. (1989a): Geschichte und Archäologie des Mittelalters in Ostfriesland. – Ostfriesland, 2/1989: Burgen, Siedlungen und Klöster im Mittelalter, 7–11.

Wiemann, H. (1970): Die ostfriesischen Klöster in vorreformatorischer und reformatorischer Zeit. – Jahrbuch der Gesellschaft für niedersächsische Kirchengeschichte 68, 25–38, Kartenbeilage.

Wiemann, H. (1975): Vom ostfriesischen Großreich bis zur Reichsgrafschaft Ostfrieslands (um 700 bis 1464). – Ostfriesland – Weites Land an der Nordseeküste (Deutsche Landschaft 10), 76–86 (3. überarb. Aufl.).

Wittig-Sorg, H. (1990): Archäologische Untersuchungen zum Kirchenbau des Früh- und Hochmittelalters in Niedersachsen und Bremen. Eine Bestandsaufnahme. Phil. Diss., Hamburg.

Mittelalterliche Architektur in Ostfriesland

von Hermann Haiduck

Die ostfriesische Halbinsel gilt als eine ungewöhnlich reiche romanische Kirchenbauprovinz, die durch vielfältige Kulturbeziehungen entstand. Die dichte Besiedlung der Marsch und des Geestrandes seit dem frühen Mittelalter, die auf die günstigen Wirtschaftsbedingungen der fruchtbaren Gebiete zurückzuführen ist, bildete die Voraussetzung für den Bau der vielen Kirchen. Die ältesten christlichen Zeugnisse sind in den frühmittelalterlichen Gräberfeldern des Geestrandes gefunden worden. Neben einigen christlichen Motiven in den Grabbeigaben, wie dem Fund eines Schlüssels mit Orantendarstellung in Dunum und paarig vertretene Schlüssel mit der Bedeutung als „Himmelsschlüssel", weisen die Bestattungsbräuche, der Wechsel von Brand- zu Körpergräbern und der baldige Übergang in der Bestattungsrichtung von Nord-Süd nach West-Ost, auf christliche Vorstellungen hin. Im 10. Jh. wurden mit wenigen Ausnahmen, wie in Middels, die alten Gräberfelder am Geestrand aufgegeben und im Zuge der Neuordnung der Lebensverhältnisse der Kirchenbau aufgenommen. In diese Zeit fällt der Beginn der Düngung des Bodens mit nährstoffreichen Heideplaggen, die sog. Plaggenwirtschaft und der dadurch ermöglichte Winteranbau des Roggens. Die wirtschaftlich profitierende Bauernschaft in ihrem erstärkendem Selbstbewußtsein vollzog nun die Hinwendung zum christlichen Glauben und wird zum Träger eines flächendeckenden Kirchenbaues.

Außer den von den Eiszeiten hinterlassenen Findlingen fehlen natürliche Steinvorkommen. So ist es zu verstehen, daß die ältesten Kirchen Holzbauten waren, die ab dem 10./11. Jh. in recht großer Zahl entstanden und bis ins 13. Jh. hinein erneuert wurden. Der Raum Ostfriesland bildete im Mittelalter eine mit Holzkirchen ungewöhnlich reich besetzte Landschaft, was auch auf ein weitentwickeltes Zimmermannshandwerk schließen läßt. Die jüngste Ausgrabung einer Holzkirche in Emden erbrachte durch den Nachweis von ungewöhnlich mächtigen Pfosten den Hinweis auf eine dreischiffige Konstruktion und die dendrochronologische Datierung 966. Ein in Middels weitgehend erforschter Holzkirchengrundriß aus dem späten 10. Jh. bildete einen Rechtecksaal mit etwas eingezogenem, gestrecktem Rechteckchor, dabei hatten beide Raumteile ungefähr die gleiche Länge: insgesamt 17 m (Abb. 1). Daneben kamen auch Saalkirchen mit Quadratchor und einfache Rechteckeinräume vor. In der Konstruktionsweise orientierte sich die Bauweise an der im Profanbau üblichen Schwellbalken- und Stabbautechnik, die in Emden im Profanbau seit dem 9. Jh. nachzuweisen ist.

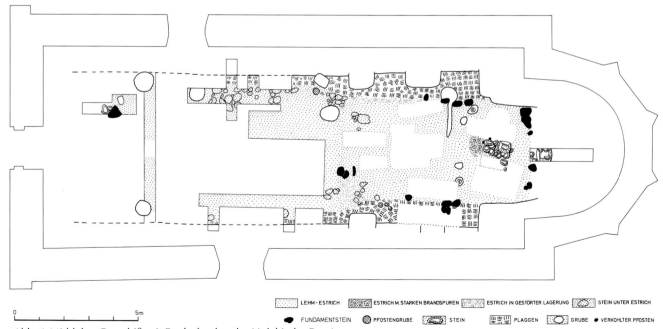

Abb. 1 Middels - Grundriß mit Baubefunden der Holzkirche Bau I

Dabei lagerte der Schwellbalken für die Wände auf Findlingen, die zur Herabminderung der Bodenfeuchtigkeit ausgelegt wurden. Die Eck- und Bundständer der Wände waren in Pfostengruben verankert oder ruhten auf Fundamentsteinen. Beide Arten der Pfostensetzungen traten mitunter nebeneinander auf. Kirchwurten oder aus Plaggenboden aufgeschichtete, oft mehrere Meter hohe Kirchhügel, wie sie besonders bei den Geestrandsiedlungen vorkommen, hoben das Erscheinungsbild dieser schon recht großen Bauwerke in der Siedlung und Landschaft weithin sichtbar hervor.

Von der zweiten Hälfte des 11. Jhs. an bis zum Ende des 12. Jhs. erfolgten auch Bestattungen einzelner sozial herausgehobener Persönlichkeiten in importierten Sarkophagen, die aus dem Rhein-Main-Gebiet und später aus der Gegend von Bentheim ins Küstengebiet gelangten und ab dieser Periode auf ein uneingeschränktes Bekenntnis zum Christentum schließen lassen. Noch kurz vorher berichtete der Kirchenvater Adam von Bremen in der Vita Willehadi von Marschbewohnern, „die in törichter Verehrung noch immer die heiligen Haine aufsuchen".

In der zweiten Hälfte des 12. Jhs. vollzog sich dann, wie allgemein in Norddeutschland, der Übergang vom Holz- zum Steinkirchenbau. Während außerhalb Ostfrieslands, im Ammerland und im Elbe-Weser-Gebiet dabei überwiegend auf einheimisches Material, die Feldsteine und Findlinge der Eiszeit, zurückgegriffen wurde und zur Herstellung der Fenster- und Portalgewände importierter Wesersandstein zur Anwendung kam, profitierte der Kirchenbau des Küstengebiets von der Konjunktur des expandierenden Tuffsteinhandels. Der aus der Eifel kommende Tuffstein, auf den niederländischen Stapelplätzen von Utrecht und Deventer verhandelt, gelangte auf Schiffen in die küstennahen Orte der Niederlande bis nach Dänemark. Mit der Ausbreitung des Materials gelangten auch mit rheinischer Bauweise vertraute Bauleute ins Küstengebiet, die eine werkgerechte Verarbeitung des Materials und die Übertragung der dort entwickelten Bauformen ausführen konnten.

So entstanden schon am Anfang des Steinkirchenbaues in Ostfriesland Bauwerke von bestechender Präzision in der Ausführung und mit imponierenden Formen in der

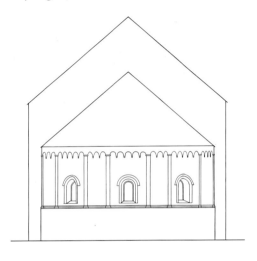

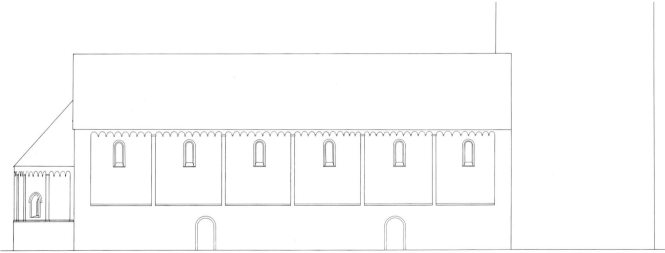

Abb. 2 Arle - Rekonstruierte Ost- und Nordansicht

Abb. 3 Arle - Apsis der Tuffsteinkirche mit Resten der ursprünglichen Wandgliederung.

Gestaltung, die einen Ausdruck selbstbewußten Lebensgefühls offenbaren und den Eindruck von Schönheit und Unvergänglichkeit vermittelten. Von dem Reichtum dieser Bauwerke mit ihren Sockeln und rahmenden Architekturelementen, wie die Lisenen und Bogenfriese, den Portalfeldern und Fenstern, ist wenig übriggeblieben. Das Baumaterial erwies sich als wenig wetterbeständig und gab den Zerstörungen bei kriegerischen Einwirkungen bald nach.

Von einer einst größeren Zahl Kirchen blieben nur Teile in Arle, Nesse und Stedesdorf erhalten (Abb. 2 u. 3). Aus dem Material der abgebrochenen Tuffsteinkirchen entstanden schon ab dem 13. Jh. Neubauten und dann besonders im 15. Jh. zahlreiche Kirchen, bei denen verstärkt Backsteine verwendet wurden. Neben dem Grundriß des Apsissaales in Arle und ursprünglich auch in Nesse - der für den nachfolgenden Kirchenbau die Grundrißform lieferte - ist nach neuen Untersuchungen höchst wahrscheinlich in Stedesdorf kein eingezogener Chor vorhanden gewesen, sondern es handelte sich auch hier um einen Apsissaal.

In Stedesdorf gliedern bis zum Boden laufende Lisenen mit oben abschließendem Bogenfries den Baukörper in schmale Felder, und an der Nordseite liegt zusätzlich ein vorstehendes risalitartiges Feld mit dem Portal. An der Südseite schließt ein rechteckiges Portalfeld mit einem Bogenfries ab, dessen breiter Konsolentyp auch bei dem Bogenfries der kleinen Tuffsteinkirche von Nesse vorkommt. Hier springt die Wandfläche nur wenige Schichten zurück, um den unter der Traufe entlangziehenden Bogenfries plastisch in Erscheinung treten zu lassen. Ein rechteckiges Portalfeld liegt an der Südseite. Das Nordportal ist dagegen nicht hervorgehoben. Durch Grabungen in der Kirche und Spuren am Westgiebel im Dachraum ist ein kleiner eingestellter Westturm nachzuweisen, der offensichtlich auch eine Loge enthielt. Zu der einst mächtigen Kirchenanlage von Arle gehörte ebenfalls ein Westturm, der schon im 15. Jh. geschleift wurde. Der noch vorhandene Teil der Kirche gilt als der am besten erhaltene Tuffsteinbau Ostfrieslands. Hier ist auch die alte Apsis noch vorhanden und gibt die reiche Fassadengliederung gut zu erkennen. Die ehemals drei Fenster lagen in breiten Lisenenfeldern, die durch schmale Zwischenfelder getrennt sind. Dabei gehen die Lisenen von einem hohen, gestuften Sockel aus und waren in Form von Pilastern gestaltet. Das einzig erhaltene Fenster zeigt den für Tuffsteinkirchen typischen sichelförmigen Sturz aus

Abb. 4 Middels - Nordseite der Granitquaderkirche.

Radialbindern. Die ganze Nordfassade ist bis auf den hohen Sockel, von dem die Lisenen ausgingen, und dem abschließenden Bogenfries erhalten. Zusammen mit den kleinen Fenstern wie bei der Apsis ist hier der ursprüngliche Charakter der Bauweise sichtbar.

In dem Türbogenfeld aus der abgebrochenen Tuffsteinkirche von Larrelt erscheint neben dem Abbild des Baumeisters an der zentralen Stelle, die sonst die Darstellung Christi einnimmt, der auf einem Stuhl sitzende Stifter „Ippo" und neben ihm sein aufgehängtes Schwert, das auf seine herrschaftliche Stellung hinweist. Es liegt nahe, solche und andere Persönlichkeiten hinter der Einrichtung der Turmlogen zu sehen, mit denen die Westtürme der Tuffsteinkirchen offensichtlich ausgestattet waren. Von hier aus konnten sie beim Gottesdienst hoch über den Köpfen der Gemeinde ihre Anwesenheit bekunden.

Die starke Bautätigkeit im östlichen Teil der ostfriesischen Halbinsel, bei der die große Zahl der dort verbreiteten Granitquaderkirchen entstand, wirkte sich in Ostfriesland nur in vereinzelten nahe dem jeverländischen Kerngebiet liegenden Ausläufern aus, zu denen die Kirchen von Asel, Buttforde, Middels und Marx gehören (Abb. 4). Die Architektur dieser Gebäude, deren Anfänge in die Zeit um 1200 zu datieren sind, ist auf monumentale Wirkung angelegt, bei der auf alle Zierformen zu Gunsten der glatten Wandflächen, nur von Fenster- und Portalöffnungen durchbrochen, verzichtet wurde. Diese Absicht ist umso deutlicher zu erkennen, da die Steine nur eine Blendseite der Quaderfläche aufweisen und der buckelige Teil des aus gespaltenen Findlingen herausgearbeiteten Steines im Mauerwerk des Füllkerns, aus Abschlägen der Quaderherstellung, Feldsteinen und Mörtel bestehend, eingebunden ist. Daß diese Bauweise sich im Jeverland so stark entfalten konnte, mag auf Herrschaftsstrukturen und auf den Volkscharakter zurückgehen, die damit Selbstbewußtsein und Wehrhaftigkeit zum Ausdruck bringt. Die beiden reich gestalteten Ciborien, die in Sillenstede die Funktion der Seitenaltäre erfüllten, zeigen mit ihren von der westfälischen Kunst her inspirierten Kapitellen und Gurtbogenprofilen, daß der Quaderbau im Jeverland zeitlich mit der reichen Backsteinarchitektur im westlichen Ostfriesland gleichzusetzen ist und am Außenbau bewußt auf Zierformen verzichtet wurde.

Die kleinen Apsissäle von Middels, Marx und Asel stehen am Anfang der Quaderbauweise in Ostfriesland. Dafür sprechen in Middels und Marx die kleinen, mehr

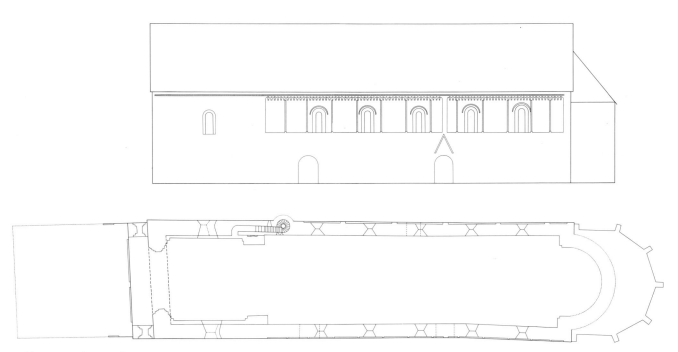

Abb. 5 Victorbur - Rekonstruierter Grundriß und Ansicht.

im mittleren Wandbereich angeordneten Fenster und vereinzelt im Inneren verwendete Backsteine. Die Kirchen haben nur wenige Fensterachsen und die beiden Langseitenportale, die der Geschlechtertrennung dienten, liegen mehr oder minder weit nach Westen einander gegenüber, oder sind leicht versetzt. In Marx ist noch die alte Apsishalbkuppel aus Findlingen und Feldsteinen erhalten, die bei den meisten Granitkirchen bereits zerstört ist.

An dem weiter bestehenden Kirchentyp zeichneten sich im Laufe der Zeit nur wenige Veränderungen ab, die auf eine Vergrößerung der Fenster und Portale hinausliefen. Der ab der Mitte des 13. Jhs. den ganzen niederdeutschen Raum erfassende westfälische Kulturstrom zeigt sich in dem Bau von Domikalgewölben in dem äußerlich sonst unveränderten Bautypus. Die in Frankreich entwickelte Gewölbeform faßte in Marienfeld um 1220 Fuß, verbreitete sich anschließend in ganz Westfalen und drang dann in den Norden vor.

In Buttforde besteht die ganze innere Mauerschale bereits aus Backsteinen, die zur Ausführung der schwierigen Gewölbeform besser als Naturstein geeignet waren. Meist wurden die Räume in drei Joche eingeteilt. Die kuppeligen Gewölbe verwandelten den früher schlichten Saal durch die Addition der Gewölbejoche in einen weihevollen, differenzierten Raum, der aus der mittelalterlichen Alltagswelt entrückte, sakrale Handlungen begünstigte.

Ein ähnlich schlichter romanischer Bautyp wie im Osten, ist auch im Westen Ostfrieslands als Baugruppe aus Backsteinen an der Ems verbreitet. Hier folgte dem Holzkirchenbau unmittelbar der Backsteinbau. Noch kaum nutzte man in diesem Gebiet Anfang des 13. Jhs. die Möglichkeiten des Baumaterials, um Zierformen auszuführen. Bescheidene Konsolenfriese und die Ausbildung von Sockeln gehören zu diesen Bauwerken. Die übereinstimmende Gestaltung des Apsisbogens in Bingum - mit den im Rücksprung verkröpften Kämpfern in Wulstprofil - und die gleichen Formen der Schiffsportale in Bunde zeigen die Zusammenhänge und das Nebeneinander unterschiedlich aufwendiger Gestaltung. In Bunde ist nur das Schiff des ehemaligen Apsissaales erhalten. Das mit Sockel versehene Bauwerk ist durch Ecklisenen und eine Mittellisene in der Art eines Doppelhauses mit je einem Portal in der Mitte aufgegliedert und weist einen abschließenden Rundbogenfries auf. Die Form der Konsolen - es wurden gekehlte Formsteine verwendet - ist im frühen Backsteinbau der Zeit um 1200 vielfach vertreten. Zu diesen schmuckreichen Kirchen, die durch den lombardisch beeinflußten Baustil geprägt sind, gehören neben dem Westquerriegel von Varel die Kirchen von Hage und Victorbur (Abb. 5-7). In dieser Architektur fanden die aus den Backsteinbaugebieten um Verden, in Schleswig-Holstein und von noch weiter östlich kommenden Anregungen ihren Niederschlag. Der Baukörper ist durch

Abb. 6 u. 7 Victorbur und Hage - Ausschnitt der Südwände mit Resten von lombardisch beeinflußten Formen.

hohe Sockel mit Lisenen, Kreuzbogenfriesen, Zierbändern (Deutsches Band) und Rundstäbe aufgegliedert, in der Art der Backsteinkirchen der Lombardei. Übereinstimmende Bauformen, wie sichelförmige Zierbögen über den Fensterstürzen und die ebenfalls dort übliche Nachbearbeitung der Backsteine durch Riefelung, die aus der Tradition der Hausteintechnik entsprang, unterstreichen diese Zusammenhänge. In Victorbur ist die enorme Länge des Apsissaales und das gewölbte Westjoch, das einen besonderen Abschnitt in dem sonst flachgedeckten Raum bildet, hervorzuheben. Auch an der Fassade zeichnet sich im Westen dieser Teil ab, in dem hier die reiche Gestaltung des Ostteils zu Gunsten einer schlichten Wandfläche aussetzt. In Hage deuten einige werksteinmäßig bearbeitete Tuffsteine im Mauerwerk noch auf die zeitliche Nähe zum Tuffsteinbau hin, der um 1200 auslief und von der oben beschriebenen Art des Backsteinbaues abgelöst wurde. An den abgebrochenen Ostteilen der ehemaligen Basilika von Marienhafe sind durch die Aufzeichnungen des Baumeisters Martens, der 1829 die Abbrucharbeiten leitete, ähnliche Zierfriese wie in Hage und Victorbur dokumentiert, so daß im Brokmerland auf einen Kern dieser Bauweise geschlossen werden kann.

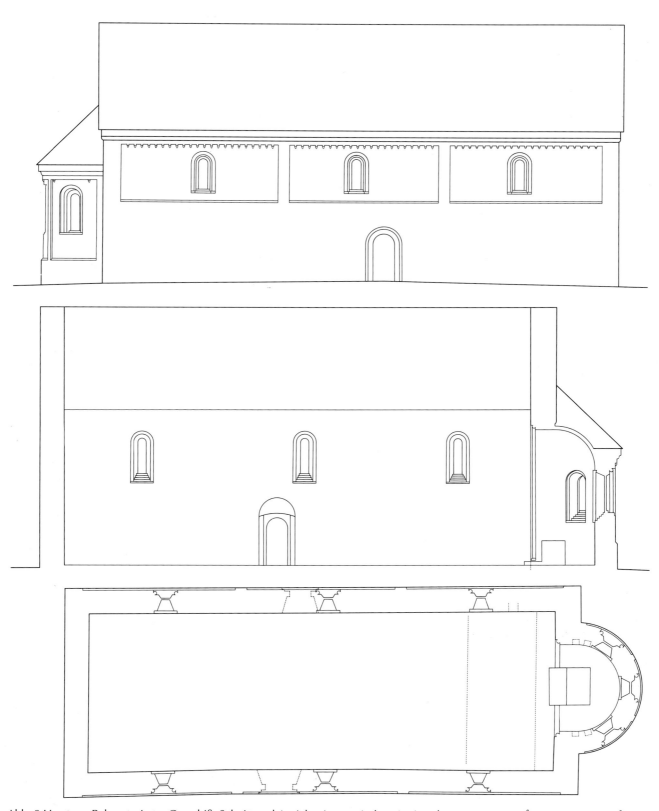

Abb. 8 Horsten - Rekonstruierter Grundriß, Schnitt und Ansicht eines typischen Apsissaales.

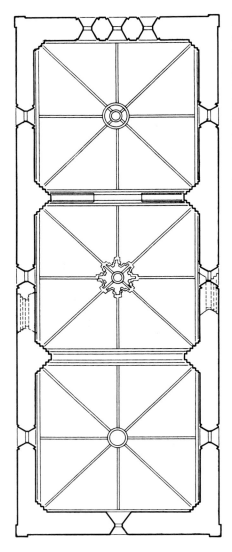

Abb. 9 Canum - Grundriß und Schnitt (nach Petersen).

Kirchen, gesellen sich im Bereich der Krummhörn und etwas darüber hinaus solche mit verwandten Stilmerkmalen. Ist bei der vorgenannten Gruppe schon gelegentlich eine Einwölbung des Raumes anzutreffen (Westerholt, Strackholt, Bagband), so sind diese Kirchen gänzlich für den Gewölbebau konzipiert. Das wird vor allem bei den Fenstern sichtbar, die, mitunter paarig angeordnet, die Aufteilung in Gewölbejoche unterstreichen. Dazu gehören der Ostteil der Kirche von Engerhafe, der den westlichen Rest einer einst großen weiter nach Osten reichenden Kirche mit Apsis bildet sowie die Kirchen von Suurhusen, Wiegboldsbur, Uttum und Canum.

Mit den Kirchen von Uttum und Canum tritt erstmals der Rechteckeinraum auf, eine Raumform, die auf die Apsis

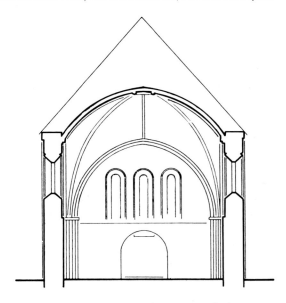

Elemente jener Gestaltung mit die Wandflächen einfassenden, von Sockeln ausgehenden Lisenen, sind modifiziert bei einer ganzen Reihe von Kirchen verbreitet, zu denen die Kirchen von Horsten, Westerholt, Bagband und andere im mittleren Teil der ostfriesischen Geest (um Aurich herum) gehören. Die sichelbogigen Überfänge der Fenster treten in Ardorf auf, einem Bau, der unten aus Granitquadern und oben aus Backsteinen besteht. Bei der Baugruppe um Horsten sind kräftige mit Wulstkehle profilierte Gesimse und mit Rundstäben eingefaßte Fenster und Portale verbreitet (Abb. 8). Statt des Rundbogenfrieses kommen Konsolenfriese vor, die in der Romanik weite Verbreitung fanden und in Ostfriesland vielleicht auf den Einfluß der Normandie zurückgehen.

Zu diesen, ins zweite Viertel des 13. Jhs. datierten

verzichtet und dafür reicher gestaltete Ostgiebel ermöglichte. Vielleicht machten sich zu diesem Zeitpunkt bereits die Baumängel des älteren Apsistyps wie das Abbrechen der Apsis vom Schiff bemerkbar, die auf den schwierigen Baugrund der Wurten zurückzuführen sind.

Zu dem geraden Ostabschluß gehört die Dreifenstergruppe, die, ebenso wie das Domikalgewölbe, aus Westfalen kommt. Die kuppeligen Gewölbe, die nur in Canum noch erhalten sind, ruhen auf gestuften Wandpfeilern mit Rechteckprofil (Abb. 9).

Mit diesem Bautyp, sowohl beim Apsissaal als auch beim Rechteckeinraum (Suurhusen, Canum), tritt erstmals auch als Giebelschmuck der Fischgrätenverband (opus spicatum) auf, der sich in der Nachfolgezeit größter Beliebtheit erfreute.

In enger Beziehung zu diesem Bautypus, aber von noch vielfältigeren Einflüssen geprägt, sind die beiden großartigen Bauwerke von Pilsum und Eilsum, die in ihrer Grundrißgestaltung von den in Ostfriesland verbreiteten Typen abweichen (Abb. 10 u. 11). Die Vorbilder der Vierungsturmkirche von Pilsum liegen in Frankreich, besonders in der Normandie. Hier kommen Vierungstürme auch bei Anlagen ohne Querschiff vor. So wäre auch die Herkunft vom Grundriß der einschiffigen Chorturmkirche von Eilsum zu erklären, der sich über Apsis und Ostjoch erhebt (Abb. 12).

Beide Kirchenschiffe haben eine zweizonige Fassadengestaltung durch Blendarkaden, deren obere Reihe zur Mitte hin ansteigt und in Eilsum stärker als in Pilsum ausgeprägt ist. Hier schloß die Wand mit einem Bogenfries ab, und es gibt Hinweise auf ein - der Fassadengestaltung folgend - zur Mitte hin ansteigendes Schiffsdach mit ebensolchen Längswänden. Dagegen tritt am östlichen Teil der Pilsumer Anlage mit Liseneneinfassung, Rundbogen- und Konsolenfriesen und paarig angeordneten Fenstern der flächig gerahmte Charakter der Fassaden stärker hervor. Die Apsis folgt in ihrem zweizonigen Aufbau mit Blendnischen, Kaffgesims und Rundstabprofilen in den Fensterleibungen Vorbildern aus der rheinischen Architektur, die auch in dem reichen Blendenzierat des mächtigen Vierungsturmes wirksam wurden.

Dagegen ist der Innenraum der Ostanlage durch typisch westfälische Bauformen geprägt, die in Lippstadt (Marienkirche), Billerbeck und im Norden bei der Liebfrauenkirche in Bremen vorgebildet sind. Neben den Domikalgewölben auf Stufenpfeilern mit Halbrundvorlagen, die auch in Marienfeld (Westfalen) vorkommen, wurden die hängenden Schlußsteine und Hängezapfen

Abb. 10 Pilsum - Apsis in rheinisch beeinflußter Gestaltung (vor der Restaurierung).

von den genannten Vorbildern übernommen. Auch die zwei Kapitelle in der kleinen eingebundenen Vorhalle vom südlichen Querschiff zeigen die Blattornamentik westfälischer Prägung. Schließlich beweist auch noch die im Zackenstil um 1240-50 ausgeführte Wand-

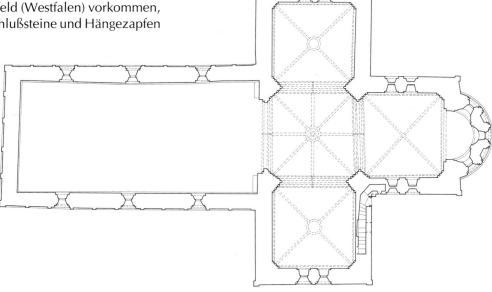

Abb. 11 Pilsum - Rekonstruierter Grundriß.

Abb. 12 Eilsum - Chorturmkirche von Nordwesten.

Abb. 13 Engerhafe - Ehemalige Gewölbejoche mit Fensterarkaden im westlichen Kirchenteil.

malerei im Chor von Eilsum, in deren Mittelpunkt Christus in der Glorie steht, den engen kulturellen Zusammenhang zwischen Ostfriesland und Westfalen.

Auch der Ostteil der (ab 1829 abgebrochenen) Basilika von Marienhafe entstand in dieser Zeit oder wurde weiter ausgebaut. In den erhaltenen Resten ist der südwestliche Vierungspfeiler noch erhalten, der solch ein Kapitell mit westfälischer Blattornamentik wie in Pilsum aufweist.

Die ganze Ostanlage von Marienhafe mit Querschiff, Chor und eingezogener Apsis war im 2. Viertel des 13. Jhs. schon hergestellt, und möglicherweise gab es auch ein dreischiffiges Langhaus, das in der zweiten Hälfte des 13. Jhs. durch einen Neubau abgelöst wurde. Von dem einst sechsgeschossigen Turm sind noch vier Stockwerke erhalten. In seiner Westmauer liegt eine Vorhalle, die als Paradies konzipiert war. Hier sind noch Reste des ursprünglich über das ganze Bauwerk ausgebreiteten figürlichen Relief- und Figurenschmucks erhalten, der in ungewöhnlich reicher Fülle das Bauwerk zierte. In hochliegenden Nischen, die den ganzen Ostteil umzogen, befanden sich 46 oder 48 Plastiken der Maria, von Heiligen und Rittern, und die Relieffriese in Traufenhöhe zeigten Spottbilder und Kampfszenen.

Im bis zur halben Höhe erhaltenen Mittelschiffsteil ist noch etwas von der monumentalen Kraft der Architektur spürbar, die bereits vom Geist der Gotik geprägt, dennoch in den alten additiven Strukturen der Romanik befangen blieb. Die Aufteilung des Raumes erfolgte in spitzbogige Doppelarkaden mit je einem Rundpfeiler zwischen den mächtigen Stufenpfeilern der Jochgrenzen, in das aus Nischen gebildete Blendtriforium und der Obergadenzone mit zweischaligem Mauerwerk. Diese Architektur weist viele aus Nordfrankreich beeinflußte Formen auf. Dazu gehören die Blattmotive der mit Stuck überzogenen Kapitelle der Rundpfeiler und die ehemals vorhandene Laufgangarchitektur im Obergaden, wo vor den beiden Fenstern jedes Joches eine von Arkaden und Rundöffnungen durchbrochene Wand gezogen war, ähnlich wie sie in Engerhafe und Bunde vorhanden ist. Diese Laufgangarchitektur befand sich auch in den abgebrochenen Seitenschiffen.

Genau wie der Marienhafer Basilika erging es der monumentalen Kreuzkirche von Osteel, die auf dem gleichen künstlich aufgeschüttetem Siedlungswall, nur einen guten Kilometer entfernt, lag. Diese nach dem Marienhafer Vorbild gebaute Kirche besteht ebenfalls nur noch aus dem Schiff, doch scheint der Turm noch in

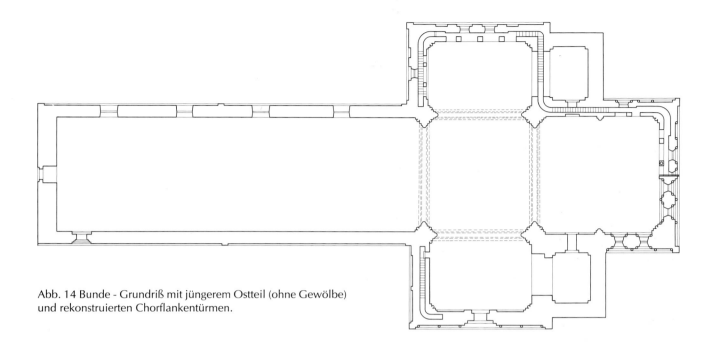

Abb. 14 Bunde - Grundriß mit jüngerem Ostteil (ohne Gewölbe) und rekonstruierten Chorflankentürmen.

Abb. 15 Bunde - Ostteil von Nordosten mit Spuren der abgebrochenen Flankentürme.

der ursprünglichen Höhe zu bestehen. Nach der Überlieferung soll hier der Ostteil, ab Querschiff, mit der Laufgangarchitektur ausgestattet gewesen sein, die in Marienhafe nur im Schiff vorkam. Ebenso wie in Marienhafe umzog den Ostbau eine Nischenreihe für Skulpturen.

Starke Veränderungen erfuhr auch die südlich von Marienhafe gelegene Kirche von Engerhafe, die aus dem Ostteil von der ersten Hälfte des 13. Jhs. und einer westlichen Verlängerung vom Ende des gleichen Jahrhunderts bestand. Vom Ostteil fehlen das Chorjoch mit gestelzter Apsis und im Westen ein Joch. Jetzt besteht die Kirche noch aus dem Rest des älteren Ostteils, der westlich über die Jochgrenze hinausgeht, und aus dem Westteil, der zwei Joche umfaßt. Der Ausbau dieses Abschnitts spiegelt den Einfluß des ehemaligen Marienhafer Schiffes mit seinen hohen Fenstern zwischen gleichhohen Blendfeldern wider. Auch die Rundfenster sind hier im unteren Mauerteil zu finden. An der dem Ort zugewendeten Nordseite ist die Fassade reicher gestaltet. Solche „Schauseiten", die auf die Ortslage ausgerichtet wurden, kommen in Ostfriesland häufig vor. Von den Gewölben sind nur die einfachen Stufenpfeiler und Gurtbögen erhalten. Die Laufgangarchitektur vor den Fenstern mit gestaffelten Arkaden schafft differenzierte Lichtwände, die den Raum illusionär ausweiten (Abb. 13). Diese Architektur kommt aus der Normandie und bildete im deutsch-niederländischen Küstengebiet einen Schwerpunkt mit Marienhafe, Osteel, Engerhafe, Bunde und Termunten (Niederlande). Hier stellt sich die Frage nach unmittelbaren Anregungen oder einer Vermittlung über das Rheinland und Westfalen.

Der Ostbau von Bunde wurde an das alte Schiff des ehemaligen Apsissaales gebaut (Abb. 14 u. 15). Diese T-förmige Anlage, mit flachem Chorschluß, hatte einst Flankentürme in den Ecken von Querschiff und Chor, deren Spuren noch zu erkennen sind. Trotz großer Schäden, die schon seit dem Mittelalter die Bausubstanz beeinträchtigten, ist von der imponierenden Architektur soviel erhalten, daß eine Rekonstruktion möglich ist. Das ganze Bauwerk ist durch einen zweizonigen Aufbau mit gereihten Arkaden und Fenstern in der Art gekennzeichnet wie sie in den friesischen Gebieten der benachbarten Niederlande, besonders an der Kirche von Zuidbroek, gehäuft auftritt.

Hier sind auch die Vorbilder für die zerstörten Ost- und Südgiebel zu suchen, denn das Rautenmuster des nördlichen Querschiffgiebels ist nicht unbedingt auf die beiden anderen Seiten zu übertragen. Dieses „Vergittern" des Giebels ist wohl ein Motiv aus der Normandie (Beauvais, St. Etienne) und kommt auch im Elsaß vor. Es geht vielleicht auf orientalische Impulse zurück, die in der Normandie sehr zahlreich sind.

Die schalenartige Aufgliederung des Mauerwerks, die sich in den gestuften Fensterleibungen, besonders bei den Rundfenstern des Chores äußert, setzt sich innen mit der Laufgangarchitektur fort, die als begehbares System den ganzen Bau durchzieht und vor die Fenster (Ostseite und Nordseite Querschiff) gestaffelte Arkaden setzt. Die Gewölbe sind eingestürzt, aber die Gurtbögen der Querschiffe noch erhalten. Sie entsprechen durch den Wechsel der Halbrundvorlagen der Stufenpfeiler über kelchförmige Kapitelle zum rechteckigen Profil der Bögen rheinischer Gestaltungsart.

In die zugemauerte Flankenturmarkade im südlichen Querschiff wurde nach Abbruch des Turmes um 1500 ein hohes Altarziborium hineingebaut, dessen gestuftes Podest mit farbig glasierten Fliesen in verschiedenen schachbrettartigen Mustern belegt war.

Die ehemalige Kreuzkirche in Hatzum ist als weiteres Bauwerk des Typus zu nennen, zu dem die Anlage von Bunde gehört und leitet stilistisch zu der Kirche von Stapelmoor über, die fast am Ende der Entwicklung dieser Bauweise steht (Abb. 16).

Ihr Grundriß in Form eines griechischen Kreuzes mit Westturm kommt weiter südlich in Aschendorf ebenfalls vor. Die Wandflächen sind auffallend schlicht gestaltet und durch breite Lisenen gerahmt. Der abschließende Konsolenfries war in dieser Gegend schon früher verbreitet. Die schmalen Spitzbogenfenster haben teilweise in den Rücksprung eingelegte Rund- und

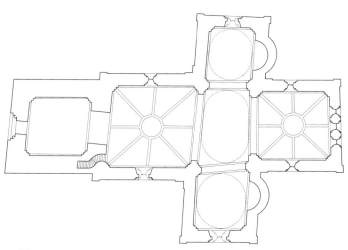

Abb. 16 Stapelmoor - Grundriß.

Abb. 17 Reepsholt - Ansicht von Südosten.

Rechteckprofile, die ab Kämpfer die Form wechseln. Diese Gestaltungsweise tritt ähnlich bei der um 1300 errichteten Kirche von Reepsholt auf. Der ganze Innenraum ist mit seinen alten Gewölben erhalten, die eine Art Musterkollektion der späten Domikalgewölbe darstellen. Sie sind teils mit Rippen unterlegte, achtteilige Gewölbe und teils rippenlose Kuppeln. Im Westjoch ist das Gewölbe sogar im Fischgrätenverband aufgemauert, der sonst nur an den Kirchenfassaden vorkommt.

Noch weiter fortgeschritten in der Entwicklung ist die Kirche von Reepsholt, die auf dem Unterbau einer älteren Granitquaderkirche errichtet ist (Abb. 17). Auch der heute nur noch als Ruine bestehende Westturm war damals schon vorhanden gewesen. Er steht zeitlich zwischen den beiden Bauabschnitten und wurde 1474 bei kriegerischen Auseinandersetzungen zwischen dem Amtmann von Friedeburg und der Gräfin Theda von Ostfriesland geschleift.

Das bis auf ca. 4-5 m Höhe abgetragene romanische Kirchenbauwerk diente der neuen Konstruktion als Auflager und Grundriß. Die zweizonige Aufgliederung der Wandflächen durch Blendarkaden ist vielfältig gegliedert und in den einzelnen Schildbogen unterschiedlich gestaltet und nur die additiv verbundenen Gewölbejoche entsprechen noch der traditionellen Bauweise der zweiten Hälfte des 13. Jhs. An Stelle der Apsis tritt hier erstmalig in Ostfriesland ein polygonaler Chorschluß auf, wie er bei einer Reihe von nordniederländischen Kirchen, die als Parallelen zu Reepsholt gelten, vorgebildet und in dem ein Reflex auf das durch Kreuzfahrer mitgebrachte Motiv des Heiligen Grabes (Grabeskirche in Jerusalem) zu sehen ist. Mit der Vernachlässigung von architektonischen Baumustern ist die Kirche wohl noch zeitlich weiter fortgeschritten und in die Zeit um 1300 zu datieren. Dabei sind am Baukörper verschiedene Abschnitte zu sehen, die auf eine Errichtung mit Bauunterbrechungen schließen lassen. Eine sichere Zuordnung von Bauwerken zu einem bestimmten Typus kann nicht immer vorgenommen werden, vor allem bei Kirchen mit weit verbreiteten Bauformen oder mit besonders schlichten Fassaden wie sie z.B. in Strackholt und Dunum vorkommen. Oft sind es einfachere Varianten des regional vorherrschenden Bautypus, oder wie in Roggenstede, Westeraccum und

Abb. 18 Dornum - Ein reichgestalteter Ostgiebel ist typisch für den Rechteckraum.

Abb. 19 Campen - Mittleres Gewölbejoch mit reicher Rippenfiguration in der Art einer gotischen Fensterrose.

Ochtersum Varianten des weiter verbreiteten Bautypus, der von den frühen Backsteinkirchen wie Hage bis Horsten herzuleiten ist. Die Bauwerke Roggenstede usw. gehören auch einem regionalem Materialtyp an, der im Sockel und Portalgewände Granitquader enthält und sonst aus Backsteinen besteht. Bei den älteren Bauwerken kommt die vom hohen Sockelfeld ausgehende Lisenenaufteilung vor, die bei den späteren Bauwerken zu Gunsten schlichter Wandflächen aufgegeben sind. Wie auch in anderen Gebieten Ostfrieslands zeichnet sich auch hier regional eine Veränderung des Bautypus ab. Es liegt nahe, örtliche Bauzentren anzunehmen, die über längere Zeit bestanden. Welche Rolle dabei den Klöstern zukam und welche Baumeister die Arbeit leiteten, sind offene Fragen. Die von außen kommenden Anregungen und Formen wurden weiterentwickelt und modifiziert oder sie verkümmerten.

Von der schmuckreichen Architektur der Kirchen im westlichen Landesteil, die in der zweiten Hälfte des 13. Jhs. entstanden, sind auch die Kirchen von Dornum, Bangstede, Wiesens und der nur noch in Resten der ursprünglichen Form erhaltene Bau von Resterhafe geprägt.

Beim Rechteckeinraum von Dornum (und Resterhafe) sind Formen, die besonders im mittleren Teil Ostfrieslands auftreten mit solchen aus der Krummhörn und dem Reiderland verbunden (Abb. 18). Mit der Dreifenstergruppe und den durch Ziegelmustern gefüllten Kleeblatt- und Spitzbogenblenden belebten Ostgiebel und der Flachschicht über dem Portalbogen ist die Verbindung zu den Kirchen von Loquard, Campen u.a. in der Krummhörn zu erkennen. Dagegen treten die in den Portalen eingeschalteten Rundstäbe häufiger in der Mitte Ostfrieslands auf. Rundstäbe sind außerdem in die mit Rücksprung versehenen Fenster eingeschaltet und im ehemals gewölbten Innenraum vertreten. An der flachen Chorwand befindet sich, wie eine Andeutung des Apsisbogens, ein durch Rundstab eingefaßtes Blendfeld mit der Fenstergruppe, ein Motiv, das neben der Kirche in Resterhafe auch im Rechteckchor der Schloßkirche von Varel vorkommt.

Während in Dornum und Resterhafe, wie beim Rechteckeinraum üblich, die Ostfassade die Hauptschauseite bildet, erfuhr der Apsissaal in Wiesens eine reiche Gestaltung der Seitenfassaden, die in ihrem zweizonigen Aufbau denen der Kirchen von Pilsum und Eilsum verwandt sind, aber einer späteren Zeit angehören. Die untere Zone ist in der Art von Mittelschiffsarkaden durch Rundbogenfelder, im Sturz mit Rundstabprofil, aufgegliedert. Eine halbsteinige Backsteinschicht hebt die Trennung zwischen der oben durch Blendfelder und Fenster bestimmten Zone und dem unteren Arkadengeschoß hervor. Die oberen Blendfelder enthalten verschiedene Backsteinmuster und eine Teilung durch Rundstäbe. Mit Rundstäben sind auch die Portale eingefaßt und im ehemals gewölbten Innenraum die Pfeiler aus kleeblattförmig zusammengefaßten Rundstäben profiliert. Von der sonst stark veränderten Kirche in Bangstede ist an dem kleeblattförmigen Portal der Nordseite die Verbindung zu den wenigen schmuckreichen Kirchen im mittleren Teil Ostfrieslands zu erkennen, die trotz unterschiedlicher Grundrisse eine zeitliche und stilistische Einheit bilden und im letzten Viertel des 13. Jhs. entstanden.

Den Niedergang der Bautechnik am Ende des 13. Jhs. und zum Beginn des 14. Jhs. spiegeln, neben Reepsholt, auch die Kirchen Werdum und Funnix wider, die neben vielen Unregelmäßigkeiten durch das Verschleifen der Formen geprägt sind. In den Gebieten mit traditionell reicher entwickelter Architektur, wie im westlichen Ostfriesland, besonders in der Krummhörn, steigerte sich der Ausdruck in der zweiten Hälfte des 13. Jhs. sogar noch.

Neben den Backsteinmusterverbänden wie Fischgräten- und Webverband mit zahlreichen Varianten legen die Gewölbe Zeugnis vom hohen Stand der Bautechnik ab. Als Höhepunkt einer Entwicklung, die an den Kirchen von Loquard, Groß-Midlum, abzulesen ist, gilt die Kirche von Campen (Abb. 19).

Den drei Gewölbejochen im Inneren entspricht die rhythmische Fassadengestaltung durch Gruppen von je zwei Blendarkaden mit Zierverbänden und dazwischen ziemlich schmalen Fenstern. Auch die Giebelseiten sind in dieses Schema eingebunden, wie es bei dem in der 2. Hälfte des 13. Jhs. vorherrschenden Rechteckeinraum die Regel war.

Einzigartig sind die Gewölbe. Von West nach Ost nimmt ihr Reichtum zu. Im Westen laufen die Wulstrippen in einem Schlußring zusammen, in der verbreiteten Art, wie sie auch in den nördlichen Niederlanden vorkommt. Das Gewölbe des mittleren Joches ist in der Form einer gotischen Fensterrose durch Kleeblattbögen und Schlußring und im östlichen Joch mit ornamentalen Pässen und verschiedenen Bogenformen gestaltet. Zusätzlich überziehen die Flächen unterschiedliche „Teppichmuster", und im mittleren Joch, von Ornamentfeldern unterbrochen, ist eine Jagdszene ausgebreitet. Der orientalische Einschlag, der sich auch an den Hufeisenbögen im östlichen Gewölbe zeigt, geht vielleicht auf Einflüsse der Normandie zurück, wie sie wohl auch in den Rautengiebeln von Pilsum, Bunde und Grimersum wirksam wurden.

Einfach oder reich gestaltete Bauwerke sind auch Ausdruck der Selbstdarstellung und des wirtschaftlichen Vermögens der Gemeinden und Bauherren gewesen. So ist die in der Nähe Campens gelegene viel einfachere Kirche von Upleward von der Vorstellung her, nur wenig Licht in den Raum zu leiten, mit Campen verwandt und aufgrund der Bauformen zeitlich gleichzusetzen: Ein Nebeneinander unterschiedlicher Aufwendigkeit. Das Bestreben, in der Einraumkirche einen besonderen Platz im Osten sichtbar abzugrenzen, führte zur Vermehrung der Fenster im östlichen Gewölbejoch. So gewann auch das schon durch die schmuckreiche östliche Giebelwand mit der Dreifenstergruppe bezeichnete Joch stärkeren Ausdruck an den Langseiten. Zu diesen Kirchen gehören Grimersum, Uphusen, Upleward und Visquard.

In Grimersum liegt die Kirche am westlichen Ende der langgezogenen Wurt. Wohl auch deshalb wurde die der Dorfstraße zugekehrte Ostseite besonders prächtig gestaltet und zur Hauptschauseite ausgebildet. Diese zierlichen Schmuckformen der Blendarkaden und des Rautengitters der Giebelspitze sind auch in Uphusen bei Emden und in Upleward wiederzufinden.

Die Formen dieser Architektur des späten 13. Jhs. und des frühen 14. Jhs. kommen auch in den freistehenden Glockentürmen vor, die überwiegend im westlichen Landesteil verbreitet sind. Der freistehende Glockenturm ist bei den friesisch-ostfriesischen Kirchen die Regel und geht sicher auf den schlechten Baugrund zurück. So konnten die von den Glocken ausgehenden Schwingungen besser abgefangen und Schädigungen an der Kirche vermieden werden.

Wohl von hölzernen Glockenstapeln ausgehend - denn schon die Holzkirchen in der Zeit um 1000 besaßen kleine Glocken - entstanden aus parallelen Mauern gebildete Glockenhäuser, die durch Bögen miteinander verbunden sind. Dieser Parallelmauertyp mit zwei und drei Arkaden ist ab dem 13. Jh. überwiegend im Osten der ostfriesischen Halbinsel verbreitet, kommt aber auch im Auricher Land und sporadisch in den anderen Gebieten vor.

Im Harlingerland und weiter nach Süden tritt ein kleiner etwas gedrungener Turmtypus auf, der eine Glockenstube mit vier Schallarkaden und mitunter einen Durchgang zum Kirchhof aufweist.

Alle diese Bauwerke, überwiegend wohl im 14. Jh. errichtet, tragen nur ausnahmsweise schmückende Architekturelemente, wie in Strackholt (Parallelmauertyp), wo die Giebelblenden auf Kopfkonsolen und mit

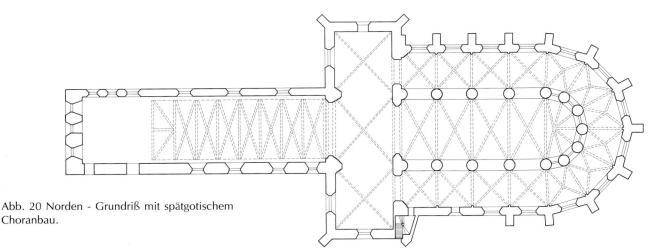

Abb. 20 Norden - Grundriß mit spätgotischem Choranbau.

Fischgrätenverband gefüllt sind, oder in Middels, wo gestaffelte Bogenblenden vorkommen.

Im Westen Ostfrieslands treten verschiedene Turmtypen mit reicherer Architektur auf.

Weit verbreitet ist eine Variante des Parallelmauertypus, durch Arkadenreihen in zwei oder wie in Midlum (Reiderland) drei Geschosse aufgeteilt. In Hinte ist eine Giebelseite durch Blendbögen mit Fischgrätenverband geschmückt und stellt so die Verbindung zu der Architektur der Kirchen im Umkreis von Campen her.

Geschickt sind auch in Westerhusen die Formenelemente aus dem Anfang des 14. Jhs. genutzt, um die massigen Mauern des Glockenturmes aufzulösen und zu gestalten.

In Norden und Visquard erreichen die Türme große Ausmaße und ermöglichten, besonders in Norden, noch schmuckreichere Fassaden, hinter denen die Glockenstube weiter zurücktritt.

Nach der enormen Konjunktur des Kirchenbaues im 13. Jh. brach die Bautätigkeit im Anfang des 14. Jhs. jäh ab, wofür zunehmende Machtkämpfe der jetzt herrschenden Häuptlingsgeschlechter, die Auswirkungen verheerender Sturmfluten und der Einbruch der Pestwellen in Betracht kommen. Die wenigen sakralen Bauwerke, die danach entstanden, zeugen vom Widerstreit der tradierten Formen mit den neuen Vorstellungen der Gotik, die vor allem in der Vergrößerung der Fenster zum Ausdruck kommt. In diesen Zeitabschnitt gehören, neben wenigen anderen, wohl die Kirchen von Manslagt und Greetsiel. Erst ab der Mitte des 15. Jhs. kam das Bauwesen wieder in Schwung und zeugt von einer zunehmenden Machtentfaltung des Klerus in dieser bis in den Anfang des 16. Jhs. reichenden Periode.

Im Bestreben, die Anzahl der Altäre zu vermehren, die durch eine zunehmende Heiligenverehrung erforderlich wurde, entstanden zahlreiche Chorerweiterungen, die mit dem alten Gemeinderaum verbunden wurden. Dagegen ist der Anteil der Neubauten sehr gering. Der Trennung von Chor und Gemeindekirche und der Aufstellung von Seitenaltären dienten die fast allenorts errichteten Lettner, die für die ostfriesischen Kirchen als typisch gelten können. Ihre Zahl war enorm groß, und die Formen und Bautypen sind vielfältig.

Mit dem Bau des Hochchores der Ludgerikirche von Norden entstand das erste konstruktiv entwickelte Bauwerk im Geist der Gotik in Ostfriesland (Abb. 20 u. 21). Das Gliederungsschema folgt den basilikalen Chören mit

Abb. 21 Norden - Der späte Umgangschor ist der einzige dreischiffige Sakralbau in Ostfriesland in der Art gotischer Kathedralarchitektur.

Umgang aus dem 13. Jh. Die Beziehungen zur Spät- und Sondergotik werden durch den von Peter Parler angewendeten Grundriß erkennbar, bei dem in der Mittelachse statt der Arkade oder des Fensters ein Pfeiler steht, was auf eine gerade Seitenzahl des Polygons zurückgeht. Dieser Grundriß kommt auch bei vielen Choranbauten Ostfrieslands und im Jeverland häufig vor. Der Bau des Norder Chores ging offenbar auf Anregungen des 1452 errichteten Chores der Martinikirche und der der A-Kerke in Groningen zurück, wie überhaupt bei der spätgotischen Architektur Ostfrieslands westliche Einflüsse vorherrschen. In den Details gibt es jedoch Unterschiede zwischen dem Norder- und den Groninger-Chorbauwerken. Grundsätzlich sind in Groningen bei der Martinikirche auch die Blendfelder und Fenster der von Rundpfeilern aus aufsteigenden Wände noch schlanker, das ausgeprägte Faltengewölbe strukturiert den Raum stärker, so daß die Formen beengter sind als in Norden. Hier herrscht ein mehr hallenartig, zelthafter Charakter vor; die Spitzbogenformen sind der Erdschwere mehr verbunden und alle Bauelemente weniger gedrängt als in Groningen. Mit den Kirchen in Hinte, Larrelt und Twixlum und dem Chor von Petkum erreichte das spätmittelalterliche Bauwesen seinen Abschluß (Abb. 22-24).

In Larrelt wurde die alte Tuffsteinkirche bis auf den Turm des 13. Jhs. abgetragen und mit den alten, überarbeiteten Tuffsteinen neu aufgebaut. Unter Verwendung von Sandstein für die Maßwerkfenster entstand eine vollständig neue Kirche in spätgotischer Formensprache mit Stern- und Netzgewölben, wie sie auch in Hinte und Petkum vorkommen. In allen drei Anlagen gehen die Gurte und Rippen von Konsolen oder vom Boden aufsteigenden Vorlagen aus. Dabei sind alle Glieder und Profile im Sinne der Spätgotik mit ihren spröden, gratigen Formen gleichbehandelt und erzeugen einen faltig strukturierten Raum, der die Brüchigkeit der Zeit widerspiegelt. Noch spröder wirkt am Außenbau das gereihte Muster der großen Fenster und gestuften Strebepfeiler mit ihren kubischen Formen. Ornamentale Auflösung erfolgt nur durch das Maßwerk der Fenster. Sie enthalten die Elemente des aus Frankreich kommenden Flamboyantstils, der mit Fischblasenmotiven auch bei den Fenstern in Hinte und Petkum vorkommt. Diese Baugruppe reicht schon in das 16. Jh. hinein und bildet den zeitlichen Endpunkt dieser Betrachtung.

Im Rahmen der spätmittelalterlichen Bautätigkeit entstanden die schon erwähnten Lettner. Es sind zumeist dreijochige gewölbte Einbauten, die bis zur Hälfte der Saalhöhe ihre Arkaden zum Schiff öffnen und den Mitteldurchgang zum Chor ermöglichen. Vor den beiden seitlichen Rückmauern standen die Altäre. Der Formenkanon der Arkaden reicht ausgehend vom Rund- über den Spitz- bis zum Korbbogen in der Schlußphase dieser Bauperiode. Dabei korrespondieren immer reichere Profile der Pfeiler und Arkaden mit der Entwicklung der Formen von Chören und Kirchenneubauten dieser Periode. Als Mensaplatten der kleinen Seitenaltäre dienten ehemalige Sarkophagdeckel, die an den Ecken und in der Mitte mit Weihekreuzen versehen wurden und noch oft in den Kirchen zu finden sind.

Mit dem Bau spätgotischer Westtürme kommt noch stärker zum Ausdruck, daß die Türme mehr weltlichen Interessen dienten. Schon seit dem 12. Jh. ist die Funktion der Türme als Befestigungswerk und mit ihren Logen als Sitz besonderer Persönlichkeiten zu erkennen. Herausragende Beispiele sind die mit Logen ausgestatteten Türme von Reepsholt von vor der Mitte des 13. Jhs. und Marienhafe aus der zweiten Hälfte des 13. Jhs., die mit ihren zum Schiff hin geöffneten Arkaden eine Teilnahme am Gottesdienst hoch über den Köpfen der Gemeinde ermöglichten. In Reepsholt kam es im Turmobergeschoß zum Bau des einzigen Trompengewölbes in Ostfriesland. Diese von den Eckbögen ausgehende achtteilige Form ist in der rheinischen Architektur als Vierungskuppel weit verbreitet. Viele der umkämpften Türme fielen kriegerischen Handlungen zum Opfer, wie in Arle und Reepsholt. Bei den Westtürmen des 15. Jhs. wird der fortifikatorische Charakter wie in Backemoor und Esklum durch Kaminanlagen und Galerieumgänge mit Schießscharten (Backemoor) deutlich, und durch Wappen an den Fassaden wie in Loquard und Suurhusen sind sie als Häuptlingsbesitz ausgewiesen.

Die Profanarchitektur bestand noch längere Zeit als der Sakralbau aus Holz und Lehm. So finden sich neben den durch Grabungen ermittelten Siedlungshäusern in Flechtwerk- und Stabbauweise vielfache Hinweise auf Burggebäude, die mitunter neben den Kirchen, wie in Loquard und Uphusen, auf runden Burghügeln mit Umfassungsgraben standen. Diese wohl ursprünglich dem Mottentypus zuzuordnenden Anlagen setzten sich von den spätmittelalterlichen Burgtypen ab, die größere Ausdehnungen beanspruchten. Im freien Gelände errichtete Burgen, wie die Boomborg bei Hatzum und die Burganlage Borgholt bei Ardorf mit größerem Umfang waren hölzerne Anlagen. Auf den runden Burghügeln nahe der Kirchen sind anfänglich auch turmähnliche Gebäude aus Holz zu vermuten, die später durch Steinbauwerke abgelöst wurden.

Die profane mittelalterliche Steinarchitektur wird erst mit der Burg in Bunderhee und dem Pastorenhaus von Stapelmoor (1429) faßbar. Der ältere Burgentyp, zu dem das Steinhaus von Bunderhee gehört, bestand aus einem zwei- bis dreigeschossigen Gebäude mit rechteckiger Grundform.

Das Steinhaus von Bunderhee hat einen Hochkeller mit separatem Eingang ohne Verbindung zu den oberen Stockwerken. Dieser liegt für das Mittelgeschoß 3 m hoch über dem Boden und machte eine hölzerne Leitertreppe erforderlich. Die beiden oberen Stockwerke enthalten Lichtschlitze und kleine Rechteckfenster. Als oberer Abschluß wird eine Brüstungsmauer mit Umgang angenommen.

Schon im Laufe des 15. Jhs. trat ein anderer Typus des Steinhauses auf, der als Saalbau eine größere Streckung erfuhr und in Beispielen auch mit dem Namen „Langhaus" (Burg Visquard) überliefert ist. Dazu gehört auch der Westflügel der Burg von Hinte aus der 1. Hälfte des 15. Jhs. Die mit Wappen geschmückten Stufengiebel des Gebäudes erinnern an die Wappen im Westportal des Turmes von Loquard. Vielfache Veränderungen lassen bei den anderen Burgen kaum Aussagen über die Beschaffenheit der Fassaden zu. Das gilt vor allem für die Fenster, die fast immer verändert wurden. Ein spätes Beispiel noch mittelalterlicher Architektur ist das Torhaus der Burg in Dornum von 1567 mit einem die

Abb. 22 Petkum - Spätgotisches Netzgewölbe mit Hängezapfen im Choranbau.

Durchfahrt einfassenden kielbogigen Blendfeld und ehemaligen spitz- und stichbogigen Fenstern.

Eine andere Gruppe von Steinhäusern in Stapelmoor, Engerhafe, Ditzum, Dornum und Nesse diente als Pfarr-

Abb. 23 Larrelt - Einer der wenigen Neubauten der Spätgotik in Ostfriesland wurde aus den überarbeiteten Tuffsteinen der Vorgängerkirche errichtet.

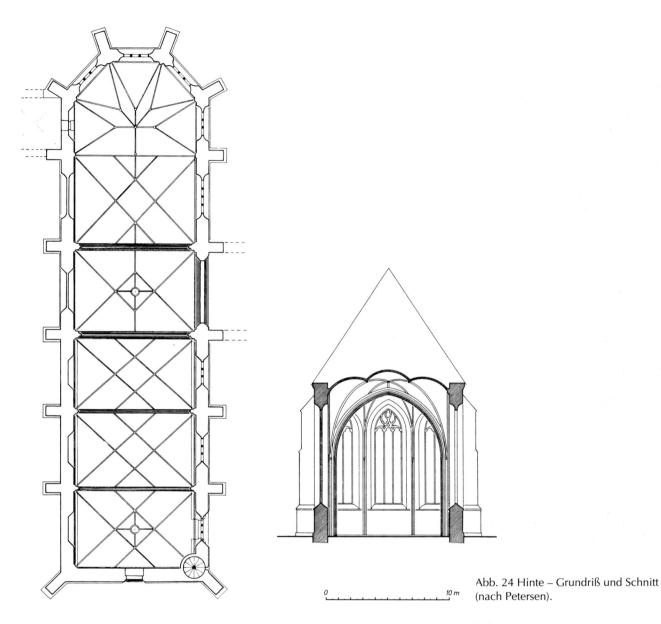

Abb. 24 Hinte – Grundriß und Schnitt (nach Petersen).

häuser, wie aus der im Staffelgiebel von Stapelmoor angebrachten Inschrift mit der Jahreszahl 1429 hervorgeht. Es sind zweigeschossige Rechteckbauten ohne besondere Streckung mit hohen Giebeln und Spitzdächern. Das Kellergeschoß in Engerhafe ist mit Stichkappengewölben, sog. böhmische Kappen, ausgestattet, wie sie auch die Turmloge der Kirche in Larrelt nachträglich erhielt.

Außer gestaffelten Giebelblenden (in Stapelmoor) sind keine weiteren Zierelemente angewendet worden.

Literatur

Grundlagen und ausführliche Literaturhinweise zu diesem Beitrag finden sich in folgenden Titeln:

Haiduck, H. (1986): Die Architektur der mittelalterlichen Kirchen im ostfriesischen Küstenraum. - Abhandlungen und Vorträge zur Geschichte Ostfrieslands 63.

Haiduck, H. (1992): Beginn und Entwicklung des Kirchenbaus im Küstengebiet zwischen Ems- und Wesermündung bis zum Anfang des 13. Jahrhunderts. - Quellen zur Geschichte Ostfrieslands 15.

Haiduck, H. (1992): Verbindendes und Trennendes. Niederländischer Einfluß auf die mittelalterliche Sakralarchitektur in Ostfriesland. - Rund um Ems und Dollart, 98-109.

Die Kirchen der Neuzeit
von Robert Noah

Die durch Martin Luther ausgelöste Reformation der christlichen Lehre in den ersten Jahrzehnten des 16. Jahrhunderts brachte auch unserm Land neue Glaubensinhalte. Doch nicht nur diese. Ihr endgültiger Vollzug hatte vielmehr teilweise einschneidende Veränderungen der Ausstattung im Innern der mittelalterlichen Kirchen oder aber sogar einen gänzlichen Neubau zur zwangsläufigen Folge. Beides war bei den Gemeinden entsprechend ihren unterschiedlichen Bekenntnisrichtungen mit erheblichen Unruhen und auch mit hohem finanziellen Aufwand verbunden. Ließen sich Schnitzaltäre, Heiligenbilder, Votivgaben und andere Ausstattungsteile aus Holz nach und nach ohne größere Schwierigkeit aus dem Innern der Kirchen entfernen, so erforderte etwa das Übertünchen von Wand- und Gewölbegalerien bereits den Einsatz größerer Geldmittel, alleine schon für das Aufstellen und Vorhalten von Baugerüsten in den teilweise hohen Kirchenräumen. Die neue Gottesdienstordnung gebot andererseits die Beschaffung von festem Gestühl, hier und da den Neubau von Altären und Kanzeln sowie später auch eine Vergrößerung der alten, kleinen Fenster zumeist in den südlichen Außenmauern. Ließen sich diese notwendig gewordenen Maßnahmen generell noch in den Jahrzehnten des 16. Jahrhunderts bewältigen, so vollzog sich der hier und dort unumgängliche Neubau kirchlicher Räume selbst im Ganzen erst nach der Jahrhundertwende.

Wir haben freilich Kenntnis auch von Bauvorhaben noch aus dem 16. Jahrhundert – reformierte Kirchen, die heute nicht mehr stehen. Es handelt sich hierbei um Nachfolgebauten von älteren Anlagen aus dem 13./14. Jahrhundert, wie etwa in Canhusen, wo gegen 1650 ein Neubau erforderlich wurde, den erst 1789 die heutige Kirche verdrängte. Gleich mehrere Vorgängerbauten sind für die 1590 erbaute Kirche von Wymeer im südlichen Reiderland nachzuweisen. Dort verdrängten die Fluten des Dollart die älteren Kirchen nach und nach in südlicher Richtung, bis dann endgültig im Jahre 1886 das heutige Backsteinkirchlein entstand. Ähnliches ist von der reformierten Kirche in Logumer Vorwerk aus dem Jahre 1594 (1884 abgebrochen) sowie von der Kirche in Nendorp (Reiderland) zu berichten.

17. Jahrhundert

Das gewaltige Kirchenbauprogramm des 13. Jahrhunderts auf der ostfriesischen Halbinsel blieb bis zum heutigen Tage unerreicht. Nur vereinzelt konnten dann, beginnend mit dem 17. Jahrhundert, vor allem in den ostfriesischen Städten sakrale Bauvorhaben verwirklicht werden. Den bedeutendsten dieser protestantischen Kirchenbauten finden wir in Emden, wo im Jahre 1642 der stark angewachsenen Bevölkerung folgend Magistrat und Kirchenrat einen Neubau in Nord-Faldern beschlossen. Es wurde damals vorgesehen, Planung und Bauleitung in die Hand eines einheimischen Architekten, des Ratsbaumeisters Martin Faber nämlich, zu legen. Der gebürtige Emder hatte sich nicht mit einer Ausbildung im eigenen Land begnügt; Studienreisen führten ihn nach Holland, nach Frankreich und auch nach Italien, wo er besonders in Rom als Baumeister und Maler wirkte.

In der Grundrißkonzeption für den Neubau folgte der Emder Architekt dem Vorbild der 1620 in Amsterdam entstandenen Noorderkerk, einer zeitgemäßen Predigtkirche auf der Grundlage eines griechischen Kreuzes. Er verzichtete allerdings auf den südlichen der vier gleich langen Kreuzarme, so daß sich in Emden als Grundkonzeption zunächst eine T-Form ergab. Nachdem auch noch die Zwickel zwischen den Kreuzarmen durch diagonal gestellte Außenmauern geschlossen wurden, entstand ein im frühen protestantischen

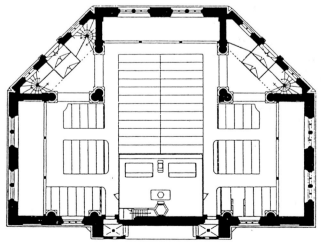

Abb. 1 Neue Kirche in Emden. Grundriß.

Abb. 2 Neue Kirche in Emden. Ansicht von Nordwesten.

Kirchenbau origineller Predigtraum mit zentralistischer Tendenz. Das Äußere unserer Kirche spiegelt in eindrucksvoller Weise den Innenraum wieder. Die drei gleich gestalteten Arme erhielten auch den gleichen Aufbau: das links und rechts über die Dachfläche höher gezogene Giebelquadrat mit je zwei großen Rundbogenfenstern und darüber der Giebel selbst mit einem Kreisfenster sowie abschließendem zierlichen Tympanon. Wenn auch, wie bereits gesagt, der nördliche Kreuzarm in seiner ganzen Länge fehlt, so erscheint er doch gleichsam in reduzierter Form als risalitartiger Vorsprung, der konsequenterweise auch die Architekturgliederung der eigentlichen Kreuzarme erhielt. Deren schrägen Dachflächen zwangen die beiden Zwickelräume, sich in ihrer Traufhöhe zu reduzieren, damit ihre Dächer unterhalb des Hauptgesimses enden konnten. Über dem Kreuzungspunkt der drei Dachfirste als krönender Abschluß dann ein zierlicher sechseckiger Dachreiter mit Galerie und Laterne.

Von eindrucksvoller Originalität schließlich auch die Schmuckelemente, die in ihrer Gesamtheit noch auf die Formensprache der Renaissance verweisen. Werksteinbänder beleben die Backsteinflächen und begleiten die Rundbögen der Fenster, konsequent eingerahmt erscheinen auch die Rundfenster mit ihrem kreisförmigen Maßwerk sowie die hohen Bogennischen in den vier Giebeln.

Das 17. Jahrhundert hat an bedeutenden Sakralbauten lediglich die oben näher beschriebene Kirche in Emden hervorgebracht. Daneben entstanden in diesem Zeitraum aber gleich mehrere dörfliche Kirchenbauten mit deutlich erkennbaren, wenn auch recht bescheidenen barocken Zierelementen. Abgesehen von der 1636 errichteten, 1827 wieder abgebrochenen reformierten Kirche in Kirchborgum und der ebenfalls reformierten von Driever (1685; 1874 abgetragen) sind die reformierten Kirchen von St. Georgiwold (1689), Marienchor (1668) und schließlich Bargebur (1684) sowie die 1695 errichtete lutherische Kirche in Neustadtgödens besonders zu erwähnen. Die Gemeinde von St. Georgiwold beklagt sich 1681 in einem Gesuch an den Landesherrn, die Fürstin Christine Charlotte, über den desolaten Zustand ihrer Kirche, worauf dann laut Inschrift von 1689 der Neubau erstellt werden konnte. Bezeichnenderweise setzte man damals – offensichtlich unter Anlehnung an den ostfriesischen Apsissaal – an die Ostseite eine polygonal gebrochene Apsis, dazu aber im Westen einen Turm. Dieser hält – heute – dieselbe Firsthöhe wie das Schiff und nimmt an seiner Westseite den Zugang zur Kirche auf. Auch das Backsteinkirchlein in Marienchor wird, wie schon der Name bezeugt, an die Stelle eines Vorgängers getreten sein, und zwar nach Aussage einiger Zahlenanker im Jahre 1668. Je fünf zwei Stein breite Lisenen begleiten die hohen Rundbogenfenster des Schiffs. Eine Ostapsis fehlt, dafür ist im Westen der ebenfalls mit Lisenen und einem Traufgesims geschmückte Turm angesetzt.

Bemerkenswert in ihrer Gesamterscheinung wie auch mit ihrer Baugeschichte schließlich die Lütetsburger Patronatskirche im Norder Ortsteil Bargebur. Seit 1559 und bis zum späten 17. Jahrhundert beherbergten die Herren von Lütetsburg die reformierten Gläubigen der Stadt Norden in ihrer Schloßkapelle. Als dann im Jahre 1680 (Jahreszahl über dem Westportal) die Umfassungsmauern des Neubaus fertiggestellt waren, erstürmten die lutherisch gesinnten, erbosten Norder die Baustelle und rissen die Mauern wieder ein. Erst vier Jahre später, 1684 also, konnte der Bau, freilich nur unter dem militärischen Schutze der aus Greetsiel kommenden preußischen „Salve Garde", fertiggestellt werden. Und zwar als Rechteckraum in Nord-Süd-Richtung mit je vier Rundbogenfenstern auf den Langseiten, einem zweiflügligen Portal auf der Westseite sowie Walmdach und Dachreiter. Der Vorbau an der südlichen Schmalseite mit seinem anmutig geschwungenen Barockgiebel entstand später. Das Innere dieses liebevoll durch die Lütetsburger Patronatsherren gepflegten Kirchleins ist von dem mit korinthischen Pilastern reich geschmückten Gestühl der genannten Familie geprägt.

18. Jahrhundert

Viele der größtenteils noch aus dem Mittelalter stammenden Kirchen waren nach Ablauf einiger Jahrhunderte in ihrer baulichen Substanz derart geschwächt, daß bei dem damaligen Stand der Technik, aber auch angesichts fehlender Geldmittel nur ein Neubau in Betracht kam. Dazu bestand in küstennahen Gebieten früher immer noch die Gefahr von Deichbrüchen, die zur Aufgabe von baulichen Anlagen zwangen. Nachdem etwa im Jahre 1699 die im Dollart gelegene Kirche von Gerdswehr ausgedeicht werden mußte, konnte aus dem Erlös ihrer Tuffsteine ein Neubau in Wybelsum errichtet werden. Der schlichte Rechteckraum erhielt im Norden keinerlei Fenster, dafür aber auf seiner Westseite einen Glockenturm („Glockenkammer") von gleicher Breite und Höhe wie das Schiff. Der Westturm in Böhmerwold dagegen erhebt sich mit seinem Zeltdach über den First der Kirche von 1703, deren Abschluß im Osten polygonal und mit Strebepfeilern ausgebildet ist. Das einzige Schmuckelement dieses schlichten Backsteinkirchleins finden wir über dem puttengeschmückten Portal im Turm, wo eine reich verzierte Inschrifttafel uns das Baujahr von 1703 mitteilt.

Die Dorfkirchen aus dieser Bauperiode gehörten zum überwiegenden Teil den reformierten Gemeinden und traten, wie schon ausgeführt, an die Stelle älterer Anlagen. So berichtet die Gemeinde in Bedekaspel 1717 über erhebliche Bauschäden an ihrer alten Kirche, offenbar durch Überflutungen des „Großen Meeres" verursacht. Man entschloß sich daher im Jahre 1728, die abgängigen Mauerteile niederzulegen und neu aufzusetzen. Der heutige Bau erhebt sich über rechteckigem Grundriß und einem – wohl aus dem 13. Jahrhundert stammenden – Westturm. Auch die 1727 errichtete und gänzlich verputzte Kirche von Woltzeten ersetzte 1727 einen älteren, 1725 abgerissenen Bau. Das gleiche gilt für die 1751 erbaute Kirche in Cirkwehrum, zu deren Finanzierung die kleine überforderte Gemeinde um die Genehmigung von Kollekten vor allem bei den Glaubensbrüdern in den Niederlanden ersuchte.

Nachdem schon im Jahre 1696 in Neustadtgödens eine lutherische Kirche erbaut werden konnte (wo auch bereits Juden und Mennoniten Gottesdienste abhalten durften), erwuchs bei der damals noch nach Dykhausen eingepfarrten reformierten Gemeinde der Wunsch, ebenfalls ein eigenes Gotteshaus zu besitzen. Es entstand dann 1715, tatkräftig gefördert durch den Grafen Philipp von Fridag, als anmutiger, Nord-Süd-gerichteter Einraum mit lebhaft gegliederter Schauseite, die das Hauptportal mit dem Wappen der Fridags enthält. Bei der Finanzierung des Kirchleins von Landschaftspolder ergaben sich ebenfalls unerwartete Hemmnisse. Das 1761 aufgesetzte Genehmigungsgesuch an das Konsistorium gelangte erst nach geraumer Zeit an die Kriegs- und Domänenkammer, bei der sich dann auch noch – mit gutem Erfolg – der damalige Regierungspräsident von Derschau verwenden mußte. Aber erst im Jahre 1765 erging durch eine Spezial-Ordre aus Berlin die Genehmigung zum Neubau. – An weiteren Neubauten dieser Jahrzehnte sind zu nennen Wolthusen (1784), Canhusen (1789, davor Gottesdienste im Kloster Aland), Jarssum (1798) sowie die stattliche, durch kräftige Lisenen bereicherte Backsteinkirche in Neermoor mit Westturm und Ostvorbau (1795).

Die Gemeinden in den ostfriesischen Städten und den größeren Flecken begnügten sich verständlicherweise

Abb. 3a Lutherische Kirche in Carolinensiel. Außenansicht.

Abb. 3b Lutherische Kirche in Carolinensiel. Innenansicht.

nicht mit bescheidenen Rechteck-Einräumen von der oben geschilderten Art, wie uns dies die St. Nicolai-Kirche in Wittmund bezeugt. Ganz ohne Zweifel wird dort bereits im 8./9. Jahrhundert eine Sendkirche errichtet worden sein – ein wohl recht bescheidener Holzbau in der in Nordeuropa heimischen Stabbauweise. Er wird im Verlaufe des 12./13. Jahrhunderts von einem massiven Bau ersetzt worden sein, welcher aber während der „Bremer Fehde" um 1540 ein Opfer der Flammen wurde. Als dann auch die im Folgejahr errichtete baufällig gewordene Kirche selbst durch eine umfassende Renovierung nicht mehr zu retten war, ließ sich – 1775/76 – ein gänzlicher Neubau nicht mehr vermeiden. Die Kirchengemeinde verwirklichte damals eine Entwurfszeichnung des Baumeisters W. L. Richter, allerdings mit einigen Abweichungen. Der – größer ausgeführte – Westturm des breitgelagerten Saalschiffs mit seiner schmucken Barockhaube erhielt zusätzlich eine zierliche Laterne, das Schiff zur Aufnahme des reich gegliederten Nordportals einen traufhohen Vorbau. Im Innern deckt eine Muldendecke in Holzkonstruktion den hellen Raum mit seinen beiden längsgerichteten Emporen. – Nicht ihre Größe, sondern die unverändert erhalten gebliebene Harmonie von Architektur und Ausstattung zeichnet die 1776 nach ausdrücklicher Genehmigung durch den preußischen König Friedrich II. errichtete Backsteinkirche in Carolinensiel aus. Die Außenmauern von Schiff und abgesetztem Turm erhielten

Abb. 4 Mennonitenkirche in Norden.

Abb. 5 Reformierte Kirche in Leer. Innenansicht.

auch mit Hilfe bescheidener, dem Backstein gemäßer Formelemente eine gefällige Gestaltung. Das Innere vermittelt eindrucksvoll die typische Erscheinung eines spätbarocken dörflichen Kirchenraums – mit Kanzelaltar, Kniebänken, dem zurückhaltend verzierten Kastengestühl, der Orgel und der Deckengestaltung.

Von den insgesamt rund 20 ostfriesischen Kirchen aus dem 18. Jahrhundert ist der in den Jahren 1785–87 errichtete Zentralbau der reformierten Kirche in Leer die bedeutendste. Sie erhebt sich über den vier gleich langen Armen des griechischen Kreuzes und trägt einen dreigeschossigen, achteckigen und gestalterisch überzeugenden Glockenturm. In die Winkel zwischen den Kreuzarmen sind vier Nebenräume aus Kreissektoren gesetzt. Große Rundbogenfenster erhellen den Raum, dessen Zentralität von der umlaufenden Empore noch gesteigert wird. Bogenstellungen auf Pfeilern vermitteln den Zugang zu den Nebenräumen in den vier Zwickeln. Beachtenswert die schöne Renaissancekanzel von 1609 und die von A. A. Hinz aus Groningen 1766 erbaute Orgel, die noch Teile der Orgel des benachbarten Klosters Thedinga enthält.

Am südlichen Rand des riesigen Marktplatzes der Stadt Norden schließlich fällt eine breit gelagerte, symmetrisch abgestufte Bauanlage von einheitlicher Gestaltung ins Auge: die Mennonitenkirche. Ihr Mittelbau entstand bereits im Jahre 1662 als Patrizierhaus, die beiden in ihrer Höhe abgesetzten Seitenflügel aber erst 1796 und 1835. Wenn auch zwischen diesen Baudaten ein Zeitraum von mehr als 170 Jahren liegt, so finden wir an allen drei Baukörpern zu unserer Überraschung die gleiche Fassadengliederung in den Formen des bereits vereinfachten niederländischen Barock vor. Breite Kolossalpilaster mit jonischen Kapitellen über einem weiß abgesetzten Sockel gliedern den zweigeschossigen Mittelbau, dessen Eingangsportal über eine doppelläufige Freitreppe erreicht wird. Die gleiche Gliederung, wie schon gesagt, an den beiden Flügelbauten, wo lediglich der hohe Sockel entfällt.

19. Jahrhundert

Nur allzu bereitwillig öffnete sich auch Ostfriesland in den ersten Jahrzehnten des 19. Jahrhunderts den neuen Idealen der klassizistischen Architektur. Der Übergang von barocken Bauformen zumal an den bescheidenen Dorfkirchen vollzog sich angesichts der wenigen Schmuckelemente im Backsteinbau ohnehin kaum wahrnehmbar. Und wieder waren es naturgemäß die städtischen Gemeinden, die hier mit größeren Bauten Maßstäbe setzten. In dem alten Residenzstädtchen Aurich vernichtete 1811 ein Brand in der Westervorstadt die Hauptwache, in deren Obergeschoß der reformierten Gemeinde durch Friedrich II. 1744 ein Raum für ihre Gottesdienste zugewiesen war. Es galt also nun, einen eigenen Kirchenbau zu verwirklichen. Nachdem zunächst in der Schulstraße ein geeignetes Grundstück bereitstand, und der bekannte Auricher Architekt C. B. Meyer die Entwurfspläne erstellt hatte, mußte die kleine Auricher Gemeinde die nicht unerheblichen Geldmittel beschaffen. Da Eigenmittel und Spenden alleine den Bedarf nicht deckten, wandte man sich auch an den

Landesherrn, nämlich über den örtlichen Präfekten – Ostfriesland war dem französischen Kaiserreich einverleibt – an Napoleon Bonaparte. Dieser ließ der Gemeinde auch die Summe von 15.000 Franc zuweisen mit der Auflage, sie möge einen „der Stadt zur Zierde gereichenden Tempel" bauen.

Der tüchtige Architekt mag diese Weisung allzu wörtlich genommen haben. In der bescheidenen Schulstraße blickt uns nämlich unvermittelt aus der Reihe bürgerlicher Backsteinbaten eine tempelartige Fassade an: der wuchtige Portikus aus vier monumentalen toskanischen Säulen mit Architrav, Triglyphen und abschließendem, plastisch besonders betontem Tympanon. Betritt nun der neugierig gewordene Besucher, einen dunklen Vorraum durchschreitend, das Innere, so findet er sich in einem souverän von der dominierenden Kuppel geprägten, streng zentral ausgerichteten Raum wieder. Auf acht kannelierten korinthischen Säulen ruht die von ebenfalls acht Rippen gegliederte Kuppel, deren Scheitel ein rundes Oberlicht krönt. Im wesentlichen enthält das Innere sein Licht von acht im oberen Bereich der Mauern angeordneten Fenstern mit breitem Profilband aus Holz. In achsialer Bindung erscheint oberhalb des Eingangs auf einer halbrund gestalteten Empore die klassizistische Orgel, ihr gegenüber, wohltuend von zwei Säulen gerahmt, die Kanzel über dem schlichten Abendmahlstisch auf zweistufigem Podium. Von vornehmer klassizistischer Zurückhaltung ist – nach Beseitigung einer früheren bunten Übermalung – auch die farbliche Gestaltung des Raumes in gebrochenem Weiß, Grau und Gold, 1963 in Anlehnung an die ursprüngliche Farbgebung festgelegt.

Die in den Jahren 1832 bis 1835 als Ersatz für einen mittelalterlichen Bau errichtete lutherische Kirche, nach den Plänen des gleichen Architekten gestaltet, bleibt freilich in ihrer eher nüchternen Erscheinung hinter unserm Zentralbau zurück. Der hohe rechteckige Kubus ließ nur mit Hilfe von breiten Ecklisenen, waagerecht geführten Bändern und den zweigeteilten Fenstern eine architektonisch befriedigende Gliederung zu. Das Hauptportal auf seiner Südseite hob der Architekt durch zwei dorische Säulen mit aufliegendem Gebälk, Triglyphen und einem Giebeldreieck besonders hervor. Ein lebhaft gegliedertes, kräftig hervortretendes Gesims leitet zum flachgeneigten Walmdach über. Auch das weiträumige Innere galt es durch architektonische Mittel angenehm zu gestalten. Gebälk und Brüstung der Empore, die umlaufende Leiste unter den Halbkreisfenstern sowie die über einem vorgesetzten Gesims ansetzende Muldendecke mit ihrem rechteckigen Spiegel im Scheitel verliehen dem hoch aufragenden Raum einen wohltuenden, die Horizontale betonenden Gesamteindruck.

Von den wenigen im Verlauf des 19. Jahrhunderts entstandenen bescheidenen Dorfkirchen aber kann eine architektonisch aufwendigere Durchbildung nicht erwartet werden. In der Regel als rechteckige Einräume mit Westtürmen konzipiert, ließen sich die roten Backsteinfassaden mit ihren Rundbogenfenstern allenfalls durch Lisenen auflockern. Auch diese – zumeist reformierten – Kirchen traten an die Stelle älterer Bauten aus dem Mittelalter, so in Grotegaste (1819), Nendorp (1820), Weenermoor (1824) sowie in Kirchborgum (1827) und Driever (1875). Entfielen auch die Gestaltungsmittel der Lisenen, so blieben tatsächlich nur Rechteckräume mit großen Fenstern und ungebrochenem Satteldach, entworfen und ausgeführt zumeist von ländlichen Baumeistern, wie beispielsweise in Thunum und 1821 in Burhafe. Dies gilt generell auch

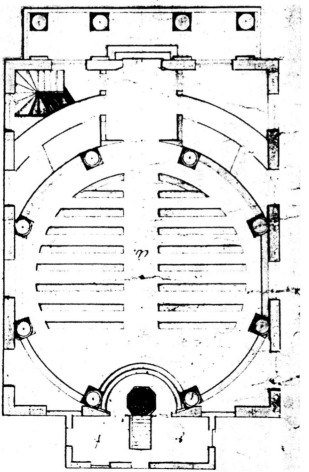

Abb. 6 Reformierte Kirche in Aurich. Grundriß von C. B. Meyer.

Abb. 7 Reformierte Kirche in Aurich. Straßenansicht.

für die Neubauten der baptistischen Gemeinden in Ihren (1855) und Ditzumer Verlaat (1870) sowie für die Kirchen der Altreformierten, so in Ihrhove (1860), Neermoor (1865) und Bunde (1870).

Neugotik und 20. Jahrhundert

Klassizismus und die Wiederaufnahme gotischer Stilelemente sind in Ostfriesland – zumindest in einer Phase des Übergangs – zeitlich voneinander nicht zu scheiden. Abgesehen von ausdrücklichen Wünschen der Bauherrn nach stilistischen Details („Spitzbogenfenster" für Timmel schon 1736, dieselben 1751 für Cirkwehrum oder 1727 für Woltzeten), hielt die Neugotik ihren Einzug in Ostfriesland mit Esens 1848 oder Loppersum 1866, es blieben aber andererseits Rundbogenfenster und Lisenen etwa in Driever noch 1875 erhalten. Die zweite Hälfte des 19. Jahrhunderts erwies sich in einer schwärmerisch-verklärten Erwartungshaltung eben aufgeschlossen sowohl für das Erbe der Antike – Klassizismus – als auch für den „deutschen" Baustil – die Neugotik. Die geistige Grundlage zu dieser national bestimmten Welle mag bereits Goethe geschaffen haben, als er in seiner Abhandlung „Von deutscher Baukunst" 1772 in Unkenntnis der kunsttheoretischen Zusammenhänge die These vertrat, die Gotik sei deutschen Ursprungs. Diese gotischen Stilprinzipien aber konkret in sakrale und profane Bauten umzusetzen, war dann mit das Werk von Schinkel, welcher, 1810 zum Leiter der preußischen Hochbauverwaltung in Berlin berufen, einer staatlichen Lenkungsbehörde vorstand, die in der Folgezeit das Baugeschehen in Deutschland ganz erheblich bestimmte.

Gleich der erste größere ostfriesische Sakralbau um die Jahrhundertmitte, die Magnuskirche in Esens, bezeugt, daß ein geschickter Entwurfsarchitekt – in diesem Falle der hannoversche Konsistorialbaumeister Fr. A. L. Hellner – ohne Härten verschiedene Stilrichtungen unter einem Dach zu vereinigen vermochte. Zu dieser eigenwilligen, großartigen Lösung trug gewiß auch der ausdrückliche Wunsch der Gemeinde nach einem Bau „im byzantinischen (!) Stil" maßgeblich bei. Die kubischgeraffte Gruppierung seiner Massen mit Querschiff, Ostapsis und Westturm, ebenso wie die Rundbogenfenster und die waagerechten Bänder verweisen noch auf klassizistische Bautraditionen. Den Raum dagegen beherrscht souverän eine fein abgestimmte und mit ihren schlanken Stützen kühne Architektur einer lichten gotischen Hallenkirche. Wir zögern nicht, diesem eigenwilligen Bau mit seinen sorgfältig entworfenen Baudetails einen hohen Rang in der ostfriesischen Sakralarchitektur zuzuweisen, auch wenn er sich nicht eindeutig in stilistische Kategorien einordnen läßt.

Er blieb, subjektive Schöpfung eben, ohne Nachbildung im Lande. Dafür entstanden in Ostfriesland bis über die Jahrhundertwende hinaus Stadt- und Dorfkirchen in den Bauformen der Neugotik zu Dutzenden – mit spitzbogigen Fenstern, Strebepfeilern, aufwendigen

Abb. 8a Magnuskirche in Esens. Ansicht von Süden.

Gesimsformen und vielfach auch lebhaft gegliederten Westtürmen. Diese neuartige, nun auf breiter Basis verwirklichte Bautradition ließ aber nicht darüber hinwegtäuschen, daß ihr der originäre Gehalt fehlte. Die an die Außenmauern gesetzten Strebepfeiler beispielsweise erhielten in den wenigsten Fällen ihre tektonisch bestimmte Stärke; sie hatten auch nirgends Gewölbekräfte wie im Mittelalter aufzunehmen, denn den Raum deckten entweder Brettertonnen oder flache Muldendecken in Holzkonstruktion, wenn nicht gar ein offener Dachstuhl ausgeführt wurde. Traten also außen die genannten gotischen Elemente auf, so fehlte dieser Eindruck im Innern gänzlich – wenn nicht Gestühl, Altar oder Kanzel in neugotische Stilformen gekleidet waren. Abgesehen von St. Magnus in Esens, deren Architektur sich, wie wir schon sahen, nicht eindeutig einordnen läßt, erblicken wir in der 1866 erbauten reformierten Kirche von Loppersum das früheste Beispiel eines neugotischen Sakralbaues. Wiederum als Nachfolgebau für eine Kirche des 15. Jahrhunderts entstanden, wurde sie mit polygonalem Chor und einer Vorhalle im Westen konzipiert. Strebepfeiler und spitzbogige Fenster verweisen in der uns schon geläufigen Art auf die Gotik, deren Grenzen aber das Innere mit seiner Flachtonne aus Holzbrettern aufzeigt. Die reformierte Kirche in Holthusen von 1882 erhielt einen Westturm, im Raum einen offenen Dachstuhl und gußeisernes Maßwerk der Fenster. Im Zusammenhang mit der Bauplanung dieser Kirche stellt sich erstmals die zuständige oberste Baubehörde vor, nämlich das Preußische Ministerium für geistliche, Unterrichts- und Medizinalangelegenheiten in Berlin – mit direkten Weisungseingriffen zur Architektur des Baues. Eine ähnliche Auseinandersetzung mit der obersten Baubehörde begleitete den Bau der reformierten Kirchen von Wymeer (1886) und Möhlenwarf (1909).
Von den lutherischen Sakralbauten der Neugotik verdient vor allem die Kirche in Münkeboe unser Interesse. Mit dem Pfarrhaus zusammen entworfen vom Hannoveraner Architekten Jacob, fällt sie vor allem in ihrer Grundrißkonzeption aus dem für Dorfkirchen vorgegebenen Rahmen. Sie ist nämlich mit zwei Seitenschiffen ausgestattet, deren Abdeckung aus je drei gesonderten Walmdächern besteht. Das heutige – untypische – Dach des Westturms mit allseitigen Walmflächen entstand erst 1927, nachdem der Blitz die alte Turmspitze zerstörte. Die Kirche enthält im übrigen eine ganze Sammlung von gotischen Bauformen – Spitzbogennischen, Dreifenstergruppen, Strebepfeilern, Kaffgesimsen und Maßwerk. Die lutherische Kirche in Ostgroßefehn hingegen wurde als schlichter Rechteck-Einraum mit Westvorbau und Dachreiter recht bescheiden gestaltet. Ihre Langseiten mit den abgestuften Strebepfeilern und den hohen Spitzbogenfenstern erwecken den Eindruck von queroblongen Gewölben im Raum. Dieser jedoch wurde mit der uns schon bekannten Bretterdecke geschlossen. Die lutherische Inselkirche von Norderney schließlich, 1879 errichtet, ist mit einem stattlichen Westturm sowie mit polygonalem Chor und verdoppelten Spitzbogenfenstern zwischen abgestuften Strebepfeilern ausgestattet.
Auch der überall in Europa gegen Ende des 19. Jahrhunderts entstandene Jugendstil hat seine Spuren in Ost-

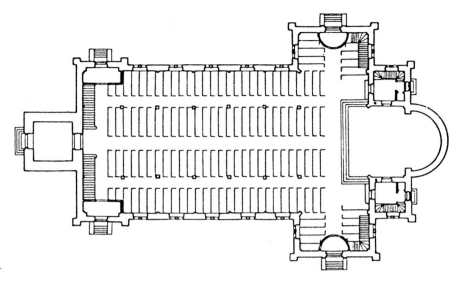

Abb. 8b Magnuskirche in Esens. Grundriß.

friesland hinterlassen. In Emden-Borssum entstand als Nachfolgebau einer zuvor abgetragenen gotischen Kirche in den Jahren 1912–1913 die bemerkenswerte Jugendstilkirche des bekannten Berliner Architekten Otto March. Er konzipierte seinen Bau mit Langhaus, eingezogenem Chor und wuchtigem Westbau. Dieser besteht aus einem mit Satteldächern gedeckten „Querschiff", aus dessen Mitte der alles überragende, breite Westturm aufragt. Zu seinen beiden Seiten finden wir die Eingänge, deren Öffnungen in hoch hinaufgreifende Nischen mit je einer Dreifenstergruppe gestellt sind. Ihren oberen Abschluß bildet ein in den fließenden Formen des Jugendstils verlaufender Dreipaßbogen, wie er auch über den vier Rundbogenfenstern des obersten Turmgeschosses angelegt wurde. Ebenso eigenwillig die gleichsam eng zusammengedrückten, gegenläufigen Wellenlinien über den beiden Eingängen und – in drei Schichten übereinander – im Giebeldreieck der beiden Querbauten im Westen. Die Langseiten des Schiffs durchbrechen je drei zweizonige Fenstergruppen, in hohe Nischen mit Segmentbögen gesetzt. Der in seiner Höhe um einiges reduzierte und mit nur recht kleinen Rundbogenfenstern erhellte Chorbau erscheint mit abgeschrägten Ecken. Das Innere dieses in leuchtend rotem Backstein und mit gleichfarbigen Dachpfannen errichteten Baues ist mit lebhaften Farben ausgemalt und mit einem Tonnengewölbe geschlossen.

Nicht nur die verheerenden Zerstörungen des letzten Krieges vor allem in den größeren Städten, sondern auch der Zustrom heimatvertriebener Gläubiger und schließlich die Aufteilung zu groß gewordener Pfarrbezirke machten in den letzten Jahrzehnten den Neubau vieler Kirchen erforderlich. Hinzu trat die Notwendigkeit, auch für neu begründete Religionsgemeinschaften angemessene Räume für den Gottesdienst bereitzustellen. Dabei blieb es generell dem beauftragten Architekten überlassen, den Bau und die Ausstattung des Raumes nach eigener Verantwortung und nach seinen subjektiven Gestaltungsvorstellungen zu verwirklichen. Wenn diese Sachlage auch objektive und allgemein verbindliche Wertungsmaßstäbe nicht zuläßt, so lassen sich doch durchaus Ergebnisse von unterschiedlichem künstlerischem Wert unterscheiden.

Einer der ersten Nachkriegsbauten und zugleich die damals größte Kirche der Ev.-luth. Landeskirche Hannovers entstand in den Jahren 1956 bis 1958 in Emden, die Martin-Luther-Kirche nämlich. An die Stelle einer schönen Rokoko-Kirche – sie wurde 1942 ein Raub der Flammen – setzte der Architekt, Prof. Dr. Witt, eine bemerkenswerte Baugruppe aus basilikalem Schiff und dicht an den Alten Graben gerücktem riesigen Glockenturm. Mit seinen 50 Metern beherrscht er seitdem das Stadtbild Emdens. Das Hauptportal ist bewußt in die westliche Giebelwand gesetzt, wo ein farbig verglastes Rundfenster die Darstellung des Vogel Phönix (Prof. v. Stockhausen) enthält. Über dem Nebeneingang auf der Südseite ein bemerkenswertes Sandsteinrelief von dem Berliner Bildhauer K. Lettow, eine „Gruppe der Lauschenden" darstellend. Die hohen, schmal gehaltenen Fenster der Langseiten nun schon mit waagerechtem Sturz gebildet. Als Chorraum erscheint ein Anbau auf der östlichen Schmalseite, der sowohl seitlich als auch in der Höhe gegenüber dem Schiff zurücktritt. Den weiten Innenraum schließt eine Kassettendecke in Holzkonstruktion ab. Schlichte Altarmensa aus Anröchter Dolomit, Kanzel und Traufe aus Sandstein. Die Altarmauer schmückt ein in Gipsschnitt ausgeführtes Wandbild, Christus mit den Jüngern auf dem See Genezareth darstellend. Eine schräg in den Raum gehängte Schwebedecke über dem Altar soll offenbar die Verbindung zwischen Schiff und Chor herstellen.

Von den zahlreichen, kleineren Kirchenbauten aus der Nachkriegszeit sind vor allem solche zu nennen, die sich zur kirchlichen Betreuung überall im Lande neu erstandener Wohnsiedlungen und auch für neue, von zu groß gewordenen Pfarrbezirken abgetrennte Gemeinden als notwendig erwiesen. In Hinrichsfehn, einem Ortsteil von Wiesmoor, entstand ab 1946 mit zielstrebiger Förderung des Direktors Hinrichs eben eine solche Siedlung. Nachdem zunächst vierwöchentlich der Gottesdienst in einer Schulklasse stattfand, konnte – nach Errichtung der neuen Pfarrstelle – unter schwierigsten Bedingungen im Jahre 1964 der Neubau errichtet werden. Der rechteckige, mit einem ungebrochenen Satteldach versehene Bau erhielt durch eine auf- und absteigende breite Betontraufe ein eigenwilliges, der damals herrschenden Architekturauffassung gemäßes Aussehen. Unter dieser auf Betonstützen ruhender Traufe an beiden Langseiten bis zum Boden reichende Buntfenster mit unregelmäßig-bewegter Sprossenteilung.

Abb. 9 Kirche in Borssum.

Ein weiterer Nachkriegsbau, die lutherische Kirche für das vom Staat im 18. Jahrhundert gegründete Spetzerfehn, gelang 1951 nur nach Überwindung heute kaum noch vorstellbarer Widrigkeiten. Den Entwurf lieferte kostenfrei der Bauunternehmer, Hand- und Spanndienste besorgten ebenfalls unentgeltlich die Gemeindeglieder, das Bauholz aus der Lüneburger Heide wurde teilweise durch Schiffer der Gemeinde auf dem Wasserwege herangeschafft. Dennoch erfüllte dieser zu klein gewordene Bau seinen Zweck nur bis zum Jahre 1970, als die heutige stattliche Backsteinkirche errichtet werden konnte. Der in den Folgejahren stetig wachsende Wohlstand erlaubte dann den Bau von Gemeindezentren, Pfarrhäusern und Kirchen von größerem räumlichen und architektonischem Aufwand. Die Lukas-Gemeinde in Aurich-Walle erhielt einen rd. 2000 qm großen Gottesdienstraum, dessen Abschluß in Anlehnung an die Jenseitsorientierung der Gläubigen ein Zeltdach bildet. Neu für die Ausgestaltung des Innern auch der Beschluß, daß der Bau als Stätte der Begegnung nicht nur gottesdienstlichen Zwecken zu dienen bestimmt sein soll: Keines der Ausstattungsstücke ist fest mit dem Boden verbunden, wodurch der Raum flexibel nutzbar bleibt.

Bemerkenswert sowohl in ihrer Größe als auch in baulichen Details die von den Architekten Brüx und Schumacher erbaute Johanniskirche von Sandhorst bei Aurich. Das langgestreckte Schiff betont den Altarraum durch Brechung seiner Ostmauer und durch Anordnung hoher farbiger Altarfenster in den Langseiten. Südlich anstoßend der zweigeschossige Trakt mit Gemeindesaal und Küsterwohnung sowie in der südwestlichen Ecke der hoch aufragende Glockenturm – eine überzeugend geordnete Gruppierung notwendig größerer Baumassen. – Einen ausgesprochenen insularen Charakter weist die 1957 errichtete Kirche auf Baltrum auf. An den mit einem Kegeldach versehenen Rundbau – der sog. Winterkirche für die einheimische Bevölkerung – lehnen sich zwei Flügel, deren Abschluß ein quergerichteter Bau mit dem Eingang bildet. Die Laibungen der kleinen Fenster setzen sich mit ihrem reinen Weiß gegen die roten Mauern ab; mit kräftigem Überstand ruhen auf diesen Dächer aus dunkelgrauem Reth.

Neben andern religiösen Gruppierungen verbreiteten sich in Ostfriesland besonders auch die Neuapostolischen Gemeinden, denen es ebenfalls nach und nach gelang, Kirchen zu errichten. Die 1965 in Norden erbaute Kirche zeichnet sich durch eine straffe Gliederung ihrer Fassaden mit den großen Lichtöffnungen sowie durch die gut gestalteten Baudetails aus. Die vom gleichen Architekturbüro 1975 geplante Kirche in Dornum erhebt sich über einem achteckigen Grundriß und schließt mit einer Faltdecke aus Kupfer. Eine bewegte Geschichte ihres Werdens durchlief die neuapostolische Gemeinde in Aurich. 1924 gegründet, war ihr zunächst ein eigenes Gotteshaus verwehrt, so daß sich die Gläubigen nacheinander mit der Aula des Gymnasiums, dem Tanzlokal Tivoli (früher Adams Garten [!], heute Ahrenholz) sowie schließlich mit einem umgebauten Pferdestall in der Graf-Enno-Straße begnügen mußten. 1959 gelang es ihnen dann endlich, in der Auricher von-Frerich-Straße einen stattlichen Bau mit 800 Sitzplätzen zu errichten. Seine Architekturformen: pfeilerartig vortretende Betonstützen, kräftige Fenstersprossen ebenfalls aus Beton und der überdachte Eingang verweisen deutlich auf die typische Architektur der ausgehenden 50er Jahre.

Der moderne Architekt fand – sicherlich mehr als in den zurückliegenden Jahrhunderten – ein reiches Betätigungs- und Experimentierfeld vor allem in der Gestaltung der Glockentürme. Er sah sich mit der technischen Vorgabe konfrontiert, zur Aufnahme des Geläutes ein hohes, standsicheres Turmgebäude zu erstellen und dieses in seiner Gestaltung der Kirche selbst anzupassen. Gebilde von durchaus unterschiedlicher Erscheinung waren das Ergebnis. Zunächst läßt der 1970 vom örtlichen Tischlermeister Pupkes für die Kirchdorfer Gemeinde in Aurich gezimmerte Glockenstuhl sein Vorbild in den – provisorischen – hölzernen Glockenträgern des 13./14. Jahrhunderts erkennen. Er besteht aus einem Paar kräftiger, diagonal abgestützter Pfosten und ist in schlichter Form mit einem offenen, flach geneigten Satteldach abgedeckt. In der äußeren Erscheinung eher zurückhaltend, in ihrer Höhe hingegen aufwendig dann die Türme in Emden, Wallinghausen (1967) und Aurich-Sandhorst (1966). Erhielt der Wallinghauser Turm über der eigentlichen Glockenstube ein von Betonteilen eingefaßtes Satteldach, so erscheint dieses in Sandhorst äußerst knapp und zurückhaltend. Dort hat der Architekt seinen hohen, pfeilerartigen Bau im oberen Drittel lediglich durch aufgesetzte Uhrenquadrate und kleine Schallöffnungen belebt. Der Glockenturm in Wiesmoor-Hinrichsfehn könnte mit seinen zwei seitlichen Betonscheiben und dem Glocken-„Kasten" dazwischen ebensogut ein Mahnmal oder etwa einen Wasserbehälter darstellen. Ein solcher Glockenkasten schwebt auch in luftiger Höhe neben dem Gemeindezentrum in Aurich-Walle. Ihn durchstößt der vom Boden aufsteigende und oben wieder heraustretende dicke, innen zum Hochklettern hohle Stahlpfeiler. Der unbefangene Betrachter mag dieses kühne, an ein Taubenhaus erinnernde Bauwerk bei aller Pietät mit einigem Kopfschütteln betrachten und nach dem Verbleib der Glocken selbst fragen.

Jede Zeitepoche ist bestrebt, bei der technischen und künstlerischen Durchbildung ihrer Architektur neue Wege zu beschreiten und dabei zugleich neue Gestaltungselemente zu entwickeln. Dieses Bemühen freilich ist nicht überall erkennbar, vor allem dort nicht, wo „gängige" formale Baudetails mehr oder weniger schlüssig, oftmals sogar rein additiv übernommen werden. Die lutherische Kirche in Tannenhausen scheint bei ihrer Erbauung in den Jahren 1960–62 diesem Trend nicht gefolgt zu sein. Sorgfältig eingebettet in die vorhandene Weiden- und Wallheckenlandschaft, gliedert sie in bewußt gestalteter Abstufung ihre Baumassen in Schiff mit abgesetztem Glockenturm, quergestelltem Trakt mit Taufkapelle und Gemeindesaal sowie – nochmals im rechten Winkel dazu – eingeschossigem Pfarrhaus. Der auf diese Weise entstandene Innenhof erhielt eine gärtnerische Ausstattung mit standortgerechter Bepflanzung. In seiner Höhe, aber auch im Abknicken der Außenmauern und mit den über die Fassade verstreuten kleinen Fensteröffnungen dominiert das Schiff. Ein schlicht eingefaßter Eingang in der hohen Westmauer führt in das Innere, dessen Gestaltung sich – ebenso wie schon bei den Fassaden – auf die wenigen landesüblichen Baustoffe beschränkt: roter Backstein, Holzdecke, dunkelgrüne Altarplatte und farbiges Fensterglas. Eine moderne Bauanlage von genialer Einfachheit also, gleichsam der Landschaft entwachsen und mit wohltuend reduzierten Gestaltungsmitteln bewältigt.

Literatur

Kiesow, G. (1969): Ostfriesische Kunst. – Ostfriesland im Schutze des Deiches 4.

Noah, R. (1980): Ostfriesische Kirchen. – Leuchtboje-Taschenbücher 1. 2. Auflage.

Noah, R. (1989): Gottes Häuser in Ostfriesland. Text. Fotografie: M. Strohmann. Norden.

Priddy, B. H. (1981): Der reformierte, mennonitische, altreformierte und baptistische Kirchenbau in Ostfriesland von der Reformation bis zum Zweiten Weltkrieg. Phil. Diss., Münster.

Die Ausstattung der Kirchen
von Robert Noah

Mittelalter

Als am 3. September des Jahres 1543 die ostfriesische Gräfin Anna verfügte, die Bilder und Schnitzereien religiösen Inhalts seien „by Nachttyden" und „ohne Geschrey" zu beseitigen, ging wohl die Masse der vorreformatorischen Ausstattung unserer Kirchen für immer verloren. Erhalten freilich blieb so manche Holzplastik, die damals etwa auf die geräumigen Dachböden oder in die Gewölbezwickel verbracht wurden um noch vor Jahrzehnten entdeckt und geborgen zu werden. Den Bildersturm dieser unruhigen Reformationsjahre aber überstanden, wenn auch hier und da kräftig lädiert, die aus dauerhaftem Stein gefertigten Stücke – Taufen, Grabplatten, Sakramentshäuser und die Bauplastik insgesamt. Es waren dann aber wiederum bewegte, entsagungsvolle Jahre, die den Kirchen die notwendigsten Stücke ihrer Ausstattung zurückgaben. Noch lange bevor die Waffen im unseligen Dreißigjährigen Krieg ruhten, gingen die verarmten Gemeinden ans Werk und füllten, unterstützt durch großzügige Stiftungen, die verödeten Kirchenräume nach und nach mit Altären, Kanzeln, Gestühlsteilen, Orgeln und so manchem hübschen Kronleuchter. Heute gilt es nun, diese zahllosen, teilweise künstlerisch bedeutenden Stücke zunächst zu inventarisieren, aber besonders auch sorgfältig zu pflegen und zu erhalten sowie unsachgemäßer Behandlung zu wehren.

Die ältesten Stücke der Ausstattung sind ohne Zweifel die in vielen unserer Kirchen heute zumeist an die Innenmauern gestellten Grabplatten: Teilweise noch aus den Holzkirchen entstammend, reichen sie bis in das 11./12. Jahrhundert zurück. Allen gemeinsam ist der trapezförmige Zuschnitt, denn sie waren – ebenso wie der dazugehörige Steinsarg – dem liegenden menschlichen Körper mit breiter Schulter, aber schmaler Fußpartie nachgebildet. Bei einer Länge von 180 bis 240 cm schwankt die obere Breite zwischen 65 und 100 cm, die untere beträgt 40 bis 75 cm. Das Rohmaterial der heute noch etwa zwei Dutzend vorhandener Steine (weitere 70–80 sind nachweisbar) stammt entweder aus dem mittleren Rheingebiet, dem Solling (roter Sandstein) oder aus den näher gelegenen Bentheim-Steinbrüchen (graugelbe Farbe). Die Erfassung und Klassifizierung unserer Steine erschwert ganz erheblich der mißliche Umstand, daß sie fast ohne Ausnahme entweder in ihrer ursprünglichen Lage in den Kirchen über Jahrhunderte abgenutzt wurden oder gar zweckentfremdet als Treppenstufen, Altarplatten und Türschwellen Verwendung fanden. Es lassen sich aber dennoch – sieht man von einer Reihe „primitiver" Steine ab – ganz generell zwei unterschiedliche Typen der ostfriesischen Grabsteine erkennen: solche mit lediglich ornamentaler Verzierung und einige wenige, jüngere, mit figürlicher Darstellung, so in Ditzum, Simonswolde und Larrelt. Der vergleichsweise bescheidene ornamentale Typ sieht eine Randeinfassung vor, sodann einen stilisierten Grabhügel, von dem sich zwei seitliche Stäbe (Lebensbäume) mit spiralförmig eingerollten Enden erheben und einen kräftigen Stab in der Mitte mit dem dekorativen „Scheibenkreuz", das offenbar das germanische Sonnenrad mit dem christlichen Kreuz

Abb. 1 Kirche Riepe. Sarkophagdeckel.

verbindet. Auch die Grabplatten mit – reichlich abstrahierter, grober – Darstellung des (der) Verstorbenen erhielten einen verzierten Rahmen, hier und da mit dem in der Hochromanik beliebten Rankenfries. Von diesem allseitig eingefaßt, erscheint dann der voll bekleidete menschliche Körper mit Darstellung der Beine oder der Füße und mit zur Brust erhobenen betenden Händen. Seltener – wie in Larrelt – zusätzlich noch die über den Kopf gesetzte Darstellung zweier Engel, welche die Seele des Toten zum Himmel tragen. In diesen Steinsarg gebettet und vor dem Chor der Kirchen bestattet wurden in der Regel nur Stifter oder andere um die Kirche besonders verdiente Persönlichkeiten, in Ostfriesland sicherlich aber auch begüterte Handelsherren, Förderer der Kirchen.

Von starker Aussagekraft für das Verständnis der mittelalterlichen Ikonografie sind auch die rd. 40 in unseren Kirchen erhalten gebliebenen Taufen in ihrem unterschiedlichem Aufbau. Allen gemeinsam ist allerdings das große Becken selbst, die Kuppa, deren Volumen das seit dem 9. Jahrhundert übliche Untertauchen des kleinen Täuflings erlaubte. Das Vorgehen, gleich oder ähnlich gestaltete Stücke in Gruppen zusammenzuführen, gestattet uns, diese stilistisch und in gewissen Grenzen auch zeitlich einzuordnen. Nach dieser Me-

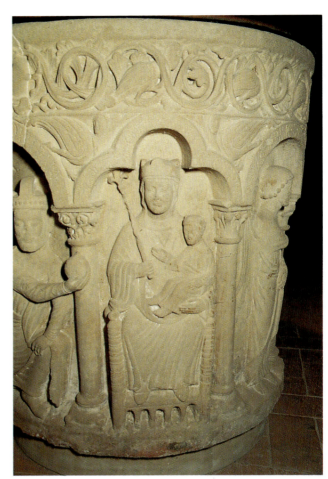

Abb. 3 Kirche Nesse. Taufstein.

thode unterscheiden wir drei Typen: die nach ihrem Ursprungsort so genannten Bentheimer Sandsteintaufen, den frühgotischen zylinderischen Typ sowie schließlich die Bronzekessel des 15. Jahrhunderts. Zeitlich ganz an den Anfang gesetzt werden müssen freilich die aus dem harten Granitstein mühsam herausgeschlagenen Taufen in Funnix, Dunum, Ardorf und Barstede, allesamt noch aus dem 12. Jahrhundert stammend. Die beiden zuerst genannten Steine sind in ihrer unteren Zone mit Halbsäulen unterschiedlicher Dicke versehen und tragen gleichsam die Kuppa. Diese wiederum zieren in strenger, abstrahierter Formensprache menschliche Köpfe am Beckenrand oder Halbfiguren mit zur Brust erhobenen Händen. Der außerordentlich harte einheimische Granitstein wurde aber mit dem frühen 13. Jahrhundert zugunsten des Bentheimer Sandsteins aufgegeben, der zugleich einen stilistisch wie ikonografisch gänzlich andersgearteten Typ hervorbrachte. Die etwa 30 in Ostfriesland vorhandenen Stei-

Abb. 2 Kirche Hatzum. Bentheimer Taufstein.

ne wurden offensichtlich auf Vorrat gefertigt und gelangten sodann auf dem Wasserwege – für den Landtransport waren sie zu schwer – an ihre Bestimmungsorte vor allem in Ostfriesland. Der Aufbau ist überall gleich. Auf quadratischer Basis erhebt sich der Rundschaft, der das zylindrische oder leicht konisch geformte Becken trägt. Von starker Aussagekraft sind die vier in Kauerstellung den Schaft umklammernden Löwen mit nach außen hin in jäher Wendung abgedrehten Köpfen. Nirgends fehlt an ihnen der sorgfältig über den Rücken gelegte Schweif und das dräuende Gebiß. Die Kuppa ist überall mit der uns schon bekannten romanischen Weinranke, oft dazu auch mit einem Palmettenfries verziert. Gut erhaltene Taufsteine dieser Art finden wir in Petkum, Borssum und Suurhusen in Greetsiel, Manslagt und Marienhafe sowie in Roggenstede, Blersum, Ochtersum und Arle.

Nur einige Jahrzehnte später gab man den Schaft, vor allem aber unsere dem germanischen Abwehrzauber entsprungenen Löwen auf. Zwischen 1230 und etwa 1260 entstanden in Nesse, Middels, Stedesdorf und Eggelingen qualitätvolle zylindrische Taufsteine nun mit Darstellung aus dem Heilsgeschehen in kräftiger Relieftechnik. Während in Stedesdorf die Gewandfiguren unbewegt in ihren acht Blendarkaden stehen, werden diese in Nesse zugunsten einer stärkeren Dynamik hier und da bewußt überschnitten. In Middels und auch an dem außerordentlich eleganten Stein in Eggelingen schließlich verzichtete der Künstler fast gänzlich auf die Unterbrechung durch Arkaden; eine dynamische, von links nach rechts geführte Bewegung ist hier das bewußt gewählte Gestaltungsprinzip. Im Taufbad der Marienverehrung und der Kreuzesmystik reinigte sich im 15. Jahrhundert die christliche Ikonografie dann endgültig von dem Makel der Dämonenfurcht. Die Werkstatt des Bremer Bronzegießers Klinghe schuf auch in Ostfriesland insgesamt fünf Metalltaufen mit schlanken figuralen Füßen, Heiligenfiguren zwischen gotischen Bogenstellungen sowie mit begleitenden Schriftbändern in steilen spätgotischen Minuskeln. Eine besonders eindrucksvolle Taufe finden wir in Pilsum vor. Dort gab der Künstler den vier Füßen die Gestalt der Evangelisten, die hier die Darstellung ihrer Attribute tragen: Lukas mit einem Stierkopf, Johannes als Adler, Markus als Löwe und Matthäus mit einem Menschenkopf.

Die außerordentlich hohe Zahl romanischer Grabplatten in Ostfriesland – eine Parallele in Deutschland hierzu fehlt – überrascht uns zu Recht. Umso mehr, als dies nicht für die mittelalterliche Bauplastik gilt, die in unserem Raum nur spärlich vertreten ist. Im Chor der gotischen Kirche von Larrelt fällt ein an der Innenwand befestigtes halbrund ausgebildetes Bogenfeld aus der Zeit um 1200 besonders auf. Wir wissen nämlich, daß Tympana mit figürlicher Darstellung in Deutschland vor der Mitte des 12. Jahrhunderts sehr selten anzutreffen sind. Im übrigen bringt das Larrelter Stück auch keine Darstellung geistlichen Inhalts; es stellt vielmehr laut

Abb. 4 Kirche Larrelt. Tympanon um 1200. Umzeichnung J. de Buhr, Pewsum.

Inschrift den Bauherrn Ippo sowie den Meister Menulfus und sogar den Architekten der romanischen Kirche, Ludbrud, dar. Ikonografisch ganz anders konzipiert ist der ursprünglich von der Norder Stadtkirche stammende, heute über dem Nordportal der Ludgerikirche eingemauerte stumpfwinklige Türsturz. Seine sechs in kräftig vortretenden Reliefs dargestellten Gewandfiguren stellen links die Heiligen Drei Könige, in der Mitte Maria und rechts daneben Josef sowie Andreas (?) dar. Lebhafter Faltenwurf sowie die bereits stärkere Bewegung der Figuren setzen diese Arbeit deutlich vom Larrelter Stein ab. Sie trägt bereits die Merkmale der Frühgotik und ist mit 1240/50 zu datieren.

Mit großer Sicherheit ebenfalls aus der Andreaskirche stammen die acht heute im Chor der Ludgerikirche aufgestellten Statuen aus hellem Bamberger Sandstein. Ihr eleganter Faltenwurf und ganz besonders die typische Gestik sowie der verklärte Gesichtsausdruck – der Maria aus einer Verkündigungsgruppe – bezeugen eindeutig die Hand eines auswärtigen oder doch außerhalb des Landes geschulten Meisters. Sie sind nicht vorstellbar ohne Kenntnis der nordfranzösischen Kathedralplastik (Chartres, Laon). Etwa gleichzeitig mit dem schon genannten Portalsturz entstanden, stellen diese Plastiken, auch in ihrer bedauerlichen Verstümmelung noch erkennbar, nun erstmals die Verbindung zu den großen europäischen Kunstzentren der Frühgotik dar, was entsprechend auch für die schon beschriebenen figürlichen Taufsteine in Nesse, Stedesdorf, Middels und Eggelingen zutrifft.

Wenn an den Steinplastiken von Marienhafe auch die hohe bildnerische Qualität der Norder Figuren nicht erreicht wird, so ist doch die stilistische Verwandschaft unverkennbar. Diese für den norddeutschen Raum ungewöhnliche Basilika enthielt in den Wandnischen der Querschiffsarkaden nicht weniger als 40 Statuen, darunter die Verkündigung, den Bethlehemitischen Kindermord, die Anbetung der Könige sowie Engel, Heilige und Ritter darstellend. Die beklagenswerte Verstümmelung der Kirche 1829 vernichtete oder beschädigte den Großteil dieser einmaligen Bauplastik, und auch der heute noch im Erdgeschoß des Westturms vorhandene plastische Schmuck ist durch die fortschreitende Verwitterung derart zerstört, daß Einzelheiten kaum noch auszumachen sind. Ein Gleiches gilt für den in Norddeutschland einzigartigen und in Europa insgesamt ganz selten auftretenden Bilderfries von Marienhafe, der bis 1829 die Mauerkrone des Schiffs zierte. Auf 126 Reliefplatten wurden dort in hochmittelalterlicher Unbekümmertheit Spottbilder, Drolerien, Reiterkämpfe, Tierfiguren aus der Reineke-Voß-Fabel und andere Szenen, vieles in unverständlich verzerrten Dimensionen der Einzelteile, dargestellt. Inhalt und ikonografische Absicht dieses einmaligen Bilderzyklus haben sich bislang beharrlich einer abschließenden Deutung widersetzt; wir werden aber auch hier thematisch die Verbindung zur französischen Sakralplastik herstellen müssen.

Liturgische Bedürfnisse der vorreformatorischen Kirche forderten die Bereitstellung verschieden großer Wand-

Abb. 5 Ludgerikirche Norden. Sandsteinplastik aus der ehemaligen Andreaskirche.

Abb. 6 Kirche Marienhafe. Tierszene aus dem ehem. Relieffries.

nischen zumeist im Chor unserer Kirchen, darunter insbesondere der Sakramentshäuser. Ohne Zweifel fiel ein großer Teil dieser Einbauten Um- und Erweiterungsvorhaben zum Opfer, erhalten aber blieben die Anlagen unter anderen in Roggenstede, Grimersum, Riepe, Reepsholt, Pewsum, Resterhafe, Tergast und Victorbur. Die schlichte Wandnische in Reepsholt wird von einer schweren Bohlentür abgeschlossen, deren originale, kunstvollen Beschläge besonders ins Auge fallen. In Roggenstede krönt die Nische ein stämmiges Kreuz aus Backsteinen; das Sakramentshaus von Victorbur ist von einem gegliederten Sandsteingewände in spätgotischer Formensprache eingefaßt. Ganz anders aber die kühne, filigranartige Erscheinung der spätmittelalterlichen Sakramentshäuser in Norden und Arle. Dort durch eine reich verzierte Stützkonstruktion auf einen Pfeiler gestützt, steht es in Arle in seiner eleganten, zerbrechlichen Erscheinung frei im Raume. Die turmartige Architektur läßt deutlich vier Stockwerke erkennen. Aus einer dunkel abgesetzten, verzierten und verkröpften Basisplatte erhebt sich der viereckige Schaft mit einem ebenfalls reich gegliederten Sockel und vier Heiligenfiguren, in Nischen auf Konsolen stehend. Zur weiteren Abstützung des Aufbaus dienen vier reich verzierte, auf Löwenkörpern aufsetzende Säulchen, die zusammen mit dem Schaft den vergitterten Sakramentsschrein tragen. An seinen Ecken finden wir vier musizierende Engel, hier von geringerer Größe, auf hohen Säulen mit Sockel stehend und von zierlichen Baldachinen gekrönt. Als Übergang zum nächsten Geschoß – vier Säulenstellungen mit dazwischengesetzten Fialen – erscheinen spätgotische Bögen und wiederum reicher Fialenschmuck. Über dem abschließenden Kielbogen setzt das vierte Stockwerk mit Schaft und begleitenden Fialen an, das schließlich nach ineinander verschlungenen Kielbögen in die von Kriechblumen verzierte Spitzfiale mündet. Alles in allem eine bemerkenswerte Steinmetzarbeit des 15. Jahrhunderts von bestechender Kühnheit und echter spätgotischer Eleganz.

Vom Reichtum und von der Qualität der mittelalterlichen Ausstattung unserer Kirchen an Altären, Plastiken und anderen Stücken können wir uns heute nur noch eine blasse Vorstellung machen. Setzt man auch für Ostfriesland mit aller Vorsicht die für Deutschland insgesamt ermittelte Erhaltungsquote von 25 % des mittelalterlichen Bestandes an, so bedeutet dies, daß bei uns schätzungsweise 3/4 des alten Kunstbesitzes verloren ging. Rechnet man aber noch den hohen Zerstörungsgrad der reformierten Gemeinden einerseits und die reiche Ausstattung der 28 ostfriesischen Klöster andererseits hinzu, so hätten unsere Kirchen vor der Reformation statt der heute ca. 12 Altäre und rd. 30–35 Holzplastiken sicherlich etwa 100 Altäre und vielleicht rd. 100–120 Einzelplastiken aller Art geschmückt. Zu beklagen haben wir zunächst den Verlust der Altäre, den uns verbliebenen in Buttforde, Hage, Arle und Funnix sowie auch in Loquard, Holtgaste und Aurich, aber erhöhte Aufmerksamkeit zuzuwenden.
Wenn diese Altaraufsätze ausnahmslos aus der 2. Hälfte des 15. und dem frühen 16. Jahrhundert stammen, so ergeben sich doch bei genauer Betrachtung zeitliche und stilistische Unterschiede. Der Marienaltar zu Buttforde bildet mit seiner Entstehungszeit noch vor der Jahrhundertmitte, besonders aber auch hinsichtlich seines Patroziniums, eine Ausnahme. Nicht wie sonst allgemein üblich das Geschehen am Kreuz steht hier im Mittelpunkt, sondern eben die Mutter Jesu. In zurückhaltender, lyrischer Gestaltung und in elegantem Flachrelief werden auf den drei Tafeln die Geburt, die Anbetung der Heiligen Drei Könige und die Beschneidung dargestellt. Die neu begriffene Hinwendung zur Natur zeigt sich aber schon in der sparsamen Wiedergabe von Gebäuden und stilisierten Bäumen; alles bekrönt ein zierliches Gesprenge aus spätgotischen Bögen. Etwas aus dem üblichen Rahmen fällt auch der kleine Altar in Filsum, der geschlossen die Gestalt eines recht strengen spätgotischen Kielbogens annimmt. Die Flügel – und nur diese – sind mit Flachreliefs aus der Mitte des 15. Jahrhunderts mit Darstellung ebenfalls der Geburt und der Heiligen Drei Könige geschmückt. Wir finden hier sowohl die baulichen Details als auch Naturwiedergaben schon mit erheblich größerer Sicherheit und erzählerischer Ausschmückung dargestellt.
Bei den zeitlich jüngeren Flügelaltären in Arle, Hage und Funnix tritt mit Zunahme der Plastizität bereits eine deutliche gestalterische Verflachung ein. Die beiden zuerst genannten Schreine entstammen nach Auskunft eindeutiger thematischer und gestalterischer Aussagen ein und derselben Werkstatt. Alle drei sind sogenannte

Abb. 7 Kirche Funnix. Altarflügel.

Kreuzigungsaltäre mit der Wiedergabe des Geschehens am Kreuz als beherrschendes Motiv in der Mitte des Altarschreins, dem seitlich abgeteilt Einzelszenen – Verspottung, Kreuztragung sowie rechts Grablege und Auferstehung – angefügt sind. Alle Figurengruppen krönt jeweils ein durchlaufendes Gesprenge aus zierlichem spätgotischem Schnitzwerk. Anders als beim Buttforder und auch beim Loquarder Meister – dort ist die Gewandung teilweise nur angedeutet – finden wir bei der Gruppe um Arle die zeitgenössische Bekleidung in vielen Einzelheiten wiedergegeben. Die Innenseiten der angesetzten Altarflügel sind ebenfalls mit biblischen Themen ausgemalt worden, jedoch erst im 17. Jahrhundert. In Funnix dagegen sind auch diese mit figurenreichen geschnitzten Szenen bedeckt, so daß dieser Schrein einschließlich des Mittelteils insgesamt 23 Einzelfelder enthält.

Die jüngsten, bereits dem frühen 16. Jahrhundert zuzuordnenden Altäre in Loquard und Holtgaste verzichten zugunsten einer geschlossenen, dynamischen Gruppenbildung nun schon gänzlich auf die architektonische Abgrenzung der verschiedenen Szenen. Sie sind in ihrer künstlerischen Qualität auch die wertvollsten unter den ostfriesischen Schnitzaltären. Zwar wird der Blick auch auf modische Details der Bekleidung (ab)gelenkt, diese ordnet sich aber der beredten Gebärdensprache und dem individuellen Mienenspiel der Gesichter unter. Die vier rudimentären Teile des Holtgaster Altars – er steht heute im Heimatmuseum Weener – lassen eine noch stärkere Bewegung der Gruppen, geschickt unterstützt durch bandartig ein-

Abb. 8 Kirche Hage. Passionsaltar (Ausschnitt).

Abb. 9 Kirche Buttforde. Altarflügel.

geflochtene, voluminöse Hügel- und Felselemente, erkennen. Bereits auf dem Wege zur Renaissance mit deutlicher Betonung der Waagerechten in den Einzelfeldern finden wir schließlich den Altar aus dem Kloster Ihlow, heute in der Auricher Lambertikirche. Gefertigt ebenfalls schon kurz nach 1500, erreicht er mit seinen überwiegend einzeln und teilweise schablonenhaft agierenden Figuren in ihren zeitgenössischen Gewandungen nicht die Qualität der Altäre von Loquard und Holtgaste. Gleichwohl erhält er in der ostfriesischen Kunstgeschichte einen besonderen Stellenwert – als einziger Altar, der uns durch die Weitsicht des letzten Abtes von Ihlow aus dem sicherlich reichen Kunstbesitz der 28 ostfriesischen Klöster erhalten blieb.

Mehr noch als bei den Altären lassen sich an den uns erhalten gebliebenen rd. 30 Holzplastiken ganz erhebliche Qualitätsunterschiede erkennen. Wir können danach schon bei flüchtiger Betrachtung auf dörfliche Werkstätten, auf städtische – vielleicht Bremen und Osnabrück –, aber auch auf Arbeiten schließen, die höchsten künstlerischen Ansprüchen gerecht werden und sicherlich aus dem reichen Klosterbesitz stammen. Dies vor allem in Kirchen, deren Ausstattung nachweislich älter ist als der Bau selbst, wie etwa in Funnix, deren Entstehung in die Zeit zwischen 1330 und 1400 fällt. Die älteste Plastik auf ostfriesischem Boden – 1. Hälfte 13. Jahrhundert – gehört zugleich auch zu den mit Abstand künstlerisch bedeutendsten: eine Thronende Muttergottes, von der man den Christusknaben entfernt hat. Das mit geringem technischen Aufwand modellierte, verinnerlichte Gesicht, die eleganten Schulterlinien und der Verzicht auf modische Details lassen auf eine bedeutende Werkstatt vielleicht am Niederrhein und an ein Kloster als Auftraggeber schließen. Das Gleiche könnte für eine 75 cm hohe weibliche Heilige mit Buch gelten, freilich mit erheblichem Abstand in gestalterischer Hinsicht. Aus der zweiten Jahrhunderthälfte stammt ein Kruzifix aus Bangstede in stark vergröberter Schnitztechnik. Die Betonung des Expressiven und Häßlichen im frühen 14. Jahrhundert finden wir an dem Roggensteder Korpus mit dem extrem geneigten Haupt, den dürren Armen und Beinen sowie dem unästhetisch hervorquellenden Unterleib. Die Kreuze in Weene (1380/1400) und in Potshausen (2. Hälfte 15. Jahrhundert) erreichen dagegen nicht die Aussagekraft von Roggenstede. Insgesamt fällt auf, daß die meisten Holzplastiken im 15. und im frühen 16. Jahrhundert entstanden, bis die neue lutherische Lehre überhaupt andere

Abb. 10 Kirche Funnix. Thronende Muttergottes (Landesmuseum Emden).

Abb. 11 Kirche Roggenstede. Kruzifixus.

ikonografische Akzente setzte. So finden wir in Buttforde eine Marienklage von zumindest hoher handwerklicher Qualität aus dem späten 15. Jahrhundert sowie die hervorragende Plastik mit Maria auf der Mondsichel aus der gleichen Zeit, deren Gesicht, Faltenwurf wie auch der Jesusknabe mit knappen, sicheren Strichen modelliert sind.

In den unruhigen Jahren der Reformationszeit muß der Geistliche der Kirche von Funnix Weitsicht bewiesen oder Erbarmen mit den nun verachteten Bildwerken gezeigt haben. Wie anders gelangten in die gotische Kirche insgesamt 9 Plastiken von zumeist hohem künstlerischen Wert. Von der einzigartigen Sitzmadonna des 13. Jahrhunderts war schon die Rede. Aus dem Ende des 15. Jahrhundert stammt eine sogenannte Anna selbdritt – Anna, ihre Tochter Maria und der Jesusknabe. Dieselbe Gruppe dann aus dem frühen 16. Jahrhundert, allerdings in einer erheblich eleganteren Ausführung sowie, wohl aus derselben vorzüglichen Werkstatt, die Heilige mit einem Kirchenmodell in ihrer linken Hand (Stifterin eines Klosters?). Eine Gekrönte Heilige aus der Zeit um 1400 läßt trotz des grob geschnitzten Faltenwurfs die für diese Zeitepoche typische sogenannte S-Linie erkennen. Sie enthielt in einer Bohrung ihres Kopfes in Leinen- bzw. Seidentüchlein eingeschlagene Knochensplitter sowie einen Pergamentstreifen, der in romanischen Minuskeln des 12. Jahrhunderts (!) auf den Heiligen Martin hinwies. Eine offenbar kostbare Reliquie also, die mitsamt der Plastik aus einer anderen Kirche hierher verbracht wurde.

Seit dem späten 11. Jahrhundert pflegte man den vom Kirchenschiff zum Chor überleitenden Bogen hier und da durch eine Figurengruppe, bestehend aus Kruzifix mit Johannes und der Muttergottes zu bereichern (Triumphkreuz). Diese zumeist auf einen kräftigen Querbalken gestellte Gruppe ist mit einigen gut erhalten gebliebenen Teilen auch in Ostfriesland vertreten, nämlich in den Kirchen von Bagband, Strackholt, Middels, Holtrop und Hage. Wir finden überall dieselbe ikonografische Komposition vor: der etwa lebensgroße Corpus hängt am Kreuz, dessen Enden Medaillons mit Darstellung der vier Evangelistenattributen enthalten, zur Linken dann die trauernde Maria und rechts Johannes. Das späte 15. Jahrhundert stellt den Körper des Gekreuzigten mit gestreckten Gliedmaßen, gesenktem Haupt und flatterndem knappen Lendentuch dar sowie die Figuren von Maria und Johannes im ausgeprägten Faltenstil mit schwingenden Gewandbahnen. Maria verharrt in Trauer und Anbetung mit zum Oberkörper erhobenen Händen. In Bagband fangen drei kleine schwebende Engel das Blut aus den Wunden des Gekreuzigten auf. Ebenfalls hoch im Raume schwebend erscheint in der genannten Kirche, von zwei Engeln begleitet, Maria im Strahlenkranz mit dem Jesusknaben und zwar konsequenterweise als Doppelfigur, die also auf beiden Seiten dasselbe darstellt. Entsprechend der Textstelle bei Vers 12, 1 der Offenbarung des Johannes steht die – bekrönte – Muttergottes auf der Mondsichel und zertritt die Schlange. Der unsachgemäße, starke Farbauftrag schadet nicht nur dem ursprünglich eleganten Faltenwurf des ausgehenden Mittelalters; er hat der Madonna auch ein starres, maskenhaftes Gesicht verliehen.

Wenn unsere mittelalterlichen Kirchen hier und da – beginnend mit dem Chorraum – auch schon einen festen Fußboden aus quadratischen Platten oder Fliesen erhielten, auf ein Gestühl wurde in der Regel zunächst verzichtet. Freilich nicht in den Klöstern und auch nicht in den größeren Kirchen wie etwa bei St. Ludgeri in Norden. Dort legen einige schöne Gestühlswangen im Chor Zeugnis von der typischen spätgotischen Handwerkskunst ab. Die seitlichen Wangen eines Chorpults wie auch die übrigen Schnitzereien verzichten hier schon auf die Darstellung des gotischen Spitzbogens zugunsten des halbrunden Bogens der Renaissance (deren Formensprache in Norditalien fast schon 200 Jahre bekannt war). Beibehalten wurde aber gotisches

Maßwerk, und auf der abschließenden Diagonalen erscheinen Jona im Walfisch sowie ein ruhender Löwe. Reicher geschmückt und auch um einiges älter die hohen Wangen eines Zweisitzes, der wie das Chorpult ebenfalls zum mittelalterlichen Chorgestühl der Ludgerikirche gehört. Das laut angebrachter Jahreszahl mit 1481 datierte Stück enthält in seinen Seitenwangen die Verkündigungsszene sowie eine Kreuzigungsgruppe mit dem Kruzifix, Maria und Johannes sowie jeweils oberhalb dieser Reliefs ebenfalls schon auf die Renaissance hinweisendes Schnitzwerk mit Rundbögen und fallenden Zierlilien. Geringe Reste eines spätmittelalterlichen Chorgestühls aus dem nahe gelegenen Kloster Barthe – zwei Sitze mit Fabeltieren auf den Wangen und unter den Misericordien – werden in der 1751 neu errichteten Kirche von Nortmoor aufbewahrt. Nicht nur festes Gestühl, auch die Kanzel war in den Dorfkirchen des Mittelalters generell entbehrlich, da sich die Predigt als wesentlicher Bestandteil des Gottesdienstes erst mit der Reformation durchsetzte. Außer dem schönen spätgotischen Kanzelkorb in St. Joost (Jeverland) findet sich in Ostfriesland lediglich in Westerholt eine solche Kanzel. Ihre Außenwandung ist mit dem typischen spätgotischen Faltwerk verziert und enthält am oberen Rand die Abbildung eines Vogels mit stilisierten Schwanzfedern. Dieses recht dekorative Faltwerk erscheint u. a. auch in der Brüstung der Orgelempore von Rysum sowie im Gestühl der Eilsumer Kirche. In abgewandelter Form ist es auch am sogenannten Levithenstuhl (Dreisitz) im Chor der Hager Kirche vertreten, einem selten schönen, durch zierliche Schnitzarbeit bereicherten Ausstattungsstück aus der Spätgotik. Dort finden wir die kastenartige Sitzbank von vier geschnitzten Wangen unterteilt, die über Fialen zum filigranartigen Baldachin mit einem Fries von Kielbögen überleiten. – Als ältestes Stück der Ausstattung aus ostfriesischen Kirchen hat sich ein ganz seltener romanischer Reliquienschrein aus Bangstede (heute im Landesmuseum Emden) erhalten. In Form eines Hauses ruht er auf vier runden Füßen und wird von der – leider stark beschädigten – Büste eines Bischofs bekrönt. Die Seiten- und Dachflächen sind durch Bogenstellungen gegliedert, in denen früher nach Aussage der Figurenumrisse Reliefs von Heiligen angebracht waren.

Auch die Ausmalung unserer Kirchen an Wand- und Gewölbeflächen ist im Laufe der Jahrhunderte weitgehend zerstört oder – im günstigsten Falle – durch immer neue Tüncheschichten überdeckt worden. Das Innere der Kirchen wird wohl überall zunächst verputzt oder doch überschlämmt gewesen sein; bei keiner sind mit Sicherheit roh belassenen Flächen nachzuweisen. Auf diesen weißen Untergrund erfolgte dann der Farbauftrag, vielfach lediglich eine Fugenteilung oder eine Steinimitation an den tektonisch bedeutenden Bauteilen – Wandvorlagen, Diensten, Gewölberippen und Portalgewänden (so in Roggenstede, Westeraccum, Marienhafe, Eilsum, Pilsum, Bunde, Holtrop u. a.). Eine gewisse Steigerung des Raumeindrucks ergaben dann zusätzliche ornamentale Schmuckelemente besonders an Gewölberippen und Gurtbögen. So begleiten in Eilsum zierliche Ranken und andere florale Motive die Zierrippen, und an den Gurtbögen erscheint u. a. die seit der Hochromanik bevorzugt verwendete Weinranke. Neben dieser recht sparsamen Ausmalung treten aber auch flächendeckende Muster von unbe-

Abb. 12 Kirche Hage. Dreisitz.

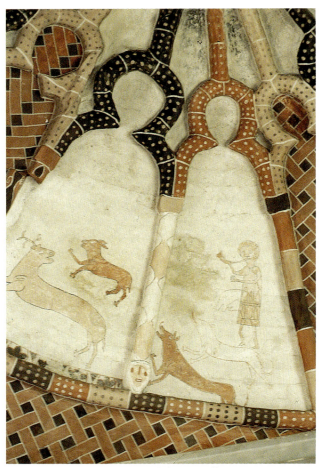

Abb. 13 Kirche Campen. Detail des Gewölbes.

kümmert-heiterer Art auf. Ein beredtes Beispiel dazu finden wir in der um 1300 errichteten Kirche von Campen, wo die durch Zierrippen gegliederten Gewölbeflächen von Flecht- und Fliesenmustern sowie Fischgrätenverbänden und anderen Motiven überzogen wurden. Hier treten aber schon – wenn auch in kindlich-„primitiver" Wiedergabe – vorwiegend in Jagdszenen Menschen- und Tierfiguren sowie Fabeltiere und Drachen auf. Die sphärischen Flächen des Petkumer Chorgewölbes bedecken künstlerisch ganz besonders elegante, heraldisch gegliederte Muster und in der unteren Zone Bischofs- und Heiligenfiguren.

Doch auch frei im Raum aufgetragene, selbständige Figuren oder Figurengruppen von teilweise hoher Qualität sind in Ostfriesland erhalten geblieben oder – erst in den letzten Jahrzehnten – freigelegt worden. Die Chormauer in Rhaude enthält spitzbogige Nischen, in denen die Apostel erscheinen. Die Scheitelkappe des Chorgewölbes in Hinte schmückt das Bild Christi als Weltenrichter; das gleiche Motiv erscheint in großer Höhe am Vierungsgewölbe in Norden. Eine seltene Figurengruppe finden wir in der Anfang des 15. Jahrhunderts erbauten Kirche von Westerhusen: das Jüngste Gericht mit dem Dreifaltigkeitsthron. Eine erst vor einigen Jahren durch Zufall unter zahlreichen Tüncheschichten entdeckte und dann sorgfältig freigelegte Wandmalerei schließlich ist in der Apsis von Eilsum zu sehen. In den stilistisch mit 1240/50 sicher datierbaren Formen des sogenannten Zackenstils sind hier die zwölf Apostel und darüber Christus in der Mandorla mit den vier Evangelisten dargestellt. Diese monumentale Malerei von höchster gestalterischer Güte räumt der Eilsumer Apsis einen guten Platz in der europäischen Kunst des 13. Jahrhunderts ein.

Neuzeit

Die neue liturgische Ordnung, die Konsolidierung der Kirchengemeinden nach den unruhigen Reformationsjahren und später auch die tiefen Spuren des Dreißigjährigen Krieges machten die Beschaffung zusätzlicher Stücke der Ausstattung unserer Kirchen erforderlich. So füllten besonders im 17. und 18. Jahrhundert den Innenraum nach und nach neue Altäre, Kanzeln, Orgeln, Gestühlsteile, dazu Kronleuchter und silbernes Abendmahlsgerät. Bis zur Mitte des 19. Jahrhunderts, als eine aufsichtsbehördliche Anordnung Bestattungen in kirchlichen Räumen untersagte, erhielten die bis dahin in den Kirchen begrabenen Toten teilweise künstlerisch bedeutende, für die Genealogie wertvolle Grabmäler und Epitaphieen. Ganz anders als bei den mittelalterlichen Stücken mit ihrer hohen Verlustquote blieben alle diese nachreformatorischen Teile bis heute im ganzen unversehrt erhalten. Sie lassen in ihrem Aufbau und an den Verzierungen nacheinander die Stilrichtungen der Renaissance, des Barock und hier und da auch des Klassizismus ablesen.

Offenbar scheuten sich, vor allem unter dem Einfluß der bilderfeindlichen Calvinisten, die lutherischen, besonders aber die reformierten Kirchengemeinden Ostfrieslands, in ihren verwüsteten Kirchenräumen nun sogleich neue Altäre aufzustellen: im 16. Jahrhundert geschah dies nur in ganz wenigen Fällen. Dann aber bezeichnenderweise unter Beibehaltung der überkommenen Flügelaltäre, freilich thematisch ohne Darstellung des Marienlebens oder der Heiligenlegenden sowie stilistisch auch ohne plastischen Schmuck. Die Dornumer Häuptlinge ließen in ihrer Herrlichkeits-

Abb. 14 Kirche Victorbur. Altar von 1697.

in Stedesdorf, in seinem breit gelagerten Aufbau mit seitlichen Pilastern, Gebälk und flachem Tympanon beredt auf die Renaissance verweisend, versah man mit eben solchen – ausgemalten – Flügeln. An den Altären in Rhaude, Collinghorst (1659) sowie Remels und Strackholt finden wir die flankierenden Pilaster bereits von schlanken Säulchen verdrängt, das bisherige Giebeldreieck aber bereits aufgegeben. Beginnend mit Asel und Victorbur werden nun auch die Flügel – zugunsten noch reichlich ungelenk und additiv angesetzter seitlicher Rankenbretter – fortgelassen, der Weg zum Barockaltar geebnet. Doch dominieren am 1657, also bereits im Zeitalter des Barock, entstandenen Altar in Victorbur noch eindeutig die Elemente der Renaissance: Pilaster, Gebälkzonen und als krönender Abschluß des zweistöckigen Aufbaus ein steiles Tympanon, die einzelnen Felder ausgemalt.

kirche wohl noch im 16. Jahrhundert einen zwar kleinen, aber elegant ausgemalten Schriftaltar aufstellen. Er steht seit 1683 in Roggenstede, dem ausgeräumten mittelalterlichen Schrein vorgesetzt. Durch eine 1861 angefertigte Skizze erhielten wir ferner Kenntnis von einem weiteren, seltenen Flügelaltar der Renaissance, der 1584 für die Kirche in Nesse hergestellt wurde. Auf dem mit kannelierten Pilastern gegliederten Altartisch ruht die von Volutenkörpern gerahmte Predella. Darauf erhebt sich der Altarschrein mit zwei seitlichen Flügeln, gleichfalls in der typischen Formensprache der Renaissance erstellt. Über einer vorgekröpften Gebälkzone dann als Abschluß ein reich verzierter portalartiger Mittelteil mit der Kreuzigungsszene und seitlich je ein kannelierter Pfeiler mit Sockel und abschließender Kugel. Eine ausführliche, der genannten Skizze beigegebene Beschreibung enthält auch die in den Feldern in plattdeutscher Sprache aufgetragenen Bibelverse.

Auf die typisch lutherischen Schriftaltäre folgen dann nach und nach auch Aufsätze mit Figurenszenen, bezeichnenderweise zum Teil noch mit den aus dem Mittelalter beibehaltenen seitlichen Flügeln. Den Altar

Abb. 15 Kirche Blersum Altar von 1649.

Auf breiter Front setzte sich dann etwa von der Mitte des 17. Jahrhunderts an nun auch die bewegte Formensprache des reinen Barock durch, souverän beherrscht von einer über die Grenzen Ostfrieslands hinaus bekannten Bildschnitzerfamilie, nämlich der Cröpelins aus Esens. Es waren zugleich die schöpferischen Jahrzehnte des Wiederaufbaus nach dem Dreißigjährigen Krieg mit seinen verheerenden Zerstörungen. Selbst eine so kleine Gemeinde wie Blersum ließ sich – eben von Cröpelin – 1649 einen barocken Altarretabel aufstellen. Starke, durch Bandwerk, kräftige Sockel und Kapitelle bereicherte Säulen tragen das verkröpfte, breite Gebälk sowie darüber mit ähnlichem Aufbau ein – kleineres – zweites Stockwerk, welches das abschließende Bildmedaillon sowie oben die Figur des triumphierenden Christus krönen. Seitenflügel, Dreiecksgiebel sowie die zarten Pilaster der Renaissance sind endgültig verschwunden, Schnörkelwerk, und seitliche Rankenbretter nun schon in kräftiger, sicherer Formensprache angesetzt. Der ikonografische Aufbau der Figurenszenen überall von gleichem thematischen Inhalt und von zwingender theologischer Abfolge: unten, im größten Feld also, das letzte Abendmahl, darüber die Kreuzigungsszene mit Maria und Johannes sowie im abschließenden Medaillon die Auferstehung Christi. Zusätzlich zu den nun nicht lediglich aufgemalten, sondern bereits als Relief in Holz geschnitzten Szenen tauchen im begleitenden Rankenwerk hier und da auch Figuren auf. Man sagt Cröpelin Vater gerne ein direktes Schulverhältnis zu dem berühmten Hamburger Ludwig Münstermann nach, ohne dies freilich sicher nachweisen zu können. Zwar erscheinen auch Cröpelins Gesichter unnatürlich „bekümmert" und asketisch, auch seine Gliedmaßen in starker Bewegung gleichsam verrenkt, doch erreichen sie bei weitem nicht die gestalterische Kühnheit und das Unverwechselbare Münstermanns. Dafür tritt die von dem berühmten Italiener Bernini zum ersten Mal 1633 am Papstaltar der Peterskirche in Rom verwendete gewundene Säule unaufhaltsam ihren Siegeszug nun auch im entfernten Ostfriesland an. Das erste Exemplar dieser Prachtsäule finden wir am 1647 entstandenen Altar in Reepsholt, weitere werden später besonders für die Gliederung der Kanzelkörbe verwendet.

Die Bildhauerwerkstatt der tüchtigen Cröpelin-Familie schuf außer den genannten Altären noch die Retabeln in Dornum, Engerhafe, Etzel und in Westerende-Kirchloog, diesen letzteren freilich nicht mehr mit Holzreliefs, sondern vielmehr mit einem von der Regel abweichenden Hauptgemälde. Sein Stifter, der wegen Sterndeuterei und anderer „Allotria" amtsenthobene Pastor Werve ließ offensichtlich unter Hinweis auf seine Verfehlungen die Szene der Sünderin mit Christus im Hause des Simon darstellen. Ohne geschnitzte Reliefs auch die spätbarocken Altäre in Woquard, Carolinensiel und in Werdum. Die beiden zuerst genannten, als Kanzelaltäre konzipierten Stücke wenden sich mit ihren eleganten Pilastern und Säulen sowie mit dem feinen Rankenwerk bereits der Formensprache des Klassizismus zu. Von bestechender Eleganz auch der Rokokoaltar im gotischen Chor der Kirche in Werdum. Sowohl der Architekturrahmen als auch das Knorpel- und

Abb. 16 Kirche Buttforde. Kanzel von 1655.

Muschelwerk, ganz besonders aber das Altargemälde – die Abendmahlsszene – bezeugen eine vorzügliche Werkstatt außerhalb Ostfrieslands.

Der Klassizismus gelangte, da das Bauprogramm nun schon bewältigt war, in nur ganz wenigen Beispielen zur Verwirklichung. Aus der Feder des kunstsinnigen Humanisten C. B. Meyer, eines „Laien", stammt der Entwurf des Kanzelaltars in der 1835 neugebauten Lambertikirche zu Aurich, einer Schauwand, die in ihrer schon monumental zu nennenden Architektur gleichsam drei Stilrichtungen vereinigte. Das untere Stockwerk mit dem spätgotischen Ihlower Altar war konsequent aus Pilastern, Gebälk und Rundbögen errichtet. Im oberen Stockwerk dann eine Balustrade aus kannelierten dorischen Säulen und als krönender Rahmen über der Kanzel eine Tempelarchitektur aus korinthischen Säulen, Gebälk, Konsolfries und prachtvollem Tympanon. Leider mußte diese eindrucksvolle klassizistische Architektur einem Umbau des Inneren im Jahre 1961 zum Opfer fallen.

Es überrascht nicht, wenn auch die Kanzeln in den ostfriesischen Kirchen dieselbe stilistische Entwicklung aufweisen wie die Altäre. Da ferner die reformierten Gemeinden in ihrer Beschränkung auf das Wesentliche der Predigt einen liturgisch herausragenden Platz einräumten und daher auch Kanzeln benötigten, können wir von diesen weit mehr Beispiele erwarten als bei den Altären. Die ältesten Kanzeln, in konsequenter Formensprache der Renaissance, finden wir in Uttum (1580), Canum (1573), in der reformierten Kirche von Simonswolde (1598) sowie, wie unten näher beschrieben, besonders ausgeprägt in der großen Kirche von Leer (1609). Auch an den frühen – polygonalen – Kanzeln zunächst lediglich kannelierte Pilaster sowie halbrund geschlossene Blendarkaden, teils mit Diamantornamenten, teils mit Beschlagwerk geschmückt. Bald treten wie bei den Altären an die Stelle dieser flachen Pilaster wie in Simonswolde dünne Säulen. In Leer stehen die mit jonischen Kapitellen gekrönten kannelierten Säulen bereits vollplastisch vor dem Kanzelkorb. In den Feldern erscheinen hier vollständige Architekturrahmen aus Sockelzone, Mittelteil, Gebälkzone mit abschließendem Gesims sowie einem Giebeldreieck mit drei Postamenten als Eckbetonung. Die Sockelzone des Kanzelkorbes ist von dem typischen Beschlag- und Rollwerk in kräftigem Relief bedeckt, die Ecken als Basisbereich der Säulen durch Löwenköpfe bereichert. Wir haben in dieser Kanzel das in Ostfriesland wohl einmalige Beispiel einer Kleinarchitektur der ausgereiften Renaissance vor uns.

Abb. 17 Kirche Wiesens. Kanzel von 1732.

Die Loslösung vom eher starren Architekturschema bringen nun die Rundbogenarkade im Kanzelpolygon sowie die figürliche Darstellung. Die qualitätvolle Kanzel in Engerhafe, 1636 von der Petkumer Häuptlingsfamilie gestiftet, enthält eben schon Rundbogenarkaden und die geschnitzten Figuren der vier Evangelisten von künstlerisch besonders hohem Wert. Den von einem reich verzierten Konsolgesims gekrönten Schalldeckel schmücken Engel mit ihren weit ausgebreiteten Flügeln sowie darüber, von Volutenkörnern getragen, die qualitätvolle Figur des auferstandenen Christus. Die 1639 gefertigte Kanzel von Bagband erreicht zwar nicht die bildnerische Güte von Engerhafe, sie hat aber die gleiche kräftig modellierte Belebung der Polygonseiten. Deutliche Merkmale bereits des Barock trägt die 1692 gestiftete Kanzel aus der alten Lambertikirche zu Aurich, die bis 1961 Bestandteil des klassizistischen Architekturrahmens von C. B. Meyer war. Auf einer hohen Bodenstütze tragen 5 stilisierte, bogenförmig gekrümmte Fabeltiere den in Sockel, Hauptzone und Abschlußfries gegliederten

Abb. 18 Kirche Rysum. Spätgotische Orgel, 1457.

reich verzierten Kanzelkorb. Von korinthischen Säulen umrahmt, treten aus frühbarocken Bogenstellungen Moses mit den Gesetzestafeln und von links nach rechts die Propheten Jeremia, Jesaja, Hesekiel und Daniel heraus. Die im Aufbau wie besonders in den Details erkennbare künstlerisch anspruchsvolle Arbeit verrät eine sichere Hand und hebt sich damit von manchen in dörflichen Werkstätten Ostfrieslands entstandenen Stücken ab.

Unsere tüchtige Bildhauer- und Tischlerwerkstatt Cröpelin erhielt etwa von der Mitte des 17. Jahrhunderts an zahlreiche Aufträge auch zur Herstellung von – insgesamt 12 nachweisbaren – Kanzeln, so in Funnix, Horsten, Marienhafe, Arle, Ochtelbur u. a. Unter fleißiger Verwendung der gewundenen Säulen Berninis sowie der Blendarkaden mit Evangelistenreliefs und zahlreichen Puttenköpfen entstanden reich gegliederte, barokke Kanzelkörbe mit wuchtigen Schalldeckeln. Typisch für die zweite Cröpelin-Generation ist die Kanzel in Victorbur, 1697 schon von Sohn Hinrich geschaffen. Die Sockelzone schmücken weit hervortretende Puttenköpfe, die gleichsam die Sockel für die gewundenen Säulen darstellen. Über diesen wieder geflügelte Putten und als Abschluß der mächtigen Körper des Schalldeckels mit diagonal verlaufenden Rankenbrettern und aufgesetzten Schnitzfiguren. Als Kanzelaufgang ein ebenfalls reich verziertes Portal mit emporenartig angehobener Brücke. – Das ausgezeichnete Werk des Niederländers Struiwig sodann finden wir in Eilsum. Der 1738 entstandene, hochbarocke Kanzelkorb verläßt nun völlig die überkommene Aufteilung in Säulen und Blendarkaden. Ein kräftiger, konvexer Sockel trägt den von reich geschmückten Pilastern gegliederten Korb, dessen figürlichen Schmuck nicht mehr die Evangelisten, sondern nun vielmehr modellierte Frauenreliefs als Kardinaltugenden darstellen. Von sparsamer, äußerst eleganter Gestaltung schließlich der halbrund geführte klassizistische Kanzelkorb in der Auricher reformierten Kirche mit seinen schmalen, vergoldeten Pilastern und dem sorgfältig in seinem Volumen abgestimmten Schalldeckel. Ein ansprechendes Exemplar der Neugotik finden wir in der Kirche von Marcardsmoor (1907), die Ecken der Kanzel nun zeitgerecht von Strebepfeilern gestützt, die Blendarkaden von Spitzbögen geschlossen.

Die Anfänge des Orgelbaues reichen in Ostfriesland weit in das 15. Jahrhundert zurück; im darauf folgenden 16. Jahrhundert wird die Orgel dann bereits in vielen Kirchen fester Bestandteil der Einrichtung gewesen sein. Zunächst ohne besondere liturgische Einbindung werden vermögende Gemeinden, ehrgeizige Häuptlinge oder auch – humanistisch orientierte – Geistliche aus recht säkularen Gründen den Orgelbau betrieben haben. Er ging von den damals bestehenden kulturellen und politischen Zentren wie Groningen und Emden aus, kam aber fast gänzlich zum Erliegen, nachdem – in Emden 1595 – die orgelfeindlichen Calvinisten ihre alles beherrschende Konfession begründeten. Groninger und ostfriesische Orgelbauer verließen enttäuscht ihren angestammten Wirkungskreis, und erst in der ersten Hälfte des 17. Jahrhunderts konnte – in recht bescheidenem Umfange freilich – der Auricher Hof die in Emden verloren gegangene Rolle im Orgelbau übernehmen. Vom späten 17. Jahrhundert an entfalteten sodann der Hamburger Meister Arp Schnitger und seine ostfriesischen Meistergesellen Redolph Garrelts aus Norden sowie der Esenser Gerhard von Holy ihre Tätigkeit als gefragte Orgelbauer. Diese und später auch einheimische Werkstätten schufen bis zum 19. Jahrhundert insgesamt rund 60 Orgeln.

Von allgemeinem Interesse für die Erforschung der Kulturgeschichte sind besonders das eigentliche Pfeifenwerk mit Windlade und den Windkanälen, aber auch das im Schiff dominierend in Erscheinung tretende architektonische Gehäuse, der Prospekt der Orgel. Von jenem haben sich in der Regel fast überall die ursprünglichen Teile erhalten können, dieses – der Prospekt also – spiegelt ebenso wie die Altäre und Kanzeln getreu die jeweilige Stilrichtung wieder. So finden wir am Gehäuse der ältesten ostfriesischen Orgel von 1457 (zugleich eine der ältesten Europas) die uns schon aus der Betrachtung der Altäre bekannten spätgotischen Schmuckformen wieder: den Kielbogen an den Seitentürmen sowie Holzschnitzereien, Fialen und in der Emporenbrüstung spätgotisches Faltwerk, dazu als Reminiszenz an die Altarschreine des Mittelalters auch seitlich angesetzte Flügel (ebenso in Westerhusen, 1643, Visquard, 1650 und Uttum, 1660). Sie fehlen aber schon in der eindrucksvollen Renaissance-Orgel von Osteel, wo die Türme oben und unten noch von waagerechten, wenn auch verkröpften Rahmen eingefaßt und mit knappem Schnitzwerk, „Schleierbrettern", geschmückt sind. Dieses letztere beginnt an der nun schon barock konzipierten Orgel in Buttforde, einer Arbeit des bekannten Hamburger Meisters Joachim Richborn aus dem Jahre 1681, bereits kräftig zu wuchern. Von souveräner Prachtentfaltung dann die Barockorgel in der Norder Ludgerikirche, 1686–88 von Meister Arp Schnitger geschaffen und ausgesprochen eigenwillig um den südöstlichen Vierungspfeiler herum drapiert – dies ohne Beispiel in der Orgelbaugeschichte. Dadurch aber ließen sich zwei voneinander abgesetzte Bauteile, nämlich Querschiff und Hochchor, akustisch zusammenfassen. Etwa um die gleiche Zeit, in der zweiten Hälfte des 17. Jahrhunderts, entstanden auch die Orgeln in Petkum und Weene.

Die Orgelprospekte aus der ersten Hälfte des 18. Jahrhunderts behalten den Aufbau der älteren Stücke bei, bereichern ihn aber lebhaft mit prächtigen Seitenohren, mit Ranken- und Figurenaufsätzen sowie mit Schleierbrettern an den Türmen. Ein beredtes Beispiel dieser fruchtbaren Bauepoche ist die durch Gerhard von Holy 1713 – als Ersatz für ein erheblich älteres Werk – gebaute Orgel von Marienhafe. Hauptprospekt und – kleineres – Rückpositiv in eindrucksvoller Konsequenz bis in die Einzelheiten hinein von gleicher Erscheinung: Die seitlichen – spitzen – Türme wurden mit köstlichen Schleierbrettern und kraftvoll geführten Seitenbrettern sowie krönenden Figuren besetzt. Ähnlich gestaltet, wenn auch nicht ganz von gleicher künstlerischer Qualität, die Orgeln in Dornum (um 1700), Weener und Eilsum (beide 1709) sowie Ochtersum (1736) und Aurich-Oldendorf (1744). Die Masse der Neubauten fällt aber in die zweite Hälfte des 18. Jahrhunderts: Loquard, Dunum, Bagband, Hinte, Backemoor, Middels, Strackholt, Marx und viele andere. Stilistisch gesehen befinden wir uns freilich schon in den vom Rokoko geprägten Jahrzehnten, wie dies besonders deutlich die 1762 vom Wittmunder Meister J. F. Constabel neu geschaffene, elegante Orgel in Funnix bezeugt. Dort nämlich wird die bis in den Barock hinein praktizierte Symmetrie bei der Durchbildung der Zier-

Abb. 19 Kirche Funnix. Rokoko-Orgel von 1762.

Abb. 20 Kirche Tergast. Orgel von 1817.

formen aufgegeben, so daß hier das typische Knorpel- und Muschelwerk neben den Seitentürmen, aber auch an allen anderen Stellen eben nicht mehr in spiegelbildlicher Wiederkehr erscheint, sondern vielmehr immer neue Schmuckformen hervorbringt. – Als hätten sich die schäumenden Wogen des Barock nun endgültig gelegt, finden wir die wenigen im Stile des Klassizismus geschaffenen Orgeln in Groothusen (1801), dann aber besonders in Tergast (1817) und schließlich in der reformierten Kirche in Aurich von stiller, zurückhaltender Formensprache. An den beiden zuletzt genannten Orgeln zeugen nur noch das sparsame, bescheiden gewordene und schon additiv gebrauchte Rankenwerk von vergangener Pracht. In Tergast schließlich finden wir sogar die traditionelle Aufteilung in Pfeifentürme aufgegeben.

Von der Dauerhaftigkeit unserer mittelalterlichen Taufbecken war schon weiter oben die Rede. Es ergab sich also in der Neuzeit nur sehr selten die Notwendigkeit einer Neubeschaffung von Taufen. Zunächst finden wir in der gotischen Kirche von Hinte einen in seinen Proportionen und im Detail ansprechenden Renaissance-Taufstein mit der eingehauenen Jahreszahl 1669. Die Verwandtschaft mit den mittelalterlichen Bentheimer Steinen ist unverkennbar: Über der gegliederten quadratischen Sohlenplatte erhebt sich ein Schaft, den vier Volutenkörper – sie erinnern an die Bentheimer Löwen – stützen. Darauf ruht die große, durch breite Kanneluren und einen abschließenden Zahnfries geschmückte Kuppa. Bemerkenswert ein im Aufbau ähnlicher Stein in Victorbur, der tatsächlich durch Behauen aus einem wohl unansehnlich gewordenen Bentheimer Taufstein entstanden ist. Die Barockzeit schuf zumeist lediglich verzierte Taufständer aus Holz – ähnlich den Lesepulten – zur Aufnahme der Taufschale, so 1657 in Burhafe, 1659 in Marx, um 1700/1720 in Filsum und Rhaude. Umsomehr fallen zwei etwas jüngere Taufen in Wittmund (1777) und vor allem die dreiseitige von Werdum ins Auge. Hier erhebt sich auf einem wulstförmigen Sockel der nach oben stark verjüngte Mittelteil, der den elegant geschwungenen Deckel trägt. Die abgeflachten Ecken sind pilasterartig ausgebildet und durch Blattwerk elegant verziert. – Unserer kritisch geprägten und mehr auf materielle Werte ausgerichteten Gegenwart gelingen auch nur kirchliche Ausstattungsstücke, deren Form von Funktion und Nüchternheit geprägt ist. Das 1915 aus Holz gefertigte und an der Wandung noch mit lebhaften Figurenreliefs dekorierte Taufbecken in der Auricher Lambertikirche mußte noch vor Jahren dem heute dort aufgestellten Stück weichen. Dieses besteht in der Art moderner Möbel lediglich aus vier dünnen Stahlfüßen, welche die flache Taufschale tragen.

Auch so manches hübsche Gemeindegestühl wird in unseren Tagen von schlichten Brettkonstruktionen verdrängt. Umsomehr fällt hier und da erhalten gebliebenes altes Kastengestühl auf, wie wir dies noch in Filsum (1687), Nesse (1706), Hinte (1761), Weener und Steenfelde vorfinden. In Bunde, dessen Gestühl terassenartig nach hinten ansteigt, tragen die Türen und Gestühlwangen noch die Blendnischen und Schuppenmuster der Renaissance. Die seitlichen Wangen des Kastengestühls in Buttforde sind ebenfalls reich verziert und teilweise mit den alten Bauernmarken seiner einstigen Besitzer gekennzeichnet. Besonders elegant und noch mit dem Beschlagwerk der Renaissance verziert das Gestühl in Engerhafe, dessen oberen Rand sogenannte Traljengitter sowie gedrechselte Knäufe zieren. Bemerkenswert schließlich das schlichte, aber mit sicherer handwerklicher Hand sparsam dekorierte Kastengestühl in der kleinen Kirche von Resterhafe. Dort hat sich auch noch vor dem Chorraum die an manchen

Kirchen ohne viel Überlegung entfernte Chorschranke erhalten können. Auf der unteren Zone mit Fries und Füllung sind schmale, oben durch zierliche Bögen miteinander verbundene Stäbe gesetzt. Den Durchgang in der Mitte krönt ein Dreiecksgiebel mit dem Auge Gottes.

Mangelhafte Ausleuchtung beim Gottesdienst, die Notwendigkeit kostspieliger Reparaturen und vielleicht auch das lästige Reinigen und Warten mögen Gründe für die Entfernung manch schöner barocker Kronleuchter im Innern unserer Kirchen gewesen sein. So hängen in vielen – alten – Kirchen heute moderne Leuchtkörper von schlichter zylindrischer kugel- oder kegelförmiger Gestalt sowie auch so manches Phantasiegebilde (Riepe). Glücklicherweise blieben aber im Schiff vieler Kirchenräume die sorgfältig gepflegten und teilweise noch mit Talgkerzen bestückten, tief herabhängenden Kronleuchter erhalten (Aurich, Bagband, Holtrop, Marienhafe, Engerhafe, Weene, Pewsum, Groothusen, Nesse, Reepsholt u. a. m.). Einige, wie die Stücke etwa in Reepsholt und Norden, sind in der Art der sogenannten flämischen Kronleuchter gefertigt. Die Barockleuchter erscheinen generell in dem gleichen Aufbau: Der kräftige Balusterstab erhielt an seinem oberen Ende zumeist figurale Zierköpfe und unten eine kräftige Kugel, auf der in der Regel der Name des Stifters oder auch andere Schriftzüge eingraviert sind. In kühnem S-Schwung lösen sich dann vom Mittelstab in einer oder auch in mehreren Ebenen die durch Rankenwerk aller Art geschmückten Kerzenarme mit ihren breiten Tellern und den Kerzenhaltern selbst.

Ostfriesland, abseits der großen Kulturräume Europas gelegen, war in jeder Epoche seiner kulturellen Entwicklung auf tragende stilistische Impulse von außen angewiesen. Aber auch durchaus bereit, diesen – mit einiger Zeitverschiebung – Raum zu geben, wie wir es an der in Norditalien geborenen Wiederentdeckung der Antike, der Renaissance, sehr deutlich verfolgen können. So war die zweite Hälfte des 16. Jahrhunderts geprägt von einer großen Zahl qualitätvoller Grabdenkmäler zumeist ausländischer Werkstätten, von denen das 1944 im Bombenhagel bis auf wenige Reste untergegangene Denkmal des Grafen Enno in der Emder Neuen Kirche richtungsweisend war. Wenn als Erbauer auch nicht der weit bekannte Niederländer Cornelis Floris nachzuweisen ist, so könnte dieser aus der Schule von Floris stammen; auf jeden Fall ist aber der stilistische Einfluß der italienischen Hochrenaissance unverkennbar. Eine prächtige Schauwand aus kannelierten Säulen, Karyatiden, Friesen und Gebälkzonen – sie ist in Europa so gut wie ohne Parallele – trennte früher den südlichen Seitenchor vom Schiff der Kirche und führte den Besucher zum eigentlichen Grabmal des Grafen. Ein breiter, durch kräftige Vor- und Rücksprünge mit qualitätvollen Löwenköpfen bestückter Sockelbau deutet auf einen früher vorhandenen steinernen Baldachin hin, wie er heute noch das Edo-Wiemken-Denkmal in der Stadtkirche zu Jever überdeckt. In der Mitte stand der ausladende Prunksarkophag, auf dem der Verstorbene mit aufgerichtetem, von einem Kissen mit Wappenschild gestützten Oberkörper ruhte. Das Haupt hielt der in allen Details künstlerisch anspruchsvoll Dekorierte hingebungsvoll zum Himmel gerichtet und seine Hände im Gebet vor die Brust erhoben. Edel wie die Darstellung auch das Material, nämlich neben Sandstein schwarzer Marmor und für den Körper Alabaster. Ohne Zweifel blieb die

Abb. 21 Kirche Bunde. Gestühl.

Abb. 22 Kirche Uttum. Bildnisgrabmal des Aeildt Frese (gest. 1548).

gediegene und schnell im Lande bekannt gewordene Arbeit nicht ohne Einfluß auf andere, wenn auch bescheidenere Steinplastiken.

Bleibt uns in Emden zunächst noch die Person des beauftragten Künstlers verborgen, so kennen wir sie bei zwei durchaus ebenbürtigen Grabplatten, nämlich den des Aeildt Frese aus der Kirche in Uttum und einer jungen Dame, der Eiilke Ripperda aus Hinte. Die Signatur VL verweist auf den niederländischen Steinmetzen friesischer Abstammung Vincent Lucas. Diese Platten seien als Beispiele für viele andere ähnlicher Art genauer betrachtet. In einem dem Zeitgeschmack entsprechend reich verzierten Architekturrahmen steht im Prachtgewand der Junker Frese mit seiner rechten, den zudringlichen Knochenmann abwehrenden Hand und trotzig-abweisendem Gesichtsausdruck. Zu seiner Linken das Schwert, unten der Prunkhelm, in Kopfhöhe aber das abgelaufene Stundenglas. Die in der Renaissance neu gefundene Denkweise, den Menschen selbst auch mit seinen natürlichen Regungen darzustellen, erscheint in ähnlicher Verwirklichung auch auf der zweiten Grabplatte. Dort also wieder der gleiche aufwendige Rahmen mit der Umschrift in klassischen Buchstaben und auch das Schriftmedaillon unten sowie eine besondere Renaissance-Architektur oberhalb der Figuren. Und auch hier erwehrt sich das junge Mädchen, zu dessen linker Seite bedeutungsvoll noch die Blüten des Lebens sprießen, mit ungläubigem Erstarren des Todes mit der Sanduhr in seiner linken Hand.

Aus der großen Fülle weiterer figürlicher Grabplatten – allein das 15. bis 17. Jahrhundert brachte deren rund 60 hervor – sei die 1554 für Hicko von Dornum gehauene, bezeichnenderweise noch mit einer Umschrift aus gotischen Minuskeln, betrachtet. Eine bewußte Reduzierung des Figürlichen – der Ritter quer stehend und auf den Sockel verwiesen – zugunsten des mit reicher Helmzier geschmückten Wappens zeichnet diesen Stein aus. Er trägt, wie viele jüngeren auch, vier runde Eckfelder mit eingefügten Wappen. Ein anderer vornehmer Toter, der 1557 verstorbene Magister Homerus (!) Beninga von Grimersum, 37 Jahre Abt des Benediktinerklosters Thedinga, erscheint unzeit- aber standesgemäß als Mönch mit Tonsur, Kutte und Krummstab. Er steht in einer rundbogigen Blendnische, über deren Scheitel ein Helm mit Laubwerk sowie als Helmzier ein Adlerkopf erscheinen. Für die Darstellung einer weiblichen Figur finden wir den Grabstein der 1590 verstorbenen Adda von Meckenborch in der Kirche von Groothusen typisch. In einem perspektivisch gesehenen, von Wappenschildern bedeckten Bogen steht auf einem kleinen Podest die edle Frau in der modischen Tracht ihrer Zeit mit doppelter Haube, gefaltetem Kragen, Puffärmeln und langem glatten Gewand. Ihr Haupt ruht auf einem Kissen, die Hände sind vor dem Leib überkreuz gelegt. Als – zurückhaltend dargestelltes – Symbol des Lebensendes auf dem Pfeilersockel eine geflügelte Putte mit nach unten gerichteter Fackel. – Die in der Renaissance entdeckte und dann auch fleißig angewandte perspektivische Sehweise sowie die naturalistische Darstellung auch von Details finden wir auf dem für Eggerik Beninga aus Grimersum 1562 gefertigten Blaustein dokumentiert. In typischer perspektivischer Verkürzung nämlich ist hier ein wappengeschmückter Prunksarg dargestellt, auf dem im reich verzierten Harnisch mit betenden Händen der Verstorbene ruht. Zu seiner Rechten sind unten die Eisenhandschuhe und eine Streitaxt abgelegt, zur Linken an einem lose gebundenen Ledergürtel das Schwert.

Deckten die oben beschriebenen großen Steine die Gruft der Verstorbenen ab, so ließen die Angehörigen in einigen Fällen auch aufwendige Grabmäler in Form von architektonischen Epitaphien an den Wänden der Kirchenräume anbringen. Da ist zunächst das rund 6 m hohe Grabmal, das der Norder Häuptling Unico Manninga für seinen Neffen, den im Alter von nur 15 Jahren tödlich verunglückten Omcko Ripperda in der Kirche von Hinte errichten ließ (zur Zeit abgenommen). Das Untergeschoß enthält in einer reich verzierten Rahmung den mit Triglyphen und Löwenköpfen geschmückten Prunksarg, auf dem der Tote mit amputierten Beinen ruht. Er erscheint noch einmal im oberen Stockwerk, hier aber nackt und auch mit heilen Beinen, gleichsam in der Gestalt seiner Auferstehung am Jüngsten Tag. Der Jüngling freilich scheint unter der dynastischen Last der insgesamt acht Wappen, erdrückt zu werden, die – wiederum in einem prächtigen Architekturrahmen – über seiner Gestalt erscheinen. Darüber noch in einem von Putten begleiteten Rundschild das Familienwappen der Ripperda.

Von einem anderen Meister, und daher auch in anderer Architektur, das in die Wand der Esenser Kirche eingemauerte Grabmal der 1586 verstorbenen Gräfin Walburg von Rietberg, Teil einer größeren, 1792 abgebrochenen und stückweise verkauften (!) Anlage. Über einer hohen, von kannelierten Säulen gerahmten Schrifttafel erscheinen die ruhende Gestalt mit betenden Händen, ihrem jung verstorbenen Söhnchen neben sich sowie darüber im reich mit Wappen geschmückten Rahmen die Auferstehung Christi in einer dramatischen Szene. Als Abschluß dann ein schön gestaltetes Tympanon mit krönendem Totenschädel. – Ein in seinen Grundzügen ähnlich konzipiertes Wandgrabmal erhielt auch Unico Manninga, allerdings erst 1678, also 90 Jahre nach seinem Tode. Wir finden es am nordöstlichen Vierungspfeiler der Norder Ludgerikirche. Auch hier also unten als Sockelzone das Schriftfeld und darüber die Marmorfigur des Verstorbenen in seiner Ritterrüstung. Gerahmt von zwei Symbolfiguren, dann wie in Esens die qualitätvolle Szene der Auferstehung Christi und schließlich in einem Medaillon des Spreng-

Abb. 23 Kirche Dornum. Bildnisgrabmal des Gerhard von Closter (gest. 1594).

giebels der – nachträglich eingesetzte – Christuskopf aus Alabaster.

Mit diesen näher betrachteten Grabsteinen und Wandgräbern adliger Familien wetteiferten auch andere von geringerer Bedeutung, wie wir sie in zahlreichen Kirchen sehen können. Auch diese folgen den stilistischen Regeln ihrer Zeiträume. Als Auftraggeber treten aber nun nicht nur die Angehörigen des ostfriesischen Adels auf, sondern auch Geistliche oder andere angesehene Personen, wie etwa die Deichrichter in der Kirche von Wiegboldsbur. Diese Grabplatten behiel-

Abb. 24 Kirche Dornum. Totenschild von 1662.

ten in ihrer Aufteilung und in der ornamentalen Ausstattung grundsätzlich das vorgegebene Schema mit Randverzierung und Schriftfeld bei, setzten aber auch in ein teilweise reich verziertes Medaillon das Familienwappen ein. Seltener sind Epitaphien in Holzkonstruktion, wie das in seinem architektonischen Aufbau und auch im bildnerischen Schmuck recht aufwendige barocke Stück für den Esenser Kuchenbäcker aus dem Jahre 1668 in Nesse. In vielen, zumeist lutherischen Kirchen Ostfrieslands schließlich finden wir an den Innenwänden sogenannte Totenschilde – diagonal gesetzte Epitaphien von bescheidener Gestalt in Holzkonstruktion – vor, so u. a. in Roggenstede, Nesse, Dornum und besonders zahlreich in Hinte.

In bewährter landesväterlicher Art setzte sich um 1530 der ostfriesische Graf Enno II. in den Besitz auch der zahlreichen Vasa sacra, also silberner und vergoldeter Kelche, Patenen, Monstranzen, Abendmahlskannen und weiterem Kirchengerät. Da auch die reformierten Nachfolgegemeinden nach Anweisung ihrer geistlichen Führer auf jeglichen Luxus, also auch auf wertvolles Abendmahlsgerät zu verzichten und sich von diesem zu trennen hatten, müssen wir heute mit ganz wenigen mittelalterlichen Stücken vorlieb nehmen. Von dem großen Ansehen und von der künstlerischen wie handwerklichen Fertigkeit einheimischer Gold- und Silberschmiede aber zeugt später so manches prächtige Stück ostfriesischer Meister bis hinein in das 19. Jahrhundert.

Aus dem kleinen lutherischen Kirchlein Amdorf bei Leer (1769) stammt der älteste Kelch Ostfrieslands, ein noch reichlich gedrungenes, in der üblichen Bauart mit Cuppa und Nodus (flacher Knauf am Schaft) gefertigtes Abendmahlsgerät aus der Zeit um 1300. Auf Blattverzierungen am Fuß, wie sie in der Spätromanik überall Verwendung fanden, erscheinen sieben Engelsköpfchen; Engelsfiguren zieren auch den Nodus. Von schlanker, gestreckter Gestalt sowie reich verziert dann der laut Gravur 1470 hergestellte, 22 cm hohe Kelch in der Kirche von Nesse. Den in sechs halbrunden Schwüngen auslaufenden Fuß hat der Meister mit figuralen Gravuren und die Ränder mit gotischen Minuskeln verziert, wogegen die Cuppa wie allgemein üblich völlig glatt blieb. Der Nodus erscheint nicht mehr rund, sondern erhielt diamantartig hervortretende Rhomben mit den Buchstaben o e l e h i, deren Deutung den Fachleuten bis zum heutigen Tage reichlich Kopfschmerzen bereitet. Auch der noch 1535 für die Kirchengemeinde in Osteel gefertigte Kelch ist als gotisch zu bezeichnen: den unteren Teil seines Schaftes zieren sechs hübsche Fialen, begehrte Schmuckelemente der Gotik.

Schon gänzlich im Fahrwasser der Renaissance und eben in einem ganz anderen Aufbau ist der vor 1660 vom Norder Meister Ulfert Kramer für Greetsiel hergestellte silbervergoldete Kelch. An die Stelle der deutlich voneinander geschiedenen Elemente Fuß, Schaft mit Nodus und Cuppa aus dem Mittelalter finden wir hier Fuß und Schaft in mehrere Zonen unterteilt und reichlich mit typischen Schmuckelementen wie Früchten, Löwen, Frauenköpfen und männlichen Figuren besetzt. Weiter gesteigert ist die lebensbejahende Schmuckfreudigkeit der Renaissance an dem um 1600 von einem Nürnberger Meister für Logabirum geschaffene, hier auch schon 30 cm hohe Prunkpokal. Die Cuppa mit ihrem birnenförmigen Zuschnitt erheblich vergrößert und mit buckelartigen Ausbeulungen besetzt, der Fuß ebenfalls mehrfach abgesetzt. In der üppigen, nun auch einen Teil der Cuppa überziehenden Schmuckelementen des Barock dann der 1730 von einem einheimischen Meister gefertigte Kelch für die katholische Gemeinde in Leer. Der Nodus ist hier zu einem flachen Wulstkörper geschrumpft, trägt aber eine weitere ebenfalls reich verzierte Schwellung des Schaftes. Der schöne, 17 cm hohe 1592 für Wirdum geschaffene Becher enthält neben dem Namen der Stifter auch deren Hausmarken.

Ganz besonders augenfällig finden wir die jeweils geltenden Stilgesetze auch an den Abendmahlskannen angewandt. In den noch reichlich starren Formen des Frühbarock eine solche Kanne, 1700 vom Auricher Goldschmied Johann Peters für die hiesige Kirche hergestellt. In spätbarocken Schwüngen dann die bescheidene und auch aus Zinn 1777 gefertigte Kanne für die Kirche in Suurhusen. Die für die Leeraner lutherische Gemeinde 1812 geschaffene Kanne schließlich von der uns schon bekannten vornehmen Zurückhaltung des Klassizismus. – Schließen wir unsere exemplarische Betrachtung des Abendmahlsgeräts mit einem Stück ab, das sich bis zum heutigen Tage, nun aber in reichlich säkularer Verwendung, allgemeiner Beliebtheit erfreut. Der bekannte Osnabrücker Meister Hermann Brawe lieferte u. a. 1697 der Kirchengemeinde Hage eine in acht Buckeln geformte und mit figuralem Schmuck üppig verzierte Taufschale von 9 cm Höhe. Die edle Stifterin, die „tugendsame J. Heidewig Poppen" ließ auf einem der acht Buckel den Sündenfall mit Adam und Eva darstellen sowie auf einem andern die Geburt Christi. Sie lenkte damit offensichtlich Auge und Herz auf die segenspendende Wirkung des Taufbades. Aus der ähnlich gestalteten Schale „Brannwinskopp" trinkt man aber heute in Ostfriesland gleichsam zusätzlich zum kirchlichen Segen kräftig auf das Wohl des neu geborenen Kindes so manchen Schluck eines stärkenden Getränks aus Rosinen und Branntwein – Bontjesupp genannt.

Literatur

de Buhr, J. (1993): Das Larrelter Tympanon. Korrigiertes Manuskript des Verfassers mit 2 Abbildungen und 1 Umzeichnung. Pewsum.

Haiduck, H. (1985): Importierte Sarkophage und Sarkophagdeckel des 11. und 12. Jahrhunderts im Küstengebiet zwischen Ems und Elbe. – Jahrbuch der Gesellschaft für bildende Kunst und vaterländische Altertümer zu Emden 65, 23–51.

Haiduck, H. (1986): Die Architektur der mittelalterlichen Kirchen im ostfriesischen Küstenraum. – Abhandlungen und Vorträge zur Geschichte Ostfrieslands 61.

Helwig, B., geb. Plate (1967): Ghert Klinge. Ein norddeutscher Erzgießer des 15. Jahrhunderts. – Quellen und Darstellungen zur Geschichte Niedersachsens 69.

Kaufmann, W. (1968): Die Orgeln Ostfrieslands, Orgeltopographie. – Abhandlungen und Vorträge zur Geschichte Ostfrieslands 48.

Kiesow, G. (1969): Ostfriesische Kunst. – Ostfriesland im Schutze des Deiches 4.

Meinz, M. (1966): Der mittelalterliche Sakralbau in Ostfriesland. – Abhandlungen und Vorträge zur Geschichte Ostfrieslands 46.

Mithoff, H. W. (1880): Kunstdenkmale und Altertümer im Hannoverschen 7. Hannover.

Müller-Jürgens, G. (1960): Vasa Sacra, Altargerät in Ostfriesland. – Abhandlungen und Vorträge zur Geschichte Ostfrieslands 36.

Noah, R. (1980): Ostfriesische Kirchen. – Leuchtboje-Taschenbücher 1. 2. Auflage.

Noah, R. (1989): Gottes Häuser in Ostfriesland. Text. Fotografie: M. Strohmann. Norden.

Robra, G. (1959): Mittelalterliche Holzplastik in Ostfriesland. Leer.

Stracke, J. C. (1976): Die Bildnisgrabmale Ostfrieslands vom 15. bis 17. Jahrhundert. – Quellen zur Geschichte Ostfrieslands 6.

Städtische Wohnhäuser von Bürgertum und Adel
von Kurt Asche

In der Architekturgeschichtsschreibung Ostfrieslands hat das städtische Wohnhaus im Unterschied zum bäuerlichen Gulfhaus lange eine eher untergeordnete Rolle gespielt. Das ist um so verwunderlicher, als diese Region, worunter wir hier den früheren Regierungsbezirk Aurich verstehen, immer noch eine erstaunliche Vielfalt von Wohnhäusern städtischen Charakters, das heißt primär von Bürgerhäusern der Städte, Marktflecken und Hafenorte, aufzuweisen hat. Dieser Gattung sind im Grunde alle Häuser mit bürgerlichem Habitus, sowohl die des grundbesitzenden Adels, des Klerus, der Beamten und der Kaufleute, als auch die der unselbständigen Handwerker und Arbeiter – nicht nur in den zentralen Orten, sondern auch auf dem Land – zuzurechnen. Eine grundlegende, systematische Erfassung, Bewertung und Darstellung aller baulichen Leistungen von Bürgertum und Adel der Städte, die auch verlorene öffentliche Gebäude wie Rathäuser, Stadtwaagen und Lagerhäuser, aber auch Villen und Stadtpalais, vielleicht sogar Werkstätten und Schiffswerften, Gastwirtschaften und Hotels – das heißt das ganze Spektrum städtischen Wohnens, Wirtschaftens und Verwaltens – einschließen müßte, ist von einem Einzelnen gar nicht und auch von einem Kollektiv nur durch personelle Kooperation und gezielte Forschungen in einem vertretbaren Zeitraum zu leisten. Im vorliegenden Beitrag beschränken wir uns aus diesem Grunde darauf, nur ausgewählte städtische *Wohnbauten* in Form einer Kurzbeschreibung und fotografischen Aufnahme vorzustellen. Dabei haben wir eine chronologische Ordnung zugrundegelegt und eine Zeitspanne von etwa 450 Jahren, von der Mitte des fünfzehnten bis zum Beginn des zwanzigsten Jahrhunderts, erfaßt.

Seit der Veröffentlichung des siebten Bandes der ‚Kunstdenkmale und Alterthümer im Hannoverschen' durch H. Mithoff im Jahr 1880, in dem dieser die Denkmäler des ehemaligen Fürstentums Ostfriesland und des Harlingerlandes erstmals behandelte, sind immer wieder Versuche unternommen worden, Architektur und Kunst dieser Landschaft in einer Übersicht oder wenigstens in Teilbereichen darzustellen. Hier ist vor allem Jan Fastenau zu nennen, der in den zwanziger Jahren ein sechsbändiges Manuskript erstellte, das aber nie gedruckt wurde. Im Jahr 1930 erschien lediglich eine Kurzfassung unter dem Titel ‚Ostfriesische Kunstgeschichte in Umrissen', in der auch das städtische Wohnhaus unter Zuordnung zu bestimmten Stilepochen in kurzen Abschnitten behandelt wird. Als besonders verdienstvoll und gründlich ist dagegen die Arbeit von Karl Mählmann über das Wohnhaus Emdens zu bezeichnen, die schon 1913 veröffentlicht wurde und die einen Architekten zum Urheber hat. Sie erhält ihre Bedeutung durch die Tatsache, daß sie, nicht so sehr mittels der Fotografie, sondern anhand von Grundrissen, Schnitten und Detailzeichnungen, einen Einblick auch in die konstruktionsgeschichtliche Entwicklung des Emder Bürgerhauses gewährt, der heute, nach der Zerstörung der Stadt, aus anderen Quellen nicht mehr zu gewinnen wäre. Ähnliches gilt für die von Heinrich Siebern erstellte, umfangreiche Bearbeitung der Stadt Emden und ihrer Wohnhäuser, die 1927 in der Reihe ‚Die Kunstdenkmäler der Provinz Hannover' erschien. In diesem Werk sind in erster Linie die großen sakralen und öffentlichen Bauten behandelt, wie es ihrem Rang und der Auffassung der Zeit entsprach; aber auch die Bürgerhäuser, denen die besondere Liebe des Autors galt, werden in zahlreichen Fotografien und Zeichnungen auf immerhin 140 Seiten vorgestellt – das ist mehr als ein Drittel des Bandes. War auf diese Weise wenigstens die Stadt Emden in ihren wichtigsten Denkmalen gründlich dokumentiert, so erwies sich ein Versuch, Ostfriesland im Rahmen eines niedersächsischen Kunstkreises am Rande mit abzuhandeln, als völlig unzureichend, ja als Fehlschlag. Das von dem Kunsthistoriker V. C. Habicht 1932 publizierte Buch ‚Der niedersächsische Kunstkreis', das schon durch seinen bloßen Titel Einspruch provoziert, weil es einen derartigen ‚Kunstkreis' nicht gibt, ist einseitig aus der Sicht des Zentrums Hannover geschrieben und bringt für unser Thema keinerlei Erkenntnisse: Ostfriesland ist, außer durch das Emder Rathaus, mit keinem einzigen bürgerlichen Gebäude vertreten, vom ländlichen Gulfhaus ganz zu schweigen.

Erst nach dem Zweiten Weltkrieg gab es wieder Ansätze zu einer fundierten, ganzheitlichen Betrachtung von Architektur und Kunst der Region. Sowohl die im Deutschen Kunstverlag erschienene Monographie von E. Lutze aus dem Jahr 1967 als auch die umfängliche Abhandlung von G. Kiesow von 1969, die beide einen Kunsthistoriker zum Autor haben, setzen aber ebenfalls den Schwerpunkt in der sakralen Kunst. Sie reproduzieren aus der profanen Architektur nur einige wichtige Beispiele, ohne etwa auf historische Fotografien zurückzugreifen, und begnügen sich damit, aus dem zu dieser Zeit noch reichen vorhandenen Bestand eine subjektive Auswahl zu treffen. Sie sind deshalb für unser Thema, das städtische Bürgerhaus, unergiebig und unrepräsentativ. Im Vergleich dazu sind die im Verlauf von über dreißig Jahren publizierten Monographien und Aufsätze von R. Noah und G. Robra für die ostfriesische Kunstgeschichte von großem Wert, weil sie, in unvermeidlicher Beschränkung und Spezialisierung auf bestimmte Themen und Aspekte, eigene, kontinuierliche Forschungsarbeit und neue Erkenntnisse repräsentieren. In unserem Zusammenhang hat sich insbesondere G. Robra durch seine verdienstvollen Arbeiten zur Architekturgeschichte von Leer, wie an anderer Stelle H. Ramm in seinen Beiträgen zu Aurich, Wittmund und Esens, wiederholt mit dem städtischen Wohnhaus auseinandergesetzt.

Von größtem Gewinn für die vorliegende Übersicht sind auch die vom Institut für Kunstgeschichte der Universität Hannover initiierten baugeschichtlichen Untersuchungen, die die Emder Vorstadt Klein-Faldern sowie die Orte Weener und Carolinensiel zum Inhalt haben und in den siebziger Jahren durch S. Auffahrt, M. Johnsen, R. und U. Onnen, W. Voigt sowie H. Zander erstellt wurden. Diese Monographien mit ihren kleinen Skizzen und Fotos verzichten zwar auf Schnittzeichnungen und konstruktive Details und sind auch in ihrer typographischen Ausstattung anspruchslos, sie kompensieren dies jedoch durch ein gründliches Quellenstudium vor Ort, durch Lagepläne und gutachterliche Stellungnahmen und liefern für jeden behandelten Ort eine Systematik der Haustypen, wobei auch funktionale und sozialgeschichtliche Aspekte berücksichtigt werden.

Eine Übersicht wie die vorliegende wirft die Frage nach dem Vorhandensein einer spezifisch ostfriesischen Architektur, nach einem eigenständigen Typus des Wohnhauses auf. Es scheint, daß sich ein solcher Typus nur bedingt und unter überregionalen Prämissen in Form lokaler Varianten entwickeln konnte. Für eine verbindlichere Aussage müßten zuvor funktionale und baukonstruktive Faktoren eines Typus, wie Grundriß, Querschnitt und Dachkonstruktion, auf Gesetzmäßigkeiten untersucht werden, was den Rahmen dieses Beitrages sprengen würde. Sie ist unseres Erachtens ohne Darlegung der Wechselbeziehungen zu Steinhaus und Gulfhaus nicht schlüssig zu erstellen und berührt die grundsätzliche, weitergehende Frage nach landschaftlichen, friesischen Gesetzmäßigkeiten – gleichsam nach einer architekturgeschichtlichen Konstante in Ostfriesland.

Wir begnügen uns daher vorerst mit der Feststellung, daß sich die Entwicklung des städtischen Wohnhauses in unserem Gebiet mit der anderer nordwestdeutscher und niederländischer Küstenstädte deckt, indem auf das vom 15. bis zum 17. Jahrhundert vorherrschende giebelständige Haus seit der Mitte des 18. Jahrhunderts Traufenhäuser und Mischformen folgen. In Form und Material ist seit der Mitte des 16. Jahrhunderts der Einfluß der Niederlande dominant. Im Zuge der Stadterweiterungen des 19. Jahrhunderts werden die Vorstädte zunächst durch das klassizistische Einzelhaus bestimmt. Dieses macht in der zweiten Jahrhunderthälfte zunehmend stilistisch und baukörperlich uneinheitlichen, historisierenden Haustypen Platz, die ihrerseits nach 1900 durch Jugendstil und Werkbundeinflüsse geprägt werden. Zugleich tritt – vornehmlich in Emden – auch das für Ostfriesland untypische Reihenhaus auf. Erst die Reformbestrebungen der zwanziger Jahre resultieren in einer fast totalen Lösung von traditionellen Stilen und gestalten mit dem neuen Baustoff Klinker die kollektiven Siedlungen und Wohnblocks der Moderne. Damit folgt die Entwicklung in Ostfriesland seit dem späten Mittelalter im wesentlichen nordwesteuropäischen Tendenzen.

Abb. 1 Emden, Die Große Deichstraße.

EMDEN – DIE GROSSE DEICHSTRASSE

Diese Straße war zur Zeit der Aufnahme, um 1925, überwiegend mit Kontor- und Packhäusern besetzt, die man sich ursprünglich als Wohnpackhäuser mit Innenaufzug (Haspelwinde) vorzustellen hat. Links das Haus Nr. 25, vor 1500 entstanden, mit Spitzbogen im Giebel und Korbbogenblenden im 1. Obergeschoß, deren Öffnungen in der Regel keine Fenster, sondern hölzerne Läden enthielten. An Traufen und Giebelspitze Reste von Rundpfeilern, sog. Fialen. Typus des giebelständigen spätgotischen Bürgerhauses, 1944 zerstört.
Lit.: Siebern S. 190 ff. und S.224 f.; Mählmann S. 22.

EMDEN – GROSSE STRASSE ECKE GROSSE DEICHSTRASSE, SOG. ALTES RATHAUS

Zweigeschossiges Bürgerhaus aus großformatigen Ziegeln mit Satteldach. Ursprünglich mit hoher Diele im vorderen und Upkamer im hinteren Bereich. Im Giebeldreieck oben drei Spitzbogenblenden, an Traufen und Giebelspitze Reste von übereck gestellten quadratischen Fialen und im 1. Obergeschoß vermauertes Kreuzstockfenster mit Segmentbogen. Der Giebel in Erd- und Obergeschoß rechts stark beschnitten und mittels zweier auskragender Konsolenreihen in seiner Breite reduziert. Die holzverschalten Obergeschosse und das verputzte Mauerwerk im Erdgeschoß nicht ursprünglich. Spätgotisches Bürgerhaus um 1475; 1902 abgerissen.
Lit.: Siebern S.189 f.; Mählmann S. 23 und Fig. 59.

NESSE – DIE PASTOREI IM STEINHAUS

Zweigeschossiges freistehendes Steinhaus mit steilem Satteldach und je einem Schornstein in Nord- und Südgiebel. Im Nordgiebel Rollschicht aus Ziegelformsteinen, über den vorhandenen vier Fenstern schmale, zugemauerte Öffnungen mit Segmentbogen aus dem 15. Jahrhundert. Der Baukörper ursprünglich höher, die Giebelschrägen aus Flachschicht mit Bindersteinen

Abb. 2 Emden, Sog. Altes Rathaus.

Abb. 3 Nesse, Die Pastorei im Steinhaus.

LEER – DIE HARDERWYKENBURG

Dreigeschossiges, ursprünglich nicht verputztes Steinhaus des 15. bis 17. Jahrhunderts mit Staffelgiebel und Satteldach. Als Häuptlingsresidenz und Burg ursprünglich von einem Wassergraben umgeben und wohl im 16. Jahrhundert um eingeschossige Wohn- und Wirtschaftsgebäude erweitert. Als Folge von Abbrüchen und Umbauten im 19. Jahrhundert heutige reduzierte Form, in der noch immer das Steinhaus mit Staffelgiebeln und Fialen dominiert. Typus des mehrgeschossigen, ursprünglich freistehenden mittelalterlichen Turmhauses aus Ziegeln. In der Nordwand Wappenstein des Jost Hane mit Datum 1664.

Lit.: Robra 1962 S. 139; Pühl S. 78 f.; Robra in: Ostfr. Ztg. v. 8.3.1990; P. R. Voss in: Festschrift Asche 1990.

später erneuert. In der westlichen Traufwand nachträglich geschlossene schmale Fensteröffnung mit Sandsteinsturz. Typus des Steinhauses als spätmittelalterliches Pfarrhaus mit zwei Kaminen.

Lit.: Pühl S. 75 f.

Abb. 5 Greetsiel, Das Hohe Haus.

Abb. 4 Leer, Die Harderwykenburg.

GREETSIEL – DAS ‚HOHE HAUS' AM SIEL

Zweigeschossiges, im Süden und Westen verputztes Steinhaus des 17. Jahrhunderts (1696) mit älterem Kern. Ziegelbau zu 9 Achsen Länge mit Satteldach und Giebelschornsteinen. Ostgiebel mit paarweise angeordneten Fenstern und Werkstein-Entlastungsbogen in charakteristischer, originaler Gliederung. Amtshaus eines Rentmeisters von ungewöhnlichen Ausmaßen und in Form des Langhauses.

Lit.: v. Lengen 2, S. 92 Abb. 20; Pühl S. 80; F. Weber: Greetsiel i. d. Krummhörn S. 7.

Abb. 6 Emden, Am Delft 24

EMDEN – AM DELFT 24
Schmales, dreigeschossiges Haus des Stadtkerns zu drei Achsen mit Werksteinfassade um 1575. Gliederung der Geschosse durch Halbsäulen mit korinthischen Kapitellen und durch Architrave des Giebels durch schlanke Pilaster und kräftige Gesimse. In den Dreieckszwickeln Medaillons mit skulpierten Köpfen, im Giebel Kreuzstockfenster mit Bleiverglasung, auf den Gesimsen und am First Baldachine sowie Deckelvasen aus späterer Zeit. Reiche Fassade aus Sandstein wohl unter niederländischem Einfluß.
Lit.: Henrici T. 22; Mählmann S. 41f. und Fig. 70; Siebern S. 202 und Fig. 172; Harders S. 122 und 193f.; H. Beseler/N. Gutschow: Kriegsschicksale deutscher Architektur Bd. 2 1988, S. 241.

EMDEN – GÖDENSER HAUS
FRIEDRICH-EBERT-STRASSE 1–3
Zweigeschossiger, freistehender rechteckiger Baukörper zu zwölf Achsen an der Friedrich-Ebert-Straße und drei Achsen an der Großen Straße, zwischen Rotem Siel und Großer Straße gelegen, der Südflügel auf einer Länge von vier Achsen um 1,50 Meter nach Westen vorspringend. Außenmauern aus Ziegeln im Wechsel mit Sandsteinbändern. Fensteröffnungen, zum Teil oben geschlossen, mit Korbbogen und Keilsteinen als Entlastungskonstruktion. Im Nordgiebel ursprüngliche Kreuzstocköffnungen freigelegt, Fenster mit wieder-

Abb. 7 Emden, Das Gödenser Haus.

hergestellter oberer Verglasung und Fensterläden vor den unteren Öffnungen; im Erdgeschoß Fensterstürze in Renaissanceformen. Vorspringender Südflügel mit einfachem Sandsteinportal, darüber Inschrifttafel mit bekröntem Monogramm des Königs Georg IV. und der Jahreszahl 1824. An der Hofseite Eingang mit zweiarmiger Freitreppe und aufwendigem Werksteinportal, bestehend aus Bossenquadern in Kerbschnitt- und Beschlagwerkornament sowie Wappenmedaillon der Familie von Frydag und der Inschrift ‚ANNO 16-19'. Im Inneren zweiläufige Podesttreppe mit reichgeschnitzten Geländerpfosten und Balustern des 17. Jahrhunderts. Das Haus wird seit 1989 als Studentenwohnheim genutzt. Von sechs ehemals vorhandenen ist dieses das letzte Beispiel einer städtischen Adelsresidenz in Emden.
Lit.: Siebern S. 163 ff.; Nds. Denkmalpflege Bd. 12 S. 255, Bd. 13 S. 243.

JEMGUM – LANGE STRASSE 17, ‚ALBA-HAUS'
Eingeschossiges Giebelhaus zu ursprünglich drei (jetzt vier) Achsen aus Ziegeln im Wechsel mit Sandsteinbändern, der Steilgiebel nachträglich verkürzt und durch Holzgesims abgeschlossen. Dezentraler Eingang rechts und versetzt angeordnete Saal- bzw. Kellerfenster links, im Dachgeschoß drei Fenster mit Entlastungsbogen, das mittlere geschlossen. Im Inneren liegender Dachstuhl mit unten gekrümmten Stuhlsäulen, sogenannten Krommers. Die Sandsteinbänder der Fassade mit moralisierenden Sinnsprüchen, darunter zentrale Kartusche mit dem Namen Heuwe Syrt und der Jahreszahl 1567. Typus eines von der Giebelseite erschlossenen Steinhauses des 16. Jahrhunderts.
Lit.: J. Fastenau in: Das Reiderland 1930, S. 120; Robra in: Ostfr. Ztg. v. 15.3.1963; G. Kronsweide in: Ostfr. Ztg. Nr. 21, 1984; K. Asche in: Rund um Ems und Dollart 1992 S. 118.

Abb. 8 Jemgum, Lange Straße 17.

Abb. 9 Weener, Norderstraße 19.

WEENER – NORDERSTRASSE 19

Eingeschossiges vierachsiges Giebelhaus mit Hauptschauseite aus Ziegeln und Sandstein. Im Erdgeschoß Kreuzstockfenster mit Halbkreisbögen, im Dachgeschoß kleine Zwillingsfenster mit Korbbögen, darüber zwei Öffnungen mit hölzernen Läden. Giebelspitze mit ornamentierten Eisenankern und horizontaler Staffel, Giebelschrägen in holländischem Dreiecksverband gemauert. Unter dem Stockwerkgesims die Jahreszahl 1660 mit einer Hausmarke und den Initialen ‚IF'. Im Inneren weitgehend originaler Dachstuhl in Krommer-Konstruktion. Straßengiebel 1954 erneuert und 1969 unter Teilrekonstruktion der Fassade um ca. 2 Meter zurückgesetzt.

Lit.: J. Fastenau in: Das Reiderland 1930, S. 120; Robra in: Ostfr. Ztg. v. 15.3.1963; Robra in: A. Fr. Risius, Stadt Weener/Ems 1979, S. 141; Auffahrt/Johnsen 1978 S. 11 und S. 77.

NORDEN – OSTERSTRASSE 5

Dreigeschossiges Giebelhaus zu vier Achsen aus Ziegeln im Wechsel mit Sandsteinbändern und mit Sandsteingesimsen. Kreuzstock- und Zwillingsfenster mit Lünetten in Muschelform, auf den Giebelstaffeln quadratische, kannelierte Pfeiler, in den Zwickeln Skulpturenschmuck mit der Darstellung der Taten des Herkules. Die Stockwerkgesimse mit Karnies-Konsolen und mehrfach profiliert, auf dem unteren Gesims Kartusche mit dem Baujahr des Hauses: 1576. Typus des großen Renaissance-Giebelhauses der zweiten Hälfte des 16. Jahrhunderts, etwa gleichzeitig mit dem Emder Rathaus. Seit 1863 im Besitz der Familie Schöningh und nach dieser benannt.

Lit.: Henrici T. 24; Mithoff S. 159 und T. IV; Cremer S. 92 und 102; W. Schöningh in: Emder Jahrbuch 46/1966; Lutze S. 60, Kiesow S. 101 f., H. Eichhorn in: Ostfriesland 1/1974; H. Evers in: Kal. ‚Ostfreesland' 1976; Schute S. 6.

Abb. 10 Norden, Osterstraße 5.

NORDEN – WESTERSTRASSE 89

Kleines, zweigeschossiges Giebelhaus zu drei Achsen aus Ziegelmauerwerk mit einer Giebelbekrönung aus Sandstein. Stockwerk- und Giebelgesimse in Form einfacher unterschnittener Wasserschläge. Die halbrunden Zwillingsbogen über den ursprünglichen Fenstern mit diamantierten Keilsteinen und Lünetten aus Ziegeln, über dem mittleren Gesims Kartusche mit Hausmarke und Datum 1656. Die Giebelstaffeln durch Viertelkreise und gemauerte Pfeiler abgeschlossen, Firststaffel in Form eines Halbkreises mit Muschel. Giebel 1967 abgetragen und neu aufgeführt, dabei Einbau moderner Fenster in Erd- und Obergeschoß. Typus des kleinen Bürgerhauses des 17. Jahrhunderts mit runden und pfeilerförmigen Giebelstaffeln.

Lit.: M. Imhoff, Kl. Führer 1988. Quelle: ‚Einzug der Sieger von Waterloo 1815', Anonymes Gemälde des Norder Marktplatzes um 1815.

Abb. 11 Norden, Westerstraße 89.

Perückengiebels des 17. Jahrhunderts unter niederländischem Einfluß und mit Spolien aus unterschiedlichen Perioden, heute als Ladenlokal einer traditionsreichen Weinhandlung genutzt.
Lit.: Robra 1962 S. 142 ff.; Kiesow S. 152 und 154; Lutze S. 65 f.; Robra 1973 S. 132 und 150; Schute S. 12.
Quelle: H. Saebens, Foto um 1930.

AURICH - BURGSTRASSE 33 ECKE HAFENSTRASSE
Zweigeschossiges Wohn- und Geschäftshaus zu drei Achsen aus Ziegeln mit bauplastischem Schmuck aus Sandstein. Im Erdgeschoß großes Schaufenster mit seitlichem Ladeneingang, im Obergeschoß seit der Wiederherstellung von 1957 drei Einzelfenster anstelle von zuvor zwei. Gliederung der Fassade durch mehrere

LEER - RATHAUSSTRASSE 18, ‚HAUS SAMSON'
Zweigeschossiges Wohnhaus zu drei Achsen aus Ziegelmauerwerk mit bauplastischem Schmuck aus Sandstein. Im Erdgeschoß zentrale Tür und seitliche, nachträglich vergrößerte Fensteröffnungen mit verputzten Leibungen. Im Obergeschoß quadratische Fensteröffnungen mit Schiebefenstern, seitlich mit Entlastungsbogen, Widerlager- und Schlußsteinen. Darüber sog. Halsgiebel mit zwei quadratischen Fenstern, skulptiertem Ochsenauge, Segmentbogenabschluß und eiserner Wetterfahne. Die Zwickel der Giebelstaffeln mit reichem Akanthusblattwerk aus Sandstein geschlossen. Unter dem Hauptgesims zwei Inschriftsteine, bezeichnet ‚SAMSON' und ‚1643'. Barocke, translozierte Haustür aus späterer Zeit, unter der rechten Fensterbank Bruchstück eines Inschriftsteins vom reformierten Pfarrhaus am Westerende mit Datum 1560. Typus eines

Abb. 12 Leer, Rathausstraße 18.

profilierte Brüstungsgesimse sowie durch stark plastische Girlanden aus Sandstein. Über den seitlichen Fenstern Korbbogen mit Keilsteinen als Entlastung und im Dachgeschoß zwei ovale Ochsenaugen aus Sandstein. Auf den seitlichen Staffeln zwei Vasen in Form von Pinienzapfen, der konkave Ortgang durch Blütenornamente aus Sandstein geschützt, die einfache verputzte Giebelbekrönung wohl anstelle einer ursprünglich halbrunden. An der Hafenstraße vermauerte Spitzbogenöffnung von circa 1500. Typus eines kleinen Glockengiebels mit seitlichen Staffeln um 1700, der einem älteren Gebäude des 15./16. Jahrhunderts vorgeblendet wurde. Zugleich Beispiel für die behutsame Wiederherstellung durch die Denkmalpflege der fünfziger Jahre unter dem Aspekt der Nutzung als Ladenlokal.
Lit.: Ostfr. Nachr. v. 5.3.1952 und 13.4.1957; Rundschau v.18.5. 1957; Ostfr. Ztg. v.11.11.1965.

Abb. 14 Wittmund, Mühlenstraße 14.

WITTMUND - MÜHLENSTRASSE 14
Zweigeschossiges Haus zu fünf Achsen mit zentralem Eingang und aus Ziegeln. Gliederung des Giebels durch vier Pilaster mit Sandsteinbasen und -kapitellen. Im Erdgeschoß Portal aus Sandstein mit seitlichen Voluten, Oberlicht unter geschwungener Verdachung und darüber Wappenstein der Familie Brants. Der zweifach geschwungene Glockengiebel oben mit querovalem Fenster, mit Namen des Bauherrn und Datum 1733 sowie mit dünner profilierter Sandsteinabdeckung, die unten in kleinen Voluten endet. Auf der Spitze prachtvolle geschmiedete Wetterfahne mit vergoldetem Schwan. Das Gebäude wurde 1971 nach denkmalpflegerischen Gesichtspunkten restauriert, wobei die großen Schaufenster beseitigt wurden. Typus eines großen Giebelhauses des 18. Jahrhunderts mit Pilastern und Glockengiebel.
Lit.: Ramm S. 100 f.

Abb. 13 Aurich, Burgstraße 33.

Abb. 15 Leer, Süderkreuzstraße 6.

LEER - SÜDERKREUZSTRASSE 6
Eingeschossiges traufenständiges Haus aus Ziegeln zu sechs Achsen mit schwach vortretendem zweigeschossigem Zwerchhaus zu zwei Achsen. Zentrales Portal aus Sandstein mit architravierter Umrahmung, Ornamentfries und profilierter Verdachung. Im Giebel des Zwerchhauses hölzerne Dachluke, Ochsenauge, seitliche Voluten und mehrfach geschwungene Bekrönung aus Sandstein, letztere datiert 1734. Konkaver Ortgangabschluß als Rollschicht gemauert. Gerade Giebelschrägen der seitlichen Brandmauern des Hauses in holländischem Dreiecksverband und mit ornamentiertem Dreieckstein an den Traufpunkten. Typus des in der Stadt Leer verbreiteten eingeschossigen, traufenständigen Wohnhauses mit zweigeschossigem Zwerchhaus.
Lit.: Robra 1973 S. 139.

LEER - WÖRDE 5
Zweigeschossiges traufenständiges Wohnhaus aus Ziegeln zu sechs Achsen, ursprünglich auf beiden Seiten mit abgewalmtem Dach. Links späterer Anbau des 19. Jahrhunderts. Gliederung der Fassade durch je drei Pilaster mit Sandsteinbasen und -kapitellen zu beiden Seiten des zentralen Eingangs. Das Portal, zu dem zwei Stufen hinaufführen, aus Sandstein und mit architravierter, seitlich durch Halbpilaster gefaßter Umrahmung, darüber Akanthusfries und gerade Verdachung. Oberlicht mit Quadratsprossen und architravierter Umrahmung. Darüber Tympanon mit Segmentbogenverdachung, im Feld zwei Wappenschilde mit seitlichen Akanthusreliefs. Aufgedoppelte, rocaillengeschmückte Haustür. Vorhof mit Abschluß aus vasengeschmückten Sandsteinpfeilern und geschmiedetem Staketengitter. Fensteröffnungen des Obergeschosses im 19. Jahrhundert verändert. Das 1745 durch die Familie von Rheden im Sinne des Rokoko umgebaute Haus stellt (ohne den linken Anbau) das schönste Beispiel eines kleinen Adelspalais des 18. Jahrhunderts dar.
Lit.: Garrelts in: Der Kreis Leer, 1932 S. 19. Robra 1962 S. 139 f.; Robra 1973 S. 134 f.

Abb. 16 Leer, Wörde 5.

Abb. 17 Leer, Neue Straße 14.

LEER – NEUE STRASSE 14

Dreigeschossiges, traufenständiges Wohn- und Geschäftshaus zu vier Achsen aus Ziegeln und mit Werksteinquadern an den Ecken. Dezentraler Eingang mit einfachem profiliertem Gewände und Basis aus Werkstein, datiert 1791. Neben der Haustür rechts unten eineinhalb Stein hoher Segmentbogen mit nachträglich verkleinerter Öffnung; Zugang zu den Kellerräumen über ehedem im Bürgersteig befindliche Treppe mit Holzklappen. Oberer Abschluß des Hauses durch hölzernen Architrav und mehrfach abgetrepptes, konsolengetragenes Kranzgesims mit karniesförmiger Traufe. Darüber steiler Walm und zentrale, stehende Dachgaube mit Sprossenfenster, geschwungenen seitlichen Blenden und Dreiecksgiebel. Typus eines unmittelbar am Hafen gelegenen klassizistischen Kaufmannshauses (ohne Außenaufzug und mit Lagerräumen im Keller) aus dem letzten Jahrzehnt des 18. Jahrhunderts, heute als Museum genutzt.

Lit.: Robra 1973 S. 145 und 151; Festschr. d. Vereins f. Heimatschutz u. Heimatgesch., Leer 1984.

JEMGUM – SIELSTRASSE 13

Eingeschossiges giebelständiges Wohnhaus aus Ziegeln zu vier Achsen und mit außermittigem Eingang. Giebel am Ortgang in holländischem Dreiecksverband, an den Traufen zwei dreieckige, ornamentierte Konsolsteine, datiert. '17–98'; oberer Abschluß durch außen bündigen, quadratischen Schornstein. Im Giebelfeld drei versetzt angeordnete, kleine Blockrahmenfenster; in Höhe der Balkenlagen einfache Eisenanker mit Ösen und geraden Ankersplinten. Portal mit profiliertem und rustiziertem, farbig gefaßten Gewände auf hoher Basis, oberer Abschluß durch horizontale Verdachung. Haustür des 19. Jahrhunderts farbig gefaßt, mit geschnitzter unterer Füllung sowie Sprossenverglasung in Türblatt und Oberlicht, in den Ecken je vier geschliffene, farbige Scheiben mit Sternornament. Typus des eingeschossigen Giebelhauses mit Satteldach und mit großen Schornsteinen in den Giebelwänden nach dem Vorbild des spätmittelalterlichen Steinhauses. Inneneinrichtung mit Kachelöfen sowie mit Klapptreppe zu Keller und Upkamer.

Quelle: Foto 1986, Bauaufnahme 1993.

Abb. 18 Jemgum, Sielstrße 13.

Abb. 19 Leer, Königstraße Westabschnitt.

LEER – KÖNIGSTRASSE, WESTABSCHNITT

Eingeschossige, traufenständige Doppelhäuser als Ziegel- oder Putzbauten und mit Satteldach, an der Straße zwischen fünf und acht Fensterachsen breit. Eingänge zentral oder dezentral auf Straßen- und Hofseiten, Fassaden durch Portalgewände oder Gesimsvorsprünge sparsam gegliedert. Die Anordnung der Schornsteine bezeichnet die Lage der Wohnküchen, die an den Innenwänden zumeist zwei ‚Butzen' enthielten. Undatierte Handwerkerhäuser, zumeist für Weber, aus dem 18. und 19. Jahrhundert. Die bis Ende der siebziger Jahre erhaltenen Häuser wurden im Zuge der Sanierung des Rathausviertels um 1980 abgebrochen. Sie verkörpern den Typus des seit dem 17. Jahrhundert in Leer üblichen Handwerkerdoppelhauses, zum Teil mit straßen- und hofseitigen Eingängen, für zwei bis vier Familien.
Lit.: Robra 1973 S. 43, 45 und 141.

WEENER – NORDERSTRASSE 42

Zweigeschossiges, giebelständiges Wohnhaus zu fünf Achsen aus Ziegeln mit Werksteinquadern an den Ekken, ursprünglich mit vortretender, zweiarmiger Freitreppe. Zentraler Eingang mit Sandsteinportal, bestehend aus glattem Gewände, rhombengeschmücktem Sturz und horizontaler Verdachung auf antikisierenden Konsolen. Im Giebelfeld oben drei kleinere Fenster, darüber kräftiges, stark profiliertes Gesims, das den dahinter befindlichen Krüppelwalm kaschiert. Ortgang der Giebelschrägen aus einfachen Sandsteinplatten mit Metallabdeckung. Geschnitzte Haustür mit Rhombenrelief, aus der vorderen Ebene nach hinten versetzt; das reich geschnitzte Oberlicht oberhalb des jetzigen Kämpfers bezeichnet die ursprüngliche Lage der Tür. Im Inneren des Hauses reich gestaltete Räume mit Ausstattung des 19. Jahrhunderts. Das Wohnhaus wurde 1821

Abb. 20 Weener, Norderstraße 42.

nach einem Brand durch J. B. Kröger in vergrößerter Form einem bestehenden Hinterhaus vorgesetzt und die Scheune 1856 hinzugefügt. Typus des klassizistischen Stadthauses eines Pferdehändlers und Grundbesitzers mit angebauter großer Gulfscheune in einer für die Stadt Weener bezeichnenden Disposition.
Lit.: Auffahrt/Johnsen S. 56 und 78.

AURICH – VON-JHERING-STRASSE 33

Zweigeschossiges Wohnhaus zu fünf Achsen aus Ziegeln und mit Krüppelwalmdach. Im Erdgeschoß zentraler Eingang mit Freitreppe in Form aufgesattelter Stufen. Portal mit faszierter Umrahmung und kassettierter Leibung sowie mit horizontaler, durch Voluten gestütz-

Abb. 21 Aurich, Von-Jhering-Straße 33.

ter Verdachung; über der Tür Rechteckpaneel mit feiner Zahnschnittleiste. Zweiflügelige Haustür mit Rahmen und je vier Pyramidenfüllungen sowie unterem Wasserschenkel; über dem profilierten Kämpfer Oberlicht mit zwei vertikalen Sprossen. Im Dach stehende Gaube mit zweiflügeligem Fenster und seitlichen Volutenblenden. Typus des in Nordwestdeutschland um 1830/40 verbreiteten, freistehenden fünfachsigen Wohnhauses der Vorstädte, hier als ehemaliger Wohnsitz eines Mitgliedes der bedeutenden ostfriesischen Familie de Pottere. Wie das entsprechende, eingeschossige Nachbarhaus Nr. 35 ist auch dieses seit 1956 Domizil der Deutsch-Niederländischen Heimvolkshochschule.
Lit.: H. van Wezel in: Ostfriesland 2/1971, Ostfriesland 3/1981.

Putzprofilen, zweifach fasziert, oben durch gerade, profilierte Verdachung abgeschlossen; die Leibungen mit je vier farbig abgesetzten Rahmen und Pyramidenfüllungen. Datiert 1856. Das Haus rechts mit Rundbogenöffnungen und innen angeschlagenen, erneuerten Fenstern; in der Leibung des Eingangs neugotische Reliefs in Kreuzform, die Fassade gegliedert durch Stockwerksgesims mit feinem Pyramidenfries und durch rechteckiges, unterschnittenes Brüstungsgesims. Straße mit einer für Ostfriesland uncharakteristischen, geschlossenen, traufständigen Bebauung des späten Klassizismus; nach einem Brand 1856 in den folgenden Jahren mit Handwerkerhäusern neubebaut.
Quelle: Foto 1986.

Abb. 22 Aurich, Nürnburger Straße 1ff.

Abb. 23 Emden, Kranstraße 43.

AURICH – NÜRNBURGER STRASSE 1 ff.
Zweigeschossige traufständige Wohnhäuser mit Ziegel- und Putzfassaden zu vier, fünf und sieben Achsen und mit zumeist zentralen Eingängen. Haus Nr. 1 links mit nachträglich eingebautem Schaufenster, die übrigen Fenster mit Blockrahmen und Schiebeflügeln. Portal mit

EMDEN – KRANSTRASSE 43
Zweigeschossiges verputztes Giebelhaus zu drei Achsen mit linksseitigem Eingang. Tür- und Fensteröffnungen mit Rundbogen, im Erdgeschoß durch horizontales Kämpferprofil verbunden und mit breiter, schwach plastischer Faszierung, im Obergeschoß

durch kreisparalleles, auf kleinen Konsolen endendes Karniesprofil betont. Trauf- und Firststaffeln sowie Giebelschräge durch Putzschicht geschützt; unter der Giebelspitze kleines Walmdach mit Kragbalken und Aufzugsrolle. Typus des kleinen dreiachsigen Wohn- pack- und Kontorhauses der Emder Vorstadt Klein-Faldern, das um 1860 zum Wohnhaus umgebaut wurde.
Lit.: Auffahrt/Voigt S. 72.

ESENS – HERRENWALL 6
Eingeschossiges traufständiges Wohnhaus aus Ziegeln zu sieben Achsen mit Mansarddach. In der Mitte Giebelrisalit zu drei Achsen. Vorspringender, farbig abgesetzter Sockel aus Verputz, darauf mittig vier weißgestrichene Pilaster mit Karniesbasen und pseudokorinthischen Kapitellen. Risalitgebälk bestehend aus dreifach fasziertem Architrav und glattem Fries. Geison und Schräggeison des Giebels als einfache Rechteckprofile, Tympanon glatt verputzt und vermutlich ehedem mit Rundfenster. Zentraler Eingang mit aufgesattelter Stufe, farbig gefaßter Zweifüllungstür und Kreuzsprossenoberlicht. Sämtliche Fenster als Blendrahmenfenster mit innerem Anschlag sowie achtteilig und mit Lüftungsklappe über dem Kämpfer. Das von dem Tierarzt Meents bewohnte Gebäude wurde nach Ausweis der Brandkassenakte erst 1863 an dem seit 1840 angelegten Herrenwall errichtet. Es repräsentiert den Typus der nachklassizistischen Villa Suburbana und ist in seiner Fassadengestaltung ein Beispiel für das Weiterleben der ‚Klassischen Ordnung' über die Jahrhundertmitte hinaus. Die Verwendung von Putzgliedern anstelle von Naturstein signalisiert den Wandel der Qualität im beginnenden Historismus.
Lit.: Ramm S. 75.

Abb. 24 Esens, Herrenwall 6.

Abb. 25 Weener, Norderstraße 18.

WEENER – NORDERSTRASSE 18
Zweieinhalbgeschossiges verputztes Wohnhaus zu fünf Achsen mit hohem Sockel, polygonaler Auslucht und Satteldach. Zentraler Eingang mit großzügiger Wangentreppe zu neun oben geraden, unten trapezförmigen Stufen. Gotisierendes Portal mit Gewände als Hohlkehle und mit runden Krabben besetzt. Im Sockel sechs kleine, paarige Kellerfenster; im Erdgeschoß sieben hohe rechteckige und im Obergeschoß acht spitzbogige Fensteröffnungen. Fenster als zweiflügelige Blendrahmenfenster mit innerem Anschlag sowie mit Oberlichtern, die im Erdgeschoß senkrecht und im Obergeschoß durch dünne Maßwerksprossen unterteilt sind. Unter den Fensterbrüstungen und vor der Drempelzone des Halbgeschosses reicher neugotischer Reliefschmuck aus Putz. Zwischen den Fenstern schwach vortretende Pfeiler mit maßwerkverzierten Feldern zwischen schmalen Lisenen. Die ehedem vorhandenen Pfeilerendigungen, vermutlich neugotische Fialen, im Zuge einer Neueindeckung des Daches entfernt. Prachtvolles Beispiel einer großbürgerlichen, neugo-

tischen Villa der sechziger Jahre, wie sie in der Nachfolge der Evenburg und unter dem Einfluß der hannoverschen Schule im Rheiderland mehrfach auftritt. Ursprünglich mit einer inzwischen abgebrochenen Gulfscheune auf der linken Seite.
Lit.: Auffahrt/Johnsen S. 58.

Giebel zimmermannsmäßige, durchbrochene Holzfüllungen in Form stilisierter Blüten und Voluten. Typus des vorstädtischen, giebelständigen Wohnhauses des Historismus nach Schweizerhausmanier um 1890 mit Drempel und ausgebautem Dachgeschoß.
Quelle: Foto 1992.

Abb. 26 Emden, Neptunstraße 5 und 6.

Abb. 27 Emden, Torumer Straße.

EMDEN – NEPTUNSTRASSE 5 UND 6
Eineinhalbgeschossige Giebelhäuser zu je vier Achsen aus Ziegeln mit Satteldach und Drempel. In den Erdgeschossen jeweils außermittige Eingänge. Tür und Fensteröffnungen mit Segmentbögen und durch geputzte, profilierte Umrahmungen mit Konsolen bzw. Schlußsteinen gefaßt; unter den Brüstungen historisierende Putzornamente. Originale zweiflügelige Haustüren mit sprossenlosem Oberlicht. Über einem umlaufenden, reich profilierten Stockwerksgesims vier kleinere, rundbogige Fensteröffnungen mit profilierten Putzgewänden. Am Ortgang stark vorspringendes Dachgesims aus Holz auf außen vortretenden, von Knaggen unterstützten Pfetten aufliegend. Im

EMDEN – TORUMER STRASSE, NORDSEITE
Eingeschossige, traufständige Reihenhäuser aus Ziegeln und mit Mansarddach. Die Dachdeckung erneuert, die Mansarden in jüngster Zeit mit großen Satteldachgauben ausgebaut. Im Erdgeschoß je zwei Achsen einer Wohneinheit zugehörig, Pfeiler zwischen Fenstern und Eingängen unterschiedlich breit, Wohnungstrennwand durch Zwillingskonsole markiert. Über Tür- und Fensteröffnungen Segmentbogen von einem Stein Höhe, Fenster innen angeschlagen und unter Wahrung der alten Form in jüngster Zeit erneuert. Konsolen unter der Traufe aus hartgebrannten Ziegeln und bündig mit dem zweifach vorspringenden Traufgesims gemauert. Giebelwände am Ende der Reihenhauszeile als Brand-

mauer über die Dachfläche hochgeführt und mit ornamentaler Mauerverstärkung versehen. Die 1901 für Arbeiter der Nordseewerke und der Heringsfischerei errichteten Wohnhäuser repräsentieren den Typus des sparsamen, durch die Ziegelverblendung dauerhaften und pflegeleichten eingeschossigen Reihenhauses aus preußischer Zeit. Die volkstümliche Bezeichnung dieses Viertels als ‚Transvaal' findet ihre Entsprechung in gleichzeitigen ‚kolonialen' Arbeitersiedlungen anderer nordwestdeutscher Städte, z. B. Wilhelmshavens.
Lit.: Claudi S. 187.

Abb. 28 Esens, Steinstraße 10.

ESENS – STEINSTRASSE 10
Eingeschossiges, verputztes Giebelhaus mit ebenerdigem Ladengeschäft und Wohnung im Obergeschoß. Zentraler Eingang mit geräumigem Vorplatz, beiderseits begrenzt von kleinen Schaufenstern mit schrägem Sprossenoberlicht. An der Straße zwei große Schaufenster, innen von schlanken Eisenstützen mit geometrischen Kapitellen, außen von Mauerpfeilern mit je drei parallelen Rundstäben begrenzt. Im Obergeschoß große segmentbogenförmige und an der Außenkante profilierte Fensteröffnung, in den Drittelpunkten durch zwei Mauerpfeiler mit Rundstabverzierung unterstützt. Innen angeschlagene Fenster mit Kämpfer und Sprossenoberlicht, in der Mitte dreiflügelig, an den Seiten einflügelig. Unter der Fenstersohlbank nach unten verjüngte Putzblende als Schrifttafel. Im Giebelfeld oben Kreisfenster mit profilierter Einfassung und vier Keilsteinen.
Das Mauerwerk am Ortgang über die Dachhaut hinausgeführt, die Giebelschrägen zwischen zwei Flachstaffeln konkav einschwingend und am First in einer breiten Rechteckstaffel mit Gesims endend. Putzprofile, Fensterbänke und konstruktive Teile farbig abgesetzt. Jugendstilfassade eines kleinen Ladengeschäfts, um 1910 einem älteren Haus mit Staffelgiebel vorgeblendet.
Lit.: Ramm S. 74.

EMDEN – HELGOLANDSTRASSE 25–35
Traufständige eingeschossige Reihenhäuser zu acht Achsen aus Ziegeln, das Mansarddach an den Giebelseiten abgewalmt. Im Dach, von der Mauerflucht zurückgesetzt, zwei große Zwerchhäuser zu je zwei Achsen, dazwischen Schleppgaube mit vier kleinen Fenstern. Zwei mittlere und zwei äußere vor die Mauerflucht vortretende Eingänge mit Rundbogen und offenem Vorplatz mit zurückgesetzter Haustür. Unter dem Hauptgesims leicht vortretender Konsolfries aus Ziegeln, die Fensteröffnungen mit eineinhalb Stein hohem Sturz und mit modernen, außen angeschlagenen Drehkippfenstern. An Haupt- und Zwerchhausgiebel in Traufhöhe schräg gemauerte holländische Dreiecke bzw. Konsolen aus Beton, Ortgänge durch Rollschicht eingefaßt. Im Giebel des Zwerchhauses kleines dreieckiges Fenster mit Diagonalsprossen. Typus der von kommunalen Wohnungsbaugesellschaften errichteten vorstädtischen Doppel- und Vierfamilienhäuser aus Ziegeln. Die seit 1914 in der ‚Kolonie Friesland' gebauten und im Sinne von Werkbundreform und Gartenstadtbewegung entworfenen Gebäude zeichnen sich, bei aller Geschlossenheit, durch offene, gärtnerische Gestaltung und solide, handwerkliche Qualität aus.
Lit.: Claudi S. 176.

Abb. 29 Emden, Helgolandstraße 25ff.

Abb. 30 Emden, Auricher Straße 46 ff.

EMDEN – AURICHER STRASSE 46 ff.
Zweigeschossiges, traufständiges Wohnhaus aus Klinkermauerwerk, an der Straßenseite zehn Achsen lang und mit hohem Walmdach. Gliederung der Fassade durch zwei leicht zurückspringende Zwerchgiebel, die Eingang und Treppenhaus enthalten. Die Zwerchgiebel mit hoher rechteckiger, bis zum Dachfirst hinausgeführter Blende, die unten mit Voluten und Staffeln in das Treppenhaus übergeht. Im Giebel oben eiserner Zieranker, darunter kurzes Gesims aus geneigter Rollschicht mit Zinkblechabdeckung. Hauseingang mit zwei Stufen, durch Rahmung aus eineinhalb Stein breiten Klinkerzahnschichten und Klinkersturz mit schmalem, hohem Schlußstein hervorgehoben. Einfache geometrische Haustür, unten mit Wasserschenkel und profilierter, überschobener Füllung, oben mit Sprossenverglasung. Über der Tür hochrechteckiges Treppenhausfenster mit fünf Quersprossen, flankiert von je zwei kleinen Fenstern. Im Dach beiderseits des Zwerchgiebels je eine kubische Dachgaube mit Flachdach und schrägem Gesims. Die in den Jahren 1926–1935 erbaute Siedlung Emden-Barenburg repräsentiert in bezeichnender Weise den Klinkerexpressionismus der zwanziger Jahre, der hier durch Staffelgiebel und Traufvoluten eine spezifisch ostfriesische Tradition fortzuführen scheint.
Lit.: Denkmalpflege in Niedersachsen, Arbeitsheft 4/1985.

Literatur

Asche, K. (1992): Sechs Steinhäuser in der Ems-Dollart-Region. – Rund um Ems und Dollart.

Auffahrt, S./ Johnsen, M./Onnen, U. u. R. (1978): Weener, Bauhistorische Untersuchung. Hannover.

Auffahrt, S./Voigt, W. (1980): Emden Klein-Faldern, Bauhistorische Untersuchung. Emden.

Claudi, M. u. R. (1982): Goldene und andere Zeiten. Emden.

Cremer, U. (1955): Norden im Wandel der Zeiten. Norden.

Harders, F. (1936): Das Wohnhaus Alt-Emdens im Wandel der Zeiten. – Kalender Ostfreesland.

Henrici, K. W. (1886): Reise-Aufnahmen von Studierenden ... der Königlichen Technischen Hochschule Aachen. Leipzig.

Kiesow, G. (1969): Ostfriesische Kunst. – Ostfriesland im Schutze des Deiches 6.

Lengen, H. van (1973/76): Geschichte des Emsigerlandes vom frühen 13. bis zum späten 15. Jahrhundert. 2 Bde. – Abhandlungen und Vorträge zur Geschichte Ostfrieslands 53.

Lutze, E. (1980): Ostfriesland. 3. Aufl. München/Berlin.

Mählmann, K. (1913): Das Wohnhaus Alt-Emdens vom 15. bis 19. Jahrhundert. Bromberg.

Mithoff, H. W. (1880): Kunstdenkmale und Alterthümer im Hannoverschen 7. Hannover.

Pühl, E. (1979): Backsteinbauten des 15. bis 17. Jahrhunderts in Ostfriesland und Jeverland. Oldenburg.

Ramm, H. (1985): Wittmund, ein Landkreis wird hundert Jahre. Jever/Wittmund.

Robra, G. (1963): Kunst- und Baudenkmäler des Kreises Leer. – Heimatchronik des Kreises Leer.

Robra, G. (1973): Kleine Architekturgeschichte [von Leer]. – Leer. Gestern, heute, morgen.

Schute, U. M. (1981): Alte Bürgerhäuser zwischen Weser und Ems. Oldenburg/Bremen.

Siebern, H. (1927): Die Kunstdenkmäler der Provinz Hannover 6. Stadt Emden.

Sitten und Gebräuche in Ostfriesland

von Harm Ehmen

Sitte und Brauch haben sich stets dort am vielfältigsten herausgebildet, wo die Menschen durch Generationen dauernd in einer festen Gemeinschaft lebten. Das war in Ostfriesland bis zum 1. Weltkrieg weitgehend der Fall. Durch die beiden Weltkriege und ihre tiefgreifenden Folgen, besonders nach dem 2. Weltkriege (Technisierung, Zersiedlung, Fremdenverkehr, Landflucht u.s.w.), wurde dieses feste Gefüge fast überall aufgelöst. Und damit schien auch das bis dahin überlieferte und geübte Brauchtum ausgelöscht worden zu sein. In der Tat ist manches durch die eingetretenen Veränderungen, auch in der Lebensweise der Menschen, wahrscheinlich für immer verschwunden. Vieles aber ist erhalten oder in den Jahren der Wiederbesinnung nach dem Ende des starken Wirtschaftswachstums neu entdeckt und geweckt worden. Hiervon soll im Folgenden die Rede sein, und es mag zweierlei dabei deutlich werden:

1. daß das aus der Art der Menschen, ihrer Umgebung und Geschichte gewachsene Brauchtum nie vollends durch moderne Zeitströmungen oder andere zerstörend wirkende Kräfte ausgelöscht werden kann
2. daß Brauchtum und Sitte als ordnende Kräfte für alle in Gemeinschaft lebenden Menschen notwendig sind.

Über das Teetrinken

25 % der gesamten Teeeinfuhr in die Bundesrepublik werden in Ostfriesland verbraucht bei einem Anteil an der Gesamtbevölkerung der Bundesrepublik von nur 2 %.
Der Verbrauch pro Kopf in Ostfriesland beträgt 3,5 kg im Jahr (im übrigen Bundesgebiet 170 gr). So wird Ostfriesland denn auch mit Recht als das Land der Teetrinker bezeichnet. Das ist natürlich nicht immer so gewesen, denn den Tee kennt man im westlichen Europa erst, seitdem im Anfang des 17. Jahrhunderts niederländische Ostindienfahrer diesen erstmalig mitbrachten. Obwohl der Tee damals natürlich sehr teuer war, war er nach dem ersten Bekanntwerden doch bald sehr begehrt. Durch die regen Handelsbeziehungen mit den Niederlanden gelangten die ersten Teeimporte dann wahrscheinlich im letzten Drittel des 17. Jahrhunderts auch bereits nach Ostfriesland. Sicher ist, daß bei Beginn des 18. Jahrhunderts der Tee hier schon weitgehend bekannt war und den bis dahin sehr starken Bierverbrauch hatte zurückgehen lassen.
Von der Mitte des 18. Jahrhunderts an hat sich dann Tee als allgemeines Getränk (etwa gleichzeitig mit der Einführung der Kartoffel) in allen Bevölkerungsschichten Ostfrieslands durchgesetzt und ist ein Volksgetränk geworden.
Gleichzeitig mit dem Tee lieferten die Schiffe der Ostindien-Kompanie auch das feine chinesische Porzellangeschirr. Bis zur Erfindung des Porzellans durch Böttcher im Jahre 1708 mit der dann in Sachsen und Thüringen schnell aufgebauten Industrie blieb das aus China meist als Auftragsporzellan importierte Geschirr ein begehrter Artikel. Gegen Ende des 18. Jahrhunderts verbreitete sich das Wallendorfer (Thüringen) Teegeschirr mit dem roten Rosenmuster oder dem blauen Blümchen als das bis heute beliebteste Geschirr. Da durch den zweiten Weltkrieg und seine Folgen Trallendorf für Ostfriesland bis 1990 kein Porzellan mehr liefern konnte, entstanden neue Märkte. Heute wird es in gleicher Art in Japan hergestellt und von dort importiert. Wie ist es zu erklären, daß der Tee so schnell und so verbreitet zum unentbehrlichen Volksgetränk in Ostfriesland wurde?
Ein wesentlicher Grund waren die schlechten Wasserverhältnisse. Das Brunnenwasser ist bis auf wenige Ausnahmen hart und eisenhaltig und oft kaum genießbar. Für Koch- und Trinkzwecke war man deshalb auf Regenwasser angewiesen, das aber, besonders bei längerer Trockenheit, auch nur im gekochten Zustande genießbar war. Da es aber sehr weich ist, hatte man bald herausgefunden, daß es sich hervorragend für die Zubereitung von Tee eignete. Der Wohlgeschmack des Tees hängt bei seinem hochempfindlichen Aroma wesentlich von der Qualität des Wassers ab.
Ein weiterer Grund für die Beliebtheit des Tees liegt in den klimatischen Verhältnissen Ostfrieslands. Der Wind und die stets feuchte Luft entziehen dem Körper viel Wärme. Da gibt der Tee nicht nur ein wohliges Wärmegefühl, sondern wirkt durch seine anregende Eigenschaft belebend und erfrischend mit einer gewissen Langzeitwirkung, anders als der Genuß von Kaffee. Wie auch auf anderen Gebieten nun Vorgänge und Dinge durch längeren Umgang und Gebrauch volkstümlich werden und feste Formen annehmen, so ist auch das Teetrinken zu einer festen Gewohnheit gewor-

den mit geradezu zeremoniellen Umgangsformen. Das beginnt bereits mit der Zubereitung.

Jeder Ostfriese wendet sich als Teetrinker mit Entsetzen ab, wenn ein Nichtkenner von „Teekochen" spricht. Das verträgt wohl der Kaffee, aber nicht der Tee. Tee ist viel empfindlicher und bedarf deshalb sorgfältiger Zubereitung.

Vor der Benutzung wird die Teekanne (Teepott) mit heißem Wasser ausgespült. Dann gibt man je Person einen Teelöffel voll Tee in die Warme Kanne, (wer es besonders gut meint, gibt einen Löffel zusätzlich „für die Kanne"), gibt so viel kochendes Wasser dazu, daß der Tee gut bedeckt ist, und läßt ihn dann auf der warmen Platte oder auf dem eigens hierfür vorhandenen Teestövchen etwa fünf Minuten lang ziehen. Dann erst wird die zum Einschenken nötige Wassermenge nachgefüllt. In den bereitstehenden Tassen liegt bereits ein dickes Stück Kandiszucker (Kluntje), das beim Aufgießen des Tees fein knisternd zerspringt. Die erste Tasse wird die gute Hausfrau stets sich selbst eingießen, weil das noch der etwas hellere, dünnere Tee ist. Den Gästen gibt man den dunkleren, kräftigeren. Die Tasse wird nie bis an den Rand, sondern nur zu etwa 2/3 gefüllt. Sorgfältig und behutsam gibt die Einschenkende dann mit einem besonderen Löffel ein wenig Sahne dazu, die sich wie ein Wölkchen über die Oberfläche ausbreitet.

Den beiliegenden Teelöffel benutzt der Ostfriese selten. Man wartet, bis der Tee sich ein wenig abgekühlt hat, und trinkt ihn dann in kleinen Schlückchen, wobei man die Tasse ruhig noch ein- bis zweimal absetzt. Der Genuß wird durch die Ruhe und die gemütliche Atmosphäre, in der alles geschieht, vollkommen. Hastiges Trinken und Unruhe sind während einer solchen Teestunde undenkbar.

Abb. 1 Ostfriesische Teefreuden.

Drei Tassen sind die normal übliche Menge, die man zu trinken pflegt. Nach der dritten Tasse legt man den Löffel in die Tasse als Zeichen, daß man keine weitere Tasse wünscht. Unterläßt man das, so kann es geschehen, daß einem immer neu eingeschenkt wird.

Im allgemeinen gibt es in jedem Haushalt vier Teezeiten: morgens, vormittags (11-Ürtje), nachmittags und am frühen Abend. Häufig wird dann aber noch ein 5. Mal am späten Abend Tee serviert. Durch die ständige Gewohnheit hat das sonst anregende Getränk auf den Schlaf keine nachteilige Wirkung.

Tee gehört zur ostfriesischen Gastfreundschaft, mit Tee empfängt man jeden Besuch, beim Tee findet sich stets die ganze Familie zusammen, im Haus arbeitende Handwerker lädt man selbstverständlich zur Teezeit mit ein. Ältere Leute haben häufig den ganzen Tag über Tee trinkbereit stehen. Kinder erhalten ihn stets mit Wasser verdünnt. Tee gibt es in jeder fröhlichen Gemeinschaft und auch bei Traueranlässen. Nach Beerdigungen versammelt sich die Familie mit den Trauergästen an der Teetafel.

Tee, auf ostfriesische Art zubereitet und serviert, erhält man in Ostfriesland in fast allen Gaststätten, am gepflegtesten aber in den durch den wachsenden Fremdenverkehr überall aufgemachten Teestuben. Sie sind nur durch die Fremden existenzfähig, der Ostfriese trinkt seinen Tee am liebsten zu Hause.

Die in letzten Jahren aufgekommenen Teebeutel werden zwar aufgrund ihrer praktischen Verwendbarkeit auch hier und da gebraucht, für den Teekenner aber bleiben sie nur Ersatz.

Für den Ostfriesen ist und bleibt der Tee lebensnotwendig. Die teearme Zeit während des letzten Krieges und in den Jahren danach (Rationierung mit 30 gr je Erwachsenen im Monat) ist noch vielen in bedrückender Erinnerung. Hohe Preise, meistens im Kompensationsgeschäft, wurden damals für den schwarzgehandelten Tee in Ostfriesland bezahlt. Hoffen wir, daß solche Zuteilung nie wieder erfolgen wird.

Geburt und Taufe eines Kindes

Vor etwa 60 Jahren war es noch allgemeiner selbstverständlicher Brauch, die Geburt eines Kindes im Dorfe anzusagen. Erhalten hat sich dieser Brauch bis heute nur in einigen alten Geestdörfern. Es ist das Vorrecht von Kindern, diese wichtige Neuigkeit von Haus zu Haus bekanntzugeben und dafür einen kleinen Geldbetrag zu erhalten.

Die Mitteilung ist stets mit einer Einladung der Angesprochenen verbunden, sich das Neugeborene anzusehen. Das tut man dann in den nächsten Tagen. Zum Zwecke dieser Besuche hält der Vater des Kindes ein besonderes Getränk bereit, Branntwein mit Rosinen. Schon mehrere Tage vorher sind die Rosinen, möglichst in einem irdenen Topf (Püllpott) in Branntwein eingeweicht worden, bis sie schön aufgequollen sind. Dann wird die nötige Menge Branntwein nachgefüllt. Zur Veredlung des Geschmacks kann eine Flasche Wein hinzugefüllt werden. Mit einem großen Schöpflöffel füllt man diese „Bohnensuppe" (Bohn'nsopp) in die Gläser, nach Bedarf und Geschmack kann noch Zucker hinzugefügt werden. Es schmeckt vorzüglich, aber gerade deshalb hat schon mancher die Wirkung nicht bedacht. Ausgeschenkt wird dieses Getränk sowohl bei der Geburt eines Kindes als auch bei der Taufe unter dem Namen „Kinnertöhn", aber auch bei Richtfestfeiern, Hochzeiten u.ä. Anlässen hält man es gern bereit.

Das Bogensetzen bei Hochzeiten und anderen Anlässen

Weit verbreitet ist in Ostfriesland noch der Brauch, einem Brautpaar am Vorabend der Hochzeit einen Ehrenbogen am Hauseingang zu setzen. Schon einige Tage vorher trifft sich das junge Volk in der Nachbarschaft oder auch wohl ein Freundeskreis des Brautpaares, um zu beraten und die Beschaffung des Materials zu regeln. Tannenzweige müssen aus dem Wald geholt, der Hauseingang ausgemessen und ein passendes Lattengestell angefertigt werden. Eine Girlande wird an einem der nächsten Abende aus den zurechtgeschnittenen Tannenzweigen gewunden und auf dem Gestell befestigt. Die Frauen und Mädchen stellen dazu den Schmuck her, meist als bunte Papierrosen, die in die Girlande gesteckt werden. Im Sommer benutzt man dazu auch wohl Naturblumen. Am Vorabend des Hochzeitstages, der auch zugleich Polterabend ist, wird dann der fertige Bogen in großem Geleitzug mit Musik zur Wohnung des Brautpaares gebracht und am Eingang befestigt. Daß es von den Vorbereitungen an dabei sehr lustig und ausgelassen zugeht, versteht sich unter jungen Menschen von selbst. Mitten im Bogen über dem Eingang wird ein, meist fertig gekauftes, Schild befestigt: „Glück und Segen den Neuvermählten".

Was sich dann für die Bogenmacher weiter abspielt, ist örtlich verschieden. Es ist möglich, daß das alles fast heimlich geschieht, daß niemand aus dem Hochzeitshause heraustritt und die Bogenmacher nach Verrichtung ihrer Arbeit sich wieder entfernen. Sie werden dann nach der Hochzeit zu einer besonderen Bogenfeier eingeladen und bewirtet. In anderen Fällen wird den Beteiligten während ihrer Arbeit ein Schnäpschen von den Brautleuten gereicht, die offizielle Belohnung erfolgt aber dann auch später nach der Hochzeit.

Zum Teil wird es aber in neuerer Zeit mit viel Aufwendung auch wohl so gehalten, daß die ganze Gesellschaft der Bogenmacher am selben Abend ins Haus geladen wird, besonders, wenn dieselben Leute auch noch „gepoltert", d.h. Tonscherben u.s.w. vor die Tür geworfen haben. Ein solcher Abend dehnt sich dann oft bis in den Hochzeitsmorgen aus.

Zum 25. Hochzeitstag wird dem Silberpaar ebenfalls ein solcher Bogen gesetzt, wobei dann künstliche Blumen aus Silberpapier in die Girlande gesteckt werden und ein entsprechendes Schild über dem Eingang angebracht wird.

Zur goldenen Hochzeit ist dieser Brauch nicht üblich. Dagegen verbreitet sich in jüngster Zeit ein neuer Brauch, einem Ehepaar zum 10jährigen Hochzeitstag (holten Hochtied) einen Bogen zu setzen. Dieser wird aber nicht aus Tannengrün geflochten, sondern aus langen Holzspänen, die von einigen Tischlern speziell hierfür geschabt werden und dann schön eingerollt als Girlande am Lattengestell hängen.

„Holten Hochtied" (hölzerne Hochzeit) heißt dieser Jubiläumstag im Volksmund, was wohl so viel zu bedeuten hat, daß die grünen Jahre der Ehe nun vorüber sind. Mancherorts spricht man auch von „Klumpenhochtied" (Klumpen = Holzschuhe), dann hängt statt eines Schildes in der Mitte ein Holzschuh.

Ehrenbögen mit grünen Girlanden werden weit verbreitet auch bei anderen Anlässen gesetzt, z. B. beim Einzug eines Paares oder einer Familie in eine neue Wohnung, bei beruflichen Jubiläen, bei Einführung eines neuen Pfarrers in der Gemeinde u.s.w.

Sterbefälle und Beerdigungen

Obwohl durch Veränderungen der Bevölkerungsstruktur und der Lebensgewohnheiten das Brauchtum einem stetigen Wandel unterworfen ist, lebt doch in den alten Dörfern weitgehend noch der Sinn für Nachbarschaft und Nachbarschaftshilfe fort. In früheren Zeiten, in denen man besonders in Notfällen mehr aufeinander angewiesen war als heute, ist die Bereitschaft zur gegenseitigen Hilfe zur Selbstverständlichkeit geworden. Und wo sie so gewachsen ist, führt auch die heutige Generation sie oft noch in derselben Weise fort. Es ist, besonders in alten Geestdörfern, noch üblich, in Sterbefällen und bei Beerdigungen Nachbarschaftshilfe zu leisten. Obwohl auch hier wie überall bereits Bestattungsinstitute in Anspruch genommen werden, bleibt doch manches zu tun übrig, was anderwärts nur gegen Bezahlung ausgerichtet wird, z. B. Botengänge, Herrichten des Trauerhauses für die Trauerfeier, Betreuung der Trauergäste, Tragen des Sarges u.s.w. Nach der Einsargung wird im engeren Familienkreise und mit den Nachbarn am offenen Sarge eine Andacht gehalten, gewöhnlich vom Pastoren, gelegentlich aber auch von einer Laienperson. Die Leiche bleibt dann bis zum Tag der Beerdigung zu Hause aufgebahrt.

Die Bewirtung der Trauergäste mit Tee, Kuchen und belegten Schnitten ist dabei sehr wichtig. Da die Räume im Trauerhause für die Aufnahme aller Gäste niemals reichen, findet die nach der Beerdigung übliche Teetafel meist in einer öffentlichen Gaststätte statt.

Ostern (Paasken von Passah)

Auch in Ostfriesland bringt der allbekannte Osterhase die bunten Ostereier (Paaskeier). Zum Färben benutzt man oft noch nach altem Rezept Zwiebelschalen, in denen die Eier hart gekocht werden und wovon sie eine nicht abwaschbare Farbe in schönen Brauntönen erhalten. Am Ostermorgen werden die Eier dann im Garten versteckt und müssen von den Kleinen gesucht werden. Nur selten wird heute noch das Eierwerfen durchgeführt, bei dem die Kinder auf einer freien Wiese so lange mit ihren Eiern um die Wette Hoch- und Weitwurf üben, bis das Ei zerspringt. Erstaunlicherweise halten manche Eier das sehr lange aus. Auch das Eierrollen (trüllen) und Eierbicken, bei dem das Ei möglichst lange heil bleiben mußte, ist kaum noch üblich. Viel Freude aber bereitet es noch allerwärts, am Ostersonnabend das Osterfeuer abzubrennen. Das dafür notwendige Strauchwerk wird schon wochenlang vorher an einem geeigneten Platz gesammelt. Bei Eintritt der Dämmerung wird es dann entzündet, und die Faszination, die von den gewaltig lodernden Flammen ausgeht, läßt jung und alt begeistert daran teilnehmen.

Der Maibaum

Zum 1. Mai wird in den meisten Dörfern Ostfrieslands ein Maibaum gesetzt, ein seit dem Mittelalter bereits überlieferter Brauch; im Auricher Land wurde er ursprünglich zu Pfingsten aufgestellt. Das Herrichten und Aufstellen des Maibaumes mit Tanz, Musik und Gesang ist der von der Jugend gestaltete, fröhliche Auftakt zum Beginn des langersehnten Wonnemonats Mai.

Die Ausschmückung des Baumes mit Girlanden aus Tannengrün, Papierblumen und einer Krone mit bunten Bändern erfolgt schon in fröhlicher Gemeinschaftsarbeit an mehreren Abenden vorher. Im Wetteifer mit den Nachbarorten gilt es stets, den schönsten und möglichst auch den höchsten Baum zu haben.

Von dem Augenblick an, in dem der Baum gesetzt ist, muß er bewacht werden, er kann nämlich sonst gestohlen werden. Diese hier verbreitete Sitte schafft natürlich einen besonderen Reiz, führt aber auch bisweilen zu Ärger und Streit.

Um das zu vermeiden, gelten folgende Regeln für das „Klauen" eines Baumes:

1. Der Baum ist zu bewachen vom Augenblick des Aufstellens bis zum Sonnenaufgang. Er kann nur in dieser Zeit gestohlen werden.
2. Nur ein unbewachter Baum kann gestohlen werden. Die Wache mit List wegzulocken, ist erlaubt, jede Gewaltanwendung ist aber unzulässig.
3. Der Baum gilt als rechtmäßig erworben, wenn im unbewachten Augenblick mindestens drei Spatenstiche am Stamm ausgeführt sind. Neuerdings steht der Baum manchmal in einem festen Fundament. Dann genügen drei kräftige Schläge gegen ihn.
4. Er muß von diesem Augenblick an von dem neuen Besitzer genau so bewacht werden wie der eigene.

Wenn eine solche Aktion glückt, wird der Baum sofort ausgegraben, abstransportiert und neben dem schon vorhandenen eigenen aufgestellt. Der bestohlenen Gemeinde wird er dann nach einigen Wochen in festlichem Zuge zurückgebracht und nach Zahlung eines Einlösegeldes wieder übergeben. Selbstverständlich ist das ein neuer Anlaß zum gemeinsamen Feiern. Daß es bei den Versuchen, einen Baum zu stehlen, besonders unter Einfluß von Alkohol, zu Auseinandersetzungen und Streit kommen kann, ist verständlich. Ostfrieslands Fürsten haben in früheren Jahrhunderten deshalb zeitweise strenge Verordnungen erlassen zur Einschränkung des Mißbrauchs. Bei dem heutigen, besonders nach dem Zweiten Weltkrieg, neubelebten Brauch kommt es selten zu Ausschreitungen.

Abb. 2 Maibaum auf dem Lande.

Das Brautpfadlegen

Alljährlich am Morgen des Himmelfahrtstages kann man in Aurich, neuerdings auch in einigen umliegenden Dörfern, ebenfalls in Norden und Umgebung an den Straßen und auf öffentlichen Plätzen von Kindern teppichartig ausgelegte Blumenmuster sehen. Es handelt sich hierbei um den sehr alten, schon seit dem 15. Jahrhundert bezeugten Brauch des Brautpfadlegens.

Früher zogen die Kinder am Tage vorher hinaus auf die Wiesen und Felder in der Umgegend, um wilde blaue Veilchen und gelben Hahnenfuß oder Sumpfdotterblumen zu sammeln. Die Stellen zu finden, wo noch genügend von diesen Blumen vorhanden sind, und das Sammeln gehören bereits zu den fröhlichen Vorarbeiten. Andere Blumen oder gar Gartenblumen durften früher nicht verwendet werden. Heute nimmt man sie, um die in ihrem Bestand stark gefährdeten Wildblumen zu schonen. Auf einer Unterlage von gelbem

Abb. 3 Brautpfad-Motiv Glaube-Liebe-Hoffnung.

Sand wird dann eines der beliebten Motive (Windmühle, Schiff, Bauernhaus, Teekanne, Wappen, Kreuz-Herz-Anker u.s.w.) in Blau und Gelb ausgelegt und mit grünem Moos umrandet. In verkehrsruhigeren Zeiten lagen diese „Pfade" früher nur vor den Häusern an der Straße, heute findet man sie meist an dafür vorgesehenen öffentlichen Plätzen.

Die Kinder arbeiten in fröhlichem Wettbewerb um den schönsten Brautpfad, denn zur festgesetzten Zeit erscheinen Mitglieder des örtlichen Heimatvereins, um die Motive und die Art ihrer Ausführung zu begutachten und zu beurteilen. Jedes Kind erhält eine kleine Belohnung, die schönsten Muster werden in der Presse veröffentlicht.

Der Brauch wird zurückgeführt auf eine Sage, nach der einst der Bräutigam einer sehr beliebten Prinzessin des ostfriesischen Fürstenhauses am Hochzeitstage von einem Nebenbuhler ermordet wurde. Beim Anblick des ihr überbrachten toten Geliebten brach die Braut ebenfalls tot zusammen. Zur Hochzeit aber waren die Straßen der Stadt bereits reich mit Blumen geschmückt, die jetzt einige Tage später verwelkend nur noch dem Trauerzuge dienten.

Zur Erinnerung an die so schön vorbereitete, nicht stattgefundene Hochzeit und an die geliebte Prinzessin legt man seitdem an diesem Tage jährlich neu die Blumenteppiche.

Martini

Da der Brauch, zu Pfingsten Wohnhaus, Stallung u.s.w. mit frischen Birkenzweigen zu schmücken, fast ganz verschwunden ist, gibt es in dieser festlosen Hälfte des Jahres außer den allerorts üblichen Schützen- und Feuerwehrfesten bis zum Spätherbst keine Anlässe zu Brauchtumshandlungen.

Weit verbreitet in der Stadt und auf dem Lande finden wir dann aber das Martinisingen am 10. November (Martin Luthers Geburtstag, am Vorabend des Festes des heiligen Martin, Bischof von Tours).

Bereits am Spätnachmittag, bei beginnender Dämmerung herrscht ein buntes Leben und Treiben auf den Straßen. Da ziehen zunächst die Kleinsten, häufig noch begleitet von der Mutter, mit ihren Papierlaternen, den Kipp-Kapp-Kögels, von Haus zu Haus und singen ihre Martinilieder, neuerdings z. T. auch wieder plattdeutsche. Sie sind alle bunt verkleidet als Engel, Hexe, Cowboy, Räuber u.s.w., wie anderwärts zur Faschingszeit. Für ihren Gesang, der manchmal auch instrumental begleitet wird, erhalten sie eine Gabe, meist in Form von Süßigkeiten. Wenn die Kleinen ihren Rundgang durch die Nachbarschaft oder die Straßen der Stadt beendet haben, kommen die größeren Jugendlichen. Sie sind meist noch phantasievoller verkleidet, auch mit Masken, den „Skebellenskoppen", tragen aber keine Laternen. Bei ihnen ist es vor allem die Freude an dieser Verkleidung, die sie hier mitmachen läßt, sie wollen

Abb. 4 Martini-Sänger.

gesehen und bewundert werden, legen aber durchaus auch noch Wert auf eine Gabe.

Diese Maskerade hat zwar nichts mit Martin Luther und dem eigentlichen Martinsingen zu tun, aber wie so oft hat sich auch hier heidnisches Brauchtum mit christlichem vermischt erhalten.

St. Nikolaus (Sünnerklaas)

Der 6. Dezember ist der St. Nikolaustag (Sünnerklaasdag). Als Schutzpatron der Seefahrer ist der heilige Nikolaus in Ostfriesland schon früh verehrt worden. Er galt ursprünglich als der alleinige Gabenbringer, der erst nach der Reformation nach und nach durch den Weihnachtsmann verdrängt wurde. Die Kinder stellen am Vorabend des 6. Dezember einen Teller auf die Fensterbank oder auch wohl die Schuhe, in die dann über Nacht der Sünnerklaas seine Gabe in Form von Süßigkeiten legt.

In den Städten erscheint der Nikolaus wohl auch bei eintretender Dämmerung mit weißem Bart und rotem Mantel zu Pferd und reitet unter großem Gefolge der Kinder durch die Straßen, nach allen Seiten Süßigkeiten verteilend. Am ausgeprägtesten ist dieser Brauch erhalten auf der Insel Borkum, wo der Nikolaus als Klaasohm erscheint und Anlaß und Mittelpunkt einer allgemeinen Klaasohm-Feier ist. Fast überall ist es in Stadt und Land üblich, am Sünnerklaasabend Verknobelungen durchzuführen. Gastwirte und Bäcker oder auch Vereine laden dazu ein. Geknobelt wird um Backwaren und Süßigkeiten, aber auch wohl um eine Wurst oder ein Stück Wild. Wenn der schnell erwachende Spieleifer erst eine solche Gesellschaft gepackt hat, geht's dabei meist sehr laut und lustig zu. Dort, wo der Brauch noch echt überliefert ist (wie z. B. in Leer), würfelt man in einer flachen Zink- oder Holzwanne, wie sie früher zum Aussetzen von Milch verwendet wurden. Als Backwerk hat sich zu diesem Tag der Klaaskerl erhalten, eine aus Hefeteig geformte männliche Figur in verschiedenen Größen, der darin eingedrückte Rosinen als Augen, Knöpfe u.s.w. einen gewissen Ausdruck geben.

Weihnachten

Weihnachten ist das Fest der Familie, zu dem jeder gerne nach Hause kommt. Es nimmt weitgehend seinen Anfang mit einem Besuch des Gottesdienstes am Heiligen Abend, für die Kinder bereits am Nachmittag. Danach erfolgt die Bescherung unter dem Tannenbaum, der in jeder Familie zum Fest gehört, ebenso wie das selbst hergestellte Weihnachtsgebäck. Nach dem gegenseitigen Beschenken findet sich die Familie beim festlichen Abendessen zusammen. Der Rest des Abends wird der Geselligkeit in vertrauter Runde gewidmet. Die früher so viel gesungenen alten Weihnachtslieder hört man dabei nur noch selten.

An den anschließenden beiden Feiertagen ereignet sich nichts Besonderes mehr, sie werden individuell gestaltet und verbracht wie andere Feiertage auch. Der wesentliche Teil des Weihnachtsfestes ist der Heilige Abend.

Neujahr

Auch der Silvesterabend ist Anlaß zum geselligen Beisammensein in der Familie. In ländlichen Gebieten ist z. T. noch der Gottesdienst ein fester Bestandteil in der Gestaltung dieses Abends. Zum Tee und auch zu alkoholischen Getränken bietet die Hausfrau dann immer noch die nach alter Gewohnheit selbst gebackenen Neujahrskuchen an. Sie sind in einem Waffeleisen (Neujahrseisen) aus einem nach besonderem Rezept hergestelltem Teig gebacken und schmecken, sehr dünn und knusperig, hervorragend.

Das neue Jahr wird dann auch hier wie allerorten mit viel Knallerei und Feuerwerk begrüßt und eingeleitet. Man prostet sich zu, wünscht sich gegenseitig ein glückliches neues Jahr und verbringt anschließend meist noch mehrere Stunden in geselliger Runde.

Klootschießen

Es muß schon ein paar Tage strengen Kahlfrost gegeben haben, ehe die Friesensportler mit dem Klootschießen beginnen können.

Die herausfordernde Mannschaft hat den Kloot - eine Holzkugel mit einem Durchmesser von 5,9 cm, kreuzförmig durchbohrt und mit Blei ausgegossen, so daß sie 475 gr. wiegt - im Vereinslokal des Gegners aufgehängt. Nimmt der ihn ab, so ist der Wettkampf angenommen und wird nun von beiden Seiten vorbereitet, so daß bei einsetzendem Frost sofort begonnen werden kann.

Jede Mannschaft stellt dazu ihre 5 besten Werfer. Die Austragung des Kampfes gleicht einem großen Volksfest, bei dem in der näheren Umgebung kaum jemand zu Hause bleibt. Neben den Kampfrichtern und Bahnweisern verfolgt mit den „Käklern" und „Mäklern" eine große Zuschauermenge die Würfe der Wettkämpfer durch die weite Ebene der gefrorenen Marsch. Für jeden Abwurf wird ein schräg hochgestelltes Brett, belegt mit einer Matte, als Anlaufbahn ausgelegt. Nachdem die Bahnweiser in angemessener Entfernung Richtung und ungefähres Ziel durch Fahnenschwenken und lautes Rufen angezeigt haben, geht der Werfer in Ausgangsstellung. Nach kräftigem Anlauf wirft er die Kugel aus der kreisenden Armbewegung (Schleuderwurf) bei gleichzeitigem Absprung vom Anlaufbrett in flachem Bogen durch die Luft.

Hat der Werfer Glück, daß die Kugel nach dem Aufschlag auf dem hartgefrorenen Boden noch ausrollt (trüllt), dann bedeutet das einen großen Vorteil, denn gemessen wird bei diesem Feldkampf vom Abwurfbrett bis dahin, wo die Kugel zur Ruhe kommt. Dabei werden Weiten über 100 m erreicht. Die beiden Mannschaften werfen so nach- und nebeneinander bis zu dem festgesetzten Ziel und dann zum Ausgangspunkt zurück. Der nächste Werfer wirft immer von der sofort markierten Stelle, an der die Kugel des vorherigen Werfers liegen blieb.

Jeder Wurf wird von den Anweisungen der Käkler und Mäkler, von den anfeuernden Rufen der Zuschauer begleitet und je nach Erfolg bejubelt oder kritisiert.

Entscheidend für den Sieg ist am Ende der Strecke das beste Wurfergebnis.

So kämpft alljährlich bei Eintritt des erwarteten Kahlfrostes einmal eine ostfriesische gegen eine oldenburgische Mannschaft mit wechselndem Erfolg. Da aber das Klootschießen in z.T. etwas veränderter Art auch in Schleswig-Holstein, in den Niederlanden, in der Republik Irland und in Nordirland betrieben wird, finden auch Begegnungen und Wettkämpfe mit diesen Regionen statt.

Neben den Feldkämpfen, die nur im Winter durchgeführt werden können, gibt es im Sommer Wettkämpfe auf dem Platz. Hierbei wird die Wurfweite vom Abwurf bis zum Aufschlag der Kugel gemessen, das Ausrollen – der Trüll zählt nicht. Der so gemessene bisher weiteste Wurf wurde im Jahre 1993 erreicht mit 105,90 m. In zwei weiteren Würfen wurden im Jahre 1989 102,30 m und 105,20 m erzielt. Durchschnittlich liegen die Wurfweiten bei 80 m.

Boßeln

Eine andere Art dieses Friesensportes ist das Boßeln. Hierzu wird eine größere Kugel aus sehr hartem Holz (Pockholz) oder neuerdings auch aus Hartgummi mit einem Durchmesser von 12 cm verwendet. Für jüngere Werfer gibt es kleinere Kugeln mit 8 bzw. 10 cm Durchmesser.

Abb. 5 Klootschießerwettbewerb Ostfriesland – Oldenburg.

Geworfen wird damit zu jeder Jahreszeit auf der Landstraße, im einfachen Schockwurf. Die Kunst, weit zu werfen, besteht nicht nur in einem möglichst kräftigen Wurf, sondern ebenso sehr darin, der Kugel einen solchen Drall zu geben, daß sie trotz der nach den Seiten abfallenden Straße nicht von ihr herunterrollt. Es werden dabei Weiten bis zu 500 m erzielt.

Von der Landkreisverwaltung werden zu Wettkampfzwecken bestimmte Straßen freigegeben, auf denen nach Einholung einer Erlaubnis zur festgesetzten Zeit unter Beobachtung der Verkehrssicherheit anderer Straßenbenutzer geworfen werden darf. Besonders an Wochenendtagen kann man auf solchen Strecken in großen Scharen Junge und Alte, seit einigen Jahren auch Frauen, in diesem beliebten Volkssport tätig sehen. Die Regeln sind einfach: Es werfen stets 2 Mannschaften mit vereinbarter Teilnehmerzahl (5 - 8) in numerierter Reihenfolge nebeneinander. Erreicht eine Mannschaft mit einem guten Wurf eine solche Weite, daß der Gegner dazu 2 Werfer einsetzen muß, so setzt bei der ersteren der nächste Werfer einmal aus, und diese Mannschaft erhält dann einen Wurf (een Schööt) als Pluspunkt. Das kann sich durch schlechte oder gute Würfe auf der Gesamtstrecke durchaus noch mehrere Male ändern. Sieger ist stets die Mannschaft mit den meisten Würfen als Pluspunkte.

Klootschießer und Boßler sind organisiert und zusammengeschlossen im „Ostfriesischen Klootschießerverband", der zur Zeit rund 27000 Mitglieder zählt.

Das Besenwerfen (Bessensmieten)

Dies ist ein besonders im Kreise Wittmund um die Frühjahrszeit viel geübter Brauch. In jüngerer Zeit ist er auch in einigen Orten im Auricher Bereich eingeführt. Zwei Mannschaften werfen, wie beim Boßeln, in festgesetzter Reihenfolge mit einem gewöhnlichen Besen aus Birkenreisig über eine vorher vereinbarte Strecke. Eigenartigerweise beginnt man gewöhnlich vom Ofen eines Gasthauses aus und der letzte Wurf geht dann auch wieder bis zum Ofen des Gasthauses am Zielort. Gesiegt hat dann die Mannschaft mit den wenigsten Würfen. Sehr viel Technik gehört zu diesem Sport nicht. Jeder kann mitmachen. Die Hauptsache dabei ist der Spaß, der durch mehrfachen Schluck aus der Flasche sehr gefördert wird.

Richtfeste

Beim Neubau eines Hauses wird am Tage der Errichtung der Dachkonstruktion (Aufstellen der Sparren) das Richtfest gefeiert. In Städten und bei größeren Gebäuden ist das oft nur noch eine Formsache, die darin besteht, daß ein Richtkranz aufgezogen wird und die Bauleute anschließend bewirtet werden.

In ländlichen Gemeinden ist dabei aber oft noch überliefertes Brauchtum lebendig. So wird z.B. heimlich ein Stück der fertiggestellten Sparren fortgeschafft und irgendwo im Gelände versteckt. Wenn dann alle vorhan-

Abb. 6 Straßenboßeln.

denen Sparren aufgerichtet sind, stellt man fest, daß ein Stück fehlt. Lustig ist es zu sehen, wie diese Situation von den Wissenden ausgespielt wird. „Der Zimmermann hat ein Stück zu wenig angefertigt" „er hat sich verrechnet", „sollte etwa ein Stück gestohlen sein?" u.s.w. Nach aufgeregter Scheindiskussion entschließt man sich, doch einmal zu suchen.

So ziehen dann Bauleute, Bauherr, Nachbarn unter großem Hallo miteinander los. Bei dem versteckten Sparren ist eine Wache zurückgeblieben. Diese entzündet nach einer gewissen Zeit, damit das Suchen nicht zu lange dauert, ein Feuer an, auf das man zugeht und dort dann mit großer Verwunderung den vermißten Sparren findet.

Der muß nun heimgetragen werden, wozu die Männer erst einmal durch einen kräftigen Schluck gestärkt werden müssen. Bevor sie dann versuchen, das schwere Stück zu heben, muß sich erst der Bauherr mit seiner Frau darauf setzen. Nach einigen vergeblichen Versuchen und etlichen Schnäpsen wird dann der Sparren mit seiner zusätzlichen Last auf die Schultern gehoben. Der Heimweg aber nimmt noch lange Zeit in Anspruch, immer wieder muß die Last abgesetzt oder müssen die Träger gewechselt werden, und immer geht es erst nach einer „Stärkung" weiter. Das Ganze kann ein paar Stunden dauern, aber irgendwann ist man dann doch am Ziele, und der letzte Sparren kann nun aufgerichtet werden.

Der Richtkranz oder die Richtkrone wird darüber gesetzt, und nun klettern der Polier oder der erste Geselle auf das Gerüst und spricht seinen Richtspruch, in dem das gemeinsame Werk gelobt und dem Hausherrn Glück und Segen gewünscht wird.

Unter dem Kranz sind zwei leere Flaschen aufgehängt worden, die gilt es jetzt mit kleinen Steinchen zu treffen und zu zerschlagen. Ein Volltreffer wird besonders anerkannt und belohnt. Und nun beginnt ein fröhliches Feiern mit Essen, Trinken, Musik und Gesang bis in den späten Abend hinein.

Snirtjebraa und Grünkohlessen

Hausschlachtungen sind selten geworden, ganz verschwunden aber ist der Brauch, das geschlachtete Schwein am Abend zuzubereiten und dazu die Nachbarn und Verwandten zur ‚Schweinsvisite' einzuladen und am späten Abend mit einem üppigen Mal zu bewirten.

Übriggeblieben ist davon das „Snirtjebraa-Essen", zu dem sich heute Clubs, Vereine und andere Gesellschaften in einer Gaststätte treffen. Snirtjebraa ist ein schieres Stück frisch gebratenes Schweinefleisch (Karbonade). Dazu gibt es Kartoffeln mit Sauce und Gemüse.

Noch mehr verbreitet ist im Winter das Grünkohlessen (Grünkohl mit Pinkel (= Mettwurst) und Speck), wobei dann derjenige, der am meisten ißt (oder den man schon vorher dazu ausersehen hat!) zum Kohlkönig erklärt wird, was dann Anlaß zum weiteren Feiern ist.

Friesenkongresse

In Nachfolge der Versammlungen am Upstalsboom treffen sich alle drei Jahre Friesen aus West-, Nord- und Ostfriesland, einschließlich Butjadinger Wurster und Saterländer Friesen zum sogenannten Friesenkongreß. Er findet wechselnd in einer der drei Regionen statt und wird von dem Friesenrat veranstaltet, der mit einem ebenfalls turnusmäßig wechselnden Präsidenten an der Spitze für die interfriesischen Beziehungen zuständig ist. Erstmalig nach dem Kriege im Jahre 1955 am Upstalsboom abgehalten ist dieser Kongreß ein fester Bestandteil im Brauchtum der Friesen und in ihrem Bemühen um die Pflege und Erhaltung ihrer gemeinsamen Kultur geworden. Sach- und fachkundige Referenten mit Vorträgen über die Frieslande, ihre Kultur, Geschichte und Gegenwartsprobleme, Diskussionsbeiträge in verschiedenen Arbeitsgruppen und ein prächtiger folkloristischer Rahmen geben diesen Veranstaltungen ein festliches Gepräge und eine Bedeutung, die weit über die engere Region hinausgeht.

Volkstanz und Tracht

Mit der Wiederbelebung und Neugründung vieler Heimatvereine nach Kriegsende entstanden auch zahlreiche neue Volkstanz- und Trachtengruppen. Das wenige ostfriesische Tanzgut, an das man anknüpfen konnte, hat die Tanzlehrerin Hanni Hibben in Leer (gest. 1958) vermittelt und z. T. neu gestaltet. Es handelt sich dabei vor allem um den von Pastor J. C. Müller in seinem Buch „Memoriale linguae Frisicae" im Jahre 1691 dargestellten Tanz „Buske di Remmer". Text und Melodie dieser wahrscheinlich sehr alten Hirtenballade sind dort vollständig wiedergegeben. Die Tanzweise ist aber leider nur durch einige Bewegungen angedeutet. Hanni Hibben hat versucht, den Tanz zu rekonstruieren. In dieser Form, die auch von Volkskundlern als möglich beurteilt wurde, wird dieser Tanz seitdem von ostfriesischen Gruppen gesungen und getanzt. Eine neue, wahrscheinlich richtigere Interpretation wurde von der Folkgruppe „Wymm" erarbeitet und ist von

einigen Tanzgruppen übernommen worden.
Zur Veranschaulichung sei die erste Strophe hier in der überlieferten altfriesischen Sprache angeführt:
Buske di Remmer, di lohse mohn, di lohse mohn,
di frihde zyn wuff woll soggen jehre.
Un do di soggen jehr umme wehren
noch frihde hi, noch frihde hi.
Eigenartigerweise sind auch die übrigen Tänze, die H. Hibben entdeckt, rekonstruiert und überliefert hat, Singetänze, deren Texte z. T. recht derb scherzhaft ohne tiefere Bedeutung sind und deren sehr einfache Tanzschritte von jedermann mitgemacht werden können.
Es gehören dazu:
Jann, kumm kiddel mi;
Lappheit kwamm van de Hundsteert heer;
Van Maibörg na Nörtmoor;
Japk, stah still'
Jannohm satt up Schöstein.
Davon sind die drei ersten mit Sicherheit als ursprünglich ostfriesische anzusehen. Z. T. veranschaulichen sie sehr drastisch ostfriesische Mentalität.
Dazu gehören auch noch einige kleinere Singetänze, die sich anscheinend nur auf Norderney erhalten haben und dort auch als Norderneyer Tänze gepflegt werden:
Malbroek;
Mit de Klumpen, mit de Haasen;
Hei, wat meen ji van mien Kippen;
Wullt'n Nachmütz hebben
und andere.

Die zahlreichen ostfriesischen Volkstanzgruppen - es sind mehr als 40 geworden - haben sich zur „Arbeitsgemeinschaft Ostfriesischer Volkstanzgruppen" zusammengeschlossen, die neben vielen Gemeinschaftsveranstaltungen vor allem die stets notwendigen Fortbildungs- und Schulungsmaßnahmen durchführt.

Die heimatkulturelle Arbeit in ihrer ganzen Vielfalt, besonders aber was Tanz- und Liedgut, Sprache und Brauchtum anbetrifft, hat durch diese vorwiegend jugendlichen Gruppen einen sehr starken Auftrieb bekommen. Schwierigkeiten bereiten die Wünsche der Gruppen nach einer eigenen Tracht. Dazu bedarf es eines historischen Vorbildes. Da aber in Ostfriesland seit über 150 Jahren keine Trachten mehr getragen worden sind, können solche Vorbilder nur mühevoll aus Beschreibungen und Darstellungen früherer Bekleidungsweisen rekonstruiert werden. Was heute unter Mithilfe eines in Zusammenarbeit mit der „Ostfriesischen Landschaft" gegründeten Trachtenausschusses dabei geschaffen wird unter Heranziehung aller verfügbaren Quellen, kann und soll nur bedingt als echte Tracht einer vergangenen Epoche angesehen werden. Als eine mit viel Sorgfalt meist aus handgewebten Stoffen angefertigte Kleidung einer Gruppe, die in ihr darstellt, was der Zeit und dieser Kleidung entspricht, erfüllt sie aber eine so wesentliche Aufgabe, daß grundsätzliche Bedenken gegen solche Rekonstruktionen unwesentlich werden.

Abb. 7 Ostfriesischer Volkstanz.

Die erfolgreiche Mitwirkung der Gruppen bei den Friesenkongressen, bei Maifeiern, bei Veranstaltungen der Ostfriesischen Landschaft und Brauchtumsveranstaltungen in Stadt und Land ist eine erfreuliche Erscheinung.

Dorffeste

Eine interessante Neuerscheinung auf dem Gebiete der Brauchtumspflege sind die überall im Lande veranstalteten Dorffeste. Infolge der in Niedersachsen 1972 durchgeführten Verwaltungs- und Gebietsreform haben die meisten Dörfer ihre Eigenständigkeit verloren, indem sie Ortsteile einer Großgemeinde wurden. Im Zusammenhang mit der seit längerem zu beobachtenden Rückbesinnung auf Werte der kleinen Regionen werden in vielen Dörfern die Besiedlungsgeschichte und die gewachsene Kultur der Vergangenheit und damit das Besondere und Eigenartige neu entdeckt. Man veranstaltet ein Dorffest und holt dazu Vergangenes und Vergessenes wieder hervor. Ein in Gemeinschaftsarbeit mit viel Liebe und Mühe zusammengestellter Korso bildet dann mit der Darstellung der Menschen, ihrer Arbeit und ihren Lebensverhältnissen häufig den Höhepunkt eines solchen Festes, das sich meist über mehrere Tage hinzieht. Ortsgeschichtliche Jubiläumsfeiern bilden dazu natürlich ganz besondere Anlässe. In allem aber suchen die Dorfbewohner ihr Eigenleben und die charakteristischen Merkmale in der Entwicklung und der Kultur ihres Dorfes zu erhalten oder wiederzugewinnen. Es entwickelt sich ein neues Gefühl der Zusammengehörigkeit mit einem starken Bewußtsein für das in der Vergangenheit Gewachsene und Erarbeitete. Dabei wird das ostfriesische Alltagsleben gern liebevoll nostalgisch verklärt.

Literatur

Alberts, I., Basse-Soltau, U., Wiemann, H. (1988): Das alte Friesenspiel ist jung. Klootschießen und Boßeln einst und jetzt.

Buck, I. (1988): Volkskunde und Brauchtum in Ostfriesland. Aurich.

Haddinga, J. (1977): Das Buch vom ostfriesischen Tee. Leer.

Kooi, J. van der, Schuster, T. (1993): Märchen und Schwänke aus Ostfriesland. Leer.

Kroon, H. (Hrsg.) (1993): Mit Kippkappkögels kom'n wi an. Martini in Ostfriesland. Aurich.

Lüpkes, W. (1925): Ostfriesische Volkskunde, 2. Aufl. Emden.

Wassenberg, K. (1991): Tee in Ostfriesland. Vom religiösen Wundertrank zum profanen Volksgetränk. Leer.

‚Sprache' in Ostfriesland

von Ulrich Scheuermann

Vorüberlegungen

Kaum eine andere Region Niedersachsens hat eine so wechselvolle Sprachgeschichte aufzuweisen wie Ostfriesland. Ein Beitrag zu diesem Thema hat sich vor allem mit der Diskrepanz zwischen dem Raumnamen und der Bezeichnung für die dort heute als Mundart gesprochene Sprachform auseinanderzusetzen, damit, daß die Landschaft in ihrem Namen den Begriff ‚Friesland' trägt, daß die heimischen Dialekte aber keine friesischen sind, sondern niederdeutsche - auf friesischem Substrat allerdings. Zwar hatte schon 1786 T.D. Wiarda festgestellt, daß zu seiner Zeit „oft unter der friesischen Sprache unser plattdeutsch ostfriesisches verstanden" wurde (S. XLII, § 34), dennoch gilt bis heute, daß man in Ostfriesland „gar nicht so selten [...] auf die Meinung stößt, das [hier] gesprochene Plattdeutsch sei friesisch" (J.U. Folkers 1956, S.7).

Hier im äußersten Nordwesten Niedersachsens hat ein zweifacher Sprachenwechsel stattgefunden, zunächst der vom Friesischen, das in der Tat ursprünglich überall und ausschließlich gesprochen wurde, zum Niederdeutschen, danach - wie auch sonst in Norddeutschland - der vom Niederdeutschen zum Hochdeutschen. Noch bunter wird das Bild, wenn wir bedenken, daß in der frühen Neuzeit auch das Niederländische eine wichtige Rolle spielte, als Kultursprache (ABN) sowohl wie auf der Ebene der Mundarten. Alle vier am Aufbau der heutigen ostfriesischen Sprachlandschaft beteiligten Sprachen zählen zu den kontinental-westgermanischen; sie sind untereinander eng verwandt.

Für die Zwecke dieser Darstellung wird von folgenden Prämissen ausgegangen:
1. Die Darstellung beschränkt sich regional auf das heutige Ostfriesland, den mittleren Abschnitt jenes zur Zeit seiner größten Ausdehnung etwa von der Scheldemündung bis zur heutigen deutsch-dänischen Grenze sich erstreckenden Streifens unterschiedlicher Tiefe an der südlichen Nordseeküste, der von Friesen besiedelt war/ist. Damit läßt sie einige jener Teilgebiete der insgesamt ‚sieben freien Seelande' unberücksichtigt, die Eggerik Beninga in der ersten Hälfte des 16. Jh.s zum „soste deell der Freeslande" gerechnet hatte (S.119). Allenfalls zu Vergleichszwecken werden die Grenzen des ehemaligen Regierungsbezirks Aurich überschritten, so vor allem nach Südosten in das an den Landkreis Leer angrenzende Saterland, das einzige heute noch existierende Gebiet, in dem - von vielleicht 2.000 Menschen - Ost-Friesisch gesprochen wird.

2. Ein zeitlicher Fixpunkt wird mit der Annahme gesetzt, daß ganz Ostfriesland spätestens seit dem 7. Jh. friesischsprachig war. Nach Vorgeschichte und Zustandekommen dieses Zustandes wird nicht gefragt.

3. Der Übergang zum Hochdeutschen wird nicht behandelt, da er kein spezifisch ostfriesisches Phänomen ist. Er setzte „um die Mitte des 16. Jhs." ein und war „um 1560 in der gräflichen Kanzlei, um 1570 auch beim ostfries. Adel vollzogen [...]; nd. Urkunden begegnen zuletzt 1633, die Gilderollen gehen erst 1648 zum Hd. über" (H. Taubken 1984, S.88). Die heutige Sprachsituation Ostfrieslands gleicht der ganz Norddeutschlands: Einzige allgemein anerkannte und gültige überregionale Verkehrssprache für externe und formelle Kontakte ist die hochdeutsche Standardsprache. Neben ihr existiert, gerade hier im Nordwesten besonders lebenskräftig, in seiner Verwendung auf bestimmte Kommunikationssituationen für interne und informelle Kontakte beschränkt, ‚das Niederdeutsche' als die Summe zahlreicher Orts- und Regionalmundarten. Knapp zwei Drittel der Ostfriesen sind nach einer jüngsten Erhebung in diesem Sinne zweisprachig.

4. Begriffe wie ‚Sprache', ‚Mundart' oder ‚Dialekt' werden - ohne jegliche Wertung! - im Rahmen jenes Modells verwendet, nach dem ‚Sprache' keine homogene Einheit ist, sondern „sich als ein heterogenes Sprachgesamt" (D. Stellmacher 1987, S.7) aus mehreren Varianten darstellt, die sich gegenseitig beeinflussen können. Unterschiedliche außer-sprachliche Gegebenheiten stellen danach unterschiedliche Anforderungen an die Verwendung von ‚Sprache', erfordern den gezielten Einsatz ihrer Varianten. Jeder Variante kommt ein bestimmter Zuständigkeitsbereich zu. Die einer bestimmten außer-sprachlichen Gegebenheit gerecht werdende Variante ist immer die dieser Gegebenheit adäquate und damit ‚richtige' Sprachform.

Die altfriesische Zeit

Das sog. **Alt**friesisch, wie es sich aus den Rechtsquellen des späten Mittelalters erkennen läßt, weist gegenüber den anderen westgermanischen Sprachen eine merkwürdige Phasenverschiebung auf, befanden diese sich doch zu jener Zeit bereits auf ihrer ‚mittleren' Entwicklungsstufe. Der Sprachstand der altfriesischen Denkmäler jedoch ist so eindeutig von den Merkmalen der ‚alten' Entwicklungsstufen geprägt - am auffälligsten: die vollen, nicht zu tonlosem /e/ abgeschwächten Endsilbenvokale -, daß wir ihn nicht anders denn als **alt**friesisch charakterisieren können.

Gegen eine bis dahin herkömmliche rein regionale Gliederung des Altfriesischen westlich der Weser in Altwest- und Altostfriesisch hat sich B. Sjölin zuerst 1966 ausgesprochen. Eine derartige Gliederung suggeriere einerseits „dialektale Gegensätze [...], wo in Wirklichkeit praktisch nur chronologisch bedingte Unterschiede" vorlägen, verdunkele andererseits aber „tatsächlich vorhandene Unterschiede" (S.33). Statt der bisherigen regionalen Gliederung schlug Sjölin eine solche nach Perioden vor: Eine klassische Periode lasse sich von einer nachklassischen abheben, innerhalb derer wiederum die Urkundensprache eine besondere Schicht bilde. In der Auseinandersetzung gerade mit diesen Thesen beharrt N. Århammar in seiner Besprechung von B. Sjölin 1969 (Nd.Jb. 97, 1974, S.155-158, Zitat S.156) jedoch mit Nachdruck darauf, „aus dem Vergleich der Sprachform der afr. Hss. mit den neufries. Mundarten sowie aus dem internen Vergleich des afr. Rechtswortschatzes und der Rechtsüberlieferung" gehe „mit aller Deutlichkeit hervor, [...] daß die herkömmliche Einteilung in Altostfriesisch [...] und Altwestfriesisch zu Recht besteht". Als Grenze zwischen beiden Gruppen gilt die Lauwers/der Laubach, ein kleiner, östlich von Dokkum in die Lauwerssee mündender Wasserlauf.

Die ältesten friesischen Sprachzeugnisse sind - vor allem Personennamen enthaltende - Runeninschriften des 6.-9. Jh.s, ein gutes Dutzend gesicherte an der Zahl, alle aus den niederländischen Frieslanden, keine aus Ostfriesland.

Nach einer Pause von rund 400 Jahren sind seit dem frühen 13. Jh. dann wieder - recht umfangreiche - Texte in friesischer Sprache auf uns gekommen, Abschriften älterer Originale, die teilweise vielleicht schon im 11. Jh. entstanden waren. Zum weit überwiegenden Teil bestehen die erhaltenen Handschriften aus Rechtstexten der wester- und der osterlauwersschen Frieslande. Sie alle sind, auch wenn die modernen Titel wie z.B. ‚Emsiger' und ‚Rüstringer' Kodex oder ‚Fivelgoer' Handschrift anderes suggerieren, Kompilationen ohne erkennbaren originären lokalen Bezug; selbst der ‚Brokmerbrief' macht hier keine Ausnahme.

Im Gegensatz zu den westlichen Frieslanden, aus denen aus der Zeit zwischen 1329 und 1573 etwa 1.300 friesischsprachige Urkunden nachgewiesen sind (veröffentlicht von P. Sipma 1927, 1933), spielte in Ostfriesland das Friesische als Urkundensprache keine Rolle. Die erste volkssprachige Urkunde im Ostfriesischen Urkundenbuch ist nach 58 lateinischen Stücken gleich eine (mittel)niederdeutsche aus dem Jahre 1346; sie kann für eine Beurteilung der Sprachverhältnisse in Ostfriesland allerdings nur bedingt herangezogen werden, da sie offensichtlich in Münster ausgestellt wurde. Die nächsten niederdeutschen Stücke stammen von 1359 (Ofr.UB 1,86), ausgestellt in Utende im Saterland, und von 1379 (Ofr.UB 1,137), ausgestellt in Osterhusen im heutigen Landkreis Norden. Bis zur Jahrhundertwende finden sich im Ofr.UB unter insgesamt 181 Urkunden nur 22 volkssprachige, d.h. niederdeutsche, davon allein 12 aus dem Jahre 1400. Die Ablösung des Lateinischen als Urkundensprache durch die Volkssprache erfolgte in Ostfriesland also nicht durch das angestammte Friesisch, sondern durch das der Region ursprünglich fremde Niederdeutsch.

Sowohl in den lateinischen wie auch in den niederdeutschen Urkunden stehen jedoch zahlreiche friesische Einzelwörter, die vom Fortleben des Friesischen als gesprochener Sprache zeugen. Es handelt sich bei ihnen vor allem um Rechtstermini wie âsegabôk ‚Rechtsbuch', blôdelse ‚blutende Wunde' oder rêdgeva, rêdga ‚Richter', Maßbezeichnungen wie deimêd, dêmêd ‚Fläche, die man an einem Tage mähen kann', sêt ‚ein Längenmaß' oder vêrdup ‚1/4 Tonne' sowie Flurnamen und ihnen zugrundeliegende Appellative wie grêde, grêt ‚Wiesenwachs', ham ‚eingegrenztes Stück Weideland', hammerik ‚Wiesen- und Weideland eines Dorfes' oder swette ‚Grenze'. Einige von ihnen blieben bis in die heutigen Mundarten erhalten, so Dimt < deimêd, Grêde, Greide < grêde, Ham < ham, Hammerk < hammerik, Swette < swette oder Veerdup, Veerp < vêrdup.

Die Sprachform der altfriesischen Rechtsquellen des späten Mittelalters kann nicht als unmittelbares Abbild der Alltagssprache angesehen werden: Zu viele Sachbereiche, mithin auch zu viele Wortschatzbereiche des täglichen Lebens wurden durch sie nicht erfaßt.

Aber auch so erkennen wir, daß es ein einheitliches Altfriesisch, daß es ‚das' Altfriesisch nicht gegeben haben kann. Auch das moderne Friesisch weist eine hochgradige Binnendifferenzierung auf, die nicht erst durch junge und jüngste Entwicklungen zustandegekommen sein kann - und das trotz einer standardisierten Schriftform z.B. des Westfriesischen, das, von „etwa eine[r] Drittel Million" Menschen gesprochen, „als die zweite Kultursprache im Königreich der Niederlande gelten" kann (K. Heeroma 1962, S.36). Daß so „grosse und viele dialectus in der alten Oistfriesischen Sprachen gewest, dasz fast ein Nachbahr den andern kaum hat verstehen können", hatte schon J. Cadovius-Müller 1691 („Gemeine Vorrede" S.24) beobachtet.

Der Untergang des Ost-Friesischen oder Die sprachliche Entfriesung Ostfrieslands

In allen - ehemals - friesischsprachigen Gebieten an der südlichen Nordseeküste fehlten günstige äußere Rahmenbedingungen für den Fortbestand der angestammten Sprache. Die zahlreichen, z.T. weit in das Landesinnere hineinreichenden Meeresarme führten zu einer topographischen Zersplitterung des Landes, in deren Gefolge die einzelnen Teile weitgehend isoliert voneinander waren. Sie läßt sich schon an dem Namen ablesen, unter dem sich die Friesen in der frühen Neuzeit staatlich organisierten: Dies geschah eben nicht unter einer vereinheitlichenden Bezeichnung wie ‚Friesland', „maar als ‚Zeven Friesche Zeelanden' met een uiterst lossen samenhang" (J. Huizinga 1914, S.9). So kam es nicht zur Herausbildung eines politischen, wirtschaftlichen und/oder kulturellen Zentrums, das durch eine normgebende Kanzlei Vorbild für eine die Mundarten überdachende Schriftsprache hätte werden können. Eine solche Schriftsprache aber hätte auf die zahlreichen Varianten der Sprechsprache rückwirken, hätte deren Position in der sich bald abzeichnenden Auseinandersetzung mit dem Niederdeutschen nachhaltig stärken können.
Der im frühen Mittelalter noch „expansive Innovationssprachbund Ingwäonisch", dem das Friesische zugehörte, war spätestens im 11./12. Jh. „zu einem isolierten, archaischen Sprachtypus" geworden (N. Århammar 1990, S.13), die südliche Nordseeküste in ihrer Randlage und ohne tieferes sprachliches Hinterland zu einer passiven Sprachlandschaft. In dieser ist dann „eenvoudig gebeurd, wat in een passief taallandschap [...] behoorde te gebeuren" (K. Heeroma 1961, S.14): Die hier ursprünglich gesprochene Sprache ging in Wort und Schrift bis auf geringe Spuren vollständig unter. Das Erstaunliche an der sprachlichen Entfriesung jener Küstengebiete ist, wie Heeroma immer wieder hervorhob, mithin nicht, daß das Friesische in den Groninger Ommelanden, in Ostfriesland, im Wangerland, im Jeverland, in Rüstringen, in Butjadingen, im Land Wursten unterging, sondern daß „Westerlauwers Friesland zich aan de voor de hand liggende ontfriesing heeft kunnen onttrekken" (ebd.). Daß es hier noch immer „eine selbständige Sprache" ist, führte er ein Jahr später nicht zuletzt darauf zurück, daß es „eine selbständige Sprache sein will" (Heeroma 1962, S.53).
Über Einzelheiten der Ablösung des Friesischen durch das Niederdeutsche sind wir für Ostfriesland nur unzulänglich informiert. Ein Blick über die Grenze nach Westen zeigt uns zwei beispielhafte Parallelfälle.
Deren erster betrifft die Groninger Ommelande, den zwischen Ems und Lauwers sich erstreckenden Westteil des ehemals ostfriesischen Sprachgebietes. Bereits im Jahre 1428 wird hier der Sprachwechsel vom Friesischen zum Niederdeutschen greifbar. Am 9. April jenes Jahres stifteten vier ostfriesische Häuptlinge einen Vergleich zwischen den streitenden Parteien der Ommelande, in dem es u.a. um eine Vereinheitlichung des Rechtswesens ging (Ofr.UB 2,1769). Dabei stellten sie fest, das bisherige - wir schließen: das friesische - Recht sei „under tyden duster [...], dat det de mene man nicht kan vorstaen". Deshalb sollten „dre de lerdesten van scriften unde ock dre de wijsten landrichters" sich zusammensetzen, „dat ze van allen den landrechten een clar vorstandich landrecht maken, dat alman vorstaen moghen" - wir schließen: das neue, einheitliche Landrecht der Groninger Ommelande sollte in Niederdeutsch abgefaßt werden, auf daß es nicht „duster" sei, auf daß „de mene man" es verstehe. Die Verdrängung des Friesischen durch das Niederdeutsche muß in den Ommelanden mithin schon im ersten Viertel des 15. Jh.s so weit fortgeschritten gewesen sein, daß die angestammte Volkssprache selbst im - konservativen - Rechtswesen mit seinem Beharren auch auf traditionellen Sprachformen weitgehend obsolet geworden war.
Bei dem als zweites Exempel darzustellenden Parallelfall ist nun auch explizit vom Sprachenwechsel die

Rede. Er betrifft eine noch 1522 in Friesisch abgefaßte Deichordnung aus dem Südwesten der niederländischen Provinz Friesland, wo sich Vergleichbares zwischen dem Friesischen und dem Niederländischen abspielte. Da die Urkunde in den folgenden Jahrzehnten arg zerfleddert wurde, sollte die Ordnung 1591 erneuert werden. In der Zwischenzeit aber waren hinsichtlich der sprachlichen Verhältnisse so einschneidende Veränderungen geschehen, daß der ursprüngliche Text für viele Beteiligte unverständlich geworden war, „door mutatie der talen met onse gemeene spraek ende schrieven niet over een quam". Bei der Neufassung wurde dem inzwischen erfolgten Sprachenwechsel Rechnung getragen: Die neue Ordnung wurde in Niederländisch abgefaßt (O. Vries 1990, S.83).

Zweifellos haben wir es in beiden Fällen auf den ersten Blick ‚nur' mit einem Wechsel der Schreibsprachen zu tun, aber der ist mit Sicherheit auch als Signal für entsprechende Veränderungen auf der Ebene der gesprochenen Sprache zu verstehen - immerhin war im zweiten Fallbeispiel ausdrücklich auch vom Wandel in „onse gemeene spraek" die Rede. Diese war eben nicht mehr uneingeschränkt das Friesische! Bis zu welchem Grade die andrängenden neuen Sprachen auch bei der bäuerlichen Bevölkerung bereits zu mit Saxonismen bzw. mit Neerlandismen durchsetzten neuen Varianten des lokalen Friesisch geführt hatten, wissen wir allerdings nicht.

Für das heutige Ostfriesland können wir nur jeweils isolierte Einzelnachrichten zusammentragen, die - mitunter in einer Art nostalgischer, auch wohl verklärender Rückschau auf die ‚gute alte Zeit' - vom Untergang des Friesischen auch und gerade als Sprechsprache zeugen. Inwieweit diese Reminiszenzen überdies für bare Münze genommen werden dürfen, können wir heute kaum noch beurteilen; leise Zweifel sind aber doch wohl angebracht. Sicher aber ist, daß die sprachliche Entfriesung Ostfrieslands etwa zur selben Zeit einsetzte, da die bis dahin im wesentlichen mündlich tradierten Rechtsquellen in großem Maßstab schriftlich fixiert wurden, im späten 13./frühen 14. Jh. Wir dürfen die Tatsache, daß gerade in jener Zeit die friesischen Rechte in so zahlreichen Kodizes niedergeschrieben wurden, vielleicht auch als Indiz dafür interpretieren, daß zumindest die an der Niederschrift interessierten Kreise den heraufziehenden tiefgreifenden Sprachenwandel spürten, daß sie ihm gar gegensteuern wollten.

Zunächst seien stichwortartig späte Manifestationen des Friesischen bzw. frühe Marksteine des Niederdeutschen aufgelistet.

Spätestens in der zweiten Hälfte des 15. Jh.s setzte die Übertragung der altfriesischen Rechtstexte in das Niederdeutsche ein, wurden neue Rechtstexte sogleich in Niederdeutsch abgefaßt - ein Beweis doch wohl dafür, daß jetzt das Friesische selbst als Sprache vor Gericht außer Gebrauch kam.

Zur selben Zeit begann bei schriftlich aufgezeichneten Flurnamen der Ersatz so häufiger Grundwörter wie friesisch ecker, komp, lond oder wey durch ihre niederdeutschen Entsprechungen acker, kamp, land, weg/wech.

Schon aus der ersten Hälfte des 15. Jh.s stammen urkundliche Belege, bei denen in einem niederdeutschen Kontext verwendete friesische Termini oder Flurnamen umgehend ins Niederdeutsche übertragen wurden, wobei beide Bestandteile der Doublette durch oft, ofte ‚oder' verbunden wurden: ellick in sin clufft offt in sin recht; alle olde tiammingen offte wateringe; uppe den werven offt huessteden; inna tzurck- yfft kerckfen u.a.m.

1465 wurde das Emder Stadtrecht aufgezeichnet - in Niederdeutsch.

Wohl im Jahre 1515 vereinheitlichte Graf Edzard I. die Rechtssprechung in seiner Grafschaft durch ein allgemeines ostfriesisches Landrecht. Es war in Niederdeutsch abgefaßt worden.

1529 führte Enno II. eine lutherische Kirchenordnung ein. Sie war in Niederdeutsch abgefaßt worden.

Dagegen predigte noch 1539 ein Pastor Sibold in Werdum im Harlingerland in Friesisch.

1632 wurde in Emden das friesischsprachige Hochzeitsgedicht des Imel Agena aus Upgant im Brokmerland gedruckt - er wie auch die Hochzeitsgesellschaft müssen noch, wenigstens in Ansätzen, des Friesischen mächtig gewesen sein.

Noch 1746 vermeldete M. v. Wicht: „In denen gegen Morgen von Aurich belegenen Dörffern finden sich auch noch einige wiewol sehr wenige Haushaltungen, denen diese alte Sprache noch nicht gäntzlich vergessen ist" (zitiert nach W. Foerste 1938, S.10).

Etwas längere Ausführungen von vier Zeitzeugen sind willkommener Anlaß zu kommentierenden Bemerkungen.

1530 berichtete der spätere ostfriesische Kanzler Henricus Ubbius: „Die Sprache ist bei Rittern und Städtern ein Plattdeutsch [...]. Die Bauern haben aber ihre Eigensprache, die kein Ausheimischer versteht, wenn er sie nicht durch lange Übung und in beständigem Verkehr mit dem Volke gelernt hat. Sie ist so fremdartig, daß der Lateiner besser einen Hebräer, der

Grieche einen Araber verstehen kann, als ein Deutscher den Friesen [...]. Selbst ich verstehe diese Sprache nicht, obwohl ich dort doch groß geworden bin" (S.15).

Diese Mitteilung von Gelehrtenhand zeigt uns, daß bereits im 16. Jh. ein hellhöriger Zeitzeuge etwas von der gesellschaftlichen Bedingtheit menschlichen Sprachverhaltens erkennen konnte: Bei der Ablösung der einen Sprache durch eine von außen andringende andere ist im Sprachverhalten der Bevölkerung deutlich eine an soziologischen Merkmalen festzumachende Differenzierung zu beobachten: Angehörige der höheren Stände/Schichten sind eher bereit, die neue Sprache zu akzeptieren, als die unterer Stände/Schichten, die zunächst noch an der überkommenen Sprache festhalten.

Zur Zeit des Ubbius waren es die Adligen und die gebildeten Städter, unter ihnen nicht zuletzt die reichen Fernhandelskaufleute, die sich als erste dem Niederdeutschen zuwandten. Durch ihre über die Landesgrenzen hinausgreifenden familiären und/oder beruflichen Kontakte waren sie mit der neuen Sprache in Berührung gekommen und hatten deren gegenüber dem Friesischen erheblich größere kommunikative Reichweite schnell schätzen gelernt. Sie müssen gespürt haben, daß das Niederdeutsche von politisch und wirtschaftlich, auch wohl kulturell potenteren Kräften getragen wurde als das Friesische, daß ihm wohl die - nahe - Zukunft gehören würde. Derartige Beobachtungen und Eindrücke weckten und förderten ihre Bereitschaft, ihre angestammte Sprache aufzugeben und statt ihrer die zunächst noch fremde anzunehmen. Es waren also nicht primär sprachliche, sondern außer-sprachliche Ursachen, die zum Sprachenwechsel führten. In Ostfriesland ist dabei eine erhebliche Retardierung der Abläufe zu konstatieren: Während im übrigen Norddeutschland die Verdrängung des Niederdeutschen durch das Hochdeutsche bereits in vollem Gange war, konnte ersteres sich hier im äußersten Nordwesten noch als dem Friesischen überlegene Sprache durchsetzen.

Die bodenständige bäuerliche Bevölkerung dagegen verharrte bei ihrer friesischen Muttersprache, die für ihre kommunikativen Bedürfnisse noch immer ausreichte. Durch die Beschränkung auf diese Sprecherschicht verlor das Friesische jedoch nicht nur regional an Boden, sondern büßte auch an Ausstrahlungskraft ein, denn seine Träger gehörten nicht mehr zu den tonangebenden Ständen/Schichten. Überdies werden wir wohl davon auszugehen haben, daß auch das in der ersten Hälfte des 16. Jh.s von den „Bauern" gesprochene Friesisch bereits mit Saxonismen durchsetzt war - auch in Ostfriesland lebte man damals ‚auf dem Lande' nicht in einer nach außen völlig abgeschotteten Welt! Für eine Übergangszeit galt somit - als Durchgangsstadium auf dem Weg zu einem endgültigen Sprachwechsel - eine ambivalente Form von Mehrsprachigkeit im Lande: Viele Ostfriesen waren zweisprachig, indem sie aktiv und/oder passiv das Friesische wie das Niederdeutsche beherrschten und je nach Kommunikationssituation die eine oder die andere Sprache verwendeten. Andere Ostfriesen waren einsprachig, indem sie nur das Friesische beherrschten und verwendeten, wieder andere - wenige zunächst noch - waren einsprachig, indem sie nur das Niederdeutsche beherrschten und verwendeten.

Trotz der aus eigenem Erleben gespeisten Erkenntnis des Ubbius, daß „ein Deutscher den Friesen" praktisch nicht verstehen könne, wird eine Verständigung über die ‚Sprachbarriere' hinweg auf irgendeine Weise so gut wie allen Sprachteilhabern möglich gewesen sein. In der Regel aber kam der nur seine „Eigensprache" sprechende ostfriesische Bauer kaum einmal aus seinem Loog heraus, mithin auch nur selten in eine Situation, in der er sich über die ‚Barriere' hinweg hätte verständlich machen müssen; an Markttagen fand sich immer jemand, der im Notfall dolmetschend beispringen konnte. Das gilt schließlich auch für den Schriftverkehr, so man sich für ihn nicht eines der ‚neuen' Sprache mächtigen Schreibers bedienen konnte oder wollte. Aus anderen Landschaften sind in ähnlichen Übergangsperioden genügend Fälle bezeugt, in denen die eine Seite in der ihr angestammten Sprache schrieb, die andere in der ihren antwortete, ohne daß das die wechselseitige Verständigung verhindert hätte.

1543 beklagte der bereits erwähnte Chronist Eggerik Beninga aus Grimersum in einem Brief: „Uns Fresen wart nae gesecht, dat wy de Apen gelyken, wat de sehen, dat wyllen se vort nae doen, wy Fresen mogen uns des wol schemen, dat wy nicht by unse Spracke und Cledunge bliven, gelick alle andere Nationen, dan waer men kumpt yn allen Landen so wyt de Warrelt is, Soe hefft eyn yder Lant syne egene Spracke und Cledunge" (zitiert nach J. Beckmann 1969, S.10f.).

Man kann sich nur sehr schwer vorstellen, daß sich die Sprachverhältnisse in Ostfriesland innerhalb von nur 13 Jahren so grundlegend gewandelt haben sollten, daß mittlerweile auch des Ubbius „Bauern" dem Friesischen abgeschworen hätten. Die Wahrheit wird, wie immer, in der Mitte liegen: Weder sprachen noch 1530 alle „Bauern" Friesisch, noch hatten sich bereits 1543 alle dem Niederdeutschen zugewandt.

Viel interessanter an Beningas Beobachtung ist deren psychologischer Hintergrund. Nachdem es in den führenden Kreisen Ostfrieslands Mode geworden war, sich der neuen Sprache zu bedienen, gewann diese im Lande rasch an Sozialprestige, gewann sie einen ‚sprachlichen Mehrwert'. Auch den „Bauern" war ja das Niederdeutsche nicht völlig unzugänglich - allenfalls umgekehrt den Nicht-Friesen tatsächlich das bäuerliche Friesisch, aber nach dem fragte außerhalb ihres engsten Lebenskreises, außerhalb des für sie dominierenden kommunikativen Nahbereiches niemand mehr. So verwundert es denn nicht, daß auch, wer unter den „Bauern" auf sich hielt, zu der neuen Sprache überging - wie auch immer das geklungen haben mag, was er dabei von sich gab. Diese „Bauern" waren obendrein keineswegs eine in sich so homogene Schicht, wie des Ubbius pauschale Formulierung uns glauben machen könnte, es gab unter ihnen - gerade doch wohl in Ostfriesland - erhebliche soziale Unterschiede. Mancher von ihnen saß auf seiner Plaaze wie ein kleiner König. Mochte sein Volk - sein Gesinde, seine Tagelöhner, vielleicht sogar seine Frau und seine Kinder - sich weiterhin des Friesischen bedienen - er wandte sich dem Neuen, dem Niederdeutschen zu. So weit her war es demnach in der Mitte des 16. Jh.s nicht - nicht mehr? - mit dem aus einem kulturellen, nicht zuletzt auch aus einem sprachlichen Zusammengehörigkeitsgefühl sich speisenden trutzigen Selbstbehauptungswillen und Stammesbewußtsein der Ost-Friesen, damit, daß diese „unter allen deutschen Völkern" Sitten und Gewohnheit und eben auch ihre Sprache „am längsten beibehalten" hätten, wie noch fast 250 Jahre später T.D. Wiarda in doch wohl nostalgischer Rückschau behaupten wird (vgl. unten); der hier von Beninga beschriebene Befund dürfte den Tatsachen weit eher entsprochen haben.

Auf den 1. Januar 1691 datierte Johann Cadovius-Müller (1650-1725), seit 1675 bis zu seinem Tode 1725 Pastor in Stedesdorf südöstlich von Esens im Harlingerland, das Vorwort seines „Memoriale linguæ Frisicæ", in der Hauptsache eines nach Sachgruppen geordneten friesisch-hochdeutschen Wörterbuches. In der dem „Durchleuchtigsten, Hochgebohrnen Fürsten und Herren, Herren Georg Albrecht [...]" gewidmeten Vorrede behauptete er, „dasz Ihro Durchl. Hochsehl. Aahn-Herr, Herr Graff Enno [...], der alten Oistfrisischen Sprache so vollkommen kundig gewest ist, dasz er bey seinen Unterthanen, so Oistfrisisch gekönt, keiner andern, als dieser alten Oistfrisischen Sprache sich hat bediehnen und gebrauchen wollen" (S.17).

Unterstellen wir einmal als wahr, was doch so sehr nach zeittypischem Fürstenlob klingt, dann mag zwar der 1625 verstorbene Graf Enno III., der hier wohl gemeint ist, durchaus noch des Friesischen „kundig" gewesen sein - ob wirklich „vollkommen" oder nicht eher doch nur noch rudimentär, das bleibe dahingestellt -, aber seine „Unterthanen" waren es nach diesem Zeugnis aus dem ausgehenden 17. Jh. längst nicht mehr alle: Nur noch mit denjenigen konnte er friesisch bale/loudje/queede/räädje/spreke - so heute im Saterfriesischen für ‚reden, sprechen' -, „so Oistfrisisch gekönt"!

Erheblich realistischer dürfte des Autors Einschätzung der Situation gewesen sein, wenn er wenig später forderte, es „sey die alte Oistfrisische Sprache [...] ausz dem Staube der sinckenden Vergessenheit wieder hervorzusuchen" (S.18). Dies ist, so ist man zu sagen geneigt, die typische Äußerung eines ursprünglich Außenstehenden - Cadovius-Müller war am 2. Juni 1650 in Hamburg geboren, war also „ein Fremdblinger und kein eingebohrner Oistfrise" (S.30), war kein ‚native speaker' des „Oistfrisischen" -, der mit einem für ihn neuen Phänomen konfrontiert wird. Dieses erregt seine Aufmerksamkeit, weckt rasch sein Interesse, und bald setzt er sich mit großem Eifer dafür ein. Diejenigen allerdings, die Sprache als tägliches Kommunikationsmittel benutzten, waren längst über eine derartige rückwärts gerichtete Einstellung hinweggegangen, von ihnen war keiner mehr bereit, das Friesische wieder zu seinem sprachlichen Verständigungsmittel zu machen: Die Sprachsituation des zu Ende gehenden 17. Jh.s war in Ostfriesland eine grundlegend andere geworden.

Die Kennzeichnung des Friesischen als zwar „uhralte", aber eben doch „fast verloschene Landessprache" (S.20) dürfte die damalige Situation angemessen wiedergeben. In der „Gemeine[n] Vorrede" heißt es (S.26) dann zwar noch einmal - stark verklärend -, „die alten Oistfriesen" seien „heutiges Tages [...] niehmals fröliger, als wen sie unter sich ihre alte Oistfrisische Sprache reden und gebrauchen moegen", aber unmittelbar darauf folgt die realistische Erkenntnis, daß „aber itzo die Oistfrisische Sprache fast mit dem Licht in Oistfrisland selbst musz gesuchet werden". Auch das soeben angebrochene Neue Jahr würde hier keine Besserung bringen können - zu einschneidend waren die sprachlichen Veränderungen der vorhergehenden Jahrhunderte gewesen.

Im Jahre 1786, knapp 100 Jahre nach Cadovius-Müller, stellte der Jurist T.D. Wiarda in der Vorrede zu seinem altfriesischen Wörterbuch zwar noch immer fest: „Die Friesen überhaupt, und vorzüglich die Ostfriesen, haben Sitten, Gewonheiten, Gesetze und Sprache ihrer Vorfahren unter allen deutschen Völkern am längsten beibehalten" (S. III, § 1), doch mußte er wenig später konstatieren, die „vor wenigen Jahrhunderten noch blühende friesische Sprache" sei „nunmehr völlig ausgestorben", obwohl der Friese „die alte Volks-Sprache des nördlichen Deutschlandes bei sich aufgehoben und sie immerhin auf Kindern und Enkeln [...] fortgepflanzet" habe (S. XVIII, § 18).

Es war schon angedeutet worden, daß diese Retrospektive aus der Sicht des ausgehenden 18. Jh.s stark verklärende romantische Züge trägt. In der Liebe zur angestammten Sprache, im Verharren bei „Sitten, Gewonheiten, Gesetze[n und] Gebräuchen" sah Wiarda eine - positive - Charaktereigenschaft eines Stammes/Volkes. Bei den Ost-Friesisch-Sprechern des Mittelalters und der frühen Neuzeit aber kann ein auf „die alte Volks-Sprache" gerichtetes Sprachbewußtsein nicht so ausgeprägt gewesen sein, wie Wiarda es unterstellte, sonst hätte er nicht sein „nunmehr völlig ausgestorben" bilanzieren müssen - insofern ist seine Rückschau in sich nicht widerspruchsfrei.

Daß seine Bilanz obendrein nicht ganz korrekt war - an den Rändern Ostfrieslands lebte, wenn auch nur noch recht kümmerlich, das Ost-Friesische durchaus noch -, wird man ihm nicht vorhalten wollen. Immerhin stammen - sehen wir einmal mehr vom Saterfriesischen ab - letzte zusammenhängende Denkmäler eines gesprochenen Ost-Friesisch noch aus dem Anfang unseres 20. Jh.s! Alle diese späten Bezeugungen betreffen das Wangeroogische, das der Insel selbst wie das von etwa 35-40 Sprechern auf dem gegenüberliegenden Festland.

Bereits 1849 und 1854 hatte der Großherzoglich Oldenburgische Hofrat H.G. Ehrentraut aus Jever in der von ihm gegründeten und herausgegebenen, nach diesen beiden ersten Jahrgängen aber wieder eingestellten Zeitschrift ‚Friesisches Archiv' sehr umfangreiche Sprachproben und eine wissenschaftlich fundierte Beschreibung der „Sprache der Wangeroger" veröffentlicht. Sie stellen heute eine unschätzbare Bestandsaufnahme des Neu-Ostfriesischen von Wangerooge um 1840 dar. Ehrentraut war zwischen 1837 und 1841 viermal, „jedesmal auf mehrere Wochen", zur Erhebung von Sprachdaten und volkskundlichen Materialien auf der Insel gewesen, hat also Feldforschung getrieben. Seine wichtigste Gewährsperson war eine alte Frau, deren Auskünfte er „nach ihrem Dictate wörtlich" niederschrieb (Bd. 1, S.15). Die Zukunftsaussichten der „alten Sprache" der Wangerooger schätzte Ehrentraut düster, aber realistisch ein: Sie werde „jetzt bald der Einwirkung des Niedersächsischen und des Hochdeutschen erliegen" müssen (ebd. S.16).

1922 gab E. Littmann einige kleine „Friesische Erzählungen aus Altwangerooge" heraus; sein Gewährsmann war 1899 bereits 81 Jahre alt.

„Vom aussterbenden Friesisch der Insel Wangeroog" handelte Th. Siebs (1923). Nach ihm wurde in jenem Jahr 1899 „die friesische Sprache dort [= auf der Insel] noch von elf Leuten gesprochen, die alle über 50 Jahre alt waren", dazu auf dem Festland insbesondere von „sieben Familien" in Hooksiel im Jeverland und von 19 Einwohnern der nach der verheerenden Sturmflut der Neujahrsnacht 1854/55 auf dem Festland beim Vareler Hafen gegründeten Kolonie Neu-Wangerooge. „Die meisten dieser Wangerooger werden jetzt [1923] verstorben sein, die jüngsten von ihnen müßten heute etwa 75 Jahre zählen. Wir dürfen also annehmen, daß die alte Sprache der Insel entweder schon ausgestorben ist oder es in wenigen Jahren sein wird" (S.237f.).

Ziehen wir an dieser Stelle ein erstes Fazit! Trotz der in dieser Sprache aufgezeichneten umfangreichen mittelalterlichen Rechtstexte konnte das Friesische in Ostfriesland keine zukunftsträchtige Schriftsprache entwickeln. Ihm eignete vielmehr nach den Charakterisierungen von Zeitzeugen des ausgehenden 17. Jh.s eindeutig der Status einer in „grosse und viele dialectus" aufgesplitterten Sprechsprache. In der Gestalt einer voll ausgebildeten, überregional anerkannten Schriftsprache trat diesem ‚lediglich' gesprochenen Friesisch das Mittelniederdeutsche entgegen. In der Auseinandersetzung zwischen beiden Sprachen war das Friesische chancenlos. „Wo immer eine Mitteilung weiträumig gelten oder irgendwie offiziellen, amtlichen, feierlichen oder geistig anspruchsvollen Charakter haben sollte" (so C. Schuppenhauer 1980, S.64 über die niederdeutsch-hochdeutsche „Zweisprachigkeit Norddeutschlands"), da mußte im frühneuzeitlichen Ostfriesland dem Niederdeutschen der Vorzug vor dem Friesischen gebühren.

Der Blick über die Grenze nach Westen, in die niederländische Provinz Friesland, bietet uns den Kontrast zu der Entwicklung in Ostfriesland. Zwar drohte auch „Westerlauwers Friesland" in der frühen Neuzeit die sprachliche „ontfriesing", aber es konnte sich ihr schließlich doch „onttrekken". Das verdankt es nicht zuletzt einer rasch um sich greifenden ‚friesischen Bewegung', die eine Art neues Stammesbewußtsein weckte, das auch und gerade in der angestammten Sprache seinen Ausdruck suchte und fand. Die Pflege des als bäuerliche Umgangssprache durchaus noch lebendigen Friesisch konnte zudem auf einen bedeutenden Dichter zurückgreifen, auf Gysbert Japicx aus Bolsward (1603-1666). Seit den 1770er Jahren, der Zeit des T.D. Wiarda also, waren es dann zahlreiche Gelehrte, insbesondere die Brüder J.H. und E. Halbertsma, dazu der Volksschriftsteller Waling Dykstra, die, geprägt von romantischen Vorstellungen von ‚Volkssprache' und ‚Volksdichtung', diese Bewegung trugen. Ausdruck des starken Rückhalts in der Bevölkerung war die Gründung der „Provinciaal Friesch Genootschap voor Geschied-, Oudheid- en Taalkunde" (1827) - der Name ‚noch' niederländisch - und der „Selskip foar Fryske Taal en Skriftekennisse" (1844) - der Name ‚jetzt' friesisch. Durch das Wirken dieser Männer und Institutionen gelang es, in der Provinz mit einem neuerlichen Friesen-Bewußtsein ein neuerliches Sprachbewußtsein zu wecken und so den Prozeß der sprachlichen Entfriesung nachhaltig zu stoppen. Entsprechende Persönlichkeiten und Institutionen waren Ostfriesland nicht beschieden.

Die neuniederdeutsche Zeit

Betrachten wir das Ergebnis der Ablösung des Friesischen durch das Niederdeutsche von den modernen Mundarten her, dann müssen wir konstatieren, daß die ostfriesischen Dialekte den sog. niederdeutschen Kolonialmundarten zugeordnet werden. Deren wichtigstes Merkmal ist der Zusammenfall der ursprünglich drei unterschiedlichen Personalendungen im Plural Präsens Indikativ der Verbalflexion in -en gegenüber ebenfalls einheitlichem -(e)t der Dialekte der sog. Stammlande, ein sehr tiefgreifender Systemunterschied. Es heißt also ostfriesisch wi, ji, seï måken gegenüber sonstigem wi, ji, seï måk(e)t.

Die ostfriesische Form des Einheitsplurals läßt darauf schließen, daß hier im Nordwesten das Niederdeutsche in der Gestalt der mittelniederdeutschen Schriftsprache ‚von oben', über die Kanzleien, übernommen wurde. „Es wurde als offizielle Amtssprache eingeführt und überlagerte als solche anfangs nur die weiterhin gesprochenen friesischen Mundarten, ehe es zunächst in der Oberschicht, später in allen Bevölkerungskreisen auf die Sprechsprache übergriff" (W. Sanders 1982, S.55). Dem mündlichen Verkehr mit den niederdeutschen Nachbarn im Osten und Süden, die ja hebbt, kåmt, loopt, måkt, ståt usw. sagten/sagen, kam kaum Bedeutung zu. Sehr wohl aber könnte der mündliche Sprachkontakt mit den ‚nedersaksischen' Nachbarn im Westen, die gleichfalls -en hatten/haben, stützend gewirkt haben. C. Borchling 1928, S.128, hält ihn gar für entscheidend und glaubt, daß er in einer jüngeren Ausgleichsbewegung „heute fast das gesamte ostfriesische Gebiet" - in der Tat zeigt der Ostrand vereinzelt -t! - erobert habe. Für die Groninger Ommelande wird der Prozeß der ‚Ontfriesing' dem Einfluß der sprachlich früh saxonisierten Stadt Groningen zugeschrieben - vor allem das politisch, wirtschaftlich und kulturell überlegene Emden, seit 1464 für knapp 100 Jahre die Hauptstadt der Grafschaft, könnte insbesondere für deren Südwesthälfte eine ähnliche Rolle gespielt haben. Im Auge behalten müssen wir zudem, daß die anderen ehemals friesischsprachigen Landschaften Niedersachsens (Wangerland, Jeverland, Rüstringen, Butjadingen, Land Wursten) heute den - ihnen vom Friesischen her gewohnten! - Einheitsplural auf -t haben; hier ist erkennbar der unmittelbare mündliche Sprachkontakt mit den ‚sächsischen' Nachbarn von entscheidender Bedeutung gewesen.

Zur Gliederung der ostfriesischen Mundarten

Ostfriesland war durch einen von Nordwesten nach Südosten streichenden breiten Moor- und Sumpfgürtel in einen - etwas kleineren - Südwest- und einen - etwas größeren - Nordostteil geschieden. An ihm orientierten sich alte politische und kirchliche Grenzen, nicht zuletzt auch die jüngere Konfessionsgrenze zwischen dem reformierten Südwesten und dem lutherischen Nordosten. Auf modernen Sprachkarten bündeln sich an ihm, im einzelnen mehr oder minder stark voneinander abweichend, zahlreiche Mundartgrenzen, zu unterschiedlichen Zeiten durch unterschiedliche Ursachen hervorgerufen. Dieses Linienbündel stellt sich als die markanteste Mundartscheide Ostfrieslands dar; nur von ihr kann und soll hier die Rede sein, indem einige wichtige Erscheinungen herausgegriffen werden. Daß die beiden ostfriesischen Teilgebiete ihrerseits jeweils Anschluß über die Landesgrenzen hinweg an die westlich/südwestlich bzw. östlich anschließenden Sprachräume haben, sei hier besonders vermerkt, ohne daß darauf allerdings näher eingegangen werden könnte; diese Darstellung hat sich auf das zu untersuchende Problemgebiet im engsten Sinne zu beschränken.

Aus dem Bereich der Lautlehre seien genannt:
1. „das auffallendste Merkmal zur Unterscheidung der Mundarten" in Ostfriesland (so H. Janßen 1937, S.35), die Diphthongierung von wgerm. /o:/ = mnd. ô¹ zu heutigem /au/ - mit den Varianten /eau/ im Reiderland und /öau/ in den Fehnkolonien - im SW gegenüber bewahrtem Monophthong /o:/ im NO in Wörtern wie Bauk : Book ‚Buch', Faut : Foot ‚Fuß' oder Kau : Koh ‚Kuh' - im „Fehntjerplatt": Möauder, döau mi d' Böauken, ik mutt nå d' Schgöaul töau (nach Janßen S.37);
2. die im SW „enge geschlossene Aussprache" (so C. Borchling 1928, S.131) der heutigen langvokalischen Entsprechungen zu den mnd. kurzen /e, o, ö/ in offener Tonsilbe gegenüber der offenen Aussprache im NO in Wörtern wie sw. Egel : nö. Ägel ‚Igel', kregen : krägen ‚gekriegt', Swepe : Swäp ‚Peitsche', Weer : Wär ‚Wetter', Weke : Wääk ‚Woche', wesen : wäsen ‚sein', Hosen : Hasen ‚Strümpfe', komen : kåmen ‚kommen', Döör : Döär ‚Tür', Köken : Köäken, Käöken ‚Küche', König : Känig ‚König';
3. sw. Frau gegenüber nö. Froo ‚Frau'.

Aus dem Bereich der Formenlehre seien genannt:
1. der Erhalt eines auslautenden /e/ im SW gegenüber dessen Abfall im NO bei einer Reihe von Feminina wie Eide ‚Egge', Karse ‚Kirsche', Pietske ‚Peitsche', Pudde ‚Kröte' oder Seise ‚Sense' bei grundsätzlicher Tendenz zur -e-Apokope in ganz Ostfriesland;
2. der sog. schwache Plural von Substantiven im SW gegenüber dem sog. starken im NO: Bladen : Blä, Bläer ‚Blätter', Bomen : Bööm ‚Bäume', Fauten : Fööt, Föit ‚Füße', Gosen, Gansen : Göös ‚Gänse', Musen : Müüs ‚Mäuse';
3. damit einhergehend: das Fehlen des Umlauts in den schwachen Pluralformen des SW gegenüber den umgelauteten - starken - Entsprechungen des NO (Beispiele wie unter 2.);
4. das sw. kurze /a/ gegenüber dem nö. langen /e:/ bzw. /eï/ im Präteritum der starken Verben IV und V: gaff : geef, geïf ‚gab', kwamm : kweem, kweïm ‚kam', namm : neem, neïm ‚nahm', was : weer, weïr ‚war';
5. das Partizip Präteriti west ‚gewesen' im SW gegenüber wesen im NO.

Aus dem Bereich des Wortschatzes seien genannt:
1. sw. Ekster gegenüber nö. Heekster ‚Elster',
2. sw. heel, heïl gegenüber nö. ganz ‚ganz',
3. sw. proten gegenüber nö. snacken ‚reden, sprechen',
4. sw. Schoffel gegenüber nö. Spå ‚Spaten',
5. sw. sünner gegenüber nö. ån ‚ohne'.

Niederländische Einflüsse

Jahrhundertelang bestanden enge wirtschaftliche und kulturelle, phasenweise auch politische, Beziehungen zwischen Ostfriesland und den Niederlanden, im Südwesten durch dessen Anschluß an die niederländische Reformierte Kirche auch tiefgreifende religiöse. In der zweiten Hälfte des 16. Jh.s strömten niederländische Glaubensflüchtlinge über die Grenze. Durch derartige Bindungen und Einflüsse wurde das Niederländische im calvinistischen Südwesten Ostfrieslands nach dem Niederdeutschen - Schriftsprache etwa in den zwei Jahrhunderten zwischen 1450 und 1650 - und dem Hochdeutschen - als Schriftsprache fest etabliert seit der Mitte des 17. Jh.s - seit etwa 1650 zur dritten „Kultursprache" (L. Kremer 1983, S.13), die sie etwa 200 Jahre lang blieb. Sie war allerdings auf bestimmte Kommunikationssituationen beschränkt, in erster Linie auf Kirche und Schule - hier bis in die Mitte des 19. Jh.s -, wurde aber auch „die Schriftsprache der Kaufleute, der Gilden, kurzum des Bürgertums" (ebd. S.14). Die „Sprache der Obrigkeit" (ebd.) blieb auch im Südwesten das Hochdeutsche. „Wir können also festhalten, daß nach dem Untergang des Niederdeutschen als Schriftsprache die ursprüngliche Diglossie von Dialekt und niederdeutscher Schriftsprache durch die Triglossie von niederdeutschem Dialekt, Niederländisch und Hochdeutsch abgelöst wurde" (ebd.). Seit der Mitte des 18. Jh.s wurde das Niederländische dann durch administrative Maßnahmen der preußischen bzw. der hannoverschen Regierung allmählich zurückgedrängt; vor Ort fanden sie seit dem Beginn des 19. Jh.s Unterstützung in den gebildeten und in patriotisch gesinnten Kreisen. Sprechsprache des ‚gemeinen Mannes' war es nie, er blieb seinem niederdeutschen Dialekt treu, wie er Jahrhunderte zuvor seinem angestammten Friesisch treu geblieben war. Dennoch ist der Einfluß des Niederländischen auf den Wortschatz der heutigen ostfriesischen Mundarten unübersehbar. W. Foerste (1938) hat mehr als 500 einschlägige Lehnwörter zusammengestellt, von Aachtje „Name eines eiförmigen, roten Winterapfels" über Allôsje „Taschenuhr", beschaafd „gebildet, wohlerzogen", Dübbeltje „kleine nl. Münze; in Ostfrsl. früher: Zweistüberstück", eenfaudich „einfach, schlicht", graach „gern", Lêtkant „freistehndes Bett, im Gegensatz zur Butze", naukörich „wählerisch, ganz genau" oder schooien „umherstreifen, sich faulenzend und bettelnd umhertreiben" bis Wißkünde „Mathematik". „Das wortgeographische Bild einer Reihe von nl. Lehnwörtern zeigt deutlich eine west-östliche Staffelung der Ausbreitungsgebiete, die erkennen läßt, wie der nl. Einfluß nach dem Osten zu allmählich abnimmt" (ebd. S.186). Die entsprechenden Grenzlinien stellen ein eindrucksvolles Bündel dar, das sich in vielen Fällen an den zuvor erwähnten ehemaligen Moor- und Sumpfgürtel anlehnt. Erwartungsgemäß finden sich niederländische Lehnwörter besonders zahlreich im Südwesten, doch mußte schon Foerste vor mehr als 50 Jahren konstatieren, daß „heute selbst in den stärkst beeinflußten Gegenden nur noch ein kleiner Teil allgemein bekannt" ist (S.187).

Auf einer anderen Ebene, der des mündlichen Sprachkontaktes im Nahbereich, erfolgten Einwirkungen vor allem aus der Provinz Groningen. Ihnen verdanken sich z.B. die etwa bis zu dem eben angedeuteten Grenzsaum geltenden Drüppel ‚Türschwelle' und Schelf ‚Strohmiete'. Vor allem aber haben sie ihre Spuren im Reider- und im Overledingerland hinterlassen, mitunter auch in der Krummhörn: Angels ‚Grannen', Fröit(e) ‚Maulwurf', Grepe ‚Mistgabel', Kickert ‚Frosch', Müske ‚Sperling', Scholapper ‚Schmetterling' finden sich hier ebenso wie das Femininum Tune ‚Garten' neben dem sonst üblichen Maskulinum Tuun.

Friesische Relikte

„Von dem fr. Substrat in den nd. Küstenmdaa. [...] ist zwar viel die Rede gewesen, näher untersucht wurde es jedoch erstaunlicherweise bisher nicht" - so N. Århammar 1968, S.294. Trotz mehrerer jüngerer Einzeluntersuchungen auch und gerade aus der Feder Århammars steht die übergreifende Zusammenschau auch heute noch aus. Die immer wieder angesprochenen Spuren des friesischen Substrats begegnen uns, nur durch die Analyse des Philologen erkennbar, vor allem im Wortschatz. Lautliche Merkmale, die geographische Verbreitung eines Wortes und die einer speziellen Bedeutung - das sind die drei wichtigsten Kriterien, die, jedes für sich oder in unterschiedlicher Kombination mit anderen, vor dem Hintergrund der Kenntnis ‚des' Alt- und ‚des' Neufriesischen ein friesisches Reliktwort signalisieren können.

Aus einschlägigen Untersuchungen (vor allem N. Århammar 1990, S.23-25, W. Foerste 1938, S.60, A. Spenter 1983, S.771-773) läßt sich hier folgende erste - sehr unvollständige! - Liste zusammenstellen, die lediglich Einzelwörter ohne differenzierende Zusatzinformationen enthält, in der Regel auf Nachweisen aus den beiden Wörterbüchern von Cirk H. Stürenburg (1857) und J. ten Doornkaat Koolman (1879-1884) beruhend. An ihr wie an der folgenden zweiten, detaillierteren, fällt das Übergewicht von „fries. Relikten bes. aus der Landwirtschaft einschl. Tier- und Pflanzennamen" auf (N. Århammar 1984, S.933). Hinzugefügt wurde in beiden Fällen die heutige saterfriesische Entsprechung nach M.C. Fort 1980 bzw. nach unveröffentlichtem Material aus dem Archiv des Niedersächsischen Wörterbuches der Universität Göttingen.

Ensse, Ense ‚Unze', Ees ‚Speise, Köder' (vgl. sat. Äise, Ejse, Ais ‚Regenwurm') - ‚n Frau sall nett wesen as ‚n Duuv': hüselk; un ok neet wesen as ‚n Duuv': dör frömd Ees neet na ‚n ander Slag flegen - , Gepe ‚Hornhecht', Grede ‚Grünland' (sat. Gräid), Hingst ‚Pferd' (nicht = ‚Hengst, männliches Pferd'!) (sat. Hangst, Hongst, Hungst), keiern, koiern ‚spazieren' (sat. kaierje), Kiese ‚Backenzahn' (vgl. sat. Kíezebieter ‚grimmiger, unfreundlicher Mensch' und kíezje ‚die Zähne fletschen'), Klense ‚Seihtuch, Sieb', Leep ‚Kiebitz', Liew ‚Austernfischer', Maande, Manne ‚Gemeinde, Gemeinschaft' - in Grimersum Kr. Norden in der festen Wendung Mannpand - Schannpand erhalten neben dem nd. Meenland, Meene Mente ‚Allmende' -, Mede ‚Heuland' (sat. Mäid), swelen ‚heuen', Triem(e) ‚Leitersprosse', Tuusk ‚Zahn' (sat. Tusk), Wei ‚Molke'.

Anhand des Materials im Archiv des Nds.Wb. kann für andere Friesismen eine unterschiedliche regionale Verbreitung in den modernen ostfriesischen Mundarten ausgemacht werden. So gelten z.B. Dimt ‚ein Flächenmaß, insbesondere für Wiesen', Eide ‚Egge' (sat. Aide), Eilamm ‚weibliches Schaflamm', Jier ‚Jauche' (sat. Jere), knojen ‚schuften' (sat. knooije), Loog ‚Dorf', mooi ‚schön, hübsch', Tiek(e) ‚Käfer' (vgl. sat. Tíeke ‚Zecke') als Grundwort in Tiernamen wie Boomtiek, Brummtiek, Maitiek ‚Maikäfer', Meßtiek, Peertieke, Swart Tieke ‚Mistkäfer', Ohrtieke ‚Ohrwurm', Sünnentiek ‚Marienkäfer', Tuun ‚Garten' (sat. Tuun, Tune) sowie die Pronominalformen hum ‚ihm, ihn' und höör ‚ihr, sie, ihnen, sie, Ihnen, Sie; ihr, ihre, Ihr, Ihre' praktisch im gesamten ehemaligen Regierungsbezirk Aurich, Ienen ‚Grannen' ebd. außer im Reider- und im Oberledingerland; nach der Karte ‚Viehbremse' im Deutschen Wortatlas streut Bau(e) im ganzen Gebiet.

Auf den Norden von Norderland und Harlingerland beschränkt ist Schurrschott, Schuurschott ‚Libelle'.

Im wesentlichen auf das Harlingerland beschränkt sind z.B. Foon ‚Mädchen', Gunner ‚Ganter' - dieses allerdings auch aus Coldinnergaste, Südcoldinne und Osterbrande im Nordosten des Kreises Norden sowie aus

Stürenburgs Wörterbuch bezeugt -, Klampe ‚Steg', Stitz ‚Färse', Stoom ‚Küchendunst'.
Im gesamten Südwesten Ostfrieslands überwiegt das Grundwort Beie, Beïe, Beje, Beë ‚Beere' (sat. Bäie) als Grundwort in Allbeien, Eibeïen, Allbääjen, Eibäjen, Eibäen ‚Johannisbeeren'.
Vor allem in der Krummhörn - und z.T. in einem nördlich und östlich angrenzenden Randstreifen - finden sich u.a. Jadder ‚Euter' (sat. Jader), Soon bzw. die Deminutivform Soontje ‚Kuß' - Soontje auch auf Juist-, Swette ‚Grenze' oder Wiers(e) ‚Reihe gemähtes Gras' (sat. Wirze).
Vorwiegend aus dem Reiderland und aus einem nördlich und östlich angrenzenden Randstreifen, vereinzelt auch aus den Kreisen Aurich und Norden, ja sogar aus Wiesederfehn Kr. Wittmund, ist Till(e) ‚Steg' belegt (sat. Tille), das in dem Sprichwort Leever een Foor Hei up de Hill', as dree vör 'n glasen Till' eine fürwahr ‚tragende' Rolle spielt.
Aus Egels, Sandhorst, Ulbargen und Wallinghausen im Kr. Aurich, Bingum, Collinghorst und Filsum im Kr. Leer sowie Friedeburg im Kr. Wittmund ist Gast, Gaast, Gaste, Gaaste ‚hohes, dürres Sandland' belegt - die friesische Entsprechung von nd. Geest. So gut wie isoliert stehen dagegen die vier Belege zu Veerp (sat. Fjoorp) ‚ein Hohlmaß' bzw., davon abgeleitet, ‚ein Flächenmaß' aus Baltrum und Halbemond sowie den Wörterbüchern von ten Doornkaat Koolman und Stürenburg.

Literatur

Ahlsson, L.-E. (1964): Studien zum ostfriesischen Mittelniederdeutsch. Uppsala.
Århammar, N. (1968): Friesische Dialektologie. – Germanische Dialektologie. Festschrift für Walther Mitzka zum 80. Geburtstag. Hrsg. von L.E. Schmitt, Bd. 1, 264-317.
Ders. (1984): [Sprachkontakt] Friesisch/Deutsch. – Sprachgeschichte. Ein Handbuch zur Geschichte der deutschen Sprache und ihrer Erforschung. Hrsg. von W. Besch, O. Reichmann, S. Sonderegger, 1. Halbband, 930-938.
Ders. (1990): Friesisch und Sächsisch. Zur Problematik ihrer gegenseitigen Abgrenzung im Früh- und Hochmittelalter. – Amsterdamer Beiträge zur älteren Germanistik 31/32 [zugleich Estrikken 69], 1-25.
Beckmann, J. (1969): Der Wortschatz des Deich- und Sielwesens an der ostfriesischen Nordseeküste. Phil. Diss., Mainz.
Beninga, E. (1961): Cronica der Fresen. Teil I: Das 1. bis 3. Buch. Bearb. v. L. Hahn. Hrsg. v. H. Ramm. Aurich.
Borchling, C. (1928): Die westfälischen Einflüsse in der niederdeutschen Sprache Ostfrieslands. – Niederdeutsches Jahrbuch 54, 122-135.
Bulicke, I. (1979): Zur Geschichte der Kirchensprache in Ostfriesland seit der Reformation. Leer.
Cadovius-Müller, J. (1875): Memoriale linguæ frisicæ. Hrsg. von L. Kükelhan. Leer.
Doornkaat Koolman, J. ten (1879-1884): Wörterbuch der ostfriesischen Sprache. 3 Bände. Norden.
Düwel, K. (1968): Runenkunde. Stuttgart.
Ehrentraut, H.G. (1849, 1854): Friesisches Archiv. Eine Zeitschrift für friesische Geschichte und Sprache. Bd. 1, 2. Oldenburg.
Feitsma, A./Alberts, W. J./Sjölin, B. (1987): Die Friesen und ihre Sprache. – Nachbarn 32.
Foerste, W. (1938): Der Einfluß des Niederländischen auf den Wortschatz der jüngeren niederdeutschen Mundarten Ostfrieslands. Hamburg.
Folkers, J.U. (1956): Vom Wesen des Friesentums. – Jahrbuch der Gesellschaft für bildende Kunst und vaterländische Altertümer zu Emden 36, 7-38.
Fort, M.C. (1980): Saterfriesisches Wörterbuch. Hamburg.
Friedlaender, E. (1878, 1881): Ostfriesisches Urkundenbuch. Bd. 1, 2. Emden.
Hahn, L. (1912): Die Ausbreitung der neuhochdeutschen Schriftsprache in Ostfriesland. Leipzig.
Heeroma, K. (1961): Het getuigenis der taalkaarten. – Heeroma, K. Naording N.: De Ontfriesing van Groningen. Zuidlaren, 11-44.
Ders. (1962): Die Grenze des Friesischen. – Festschrift für Ludwig Wolff zum 70. Geburtstag. Hrsg. v. W. Schröder, 33-53.
Huizinga, J.(1914): Hoe verloren de Groningsche Ommelanden hun oorspronkelijk Friesch karakter? – Driemaandelijksche Bladen 14, 1-77.
Janßen, H. (1937): Die Gliederung der Mundarten Ostfrieslands und der angrenzenden Gebiete. Marburg.
Kremer, L. (1979): Grenzmundarten und Mundartgrenzen. Bd. 1, 2. Köln, Wien.
Ders. (1983): Das Niederländische als Kultursprache deutscher Gebiete. – Nachbarn 27.
Krogmann, W. (1956): Das Schicksal der ostfriesischen Sprache. – Jahrbuch der Gesellschaft für bildende

Kunst und vaterländische Altertümer zu Emden 36, 97-112.
Ders. (1961): Die Sprache und die Dichtung. – Ostfriesland. Weites Land an der Nordseeküste. Hrsg. v. G. Möhlmann, 122-131.
Muller, J. W. (1939): De uitbreiding van het Nederlandsch taalgebied, vooral in de zeventiende eeuw. Den Haag.
Sanders, W. (1982): Sachsensprache, Hansesprache, Plattdeutsch. Göttingen.
Scheuermann, U. (1970): Niederländische und friesische Relikte im ostfriesischen Niederdeutsch. – Niederdeutsches Jahrbuch 93, 100-109.
Ders. (1977): Sprachliche Grundlagen. – Geschichte Niedersachsens. Hrsg. v. H. Patze, 1. Hildesheim, 167-258.
Schmitt, L. E. (1942): Die Stadt Groningen und die Mundarten zwischen Laubach und Weser. – Zeitschrift für Mundartforschung 18, 134-170.
Schuppenhauer, C. (Bearb.) (1980): Niederdeutsch gestern. Eine Sprache in Pro und Contra. I. Jonas Goldschmidt und andere, 1845/46. Leer.
Siebs, Th. (1901): Geschichte der friesischen Sprache. – Grundriß der germanischen Philologie. Hrsg. v. H. Paul, II,2, 2. Aufl., 1152-1464.
Ders. (1923): Vom aussterbenden Friesisch der Insel Wangeroog. – Zeitschrift für Deutsche Mundarten 18, 237-253.
Sipma, P. (1927, 1933): Oudfriesche Oorkonden. Bd.1, 2. Den Haag.

Sjölin, B. (1966): Zur Gliederung des Altfriesischen. – Us Wurk 15, 25-38.
Ders. (1969): Einführung in das Friesische. Stuttgart.
Sodmann, T. (1973): Der Untergang des Mittelniederdeutschen als Schriftsprache. – Niederdeutsch. Sprache und Literatur. Eine Einführung. Hrsg. v. J. Goossens, 1: Sprache, 116-129.
Spenter, A. (1983): Niederdeutsch-friesische Interferenzen. – Handbuch zur niederdeutschen Sprach- und Literaturwissenschaft. Hrsg. v. G. Cordes und D. Möhn, 762-782.
Stellmacher, D. (1987): Wer spricht Platt? Zur Lage des Niederdeutschen heute. Eine kurzgefaßte Bestandsaufnahme. Leer.
Stürenburg, C. H. (1857): Ostfriesisches Wörterbuch. Aurich.
Taubken, H. (1984): Grenzniederländisch. Die externe Geschichte des Niederländischen im deutschen Grenzraum. – Grenzen en Grensproblemen. Een bundel studies uitgegeven door het Nedersaksisch Instituut van de R.U. Groningen ter gelegenheid van zijn 30-jarig bestaan, 84-106.
Ubbius, H. (1933): Descriptio Frisiae. Übersetzt v. G. Ohling. – Feriae Auricanae, 1-16.
Vries, O. (1990): Die Verdrängung der altfriesischen durch die niederländische Schreibsprache. – Niederdeutsches Wort 30, 83-96.
Wiarda, T.D. (1786): Alt friesisches Wörterbuch. Aurich.

Ostfriesische Namen - Namen in Ostfriesland
von Rudolf A. Ebeling

Einleitung

Namen, Eigennamen sind sprachliche Zeichen, sind Teil der Sprache, und da ihr Ursprung überdies in der Regel nicht in der Gegenwart liegt, haben sie auch Anteil an der Sprachgeschichte. Das bedeutet für Ostfriesland, daß sich im Laufe der Entwicklung an seinen Namen altfriesische, alt-, mittel- und neuniederdeutsche sowie hochdeutsche Einflüsse bemerkbar gemacht haben müssen.

Die Herkunft der meisten Namen aus mehr oder weniger tiefen Schichten der Vergangenheit bringt zweitens mit sich, daß sie durch dasjenige, was sie bezeichnen (ein Dorf, eine Flur, einen Menschen), auch Anteil an der allgemeinen Geschichte haben, insbesondere an der Siedlungs- und der Bevölkerungsgeschichte. So läßt sich denn auch an und in vielen Namen manches Detail der geschichtlichen Entwicklung entdecken, und es ist daher auch möglich und sinnvoll, auf die Namen einer einzelnen Region oder Landschaft wie etwa Ostfriesland einzugehen.

Für eine knappe Darstellung, wie sie im Rahmen dieses Buches vorgesehen ist, liegt eine Behandlung des Namenschatzes nach traditionellem Muster nahe. So werden im Abschnitt ‚Ortsnamen' insbesondere die Gewässer-, Flur- und Siedlungsnamen vorgestellt, im Abschnitt ‚Personennamen' vor allem die Vor- und Familiennamen.

Ortsnamen

Gewässernamen

Ostfriesland ist – und war es vor allem – über weite Strecken relativ wasserreich. Mensch und Landschaft wurden unverkennbar geprägt vom nicht endenden Kampf gegen die andringende Nordsee und von der gleichermaßen mühsamen Beherrschung des Binnenwassers. So erkennt man denn auch auf älteren und neueren Landkarten und bei Reisen durch das Land eine große Anzahl natürlicher und künstlicher Gewässer und viele Kombinationen von beiden. Dem entsprechen Anzahl und Art der Gewässernamen (Hydronyme), wobei im vorliegenden Fall neben Flüssen, Gräben oder Seen auch das Wattenmeer mit einzubeziehen ist. Letzteres unterliegt durch den Einfluß der Gezeiten einem ständigen Wandel und ist schon von daher auch namenkundlich ein besonderer Fall.

Zum Bereich des Wattenmeeres gehören neben dem Namen *Dollart* (zum verbreiteten Namenwort *Dolle* ‚Kuhle, Untiefe') vor allem die der großen Rinnen. Die allgemeine Gattungsbezeichnung *Priel* ist etymologisch noch nicht sicher geklärt. Neben den Einzelnamen *Westerems* und *Osterems* finden sich insbesondere Bildungen mit den Namenwörtern *Ee* (Variante des verbreiteten Gewässernamenelementes *Aha, A), Gat* ‚Loch, Einfahrt' und *Balje,* ursprünglich ‚Sandbank', später auch ‚Rinne entlang der Sandbank'. Als unterscheidender Zusatz bzw. Bestimmungswort tritt häufig ein adjektivierter Siedlungs- oder Inselname auf (z. B. *Accumer Ee, Norderneyer Seegat*), hier und da selbst von inzwischen längst untergegangenen bzw. tief landeinwärts liegenden Orten (z. B. *Otzumer Balje, Wichter Ee*). Die höher liegenden Teile des Watts tragen vor allem Namen mit *Plate, Sand* und *Nacken.*

Auf dem Festland sind die Namen der zur Nordsee und Ems entwässernden Hauptwasserläufe fast ohne Ausnahme mit *Tief,* niederdeutsch *Deep,* bzw. *Sieltief* ‚zum *Siel,* zur Entwässerungsschleuse führendes Tief' gebildet. Auch hier ist die Kombination mit einem Siedlungsnamen häufig: *Accumer Tief, Benser Tief, Coldemüntjer Sieltief, Nortmoorer Sieltief*. Für das Gewässersystem der Fehne sind *Kanal* und *Wieke* ‚Seitenkanal' die wichtigsten Elemente, z. B. *Spetzerfehn-Kanal, Südwieke.*

Wiederkehrende, in einigen Fällen auf Teillandschaften begrenzte Namenwörter für kleinere Wasserläufe sind neben dem auch in diesem Bereich sehr frequenten *Tief/ Deep* u.a. diese (z.T. noch als Gattungsbezeichnungen in Ostfriesland lebendig): *Dilft* (aus altfriesisch *delfta* ‚das Graben' zu *delva* ‚graben', vgl. den bekannten *Ratsdelft* in Emden); *Ehe* (wie oben *Ee); Graben; Leide* (zu altfriesisch *lêde,* ursprünglich zum Verbum ‚leiten', vgl. u.a. *Ley-Bucht); Maar* (zu altfriesisch *mâr* ‚(Grenz)graben'); *Riede* (zu altfriesisch *rîd* und Varianten, mittelniederdeutsch *ride, rie* ‚kleiner Wasserlauf'); *Schloot* ‚Graben'.

Einzelbildungen sind *Abelitz, Bi(e)tze, -sche, Blitz* (alle offenkundig friesische Namen mit Assibilierung (Zetazismus) von -k- zu -ts- in *beek* ‚Bach' zu *bits* bzw.

leek ‚Wasserlauf' zu *lits),* ferner *Flumm* (wohl zu einer germanischen Basis *flô* und *flô* und m-Suffix), *Grove* (zu altniederdeutsch *grôva* ‚Graben'), *Maade (zu* alt-, mittelniederdeutsch *mâtha, made* ‚Heuland', wie in Groningen *Matsloot?), Ridding* (wie oben *Riede)* sowie schließlich auch die im Unterlauf ostfriesischen Flüsse *Ems, Jümme* und *Leda.*
Stehende größere Gewässer werden in Ostfriesland in der Regel mit *Meer* bezeichnet *(Ewiges Meer, Großes Meer).* Es handelt sich dabei um Hochmoor-, Tiefmoor- und Sietlandseen. Die Zahl der vor allem seit dem 17. Jahrhundert trocken gelegten und landwirtschaftlich nutzbar gemachten ‚Meere' ist außerordentlich groß. Von den mit ihnen abgegangenen Namen sind eine Reihe in Flurnamen und einige wenige in Siedlungsnamen wie *Wiesedermeer* (zum Siedlungsnamen *Wiesede)* oder *Negenmeerten* ‚Neun Seen' erhalten.
Für kleinere stehende Gewässer sind neben nochmals *Meer* sowie *Water* die am häufigsten verwendeten Elemente *Dobbe* (ostfriesisch für ‚Teich, Viehtränke') und *Kolk* (ostfriesisch für ‚Kies-, Ziegeleigrube usw.', speziell die durch Deichbruch entstandene Vertiefung). Die hier und da anzutreffende Form *Kölker* geht auf die altostfriesische Mehrzahlendung -ar zurück. Abschließend sei erwähnt, daß viele der genannten Namenwörter auch außerhalb Ostfrieslands auftreten, insbesondere in Teilen des deutsch-niederländischen Küstensaums.

Flurnamen

Wie für viele andere Landschaften, so gilt auch für Ostfriesland, daß die Flurnamen oder Mikrotoponyme – also die Namen von kleineren, unbesiedelten landschaftlichen Einheiten wie Acker, Wiese, Garten, Bruch, Weg und dergleichen – die noch am wenigsten wissenschaftlich beschriebene Namenklasse darstellen. Zwar entstand im Laufe der Jahre bei der Ostfriesischen Landschaft eine Flurnamensammlung mit 80 000 Belegen und wurden kleinere Materialsammlungen in Zeitungen und Zeitschriften veröffentlicht. Auch sind viele einzelne Flurnamen und die entsprechenden Namenwörter untersucht und gedeutet worden, dann aber zumeist zum Zwecke anders orientierter Fragestellungen, die etwa dem Bereich der Dialektologie, der historischen Geographie oder der Siedlungsnamenforschung entstammten. Die namenkundliche Beschreibung der Mikrotoponymie einer ostfriesischen Teillandschaft oder die Veröffentlichung einer allgemeinen ostfriesischen Flurnamenkunde steht noch aus.

Grundsätzlich allerdings unterscheiden sich die Flurnamen Ostfrieslands, was ihre Bildungsweise betrifft, in nichts von entsprechenden Namen anderswo. D.h. erstens, daß wir auch hier auf Bildungen stoßen, die häufig in unmittelbarer Nähe zum Appellativischen angesiedelt sind, dem ein gewisses Grundsortiment stets wiederkehrender Namenwörter entstammt. Zweitens läßt sich auch hier die Namengebungsmotivik (und lassen sich damit die Namen) in so einleuchtende Rubriken wie ‚Beschaffenheit des Geländes', ‚Größe des Grundstückes', ‚Benutzer/Besitzer der Flur' usw. einteilen. Das Spezifische hingegen der ostfriesischen Flurnamen ergibt sich aus der Sprachgeschichte dieses Territoriums sowie aus dem Eigentümlichen der global in Marsch, Geest und Moor zu gliedernden Landschaft. Es folgen einige häufig verwendete bzw. in anderer Hinsicht für Ostfriesland charakteristische mikrotoponymische Elemente. Die älteren Namenbelege wurden zumeist dem Ostfriesischen Urkundenbuch entnommen; die übrigen stammen aus der Gegenwart.

– *Acker,* altfriesisch *ekker:* z. B. *Aldecker* (a. 1437), *Rüschkeackers.*
– *Brook, Broek* ‚Bruch, Sumpfgehölz': z. B. *Hungerbroke* (a. 1486), *Brook-Stücken.*
– *Feld* ‚offene Fläche, Flur der älteren Dörfer': z. B. *Grote Paulsefeld.*
– *Fenne, Fen* ‚niedriges Wiesenland mit moorigem Untergrund', zu altfriesisch *fen(n)e,* mittelniederdeutsch *venne, ven:* z. B. *Eysa fen* (a. 1437), *Deepe Venne.*
– *Gast* ‚das sandige Land im Gegensatz zur Marsch', altfriesisch *gâstlond,* mittelniederdeutsch *gêst, gast:* z. B. *gast unde marsk* (a. 1409), *Extergaste.*
– *Grode* ‚eingedeichtes Neuland', vgl. altfriesisch *grêd, grôde,* mittelniederdeutsch *grôde:* z. B. *de Hayo grode* (a. 1491), *Ostergroden.*
– *Hamm* ‚abgeteiltes Stück Weideland, Wiesenland im allgemeinen', vgl. altfriesisch *ham, hem, him,* mittelniederdeutsch *ham:* z. B. *Ghetetsna ham* (a. 1475), *Eyenhamm.*
– *Hammrich, Hammer* ‚Wiesen- und Weideland eines Dorfes', altfriesisch *hamreke, hammerke* und weitere Varianten: z. B. *Esinghursa hammerk* (a. 1437), *Vörhammerk.*
– *Helmer* ‚Seitenweg, insbesondere Richtung Deich oder Moor', mittelniederdeutsch *helmendere, helmerde* und weitere Varianten: z. B. *Buhrs Moorhelmer.*
– *Kamp* ‚eingezäuntes Flurstück (Acker, Wiese usw.)', altfriesisch *komp,* mittelniederdeutsch *kamp:* z. B. *Nonnokomp* (a. 1437), *Lütje Hochkamp.*

- *Mede* ‚Heuland', altfriesisch *mede(lond)*, mittelniederdeutsch *mâde, mêde*: z. B. *Astermeed* (a. 1437), *Binnenmede*.
- *Moor*, Mehrzahl u. a. *Möörten*, altfriesisch und mittelniederdeutsch *môr* ‚Moor, Sumpf': z. B. *Vothermoer* (a. 1489), *Witte Möörten*.
- *Neuland* ‚gerade kultiviertes, neu eingedeichtes Land': z. B. *Nyalonde (a. 1385), Old -Neeland*.
- *Polder* ‚eingedeichtes Land', aus dem Niederländischen: z. B. *Ollpolder*.
- *Schwoog* ‚Weideland, -gebiet', altfriesisch *swâg*: z. B. *Swogher wey* ‚Weg' (a. 1488) , *Schwoogshöchte* .
- *Tjüche* ‚Landparzelle', altfriesisch *tiôche, tiûche*: z. B. *Papantiuch* (a. 1437), *Schwanetjüch*.
- *Tuun* ‚Garten, Hofstätte', altfriesisch, mittelniederdeutsch *tûn* ‚Zaun, Hof': z. B. *koeltune (a. 1438), Bur-Thun*.
- *Weer* ‚Grundbesitz, Ländereien', altfriesisch *were*: z. B. *Erds weer* (a. 1437), *Oldeweer*.
- *Werf* ‚erhöhte Hausstätte, Warf, Wurt', altfriesisch *werf*, mittelniederdeutsch *werf, warf*: z. B. *Ebe Hunnen werff* (a. 1436), *Holtwarf*.
- *Wold* ‚zu Grasland kultiviertes Sumpfgehölz', altfriesisch *wald*, mittelniederdeutsch *walt, wolt*: z. B. *Abbinghawolde* (a. 1481), *Leegen Meede-Wolde*.

Siedlungsnamen

Unter Siedlungsnamen versteht man im allgemeinen die Namen von Städten, Dörfern, Weilern und Bauerschaften, jedoch auch die von einzelnen Häusern, Höfen, Klöstern und dergleichen. Alter und Anzahl solcher Namen sind selbstverständlich primär das Resultat der Siedlungsgeschichte einer bestimmten Region. Die sprachliche Gestalt der Namen ist vorrangig bestimmt von der Entwicklung der Sprache in dieser Region, daneben aber zeigt sie sich in hohem Maße auch von natur- und kulturlandschaftlichen Faktoren abhängig. Denn häufig entstammen die den Namen zugrundeliegenden Gattungsbezeichnungen unmittelbar dem Naturraum, in dem die Siedlung liegt (Bildungen auf *-moor* oder *-gast* z. B.), oder aber sie spiegeln die Art des menschlichen Eingreifens in eben diesen Naturraum wider, die zu der Siedlung führte (Bildungen etwa auf *-fehn* oder *-groden*). Allgemein gesprochen wird man also kaum einen Siedlungsnamen auf *-holt* oder *-fehn* in der Marsch antreffen und keinen auf *-wold* oder *-siel* im hohen Binnenland (Näheres im vorhergehenden Abschnitt sowie weiter unten). Aus allem folgt, daß auch in Ostfriesland Namenlandschaften nachzuweisen sind, d.h. Landesteile, in denen bestimmte Siedlungsnamentypen gehäuft oder ausschließlich vorkommen.

Die ältesten, allerdings spärlichen Belege geographischer Namen allgemein finden sich bereits in den antiken Reisebeschreibungen; etwa der Inselname *Burcana* (a. 77 bei Plinius) = *Borkum*. Der eigentliche Beginn der schriftlichen Überlieferung liegt in der Karolingerzeit; bekannt sind in diesem Zusammenhang vor allem die Urbare des Klosters Werden (a. 890 ff). Vom 13. Jahrhundert an nimmt die Zahl der Belege stetig zu; die entsprechenden Quellen sind insbesondere über das Ostfriesische Urkundenbuch zugänglich.

Als Typ sind unter den gegenwärtigen ostfriesischen Siedlungsnamen die auf *-um* sicherlich am auffälligsten: *Gandersum, Grimersum, Schwittersum* und viele andere mehr. Sie ballen sich im Südwesten und Norden Ostfrieslands und liegen vornehmlich, jedoch keineswegs ausschließlich in der Marsch. Das *-um* ist ein abgeschwächtes *-hêm* ‚Heim' der Sprache um 900, wie etwa im *Ditzum* aus *Tetteshem* (um 900), das man mit ‚Wohnung, Anwesen des Tetto' übersetzen könnte. Ähnlich *Freepsum* aus *Fresbrahtteshem* (um 900) = ‚Anwesen des Frêsbraht'. Die Verbindung des Grundwortes mit einem Personennamen im Genitiv ist typisch, jedoch nicht die Regel. Auch sind mehrere *-um*-Namen analog entstanden, d.h. waren ursprünglich von sprachlich anderer Gestalt. So geht etwa *Ammersum* auf *Ombriki* (10. Jahrhundert) zurück und *Baltrum* auf *Balteringe* (a. 1398).

Eine weitere Eigentümlichkeit – in größerem Rahmen gesehen allerdings mehr das Anhängsel einer rund um den oldenburgischen Jadebusen auftretenden Erscheinung – sind Siedlungsnamen auf *-ens* vor allem im Nordosten Ostfrieslands: *Abens, Esens, Leepens* und andere mehr. Die Endung *-ens* ist das Resultat eines für die deutsch-niederländische Küstenregion typischen, dem bereits erwähnten Zetazismus des *-k-* entsprechenden Lautwandels des *-g-* vor *-i-* oder *-j-*. *Gödens* an der ostfriesisch-oldenburgischen Grenze entstammt etwa über *Godense* und *Godinge* einem vermuteten *Godingi*, d.h. dem Rufnamen *Gode* mit dem Zugehörigkeit andeutenden Suffix *-ing*, und das Ganze im Nominativ Plural: *Gode-ingi* = ‚die Leute des Gode'. Dieses *-ing* konnte u.a. auch in Verbindung mit dem soeben beschriebenen *-hêm* auftreten: etwa *Bingum* aus *Binninghem* (10. Jahrhundert) = ‚Anwesen der Leute des Binno'.

Im westlichen Marschgebiet fällt eine kleine Gruppe auf *-(w)ard* endender Namen auf *(Loquard, Upleward* und andere), hinter deren Lautung und Schreibung weitgehend verborgen bleibt, daß es sich ursprünglich um Bildungen auf -wurt ‚erhöhter Hausplatz' handelt; vgl. *Visquard* aus *Vixvurt* (Mitte des 12. Jahrhunderts). Dasselbe Element, jedoch in ursprünglicher Dativ-Mehrzahl-Form, finden wir gehäuft auch im Jeverland, also eben außerhalb des eigentlichen Ostfriesland *(Fedderwarden, Sengwarden* und andere mehr), sowie als ersten Namensteil hier und da in allen Marschgebieten *(Wirdum, Werdum* und andere mehr).

Mit fast derselben ursprünglichen Bedeutung wie *Wurt* tritt auch *Warf* auf (vgl. Flurnamen). Das Element ist sicherlich nicht wesentlich jünger als *Wurt*, wird aber durchweg nur in Namen von sehr kleinen Siedlungen oder Höfen angetroffen, über deren Alter wenig bekannt ist, die aber vergleichsweise jung sein müssen. Im Westen des Landes ist die Form übrigens zumeist *-warf* *(Waterwarf, Ihlingswarf* und andere), im Osten häufiger *-warfen* (z. B. *Landeswarfen, Moorwarfen*).

Eine Eigentümlichkeit wiederum der westlichen Marsch sind die Namen mit *Wehr* wie *Koldewehr* oder *Cirkwehrum*. Die ursprüngliche Bedeutung des Elementes ist nicht eindeutig. Im Altfriesischen z. B. war *were* ein Wort sowohl für ‚Besitz, Ländereien' (vgl. Flurnamen) als auch für ‚Damm, Verteidigung'; zudem trat hier und da Vermischung mit *werf* (vgl. ebenfalls Flurnamen) auf. Erwähnenswert ist, nochmals, daß Namen dieses Typs ausschließlich in der Krummhörn vorkommen, und daß gerade von ihnen besonders viele zu in Dollart und Ems untergegangenen Siedlungen gehörten *(Bettewehr, Folkertswehr* z. B.).

Nicht allein in der Marsch wie bei den zuletzt erwähnten Typen, sondern auch auf der Geest und in Übergangszonen sind Siedlungsnamen mit *Bur* anzutreffen *(Burhafe, Bühren, Westerbur, Wiegboldsbur* und andere mehr). Das zuerst im hohen Mittelalter auftauchende Namenelement geht auf Pluralbildungen von altfriesisch *bûr* und/oder mittelniederdeutsch *bur(e)* im Singular zurück; in beiden Fällen ist die Bedeutung ‚Bauerschaft'. Die insbesondere im Norderland auftretenden Namen auf *-beer* hingegen sind in der Hauptsache Hofnamen (z. B. *Kankebeer, Neegrobeer*). Das Element ist aus altfriesisch *bêre* ‚Stall, Hütte' entstanden. Hier und da haben sich *bur* und *beer* in Namen vermischt.

Namen auf *-hausen, -husen* (ursprünglich Dativ Pluralis) sind bekanntlich weit verbreitet, typisch aber auch für Ostfriesland. Sie sind dies vor allem ihrer großen Zahl wegen: Resultat einer durchgehenden Produktivität dieses Typs in allen Landesteilen von der ältesten uns bekannten Zeit (z. B. *Ostahusun* um 900) bis hin zu den jüngsten Siedlungsnamen der Periode nach 1750 *(Tannenhausen* z. B.). Bei den Namen auf *-haus* handelt es sich durchweg um Höfe und Kleinstsiedlungen in den Marschen *(Tjücher Grashaus, Buschhaus* z. B.).

Solche Produktivität gilt gleichermaßen auch für den Typus auf *-dorf* (z. B. *Kiricthorpe* um 900), mit dem Unterschied, daß die Anzahl der Namen wesentlich geringer ist als beim Typus auf *-hausen/-husen* und der Gebrauch des Grundwortes nach 1500 eher zu- als abnimmt. Letzteres hängt u.a. mit einer erhöhten Produktivität gerade bei Namen von sogenannten Moorkolonien zusammen, und die entstehen in der Regel erst nach 1750 (z. B. *Moordorf, Schwerinsdorf*). Nicht unmittelbar erkennbar ist das Element *dorf* in Namen wie *Holtrop, Utarp* oder *Narp*.

Ein Synonym von Dorf ist ostfriesisch *Loog* aus altfriesisch *lôch, -g* ‚Ort, Stätte'. Es findet sich als Grundwort in einer kleinen Anzahl von Namen, vor allem in der nordwestlichen Marsch (z. B. *Osterloog, Westermarscherloog*) sowie auf der zentralen Geest (z. B. *Holzloog, Kirchloog*). Trotz des hohen Alters des Wortes *Loog* ist es als Namenelement erst spät produktiv geworden. Die Gattungsbezeichnung ist übrigens im Niederländischen wie Niederdeutschen früh weiträumig ausgestorben und hat sich nur im Groningischen, Ostfriesischen und Teilen des Oldenburgischen erhalten.

Eine kleine, formal jedoch auffallende Gruppe von Siedlungsnamen bilden die auf *-hafe/-have* wie *Engerhafe, Ieringhave* oder *Ihrhove*. Das Element entstand aus dem Dativ von altfriesisch/altniederdeutsch *hof* ‚Hof, Kirchhof, Versammlungsstätte'. Die fast durchgängige *-a*-Schreibung ist eine Folge des Zusammenfalls von *-o-* mit *-a-* in offener Silbe. Die zumeist hochmittelalterlichen Siedlungen liegen fast alle im nördlichen Landesteil und zudem am Geestrand. Hingegen sind die im gesamten Ostfriesland vorkommenden Namen auf *-hof* in der Regel tatsächlich die von Höfen, und sie sind auch weit jüngeren Datums.

Ähnlich liegen die Dinge bei den Namen mit *Borg/Burg*. Altfriesisch, altniederdeutsch *burg* ‚Burg, Stadt' tritt seit dem hohen Mittelalter auch in ostfriesischen Siedlungsnamen auf; zu dieser Gruppe gehören etwa *Friedeburg, Kirchborgum* oder *Lütetsburg*. Da sich die Bedeutung von ostfriesisch *Borg/Börg* im Laufe der Zeit teilweise auf ‚bäuerliches Anwesen, Marschhof' verengte, ja selbst, quasi ironisch, eine ‚armselige Behausung' meinen konnte, blieb das Wort als Namenelement bis in die Neuzeit produktiv. Dort also, wo sich aus ländlichen ‚Häusern' größere Siedlungen entwickelten, konnten jüngere Siedlungsnamen dieses Typs entstehen (z. B. *Plaggenburg*). In der Mehrzahl der Fälle jedoch und insbesondere in der Marsch sind die Bildungen auf *-burg/-borg* Hofnamen *(Poggenburg, Tütelborg* z. B.).

Von den vorgestellten charakteristischen Flurnamenelementen sind neben den schon besprochenen *Weer* und *Werf/Warf* noch die folgenden als besonders produktiv auch in der Siedlungsnamenbildung zu nennen. Mit einer außerordentlich großen Anzahl von Namen ist in Ostfriesland *-feld* vertreten. Der Hauptbedeutung des Wortes als ‚Flur der älteren Dörfer, zumal auf der Geest' entsprechend, handelt es sich dabei in der Regel um Namen von nach 1600/1750 entstandenen Streusiedlungen in den Heide- und Flachmoorgebieten der Geest. Im Südwesten tritt denn auch manchmal *-heide* an die Stelle von *-feld*: *Dielerheide* z. B. Typisch für die *-feld*-Bildungen ist neben dem Gebrauch des älteren Siedlungsnamens als bestimmendem Element (z. B. *Nenndorferfeld, Steenfelderfeld)* der von Personennamen in dieser Position. Es ist zumeist der Name des ersten Kolonisten, eines für die Urbarmachung zuständigen Beamten oder eines Mitglieds des Herrscherhauses *(Willmsfeld, Bernuthsfeld, Friederikenfeld* z. B.).

Die meisten der zahlenmäßig weniger gewichtigen *-moor*-Namen entstammen der gleichen, jüngeren Siedlungsperiode wie die auf *-feld* (z. B. *Rahestermoor, Wiesmoor, Zwischenmoorten),* doch sind auch einige von hochmittelalterlichen Siedlungen zu nennen (z. B. *Nortmoor, Weenermoor). Zu* dieser Siedlungsphase können auch die meisten *-wolde-*Namen gerechnet werden (z. B. *Großwolde, Simonswolde).* Auch *Gast* hat während eines längeren Zeitraums als Siedlungsnamenelement gedient, d.h. die Entwicklung von Flurnamen zu Siedlungsnamen mit vollzogen. So tritt neben einigen seit dem Mittelalter belegten Siedlungsnamen (z. B. *Holtgaste, Tergast)* eine größere Anzahl Namen unbestimmbaren Alters auf, die zu Kleinstsiedlungen und Höfen gehören (z. B. *Hartsgast, Ostergaste, Tammegast).* Die Namen sind typisch für den Übergang Geest-Marsch im Norden und Westen des Landes.

Wir möchten diesen Paragraphen mit einer jeweils kurzen Beschreibung einiger Siedlungsnamentypen schließen, an denen der intensive, oft technische Eingriff des Menschen in die Naturlandschaft besonders deutlich wird.

Neben den bereits behandelten mit *-ward* und *Wehr* gilt dies insbesondere für die Bildungen mit *Deich,* Namen von Siedlungen also, die ihre Existenz dem durch die Jahrhunderte praktizierten Deichbau verdanken. Diese Namen häufen sich in der Marsch des nördlichen Ostfriesland und sind zumeist von durchsichtiger Bildung: *Werdumeraltendeich, Deichstrich, Gründeich* und andere mehr. Weitaus größer ist übrigens die Zahl der entsprechenden Flurnamen.

Eingedeichtes Land wird im nordöstlichem Teil der Region mit *Groden* bezeichnet, im westlichen hingegen mit *Polder* (vgl. Flurnamen). Dem entsprechen die Namen der nach der Eindeichung entstandenen Siedlungen, wobei in deren Erstgliedern vor allem Namen aus Herrscherhäusern, von Altsiedlungen und Kapitalgebern Verwendung finden: *Carolinengroden, Dornumergrode , Landschaftspolder* und andere mehr.

Eine wichtige Begleiterscheinung des Deichbaus sind die sogenannten *Siele* (altfriesisch, altniederdeutsch *sîl*), d.h. Wasserschleusen in den Deichen zur Entwässerung des Binnenlandes. An solchen Stellen konnten sich häufig kleinere Hafenorte entwickeln, deren Namen denn auch durchweg auf *-siel* enden. Nicht wenige von ihnen liegen gegenwärtig tief im Binnenland und künden auf ihre Weise vom früheren Verlauf der Seedeichlinie. Man beachte etwa nördlich von Wittmund die Süd-Nord-Staffelung *Altfunnixsiel, Neufunnixsiel, Carolinensiel, Harlesiel.* Die ältesten *Siel*-Namen sind seit dem 13. Jahrhundert belegt (a. 1276 *Syle,* später *Sielmönken,* ein Kloster); Neugründungen fanden noch Mitte dieses Jahrhunderts statt *(Harlesiel,* ein Hafen und Freizeitort).

Von ähnlicher Konsequenz wie der um 1000 einsetzende organisierte Deichbau für die Landschaft der Küstenregionen ist für große Teile des Binnenlandes der in der ersten Hälfte des 17. Jahrhunderts beginnende Torfabbau großen Stils mit anschließender Urbarmachung und Besiedlung gewesen. Der zentrale, aus dem Niederländischen entlehnte Begriff dafür ist *Fehn.* Er findet sich als Letztglied in zahlreichen Siedlungsnamen, insbesondere südlich des Ems-Jade-Kanals bis hinunter ins Overledingerland. Die Erstglieder der Namen zeigen ein weitgehend bekanntes Muster: Herrscherhaus, Geldgeber sowie bereits vorhandene Siedlungs- und Flurnamen sind die Hauptmotive (z. B. *Georgsfehn, Warsingsfehn, Berumerfehn, Spetzerfehn).* Übrigens sind nicht alle Orte mit einem *-fehn*-Namen auch Siedlungen des erwähnten Typs, d.h. Hochmoorkanaldörfer. Das Element wurde analog bei einer Reihe von Moorrandsiedlungen verwendet (z. B. *Zinskenfehn, Völlenerfehn),* kann aber auch von einer geplanten,

danach gescheiterten Fehngründung zeugen (z. B. *Wagnersfehn, Lübbertsfehn).*
Selbstverständlich konnten im vorgegebenen Rahmen nur die wichtigsten, das ostfriesische Gesamtbild am stärksten mit prägenden Siedlungsnamentypen skizziert werden; eine ganze Reihe weiterer mußte zurückstehen. Auch blieben formale Einzelgänger wie etwa *Driever, Hinte, Leer, Riepe, Weener,* die z.T. ein sehr hohes Alter aufweisen, notwendigerweise unbesprochen.

Personennamen

Vornamen

Die Personennamen des östlichen Friesland unterscheiden sich nach Alter und System nicht von denen der angrenzenden Räume. Auch hier herrscht also zu Beginn der Überlieferung das System der Einnamigkeit, so daß es angebracht ist, vorläufig, d.h. bis zum Aufkommen von Bei- und Familiennamen, nicht von Vor-, sondern von Rufnamen zu reden. Was die Rufnamen selbst betrifft, so stoßen wir auch in ‚Ostfriesland' anfänglich auf zumeist aus zwei Elementen bestehende Bildungen germanischen Ursprungs, z. B. auf *Folc-mar* und *Mein-ward* als Namen zweier Einwohner von Hinte um 900. Unschwer ist auch die ursprüngliche Bedeutung der einzelnen Namenglieder zu erkennen, Nachklang der ehemals ‚poetischen', jedenfalls ‚sinnvollen' Namengebung unserer germanischen Vorfahren. In unseren Beispielen sind es die altniederdeutschen Wörter *folk* ‚Volk, Schar', *mari* ‚berühmt, glänzend', *megin* ‚Kraft, Macht' und *ward* ‚Wächter'. Neben solchen zweistämmigen Bildungen finden sich jedoch im selben Zeitraum – unsere Quelle ist noch stets das Werdener Heberegister – auch Rufnamen wie *Abbo, Badiko* oder *Bavo*: Kurz-, Kose- bzw. Lallformen, die auch später als eines der Hauptmerkmale des einheimischen Namenbestandes auffallen werden.
Dieser Rufnamenschatz wird bis ins 14./15. Jahrhundert hinein durch eine lebende friesische Sprache mit geprägt, was sich etwa in männlichen Rufnamen auf *-a* (*Foka, Gata*), Zetazismus des *-k* (*Edzard* neben *Ekkehard*), Metathese des *-l-* in *-lof/-lef* aus *-(w)olf* (*Gerlef, Ricklof*) oder Metathese des *-r-* (*-brich* aus *-birg* aus *-burg* in weiblichen Namen) äußert. Mit prägend ist seit dem 12. Jahrhundert auch der zunehmende Anteil nicht-germanischer, zumeist biblischer Namen, die übrigens sehr bald genauso umgestaltet werden wie die alten germanischen Vollformen. So entsteht *Neeske* aus *Agnes, Dooks* aus *Jodocus, Kassen* aus *Christian, Päbe* aus *Petrus,* usw.
Ein weiteres Merkmal, teils bis in die neuere Zeit hinein, ist der Gebrauch von Verwandtschaftsbezeichnungen als Vornamen: *Broder, Broer* ‚Bruder'; *Frouwe, Fraua, Frauke* ‚Frau'; *Moder, Moderke* ‚Mutter'; *Sun(ne)ke, Süntke* ‚Sohn'; *Suster, Süster* ‚Schwester'.
Wahrscheinlich ein Unikum ist, daß die auch andernorts übliche Movierung, d. h. die Bildung von weiblichen Vornamen aus männlichen mit Hilfe bestimmter Suffixe wie *-a, -ine, -ette, -ke/-tje* usw. (*Broer + -ine = Broerine*), in Ostfriesland frequent auch umgekehrt praktiziert wurde. So entstanden aus weiblich *Frauke* die männlichen Formen *Frauko* und *Fraukeus,* aus *Gesine Gesinus,* aus *Gesche Geschemann* usw. *Gretus* aus *Grete/a* ist in der ersten Hälfte des 20. Jahrhunderts in Ostfriesland fast populär zu nennen.
Zwar kein Unikum, doch von der Verbreitung her gesehen recht auffallend, ist der Gebrauch geschlechtsindifferenter Vornamen in Ostfriesland. Das heißt also, daß etwa *Abbe, Adel, Engel, Hidde, Lübke, Rindelt* oder *Ude* als Namen von sowohl Männern wie Frauen verwendet wurden und werden. Die genannten Beispiele stammen alle aus dem 20. Jahrhundert; die Erscheinung als solche ist wesentlich älter. Etwas anderes, nämlich eine Folge von Sprachen in Kontakt, ist das einige Jahrhunderte dauernde Nebeneinander der altfriesischen Endung *-a* in männlichen Namen und des verbreiteten femininen Vornamensuffixes *-a.* Es hat dies aber die besagte Erscheinung wohl mit gefördert. Anders verhält es sich im Prinzip zwar auch beim Nebeneinander von weiblichen Vornamen auf *-b(e)rich* aus *-burg* (z. B. *Heberich, Soberich, Wolberich*) und von männlichen auf *-rich* aus *-riki* wie *Dietrich,* doch haben diese Namen sich ihrer großen Ähnlichkeit wegen nun in der Tat in dem Sinne vermischt, daß bei einigen wechselseitiger Gebrauch stattfand. Nicht genau zu bestimmen ist in diesem Zusammenhang schließlich auch der Einfluß der Nachbenennung. Dieser bis tief in unser Jahrhundert hinein verbreitete Brauch der mehr oder weniger systematischen Verwendung des Vornamens eines Vorfahren für ein Neugeborenes hatte nämlich in nicht wenigen Fällen ebenfalls zur Folge, daß männliche Vornamen bei weiblichen Personen erscheinen und umgekehrt.
Charakteristische Endungen sind bei den Männernamen neben dem bereits erwähnten *-us* sowie einfachem *-o/-e* etwa *-ko/-ke* (*Hilko, Wilke*), *-so/-se* (*Menso, Aisse*), *-tet* (*Hiltet, Lütet*) und *-ing/-ung* (*Ibeling, Hajung*). Auch fällt die große Zahl der einsilbigen

Formen auf: *Apt, Eimt, Haat, Meelf, Reemt, Tjark, Weert* und viele mehr.

Auf weiblicher Seite wären neben einfachem -*a* und -*e* zu nennen -*ke/-tje (Wobke, Dettje)*, -*ea (Elskea, Rixtea)*, -*ste (Meinste, Reenste)* sowie -*ine/a (Fooline, Fraukemina)*.

Die hier genannten und andere Besonderheiten sind von der Art, daß Mitte des 18. Jahrhunderts ein höherer kirchlicher Würdenträger in Berlin einem ostfriesischen Kirchenmann verwundert schreibt: „In denen beym *Ober=Consistorio* [aus Ostfriesland] einlauffenden *Acten,* finden sich stets, ganz fremde, und unbekannte *Pronomina,* die mit keinen der andern bekannten, einige Aenlichkeit zu haben scheinen. Woher kommen solche Namen?" Woraufhin der Angesprochene ein Büchlein über eben diese Namen verfaßt (Reershemius 1786) und in der Einleitung nochmals deren Eigentümlichkeit wie folgt betont: „Viele, von denen itzo in Ostfriesland üblichen, *Tauf =* oder *Eigen=Namen,* kommen nicht nur denen Deutschen [!], sondern selbst vielen von unseren Landsleuten, wunderlich und barbarisch vor".

Weniger kompliziert ist die Haltung eines unbekannten Dichters den ‚wunderlichen' ostfriesischen Vornamen gegenüber. Er verarbeitet sie um 1910 zu Reimen und Versen, die viel Beifall finden. Später werden von anderer Seite noch Ergänzungen veröffentlicht. Hier einige Beispiele dieser Vornamen-'Dichtungen':

Männernamen

Berend, Börjes, Himel,
Tönjes, Dorjes, Ihmel,
Oeke, Eike, Wielf,
Esdert, Gerjet, Stielf,
Unkel, Garbrand, Wiebrand,
Isebrand, Haat, Siebrand.

Evert, Ulfert, Eilert, Klaas,
Lüppe, Mehme, Onke, Staas,
Onntje, Theile, Harm, Tettrino,
Janto, Lübbert, Rickert, Krino
Gesse, Reimer, Dicke, Meimert,
Eielt, Swittert, Swirt und Weinert.

Eike, Wilke, Brunke, Weert,
Zobe, Zebe, Ehme, Leert,
Wiebt, Wobias, Weyert, Meus,
Folkert, Frerich, Aidt, Thaleus.

Lütjen, Casjen, Soke,
Melchert, Garrelt, Foke,
Lühre, Ucke, Tamme,
Ubbe, Fehbe, Sjamme,
Ede, Jelde, Onne,
Danje, Euke, Bonne.

Frauennamen

Wibke, Wobke, Wübke,
Voske, Imke, Lübke.

Swantje, Fenke, Hauke,
Geelke, Tiede, Bauke.

Aaltje, Siefke, Petje,
Tjebbend, Lieske, Gretje.

Tjede, Deine, Rennerich,
Rieke, Hilke, Elmerich,
Almuth, Etje, Soberich.

Thalke, Sarke, Lamke,
Rennske, Brechtje, Spamke.

Eie, Roolfke, Eke,
Tönna, Wilmke, Beke.

Es besteht trotz solcher auch gegenwärtig noch erkennbaren Eigentümlichkeiten des ostfriesischen Vornamenrepertoires kein Zweifel daran, daß dieser Bestand in eben unserer Zeit, und insbesondere in der zweiten Hälfte unseres Jahrhunderts, außerordentlichen Veränderungen unterliegt. Die Hauptursachen sind demographischer und modischer Art: Erstens ein ständiger Zuzug aus nicht-ostfriesischen Gebieten, das heißt Import nicht-bodenständiger Namen; zweitens eine zunehmende Auflösung traditioneller ostfriesischer Verhaltensmuster bei der Vornamengebung selbst, das heißt Verhochdeutschung und in der Folge auch Internationalisierung des aktuellen Namenbestandes. Allerdings, ein Blick in ostfriesische Zeitungen von heute lehrt, daß auch *Almt* und *Hiske, Innelt* und *Weert* noch durchaus lebendig sind und sich hier und da in der Vornamengebung sogar so etwas wie eine bewußte Stabilisierung des einheimischen Namengutes andeutet.

Familiennamen

Der Begriff ‚Familienname' ist üblicherweise dem erblichen, amtlich festgelegten Nachnamen vorbehalten, und so sollte man im allgemeinen, insbesondere aber auch im Bezug auf Ostfriesland, wo diese Festschreibung vergleichsweise sehr spät geschah, im historischen Teil eines solchen Überblicks besser von Bei- und Familiennamen reden. Man pflegt diese ihrer Entstehung nach in fünf große Gruppen einzuteilen: Bei- und Familiennamen aus (a) Rufnamen, (b) Bezeichnungen des Berufs oder Standes, (c) der geographischen Herkunft, (d) der Wohnstätte sowie (e) solche, die ihr Entstehen einer anderen Besonderheit des Namenträgers verdanken (auch Übernamen genannt).

Der Übergang von der Ein- zur Mehrnamigkeit, ein im übrigen äußerst langwieriger Prozeß, läßt sich für Ostfriesland vom 13. Jahrhundert an nachweisen; unsere Quelle ist in der Hauptsache das bis etwa 1500 reichende Ostfriesische Urkundenbuch. Darin sind bereits Bei- und Familiennamen aller fünf Gruppen vertreten – beispielsweise Agga *Ubbes* (a), Sybald *Smyt* (b), Jutte *van Beveren* (c), Imel *tom Broke* (d), Hinrik *Godgroetsmi* (e) –, doch weisen diese Gruppen zahlenmäßig sehr starke Unterschiede auf. Die mit weitem Abstand größte ist Gruppe (a), das sind also die Beinamen, die in der Regel aus einem flektierten oder mit *-sohn* oder einem Suffix versehenen Vornamen bestehen und damit Verwandtschaft, Familienzugehörigkeit und dergleichen ausdrücken. So z. B. *Ippen, Wiltedes, Syboltsson, Folkleffsna, Mennenga*, in denen wir ohne Mühe die Vornamen *Ippe, Wiltet, Sybolt, Folkleff* und *Menne/o* erkennen.

Am auffälligsten sind unter den Namen dieser Gruppe im Urkundenbuch die vielen Bildungen mit der altfriesischen Endung *-a* (vor allem *-na, -sna, -enga, -inga,* allesamt ursprünglich pluralische Genitive). Zwar verringert sich deren Anteil am Gesamtnamenschatz im Laufe der folgenden Jahrhunderte stark, sie gehören aber auch heute noch zu den charakteristischen Elementen der ostfriesischen Namenwelt. *Beninga, Bogena, Bronsema, Poppinga, Riekena, Ukena, Wübbena* sind einige Beispiele. Die meisten Bildungen auf *-na* in Ostfriesland sind auch eindeutig ostfriesischen Ursprungs, bei anderen *-a*-Namen kann hier und da Einfluß aus dem Norden der Niederlande, dem Kerngebiet dieses Familiennamentyps, vorliegen.

Das absolute Vorherrschen der Namen aus Gruppe (a) in den Quellen vor 1500 ist insofern symptomatisch, als auch gegenwärtig noch ganz allgemein der Anteil der sogenannten Patronymika oder Vatersnamen am ostfriesischen Familiennamenbestand recht groß ist, insbesondere der Bildungen mit den ursprünglichen Genitiv-Endungen *-en* und *-s*: z. B. *Fokken, Lübben, Onken, Wilken* usw. bzw. *Dirks, Gerdes, Lammers, Reemts* usw. Unter den 50 gegenwärtig frequentesten Familiennamen Ostfrieslands gehören denn auch 26 dem *-en/-s*-Typus an; um 1940 sind es im Kreis Leer 16,2 % aller dort vorkommenden Namen, und ihre Träger bilden 27,4 % der Einwohnerschaft.

Die Hauptursache für die besondere Rolle der Patronymika ist neben ihrer offenkundigen Bevorzugung schon in ältester Zeit die bereits erwähnte späte amtliche Fixierung der (aller) Familiennamen, nämlich erst im Laufe des 19. Jahrhunderts. Zwar gab es selbstverständlich auch vorher schon viele feste Familiennamen in Ostfriesland, üblich war aber doch in weiten Kreisen das patronymische System, d.h. der Brauch eines von Generation zu Generation wechselnden Beinamens. Beispiel: *Gerd*, Sohn des *Harm Lüken*, heißt nach dem Vornamen seines Vaters mit vollem Namen *Gerd Harms*. Gerds ältester Sohn, in der Regel nachbenannt nach dem Großvater väterlicherseits, wird somit *Harm Gerdes* heißen, das ist der wiederverwendete Vorname des Großvaters in Kombination mit dem flektierten Vornamen des Vaters.

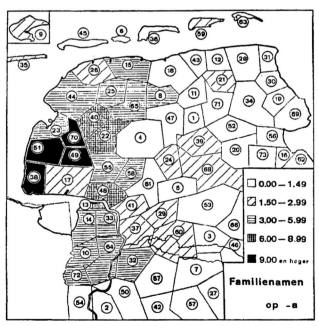

Die Verbreitung friesischer Namen auf -a in Ostfriesland, gemessen am Anteil der Namenträger an der Gesamtbevölkerung. Quelle: Fernsprechbuch 1968/1969. Nach: Ebeling: Familiennamen op -a [etc.].

Der bekannteste Versuch, dieses System zu durchbrechen und feste, erbliche Familiennamen einzuführen, stammt aus der französischen Zeit und ist als Kaiserliches oder Napoleonisches Dekret von 1811 bekannt. In der anschließenden hannoverschen Periode Ostfrieslands folgen noch einige weitere Verordnungen dieser Art, was ein bezeichnendes Licht auf ihren Erfolg wirft.

Mit Einführung des Standesamtes ist jedoch auch in Ostfriesland der feste Familienname für jedermann eine Tatsache. Für die Zusammensetzung des ostfriesischen Familiennamenschatzes nach Gruppen bedeutet dies alles aber eben, daß besonders viele Familiennamen zu einer Zeit aus Beinamen entstehen, in der diese Beinamen vorwiegend patronymischer Art sind, also zur Gruppe (a) gehören. Inzwischen sind selbstverständlich auch die anderen Gruppen im Familiennamenrepertoire Ostfrieslands hinreichend vertreten.

Eine interessante Begleiterscheinung der geschilderten Entwicklung ist, daß der traditionelle patronymische Beiname bis weit ins 20. Jahrhundert hinein in Ostfriesland allgemein üblich bleibt; in der Hauptsache wohl deshalb, weil er als sogenannter Zwischenname auch gesetzlich erlaubt ist. In einer Kombination wie *Harm Lüken Bakker* oder *Harm Gerdes Bojunga* handelt es sich also nicht um zwei Vornamen (oder gar zwei Familiennamen), sondern um den in zurückliegender Zeit in Ostfriesland wirklich außerordentlich verbreiteten Typus Vorname + Zwischenname (in der Regel Genitivpatronym) + Familienname. Der Brauch verliert ab etwa 1930 stark an Bedeutung.

Der geographischen Lage Ostfrieslands im niederdeutsch/niederländischen Raum und seiner (bevölkerungs)-geschichtlichen Entwicklung seit 1500 entsprechend, stellt sich das Gesamtbild der Familiennamen Ostfrieslands heute unverkennbar niederdeutsch geprägt dar, durchsetzt allerdings mit teils kräftigen hochdeutschen, niederländischen und, wie dargestellt, friesischen Spuren.

Das Niederdeutsche äußert sich vor allem in der entsprechenden Lautstruktur vieler Namen und Namenteile – z. B. *Bakker* neben *Bäcker*, *Bokholt* neben *Buchholz*, *Pieper* neben *Pfeiffer* –, daneben aber auch in lexikalischen Eigentümlichkeiten, d.h. in zu Namen(teilen) gewordenen Wörtern, die außerhalb des Niederdeutschen, etwa in Süddeutschland, unbekannt sind (z. B. *Aaltuiker* ‚Aalstecher', *Grapengeter* ‚Metalltopfgießer'). Niederdeutsch in einem anderen Sinne und daher wohl besser typisch für Nordwestdeutschland sind auch einige Bildungsweisen bei den Familiennamen. Das trifft z. B. auf die vielen mit einem Siedlungsnamen oder einer Flurbezeichnung gebildeten Namen auf *-mann* zu (z. B. *Logemann, Brinkmann*), auf die Bildungen mit *-meyer* (z. B. *Hagemeyer, Niemeyer*) oder auf viele der Familiennamen auf *-ing* (z. B. *Jütting, Sinning*).

Ähnliches ist auch vom allerdings weit schwächeren niederländischen Anteil am ostfriesischen Familiennamenbestand zu sagen. Erkennungsmerkmale sind hier ebenfalls gewisse Laute wie *-ij-* (sprich *-äj-*) oder *-ui-* (sprich *-öj-*) (z. B. *Blijdenstijn* und *Buitenduif*) sowie geographische Tatsachen und solche der Rechtschreibung (z. B. *Ütrecht* und *Beekman*). Ohne Zweifel ist die Nähe zu den Niederlanden auch der Grund dafür, daß in Ostfriesland Typen von Familiennamen anzutreffen sind, die wie die friesischen *-a*-Namen in anderen Regionen Nordwestdeutschlands zu den Ausnahmen gehören. Das gilt insbesondere für die Namen mit dem Artikel *de* (z. B. *de Buhr, de Vries*) sowie für Konstruktionen mit Präposition und Artikel (z. B. *van der Wall, ter Fehn*).

Wir möchten mit einer Liste der z. Zt. frequentesten 20 Familiennamen in Ostfriesland schließen, um damit einige wesentliche Punkte unserer Skizze noch einmal zu unterstreichen: die besondere Stellung des Patronyms, das Vorherrschen des Niederdeutschen, der nicht zu leugnende hochdeutsche Einfluß, die niederländischen bzw. niederländisch beeinflußten Elemente. Ein Vertreter der friesischen *-a*-Namen fehlt allerdings in dieser Häufigkeitsliste. Der Grund ist die insgesamt geringere Frequenz des Typs:

1. Janssen
2. Meyer
3. Schmidt
4. Müller
5. Bruns
6. Buss
7. de Buhr
8. Boekhoff
9. Groenewold
10. Smidt
11. Gerdes
12. Harms
13. Weber
14. Schulte
15. de Vries
16. Kramer
17. Schröder
18. Behrends
19. Hinrichs
20. Baumann

Literatur

Brons, B. (1877): Friesische Namen und Mittheilungen darüber. Emden 1877. (Neudr. Walluf b. Wiesbaden 1972. Neudr. Vaduz/Liechtenstein 1984.)

Ebeling, R. A. (1970): Familienamen op -a tussen Dollard en Jade-boezem. – Flecht op 'e koai. Stúdzjes oanbean oan Prof. Dr. W.J. Buma ta syn sechstichste jierdei. – Fryske Akademy, 382, 221–228.

Ders. (1979): Toe- en achternamen op het eiland Borkum tussen 1606 en 1818. – Driemaandelijkse Bladen 31, 69–78.

Ders. (1979): Over de namen van de middeleeuwse streekdorpen in Oostfriesland. – Bijdragen en mededelingen van de Commissie voor naamkunde... 30.

Ders. (1979): Familiennamen im Landkreis Leer um 1940. Teil 1: Namenverzeichnis. – Nedersaksische Studies 3, Einzelschriften, 19.

Ders. (1984): Familiennamen im Landkreis Leer um 1940. Teil 2: Namenlandschaft. – Nedersaksische Studies 8, Einzelschriften 19,2.

Ders. (1984): Ostfrieslands Ortssippenbücher als namenkundliche Quelle. – Miscellanea Frisica. In nije bondel Fryske stúdzjes. Red. N.R. Århammar (et al.). – Fryske Akademy 634, 305–310.

Ders. (1992): Die Familiennamen von Winschoten und Weener. Anmerkungen zu den Namen in den Telephonbüchern von 1990. – Rund um Ems und Dollart, 282–289, 517f.

Jabusch, P. (o. J.): Bildung und Bedeutung der deutschen Eigennamen mit besonderer Berücksichtigung der ostfriesischen Namen. Drei Vorträge. Norden.

Langbroek, E. (1986): Die Ortsnamen der Krummhörn, Bestimmung und Datierung. – Fryske Nammen 6, 9–26.

Lohse, G.: Geschichte der Ortsnamen im östlichen Friesland zwischen Weser und Ems. Ein Beitrag zur historischen Landeskunde der deutschen Nordseeküste. – Oldenburger Forschungen 5.

Ders. (1965): Hof- und Hausnamen im nördlichen Oldenburg. – Namenforschung. Festschrift für Adolf Bach zum 75. Geburtstag am 31. Januar 1965. Hrsg. von R. Schützeichel u. M. Zender. Heidelberg, 421–428.

Möller, R. (1968): Zum Alter der ostfriesischen Ortsnamen. – Beiträge zur Namenforschung N. F. 3, 335–372.

Noomen, P.N. (1989): De middeleeuwse namen op -hove en -hafe in Noord-Nederland en Noordwest-Duitsland. – Fryske Nammen 8, 23–52.

Ohling, G. D. (1951): Die ostfriesischen Wehre und Wehrwüstungen. – Fryske Plaknammen, 65–70.

Ramsauer, W. (1913): Die Personennamen. – Heimatkunde des Herzogtums Oldenburg. Hrsg. vom Oldenburgischen Landeslehrerverein. 2 Bde. Bremen 1, 478–507.

Ders. (1913): Die Flurnamen. – Heimatkunde des Herzogtums Oldenburg. Hrsg. vom Oldenburgischen Landeslehrerverein,1, 508-549.

Raveling I. (1972): Die ostfriesischen Vornamen. Herkunft, Bedeutung und Verbreitung. 2. verb. Aufl. Aurich.

Ders. (1985): Frühe Rufnamen in Ostfriesland. – Ostfriesische Familienkunde. Beiträge zur Genealogie und Heraldik 5.

Reershemius, P. F. (1786): Versuch der Erklärung einiger Tauf= und Eigen=Namen, welche in Ostfriesland anitzo gebräuchlich sind. Aurich.

Reinhardt, W. (1969): Die Orts- und Flurformen Ostfrieslands in ihrer siedlungsgeschichtlichen Entwicklung. – Ostfriesland im Schutze des Deiches 1, 201–375.

Ruprecht, L. (1864): Die deutschen Patronymika, nachgewiesen an der ostfriesischen Mundart. – Jahresbericht über das Gymnasium Andreanum, 1–23.

Scheuermann, U. (1979): In de Greit – to Gredsyle. Zur Geschichte eines ostfriesischen Ortsnamens. – Scripta Frisica. Tinkbondel foar Arne Spenter, útjown fan N. Århammar en T. Hoekema. (Us Wurk 28), 179–188.

Schumacher, H. (1980): Jeder 30. heißt Janssen. – Ostfreesland, Kalender für Jedermann 63, 214–219.

Ders. (1984): Flurnamensammlung der Ostfriesischen Landschaft von 1972 bis 1984. Aurich.

Ders.: Die Flurensammlung de Ostfriesischen Landschaft. In: Niederdeutsches Wort 33 (1993), 41–56.

Strackerjan, K. (1864): Die jeverländischen Personennamen mit Berücksichtigung der Ortsnamen. Jever.

Sundermann, H. (1901): Friesische und niedersächsische bestandteile in den ortsnamen Ostfrieslands, Ein beitrag zur siedelungsgeschichte der nordseeküste. Emden.

Zahrenhusen, H. (1939): Ostfriesische Vornamen. Die in Ostfriesland gebräuchlichen Rufnamen zusammengestellt und auf der Grundlage der germanischen Namenbildung bearbeitet. Mit einem Anhang: Verzeichnis guter ostfriesischer Vornamen. Emden. (Neudr. Vaduz/Liechtenstein 1984.)

Abbildungsnachweis

Behre: 1 nach Jaritz 1973, 13 nach Tillessen 1962 (vereinfacht), 17 nach Behre 1989 (Geschichtl. Handatlas v. Niedersachsen), 18 nach Homeier 1969 (aus Sindowski 1973); alle übrigen Abb. v. Autor bzw. Institut f. hist. Küstenforschung.

Schwarz I: 1–14, 22–27, 29–33, 35, 37–42, 45 Ostfriesische Landschaft; 15 Kitz, 16–19 Museum f. Naturkunde u. Vorgeschichte Oldenburg, 20, 34 Landesmuseum Hannover, 21 nach Kitz (Metallzeit), 28 Küstenmuseum Wilhelmshaven u. Paulsen, 36, 43, 44 Institut f. hist. Küstenforschung.

Schwarz II: 1–16, 18 Ostfriesische Landschaft, 17 Ostfriesisches Landesmuseum Emden, 19–21 Institut f. hist. Küstenforschung.

Wassermann: 1–3b nach Wassermann 1985, 4–6 nach Bünstorf 1966, 7 Weißer, 8 nach Nitz 1984.

van Lengen: 1 Museum f. Naturkunde u. Vorgeschichte Oldenburg, 2a–c Staatsarchiv Münster, 2d Staatsarchiv Oldenburg, 3, 4, 6–8 11b–e, 15 Ostfriesische Landschaft, 5 Nationalarchiv Paris, 9 Soltau-Kurier-Norden, 10 Westfälisches Amt f. Denkmalpflege Münster, 11a Küstenmuseum Wilhelmshaven, 12, 14b Staatsarchiv Aurich, 13a, b nach Tergast (Münzen Ostfrieslands), 14a nach Reimers (quade Foelke II), 16 Weißer.

Deeters: 1 Johannes a Lasco-Bibliothek Emden, 2 Bad. Landesbibliothek Karlsruhe, 3, 4, 6, 8–10, 13–15, 17 Ostfriesische Landschaft, 5, 11, 18 Weißer, 7, S. 160 Rödiger, 16 Ostfriesen-Zeitung.

Moßig: 1, 4–6 Haiduck, 2, 9 Ostfriesische Landschaft, 3, 7 Soltau-Kurier-Norden, 8 Rödiger, 10 Weißer.

Smid: 1, 3–7, 14, 17, 18, 23 Autor, 2, 25 Staatsarchiv Aurich, 4, 10, 12, 13, 15, 16, 21, 22 Ostfriesische Landschaft, 8, 9 Kreisbildstelle Norden, 11 Soltau-Kurier-Norden, 19 Ostfriesisches Landesmuseum Emden, 20 privat (Familie), 24 privat (Familie).

Bärenfänger: alle Abb. v. Autor bzw. Ostfriesische Landschaft.

Haiduck: 9, 24 nach Petersen 1963; alle übrigen Abb. v. Autor.

Noah I: 1 nach Siebern (Stadt Emden), 2, 3a–b, 6, 8b Ostfriesische Landschaft, 4, 5, 8a, 9 Soltau-Kurier-Norden, 7 Weißer.

Noah II: 1, 2, 5, 6, 9–12, 14, 17, 20–24 Ostfriesische Landschaft, 3, 7, 8, 13, 16, 18, 19 Soltau-Kurier-Norden; 15 Autor.

Asche: 4, 13 Rödiger, 7 Soltau-Kurier-Norden, 21 Weißer; alle übrigen Abb. v. Autor.

Ehmen: 1 Thiele & Freese Emden, 2, 4, 6 Soltau-Kurier-Norden, 3, 7 Autor, 5 Ostfriesische Landschaft.

Orts- und Personenregister

Abdena, *Emder Häuptlingsfamilie* 128, 131, 192, Hisko 127, 128, 130, Imel 128, 131, 132, Wiard 127
Abens 355
Abickhafe 42
Adaldag, s. Bremen, *Erzbischöfe*
Agena, Imel 344
Aland 279
Alardin, Johannes 218
Alba, Herzog 205 - 207
Albada, Aggäus 205
Albert 199
Albrecht s. Sachsen, *Herzöge*
Aldegundeswald 99
Alexander VI., *Papst* 199
Allena, *Osterhuser Häuptlingsfamilie* 128, 131, Folkmar 127
Almuth, s. Ostfriesland, *Grafen/Gräfinnen bzw. Fürsten/Fürstinnen*
Alst 204
Altfunnixsiel 155, 357
Althusius, Johannes 144
Alting, Menso 142, 144, 145, 205 - 207, 214, 217
Altschwoog 231
Amdorf 221, 308
Ammerland 258
Ammersum 355
Amsterdam 201, 206, 277
Angern, von 158
Angernheim 158
Ankumanus, Jodocus 213
Anna, s. Ostfriesland, *Grafen/Gräfinnen bzw. Fürsten/Fürstinnen*
Anton Günther, s. Oldenburg, *Grafen*
Antwerpen 195, 203
Apen 156
Aportanus, Georg 199, 200
Appelle, von dem 153, Heinrich Bernhard 152
Appingedam 123, 136, 194
Aquilomontanus 202
Ardels, Thomas Henrich 220
Ardorf 77, 201, 264, 273, 290
Arle 191, 192, 258, 259, 273, 291, 293, 294, 302
Arminius, Jacob 206
Arnd, Johann 219
Aschendorf 268
Asel 238, 260, 299

Attena, *Häuptlingsfamilie* 128
Augsburg 209
Augustus 65
Aurich 6, 8 - 11, 87, 118, 131, 138, 140, 142, 145, 146, 149, 150, 153, 156, 161, 163, 165, 166, 168, 170 - 172, 175, 178 - 184, 191, 192, 194, 195, 210, 211, 213, 216, 221, 223, 226 - 228, 231 - 235, 264, 281 - 283, 286, 287, 293, 295, 301, 302, 304, 305, 309, 312, 318, 319, 322, 323, 333, 344, *Amt* 157, 161, 170, *Landdrostei* 170, 172, 176, 182, 229, *Landkreis*, 238, 351, *Landtagswahlkreis* 176, *Regierungsbezirk* 183, 184, 311, 341, 350
Aurich-Oldendorf 303
Auricherland 128, 191, 271, 333, 337
Avemann 219
Ayenwolde 83, 94, 95, 99
Aylingkwolde 99
Backemoor 60, 273, 303
Baden 170
Bagband 231, 264, 296, 301, 303, 305
Baltrum 28, 173, 174, 234, 286, 351, 355
Bangstede 94, 95, 270, 271, 295, 297
Bant, *Insel* 23, 25, 28
Bant a. d. Jade 131
Bardowiek 201
Bargebur 132, 216, 278, 279
Barmen 235
Barstede 290
Barßel 156
Barthe 194, 241, 243, 244, 248 - 253, 297
Basedow, Johann Bernhard 222
Basel 165, 200, 202, 225
Baumberg 292
Bayern 170, 238, *Herzöge*: Johann 130
Beauvais 268
Beckstedt 62
Bedamewalt 93, 99
Beddinghem 93
Bedekaspel 85, 99, 211, 279
Belgien 152, 202, Nordbelgien 45
Beninga, *Häuptlingsfamilie* 128, Affo 127, Eggerik 168, 199, 307, 341, 345, 346, Homerus 306
Beningafehn 158
Bensersiel 25, 180
Bentheim 226, 258, 289, 290, 304
Bentumersiel 17, 70
Berghaus, Jann 178, 183
Berdum 221
Berlin 163, 165, 178, 222, 279, 283, 284
Bernini 300

Bernuth, von 158
Bernuthsfeld 68, 70, 158, 357
Bertram 213
Berum 95, 131, 138, 147, 157, 161, 170, 171
Berumerfehn 166, 357
Bettewehr 155, 356
Beveren, Jutte van 360
Billerbeck 265
Billunger, *Sächsische Herzöge* 115
Bingum 70, 211, 221, 261, 351, 355
Bistkens, Nikolaus 205
Blauhaus 243
Blaukirchen 99
Blersum 291, 299, 300
Blücher 165
Boekzetel 30
Boekzetelerfehn 101, 147, 173, 231
Boen 82, 95, 232
Bogerman, Johannes 212
Böhme, Jakob 219
Böhmen 152
Böhmerwold 93, 279
Bologna 202
Bolsward 348
Bonifatius s. Winfried
Boomborg 63, 65, 89, 273
Borgholt 273
Borkum 28, 155, 173, 174, 177, 178, 182, 221, 229, 232, 234, 335, 355
Borssum 155, 178, 181, 202, 285, 291, Groß-B. 210, Klein-B. 210, *Herrlichkeit* 140, 161
Böttcher 330
Bourignon, Antoinette 217
Bouwens, Leenaert 205
Brabant 139
Brandenburg 152, *Kurfürsten*: Friedrich Wilhelm 150, 154
Brants 319
Braun, Georg 206
Braunschweig 201, 222, *Land* 183, 236, B.-Lüneburg, *Herzöge* 149, Heinrich d. Ä. 136
Brawe, Hermann 309
Bree, Friedrich van 199
Breinermoor 221
Bremen 26, 130, 131, 140, 191, 199, 201, 207, 218, 219, 244, 248, 265, 295, *Diözese, Erzbistum* 188, 191, 199, *Erzbischöfe* 82, 189, 247, Adaldag 189, 191, Rimbert 188, Stift St. Willehad 244
Bremen, Adam von 191, 258
Bremer 132

Brendel 219
Brenneysen, Enno Rudolph 152, 153, 157, 219
Breslau 234
Brill 40, 47, 49, 54, 56 - 58, 64 - 68
Brinkum 46
Britannien, Britische Inseln 48, 187
Brok (Kenesna), *Häuptlingsfamilie* 128, 130, 131, 133, Imel tom 360, Keno II. tom 128, 130, Ocko II. tom 128 - 130
Brokmer 117
Brokmerland 93, 99, 100, 115, 117, 119, 128, 138, 191, 193, 262, 344
Brückner, Hieronymus 219
Brüssel 206
Brüx 286
Bubert 178
Bucer, Martin 200, 204, 205
Buchfelder, Ernst Wilhelm 218
Bueren, Gottfried Wilhelm 172
Bugenhagen, Johannes 200, 201, 204
Bühren 55, 356
Buise 28
Bunde 6, 93, 183, 216, 226, 232, 236, 261, 266 - 268, 271, 283, 297, 304, 305
Bunder Interessentenpolder 154
Bunderhee 93, 126, 274
Bunderneuland 154
Burcana 23, 28, 355
Burgund 140
Burhafe 155, 203, 282, 304, 356
Burlage 242
Burmönken 242, 243
Buschhaus 356
Butjadingen 17, 26, 83, 136, 139, 343, 348
Buttforde 260, 261, 293 - 296, 300, 303, 304
Bützow 238
Cadovius, Matthias 213
Cadovius-Müller, Johann 343, 346
Calixt, Georg 213
Calvin 202, 204, 205
Cammerarius 202
Camp 163
Campen, *Niederlande* 200
Campen 23, 210, 226, 270 - 272, 298
Canhusen 221, 277, 279
Cantius, Lübbert 199
Cappellen, van der 169
Canum 264, 301
Carl Edzard, s. Ostfriesland, *Grafen/Gräfinnen bzw. Fürsten/Fürstinnen*

Caroline, s. Ostfriesland, *Grafen/Gräfinnen bzw. Fürsten/Fürstinnen*
Carolinengroden 155, 158, 357
Carolinensiel 155, 158, 167, 221, 280, 300, 312, 357
Celle 201
Charlottengroden 158, Großer Ch. 155, Kleiner Ch. 155
Charlottenpolder 154, 158, Süder-Ch. 155, Wester-Ch. 155
Chartres 292
Chauken 72, Große Ch. 65, 66, Kleine Ch. 65, 67
China 330
Christian Eberhard, s. Ostfriesland, *Grafen/Gräfinnen bzw. Fürsten/Fürstinnen*
Christian-Eberhard-Polder 154, 158, Süder-Chr. 154
Christine Charlotte, s. Ostfriesland, *Grafen/Gräfinnen bzw. Fürsten/Fürstinnen*
Christoph, s. Ostfriesland, *Grafen/Gräfinnen, bzw. Fürsten/Fürstinnen*
Christoph Bernhard s. Münster, *Bischöfe*
Christopher, s. Jever, *Häuptlinge und Herren*
Cirksena, *Greetsieler Häuptlingsfamilie* 128, 131 - 133, Edzard 131, 132, Enno 131, *ostfriesisches Grafen- und Fürstenhaus* 135, 136, 138, 139, 142, 144, 146, 150, 152, 154, 157, 159, 161, 168, 208 s. *im einzelnen* Ostfriesland, *Grafen/Gräfinnen bzw. Fürsten/Fürstinnen*
Cirkwehrum 221, 279, 283, 356
Closter, Gerhard von 307
Cocceji, von 163
Coccejus, Johannes 218
Cock, Hendrik de 226
Coldewey, Lewin 219
Coldinnergaste 350
Collinghorst 99, 299, 351
Colomb, von 158, 163
Colombburg 158
Coners, Gerhard Julius 221, 222
Conring 168, Hermann Prof. 148, 149, Hermann Landrat 178, 179, Hermann Pastor 209
Constabel, J. F. 303
Coornhert, Dirk Vokertszoon 206
Cornelius, Lübbert 158
Courbière, von 165
Corvinus, Antonius 201, 204
Cranmer, *englischer Erzbischof* 202
Critzum 93
Cröpelin 300, 302
Cuppargent 99
Cuxhaven, *Landkreis* 67, 71
Dachau 233

Daetrius, Brandanus 213
Damhusen 25
Damm, H. L. 158
Dammspolder 158
Dänemark 14, 53, 149, 152, 170, 258, *Könige*: Göttrik 113
Dangast 5, 26
Deichstrich 357
Delfzijl 144, 156, 208, 209, 214
Derschau, von 163, 279, Christoph Friedrich 163
Dertsamewalt 93, 98
Dessau 222
Detern 66, 130, 221, 231
Deutschland 135, 139, 161, 168, 175 - 177, 180, 182, 183, 206, 218, 247, 293, Mitteldeutschland 52, Norddeutschland 83, 258, 292, 341, 345, Nordwestdeutschland 165, 238, 361
Deventer 258
Diekmannshausen 25
Dielerheide 357
Diepholz 152
Dieterichs 158
Dietrichsfeld 158
Dirksen, Enno Heeren 176
Dittelbach, Petrus 217
Ditzum 93, 211, 274, 289, 355
Ditzumerverlaat 230, 231, 283
Dnjepr-Gebiet 47
Dodo s. Inn- und Knyphausen
Doggerbank 14
Dokkum 187, 342
Dordrecht 206, 212, 226
Dornum 23, 79, 154, 155, 161, 170, 182, 183, 216, 222, 226, 270, 274, 287, 298, 300, 303, 307, 308
Dornum, Hicko von 306
Dornum, Ulrich von 199 - 201
Dornumergrode 357
Dornumersiel 26
Dorothea, *Tochter Ks. Maximilians* 140
Drenthe 42, 207
Driever 278, 282, 283, 358
Drusus 28
Duin, Reemt Weerds 226
Duisburg 168
Dünebroek 241
Dunum 10, 49, 75 - 78, 84, 87 - 89, 257, 269, 290, 303, Nord-D. 76, 77, 89, Ost-D. 76, 77, Süd-D. 76, 77
Dykhausen 279
Dykstra, Waling 348
Edo Wiemken II., s. Jever, *Häuptlinge und Herren*

Eduard VI., s. England, *Könige*
Edzard, s. Cirksena, *Greetsieler Häuptlingsfamilie*
Edzard I., II. s. Ostfriesland, *Grafen/Gräfinnen bzw. Fürsten/Fürstinnen*
Edzard Maurits s. Inn- und Knyphausen
Edzard s. Inn- und Knyphausen
Eelde 207
Egels 351
Eggelingen 222, 291, 292
Eifel 258
Eilshemius, Daniel Bernhard 212
Eilshemius, Johannes 220
Eilsum 208, 265, 266, 270, 297, 298, 302, 303
Elb-Weser-Gebiet 17, 149, 258
Elisabeth II., s. Rußland, *Zaren/Zarinnen*
Ellenser Damm 155
Elsaß 268
Elster, Theodor 235
Emden 5, 31, 42, 62, 68, 81, 126, 128, 130 - 132, 135, 136, 138 - 140, 142, 144 - 147, 149, 150, 153 - 156, 160, 161, 163, 165 - 170, 172 - 174, 176 - 178, 180 - 183, 185, 191, 192, 199 - 216, 218, 220 - 226, 231 - 238, 257, 271, 277, 278, 285, 287, 297, 302, 303, 306, 311 - 313, 315, 316, 323, 325 - 327, 344, 348, *Amt* 140, 144, 157, 161, 170, *Landtagswahlkreis* 176
Emder 103, 305
Emmius, Ubbo 113, 141, 144, 150, 152, 168, 179, 206
Emsgau, Emesgonien 93, 99, 135, 136
Emsigerland 100, 115, 117, 131
Emsland 10, 170, 213, 220, 231
Emsmarsch 62, 63
Engerhafe 77, 99, 130, 217, 264, 266, 268, 274, 275, 300, 301, 304, 305, 356
England 14, 32, 72, 87, 130, 150, 153, 165, 167 - 169, 202 - 205, 213, 216, 221, Südengland 53, *Könige*: Eduard VI. 202
Ennius, Thomas 202
Enno s. Cirksena, *Greetsieler Häuptlingsfamilie*
Enno I., II., III., s. Ostfriesland, *Grafen/Gräfinnen bzw. Fürsten/Fürstinnen*
Enno Ludwig s. Ostfriesland, *Grafen/Gräfinnen bzw. Fürsten/Fürstinnen*
Enno-Ludwig-Groden 155, 158
Ennoswonne 158
Erasmus, Johannes 206
Erich s. Hoya und Bruchhausen, *Grafen*
Ermland 234
Ernst August s. Hannover, *Kurfürsten*
Ernst August s. Hannover, *Könige*
Ernst s. Lüneburg, *Herzöge*

Ernst-August-Polder 158
Esens 7, 10, 81, 117, 136, 139, 143, 144, 152, 155, 157, 159, 161, 170, 172, 178, 180, 182, 183, 191, 203, 213, 216, 219, 222, 226, 233, 234, 283 - 285, 300, 307, 312, 324, 326, 346, 355
Esens, Balthasar von, Wibet von s. Harlingerland, *Häuptlinge und Herren*
Esenze 200
Esklum 211, 273
Essenbrügge, Georg Wilhelm 223
Etzel 6, 10, 49, 69, 83, 300
Eucken 176
Europa 152, 161, 174, 181, 185, 204, 284, 292, 298, 303, 305, Mitteleuropa 47, 48, 58, 62, 140, Nordeuropa 280, Westeuropa 48, 140
Evenburg 170, 325
Eversmeer 54
Faber, Gellius 204, 205
Faber, Martin 204, 205, 208, 277
Faldern 135, 208, 209, Groß-F. 206, 237, 277 (Nord-F.), Klein-F. 312, 324, Mittel-F. 237, *Häuptlinge:* Wiard 127, 131
Falkenburg 140
Fantuzzi, Giacomo 215
Farel 202
Feddersen Wierde 67, 71
Fedderwarden 356
Federgau 93, 99
Feldwirth 194
Filsum 70, 293, 304, 351
Firrel 231
Fivelgo 99, 123, 124
Flachsmeer 227, 234
Flandern 130, 204
Flögeln 67, 71
Floris, Cornelis 305
Focko s. Ukena, *Häuptlingsfamilie*
Folkardus, Mamme 201
Folkertswehr 356
Folkleffsna 360
Folkmar s. Allena, *Osterhuser Häuptlingsfamilie*
Folmet 99
Folmhusen 99
Francke, August Hermann 219
Frank, Sebastian 202
Franken 187
Frankfurt am Main 203
Frankreich 107, 165, 176, 223, 226, 261, 265, 273, 277, Nordfrankreich 217, 266, *Könige:* Philipp VI. 120

Franzius, Thomas 145, 147, 149
Franzosen 165, 203
Freepsum 28, 217, 355
Frerichs, von 176
Frese, Aeildt 306
Fridag s. Frydag
Friedeburg 135, 138, 155 - 157, 161, 170, 189, 351, 356, *Amtmann* 269
Friederikenfeld 357
Friedrich II. d. Gr. s. Preußen, *Könige*
Friedrich III., Ks. 133, 135, 152
Friedrich Wilhelm s. Brandenburg, *Kurfürsten*
Friedrichsgroden 158, 166
Friedrichshof 158
Friedrichsschleuse 158
Friesische Wehde 12
Friesland, *niederländische Provinz* 344, 347, 348
Frieslande, niederländische 342, osterlauwerssche 342, westerlauwerssche 342, 343
Frydag, von 316, Franz Iko 213, Philipp 279
Fulda 188
Fulkum 225
Funnix 271, 290, 293 - 296, 302, 303
Fürbringer 176 - 178, 182
Fürstinnengrashaus 158
Gaillart, Johann 205, Wilhelm 205
Galgenberg 79, 80, 87
Gallas 147
Gandersum 210, 355
Gansfort, Wessel 200
Garmersiel 155
Garrelts, Redolph 303
Geldern 139, *Herzöge* 128, Karl 136, 200, 201, 203
Gelre, van 200
Genf 204
Gent 201, 204
Georg s. Sachsen, *Herzöge*
Georg Albrecht s. Ostfriesland, *Grafen/Gräfinnen bzw. Fürsten/Fürstinnen*
Georg Christian s. Ostfriesland, *Grafen/Gräfinnen bzw. Fürsten/Fürstinnen*
Georg IV., V., s. Hannover, *Könige*
Georgiwold s. St. Georgiwold
Georgsfehn 158, 172, 357
Georgsfeld 44, 45, 54, 158
Georgsheil 158, 172
Gerd s. Petkum, *Häuptlinge*
Gerdswehr 279
Germanen 65, 70, 71
Ginderich, Matthäus 201

Gittermann, Johann Carl 172, Rudolf Christian 222
Glan, von 158
Glansdorf 158
Gnesen 202
Gödens 155, 161, 170, 182, 211, 213, 355, *Häuptlinge*: s. Frydag
Godgroetsmi, Hinrik 360
Goethe 283
Göttingen 175
Göttrik s. Dänemark, *Könige*
Greetsiel 71, 131, 138, 144, 146, 150, 155 - 157, 161, 167, 170, 171, 180, 206, 208, 210, 272, 279, 291, 308, 314
Grimershemius, Ritzius Lucas 212
Grimersum 81, 85, 126, 271, 293, 306, 307, 345, 350, 355
Grinven, Leonhard von 214
Gronau 231
Groningen 124, 130, 136, 139, 144, 156, 175, 185, 199, 200, 208, 216, 248, 273, 281, 302, 348, *Provinz* 98, 103, 350
Groninger 154
Groninger Ommelande 124, 128, 247, 343, 348
Groothusen 5, 81, 191, 304 - 306
Groß-Midlum 271
Großefehn 31, 101, 147, 172, 173
Großwolde 357
Grotegaste 282
Gründeich 357
Gustav I. Wasa s. Schweden, *Könige*
Haag, Den 145, 147, 150, 153
Hackfort, Berend von 203
Haddien 26
Haehn, Johann Friedrich 221
Hage 95, 99, 177, 204, 208, 219, 261, 262, 270, 293, 294, 296, 297, 309
Hagen, von 158
Hagenpolder 158
Hagermarsch 80, 88
Hahnentange 42
Halbemond 351
Halbertsma, E. 348
Halbertsma, J. H. 348
Halem, von 168, 169
Halle 168, 219, 221, 222
Halte 167
Hamburg 82, 130 - 133, 136, 201, 226, 303, 346
Hamburger 131, 132, 204
Hane, Jost 314
Hannover 150, 178, 206, *Kurfürstentum und König-*

reich 152, 153, 163, 165, 169 - 172, 174, 176, 223, 224, 226 - 228, *Land* 183, *Provinz* 182, 234 - 236, 285, 311, *Kurfürsten/-fürstinnen:* Ernst August 150, 152, Sophie 150, *Könige:* Ernst August 158, Georg IV. 158, 316, Georg V. 158, 172, 174, 175
Harburg 217
Hardenberg, Albert Rizaeus 205, 207, 208
Harlesiel 357
Harlinger 117
Harlingerland 79, 117, 136, 139, 143, 144, 149, 152, 157, 161, 163, 170, 188, 191, 203, 208, 211, 219, 222, 223, 229, 230, 271, 311, 344, 346, 350, *Häuptlinge und Herren:* Balthasar 139, 203, Hero 136, Wibet 131
Harpstedt 62
Harsweg 178, 215
Hartsgast 357
Hasbruch 12
Hasselt 206, 241, 243
Hatebrand 194
Hatshausen 83, 94, 95, 99, 221, 225
Hattersum 83 - 85
Hatzum 16, 21, 62 - 65, 81, 89, 90, 191, 268, 273, 290,
Hauen 71
Hayen, Hompo 138
Heidelberg 207, 212
Heine, Heinrich 174
Heinitz 158
Heinitzpolder 158, 230
Heinrich d. Ä. s. Braunschweig-Lüneburg, *Herzöge*
Heinrich der Löwe s. Sachsen, *Herzöge*
Heisfelde 54
Hellner, Fr. A. L. 283
Helmstedt 149, 213
Herborn 145
Herbrum 26
Hermann, Johann 222
Hermann von Wied s. Köln, *Erzbischöfe*
Hero s. Harlingerland, *Häuptlinge und Herren*
Hesel 42, 60, 86, 87, 172, 231, 242 - 244, 249
Hessen 147, 187, *Landgrafen:* Philipp 201, Wilhelm 147
Hessens 17, 79
Heyen, Hemme 213, 217
Hibben, Hanni 338
Hildesheim 170, 172
Hilgenholt, Süder-H. 56, 57
Hinrich 199
Hinrichs 286
Hinrichsfehn 286, 287

Hinte 126, 145, 191, 272 - 275, 298, 303, 304, 306 - 308, 358
Hinz, A. A. 281
Hisko s. Abdena
Hoburg, Christian 219
Hofmann, Melchior 200
Hogenberg, Franz 206
Hohenzollern 150, 152
Holland 169, 216, 223, 277, *Grafen* 115, 128, 130
Holländer 153, 168
Hollen 48, 77 - 79
Holsteiner 232
Holterfehn 107
Holtgaste 211, 293 - 295, 357
Holthusen 284
Holtland 61, 67, 87
Holtrop 296, 297, 305, 356
Holy, Gerhard von 303
Holzloog 356
Homfeld, Sebastian Anton 153, 154, 163, 165, 220
Hooksiel 347
Hookster Fehn 147
Hopels 54, 55, 241, 244, 245
Höpfner 149
Horsten 10, 61, 62, 83, 263, 264, 270, 302
Hoya, 62, 152, Hoya und Bruchhausen, *Grafen:* 136, Erich 203
Hude 12, 248
Hüllenerfehn 147
Husius, Johann 219
Idzinga, *Norder Häuptlingsfamilie* 128
Ieringhafe 356
Ihlingswarf 356
Ihlow 77, 78, 156, 194, 195, 241, 243, 245 - 249, 252, 295, 301
Ihlowerfehn 166, 226
Ihren 226, 283
Ihrhove 180, 226, 283, 356
Imel s. Abdena
Imel s. tom Brok
Immer, Karl 235
Ingeborg s. Oldenburg, *Grafen*
Inn- und Knyphausen, *ostfriesische Adelsfamilie,* 140, 150, Dodo zu 147, 150, Edzard zu 174, 176, Edzard Maurits zu 168
Innozenz VIII., *Papst* 199
Ippen 360
Ippo 292
Irland 53
Italien 277, Norditalien 296, 305

Italiener 203
Itzendorf 23
Jacob 284
Jannesson 169
Janssen, Heinrich 217
Janssen, Remmer 230
Janus 168
Japan 330
Japicx, Gysbert 348
Jarssum 140, 210, 221, 226, 279
Jelsum 204
Jemgum 6, 16, 62 - 65, 81, 170, 182, 183, 200, 216, 231, 316, 321
Jemgumkloster 17, 70
Jennelt 161, 170
Jerusalem 222, 269
Jever 7, 81, 136, 156, 180, 222, 305, *Häuptlinge und Herren/Frauen:* Christopher 136, Edo Wiemken II. 305, Maria 139, *Herrschaft* 138, 139, 169, *Landkreis* 184
Jeverland 15, 23, 136, 139, 155, 260, 273, 297, 343, 347, 348, 356
Jhering 168, 176, Rudolf von 175, Sebastian Eberhard 158
Jheringsfehn 31, 158, 231
Johann s. Bayern, *Herzöge*
Johann s. Ostfriesland, *Grafen/Gräfinnen bzw. Fürsten/Fürstinnen*
Johann VII. s. Oldenburg, *Grafen*
Joris, David 202, 205, 206
Juist 23, 28, 138, 168, 174, 182, 221, 234
Juliana s. Ostfriesland, *Grafen/Gräfinnen bzw. Fürsten/Fürstinnen*
Junge Imel s. Abdena, *Emder Häuptlingsfamilie*
Jütland 47
Kaiserberg 245
Kanalpolder 181
Kankebeer 356
Kankena, *Häuptlingsfamilie* 128
Karl der Große, *Ks.* 89, 99, 113 - 115, 117, 133, 187, 188, 191, 199
Karl V., *Ks.* 139, 157
Karl VI., *Ks.* 153
Karl von Geldern s. Geldern, *Herzöge*
Karlstadt 200
Kater, Abraham 222
Katharina s. Ostfriesland, *Grafen/Gräfinnen bzw. Fürsten/Fürstinnen*
Kenesna s. tom Brok
Kettler 168

Kirchborgum 211, 278, 282, 356
Kirchloog 356
Kiricthorpe 356
Klausenburg 206
Kleve 150, 172
Klimp, Auf dem 245
Klinghe (Gerd) 291, Hinrich 197
Klopp, Onno 175
Klopstock 222
Klunderburg 88
Klüsener, Frank 226
Kniphausen 169, s. Inn- und Knyphausen
Knock 26, 181
Knyphauser Wald 11
Koldewehr 356
Köln 187, 199, 202, *Erzbischöfe*: Hermann von Wied 205
Königgrätz 172
Krakau 202
Kramer, Ulfert 308
Kröger, J. B. 322
Krummhörn 28, 79, 80, 93, 136, 138, 146, 153, 172, 178, 181, 185, 188, 191, 195, 234, 264, 270, 271, 350, 351, 356
Krytzemewalt 93, 99
Labadie, Jean de 217
Lamberts, Bruno 213
Landeswarfen 356
Landius, Rudolf 208
Landschaftspolder 166, 181, 221, 230, 279, 357
Langefeld 48
Langen 194, 243
Langensalza 172
Langeoog 28, 29, 174, 182, 219, 234
Langholt 42, 156, 206, 242
Lantzius-Beninga 158
Laon 292
Larrelt 155, 178, 236, 260, 273 - 275, 289 - 291
Lasco, Johannes a 201, 202, 204, 205
Lask 202
Lauenburg 170
Laurensen, Laurens 199, 200
Lavater 222
Leczyc 202
Leda-Jümme-Gebiet 26, 30
Leepens 355
Leer 46, 47, 68, 81, 82, 130, 131, 138, 144, 150, 153, 161, 163, 167, 168, 170, 172 - 175, 180 - 183, 191, 199, 208, 211, 213, 214, 216, 217, 220, 221, 226, 231 - 234, 281, 301, 308, 309, 312, 314, 318, 320

- 322, 335, 338, 358, *Amt* 161, 170, 178, *Landkreis* 184, 234, 236, 238, 341, 351, *Landtagswahlkreis* 176
Leeraner 167
Leerort 136, 138, 145, 163, 172, 210, *Amt* 138, 144, 157, 161, 170, 208
Leeuwarden 204, 212
Leezdorf 232
Leibniz, G. W. 175
Leiden 206
Leipzig 202, 238
Lemsius, Wilhelm 203
Lenaert der Kinderen 205
Lengeln, von 153
Lengen 33
Lentz, Daniel 163, 165
Leopold I., *Ks.* 151
Lettow, K. 285
Leuenberg 236
Leybuchtpolder 236
Liechtenstein 149, Herr von 144
Ligarius, Johannes 204, 205, 208
Lille 217
Linck, Wenzeslaus 199
Lindhammer, Johann Ludwig 219, 221
Lingen 220
Lippstadt 265
Liudger 187, 188
Loccum 182
Lodenstein, Jodocus van 217, 218
Loga 42, 161, 229, 232
Logabirum 47, 49, 54, 56, 64, 308
Logumer Vorwerk 277
Lombardei 262
London 202
Loppersum 283, 284
Loppessumwalde 99
Loquard 211, 231, 270, 271, 273, 274, 293 - 295, 303, 355
Löwen 202
Lübbertsfehn 101, 147, 158, 358
Lübeck 130
Lucas, Vincent 306
Ludbrud 292
Ludendorff, Erich 232, Mathilde 232
Ludwig (Bonaparte), *Kg. v. Holland* 169
Ludwig der Fromme, *Ks.* 87, 114
Ludwigsdorf 78, 158
Ludwigslust 158
Lüneburg, *Herzöge*: Ernst 201

Lüneburger Heide 286
Lütetsburg 95, 100, 131, 147, 161, 168, 170, 174, 206, 208, 211, 217, 279, 356
Luther, Martin 199 - 202, 204, 205, 236, 277, 334, 335
Malteser 156
Manninga, *Häuptlingsfamilie* 128, 131, 147, Unico 205, 206, 208, 307
Mansfeld, Ernst von 146
Mansfelder 146, 149
Manslagt 272, 291
Marcardsmoor 179, 302
March, Otto 285
Margarethe s. Ostfriesland, *Grafen/Gräfinnen bzw. Fürsten/Fürstinnen*
Maria Theresia, *Ks.in v. Österrreich* 153
Maria von Jever s. Jever, *Häuptlinge und Herren/Frauen*
Marienchor 93, 211, 278, 279
Marienfeld 261, 265
Marienhafe 117, 119, 121, 122, 130, 149, 193, 213, 246, 248, 262, 266, 268, 273, 291 - 293, 297, 302, 303, 305
Marienthal 138
Marnix, Philipp 206
Martens 262
Marx 54, 55, 69, 260, 261, 303, 304
Maximilian I., *Ks.* 136, 140, 202
Meckenborch, Adda von 306
Mecklenburg 147, 238
Meder, Helias 222
Medmann, Petrus 205
Meents 324
Meerhusen 194, 195, 244, 248
Meiners, Eduard 218
Meinertsfehn 52
Meißen 206
Melanchthon, Philipp 202, 204, 205
Mennenga 360
Menstede-Coldinne 40, 41
Menulfus 292
Meppen 175
Meyer, Barthold 219
Meyer, C. B. 281, 282, 301
Meyer, Heinrich 235
Micron, Martin 204
Middelburg 217
Middels 10, 54, 76 - 78, 83, 87, 88, 189, 192, 257, 260, 272, 291, 292, 296, 303, M.-Osterloog 70, 77
Midlum 272
Missourier 232
Mitteldeutschland s. Deutschland

Mitteleuropa s. Europa
Mittelmeergebiet 48
Möhlenwarf 284
Moordorf 52, 53, 166, 173, 356
Moordorfer 166
Moormerland 99, 138, 194
Moorwarfen 356
Moorweg 65
Müller, J. C. 338
Müller, Johann Peter Andreas 223
Münchmeyer, Ludwig 182, 232
Münkeboe 284
Münster 124, 187, 205, *Bistum, Diözese* 187, 188, 191, 199, 226, *Bischöfe* 128, 135, 136, Christoph Bernhard 149, *Hochstift* 138
Münster, Graf von 158, 169
Münstermann, Ludwig 300
Münsterpolder 158
Napoleon (Bonaparte), *Ks. v. Frankreich* 166, 169, 282
Narp 356
Nassau 145
Neander, Joachim 218
Neegrobeer 356
Neermoor 98, 221, 226, 231, 279, 283
Nendorp 217, 277, 282
Nenndorf 51
Nenndorferfeld 357
Nesse 23, 81, 191, 208, 221, 259, 274, 290 - 292, 304, 305, 308, 313, 314
Nesselander Höft 155
Nettelburg 66
Neu-Wangerooge 347
Neuburg 221
Neuefehn 101, 147
Neuenburg 12, 13, 156
Neufunnixsiel 155, 357
Neuschanz 156
Neuschoo 226, 231
Neustadt 182
Neustadtgödens 27, 183, 216, 221, 226, 234, 278, 279
Neuwied 222
Nicaeus, Bernhardus 213
Niclaes, Hendrik 205, 216
Niederlande 45, 52, 56, 59, 65, 82, 98, 101, 103, 135, 140, 142, 144 - 147, 150, 156, 165, 167, 175, 180, 199, 200, 204, 205 - 207, 210, 217, 218, 226, 258, 268, 271, 279, 312, 330, 343, 349, 360, 361
Niederländer 146, 153, 200, 202, 231
Niedersachsen 183, 184, 236, 341, 348
Niens 17, 79

Nordafrika 48
Nordbeck, Arnold Wilhelm 181, 230, 231
Nordbelgien s. Belgien
Norddeich 173, 232
Norddeutschland s. Deutschland
Nord-Dunum s. Dunum
Norden 23, 81, 82, 87, 123, 131, 135, 138, 140, 142, 145, 146, 153, 155, 156, 158, 161, 167, 170, 174, 180, 182, 183, 188, 191, 193, 199, 200, 203, 204, 208, 211, 212, 214, 216, 219, 220, 226, 231 - 234, 272, 273, 280, 281, 286, 292, 293, 296, 298, 303, 305, 307, 317, 318, 333, *Amt* 157, 161, 170, 171, *Landkreis* 178, 184, 350, 351, *Landtagswahlkreis* 176
Norder-Christian-Eberhards-Polder s. Christian-Eberhards-Polder
Norderland 79, 123, 131, 191, 350, 356
Norderney 28, 152, 169, 173, 174, 178, 182, 183, 216, 219, 221, 232, 234, 284, 339
Nordeuropa s. Europa
Nordfrankreich s. Frankreich
Norditalien s. Italien
Nordwestdeutschland s. Deutschland
Normandie 264, 265, 268, 271
Normannen 87, 89, 90, 113, 114, 188
Northeim, Graf von 115
Nortmoor 42, 66, 221, 297, 357
Norwegen 170
Nürnberger 213
Nüttermoor 61
Oberahnsche Felder 28
Ochtelbur 95, 302
Ochtersum 191, 270, 291, 303
Ockenhausen 51, 52
Ocko II. s. Brok, *Häuptlingsfamilie*
Oekolampad 200, 202
Ogenbargen 76
Olck, Christian Heinrich 222
Oldambt 136
Oldeborg 130
Oldehave 242
Oldenburg 178, 180, 191, 226, 231, *Grafschaft, Großherzogtum, Land* 10, 138, 139, 146, 153, 155, 176, 183, 185, 236, 336, *Grafen/Gräfinnen* 115, 136, 139, 141, 149, 192, Anton Günther 146, 149, Ingeborg 128, Johann VII. 155
Oldendorp 88
Oldersum 81, 131, 140, 161, 178, 180, 199, 200, 202, 210, 234
Oldersum, Boing von 139

Oldorf 17, 26
Olevian, Caspar 207
Oltmanns, Jabbo 176
Oltmannsfehn 51, 52
Oltmannshausen 51
Ommelande s. Groninger
Oncken, Johann Gerhard 226
Oosterloo, H. G. van 237
Osnabrück 295, *Bereich* 234, *Bistum* 191, 199, 227, *Landdrostei* 176, 182
Ostahusun 356
Ostbense 23
Osteel 32, 98, 224, 266, 268, 303, 308
Osterbrande 350
Ostergaste 357
Osterhusen 131, 145, 342
Osterloog 76, 356
Österreich 153
Ostfriesische Inseln 7, 28
Ostfriesland, *Grafen/Gräfinnen bzw. Fürsten/Fürstinnen (Cirksena)*: Almuth 135, Anna 139, 141, 142, 189, 202, 204, 206, 207, 296, Carl Edzard 153, 154, 163, Caroline 158, Christian Eberhard 150, 152, 158, 219, Christine Charlotte 150, 158, 215, 219, 278, Christoph 142, Edzard I. 135 - 139, 142, 157, 199, 200, 344, Edzard II. 142, 144, 145, 207 - 210, Enno I. 135, 199, Enno II. 139, 140 - 142, 200 - 203, 305, 308, 344, Enno III. 144 - 146, 149, 209, 210, 346, Enno Ludwig 149, 158, Georg Albrecht 152, 153, 156, 219, 346, Georg Christian 149, 219, Johann (Graf v. Falkenburg) 139 - 141, 202, Johann (Bruder Edzards II.) 142, 206 - 208, 210, 220, Johann (Graf v. Riedberg) 144, Juliana 147, Katharina 142, 207, 210, Margarethe 208, Rudolf Christian 147, Sophie Wilhelmine 159, Theda 135, 142, 269, Ulrich I. 127, 131-133, 135, 138, 140, Ulrich II. 147
Ostgroßefehn 106, 284
Ostochtersum 40, 66
Ostrhauderfehn 31, 61, 101
Östringen, Östringerland 119, 188
Östringer 115, 117
Östringfelde 117
Ost-Dunum s. Dunum
Ostseeraum 87
Otto I., *Ks.* 189
Ottonen 188
Overledingerland 99, 105, 138, 350
Overyssel 205
Padua 202
Palmar 241

Papenburg 172, 174, 181
Parler, Peter 273
Pelt, Johann 201
Penn, William 216
Peter III. s. Rußland, *Zaren/Zarinnen*
Peters, Johann 309
Petkum 132, 150, 161, 178, 199, 208, 222, 273, 291, 298, 301, 303, *Häuptlinge*: Gerd 132
Pewsum 131, 156, 157, 161, 170, 199, 210, 211, 293, 305
Pfalz 206 - 208
Philipp VI. s. Frankreich, *Könige*
Philipp s. Hessen, *Landgrafen*
Pillau 150
Pilsum 157, 192, 197, 265, 266, 270, 271, 291, 297
Plaggenburg 10, 61, 357
Plantin, Christoph 205
Poggenburg 357
Pogum 155, 211, 221
Polen 32, 202, 203, 206
Popens 54
Poppen, Heidewig 309
Portugal 206
Potinius, Conrad 213
Potshausen 66, 99, 238, 295
Pottere, de 323
Prag 145, 146
Preußen 150, 161, 163, 165, 168 - 170, 174, 176, 219, 220, 223, 227, *Könige*: 161, Friedrich II. d. Gr. 107, 154, 158, 161, 163, 166, 167, 175, 220, 280, 281, Friedrich Wilhelm I. 154,
Propst, Jakob 199, 204
Pupkes 287
Radbodsberg 49
Rademacher 158
Rademacherseck 158
Rahe 87, 88
Rahestermoor 357
Ratzeburg 246, 247
Reepsholt 56, 69, 70, 155, 221, *Kirche* 119, 122, 269, 271, 273, 293, 300, 305, *Stift* 189, 191, 194, 241, 243 - 245
Reersum 79
Reese, Hinrich 200
Reiderland s. Rheiderland
Reil 176
Remels 231, 299
Rennicherus, Hermannus 206
Rese, Georg Christoph 218
Resterhafe 79, 222, 270, 293, 304

Reuter, Blasius 218
Rhaude 298, 299, 304
Rhauderfehn 101, 105, 166, 180
Rhede 156
Rheden, von 320
Rheiderland 16, 17, 20, 21, 23, 28, 30, 82, 83, 88, 99, 115, 138, 154, 156, 169, 181, 185, 191, 211, 217, 234, 236, 238, 270, 272, 277, 325, 350, 351
Rhein-Main-Gebiet 258
Rheingebiet 48, 289
Rheinland 100, 268
Rheinmündungsgebiet 48
Richborn, Joachim 303
Richter, W.L. 280
Riddagshausen 248
Riepe 95, 235, 289, 293, 305, 358
Riepster Hammrich 82
Rietberg 143, 144, *Grafen/Gräfinnen*: Walburg 307
Rimbert s. Bremen, *Erzbischöfe*
Ripperda, *Häuptlingsfamilie* 307, Bolo 150, Eiilke 306, Omcko 307
Rispel 11, 156
Rode, Hinni 200
Rodenkirchen 16
Roggenstede 269, 270, 291, 293, 295 - 297, 308
Röling, Joachim 221
Rom 202, 277, 300
Römeling, Anton 217
Römer 65
Röntgen, Abraham 222, David, *Kunsttischler* 222, Ludwig 222
Rorichmoor 93, 98
Rorichum 199, 210, 213
Rostock 221
Rotterdam, Erasmus von 202
Rudolf Christian s. Ostfriesland, *Grafen/Gräfinnen bzw. Fürsten/Fürstinnen*
Rüstringen, Rüstringerland 6, 25, 115, 188, 343, 348, *Häuptlinge:* Sibet 131, 132
Rußland 161, *Zaren/Zarinnen*: Elisabeth II. 161, Peter III., 161
Rysum 155, 161, 297, 302
Sachsen 153, 238, 330, *die* 72, 88, 114, 187, *Herzöge*: Albrecht 136, Georg 136, Heinrich d. Löwe 115
Salis, von 169
Salzwedel 206
Sande 5, 180
Sandhorst 11, 149, 156, 286, 287, 351
Saterland 103, 341, 342
Schatteburg 99, 100

Schaumburg, Johann von 135
Schaumburg-Lippe 183, 236
Schinkel 283
Schirlentz, Nikolaus 199
Schirum 178
Schlesien 161
Schlesier 205
Schleswig-Holstein 7, 261
Schnedermann 168
Schneider, Christian Wilhelm 219
Schniers, Heinrich 233
Schnitger, Arp 303
Schomerus, Wilhelm Heinrich 235
Schoo 241
Schortinghuis, Wilhelm 218
Schulenburg, von der 158
Schulenburger Polder 158
Schumacher 286
Schwaben 200
Schweden 170, *Könige*: Gustav I. Wasa 142
Schweindorf 72
Schweizer Eidgenossenschaft 118
Schwenckfeld, Caspar von 205, 206, 219
Schwerin, von 159
Schwerinsdorf 159, 356
Schweringsgroden 159
Schwiebus 152
Schwittersum 79, 88, 355
Scultetus, Abraham 212
Sehestedt 15, 16, 31
Sengwarden 356
Seriem 155, 225
Sethe, Christian 172
Seume, Johann Gottfried 165
Sibet s. Rüstringen, *Häuptlinge*
Sibetsburg 126, 131, 132
Sibold 344
Sieben Seelande 118, 341, 343
Siebenbürgen 206
Siegmund, *Kg.* 128, 130
Sielmönken 23, 216, 357
Sievertsborch 79
Sillens 26
Sillenstede 260
Simiswalde 99
Simons, Menno 205
Simonswolde 95, 99, 210, 289, 301, 357
Skandinavien 44, 48, 187
Sleen 207
Smyt, Sybald 360

Socci, Faustus 206
Somerset 202
Sophie s. Hannover, *Kurfürsten/-fürstinnen*
Sophie Wilhelmine s. Ostfriesland, *Grafen/Gräfinnen bzw. Fürsten/Fürstinnen*
Spalatin 199
Spanien 142, 144, 146, 153,
Spanier 142, 145
Spekendorf 76
Spener, Philipp Jakob 219
Spetzerfehn 166, 286, 357
Speyer 144, 149
Spiekeroog 155, 174, 234
St. Aldegonde 206
St. Etienne 268
St. Georgiwold 32, 94, 95, 98, 99, 278
St. Joost 297
St. Willehad, *Stift* s. Bremen
Stapelmoor 268, 274
Stadland 139
Stedesdorf 191, 203, 259, 291, 292, 299, 346
Steenfelde 211, 304
Steenfelderfeld 357
Stevens, Johannes 199
Stickhausen 156, 158, *Amt* 107, 109, 111, 138, 157, 161, 178, 208, 210
Stipp, Gerhard Krino 224
Stockhausen, von 285
Stracke, Georg Siegmund 224, 225
Strackholt 230, 264, 269, 271, 296, 299, 303
Straßburg 169, 200, 204, 205
Struiwig 302
Stürenburg 351
Süd-Dunum s. Dunum
Südcoldinne 350
Südengland s. England
Süder-Charlotten-Polder s. Charlottenpolder
Süder-Christian-Eberhards-Polder s. Christian-Eberhards-Polder
Süder-Hilgenholt s. Hilgenholt
Süderhaus 80, 88
Sudewalda 99
Südgeorgsfehn 42
Sundermann, Hinrich Janssen 172
Suurhusen 264, 273, 291, 309
Syboltsson 360
Syrt, Heuwe 315
Tacitus 67
Tammegast 357
Tannen 159

Tannenhausen 8, 9, 43 - 47, 50, 51, 53, 68, 159, 244, 287, 356
Telting 159, 168
Teltingspolder 159
Tergast 210, 213, 293, 304, 357
Termunten 268
Theda s. Ostfriesland, *Grafen/Gräfinnen bzw. Fürsten/Fürstinnen*
Thedinga 241, 249, 281, 306
Theene 94
Thunum 282
Thüringen 187, 330
Tiberius 28
Tiemann 159
Tiemannsegge 159
Tilly 146, 147
Tilsit 169
Timann, Johann 201
Timmel 10, 83, 147
Tischbein, Johann Jakob 222
Tjüchen 242
Tjücher Grashaus 356
Trundholm 53
Tübingen 219
Tütelborg 357
Twixlum 273
Tzyerza, *Häuplingsfamilie* 131
Ubbes, Agga 360
Ubbius, Henricus 344 - 346
Udo s. Ukena
Ukena, *Häuptlingsfamilie* 131, Focko 129 - 132, Udo 131, 132, Uko 131, 135
Uko s. Ukena
Ulbargen 351
Ulrich I., II. s. Ostfriesland, *Grafen/Gräfinnen bzw. Fürsten/Fürstinnen*
Ulrum 226
Undereyck, Theodor 218
Undermarck, Martin 201
Ungarn 202
Unteremsgebiet 20
Upgant 99, 130, 213, 217, 344
Upgant-Schott 32, 98
Uphusen 80, 81, 161, 178, 210, 236, 271, 273, *Häuptlinge*: Wiard s. Faldern, *Häuptlinge*
Upleward 212, 271, 355
Upstalsboom 87, 118, 150, 338
Upwolde 99
Ursinus, Zacharias 207
USA s. Vereinigte Staaten

Utarp 43, 45, 46, 356
Utende 342
Uthwerdum 94, 95
Utrecht 187, 218, 258
Uttel 85
Uttum 191, 264, 301, 303, 306
Uuibodasholta 99
Varel 169, 261, 270, 347
Vastenau, Hinrich 199
Veenhusen 32, 226
Vehe, Matthias 206
Vehnemoor 68
Veluwe 49
Verden 261
Vereinigte Staaten von Amerika (USA) 174, 226
Victorbur 99, 261, 262, 293, 299, 302, 304
Vincke, Ludwig Freiherr 158
Vinckepolder 158
Visbeck, Johannes 203
Visquard 208, 271, 272, 274, 303, 356
Voetius, Gisbert 218
Völlen 191, 211
Völlener Königsfehn 158
Völlenerfehn 357
Vorpommern 170
Waddewarden 26
Wagner, Johann Georg 159
Wagnersfehn 159, 358
Walburg s. Rietberg, *Grafen/Gräfinnen*
Walkenried 248
Walle 11, 53, 54, 286, 287
Wallendorf 330
Wallenstein 147
Wallinghausen 287, 351
Wallis, Uko 216
Wallonen 203
Walther, Michael 213
Wangerland 17, 26, 343, 348
Wangerooge 28, 29, 155, 169, 347
Warschau 202
Warsing, Gerhard 159
Warsingsfehn 61, 159, 166, 173, 225, 357
Waterwarf 356
Weene 295, 303, 305
Weener 56, 57, 59, 64, 65, 81, 93, 98, 99, 156, 166, 167, 182, 183, 191, 216, 218, 221, 227, 232 - 234, 236, 238, 294, 303, 304, 312, 316, 317, 322, 324, 358, *Amt* 170, *Kreis* 178
Weenermoor 93, 282, 357
Welfen 152

Werden 188
Werdum 271, 300, 304, 344, 356
Werdumer Altengroden 155
Werdumeraltendeich 357
Werl, Graf von 115
Werve 300
Weser-Ems 184
Wesermarsch 7, 16, 30
Wester-Charlotten-Polder s. Charlotten-Polder
Westeraccum 269, 297
Westerbur 221, 356
Westerende-Kirchloog 61, 300
Westerhammrich 68
Westerholt 41, 49, 50, 55, 56, 58, 59, 61, 62, 65, 264
Westerhusen 272, 298, 303
Westerloog 76
Westermarscherloog 356
Westerstede 231
Westeuropa s. Europa
Westfalen 100, 144, 146, 167, 176, 180, 187, 261, 264 - 266, 268
Westfriesen 130
Westfriesland 136, 187, 217
Westoverledingen 234
Westphal, Joachim 204
Westrhauderfehn 8, 31, 41, 42, 101, 173, 226, 227, 234
Wiard s. Abdena, s. Faldern, *Häuplinge*
Wiarda, Tileman Dothias 164, 168, 341, 346 - 348
Wibet s. Harlingerland, *Häuptlinge und Herren*
Wicht, Mathias v. 344
Widdelswehr 210
Wiegboldsbur 10, 83, 99, 264, 307, 356
Wien 144, 149, 153
Wiesederfehn 351
Wiesens 45, 48, 54, 56, 58, 59, 65, 67, 270, 301
Wiesmoor 179, 180, 231, 234, 286, 287, 357
Wieuwerd 217
Wilde Äcker 129, 130
Wildeshausen 199
Wilhelm s. Hessen, *Landgrafen*
Wilhelm II. 150
Wilhelminenholz 159
Wilhelmshaven 5, 6, 15, 17, 23, 25, 26, 79, 126, 132, 174, 176, 177, 181, 229, 326
Willehad 187, 188
Willibrord 187
Willmsfeld 357
Wiltedes 360
Winfried-Bonifatius 187
Wirdum 99, 308, 356

Wirdumer Neuland 155
Witt 285
Wittenberg 199 - 201, 203, 204
Wittmund 8, 81, 83, 155, 172, 183, 191, 213, 216, 219, 221, 229, 234, 280, 304, 312, 319, *Amt* 161, 170, 178, *Herrlichkeit* 203, *Landkreis* 65, 178, 184, 232, 238, 337, *Landtagswahlkreis* 176
Woelke, Christian Hinrich 222
Wolfenbüttel 153, 219
Wöllner 222
Wolthusen 161, 178, 200, 210, 221, 279
Woltzeten 279, 283
Woquard 211, 221, 300
Worms 138
Wursten, Land 343, 348
Württemberg 170, *Herzöge* 150

Wybelsum 155, 279
Wybelsumer Polder 181
Wymeer 89, 95, 98, 156, 232, 277, 284
Wynham 28
Xanten 201
York 187, *Bischöfe:* Wilfrith 187
Zedlitz, von 222
Zeelanden s. Sieben Seelande
Zetel 7
Zinskenfehn 357
Zinzendorf, Nikolaus Ludwig Graf von 220
Zuidbroek 268
Zwingli 200 - 202
Zwischenmoorten 357
Zwolle 199